JN412182

地緣文明

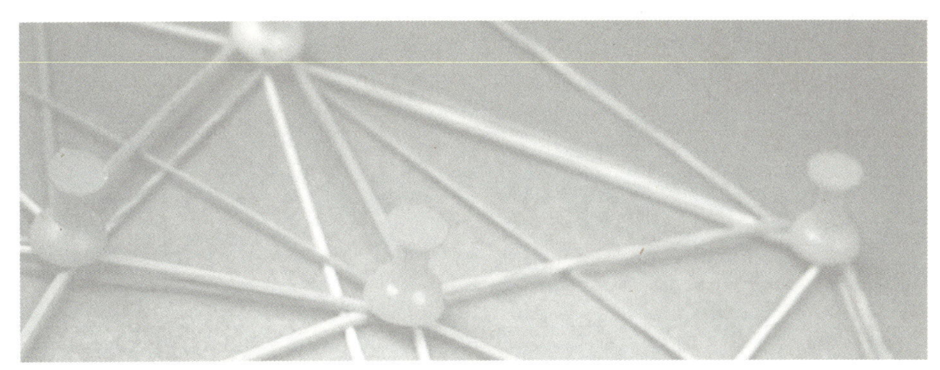

地緣文明

지연 문명

르우안웨이 지음

최형록 · 김혜준 옮김

심산

이 번역 총서는 2007년 정부(교육과학기술부)의 재원으로 한국연구재단의 지원을 받아 수행한 연구이다(KRF-2007-361-AL001).

서문

■ 몇 년 동안 중국학계는 지연(地緣) 정치 · 지연 경제 · 지연 전략 · 지연 우세 등의 용어를 사용했다. 그러나 지연 문명이라는 용어는 한 번도 사용한 적이 없다. 세계체제론자 이매뉴얼 월러스틴(Immanuel Wallerstein)이 사용한 지연 문화(geoculture)가 아마도 지연 문명과 가장 가깝다고 볼 수 있다. 이 책에서 지연 문명이라는 용어를 사용한 것은 월러스틴을 모방하고자 한 것도 아니고, 시대적 추세를 따르려고 한 것도 아니다. 단지 창조적인 사유를 시도한 것이다. 이 책은 문화의 초월에 대한 논쟁을 바라는 것도 아니다. 문명에 대한 논의나 지연 문명에 대한 논의는 사실 문화를 논하는 것이기 때문이다(어느 학문적 동료가 21세기에는 문화를 논할 필요가 없으며, 우리는 문화의 초월을 논해야 한다고 했다). 지연 문명이라는 용어를 사용한 것은 어떤 내재적 이론논리에 따른 것임은 두말할 필요도 없다.

지구에는 원래부터 많은 문명들이 독립되어 있었다. 그것들은 본래 각자의 궤적에 따라 발전했다. 기원 원년 전후의 약 400~500년 동안, 그것들은 정도의 차이는 있지만 어느 정도 내부적 통합을 실현했다. 또 약속이라도 한 듯 거의 동시에 지역적인 확장을 시작했다. 중국의 진나라와 한나라 제국은 확장 중에 중국 문화를 한국과 일본, 베트남에 전파했다. 이것은 결코 군사적 의미의 확장만은 아니다. 북인도의 아소카 제국이 남아시아의 대부분 지역을 통일하자 인도 문화는 동남아시아와 중국으로 확산되기 시작했다. 그리스인은 서아시아를 침입하여 아시아 · 아프리카 · 유럽에 걸친 방대한 제국을 건립했다. 기원전 6세기에 흥기한 페르시아 제국의 영토 또한 이와 같았다. 이 때문에 그리스 문화와 서아시아의 시리아 문화가 재빨리 융합할 수 있었다. 그리고 이 융합은 기독교 문명 나아가 현대 서양 문명이 흥기하는 이념과 문화, 제도의 기초가 되었다.

내가 보기에는 문명의 지역적인 확장이 문화와 물질 및 인원의 지역적 대교류를 야기했다. 그리고 이러한 교류는 역사에서 유례가 없었던 깊이와 넓이를 품었고, 나아가 이것의 한 가지 중요한 결과인 각 지연 문명이나 지연 공동체의 초기 형태가 형성되었다. 거시적인 역사적 관점에서 이는 고대적 의미의 지역 일체화다. 어쩌면 우리는 이러한 현상을 일종의 준지구화 또는 세계화, 일종의 완전한 의미를 지닌 전 지구화의 초보 단계, 또는 예행연습으로 볼 수 있을 것이다. 지연 문명 혹은 지연 공동체가 고대적 의미의 지역 일체화를 형성했기 때문에, 오늘날 충분한 의미의 전 지구화가 가능할 수 있었던 것이다.

이 책은 지연과 자연의 각도에서 각 대문명의 정신 자질을 탐색했다. 이 점이 《지연 문명》에서 많은 분량을 차지하고 있다. 하지만 꼼꼼한 독자라면 이것이 결코 이 책의 유일한 관심 대목이 아니라는 것을 쉽게 발견할 것이다. 이 책에서는 지연 일체성의 각도에서 국가나 문명 간의 상호 작용을 설명하는 데 많은 분량을 할애했다. 중국과 한국 및 일본 간에, 혹은 중 · 한 · 일과 동남아시아 각국 간에는 아주 오래전부터 지연 일체성에 기반을 둔 밀접한 상호 작용의 관계가 존재했음을 알아야만 한다. 그중 중국과 일본의 관계는 특히 중요하다.

시장경제의 시대에 이론은 가급적이면 적게 언급하는 것이 최상이다. 만약 어쩔 수 없이 언급해야 할 경우에는 지나치게 추상적이어서도 안 된다. 그렇지 않으면 애만 쓰고 좋은 결과는 얻지 못하게 된다. 비록 중일 관계는 추상적인 이론이 아니라 살아 있는 현실적 문제지만, 이 화제를 선택한 것은 시장의 요구에 맞춰 주목을 끌고자 한 것이 아니다. 이러한 목적에 도달하기 위한 많은 방법이 있다. 가장 근본적인 방법은 아마도 처음부터 가급적 중일 관계는 피하고 비교적 가벼운 화제를 선택하는 것이다. 그러나 현실에 많은 관심을 가진 사람들에게 중일 관계는 결국 피하기 어려운 문제다. 더 난처한 점은 이 문제는 무거울 뿐만 아니라 민감하기까지 하다는 데 있다. 양국 관계의 어려움이 심상치 않은 지금은 더욱 그렇다.

이전의 비교적 좋았던 상태로 중일 관계가 빨리 회복되기를 바라지만, 현실 상황은 거의 반대인 것 같다. 사실상 중일 관계는 1972년 중일 국교 정상화 이후 가장 어려운 시기에 처한 것 같다. 이러한 어려운 상황에는 원인이 없는 것이 아니다. 가장 근본적인 원인은 아마도 많은 일본인이 중국이 새롭게 강대해지는 상황에 적응하지 못하는 데 있을 수 있다. 또 일본은 몇 년 동안 이러한 현실 속에서 조금도 벗어나지 못하고 있다. 이러한 현실 앞에서 일본인이 심리적 장애를 가질 수 있음은 이해하기 어려운 것만은 아니다. 이러한 심리적 장애는 모든 일본의 정치적 성향이 우경화되는 것으로 나타난다. 여기에는 일본 공산당과 기타 좌익 정당도 포함된다. 게다가 일본 우익은 더욱 이성을 상실하고 있다. 2005년 일본이 긴박하게 유엔안보리 상임이사국 진출을 준비할 때, 총리를 위시하여 내각구성원과 의원들이 잇따라 야스쿠니신사를 단체로 참배한 일이 발생했다. 이는 이해하기가 매우 어렵다. 이러한 상황에서 동아시아 공동체에 대한 논의는 시기에 맞지 않는 것이 아닐까?

언뜻 보기에 현재 세계에서 가장 큰 지연 공동체인 EU와 같은 아시아 연합의 성립은 멀고 먼 하나의 소망에 지나지 않는 듯 보인다. 하지만 중일 간의 원한은 결코 청일전쟁 때부터가 아니라 400년이 넘는 16세기부터 시작된 것임을 우리는 알아야 한다. 16세기 후반 무렵부터 20세기 초반 무렵까지 중일 관계의 총체적 추세는 일본의 역량이 상대적으로 상승했고 1980년대에는 최고 정점에 이르렀다. 반면에 중국의 역량은 상대적으로 하락했고 1910년대에 가장 최저점으로 하락했다. 1990년대부터 중국의 국력은 급속하게 다시 상승하기 시작했고, 중일 간의 역량도 이때부터 명확하게 중국에게 유리한 방향으로 변화되었다. 이는 16세기 이후에는 한 번도 일어나지 않은 상황이기 때문에, 한 세기 동안 스스로 만족하고 있던 일본인은 적응할 수 없었다. 중일 간의 원한은 여러 세기에 걸쳐 응어리진 갈등이기 때문에, 10~20년 혹은 수십 년 안에 근본적인 해결을 기대하기는 정말 어렵다. 하지만 국가 간의 역량이 상승하고 하락하는 것은 그 누구도 가로막지 못하는 것이다.

만약 긴 시기 동안 30~40년 이후, 70~80년 이후, 혹은 100년 이후 중일 양국이 프랑스와 독일같이 원래처럼 사이가 좋아질 수 없다고 그 누가 말할 수 있겠는가? 일본인은 중국이 다시 강대해지기 시작한 이 생생한 현실에 적응할 수 없다고 그 누가 말할 수 있겠는가? 다시 강대해지기 시작하는 중국이 역사의 아픔을 잊을 수는 없을 거라고 그 누가 말할 수 있겠는가? 어떤 시점에 이르면, 일본과 한국 및 중국을 연결하는 해저 철도가 운행되고 있을 것이고, 그러면 중일 간 사람과 정보 및 물자의 교류도 현재의 몇백 배에 달할 것이며, 동아시아 공동체도 더 이상 가상이 아닌 현실로 되어 있을 것이다.

지금 중국에서 일고 있는 일본에 대한 규탄만 일삼는 애국주의는 누구나 할 수 있는 일이지만, 일본인의 법규정신, 성실함과 섬세함, 모든 일에 완벽을 추구하는 정신을 배우는 일은 그리 쉽지 않다. 그러나 중국인이 진정으로 흥기하고, 중일 관계에서 진정으로 주도적 역할을 차지하여 나아가 모든 국제 관계에서 모든 일을 침착하게 자유자재로 운용하려면, 일본인의 이러한 장점을 배우지 않으면 안 된다. 이것이 바로 자강이다. 이는 청일전쟁 패배 이후 우리가 끊임없이 논해온 화제였고, 중화민국에서 중화인민공화국까지 언제나 연주하던 부흥 교향곡의 테마이다.

정보화 시대에 사람들은 인터넷을 통해 시간을 보낼 수 있고, 스트레스도 풀 수 있다. 그러나 이성적 사유를 하는 사람들은 갈수록 줄어들고 있다. 어쩌다가 어떤 사람이 중일 관계에 대해 비교적 냉철하고 객관적인 표현을 하면, 아마도 이 이성적인 소리는 대단한 기세의 인터넷 악플에 매장되어버린다. 이는 중국에 복이 아니다. 우리에게는 희망찬 미래가 있다. 이 희망찬 미래는 적은 악담과 많은 지혜에 달려 있다.

2006년 2월 2일 선전(深圳)에서

르우안웨이(阮煒) 씀

한국어판 서문

■ 10년 전 《지연 문명(地緣文明)》을 집필할 당시 나는 동아시아의 부흥은 막을 수 없는 역사적 추세임을 굳건하게 믿고 있었다. 하지만 이 책이 출판된 지 불과 몇 년 만에 세계무대에서 이처럼 변화무쌍하고 정채로운 드라마가 연출되리라고는 결코 예상하지 못했다. 겨우 몇 년 사이에 동아시아의 부흥은 이제 더 이상 학자들이 내놓은 예상이 아니라 이미 전 세계가 공인하는 사실이 되었다. 내 생각에 이러한 변화는 근본적으로 그 몇 년 동안 세계 형세에 거대한 변고가 발생했기 때문에 나타난 것은 아니다. 갑자기 찾아온 금융위기와 경제위기로 인해 그동안 계속해서 진행되고 있던 권력의 이동이 사람들 눈앞에 확실하게 드러남으로써 인식의 전환이 일어난 것이다. 지연 공동체로서의 동아시아가 《지연 문명》의 중요한 부분인 이상, 나는 이 책의 한국어판 서문을 통해 몇 마디 덧붙이고자 한다.

지연적인 요인으로 인해 옛날부터 지금까지 한반도와 중국의 관계는 전체 동아시아에서 가장 밀접하였다. 비록 2차 세계대전이 끝났을 때 서양 세력의 개입으로 인해 한반도가 남북으로 분할되고 한국과 중국은 한동안 소원한 관계였지만, 1992년 이후 그 관계가 다시 밀접해졌다. 향후 한국과 중국은 지속적으로 긴밀하게 협력할 것이고, 양국의 호혜 또한 크게 증대될 것이라고 기대할 수 있다. 그런데 이 모든 것을 가능하게 하는 것은 일종의 근본적인 선천적 공간이 만들어낸, 복제할 수도 없고 취소할 수도 없으며 또한 회피할 수도 없는 지연구조이다. 이러한 지연구조 때문에 한반도와 중국의 관계는 일찍이 기원전 11세기 상나라와 주나라의 교체기 때부터 시작되었다. 이후 양쪽의 문화와 경제 교류가 점차 긴밀해졌고 나중에는 정치적 교류도 이루어졌다. 특히 16세기 임진왜란 이후에는 양국의 경제와 정치 및 문화의 상호 작용이 새로운 수준으로 올라섰다.

하지만 동시에 16세기부터 전 지구화 추세가 급속도로 빨라져 서양과 동아시아 각국이 직접적인 무역과 문화 교류를 시작했다. 19세기 중엽에 이르면 서양은 군함과 대포를 이용해 동아시아를 침입하여 동아시아 각국과 차례로 불평등 조약을 강제로 체결하고, 정치적 굴복과 통상 문호의 개방을 강요했다. 얼마 지나지 않아 일본은 서양의 압력에 신속하게 반응함으로써 우월한 군사력을 앞세워 1876년에는 강제로 조선과 불평등한 강화조약을 체결하고(1910년에는 조선을 병탄했다), 1895년에는 청일전쟁에서 승리하여 청나라 정부에 굴욕적인 시모노세키 조약이 체결되었다. 이로써 정식으로 '아시아를 벗어나서 서양에 들어간' 일본은 서양 압제자들의 대열에 가담하였다. 이후 발생한 이야기들은 모든 사람들이 다 아는 것이다. 2차 세계대전 후 미국은 패권 유지의 필요성 때문에 일본과 한국에 군대를 주둔시켰고, 1950년 한국전쟁 발발 후에는 공개적으로 타이완의 보호자로 자청하였다. 현재까지도 미국은 동아시아에서 철수할 뜻이 없을 뿐 아니라 오히려 계속 주둔할 것임을 더욱 분명히 밝히고 있다.

이는 지연적 의미에서 하나의 동아시아 문명이 존재한다고 해도, 그것은 서양 세력이 그 속에 깊숙하게 침투한 지연 문명임을 의미한다. 다시 말하면 나날이 새로워지는 통신과 교통 기술의 발달, 나아가 나날이 확장되고 모든 곳에 존재하는 전 지구적 무역으로 인해, 서양 문명은 더 이상

16세기 이전의 상대적으로 봉쇄되고 단순했던 문명이 아니라 다른 문명에 이미 삼투되어 있는 요소가 되었다. 화약, 나침반, 아라비아숫자, 제지술, 인쇄술 등의 기술을 이용하지 않았다면, 16세기 이후 서양의 지리 확장, 사회 진보, 기술 발전이 가능할 수 있었을까? 오늘날의 '문명' 혹은 '지연 문명'은 1천~2천 년 이전의 것과는 사뭇 다르다. 타자 속에 내가 있고 내 속에 타자가 있는 상호 의존적인 관계이다. 오늘날에는 어떤 한 국가나 문명이 외부 세계와의 교류를 단절하고 독자적으로 생존할 수 있다고는 상상할 수 없다.

그러나 오늘날 세계가 소위 말하는 지구촌 시대가 되었다고 해서, 이것이 지구촌 사람들 사이에 대립이나 격렬한 갈등이 더 이상 일어나지 않는다는 것을 의미하지는 않는다. 전 지구적 권력의 동쪽으로의 이동이 나날이 가속화됨에 따라 특히 대립과 갈등의 형세가 발생할 가능성이 다분하다. 하지만 갈등은 피할 수 없다고 쳐도, 싸움은 분명 피해야 하는 것이고 악성적인 전쟁은 더더욱 피해야만 한다. 권력의 동쪽으로의 이동 과정에서 어떻게 전쟁을 피할 것인가는 미래의 몇십 년간 동아시아 각국이 직면하게 될 대과제이다. 사실 이는 인류 자체에 대한 또 하나의 거대한 도전이 아닐 수 없다. 인류가 최대한의 지혜를 발휘해 평화롭게 넘기기를 기대하며 지켜보도록 하자. 미래에 어떤 일이 일어날지는 누구도 장담할 수 없다. 하지만 한 가지 단언할 수 있는 것은, 동아시아의 부흥은 결코 서양 역사에서 자주 보았던 권력 대체의 형식—예를 들면 영국과 미국이 전쟁에서 승리한 후 스페인과 프랑스를 대체하는 과정에서 발생한 여러 차례의 식민지 전쟁이라든가, 독일이 흥기한 후 영국과 미국의 강력한 권력을 대체하고자 시도하는 과정에서 발생한 두 차례의 '세계' 대전과 같은—을 취하지는 않을 것이다. 동아시아의 부흥은 또한 일본의 흥기 과정에서 보여준 그러한 무력 확장이나 타국의 영토를 점령하는 형식을 취하지도 않을 것이다.

동아시아의 부흥 및 그 부흥이 가져오는 권력 대체는 경제와 문화 경쟁이란 형식을 취할 가능성이 가장 높다. 동아시아 각국이 냉전 시기 일부 서양 국가들처럼 단지 상대방을 '위협'하기 위해 6천~7천 개의 핵무기를 보유한다는 것은 상상할 수가 없다. 사실상 서양 국가와 비교하면, 동아시아 각국은 평화주의적 성격을 더 많이 보여 왔다(이는 역사적으로 한 번도 전쟁을 일으키지 않았던 불교와 유교 및 도교의 종교적 실천에서도 쉽사리 알 수 있다). 나는 이러한 성격으로 인해 동아시아가 자신의 진일보한 부흥 속에서 이미 존재하는 전 지구화의 환경을 충분히 이용하여 탁월하고도 효과적으로 전 지구적인 신문명의 형성과 신인류의 창조에 참여할 것이라 믿는다. 만약 평화주의적인 불교가 이미 서양에 적지 않은 충격을 주었다고 말한다면, 동아시아의 진일보한 부흥에 따라 그 평화주의적 성격과 중도 화합적인 정신이 틀림없이 전 세계에 깊은 영향을 미칠 것이고, 서양인의 진리 독점, 유아독존, 흑백논리, 양자택일식의 사유와 행동 양식을 변화시킬 것이다.

바로 이러한 이유 때문에 역사적으로 어떤 일이 발생했든지, 또한 현실적으로 어떤 일이 일어나고 있든지 간에, 미래지향적으로 보면 이성적인 한국인과 북한인 그리고 중국인과 일본인이 해야 하는 일은, 선천적인 인접 관계 속에 포함되어 있는 긍정적인 요소는 최대한도로 활용하고 역사적으로 남겨진 부정적 요소는 최대한도로 극복하여, 상호 혜택과 이익을 주는 동아시아 대가정의 건설을 향해 매진하는 것뿐이다. 오직 이럴 경우에만 동아시아 나아가 인류가 아름다운 미래를 가질 수 있을 것이다.

2011년 2월 17일

르우안웨이

차례

일러두기

1. 이 책은 르우안웨이(阮煒), 《地緣文明》(上海: 上海三聯書店, 2006)의 완역본이다.
2. 중국 인명과 지명의 발음은 김혜준의 〈중국어음 한글표기법〉에 따라 중국어음으로 표기하되, 고대 국가명 · 지명 · 저작명 및 아편전쟁(1864년) 이전에 활동한 인물의 이름은 한국 한자음으로 표기했다.
3. 저자가 중국어로 표기한 외국 인명 · 지명 · 저작명은 역자가 교육부의 '외래어 표기법'에 따라 각각 해당 국가의 어음으로 표기하였다.
4. 저자가 사용한 학술용어 중 번역만으로 그 의미 전달이 충분하지 않은 경우에는 역주를 달았다.
5. 총서 · 단행본 · 정기간행물의 제목은 《 》 안에 두었고, 논문 · 영화 · 기사 · 시제목 등은 〈 〉 안에 두었다. 각주의 서양서명은 이탤릭체로 하였고 작품명이나 논문 제목은 큰따옴표 안에 두었다.

지연 문명의 의미 해석

■지연(地緣) 문명에는 두 가지 용법이 있다.

첫째, 지리와 자연의 각도에서 특정 문명의 정신이나 그 문명의 역사와 현재의 모습 또는 그 문명이 앞으로 가야 할 미래의 발전 방향에 대해 분석을 하거나, 특정 지리 위치와 자연환경이 인류 사회에 미친 장기적이고 구조적인 영향에 대해 분석하는 것을 말한다.

둘째, 특정 민족이나 국가 혹은 문명 간에 존재하는, 바꿀 수 없고, 복제할 수 없고, 피할 수 없는 인접 관계에 대해 서술하고, 나아가 과거부터 현재까지 인류 공동체 사이에 이러한 선천적인 인접 관계로 인해 발생한 경제나 문화 및 정치적 상호 작용과 상호 작용의 가능성에 대해 논의를 하는 것이다.

지연 문명에서 문명의 의미는 기본적으로 이해하기 쉬운 것이지만,[1] 지연은 문명과 달리 이해하기 쉽지만은 않다. 여기서 말하는 연(緣) 자에 내포된 의미가 풍부해 연분이나 인연 혹은 기회 등의 의미로 해석될 수 있기 때문이다. 지연이란 단어를 영어 · 프랑스어 · 독어 또는 다른 서양 언어의 접두사 'geo-'로 번역할 수는 있지만, 엄밀하게 말하면 어떤 종류의 서양 언어에도 지연이란 개념이 존재하는 것은 아니다. 왜냐하면 서양 언어에는 근본적으로 인연 혹은 연분이란 개념이 없기 때문이다. 서양 언어에 있는 것은 단지 'geo-'뿐이다. 이는 흔히 보이는 하나의 조어 접두사로 토지 · 지구 · 지질 등의 뜻이 있는데, 이는 고대 그리스어의 νη에서 유래한 것으로, νη은 땅 · 토양 · 토지 · 집 등의 기본 의미가 있다. 비록 서양 언어의 'geo-'에 연 · 인연 · 연분과 같은 개념이 없기는 하지만, 이것이 결코 서양 학계가 인지하고 있는 사물 간에 연 · 인연 · 연분과 같은 관계들이 존재하지 않음을 뜻하는 것은 아니다. 다만 전체적인 의미에서 그들은 아직 이러한 종류의 관계를 인식하지 못하고 있을 뿐이다. 현대 서양 사람들이 geo-politcs, geo-economy 또는 geo-culture와 같은 복합적인 개념을 사용할 때, 그들이 말하는 것은 특정 토지나 공간 위치와 이에 대응하는 인류 공동체의 정치 · 경제 · 문화의 사이에 존재하는 인과관계 혹은 연분이 분명하다. 이러한 의미에서 중국어에 있는 지(地) 글자에 서양 언어에 존재하지 않는 '연(緣)' 자의 의미를 더해 'geo-'를 번역하면 알맞다(이 점은 또한 현대 중국어의 풍부한 창조력을 보여준다). 서양 사람들의 인지에는 원래 존재하고 있었지만 아직 언어 문자로는 반영하지 못한 사물 간의 관계를 지연이란 단어가 부각해낼 수 있기 때문이다.

지연의 의미가 지리적 연분 혹은 지리적 인연이라고 한다면, 이른바 지연 문명은 지리적 연분의 각도에서 인류 문명을 서술하고 분석하는 일종의 실험적인 시도가 된다.

제1장
서론

1. 지연 문명 개념을 사용하는 이유(I)

이 책에서는 지연 문명이란 개념을 일관되게 사용하고 있으므로 이를 사용하는 이유에 대해 설명할 필요가 있다. 우선 이러한 이유를 설명하기에 앞서 문명에 대한 개념에 대해 먼저 살펴보고자 한다.

일설에 따르면 문명이란 단어에는 백여 개의 의미가 있다고 한다. 예를 들어 문화와 동의어인 문명, 정신문명에서 말하는 문명, 또한 문명극(文明劇)에서 말하는 문명 등이 있다. 문명극은 중국의 신문화운동과 5·4운동 시기에 서양에서 유입된 연극만을 전적으로 가리켰는데, 이는 중국의 전통극과 상대적인 의미로 사용했다. 당시 중국인들이 보기에 서양 연극은 문명적이고 중국 전통극은 비문명적이었다. 하지만 내 관심은 이러한 의미 분석에 있지 않다. 나는 이른바 문명에는 두 가지 기본적인 의미가 있다고 본다. 첫째는 생명 형태로서의 문명이고 둘째는 역사 문화 공동체로서의 문명이다.

생명 형태로서의 문명은 사유 양식이나 신앙 양식, 혹은 존재 형태나 생활양식, 또는 품격이나 기질로 볼 수 있다. 이는 특정 기질이나 품격에 의해 오랜 시간 동안 지배되어온 동태적 구조이다.[1] 그러나 역사 문화 공동체로서의 문명은 이와 달리 특정한 사유와 신앙 형태, 존재 형식, 생활 양식을 공유하거나 특정한 생명 기질이나 성격을 공유하는, 대규모의 인류 집단을 말한다.[2] 여기서 논의하고자 하는 대상은 첫 번째 의미를 지닌 생명 형태로서의 문명이 아니라 두 번째 의미를 지닌 역사 문화 공동체로서의 문명이다. 공동체로서의 문명에는 다음과 같은 기본 전제가 내포되어 있다. 그것은 특정한 생명 형태, 예를 들면 가치관 · 풍속 · 습관 · 문학 · 문자 · 예술 · 제도 구조 · 건축양식 등의 토대 위에서 형성될 뿐 아니라, 또 대단히 중요한 지리 환경과 자연조건의 토대에서 형성된다는 점이다. 다시 말하면 문명에 대한 연구는 반드시 공간적 혹은 지리적인 시각을 채택해 특정 인류 공동체의 문화 양상과 역사 주체성을 고찰해야 하고, 나아가 특정한 공간 위치나 지리 형태 및 자연조건 등이 특정한 역사 문화 공동체에 대해 미친, 혹은 미칠 수 있는 장기적이고 구조적인 영향을 살펴보아야만 한다는 것이다.

왜 이러한 시각을 사용해야만 하는가? 한 가지 분명한 사실은 특정 문명 혹은 대규모 역사 문화 공동체는 특정한 공간 혹은 특정한 지리적 범위가 있다는 점이다. 기술적인 용어로 말하면 특정한 위도와 경도에 일정하게 위치한다고 말할 수 있다. 하지만 이보다 더 중요한 것은 문명은 특정한 지연 및 자연환경을 가지고 있는 점이다. 지연-자연환경은 한 문명의 운명 또는 그 문명의 역사와 현재의 모습을 근본적으로 결정하고, 또 이 문명의 정신 기질과 이 문명에 속한 사람들의 문화적 정체성에도 영향을 미친다. 다시 말해 지연-자연 요소는 문명 그 자체를 만들어낸다고 볼 수 있다. 여기서 말하는 지연-자연 요소란 특정한 지리적 상황과 자연환경의 집합체이다. 여기에는 지세와 지형, 예를 들면 산맥 · 구릉 · 계곡 · 하류 · 해안 · 사막 · 고원 · 평원 · 습지 등이 포함되고, 또 기후(그중 강수량이 풍부하고 강수가 대체적으로 고른지의 여부는 특히 중요하다) · 수맥 · 산림 · 초원 · 동물 · 식물 등도 포함된다. 그 밖에 각종 광물 자원도 포함된다. 인류 문명이 태동하는 곳이 강수량이 풍부하고 고른지의 여부, 적합한 기온인지 여부(여기서 말하는 적합한 기온이란 특정 지역의 연평균 기온이 매우 높지 않은 섭씨 28도 이하이면서 또 연평균 기온이 아주 낮지도 않은 섭씨 18도 이상을 유지하는 것을 의미한다), 일정한 노동 과정의 변화를 겪은 후 경작에 적합하고 비교적 높은 생산성을 낼 수 있는 큰 토지가 있는지의 여부, 채굴과 제련이 쉬운 동 · 주석 · 납 · 철 · 금 · 은 · 안티몬과 같은 광물이 있는지의 여부는 장차 이 공동체의 생존 형태와 미래의 운명을 근본적으로 결정한다.[참고 1-1]

지리 자연환경의 영향으로 중앙아프리카 밀림 원주민들은 오랫동안 수렵과 채집생활을 했고, 중앙아시아 초원지대의 원주민은 유목생활을 했다. 프랑스 인문 지리학자 알베르 드망종(Albert Demangeon)은 "가문 지역에서 샘물과 촌락 간의 위치는 밀접한 연관성이 있고, 고산지역에서는 작고 비탈진 비옥한 토지와 인간의 거주지 사이에 밀접한 연관성이 있다. 문명 발전의 관점에서 볼 때, 대륙 반구 중심에 위치한 유럽과 광활한 바다 가운데 외롭게 위치한 호주 사이에는 상당한 차이가 있지 않았는가? 반도와 섬도 어떤 민족과 국가들의 특성을 형성하는 데 영향을 주지 않았는가? 포르투갈이 스페인에서 분리된 원인의 일부를 포르투갈이 서쪽으로는 해양을 향하고 있지만, 동쪽으로는 험준한 산지와 황량한 협곡으로 인해 스페인과 차단되어 있는 형세 때문으로 설명할 수는 없는가?"라고 했다.[3][참고 1-2] 그가 말한 것처럼 지리와 자연환경은 분명 인류 사회에 결정적인 영향을 미친다. 이러한 관점을 서술할 때 다음과 같이 질문의 형식을 사용하면 더 설득력을 높일 수 있다고 생각한다. 왜 각각의 대문명들은 모두 북위 23도에서 40도 사이에서 탄생했을까? 왜 문명이 시작된 시기부터 18세기 산업화가 시작될 때까지 전 세계 인구의 70퍼센트가 동아시아 · 동남아시아 · 남아시아 · 서아시아와 유럽 일대에 속하는 총면적 1,100만 제곱킬로미터밖에 되지 않는 협장(狹長) 지대에 집중되었을까?[4] 이는 분명 이 지대에는 풍부한 강수, 알맞은 기후, 농경에 적합한 토지가 있었기 때문이다.

인류 발전사를 전반적으로 관찰하면 세계 인구의 분포가 다음의 법칙들을 따르고 있는 사실을 쉽게 발견할 수 있다. (1) 온대와 아열대에 속하는 온습 지역에는 인구가 고도로 집중되고, 반면에 한대와 건조 지대에는 인구가 대단히 적고, 매우 덥고 지나치게 습한 열대 지역에서도 인구는 적게 분포된다. (2) 큰 강 유역에 대량의 인구가 집중되었다. 예를 들면 가장 오래된 인류 문명들은 나일 강, 티그리스 · 유프라테스 강, 황허(黃河)와 인더스 강 등 큰 강을 따라 흥기했다. (3) 낮고 평준한 지역에 인구가 대체로 집중되는 경향을 보인다. 해발 200미터 이하의 육지가 영구 동토층을 제외한 총면적의 27.8퍼센트를 차지하는 지역에서 거주하는 인구는 전 세계 인구의 56퍼센트이다. 해발 200~500미터의 육지 면적이 29.5퍼센트를 차지하는 지역의 인구는 24퍼센트이고, 해발 500~1,000미터의 육지 면적이 21.5퍼센트를 차지하는 지역의 인구는 12퍼센트이다. 하지만 1,000미터 이상의 육지 면적이 27퍼센트를 차지하는 지역의 인구 비중은 겨우 8퍼센트에 불과하다.[5][참고 1-3] 물론 생산력 수준이 낮으면 낮을수록 환경에 대한 인간의 의존 정도는 더 클 수밖에 없다. 그렇지만 위의 인구분포에 나타난 특징은 고대사회에서도 적용될 뿐 아니라 현대사회에서도 상당 부분 적용된다.

위에서 논의한 부분들이 바로 지연 문명 개념을 사용하는 가장 중요한 이유이다. 사실 지금까지 중국이나 다른 나라에서 지연 문명이란 개념을 사용한 학자는 아직 없지만, 명확하게 지연의 각도에서 문명을 주시한 사람은 있다. 예를 들면 유명한 프랑스 역사학자 페르낭 브로델(Fernad

Braudel)을 들 수 있다. 그는 한 문명의 정신 기질에 영향을 미치는 가장 근본적인 요소를 지리 조건과 자연환경이라고 보았다. 그는 "문명을 연구하는 것은 곧 공간 · 토지 및 지형 · 기후 · 식물 · 동물 등의 종류 및 자연 방면 혹은 기타 방면에서의 우세를 연구하는 것이다. 문명을 연구하는 것은 인류가 농업 · 목축 · 식물 · 거주 · 의복 · 교통 · 공업 등의 기본적 조건들을 어떻게 이용했는지를 연구하는 것이다"[6]라고 했다. 이러한 공간적 시각을 사용하면 필연적으로 한 문명의 가치관 · 사유 방식 · 풍속 · 습관 등이 지연 자연조건에 의해 결정된다는 결론에 이르게 된다. 여기서 브로델은 문명이 위치하는 지연-자연환경과 그 문명의 정신과 그 문명의 역사와 현재의 모습 사이에 인과관계를 세우고자 시도했다. 브로델과 대조적이면서 더 주류에 속하는 문명 연구자나 역사철학자로는 오스발트 슈펭글러(Oswald spengler) · 아널드 토인비(Arnold Toynbee) · 피티림 소로킨(Pitirim Sorokin) · 캐롤 퀴글리(Carroll Quigley) · 매튜 멜코(Matthew Melko) 등을 들 수 있다. 그들은 문명 기질이 형성되는 원인에 대해서는 전혀 고찰하지 않고, 다만 사람들이 직접적으로 관찰할 수 있는 문명 특징을 논리를 세우는 근본 출발점으로 삼거나 사람들이 모두 수용할 수 있는 가설로 삼거나 논쟁할 필요가 없는 전제 조건으로 삼았다.

주류에 속하는 문명 연구자들의 연구 방향에는 분명 결함이 있다. 만약 그들의 문명 개념을 사용한다면 사하라 이남의 아프리카와 동남아시아 문명의 유형들은 모두 비정상적인 복잡성을 드러내어 분류 자체가 거의 불가능해진다. 그 이유는 이 두 지역에는 역사적으로 일찍이 여러 외래 문명이 지속적으로 유입되었고 지금까지도 여전히 그 영향을 받고 있기 때문이다. 동남아시아를 예로 보면, 이 지역에 속한 각 국가들의 지리적 위치와 자연조건은 대체로 서로 비슷하다. 모두 열대 및 아열대에 위치하고, 모두 풍부한 계절풍 강우 현상을 보이고, 매년 주기적으로 태풍의 타격을 받고, 해양으로 둘러싸여 있어 모두 항해와 밀접하게 관련된 생활방식을 발전시켰다. 인도네시아는 만 개로 이뤄진 섬나라로 불리고, 필리핀 또한 7천여 개의 섬으로 구성된 나라이다. 그뿐 아니라 그들의 역사적인 경험 또한 서로 비슷한데, 옛날부터 여러 외래 문명의 각축장이 되어왔던 것이다.

일찍이 기원전부터 인도인은 불교를 이 지역에 전파했다. 그 후 또는 대략 비슷한 시기에 중국인도 동남아시아와 무역 왕래를 시작했고 또 이 지역으로 이주를 하기도 했다. 물론 최초에는 규모가 아주 작았고 비교적 규모가 큰 이주는 16세기 이후에야 시작되었다. 15세기에서 16세기에는 이슬람교가 전파되었다. 근대 이후에는 포르투갈인 · 스페인인 · 프랑스인 · 영국인 · 네덜란드인 등의 식민지였으며, 제2차 세계대전 시기에는 일본이 일시적으로 점령한 적이 있고, 1960년대에서 1970년대까지는 소련의 간섭까지 받기도 했다. 하지만 어떤 외래 문명도 이 지역에서 완전한 승리를 거두지는 못했다. 따라서 전통적인 개념과 분류 방법을 사용한다면 동남아시아는 분명 매우 까다로운 연구 대상이 된다. 그렇다면 동남아시아는 도대체 어떤 문명에 속한다고 보아야 할까?

이에 대해 만약 지연-자연 시각을 사용해 분석한다면 동남아시아의 상황은 명확해진다. 이를 통해 동남아시아 역사 속의 수많은 정치적 실체들이 받은 여러 문명의 다양한 영향들, 각종 세력들 간에 얽히고설킨 복잡한 상황들, 흥망성쇠를 거듭하던 복잡한 국면들은 서로 같은 지연-자연환경 및 서로 비슷한 역사적 운명이라는 하나의 뚜렷한 역사적 맥락 속으로 통일된다.

마찬가지로 둘이나 셋 또는 이보다 더 많은 나라들이 서로 인접해 있는 어떤 인류 공동체들은 겉으로 보기에는 다른 문명들로 분류될 수 있다. 그러나 만약 표층적인 의미의 차이를 없앤다면, 혹은 전통적인 분류나 주류적인 문명 분류를 하지 않는다면, 이 인류 공동체들은 심층적 의미의 유사성이나 공통의 문화적 유전자를 가지고 있을 가능성이 있다. 예를 들어 근 백 년 동안 학자들은 일반적으로 서양 문명 · 동방정교 문명 · 이슬람 문명 · 유대 문명 등 각각 네 개의 독자적인 문명이 존재한다고 보았다. 그리고 이렇게 문명을 네 개로 구분하는 것은 서로 다른 종교, 즉 서양의 기독교 · 동방정교 · 이슬람교 · 유대교라는 근거에 의한 것이다.[7]

하지만 동일성과 차이는 분명 상대적이다. 이 종교들은 표면적으로는 서로 다른 명칭으로 불리기도 하고, 모두 각자 거대한 역사 문화 공동체를 구성하고 있기도 하며 동시에 모두 방대한 신도를 갖고 있다. 하지만 인도와 중국이 문명과 종교에서 보이는 상호 관련성과 대비해 본다면 위의 네 문명들 사이에도 부인할 수 없는 혈통적인 유사성이 분명히 있다. 사실 서방의 기독교 · 동방정교 · 이슬람교 · 유대교의 이 4대 종교와 이와 대응하는 문명들은 모두 구조적으로 시리아 문명과 그리스 문명의 요소들을 갖고 있고,[8] 그 공통의 문화적 유전자들은 모두 같은 지리적 인연에 근원을 둔다.

공간적 각도에서 볼 때 이 4대 종교와 이에 대응되는 문명은 모두 동일한 하나의 지연 세계, 즉 서아시아 일대인 지중해 세계에 그 기원을 두고 있다. 기원전 약 3000년쯤 티그리스 · 유프라테스 강 유역과 이와 인접한 나일 강 유역에서 문명이 탄생했다. 기원전 15세기 초기 이집트 파라오 투트모세 3세는 서아시아에서 자주 전쟁을 일으켰는데,[9] 이때부터 가장 오래된 두 문명들은 밀접한 상호 작용을 하기 시작했다. 기원전 6세기 초기 페르시아인은 지리적으로 세 개의 대륙을 통합하는 방대한 제국을 건설하여 이 두 지역을 더욱 긴밀하게 하나로 연결시켰다. 이때부터 두 지역은 심도 있고 풍부한 문화적 융합 과정을 시작했다고 볼 수 있다. 기원전 4세기 말 변방지역에 위치하던 반그리스화된 마케도니아 왕국이 그리스 세계를 정복했고, 이후 다시 이집트와 모든 서아시아를 정복하여 방대한 그리스 제국을 건설했다. 이는 곧 티그리스 · 유프라테스 강 유역과 나일 강 유역의 문화 일체화 과정을 빠르게 진행시켰고, 마지막에는 시리아와 그리스 문명의 통합 위에 세운 3개의 새로운 문명인 기독교와 이슬람교 및 동방정교 문명이 형성될 수 있었다.

특히 주목할 점은 특정한 문명에 속하는 사람들과 특정한 지연-자연환경이 서로 불가분의 관계로 결합돼 있다고 본다면, 그들의 역사적 기억과 감정의 표현 방식 또한 필연적으로 그들이 생활하는 지연-자연환경과 밀접하게 연결되어 있다고 볼 수 있다는 것이다.[참고 1-4] 그들의 문화적 신분은 대부분 지연-자연환경에서 만들어지며, 지연-자연환경과 맺는 상호 유기적인 결합을 통해 형성되며, 특정한 자연과 문화적 지점, 예를 들면 산맥 · 하류 · 평원 · 계곡 · 도시 · 광장 · 교회 · 사원 등과 유기적으로 결합하여 탄생한다고 볼 수 있다.

다시 말하면 인류 공동체의 문화적 동질성, 신분 및 정체성은 그들이 위치한 지연-자연환경과 밀접하게 연결되어 있어 서로 분리할 수 없다는 것이다. 혹은 인류와 생물 본성 간의 관계 설정에서 결정된다고 볼 수 있다. 이 생물 본성에는 종족과 혈연이 포함될 뿐 아니라 토양과 국토도 포함된다.[10][참고 1-5] 문화적 정체성과 종교 신앙 혹은 민족 감정의 의미에서 보면, 특정한 역사 문화 공동체에 속하는 사람들은 특정한 자연 혹은 문화적 지점을 숭배한다. 또 그들은 이러한 지점들과 밀접하게 연관되어 있으며 그 문화적 신분을 확립해주는 기억 · 기호 · 신화 및 기타 유산들을 함께 공유할 수도 있다. 또 이러한 특수한 지점들에서 형성된 정신적 요소는 그 문화적 신분을 확립해주는 근원이 되기도 한다. 이로 인해 사람들은 본능적으로 문화라고 불리는 이러한 기억 · 기호 · 신화 · 풍습 및 기타 유산들을 지키고자 할 것이고, 또한 그것들을 제도화, 의식화, 기호화, 영구화하려 할 것이다.

그렇지만 이는 그들이 외래문화 요소를 근본적으로 배척함을 뜻하는 것은 아니다. 전 세계 무슬림이 메카인 카으바 신전에 대해 행하는 성지순례, 전 세계 유대인이 성지인 예루살렘에 대해 지닌 신성한 감정, 전 세계 중국인이나 화인(華人)*이 조상의 무덤에서 지내는 제사와 조상의 사당이나 선조의 위패가 있는 장소에 대해 지니는 특수한 감정, 힌두교도가 성스러운 강인 갠지스 강에 대해 지니는 경건함과 숭배 등을 모두 종교적 행위나 종교적 감정만으로 단순하게 설명해서는 안 된다.

반면에 어떤 특정한 정신 형태를 가진 인류가 어떤 특수한 문화적 지점을 근거로 자신의 문화적 품격이나 문화적 신분을 표현하는 방식으로 보아야만 한다. 또는 특수한 인문 지점을 근거로 해 본체론적 의미에서 '자신의 정체성' 또는 '내가 나인 이유'를 밝히는 수단으로 보아야만 한다. 본질적으로 보면 1949년 이후 중국인이 천안문 광장에 대해 가지는 특수한 감정도 상술한 종교적 행위에 내포된 의미와 서로 비슷하게 보아야 한다.

길게는 2천~3천 년에 이르는 민족의 디아스포라 속에서, 유럽과 북아프리카 등지에 흩어져 살던 유대인은 민족이 탄생한 지역인 팔레스타인과 공간적 유대성을 상실하는 고통을 경험했다. 자신들의 문화적 동질성을 유지하기 위해, 유대인들은 민족의 성지인 예루살렘과 기타 성지에 대한 강렬한 숭배 의식을 배양했다. 이는 공간적 요소를 문화적 신분 형성

---

* 화인(華人)은 한족 및 한족에 동화되었거나 혹은 문화적으로 한족 문화와 일체성을 가지고 있는 사람 중에서 중국 국적 유지 여부와 상관없이 중국이 아닌 외국에서 장기간 생활하고 있는 사람을 지칭한다. 반면에 화교(華僑)는 중국 국적을 유지한 채 중국이 아닌 외국에서 장기간 거주하고 있는 사람을 지칭한다. 중화인민공화국이 이중국적제를 취소한 뒤로 화교의 수가 현저하게 줄어들었으며, 전통적인 화교 외에 새로운 중국계 해외 이주자들이 급격하게 늘어나고 있음을 고려할 때, 저자가 '화인'이란 용어를 사용하고 있는 것은 적절한 선택이라고 할 수 있다. — 역주

에 주입해 공간적 요소가 유대인들의 문화적 신분의 구성 부분이 되게 하려는 것과 같다. 물론 자신들의 문화적 동질성을 지키기 위해, 유대인들은 문명사에서 보기 드문 일종의 배타의식을 발전시켰다. 이는 극단화된 유일신 신앙 및 이와 관련된 교리, 족내혼 전통, 개인적인 할례라는 생리적 기호 등에서 집중적으로 나타난다.

그 밖에도 랍비를 중심으로 한 경전 읽기와 경전 해석 활동, 각종 숭배활동 및 독특한 풍속 및 예절 의식이 있다. 또 명절 및 할례 이외에 성인식인 바르미츠바, 속죄일인 욤키푸르, 유월절인 페사흐, 성령강림절인 오순절, 추수감사절인 초막절도 유대인들의 문화적 신분 의식을 강화했다. 비록 심리적 의미를 지닌 민족 공간이 실체적 의미를 지닌 민족 공간이 될 수는 없지만, 심리적 민족 공간은 민족의 문화적 신분을 오랫동안 유지하는 작용을 했고, 역사적으로 유대인의 문화와 종족 보호에 지대한 공헌을 한 점은 의심할 여지가 없다. 20세기에 이르러 역사의 필연 속에서 유대인은 조상의 땅을 부분적으로 회복하여 지금의 이스라엘 국가를 건설했다. 현재 전 세계에 흩어져 있는 유대인은 자신의 신분을 유지하는 데 있어서 전통적인 유일신 관념이라는 심리적 요소와 독특한 풍속 · 예절과 의식 및 명절에 의존할 수 있고, 더 나아가 실재하는 영토 위에 건국한 유대 국가에도 의존할 수 있게 되었다.

하지만 짚고 넘어가야 할 점은 기타 문명과 비교해서 유대인이 그 문화적 신분을 형성하고 유지한 이야기는 대단히 특별한 사례에 해당하는 점이다. 일반적으로 하나의 민족 혹은 문명의 동질성은 늘 특정한 공간과 함께 밀접하게 연결되어 있다. 수천 년 동안 남아시아 대륙과 긴밀하게 서로 연결돼 있던 문명이 남아시아 대륙을 잃어버리고서도 여전히 인도 문명으로 불릴 수 있을지, 수천 년 동안 황허 유역과 양쯔 강 유역과 긴밀하게 서로 연결되었던 문명이 황허와 양쯔 강 유역을 잃어버리고서도 여전히 중국 문명으로 불릴 수 있을지는 상상할 수 없다. 물론 현재 많은 해외 인도인과 화인이 있다. 그들은 비록 고향을 멀리 떠나긴 했지만, 여전히 인도인과 중국인으로 간주된다. 여기에 종족과 생리적 특징이 분명 어느 정도 작용을 했겠지만, 문명 공간과 밀접하게 연결된 문화적 정체성 혹은 문명 공간 그 자체가 더 중요한 요소가 된다. 인도 문명과 중국 문명이 다시 새롭게 흥기하고 역사적 지위를 회복함에 따라, 해외 인도인과 화인이 특정한 공간에 위치한 인도와 중국에 대해 가지는 정체성 또한 반드시 더욱더 강해질 것이고, 그들 몸속에 있는 인도의 민족성과 중국의 민족성 또한 앞으로 더욱더 강해질 것이다. 여기서 인도 민족성과 중국 민족성은 물결 따라 떠다니는 부평초와 같은 것이 아니라, 지연 인도와 지연 중국이란 특정한 공간과 자연환경에 뿌리를 튼튼히 내리고 있는 역사적 · 문화적 동질성을 가리킨다.

2. 지연 문명 개념을 사용하는 이유(II)

멀리 있는 친척은 가까운 이웃보다 못하다는 속담이 있다. 이 말은 경험에서 우러나온 이치로 겉으로 보기엔 간단하지만 사실은 대단히 심오한 의미가 내포되어 있다. 내가 보기에 가까운 이웃이 멀리 있는 친척보다 더 중요한 이유는 바로 그가 내 이웃으로 나의 옆집 혹은 부근에 살고 있다는 바로 그것 때문이다. 이로 인해 그는 나와 일종의 공간적인 인연을 맺게 된다. 이는 또한 그가 나와 함께 협력을 할 가능성을 가지고 있다는 의미이기도 하다. 내가 그의 도움을 필요로 할 때 그는 나를 도와줄 수 있다. 그렇기 때문에 나로서는 더욱 의미가 있고 더욱 가치가 있는 것이다. 그리고 그가 나의 도움을 필요로 할 때 나 또한 그를 도와줄 수 있다. 오히려 나와 멀리 떨어져 있는 친척은 옆집 이웃보다 중요하지 않다. 친척은 비록 나와 혈연관계에 있지만 공간적 인연이 결핍되어 있기 때문에, 내가 급히 도움을 필요로 할 때 그는 아무 도움도 줄 수 없다. 바꾸어 말해 인접해 살면 나와 타인의 사이에 이익 상관성이 발생할 수 있지만, 공간적인 거리는 나와 타인의 이익 상관성을 약화하거나 심지어 아예 없어지게 한다. 사실상 고대에서 현대까지 혹은 동양이나 서양 할 것 없이, 또 어떤 문화 지역이나 문명이든 상관없이, 공간적 인접성은 모두 이익 상관성의 발생 및 강화를 초래했다.[참고 1-6] 통속적인 말로 하자면 이웃이 서로 돕고 살아왔다는 뜻이다.

사실 이웃끼리 서로 돕는 것은 인류의 보편적인 현상이다. 폴란드 농민은 수확 시기에 이웃끼리 서로 돕는 트로이카라는 유구한 풍속을 가지고 있다. 1970년대까지 이와 비슷한 전통 풍속은 이탈리아 농촌에서도 찾아볼 수 있다.[11] 수리 관개시설 · 제방 축조 · 수로 정비 · 하천 정비 · 홍수 방지 등은 더 많고 더 복잡한 협력을 필요로 한다. 이른바 아시아적 생산 방식은 더욱 그랬다. 한 집 한 집으로는 이러한 큰일들을 할 수 없기 때문에, 이웃들과 서로 조직하여 공동의 이익을 위해 함께 마음을 모으고 힘을 합쳐 행동하였다. 넓은 의미에서 보면, 국가 자체도 바로 이러한 종류의 협력 과정이 더욱 복잡해지는 과정에서 탄생했다고 볼 수 있다.

예를 들어 북아메리카 수렵 민족인 알공킨족은 각 부락의 토지를 모두 일정한 구역으로 분할하여 각 가족 단위에 분배했다. 알공킨족의 가족 집단은 하나의 실제적인 사회 단위를 구성하고 있었다. 하지만 이 단위의 유대 관계는 혈연관계가 중심이 아니라 동일한 구역과 동일한 토지를 기반으로 한 일종의 권력 공동체의 성격을 띠고 있었다.[12][참고 1-7] 여기서 말하는 동일한 구역과 동일한 토지를 기반으로 한 권력 공동체는 사실상 국가의 초기 형태이다. 바로 이와 같은 이유로 인해서, 수렵 부락에 지나

지 않았던 알공킨족은 혈연을 초월하거나 심지어 혈연보다 강한 사회적 단결을 이루어낼 수 있었다.[13]

그들은 생산력 수준의 측면에서 볼 때 이를 통해 공동으로 소유한 토지와 자연 자원을 최대한으로 이용할 수 있었고 이러한 방법으로 그들은 자신들의 이익을 최대한으로 실현할 수 있었다. 사실 비교적 작은 규모의 인류 집단들이 인접해 살면서 이와 같이 협력하는 사례는 보편적이었다. 토지를 기반으로 한 이러한 협력은 민족과 국가, 나아가 문명의 형성에서 대단히 중요한 역할을 해왔기 때문에, 각 인류 집단 속의 협력 풍속 혹은 제도를 민족과 국가 혹은 문명의 자질 및 성격으로 보아도 이견이 없을 것이다.

역사적으로 인류 공동체(현 시대에서 이는 주로 민족국가에 해당한다. 어떤 의미에서는 또한 문명이 된다)의 상호 작용과 현 시대의 상호 작용을 모두 보면, 공간 인접성과 지연 일체성이 만들어내는 이익 상관성은 낮은 교역 원가와 높은 교역 효율에서 나타난다. 이는 인접한 국가와 지역 간에 이루어지는 정보 · 인원 · 기술 · 자금 · 상품 · 서비스의 유동이 비인접 국가나 지역과 비교해서 더욱 편리하고 신속하며 유동 원가 또한 더욱 저렴하다는 것을 의미한다. 서로 인접한 집단 사이에는 최소한 어느 정도는 높은 수준의 문화 친연성이 존재하는데 이 또한 대단히 중요한 요소가 된다. 왜냐하면 이는 인류 집단 간의 교역 원가를 한 단계 더 낮추고 교역의 효율은 한 단계 더 높여 주기 때문이다. 낮은 교역 원가와 높은 교역 효율은 곧 높은 노동생산성을 의미한다. 이를 시장경제 용어로 말하자면 상품과 서비스 측면에서 훨씬 강해진 경쟁력을 갖추었다고 볼 수 있다. 쌍방 모두가 이익을 얻을 수 있는 이러한 경쟁력은 근본적으로 공간적 인접성에서 비롯된 것이다. 본질적으로 보면 이러한 상황은 선천적인 지연구조가 만들어낸 현실적이고 잠재적인 이익의 확대와 증가이다. 너와 나의 경계 구분이 없는 지금의 글로벌 시대에서 공간 인접성 혹은 지연 일체성의 중요성은 더욱 부각될 것이다.

중국과 일본 및 유럽과 러시아에서 나타난 역사적 관계를 통해서도 이러한 상황을 설명할 수 있다. 황허와 양쯔 강 유역의 고대 인류가 일찍이 높은 수준의 문명 단계에 있을 때, 일본열도의 고대 인류는 여전히 미개한 상태에 머물러 있었다. 하지만 일본열도는 중국과 인접해 있었기 때문에 이 지리적 이점을 바탕으로 중국의 선진문명을 빠르게 배우고 수용할 수 있었고 높은 사회 발전 단계로 도약할 수 있었다. 이와 달리 깊은 잠을 자고 있던 중국은 청일전쟁 이후 1970년대 말에 이르러서야 비로소 개혁개방을 시작했다. 이때 중국은 이웃에 있는 일본이 근대화를 완전히 실현했을 뿐 아니라, 또한 막대한 자금과 선진적 생산기술 및 근대적 관리 이념을 가지고 있다는 사실도 발견했다. 그러나 동시에 자신들도 예전의 일본이 그러했듯이 지리적 이점을 이용할 수 있다는 사실도 발견했다. 이를 통해 일본의 자금과 기술 및 그 관리 문화를 신속하게 도입할 수 있었고, 빠른 속도로 중국의 공업화를 향상시킬 수 있었고, 단시간 내에 종합적 국력을 증강할 수 있었다.

유럽의 상황을 보면 18세기 이전 러시아는 낮은 사회 발전 단계에 있었고 선진적인 기술도 가지고 있지 않았다. 이때 기술적 부분에서 훨씬 앞선 서유럽이 그들의 이웃에 있다는 사실을 발견했는데, 이 공간적 인접성은 표트르 대제가 직접 민간인으로 가장해서 기술자 대열을 인솔하여 서양으로 가서 비밀리에 학습할 수 있는 계기가 되었다. 또 그가 유럽의 선진 기술 특히 조선 기술을 재빨리 터득하고 유럽의 문화를 학습할 수 있는 배경이 되었다. 귀국 후에 표트르 대제는 이를 러시아에 강력하게 추진했고, 결국 러시아의 국력은 크게 신장되었다. 역사적으로 볼 때, 이러한 인접 관계가 없었다면 러시아는 서양의 세계 확장에 참가할 수 없었고, 또한 냉전 기간에 세계 강대국의 역할을 담당할 수 없었을 것이다. 물론 인류 집단 간 공간적 인접으로 인해 생겨나는 협력이 보편적 현상이기는 했지만, 이것이 서로 다른 종족 · 민족 · 국가 · 문명 간에 대립과 충돌이 전혀 없었다는 것을 뜻하지는 않는다. 사실 그들 간에는 늘 이런저런 원한 · 불일치 · 대립 · 충돌이 있었고, 심지어 전쟁을 하기도 했다. 이는 일상생활에서 가까운 이웃끼리 자주 말다툼하고 싸우는 것과도 같다. 그렇지만 협력은 인간이 인간으로 존재할 수 있었던 가장 중요한 속성인 점은 분명하다.

유럽을 예로 보자. 역사적으로 유럽 각국 간에는 전쟁이 끊임없었고 심지어 두 번의 참혹한 세계대전도 치렀다. 그렇지만 시간이 흐르면 상황도 변하듯 제2차 세계대전이 끝난 후, 유럽인은 민족국가나 이에 대응하는 주권 개념이 결코 신성한 것이 아님을 결국 인식하게 되었고, 만약 서로 협력할 수만 있다면 각자가 얻을 수 있는 이익이 끊임없는 다툼으로 얻을 수 있는 이익보다 훨씬 크다는 것도 인식할 수 있게 되었다. 역사적으로 보면 문화와 종족은 같으면서 여러 민족국가로 분열된 정치 구조는 득보다는 실이 많았고, 심지어는 전 유럽을 치명적인 재난에 빠뜨릴 수도 있었다. 1950년대부터 유럽 내부에서 이른바 세계대전(소비에트 연방에 대한 방어도 물론 중요한 동기가 되었다)이 다시 발발하는 것을 피하기 위해, 유럽인은 서유럽연합, 유럽자유무역연합, 유럽공동체, 유럽경제공동체 등 정치 · 경제 · 군사적 성격을 지닌 초국가적 기구를 만들었다. 이러한 기구들은 이후 지금의 EU로 바뀌었다.

현재 EU는 이미 하나의 역사 문화 공동체만이 아니고, 또 전신이었던 유럽경제공동체처럼 하나의 경제 공동체만도 아니다. 2004년 정식 회원국이 이미 25개 국가로 증가된 규모의 급속한 확대에 근거해볼 때, EU는 이미 하나의 준정치실체가 되었고 갈수록 더 크고 더 많은 실질적인 권력을 획득하고 있다. 이미 전 유럽의 입법기구인 EU의회, 전 유럽법원에 해당하는 EU사법재판소가 성립되었다. 또 각국 정상의 선거를 통해 배출되는 EU집행위원회와 EU이사회 같은 전 유럽 관리협력기구도 이미 성립되었다. 이 둘은 모두 전 유럽 정부의 초기 형태로 볼 수 있다. 또 앞으로 EU이사회 의장이 선출되고 EU외교부가 조직되어 외교부 장관이 선출되면, 통일된 EU헌법도 탄생할 것이다.

본 단락을 집필하는 기간에 독일은 국민투표 절차를 실시하지 않고, 바로 EU헌법조약을 통과시켰다. 그러나 프랑스와 네덜란드의 국민투표에서는 다수의 표결로 이 헌법조약은 부결되었다. 유럽 일체화 진행 과정이 이로 인해 비록 좌절을 겪기도 했지만, 장기적으로 볼 때 유럽 일체화 진행 과정은 막을 수 없는 것으로 보인다. 각국의 비준을 얻기 위해 유럽헌법은 일부 수정을 거쳐서라도 반드시 통과될 것이고, 이 또한 머지않은 일이라고 볼 수 있다.[참고 1-8] 현재 이 헌법조약이 아직 통과되지 못하고 있는 근본적 원인은 유럽의 기득권 계층과 국민들이 유럽 일체화 과정에서 보이는 인식의 차이 때문이다. 또 유럽 일체화 과정이 너무 빨랐기 때문에, 부유한 서유럽이 2004년 합병되자마자 들어온 8개국 동유럽 국가와의 통합에 미처 따라가지 못했기 때문으로 볼 수도 있다. 또는 EU헌법조약에 대한 국민투표가 실시되고 이 조약이 만약 통과되면, 일반 국민들은 가난한 동유럽 사람들이 앞으로 자신들의 이익에 큰 위협이 될 것으로 생각했을 수도 있다. 아니면 그들이 보기에 정부가 유럽통일이라는 먼 미래의 목표를 위해, 납세인의 돈을 그들의 이익과 직접적으로 아무런 상관이 없어 보이는 동유럽 사람들에게 과도하게 사용한다고 생각했을 수도 있다.

물론 조약이 부결된 직접적인 원인은 여러 해 동안 연속해서 유럽경제의 상황이 좋지 않았다는 데 있다. 헌법 조약에 대해 실시한 국민 투표는 공교롭게도 마음속에 이미 불만을 가지고 있던 대중들의 화풀이 대상이 되어버린 것이다. 만약 유럽의 각국 사람들이 본질적으로 자신의 미래를 좀 더 중요하게 여긴다면, 또 국제 사무에서 아무에게나 좌지우지되고 아무에게나 유린당하는 것을 원하지 않는다면 EU가 머지않은 미래에 통일된 외교정책을 실행하는 것은 필연적인 일이다. 이 모든 것으로 인해 EU는 현재 여러 다양한 지역 기구 중에서 가장 실질적인 내용을 가진 기구가 될 수 있었고, 또 가장 많은 권력과 효능을 갖춘 초국가 기구로 변화 발전할 수 있었다. 유럽인이 민족국가 의식을 계속해서 약화시킨다면 유럽은 머지않아 하나의 통일된 유럽합중국으로도 변할 수 있을 것이다.

유럽의 상황은 민족국가의 형식이 인간 정치조직의 보편적인 형식이 아님을 보여준다. 그 증거는 유럽 이외의 기타 문명에서도 많이 찾아볼 수 있지만, 유럽 자체의 역사에서도 그 증거를 찾을 수 있다. 기원을 통해 보면 민족국가는 단지 유럽 역사에서 특정한 시기에 출현한 일종의 특정한 정치 구조 혹은 정치 형식에 지나지 않는다.[14] 약육강식의 시대에서 풍부한 효능을 가진 이러한 협력이 유럽 국가들 간에 좀 더 일찍 진행될 수 있었다면, 그리고 서로 간에 존재하던 민족국가의 경계를 좀 더 일찍 제거했더라면, 다른 지역의 인류도 이를 본받아 좀 더 일찍 같거나 비슷한 길을 걸을 수 있었을 것이다.

이를 통해 인간의 인성 속에 깊이 뿌리박힌 협력이라는 본능을 이끌어낼 수 있었을 것이다. 바로 이 협력이라는 인류의 근본적인 본성을 통해, 역사의 긴 강 속에서 작은 인류 집단은 점차 큰 인류 집단으로 변화 발전할 수 있었고, 원시부락은 점차 대형 부락 연합으로 변할 수 있었고, 국가로 변화 발전할 수 있었다. 또 바로 협력이라는 인류의 근본적 본성으로 인해, 작은 인류 집단은 점차 혈연의 장벽과 지역의 경계를 무너뜨리고 마침내 문명을 형성할 수 있었다. 이로 인해 현시대에서 전 지구화와 지역 일체화 운동이 왕성할 수 있었고, 문명의 범위보다 더 큰 인류 집단 간의 협력인 초문명적인 인류 집단의 협력이 일종의 전 지구적 현상이 될 수 있었다.

현재 어떤 인류 집단들은 어느 정도 이러한 초문명적 협력을 이미 실현하고 있다. 예를 들면 EU가 바로 유럽 중서부의 가톨릭-신교 사회와 유럽 동남부의 동방정교 사회(그리스가 유럽 동남부 동방정교 사회의 가장 중요한 대표이다)의 초문명적 협력이 낳은 산물이다. 각종 현상들이 보여주듯이 향후 30~40년 안에 EU는 아마도 틀림없이 기존의 두 기독교 사회와 터키 같은 이슬람교 사회의 초문명적 협력도 실현할 수 있을 것이다. 다른 인류 집단들은 이런 종류의 초문명적 협력을 아직 실현하지 못하고 있지만, 이를 실현할 잠재력은 분명 가지고 있고, 또 이런 협력을 실현하고자 하는 염원도 상당 부분 표현하는 중이다. 예를 들면 남아시아 각국과 동아시아 및 동남아시아가 그러하다.

이러한 인류 집단을 지연 문명 또는 지연 공동체라고 부르는 데는 이유가 있다. 전 지구적 문명이 최종적으로 형성되기 전에, 영토와 인구 규모의 각도에서 볼 때 지연 문명은 전통적 의미의 문명보다는 크지만 전 지구적 문명보다는 작다. 이 때문에 지연 문명을 일종의 전 지구적 문명의 예행연습 또는 그 준비 과정으로 볼 수 있다. 즉 지연 문명은 일종의 준 전 지구적 문명인 셈이다. 중요한 점은 지연 문명이라는 개념을 사용하는 것이 일종의 희망을 뜻한다는 것이다. 이 희망은 지구에 거주하는 서로 다른 지역의 민족과 국가 혹은 일반적으로 문명으로 불리는 인류 공동체의 특성 · 성격 · 신분이 가까운 미래에 더 이상은 문명 혹은 문화로 전이되지 않는 것이다. 또 이것들이 더 이상 문명과 문화로 구분되지 않고 인류 공동의 물질적 행복과 정신적 복지를 근본적인 귀착점으로 삼아, 사회정의 · 사회평등 · 법치와 제도 · 인권 · 자유 · 민주 등의 보편적 가치가 충분히 인정되는 동질성 위에 세워지는 것이다. 간단히 말하면 지연 문명의 최종 귀착점은 하나의 통일된 전 지구적 문명이다. 이상이 바로 지연 문명 개념을 사용한 두 가지 이유다.

3. 지연 문명의 의미

지연 문명이 도대체 무엇인지에 대해 한층 더 심도 있는 논의를 진행하기 전에, 전통적 의미의 문명에 대해 먼저 살펴보자. 문화 특징의 각도에서 문제를 보면 전통적 의미의 문명 혹은 역사 문화 공동체는 언제나 단일한 존재가 아니라 다양한 문화 특징 또는 다양한 생명 형태를 지닌다. 대체로 이러한 대규모 인류 공동체는 비교적 고정된 지리 범위에서 생활한다. 예를 들면 인도 문명에 속하는 사람들은 대부분 남아시아 대륙에서 생활했다. 서양 문명에 속하는 사람들은 서기 16세기 이후 남북아메리카 · 호주 · 뉴질랜드 · 아프리카 남부 등의 지역으로 확장해갔지만, 1500년 이전에는 주로 유럽 중서부에서 생활했다. 이슬람 문명에 속하는 사람들은 주로 북아프리카와 중동부터 아프가니스탄을 거쳐 다시 인도네시아에 이르는 광활한 협장(狹長) 지대에서 생활했다. 중국 문명에 속하는 사람들은 주로 현재의 중국 및 그 주변 지역에서 생활했고, 동방정교 문명에 속하는 사람들은 유럽 동부와 우랄 산맥의 동쪽인 아시아 북부에서 생활했다.

일본 문명(일본 문명은 중국 문명의 한 변이 형태로 볼 수 있다)에 속하는 사람들은 주로 일본열도에서 생활했다. 독특한 종교와 문화를 가진 유대인은 역사상 여러 문명 지역인 아시아 남부 · 북아프리카 북부 · 유럽 · 미국 각지에 흩어져 살았다. 그들은 특정 지리적 위치에 근거한 영토가 없었으므로 매우 특별한 예외에 해당한다. 따라서 하나의 유대 문명이 과연 존재하는지는 논쟁의 대상이 될 수 있다. 이것은 문명을 어떻게 정의하는지에 달려 있다. 아마도 유대교 혹은 유대인 생활방식을 유럽 문명 또는 서양 문명의 일부분으로 간주하는 것이 더욱 타당할 것이다. 왜냐하면 기원전 몇백 년부터 유대 민족의 역사적 경험은 유럽인의 역사적 경험과 분리할 수 없을 정도로 함께 얽혀 있었기 때문이다.

지연 문명과 전통적 의미인 공동체 문명 사이에는 중요한 차이가 있다. 지연 문명은 한 지연 연속체 중 역사 문화 공동체가 있는 공간적 위치와 자연환경에 대한 고찰을 더욱 중시한다. 그리고 지연 문명은 특정한 지연-자연환경이 문명이나 역사 문화 공동체에 미친 장기적이고 구조적인 영향을 더욱 중시한다. 또 지연 문명은 일반적으로 한 특정한 공간 범위 내에서 하나가 아닌 다양한 문명 혹은 다양한 역사 문화 공동체의 집합을 가리킨다. 하지만 공동체 문명은 어떤 한 특정한 문화 형태를 공유한 인류 공동체를 더 중시한다. 동일한 지연 연속체에 위치한 다양한 문명의 집합인 지연 문명 내에서 인류 집단 간의 상호 작용은 더 빈번하고, 서로 간의 관계 또한 더 밀접하다. 지연 문명의 개념을 사용하는 것은 설사 내가 전통적 의미의 문명과 문화 개념을 이 책에서 계속 사용하고 있다고 해도, 일반적인 가치형태나 생활방식으로서의 문명 혹은 문화는 더 이상 중요한 고찰 대상이 아님을 뜻한다. 왜냐하면 나는 하나의 지연 연속체에 위치한 다양한 인류 집단 간에 고대부터 현대까지 있어왔던 상호 영향, 협력, 충돌 및 융합과 통합을 고찰하려 하기 때문이다. 특히 그들 간에 있었던 대단히 복잡한 상호 작용과 교류의 구조 속에서 그들 미래의 발전 방향을 분석해내고자 하기 때문이다. 또 전통적 의미의 문명과 문화 개념이 여전히 부분적으로 어떤 도움은 될 수 있다고 해도, 이는 이미 부적합하고 심지어 결함마저 가지고 있기 때문이다.

또 지연 문명은 한 지연-역사 공동체, 혹은 대체로 서로 동일한 역사-문화 기억과 비교적 높은 경제-정치 통합성을 가지고 있는 지연 실체나 지연 집합체로 간주할 수 있다. 왜냐하면 이러한 의미를 지닌 문명 내에 있던 서로 다른 인류 공동체들은 오랫동안 비교적 고정된 공동의 공간 내에서 줄곧 생활해왔고, 또 고대부터 지금까지 줄곧 함께 공유한 공간 범위 안에서 상호 교류해왔다. 동시에 상호 영향을 주고받았고, 함께 발전하고 변화해왔기 때문이다. 이러한 인류 집단 간에는 대체로 예외 없이 이런저런 원한들, 대립과 충돌, 심지어 전쟁이 발발할 수도 있었다.

하지만 바로 이러한 이유들로 인해서, 이들 사이에는 세계체제론 학자인 데이비드 윌킨슨(David Wilkinson)이 말한 사회적 접착제(social cement) 혹은 문화적 접착제(cultural cement)[15]가 발생할 수 있었다. 이러한 의미에서 볼 때 지연-역사 공동체는 윌킨슨이 제기한 중앙문명처럼 시간과 공간적으로 서로 연결되어 있다. 그리고 충돌, 전쟁, 공동의 변화와 발전을 포함한 인과적 요소와 공동의 의식, 차이에 대한 인식과 대립인 중대한 의미를 지닌 요소가 통합된 다양한 사회문화 현상으로 구성된 혼합체가 된다.[16]

다시 말하면 서로 인접한 민족 · 국가 · 문명은 자신들이 함께 공유하는 총체적인 지연구조 내에서 오랫동안 생활해왔기 때문에, 선천적으로 역사적으로 선택할 여지 없이 서로 함께 연결되고 결합되어 있으며, 이러한 토대에서 이런저런 종류의 형식과 정도로 협력과 상호 작용이 불가피했을 것이다. 이러한 의미에서 서로 다른 인류 집단이 인접해서 사는 것도 일종의 인연이라고 말할 수 있다. 바로 이러한 인연으로 인해 서로 이웃한 민족 · 국가 나아가 문명은 지역적으로 일종의 공통된 역사 기억을 공유한다(비록 이렇다고 해도 나의 관심은 여전히 지연 문명의 기타 방면에 있다).

이 책은 문화 형태나 국제정치가 아닌 주로 지연적인 상호 작용의 관점에서 초대형 인류 공동체의 현 상황과 미래의 방향을 연구하고자 하므로 경제적 요소들은 필연적으로 중요한 고찰 대상이 된다. 이 때문에 이른바 지연 문명은 주로 지연 경제 공동체이지 지연 정치 공동체는 아니다. 최소한 현재의 상황을 근거로 할 때 지연 문명이 반드시 국가와 국가, 문명과 문명의 지연 정치 연합임을 보여주는 예는 없다. EU는 분명 특수한 예외에 해당한다. 반대로 관찰할 수 있는 현재 상황을 근거로 할 때 대다수의 상황에서 지연 문명은 국가와 국가 혹은 문명과 문명으로 구성된 경제 공동체라고 볼 수 있다. 바로 이러한 이유 때문에 이 책에서는 지연적인 의미를 가진 한 공동체 내에서 줄곧 있었던 개별 인류 집단들 간의 경제적 상호 작용과 협력에 더 많은 관심을 가질 것이다. 또 미래에 그들이 진행할 경제 상호 작용과 협력의 더 큰 가능성에 대해서도 주목하고자 한다. 이는 곧 이 책에서는 이러한 공동체들이 정치적 의미에서 보여주는 상호 영향과 대립, 충돌 혹은 협력에 대해서는 관심을 적게 가지게 될 것임을 뜻한다. 하지만 지연 문명 개념이 주시하고 논의하고자 하는 대상이 주로 서로 다른 공동체 간의 경제 상호 작용이긴 하지만(정치적인 협력과 충돌은 아니다), 어떤 상황 아래에선 대립하고 충돌하는 정치 현실을 결코 피해 갈 수는 없을 것이다.

예를 들면 냉전시기 소련 및 소련의 동유럽 위성국가들이 만든 바르샤바조약기구와 서양 문명의 모체인 중서부 유럽과 주로 서양 문명의 자(子) 문명 혹은 변종인 미국, 캐나다 등의 국가들이 만든 북대서양조약기구가 바로 두 개의 대립적인 지연 정치 행위체로 볼 수 있다. 두 기구는 모두 초국가 심지어 초문명적인 거대한 정치 연합일 뿐만 아니라 또한 각자 아시아 · 아프리카 · 라틴아메리카에서도 많은 동맹국들을 가지고 있었다. 이는 이러한 종류의 가능성도 배제할 수 없음을 의미한다. 즉 지연적 의미를 지닌 대규모 인류 집단은 하나의 지연 정치 실체일 가능성도 있고, 심지어 일반적인 민족국가와 유사한 지연 정치 실체로서 통일 의지와 강한 동원 능력을 지닌 한 정치 행위체일 가능성도 있다는 점이다.

지연 문명은 또한 일종의 직관적인 것으로 볼 수도 있고 만질 수도 있는 공간적 구조이다. 더욱 중요한 점은 그것은 일종의 선천적인 공간적 구조라는 것이다. 이러한 공간적 구조가 선천적이기 때문에 피할 수도 없고, 바꿀 수도 없고, 복제할 수도 없는 것이다. 이러한 공간적 구조에 토대를 둔 지연 문명은 그 내부에 있는 여러 다른 지역 · 국가 · 문명 간에 문화적 친연성이 존재하고, 동시에 밀접한 경제적 · 정치적 상호 작용이 존재하고 있음을 의미한다. 또 지연 문명은 그들 사이에 모종의 현실적이고 잠재적인 정치적 위치에너지가 존재함을 뜻한다. 근본적으로 말하면 지연 문명은 자신의 선천성에 근거하므로 바꿀 수 없고, 취소할 수 없는 지연 일체성이 된다. 피할 수 없는 하나의 공간적 구조이므로, 지연 문명은 인류 집단이 직면할 수밖에 없는 공간적 현실로도 볼 수 있다. 이 밖에 지연 문명 개념의 사용은 이미 발생한 역사적 사건과 지금 나타나는 현시대의 상황을 고찰해야 함을 뜻한다. 나아가 미래의 가능성에도 주목해야 한다. 왜냐하면 지연 문명을 보편화한 인류의 현실이라고 보는 것보다, 현실 상황에서 보이는 가능성에 기초하여 인류 사회와 관련된 미래 방향에 대해 분석과 전망을 내는 것으로 보는 편이 더 적절하기 때문이다.

만약 중점을 각 대규모 인류 공동체의 문화와 종교의 특징 자체에 두면서 문명과 문화에 관련된 편협할 정도의 엄격한 정의를 사용하지 않는다면, 지연 문명은 일종의 지연 문화 연속체로도 볼 수 있다. 왜냐하면 분류에서 종종 이러한 상황이 나타날 수 있기 때문이다. 둘 또는 셋, 심지어 더 많은 수로 인접해 있는 대규모 공동체들이 일반적으로는 비록 각기 다른 명칭으로 불릴 수 있지만, 또는 각기 다른 문명이나 종교로 귀결될 수도 있지만, 만일 표층적인 차이를 벗겨내면 그들은 본질적으로 유사한 혹은 공동의 문화 유전자를 지니고 있을 수 있다. 이러한 인식에서 출발하면 북아프리카 · 중동 · 서아시아 · 유럽 중서부 · 동남부 일대는 하나의 단일한 지연 문화 연속체로 간주할 수 있다. 역사적으로 보면 이러한 지연 문화 연속체의 문화적 동질성은 두 가지 중요한 종교인 이슬람교와 기독교의 토대 위에서 세워졌기 때문이다.

그러나 이 두 종교는 모두 시리아 문명과 그리스 문명이라는 공통된 근원을 가지고 있으며, 또 시리아 문명[17]과 그리스 문명의 정신 · 물질 · 제도적 요소들을 구조적으로 공유하고 있다. 만일 북아프리카 · 중동 · 서아시아 · 유럽 일대를 하나의 초대형 지연 문화 공동체로 간주할 수 있다면—비록 러시아와 중서부 유럽 각국 간의 충돌이 끊이지 않았고, 또 2004년 연말까지도 우크라이나 대선 중에 한 차례 격렬한 대립이 있었지만—러시아를 포함한 동방정교 국가와 중서부유럽 국가들 또한 하나의 초대형 지연 문화 연속체로 볼 수 있다. 그 이유는 이러한 동방정교 국가와 중서부 유럽 간에는 지연적인 인접이나 일체성이 존재할 뿐 아니라, 마찬가지로 시리아 문명과 그리스 문명의 유전자를 구조적으로 공유하고 있기 때문이다. 동일한 논리로 중국 · 일본 · 한국 · 몽골과 각 동남아시아 국가 또한 하나의 지연-역사 문화 연속체로 간주할 수 있다. 비록 중국 대륙과 일본 및 인도네시아 등의 국가들은 거대한 대양에 의해 분리되어 있긴 하지만, 15~16세기 이후 동아시아 및 동남아시아 지역과의 문화 교류는 대단히 빈번했고, 또 한 · 중 · 일 3국의 정치적이고 군사적인 각축은 러시아와 서유럽의 상호 작용과 비교해 유사한 점이 대단히 많았다.

전통적 의미의 문명과 마찬가지로 하나의 지연 문명도 한 개 혹은 두세 개의 핵심 국가를 가져야만 한다. 자신이 위치한 공간 지역에서 가장 중요한 실체인 핵심 국가의 작용은 기타 국가나 지역에 대한 선도적이고 통합적인 역할을 하는 데 있다. 이는 훨씬 큰 경제 규모 · 정치제도 · 문화역량을 바탕으로 자신과 주변 국가 및 지역을 응집해 고도의 집단 효율과 협력을 갖춘 지연 공동체로 만드는 것을 뜻한다. 한 개나 두세 개의 핵심 국가가 없다면 근본적으로 진정한 의미의 지연 문명이라고 말할 수 없다. 그러한 지연 문명은 집단 간의 통합 능력도 없고 집단 간의 협력도 형성하지 못하는 지연 연속체에 불과하다고 볼 수 있다. 그러나 이러한 핵심 국가의 출현에는 반드시 조건이 있다. 그것은 바로 핵심 국가는 적합한 지연-자연환경을 가지고 있어야 한다는 것이다. 이러한 토대 위에서 비교적 큰 경제 규모와 가치 체계와 제도 구조를 포함한 발달한 문화 및 상대적으로 안정된 사회정치 구조가 형성될 수 있다. 또 이렇게 해야만 핵심 국가는 비로소 주변 국가나 지역에 대해 일종의 감화력을 지닌 모방 대상이 될 수 있고, 장기적으로 주변에 자신의 문화와 기술과 제도를 수출할 수 있다. 주변 국가나 지역은 반대로 핵심 국가에 주로 인력 자원과 자연 자원을 제공한다. 실제로 근대 자본주의가 흥기한 후에는 상당한 정도의 자연 자원을 제공했다. 물론 주변 국가나 주변 지역은 어느 정도는 자신들의 문화와 기술적 성과로써 그가 위치한 지연 연속체에 공헌할 수도 있다.

핵심 국가는 주변 지역들과 견주어 훨씬 더 많은 문화 · 기술 · 정치 · 군사적 자원을 가지고 있었다. 이를 바탕으로 핵심 국가는 역사적으로 선택할 여지 없이 또한 회피할 수도 없이 자신이 위치한 모든 지연 연속체의 정치 구조 · 사회질서 · 문화 형태 나아가 장기적인 발전에 대해서 책임을 질 수가 있었다. 또한 핵심 국가는 공정하고 도의적인 형상을 수립하기 위해 노력해야만 한다. 이러한 종류의 형상은 모든 지연 연속체의 경제-정치 통합에서 대단히 중요하다. 또 핵심 국가는 공간적 의미에서 중심 위치에 있는지에 의해 결정되지 않고, 거대한 문명 규모[18] 혹은 경제-문화 규모와 비교적 안정된 사회 정치 구조를 갖고 있는지 여부에 의해서 결정된다. 이러한 요소들은 핵심 국가 내부의 노동생산성 및 다른 이익집단과의 경제 · 정치 · 문화적 일체화를 향상시키는 데 유리하다. 이로 인해 핵심 국가는 강한 경제 · 정치 · 문화적 매력을 가질 수 있고, 이를 바탕으로 주변의 작은 정치 실체에 강한 감화력을 일으킬 수 있고, 주변 국가들이 다투어 모방하고 추월하고자 하는 대상이 될 수 있다. 각도를 달리해서 보면 한 특정 지역 혹은 역사 문화 공동체가 거대한 문명 규모와 비교적 안정된 사회 정치 구조를 가지고 있어야만 자신이 위치한 지연 세계에서 중심 혹은 핵심이 될 수 있다는 것이다. 그리고 경제 · 정치 · 문화적으로 주변의 작은 국가 혹은 지역에 대해 오랜 시간 동안 모범적인 작용과 통합적인 작용을 발휘할 수 있고, 최종적으로는 주변과 지역을 공동 발전의 궤도 위로 끌어들일 수 있다.

지연 문명 혹은 지연 공동체 개념의 사용은 슈펭글러 · 필립 바그비(Philip Bagby) · 토인비처럼 유사 이래의 인류 문명을 8개, 9개 혹은 21개로 구분하는 분류 방법19이 비판받을 수 있음을 뜻한다. 왜냐하면 이러한 분류법에는 명확한 결함이 있기 때문이다. 이 분류법은 인류 공동체의 문화 특징 혹은 생명 형태 자체에만 지나치게 편중되어 있고, 이로 인해 문화적 특징 혹은 생명 형태가 발생한 지연환경과 자연조건은 소홀히 다루고 있다. 또 이 분류법은 지연 일체성에 기반을 둔 서로 다른 문명 간의 경제 · 정치 · 문화적인 상호 작용 및 그 계승과 발전의 관계를 소홀히 하고 있으며, 이러한 상호 작용 및 계승과 발전의 관계가 탄생시킨 지연-역사-문화의 연속성 또한 간과하고 있다. 이 분류법으로는 단지 서아시아 지중해 세계에서 이집트 · 수메르 · 크레타 · 미케네 · 히타이트 · 바빌로니아 · 시리아 · 그리스 로마 · 서양 · 이슬람 · 동방정교 등 열몇 개의 중요한 문명만을 구분할 수 있을 뿐이다. 이 분류법이 그들 서로 간의 계승과 발전 관계(후기의 문명은 당연히 전기 문명의 계승자이지 그 반대가 될 수는 없다)를 완전히 부정하지는 않지만, 그들 사이에 존재하는 역사적 연속성은 여전히 소홀히 다루고 있다. 그 결과 흥기와 몰락, 발전과 쇠퇴를 거듭하는 역사적 상황들만이 지나치게 강조되고, 파편적인 역사 장면들만이 사람들의 주목을 끌게 되었다.

이러한 종류의 전통적 분류법을 사용하면 토인비처럼 각각의 인류 사회를 모(母) 문명과 자(子) 문명으로 구분할 수밖에는 없고, 이미 고인이 된 미국의 인류학자 바그비처럼 인류 문명을 하나의 1등급 문명과 2등급 문명으로 구분할 수밖에 없고, 심지어 브로델처럼 인류 문명을 네 개의 등급으로 세분화할 수밖에 없다(다만 그가 사용한 공간이나 지리적 시각은 선구적인 의미가 있다). 예를 들면 1등급인 서양 문명은 유럽 · 미국 · 러시아 · 라틴아메리카의 4개의 2등급 문명을 포함하고, 유럽 문명과 같은 2등급 문명은 프랑스 · 영국 · 독일 등의 3등급 문명을 포함하고, 3등급의 문명 예를 들면 영국 문명은 다시 4등급 문명인 스코틀랜드 · 아일랜드 · 웨일스 문명을 포함한다. 이러한 방법은 조리가 없거나 잡다할 수밖에 없고, 심지어 문명이란 개념이 반드시 가지고 있어야만 하는 인식 가치조차도 상실하게 된다.[20]

여기서 주의할 점은 지연 문명 개념의 사용이 다수의 학자들이 오랫동안 수용해왔던 문명 분류, 예를 들면 슈펭글러, 토인비, 바그비, 브로델 등의 체계에서 보았던 그러한 분류 방법들을 절대적으로 배척하는 것을 의미하지 않는다는 것이다. 다만 전체적인 측면에서 더욱 분명하게 인류 문명의 역사적 변화 발전과 현시기의 모습을 파악하고, 아울러 인류 문명의 미래 방향을 예측하기 위해 하나의 새로운 시각을 보태고자 하는 것이다. 특히 주의해야만 하는 것은 현재 인류가 여전히 200여 개의 민족국가로 나뉘어 있는 상황에서, 또 민족국가가 여전히 가장 효력 있는 정체성(이익 위주이고 감정적인 의미의 정체성)의 대상이고, 이로 인해 가장 뛰어난 동원 능력을 지닌 정치 단위인 상황에서, 지연 문명은 주로 경제적 의미에서의 통합체 혹은 공동체가 되고 나아가 행위체가 된다는 사실이다.

하나의 지연 문명에서는 일반적으로 하나 혹은 둘이나 셋의 초국가, 초민족을 가진 거대한 핵심 지역이 그 주체를 담당한다. 이 핵심 지역이나 주체 지역은 강력한 경제적 동력을 갖고 있지만, 정치적으로는 통일되어 있지 않거나 통일의 정도가 높지 않을 수도 있다. 그리고 일반적인 의미의 문명과 본질적인 차이는 없다. 그러나 다른 국가나 지역들과 진행되는 경제 협력을 바탕으로, 최종적으로는 경제 공동체를 형성하기 위해 혹은 서로서로 이익을 극대화하려는 내재적 수요를 실현하기 위해, 핵심 지역은 틀림없이 더 강력한 통합 에너지를 표현해낼 것이다.

이는 지연 문명은 전통적 의미의 문명이 가진 협소한 공간적 범위를 초월해 전통적 의미에서 다른 문명에 속하는 국가나 지역에 대해 경제적 통합을 진행하고, 또 나아가 여러 문명이나 하위 문명(이는 당연히 문명과 하위 문명을 어떻게 정의할 것인지에 달려 있다)으로 구성된 지역적 공동체 혹은 지역적 행위체의 형성을 뜻한다. 따라서 지연 문명은 서로 다른 인류 공동체로 구성된 초문명적 집합체나 지연 경제, 또는 지연 문화적 의미의 통합체로 간주할 수 있다. 나아가 다음과 같은 가능성도 배제할 수 없다. 지역 일체화와 전 지구화가 한층 진행됨에 따라, 미래의 50~60년 나아가 100년 이내에 인류 사회에는 여러 초문명적인, 초대형의 지연 정치 연합체가 출현할 수도 있다. 그렇지만 그때 훨씬 더 높은 수준의 전 지구화로 인해 이러한 지연 정치 연합체들 상호 간의 경제 · 정치 · 문화적 관계가 더욱 밀접해질 수도 있다. 이로 인해 그들 사이에 구분이 분명한 경계선을 그으려고 하기 때문에 어쩌면 매우 어려워질 수도 있다.

4. 지연 문명의 구분: 동아시아 · 유럽 · 유라시아 · 남아시아 · 아메리카 · 아프리카

지연 문명 개념을 사용하면 중국 및 그 주변 국가들을 자연스럽게 하나의 지연 경제-문화 공동체로 볼 수 있다. 우선 잠정적으로 이를 동아시아 문명이나 동아시아 공동체로 부르고자 한다. 여기에는 중국 문명에서 파생된 북한과 한국, 인구가 4억 5,000만 명에 달하는 동남아시아연합이 포함된다. 문화 형태적으로 보면, 동남아시아는 인도 문명 · 중국 문명 · 이슬람 문명 · 서양 문명이 하나로 이뤄진 혼합형 문명으로 볼 수 있다. 비록 해양이 가로막고 있어 떨어져 있지만, 근대 이전 여러 세기 동안 이 광대한 구역 내의 각 지역들과 각 섬들 간에는 이미 아주 밀접한 무역과 사람들의 왕래가 있었다. 이러한 사실들은 그들을 자성적으로 일체를 이룬 하나의 지연 연합체로 볼 수 있는 이유가 된다.[21] 또 동아시아 공동체에는 일본 문명이 포함된다. 물론 토인비가 말한 것처럼 이른바 일본 문명은 중국 문명에서 파생된 형태 혹은 하위 형태로도 간주할 수 있다. 또 동아시아 공동체에는 중국과 불가분의 관계에 있고 역사적으로 중국의 한 부분이기도 했던 지금의 몽골도 포함된다. 동아시아에는 줄곧 경제적 통합에 대한 내재적 요구와 강한 경제적 잠재력이 존재하고 있었다. 이로 인해 현재 동아시아는 러시아의 극동지역, 호주, 뉴질랜드(이 세 지역을 주도하는 문화와 종족 특징으로 보면, 각각 전통적 의미의 동방정교와 유럽 문명에 속한다), 중앙아시아의 네 국가인 카자흐스탄 · 타지키스탄 · 키르기스스탄 · 우즈베키스탄에 대해 비교적 높은 수준의 경제 통합을 이미 진행하고 있다. 여러 가지 현상들은 비동아시아 국가들이 동아시아 경제에 대해 보이는 의존도가 이미 상당히 높다는 것을 보여주고 있으며, 심지어 이제는 동아시아를 벗어날 수 없다고도 볼 수 있다. 호주를 예로 들면, 1990년대 중기에 이르러 이 나라의 동아시아에 대한 수출은 이미 자신의 수출 총량의 60퍼센트를 차지하고 있다. 자신들의 가장 큰 12개 시장 중 그 반수가 또한 아시아에 있다.[22] 머지않은 미래에 비동아시아 국가에 대한 동아시아 공동체의 통합 수준은 필연적으로 한층 더 높아질 것이다.

지연 문명 개념을 사용하면 프랑스 · 독일 · 영국 · 이탈리아 · 스페인을 주체로 한 중서부 유럽, 동남부 유럽, 터키, 이스라엘 및 북아프리카와 중동 아랍 국가들을 하나의 지연-연합체로 간주할 수 있다. 여기서는 우선 잠정적으로 그들을 유럽 문명으로 부르고자 한다. 내가 비록 이 지역들에 유럽 문명이라는 이름을 붙이고는 있지만, 이 지연 문명은 역사적으로 볼 때 유럽에 기원을 둔 것이 아니라 서아시아와 북아프리카에 기원을 두고 있다. 이러한 이유로 인해 역사적으로 볼 때 서아시아가 오랫동안 중심에 있었고 유럽이 주변에 위치하고 있었다고 볼 수 있다. 따라서 유럽 문명을 아시아-아프리카-유럽 문명으로 명명해도 전혀 근거가 없는 것은 아니다.

우리가 알고 있다시피 이 역사 문화 공동체의 초기 단계는 기원전 약 3000년경 북아프리카와 서아시아에서 동시에 탄생한 두 개의 제1기 문명, 즉 이집트와 수메르였다. 이집트와 수메르 문명의 발상지는 티그리스 · 유프라테스 강 유역과 나일 강 유역 및 메소포타미아다. 역사의 진행 과정에서 이들 제1기 문명의 발전이 최고봉에 이르렀을 때, 아시아-아프리카-유럽의 지연 연속체인 에게 해 지역에서는 다시 크레타 문명과 미케네 문명이 탄생했고, 이후 그리스 문명이 소아시아와 그리스 반도에서 일어났다. 로마인은 기원전 2세기 중엽에 그리스인을 정복했다. 로마인의 문명은 종종 로마 문명으로 불리는데, 실상은 단지 그리스 문명의 변종 혹은 그 일부분으로 보아야 한다. 이와 동시에 서아시아 지역의 문명 또한 수메르에서부터 바빌로니아를 거쳐 다시 시리아, 즉 히브리에 이르는 등 그 형태의 변천을 거치게 된다.

알렉산더 대왕의 동방 원정 후 그리스 문명은 시리아 문명과 함께 빠르게 통합의 시기로 진입했고, 기원후 약 200~300년경에는 하나의 새로운 문명으로 혼합되었다. 이 문명이 많은 그리스 문명의 요소들을 포함하고는 있지만, 그 핵심적인 성분은 시리아적 형태의 기독교이다. 이 문명이 곧 훗날의 서양 문명이다. 그렇지만 중세 전 시기에 걸쳐 유럽 문명 혹은 아시아-아프리카-유럽 문명의 중심은 서아시아와 유럽 동남부에 있었고, 그 중심 도시는 비잔티움 · 바그다드 · 다마스쿠스였다. 이 시기 유럽의 중서부는 경제적으로 낙후되어 있었고, 도시와 농촌의 규모와 문화적 창조력 또한 서아시아와 동아시아에 비교할 수조차 없었다. 중세 말기 이탈리아 반도 북부가 서아시아와 남아시아와의 무역을 통해 다시 한 번 번영을 맞이했지만, 이 시기에도 서아시아의 중심적 지위를 대신하지는 못했다. 단지 근대 자본주의가 흥기한 후에야 서유럽은 진정한 의미에서 주변에서 중심으로 변화할 수 있었다.[23]

현재 유럽 문명은 중서 유럽이 핵심이 되고, 러시아 등의 동방정교 국가들을 제외한 동유럽 · 터키 · 이스라엘 · 북아프리카 · 중동의 여러 국가들을 주변으로 한 하나의 지연 공동체로 간주할 수 있다. 2004년 5월 25개 유럽 국가들이 이미 이 문명의 핵심 조직인 EU에 가입했다. 이 핵심 지대인 EU 지역을 보면 인구의 노령화 현상이 이미 심각한 국면에 이르렀다. 따라서 이 지역의 주요 국가들인 독일 · 프랑스 · 이탈리아는 경제적 활력을 유지하기 위해 최근 EU에 가입한 중유럽과 동유럽, 터키와 북아프리카의 이민을 대량으로 받아들일 수밖에 없었다.[24] 현재 EU의 경제 일체화는 이미 거의 완성 단계에 이르렀고, 정치 일체화의 진전 속도 또한 대단히 낙관적이다. 시간의 추이에 따라 EU를 핵심으로 한 이 초문명적인 지연 문명 혹은 지연 공동체는 자신들의 내재적 정신 기질의 일치성과 강력한 경제적 동력으로 요르단 · 시리아 · 이라크 · 사우디아라비아 · 이란 등의 중동 국가들을 발전적으로 통합시킬 가능성이 있다. 물론 인도의 새로운 흥기에 따라 인근 이슬람 국가인 아프가니스탄 · 이란 · 아라비아 반도의 여러 국가들이 거대한 남아시아 공동체 속으로 통합되는 것 또한 전혀 불가능한 일은 아니다.[25] 또한 다음의 가능성도 배제할 수 없다. 그것은 일반적인 의미의 지연 경계를 무너뜨리고 벨로루시 · 우크라이나 · 그루지야 · 아제르바이잔 · 아르메니아, 심지어 러시아 자체도 통합되어 들어올 수 있다는 점이다. 최근 2005년 5월 EU와 러시아가 체결한 EU-러시아 통일 공간 협의는 곧 이러한 통합의 가능성을 뚜렷하게 보여주는 예가 된다. 그렇지만 이는 단지 미래의 청사진으로만 그칠 수도 있다.

지연 문명 개념을 사용하면 러시아가 중심이 되고 벨로루시 · 우크라이나 · 그루지야 등의 국가들이 주변이 되는 동방정교 문명과 이들 주변의 이슬람 국가들 카자흐스탄 · 키르기스스탄 · 우즈베키스탄 · 타지키스탄 · 투르크메니스탄 · 아제르바이잔 · 아르메니아를 하나의 지연 집합체로 볼 수 있다. 역사적으로 이 국가들의 주요 종교는 기독교 단성설의 기독교파였다. 여기서 잠정적으로 이를 유라시아 문명으로 부르고자 한다. 하지만 이 문명은 지리적으로는 유럽과 아시아 두 대륙에 걸쳐 있기 때문에, 또한 이 특수한 지연구조가 초래한 문화적 특징과 문화적 정체성의 불확정성 때문에, 더욱이 이 지역의 핵심 국가인 러시아 인구의 급격한 감소와 경제 침체 및 경제 규모의 한계성 때문에, 이 초문명적 집합체인 시베리아 지역과 극동 지역 및 중앙아시아의 여러 국가들은 동아시아 문명으로 통합될 가능성이 있다. 이와 달리 이 지역의 주체 부분인 러시아의 유럽 지역과 주변의 동방정교 국가들은 유럽 문명 혹은 아시아-아프리카-유럽 문명에 통합될 가능성이 있다.

지연 문명 개념을 사용하면 인도를 중심으로 하고 파키스탄 · 벵골 · 네팔 · 스리랑카 · 부탄 · 몰디브가 주변이 되는 남아시아 세계를 하나의 지연 집합체로 볼 수 있다. 여기서는 잠정적으로 남아시아 문명 혹은 남아시아 공동체로 부르고자 한다. 남아시아 공동체는 하나의 천연적인 지연 총체일 뿐 아니라, 매우 높은 역사적 연속성과 문화적 동질성을 가지고 있기 때문에 하나의 지연 문화 공동체로도 볼 수 있다. 남아시아의 주체가 되는 사람들은 대부분 힌두교를 믿는다. 이슬람교와 서양 문명이 차례로 이 지역을 침입하고 통치했는데, 1947년 영국인이 인도와 파키스탄을 독립시키고 인도와 파키스탄에 분할 통치를 실시했을 때, 남아시아 대륙에는 대규모의 소란과 유혈 충돌이 발생했다.

1947년 이후의 남아시아에는 힌두교인 인도와 이슬람교인 파키스탄 쌍방 간에 더욱 극심한 문명 충돌이 여러 차례 발생한 적이 있으며, 최근까지도 양국은 카슈미르 문제로 여러 차례의 무력충돌을 빚기도 했다. 하지만 남아시아 지역의 밀접한 공간 형태 때문에, 더욱이 이곳에는 지역 경제 일체화에 대한 내재적 요구가 존재하기 때문에, 최근 몇 년 동안 문명 충돌은 비교적 상당한 정도로 완화된 실정이다. 가까운 미래에 인도와 파키스탄의 갈등은 한층 더 완화될 가능성이 높고, 나아가 근본적인 해결도 볼 수 있다고 전망할 수 있다. 남아시아에서 핵심 국가로서 충분한 자격을 갖춘 인도의 경제가 빠른 속도로 발전함에 따라, 남아시아 각국의 경제는 인도가 주도하는 남아시아지역협력연합의 틀 속에서 실질적인 통합이 실현될 가능성이 다분하다. 또한 각국 간의 경제적 상호 보완성과 의존도도 앞으로 한층 더 높아질 것이고, 그러면 남아시아 문명 또한 더욱 부각되어 나타날 것이다. 심지어 이 문명이 인근 이슬람 국가인 아프가니스탄과 이란을 통합할 가능성조차 배제할 수 없다.

지연 문명 개념을 사용하면 앵글로-색슨 백인 청교도가 주도하는 북아메리카 문명과 중남아메리카와 카리브 해 지역의 여러 도서 국가들을 한 지연 연속체 혹은 한 지연 집합체로 볼 수 있다. 따라서 이를 아메리카 문명으로 부를 수 있다. 하나의 거대한 초문명적 공동체인 이 문명은 서양 문명의 파생체(서양 문명의 본질을 더 잘 드러낼 수 있다)인 북아메리카 문명과 서양 문명의 변종인 라틴아메리카 문명으로 구성되어 있다. 이 지연 공동체 중심 국가는 의심할 여지 없이 미국이다. 그러나 시간의 추이에 따라 브라질과 아르헨티나 및 칠레 등의 남아메리카 국가들이 자신들의 경제 위치와 내재적 경제 통합 요구로 인해 또 다른 하나의 중심을 형성할 가능성도 배제할 수 없다. 이렇게 되면 이 지연 공동체 안에는 두 개의 중심 구조가 출현하게 된다. 그중 다른 하나의 중심은 물론 미국이 된다.[참고 1-9] 현재 브라질은 1억 5천만 이상의 인구를 가지고 있고, 법률과 제도가 잘 정돈되어 있고, 경제와 과학기술 모두 비교적 발달한 상태에 있다. 모든 라틴아메리카 국가들 가운데 브라질은 의심할 여지 없이 가장 전망 있는 국가이다.

지연 문명 개념을 사용하면 지연적 의미에서 아프리카 문명이 존재할 수 있다는 판단도 내려볼 수 있다. 이 문명은 마치 동아시아 문명과 유럽 문명 및 아메리카 문명보다 지연 연속체로서의 자격을 더 많이 가지고 있는 듯이 보인다. 왜냐하면 이곳에는 사하라사막 이남의 아프리카 대륙과 마다가스카르가 있기 때문이다. 이와 비교하면 오히려 동아시아 문명의 지연 연속성이 더 부족해 보인다. 왜냐하면 중국 대륙을 제외하고, 이 지역에는 많은 도서 국가들이 있기 때문이다. 예를 들면 세계 제일의 도서 국가인 인도네시아와 수많은 섬으로 이루어진 필리핀이 이 지역에 있고, 여러 섬으로 구성된 타이완 또한 이 지역에 위치하고 있다. 유럽 문명 또한 바다에 의해 중서 유럽과 중동 및 북아프리카 3대 구역으로 나뉘어 있고, 아메리카 문명도 북아메리카, 중앙아메리카, 남아메리카와 카리브 해

지역인 4대 구역으로 나뉘어 있다. 중앙아메리카를 북아메리카에서 자연적으로 뻗어 나간 것으로 본다 해도, 아메리카 문명은 3대 지연 구역으로 분할된다. 그러나 사하라사막 이남의 북아프리카가 외형적으로는 거의 완벽에 가까운 지연 총체 구조를 가지고는 있지만, 이곳의 기후와 지형, 지세, 기타 자연조건 등의 열악한 상황으로 인해, 현재 이 지역의 경제와 사회 및 문화 발전 수준은 기타 대륙들과 비교하면 뚜렷하게 낮은 실정이다.[26]

사실 열악한 자연조건으로 인해 아프리카의 생산력은 거의 발전하지 못하고 있는 상태이다. 아프리카의 어떤 국가도 완전하고 자립적인 산업체계를 수립하지 못하고 있고, 각국의 경제는 시장과 자본 및 기술 등 각 방면에서 모두 유럽과 아메리카 및 아시아의 중요 경제체에 지나치게 의존하고 있는 실정이다. 또 아프리카 국가들 간의 경제 교류도 미흡하고 그 경제적 통합 수준도 대단히 낮은 형편이다. 따라서 아프리카의 통일된 시장이 형성되려면 아직은 기다려야 한다.[27] 이 밖에 거대한 영토와 불리한 지형과 지세의 조건으로 인해, 역사적으로 중요했던 아프리카 각 지역들 간의 교통 상황도 매우 불편하여 사회 문화적 교류나 사람들의 왕래도 대단히 희박할 수밖에 없었다.

이러한 상황들은 각 지역 간의 통합을 어렵게 만들었고, 심지어 각 나라들의 종족과 종교 및 문화가 심한 차이를 보이도록 만들었다. 이는 아프리카의 총체적인 발전이라는 측면에서 보자면 대단히 불리한 요소들이다.[28] 이는 사하라사막 이남의 아프리카를 전통적 의미에서 문명으로 보기 어렵다는 것을 나타낸다. 심지어 기타 지연 문명 혹은 지연 공동체와 비교해볼 때, 아프리카 문명은 단지 광의의 지연 연속체로밖에는 볼 수 없고, 협의의 지연 경제 집합체에 지나지 않는다고 할 수 있다. 이는 아직 그들을 지연 경제 공동체로 볼 수 없다는 것을 의미한다. 1963년에 성립된 아프리카통일기구라는 전체 아프리카를 조화시키는 기구가 있고, 남부아프리카발전공동체, 동남아프리카공동체, 서아프리카국가경제공동체, 동아프리카공동체 및 중부아프리카경제와 화폐공동체 등 지역성 기구들이 있기는 하지만,[29] 이러한 지역 기구들이 발휘할 수 있는 작용들에는 필경 한계가 있고, EU와 같은 초국가 혹은 준정부와 서로 비교하면 상당한 차이가 있다. 남아프리카공화국이라는 경제 대국이 있고, 인구가 1억 이상에 달하는 나이지리아라는 인구 대국이 있기는 하지만, 국토 면적, 위치, 문화적 감화력으로 보든 혹은 전체적인 국력으로 보든 이 두 국가를 모두 진정한 의미에서 핵심 국가로 볼 수는 없다. 가까운 미래에도 이 두 나라가 극심한 차이를 보이는 아프리카의 각 지역들과 많은 국가들을 명실상부하게 통합할 가능성은 대단히 낮아 보인다.

하지만 아프리카가 영원히 낙후될 리는 없으니 걱정할 필요는 없다. 현재 아프리카를 지연 경제 공동체로 볼 수 없다고 말하는 것이 아프리카가 영원히 이러한 공동체가 될 수 없다는 의미는 결코 아니다. 최소한 동아시아보다는 더 활발한 아프리카의 지역 일체화 상황으로 볼 때, 아프리카 지연 공동체의 초기 형태가 이미 형성되고 있는 과정이라고 볼 수 있다.[30]

제2장

문명의 두 가지 의미

1. 문화 형태로서의 문명과 공동체로서의 문명에 대한 정의

문명의 충돌과 융합은 현재 대단히 주목받는 화제가 되고 있다. 그러나 문명의 충돌과 융합을 이야기하기 위해서는 먼저 문명이란 단어에 내포된 두 가지 기본적인 의미인 문화 형태로서의 문명과 문화 공동체로서의 문명에 주의해야만 한다. 대부분 사람들은 문명이란 단어에 내포된 두 가지 용법을 구분하지 않는다. 혹은 이 두 가지 의미에 차이가 있기는 하지만, 함께 뒤엉켜 분리할 수 없는 것으로 생각한다. 만약 어떤 사람이 문명의 충돌에 대해서 이야기한다면, 그가 가리키는 것은 서로 다른 가치관 혹은 생명 양식의 충돌만이 아니라, 이러한 가치관들 혹은 생명 양식을 가진 인류 집단 간의 충돌을 가리킬 수도 있다. 예를 들면 새뮤얼 헌팅턴(Samuel Huntington)이 문명의 충돌 나아가 문명 전쟁을 이야기했을 때, 그가 말한 것은 분명 어떤 특정한 생명 형태 간의 충돌이나 전쟁이 아니다. 헌팅턴은 생명 형태의 독특한 풍속 습관들이 일으키는 충돌에는 많은 관심을 갖지 않았다. 그가 관심을 둔 것은 이러한 생명 형태를 가진 역사 문화 공동체들과 지연 이익 공동체들 사이에 발생하고 있거나 발생할 가능성이 있는 충돌이었다. 그가 미래에 발생할 수도 있는 문명 대전을 예견했을 때, 그가 가리킨 것은 다른 그 무엇도 아닌 역사 문화 공동체로서의 인류 집단 사이의 세계대전이었다.

따라서 문명은 어떤 특정한 문화 형태나 생명 양식을 의미하기도 하고, 또 이 문화 형태나 생명 양식을 정체성으로 삼은 인류 집단, 또는 지연-역사 공동체를 의미하기도 한다. 그러나 문명에 내포된 이 두 가지 의미는 일목요연하게 정리할 수 없고 아주 복잡하여 양자택일 논리*나 흑백논리** 로는 해결할 수 없다. 따라서 이는 흑과 백처럼 쉽게 이해할 수 있는 것도 아니고, 맑은 물과 탁한 물처럼 뚜렷하게 구분되는 것도 아니라, 타자 속에 내가 있고 내 안에 타자가 있는 것과 같이 상호 관련성을 갖고 있다. 생명 형태 혹은 문화 형태적 의미의 문명이 비록 기본 가치관, 문화 요소, 역사 기억, 생활공간을 공동으로 가지고 있는 것을 의미하지만, 이러한 형태적 일치성이 반드시 정치적 정체성의 일치를 의미하는 것은 아니다.

예를 들어 고대부터 현대까지 대부분의 시기에 무슬림과 서양은 각각 공동의 종교-문화 형태를 가지고 있었지만, 정치적으로는 오히려 사분오열돼 있었다. 이슬람 문명과 서양 문명은 단지 문화적 의미의 공동체였지, 결코 통일 의지를 가지고 이런 의지를 표현하는 정치적 행위체는 결코 아니었다. 물론 EU가 이에 대한 하나의 반증을 제공하고는 있지만, 현재 유럽 각국의 주권 의식은 대단히 강해서 행위체적 정치 연합은 결코 단숨에 쉽게 이루어지지는 않을 것이다. 또 이슬람 국가의 정치적 통일 전망은 더욱 암담해 보인다. 이것이 바로 공동체적 의미에서 문명을 분석해야만 하는 이유가 된다.

문화 형태적 의미에서 문명은 일종의 사유와 신앙 형식이고, 일종의 존

---

* 원문에는 덴마크 철학자 키르케고르의 책《이것이냐 저것이냐(*Enten-Eller*)》의 제목에서 유래한 "非此卽彼(이것이 아니면 저것이다)"로 되어 있다.—역주

** 원문에는 "非是卽非(옳은 것이 아니면 그른 것이다)"로 되어 있다.—역주

재 유형이고, 일종의 생활양식이다. 일반적으로 여기에는 다양한 문화적 요소, 다양한 민족, 다양한 언어가 포함되어 있으며, 공동의 지역 범위와 유사한 자연조건 또한 그것의 중요한 내용이 된다. 형태적 의미에서 문명은 오랜 시간 동안 형성된 동태적 구조이고,[1] 수천 년 전부터 끊임없이 이어져온 시공간의 연속체이다. 이러한 의미의 문명은 인류가 촌락이나 성읍이 아닌 도시 단계로 발전해온 산물이며, 일반적으로 발달한 가치체계, 발달한 상징체계, 발달한 문자체계와 비교적 안정된 공간적 범위를 가지고 있다. 이는 복잡한 경제조직 · 사회조직 · 정치조직 · 군사조직 · 법률제도 · 문학 · 예술 · 과학 및 이들과 각각 대응하는 물질적 표현 형식도 가지고 있다. 형태적 의미에서 문명은 동일한 가치관, 심리 습관, 행위 유형의 토대 위에서 모든 사람들이 공유하고 그들의 격정과 감정의 공명을 어느 정도 환기할 수 있는 상징체계, 역사 기억, 산과 강 같은 공간적 특징의 토대 위에서 세워지는 것이다. 이러한 의미의 문명은 다른 인류 개체와 집단에게 다른 형식과 다른 정도에서 문화적 응집력을 제공할 수 있다.

문화 형태로서 문명은 공동체와 서로 분리될 수도 있고, 파생될 수 있고 심지어 이식될 수도 있다. 만약 하나의 공동체가 가진 문화적 요소들이 다른 공동체로 파생될 수 없고 그래서 다른 공동체가 그것들을 사용할 수 없다면, 인류 문명의 총체적인 변화 발전은 말할 수 없거니와 근본적으로 문명 자체가 존재할 수도 없다. 한 문명의 형태적 요소들, 혹은 문화는 결코 현대의 지식 저작권 같은 것도 아니고, 이 문화를 원래 창조한 인류 집단들이 혼자 소유하거나 독점할 수 있는 것이 아니다. 문화 요소들이 내재적 가치를 보유하고만 있다면 이 문화를 가지고 있지 않았던 다른 인류 집단들은 적당한 조건하에서 늘 무상으로 이 문화를 이용할 수 있다. 이때 그들은 이 문화를 단순하고 일괄적으로 모두 받아들이는 것이 아니라 아주 강한 선택성을 가지고 받아들인다. 가치가 있는 문화 요소들은 항상 확산되기 마련인데, 이는 인류 문명사에서 하나의 보편적인 법칙이다. 물론 문화는 권력을 내포하고 있다. 문화 요소의 전파는 종종 그것들을 전파하는 종족이 그것들을 받아들이는 사람들에게 가하는 정복 · 학대 · 착취 · 노예화를 수반하기 마련이다. 이는 '그리스화' 시대에 그리스 문명이 전파될 때, 그리스 사람과 서아시아와 북아프리카 지역의 사람과 맺은 관계에서도 나타난다. 그러나 문화가 항상 강자의 손에만 있는 것은 아니다. 정복자가 문화적 방면에서 피정복자가 되는 경우는 비일비재하게 발생하는 문명사의 현상이다. 중국 문명과 인도 문명은 늘 약자의 신분이었으나 매번 자신들을 침입한 군사적 강자와 정치적 압제자들을 동화시켰다. 서아시아와 북아프리카도 그리스화가 된 이후, 그곳의 시리아 형태의 문명은 기독교 형식으로 지중해 핵심 지대로 전부 이식되었고, 그곳의 강자였던 그리스 로마 문명을 질적으로 변화시켰다. 이 또한 약자가 강자를 이긴 하나의 예로 볼 수 있다.

형태적 의미의 문명은 다양한 요소들로 구성되어 있다. 이 때문에 한 문명과 다른 한 문명 간에 상호 작용이 발생할 때, 이 문명이 자신의 본래 자질을 유지한다면, 쌍방의 구성 요소 간에는 상호 삼투작용, 상호 융화작용, 상호 융합작용이 반드시 일어나게 된다. 이러한 과정 속에서 어떤 요소들은 약해지고 다른 어떤 요소들은 강화되고, 또 어떤 요소들은 완전히 없어져버릴 수도 있다. 이와 동시에 어떤 새로운 요소들이 흡수되어 기존의 요소들에 접목되기도 하는데, 이로써 원래의 자질과는 완전히 다른 새로운 문화 형태가 탄생한다. 이에 대한 가장 좋은 예가 인도와 중국의 경우다. 인도 문명은 불교를 바탕으로 중국에 들어온 후, 중국 문명의 총체적인 자질을 크게 바꾸어 놓았다. 이로 인해 중국 문명은 더 성숙되고 더 세련되게 변할 수 있었다. 불교 자체는 중국의 기존 요소들과 오랜 시간 상호 작용을 거친 후, 최종적으로 새로운 형태의 종교로 변화했다.

이것이 곧 중국화된 선종 불교이다.

선종 불교는 다시 여러 곳을 거쳐 동아시아 기타 지역으로 전파되었고, 20세기에는 더 멀리 북아메리카 · 서유럽 · 오세아니아 지역으로 전파되었다. 서아시아 지중해에서도 이런 예를 찾을 수 있다. 일반적으로 말하는 유대 종교-문화인 시리아 문명은 서아시아에서 지중해 지역으로 들어온 후, 원래 있던 그리스 로마 문명과 전면적이고 깊은 융합이 일어났고 최종적으로는 하나의 전형적인 혼혈 문명인 기독교 문명을 형성했다. 이는 한 문명 안의 어떤 일부 요소가 변화된 것도 아니고 어떤 부분적인 속성이 큰 변화를 일으킨 것도 아니다. 이는 문명 전체에서 근본적이고 자질적인 변화, 나아가 되돌릴 수 없는 질적 변화가 일어난 것이다. 이 점은 일반적으로 말하는 문명이란 것이 순수한 마오타이주(茅台酒)나 브랜디와 같은 것이 아니라 일종의 칵테일과도 같은 것임을 의미한다. 이 때문에 문화 형태적 각도에서 이 문제를 보면 순수한 종족이 근본적으로 존재하지 않는 것처럼 순수한 문명도 근본적으로 존재하지 않는다.

아무리 강조해도 지나치지 않는 점은 문화 형태로서의 문명은 개방성 · 포용성 · 생산성을 가지고 있다는 것이다. 따라서 문명은 흥망성쇠를 반복하기도 하고 심지어는 역사의 긴 강 속으로 사라져버리기도 한다. 그러나 만약 그 문명이 여전히 활력을 지니고 있다면 분명 정체되지 않고 발전할 것이며, 일원적인 형태가 아니라 다양하며, 폐쇄적이지 않고 포용적일 것이다. 문화 형태적 의미의 문명은 자신의 자주적인 발전 과정과 다른 문명과의 상호 작용 과정에서 늘 자신의 각종 본원적 자질들 혹은 자신의 역사적 문화 규정성을 지키려고 노력한다. 이와 동시에 끊임없이 자신을 창조적으로 재구성하고자 한다. 이는 건강하게 정진하며 자강불식한다면 문명은 분명 자신의 문화적 본성을 지킬 수 있고, 그러면서도 동시에 늘 자신을 개방할 수도 있고, 낡은 것은 버리고 새것을 받아들일 수 있고, 시대와 함께 발전할 수 있는 문명이 될 수 있음을 뜻한다. 또 이는 끊임없이 기존의 요소들을 버리는 과정 속에서 나날이 새로워지는, 한층 더 새롭게 발전하는 문명이 될 수 있음을 뜻한다.

2. 문화 형태와 공동체의 변증 관계

당연히 공동체로서의 문명과 문화 형태로서의 문명에는 어느 정도 서로 부합되는 면이 있다. 혹은 후자는 전자에게 신분적 정체성의 토대를 제공한다고도 볼 수 있다. 이는 동전의 양면과 같다. 이와 같은 둘이면서 하나인 이위일체의 관계가 없다면 두 가지 의미에서 문명이 성립될 수 없다. 하지만 양자 간의 부합이 항상 100퍼센트 일치하는 것은 아니므로 공동체로서의 문명과 형태로서의 문명은 상당 부분 일치하기도 하고 구별되기도 한다.

공동체적 의미의 문명은 다른 문명의 요소를 구조적으로 받아들이면서도 자신의 동질성을 유지할 수 있으며, 심지어 다양한 문명의 요소들을 흡수하면서도 자신의 역사적 주체성을 상실하지 않고 독특한 문화적 성격을 여전히 유지할 수 있다. 옛날부터 지금까지 각각의 위대한 문명이 이와 같지 않은 적이 없었다. 이 중에서 인도 문명이 가장 전형적인 경우에 해당하는데, 인도는 1947년 이전에 이미 힌두교 · 이슬람교 · 서양이란 3대 문명의 요소들을 구조적으로 지니고 있었다. 그리고 지금까지도 인도의 무슬림 인구는 1억 2천만 명 이상으로 대략 파키스탄의 무슬림 인구와 비슷해 명실상부한 무슬림 대국으로 보아도 손색이 없다. 그런데도 인도 문명은 이로 인해 자신의 고유한 특성을 잃어버리지 않았다. 이 점은 인도의 어떤 지방이라도 가서 한번 보기만 한다면, 혹은 인도 현지에서든 해외에서든 어떤 인도인과 한번 접촉해본다면 곧 어렵지 않게 발견할 수 있다. 중국 문명과 서양 문명의 요소들을 대량으로 섭취해 자신을 더욱 풍부하게 했다는 점에서, 현대 일본과 인도는 서로 비슷하며, 인도 불교의 요소들과 서양 문명의 요소들을 대량으로 섭취해 자신을 더욱 풍부하게 했다는 점에서 중국 또한 인도와 서로 비슷하다.

이와 반대로 여러 문명 혹은 하위 문명이 공통의, 또는 유사한 문화-종교 형태를 가질 수도 있다. 예를 들면 유럽 · 북아메리카 · 라틴아메리카 등은 문화 형태에서 모두 서양 문명에 속하며 때로 서양 문명의 하위 문명으로 볼 수도 있다.[2] 서양 문명과 동방정교 문명은 모두 삼위일체 양식의 기독교 및 이와 관련된 문화를 가지고 있기 때문에, 이 두 문명은 모두 삼위일체의 기독교 문명에 속한다. 이뿐만 아니라 이 문명들은 모두 그리스 로마 문명의 요소들을 구조적으로 계승하고 있다. 그러나 러시아를 핵심으로 하고 기타 동방정교 국가를 주변으로 하는 동방정교 문명은 상당 부분에서는 서양 문명의 문화적 근친에 해당하지만, 지연과 민족 및 여러 역사적 상황으로 볼 때 이 문명은 일반적으로 서양 문명과는 다른 하나의 공동체로 간주된다. 마찬가지로 공동체로서 현대 중국 문명과 현대 일본 문명도 모두 공통의 중국 문명 유전자를 가지고 있지만, 이 두 문명은 지연과 종족 및 여러 역사적 원인들로 인해 서로 다른 역사 문화 공동체로 간주되므로 항상 서로 다른 문명으로 간주된다. 상황이 더 복잡하게 변한 예도 있다. 서양 · 비잔틴 · 모든 이슬람 세계, 현재 여전히 세계 각지에서 활약하고 있는 유대교, 주로 아르메니아와 에티오피아 및 이집트에서 활동하는 기독교 단성론 교파, 일찍이 역사적으로 활약한 적이 있었던 네스토리우스파[과거 중국에서는 이를 경교(景教)로 불렀다. 이 종교는 서아시아와 중앙아시아 일대를 거쳐 중국에 이르는 광범위한 지역에 전파되었다]는 모두 시리아 양식으로 불릴 수 있는 하나의 거대 문명에 속하고,[3] 동시에 그리스 로마 문명의 유산을 계승하고 있다. 이처럼 그들은 문화적 의미에서는 서로 친척 관계에 있었지만, 지연과 민족 및 여러 역사적 원인들로 인해 이전부터 이미 다른 역사 문화 공동체로 각각 형성되어왔다. 그중 비교적 크다고 볼 수 있는 서양과 이슬람 및 러시아만이 명실상부하게 서로 다른 문명으로 볼 수 있다.

각 문명이 근현대로 발전해오면서 형태적으로는 중국 · 인도 · 미국 · EU · 동방정교의 러시아와 같은 대형의 문화 공동체로 형성되었지만, 그 초기 역사에 있어서는 단지 분산된 부락들에 지나지 않았다. 이러한 부락들 간에는 틀림없이 혈연관계가 있었을 것이고 그들이 구사하는 언어나 방언에도 혈연적 관계가 있었을 것이다. 예를 들면 티베트어족의 각종 언어로는 중국어 · 티베트어 · 태국어 · 미얀마어가 있고, 인도유럽어족의 각종 언어로는 게르만어 · 슬라브어, 일부의 이란-인도어가 있다. 이러한 부족들 간에는 끊임없는 충돌이 있었을 것이고, 그들 사이에는 여러 형식과 어느 정도의 협력이 있었을 것이다. 하지만 그 당시에 그들은 부락 연합에도 이르지 못했을 것이고 이후에 와서야 비로소 부락연맹을 형성하고 이후의 초기 형태 국가로 형성될 수 있었을 것이다.

지연 문화 공동체적 의미에서 인류 집단은 한 문명의 창조자일 수 있다. 예를 들면 초기 역사에서 중국인의 조상, 고대 이집트인, 수메르인이 이에 해당한다. 또 어떤 창조는 아니지만 가져오기*와 같은 방법을 채택했을 수도 있다. 예를 들면 인종적 의미에서 서양인의 조상인 기독교화된 게르만인, 이슬람화된 아랍인, 동방정교화된 러시아와 중국화된 일본인이 이에 해당한다. 이러한 민족들이 대표하는 문명이나 문화는 모두 천

* 원문에는 "拿來主義(나래주의: 가져오기)"로 돼 있다. 이는 루쉰(魯迅)이 외래문화를 선택적으로 받아들이자는 의미로 주장한 말이다.—역주

년 넘게 혹은 더 오래전에 존재했던 선진 문명의 기존 성과를 계승하고 발전시킨 새로운 문명이다. 서양과 이슬람 및 동방정교인 러시아 문명의 모문명은 그들보다 역사가 더 유구하고 더 발달한 시리아와 그리스 로마 문명이다. 시리아 문명과 그리스 로마 문명 또한 순수한 창조의 문명이 아니라 자신들의 모체 문화를 갖고 있었다. 그것은 최초로 역사의 무대에 등장했던 이집트 · 수메르 · 크레타 · 바빌론 · 히타이트 등의 문명이다. 이는 시리아 문명과 그리스 로마 문명이 자신들보다 훨씬 오래된 문명들의 토대 위에서 발전한 것을 의미한다. 일본 문명의 모체는 중국 문명이다. 일본의 경제와 사회 및 문화 발전에 대한 내재적 요구로 인해, 유구한 역사가 발달한 중국 문명은 기원전 8세기 후부터 일본열도에 이식되었고, 그곳의 생산력 수준과 문화적 수준을 크게 향상시켰다. 하지만 중국 문명이 일본에 전파된 후 일본은 자신들에게 유용하도록 중국 문명을 선택, 재창조했다는 사실은 부인할 수 없다. 문명은 모문명과 자문명으로 구분할 수 있다. 후자가 전자의 토대 위에서 발전한다는 사실은 형태적 의미의 문명이 부분적으로도 전파되지만 총체적으로도 이식될 수 있다는 것을 의미한다.

초기 성장 단계를 겪은 후 어떤 문명은 방대한 제국으로 성장했다. 예를 들면 아케메네스 페르시아 제국, 파르티아 페르시아 제국, 알렉산더의 그리스 제국, 로마 제국, 중국의 진나라와 한나라 제국, 쿠빌라이 통치하의 원나라 제국, 인도의 마우리아 왕조와 굽타 왕조, 아라비아 칼리파 제국 등이 그러하다. 이러한 의미의 문명은 여러 왕조의 교체를 겪기도 했는데 페르시아인과 그리스인이 침입하기 이전의 이집트 문명과 1911년 신해혁명 이전의 중국 문명이 그에 속한다. 어떤 공동체적 의미에서 문명은 대부분 자신의 역사에서 그다지 탁월한 모습을 보이지 못한 제국이었을 수도 있다. 예를 들면 아케메네스 제국을 들 수 있다. 또 어떤 공동체적 의미의 문명은 공통의 지역과 공통의 역사 및 공통의 문화를 공유하는 여러 민족들의 집합일 수도 있다. 예를 들면 서양 문명의 모체인 유럽 문명이 이에 속한다. 주지하다시피 유럽 내의 많은 민족국가들은 완전한 경제 일체화를 이미 실현했고 지금은 정치 통일로 나아가는 과정에 있다. 이 과정의 본질은 각 민족국가들이 자신의 주권을 점차 약화시키는 데 있었으며, 더 많은 측면들에서 이전에 자신들이 누린 주권을 초민족, 초국가적인 정부 기구인 EU에 양도했다고도 볼 수 있다. 또 민족국가는 아니면서 다양한 민족을 포괄하고 있고 풍부한 역사적 의미를 가진 초대형 민족국가 혹은 루시안 파이(Lucian W. Pye)의 말처럼 국가로 위장한 문명일 수도 있다. 이에 해당하는 국가로는 중국과 인도가 있다.

공동체적 의미에서 문명은 모문명에서 분열해 나온 시간이 짧으면서도 오히려 급속한 발전을 이룬 다종족, 다문화 심지어 다언어의 대형 정치·경제·문화적 공동체가 되었을 수도 있다. 예를 들면 서양 문명의 파생체인 미국 문명이 있다. 그렇지만 미국인 중에는 스페인어 및 기타 언어를 구사하는 인구가 갈수록 증가하고 있다. 언어는 문화를 지탱하기 때문에 헌팅턴 같은 사람은 미국은 몇십 년 후 존망의 위기에 직면할 것이고, 앵글로-색슨 신교 문화를 핵심으로 하며 영어를 구사하는 백인 인종은 앞으로 스페인어를 구사하는 비백인 인종으로 대체될 것이라고 걱정했다. 공동체적 의미의 문명에는 대부분의 역사 시기에 기타 문명 지역에 이산해 살아왔거나 기타 문명 지역에 기거하며 살아온 인류 집단이 있을 수 있다. 이 인류 집단은 주권을 가지고 있지 않지만 오히려 더 뿌리 깊은 역사 기억과 강력한 문화적 응집력을 지니고 있었다. 이를테면 유대 문명이 그렇다고 할 수 있다. 특히 주목할 필요가 있는 점은 역사적으로 유대인은 유럽·북아메리카·러시아·이슬람 문명의 광대한 지역으로 이산했을 뿐 아니라, 또 상당한 수의 인구들이 아프리카 동북부와 인도 및 중국으로 이주했다는 사실이다.

문명 자체의 수명은 문명의 어떤 불완전한 표현 형식들—부락연맹에서 초기 형태의 국가, 왕국에서 제국과 대제국, 대제국에서 초대형 현대 민족국가(예를 들면 중국이 있고 어떤 면에서는 인도도 포함될 수 있다), 현대 민족국가에서 EU와 같은 초대형 민족국가 연합—과 비교하면 훨씬 길다. 왜냐하면 문명은 이러한 모든 발전 단계의 총화일 수 있거나 최소한 이러한 발전 단계 중 어떤 일부들의 총화일 수 있기 때문이다. 다시 말하면 부락연맹이든, 초기 형태의 국가이든, 대제국이든, 초대형 민족국가이든 간에 문명은 자신의 불완전한 표현 형식들과 견주어 더 완전하다는 것이다. 특히 제기할 필요성이 있는 점은 인구와 영토 규모에서 모두 거대한 문명인 중국 · 인도 · 러시아 이 세 국가는 모두 부락연맹에서 초기 형태의 국가, 왕국에서 제국과 대제국, 대제국에서 초대형 현대 민족국가 등의 여러 발전 단계를 거쳤지만(그렇지만 이는 어떤 의미에서 보아도 모두 결코 좋은 것만은 아니다), 기타 주요한 문명들 예를 들면 서양과 이슬람 및 라틴아메리카와 미국 문명의 상황은 이와 달랐다.

형태적 의미의 문명과 비교하면 공동체적 의미의 문명이 더 안정적이다. 문화 형태로서 문명이 가진 근본적 자질들은 비록 그 변화가 아주 적고 매우 느리지만, 변화 자체는 늘 있었다. 그러나 어떤 특정한 문화 형태를 정체성으로 가진 인류 공동체, 즉 공통의 문화 요소를 공유하는 종족 자체는 오히려 어떤 변화도 일어나지 않거나 변화가 대단히 적다. 서양 문명의 근대적인 도전 앞에서 각 비서양 문명 혹은 동남아시아와 같은 문명 지역이 보여준 응전이 이에 대한 좋은 예가 된다. 19세기 후반 무렵부터 중국 문명과 일본 문명은 구조적이고 대규모로 서양 문명의 요소들을 받아들였는데 이는 문화 형태적 측면에서 보면 환골탈태라고 할 만한 변화가 발생한 것이지만, 종족 구성의 측면에서 보면 거의 어떤 변화도 발생하지 않았다.

물론 문명 혹은 문명 속의 문화 요소들이 낙후된 인류 집단을 빠르게 향상시키고 발전시키는 중요 요소가 될 수 있다. 이슬람화되기 전의 아랍인은 역사적으로 천 년 넘게 활약한 바 있었지만 탁월한 모습을 보여주지는 못했다. 하지만 이슬람으로 교화된 후에 그들의 문화적 소양과 사회 통합 정도는 대단히 높아졌고 영토도 크게 확장되었다. 또 인구 증가가 비록 일정 정도는 다른 민족과의 통혼이 원인이 되기도 했지만, 그 인구도 대규모로 증가하여 아랍의 역량이 크게 신장되었다. 그러나 이런데도 아랍 종족의 동질성 측면에서는 이슬람화가 된 후의 아랍인과 그 전의 아랍인과는 큰 차이가 없었다. 이와 비슷한 사례는 러시아 문명에서도 찾아볼 수 있다. 동방정교 및 이와 관련한 문화가 총체적으로 동슬라브인에게 이식되기 전, 동슬라브인의 한 갈래인 러시아인은 단지 분산된 부락들에 지나지 않았거나 기껏해야 부락연맹일 뿐이었고 국가는 아직 맹아의 상태였다. 동방정교와 그 문화의 이입은 러시아인의 부락들과 부락연맹들이 국가로 형성되는 과정을 빠르게 진행시켰다. 또 아랍인이 이슬람교와 그 문화를 수용했을 때처럼, 러시아인도 동방정교와 그 문화를 받아들인 후 문화적 소양과 사회 통합 정도가 크게 향상되었고 인구의 대규모 증가와 영토 확장으로 역량이 크게 신장될 수 있었다. 하지만 종족 구성 면에서 동방정교화된 후의 러시아인과 그 전의 동슬라브인과는 어떤 본질적인 차이도 결코 나타나지 않았다. 게르만인의 기독교 문화 수용, 일본인의 중국 문화 수용, 한국인과 베트남인의 중국 문화 수용, 오스만튀르크인의 이슬람교 수용 등은 모두 아랍인의 이슬람화와 러시아인의 동방정교화와 비슷한 상황들로 나타났다.

이상의 예들은 문화 형태로서의 문명은 공동체와 서로 분리될 수 있을 뿐 아니라, 확산되거나 전파될 수 있고 나아가 총체적으로 이전되거나 이식될 수 있다는 것을 보여준다. 심지어 한 공동체의 문화적 성과가 만약 다른 공동체로 파생되어 사용되지 않았다면, 인류 문명의 총체적 진화와 발전은 있을 수 없었으며 우리가 알고 있는 문명 자체가 근본적으로 형성될 수 없었을 것이다. 따라서 문화 요소의 확산은 문명 진화 발전의 조건이 될 뿐 아니라 문명 진화 발전의 내용과 형식이 된다.

어떤 상황에서 문화 형태적 의미의 공동체는 공통된 가치관, 공통된 풍속 습관, 공통된 생활공간과 공통된 역사 기억을 나누기도 하고, 대체로 일치하는 정치적 정체성을 가진 공통체일 수 있다. 이 점은 이 공동체들이 동시에 정치적 의미로서의 공동체임을 의미한다. 그 예로 역사의 대부분 시기에서 현대에 이르기까지의 중국과 일본이 있고, 또한 러시아를 주체로 하는 동방정교 문명을 들 수 있다. 이와 달리 어떤 공동체들은 단지 공통의 문화적 유전자만을 함께 나눌 뿐, 정치적 정체성은 일치하지 않거나 심지어 사분오열된 종교-문화 공동체일 수 있다. 예를 들면 역사에서 현대까지 이르는 이슬람 · 서양 · 라틴아메리카 문명이 이에 해당한다. 어떤 상황에서는 문명으로 간주되는 공동체가 정치적 충성심과 문화적 정체성이 기본적으로 일치되는 통일된 대제국의 형태로 출현하기도 했다. 그러나 대부분의 상황에서는 위와 같은 공동체는 정치적으로 몇십 개의 현대 민족국가들로 나뉘어 있거나 더 많은 하위 문명(이 또한 한 문명 내에서는 가장 큰 정치 행위체이다)들로 나뉜다.

인도를 핵심 국가로 하고 주위의 작은 국가들을 주변으로 하는 인도 문명은 비교적 특수한 경우이다. 역사에서 대부분의 시기에 남아시아 세계는 무수한 작은 왕국과 토후국 같은 정치 행위체로 분열되어 있었다. 아소카왕 시기의 마우리아 왕조, 굽타 왕조, 무굴 왕조 시기처럼 정치적으로 대략의 통일을 이룬 상황이 남아시아 세계에 출현하지 않은 것은 아니었지만, 중국이나 러시아와 비교했을 때 그 통일의 시간은 매우 짧았고,

통일의 정도 또한 불완전했으며 통일 범위도 비교적 작았다. 반면 현대의 인도는 이와는 다르다. 비록 인도가 언어와 민족 및 종교에 따라 여러 연방 행정 구역으로 나뉘어 있지만, 인도인의 문화적 정체성과 정치적 정체성은 상당 부분 서로 같다. 현재 그들은 이미 통일된 인도 국가를 수립했을 뿐 아니라, 나아가 인도를 핵심으로 하는 남아시아의 통합적 발전 추세를 보여주고 있다. 시킴은 이미 정식으로 인도에 합병되었고, 부탄 또한 머지않은 시기에 자신의 주권국가 지위를 포기할 가능성이 높다. 인도는 국토 면적 · 인구 · 경제 · 군사력 방면들에서 주변의 어떤 국가들보다 훨씬 앞서 있고, 심지어 주변 국가들의 역량을 모두 합한 것보다도 앞서고 있다. 따라서 장기적으로 볼 때 인도 문명의 정치적 통합은 더욱더 강화될 전망이다. 파키스탄이 이러한 종류의 통합에 가입할 수 있을지, 만약 가입한다면 어떤 형식으로 가입할지는 장기적으로 볼 때 모두 하나의 변수가 된다. 인도와 파키스탄 양국 간에 있어 왔던 오랫동안의 긴장관계는 최근 크게 완화되었고, 또 양국 간의 관계도 현재 1970년대 이후 가장 좋은 상태에 있다.[4] 비록 종교와 민족 및 카스트제도에서 일어나는 충돌이 여전히 존재하고는 있지만, 인도 국가 내부에서 나타나는 문화적 정체성과 정치적 정체성은 인도와 주변의 작은 국가와 맺은 관계에서 비교해 볼 때 훨씬 높은 편이다.

민족자결 원칙과 국가 이념이 서로 충돌하는 상황이면, 개인의 정체성 대상은 대체로 국가 내부에 존재하는 민족과 부족 혹은 종족이 첫 번째가 될 것이고 국가는 그다음이 될 것이다. 그 이유는 정체성의 작은 단위에 해당하는 민족이나 부족 혹은 종족이 더욱 밀접한 혈연적 토대(그중에서 혈연관계가 가장 밀접한 것은 당연히 종족이다)를 가지고 있기 때문이고, 더 많고 더 깊은 공통의 경험을 가지고 있기 때문이며, 또 공통의 언어와 방언을 가지고 있기 때문이다. 분명 이러한 작은 단위들이 개인의 내면 깊숙한 곳의 감정을 더 쉽게 환기할 수 있고 개인 자신과 결부된 직접적 이익에도 더 부합할 수 있다. 이는 단지 현대적 현상만이 아니라 고대에도 마찬가지로 존재했던 현상이다. 역사적으로 중국이 통일을 이룬 시기에 개인이 충성을 받쳤던 대상은 가족과 종족 이외에 왕조도 분명 있었지만, 분열의 시기에 그 충성의 대상은 가족과 종족 이외에 어떤 국부적인 정권이 되기도 했다. 이를 통해 정치적 정체성이 문화적 정체성보다는 더 강한 것을 알 수 있다.

이슬람이 흥기하던 시기에도 작은 대상에 대한 정체성이 큰 대상에 대한 정체성보다 더 높았다는 예가 있다. 서아시아 역사에서 가장 위대한 종교혁명 과정 중 무함마드는 공동체에 대한 무슬림 신도의 충성으로써 그들의 부족에 대한 의존을 대체하고자 도모했고 어느 정도 성공을 거두었다. 하지만 그가 세상을 뜨자마자 혁명운동의 내부에는 격렬한 투쟁이 발발했다. 표면적으로 볼 때 이러한 투쟁들은 부족의 풍속 및 계급의식과 이슬람의 보편적 신앙 사이에 존재하는 갈등으로 표현되었지만, 본질적으로 보면 그것은 작은 인류 집단인 부족과 계급 간의 유래가 오래된 이익 충돌에 근원을 두고 있었다. 따라서 이러한 투쟁들은 혈연관계 집단 및 계급을 토대로 한 서로 다른 인식과 강렬한 종교 신앙 사이에 나타난 투쟁으로 볼 수 있다.[5] 선지자가 살아 있었을 때는 쟁반 위의 모래알같이 분산되어 있던 아랍 부족들이 어느 정도는 이슬람 신앙으로 계속 일치단결할 수 있었다. 그러나 선지자가 세상을 뜨자마자 서아시아 정치 국면은 대부분 혁명 전의 상황으로 다시 되돌아가버렸다. 이 점은 반드시 하나의 아랍 제국(이 또한 이슬람 신앙에 의지해야만 한다)이 건설되어야만 분산된 아랍인이 어느 정도 연합될 수 있는 것을 뜻한다. 또 이 점은 이러한 종류의 연합이 결코 견고하지 않음을 뜻하기도 한다. 중세의 이슬람 체제 속에는 3개의 주요한 유형의 정치체인 부족 · 종교 공동체 · 제국이 불안하게 공존하고 있었다. 부족 혹은 씨족이 아라비아 반도에 미치는 영향은 선지자의 혁명을 훨씬 더 능가하는 것이었다.[6]

결론적으로 말하면, 대부분의 상황에서 일반적인 문명은 넓은 의미에서 단지 문화적 정체성만을 줄 수 있을 뿐이지, 정치적 정체성은 그다지 주지 못한다. 설령 줄 수 있다고 해도 그 정도가 비교적 작다고 할 수 있다. 문명에서 문화적 정체성은 정치적 정체성보다 낮고 약하다.

3. 관련 역사적 사실

대다수의 상황에서 문명 형태에 근원을 둔 정체성은 대부분 일종의 가치관, 문화, 풍속, 제도적 요소들의 공유이지, 결코 정치적 통합이나 정치적 일체화를 말하는 것은 아니다. 동아시아를 예로 들면 역사적으로 태동의 시기에 있던 한국 · 일본 · 베트남이 중국 문명을 받아들이긴 했지만, 대부분의 역사에서 그들은 정치적으로는 중국과 결코 정체성을 이루지는 않았으며 상대적으로 독립된 국가였다. 진나라와 한나라 시기에서 당나라 말에 이르기까지 베트남은 중국의 일부분에 속했고, 서기 10세기에 독립한 이후에는 중국의 번속국이 되었다. 한국은 대부분의 역사 시기에 중국의 번속국이었고, 일본은 일찍이 한때 중국에 조공을 바친 적이 있지만, 번속국에는 들지 못했다. 다른 한편 인류 역사에서 문명 충돌의 사례가 존재하지 않은 것은 아니지만, 문명 간의 전쟁은 그다지 발생하지 않았다. 사실 지금까지 인류 역사에서 발생한 전쟁은 대부분 문명 내부의 전쟁이었다. 이는 유럽과 미국이 주역을 맡은 두 차례 세계대전이 가장 명확한 사례로, 그중 제1차 세계대전은 거의 순수한 유럽 대전이었다. 당시 중국인들은 이 전쟁에 대해 유럽 전쟁이라는 명실상부한 이름으로 불렀다. 근대 이전 인류 집단들 간에 비록 문화적 정체성의 차이로 인한 전쟁들이 자주 발생하기는 했지만, 진정한 의미에서의 문명 간의 대규모 전쟁은 아주 적게 발생했다. 설사 발생했다고 해도 그 규모 또한 매우 작은 수준이었다. 이러한 예로 페르시아 제국과 그리스 세계의 관계가 있다. 페르시아 제국의 세 차례 그리스 침입은 문명 충돌이라고 할 수 있으나 그 규모는 실제로 아주 작았다. 알렉산더의 페르시아 제국에 대한 침입 또한 문명 충돌에 속한다고 볼 수 있다. 그러나 이 시기 페르시아는 극도로 부패했고, 한 번의 공격에 맥없이 패해버렸기 때문에, 그 충돌의 규모 또한 아주 작았다. 중국의 당나라와 이슬람 세계 사이에서도 충돌이 발생한 적이 있었지만, 그 규모 역시 아주 작았다. 이는 문명이 비록 인류 개체, 부족, 민족 나아가 거대한 국가에 문화적 신분을 제공해줄 수는 있지만, 그 규모가 너무 크기 때문에 그 내부에는 늘 일반적으로 천차만별의 이익 단체들 심지어 지연 정치 집단들로 분화될 수 있음을 의미한다. 그리고 이러한 단체 혹은 집단 간에 대립과 충돌이 발생할 가능성은 문명들 간에 대립과 충돌이 발생할 가능성보다 더 높음을 의미한다.

일반적 문명 분류에 근거하면, 그리스인과 아케메네스 페르시아인의 전쟁과 로마인과 마르티아 페르시아인의 전쟁은 문명 간의 전쟁으로 볼 수 있다. 하지만 이것을 그리스 도시국가들 간에 있었던 악명 높은 자기 편끼리의 살육[7]이나 한 문명에 속했던 그리스인과 로마인 등 지연 정치 행위체 간의 전쟁과 비교하거나 로마인과 아직 문명 단계에 진입하지 않았던 바바리안족 간의 무수한 전쟁과 비교해보면, 그 문명들 간의 전쟁 규모와 수량은 모두 현저히 낮았다. 서기 732년 푸아티에 전투,[8] 11세기 말에서 13세기 말까지 이어진 여덟 차례의 십자군 전쟁, 서기 1683년의 빈 전투[9] 또한 서양과 이슬람 사이에 있었던 문명 전쟁으로 볼 수 있다. 하지만 이슬람 문명 내부에서 발생한 무수한 민족 간의 전쟁 및 왕조 간의 전쟁이나 서양 문명 내부에서 발생한 많은 이단 종교에 대한 무력 탄압 전쟁, 농민 봉기 진압 전쟁, 나아가 중세에서 19세기까지 모든 유럽을 관통한 왕실 간 전쟁, 군주 민족국가 간 전쟁, 현대 민족국가 간의 전쟁, 또 근대 이후 해외 식민지 쟁탈 때문에 발생한 유럽 국가 간의 무수한 전쟁, 특히 20세기 유럽과 미국이 주역을 담당하고 그 전쟁 지역 또한 모두 유럽이었던 두 차례의 세계대전과 비교해보면, 앞에서 언급한 그 문명들 간의 모든 전쟁은 규모나 수량 면에서 모두 동등하다고 말할 수 없다.

중국의 경우 서기 751년 당나라와 아바스 제국 사이에 발발한 탈라스 강 전투는 중국 문명과 이슬람 문명 간의 전쟁으로 볼 수 있다. 중국 군대는 이 전투에서 패배했지만, 이 전쟁이 미친 당나라 국내 정국에 대한 영향이나 중앙아시아 지역(그 대부분은 현대 중국의 티베트 국경 내와 인근 변방의 지역이다)에 대한 당나라의 장악력을 살펴보면, 이 전쟁의 규모는 매우 작아 이후에 발생한 안녹산의 난과는 비교할 수 없을 정도이다.[10] 아편전쟁 역시 중국과 서양 문명 간의 전쟁으로 볼 수 있다. 그러나 이와 달리 19세기 중엽에 발생한 태평천국의 난과 비교하면 이 문명들 간에 발생했던 전쟁 규모는 훨씬 작았다. 또 이와 중국 역사에서 늘 존재했던 왕조 교체 시기의 전쟁, 농민전쟁, 중원의 농경민족과 주변 유목민족 간의 전쟁, 나아가 분열 시기의 국부 정권 간의 전쟁과 비교하면, 이러한 종류의 문명 간 전쟁은 규모 면에서도 동등하게 취급할 수 없고 수량 면에서도 그 차이는 상당히 크게 나타난다.

문명이 일종의 비정치적인 정체성, 혹은 일종의 비교적 약한 신분적 정체성이라는 점은 두 번의 세계대전에서 서양 문명의 민족국가가 왜 주역이 될 수밖에 없었는지, 그 전쟁 지역이 왜 모두 유럽이었는지, 그리고 왜 역사에서 유례가 없을 정도로 참혹했는지를 상당 부분 설명해준다. 아주 오랫동안 영어권에서는 제1차 세계대전을 단순하게 대규모 전쟁으로 불렀다. 하지만 중국에서는 처음부터 이를 유럽 전쟁으로 번역했다. 왜냐하면 이 전쟁은 주로 유럽 열강 사이에 발생한 역사에 유례가 없는 대규모 전쟁이었기 때문이다. 참전했던 대부분의 비유럽 국가는 터키를 제외하고 당시 모두 유럽 열강의 식민지였고, 비식민지였던 중국과 일본의 참전은 순전히 상징적 의미만이 있을 뿐이었다. 또 문명이 비정치적 정체성이고 낮은 신분적 정체성의 특징을 갖고 있는 점은 역사에서 많은 충돌과 전쟁에서, 어떤 문명의 민족이나 이익집단이 자신의 문화적 동포 혹은 자신과 같은 문명의 여러 민족이나 이익집단에 대응하기 위해, 왜 다른 문명의 민족이나 이익집단과 동맹을 맺는지를 설명해준다. 서양의 십자군은 일찍이 11세기부터 13세기까지 서아시아 무슬림 지역에 침입한 적이 있다. 그리고 발칸반도를 점령한 터키인은 16세기 전 시기 동안 육지와 해상에서 유럽인에게 군사적 압력을 가하고 있었다. 그러나 이와 같은 시기 인도양 지역에 대한 지배권을 쟁탈하고자 터키와 전쟁을 하던 포르투갈은 무슬림, 이란이 터키와 같은 편이 아니라 자국과 연합하여 공동으로 터키에 대항할 수 있는 우방이란 사실을 발견했다.[11] 유사한 상황을 이와 동일한 시기 지중해 지역에서도 찾아볼 수 있다. 서유럽의 프랑스는 합스부르크 왕조와 권력 대결을 벌일 때, 그들 또한 오스만튀르크 이교도 무슬림이 적이 아니고 오히려 신뢰할 만한 동반자라는 사실을 발견했다. 이러한 이유 때문에 그들은 지중해 지역에서 활약하던 튀르크 해군들에게 툴롱 군사 항구를 제공한 것이다.[12]

사분오열된 이슬람 문명은 또 다른 예를 보여준다. 역사적으로 이슬람교를 신봉하는 각 민족들은 종교가 같고 문화가 유사했기 때문에 같은 종교-문화 공동체로 간주할 수 있었다. 하지만 아랍 제국이 성립되는 그 순간부터, 서로 다른 기반에 근원을 둔 정치 행위체들, 예를 들면 하위 문명 · 종족 · 민족 · 부락 · 대가족 · 교파 간의 이해 대립들이 곧바로 비일비재하게 나타나기 시작했다. 이는 지금까지도 해소될 기미를 보이지 않는다. 미국이 주도한 두 차례의 이라크 전쟁은 문명 간의 전쟁으로 간주할 수 없다. 제1차 이라크 전쟁은 명확하게 문명 간 전쟁으로 간주할 수 없다. 왜냐하면 대량의 아랍 국가들이 사담 후세인 정권과의 전쟁에 참가했기 때문이다. 논란이 있기는 하지만 제2차 이라크 전쟁도 문명 간 전쟁으로 간주할 수 없다. 왜냐하면 대다수 무슬림 국가들이 비록 이라크 전쟁에 직접 참가하지는 않았지만, 이집트 · 요르단 · 사우디아라비아 · 파키스탄 · 아프가니스탄 등의 일부 무슬림 국가들은 친미적인 입장을 분명하게 표명했기 때문이다. 심지어 이라크 본국에도 친미파가 있었다. 그렇지 않으면 가지 알 야와르 임시정부는 설립될 수 없었을 것이다.

반면 서양 세계인 프랑스 · 독일 · 벨기에 · 캐나다 · 스페인은 공개적으로 혹은 비공개적으로 미군의 이라크 침공을 반대했다. 각각의 이슬람 하위 문명 간의 충돌은 이슬람 문명과 기타 문명의 충돌보다 더 빈번했고 더 심각했다. 16세기부터 지금까지 오스만인 · 이란인 · 아랍인들 사이에는 줄곧 대립과 전쟁이 끊이지 않았다. 모두가 알고 있는 분명한 예로는 1980년대 발생한 이란과 이라크 전쟁을 들 수 있다. 이는 아라비아 무슬림과 이란 무슬림 간의 대규모 전쟁이었다. 혹은 이 전쟁은 기원전 6세기 이후 서아시아 동부와 서아시아 남부 양대 지연 정치 지역 사이에 있었던 구조적인 충돌의 연속으로 보아도 무방하다.

역사적으로 이슬람 문명에 속하는 터키(터키의 가입으로 서아시아의 지연 정치 지도는 이란과 아라비아 혹은 동서 양대 집단에서 이란과 아라비아 및 터키 3대 집단으로 변했다)는 티그리스 · 유프라테스 강 유역, 그루지야, 아르메니아, 아제르바이잔, 투르크메니스탄의 귀속 문제로 이란과 오랫동안 전쟁을 벌였다. 터키는 16세기에 이란과 여러 차례 전쟁에서 승리를 거두었고 심지어 이란의 수도 테헤란을 점령한 적도 있다. 하지만 터키는 단 한 번도 이란을 완전히 장악한 적은 없다. 17세기 초 이란은 국내 정세가 안정되자 곧 반격을 시작했고, 1612년 국내외적으로 공격을 받고 있던 터키와 조약을 체결했다. 이로 인해 상술한 지역은 모두 이란 소유로 귀속되었다.[13]

이슬람 문명 내부의 각 하위 문명 간의 충돌은 종종 교파 간의 충돌과 구분할 수 없을 정도로 서로 얽혀 있다. 1980년대에 벌어진 이란과 이라크 전쟁은 두 하위 문명에 해당하는 현대 민족국가 간의 충돌이었고, 동시에 이슬람교 내부의 수니파와 시아파 간의 충돌로도 볼 수 있다. 현재까지 아랍 세계의 시아파는 여전히 친이란계이다. 역사적으로 오스만튀르크 제국이 자국 내의 친이란계 시아파 튀르크에 실시한 종교정책은 이에 대한 유사한 예를 제공해준다. 16세기 오스만튀르크 사람들은 무슬림 국가의 일관된 정책을 답습하여 이교도에게는 대단히 관용적이었다. 그들은 유대인과 아랍 지역의 기독교인에게도 마찬가지로 관용적인 태도를 취했다. 하지만 그들은 다른 분파에 속하는 무슬림인 시아파에 대해서는 매우 엄격했고 심지어 잔혹하기까지 했다. 술탄 셀림 1세는 시아파 이란을 공격하기 전에 자신의 통치 지역에서 대규모로 시아파를 진압했다. 그는 2년도 채 안 되는 시기 동안 4만 명에 달하는 시아파를 살해했다. 이보다 더 이전의 예로는 13세기 중엽 몽골인이 티그리스 · 유프라테스 강 유역을 침입했을 때 시아파가 보인 행동에서 찾을 수 있다. 당시 시아파는 몽골인이 자신들이 수니파의 통치에서 벗어날 수 있도록 도와주는 구원자로 보기까지 했다. 훌라구에게 바그다드를 공격하도록 건의한 것은 시아파의 와지르(大臣)였다. 바그다드 성이 함락된 후 몽골인을 설득하여 포로로 잡혀 있던 수니파 칼리프를 죽게 한 사람 역시 또 다른 시아파의 지도자였다.[14]

종합적으로 보면, 한 주요 문명의 규모가 지나치게 크면 일반적으로 상호 충돌하는 여러 개의 지연 정치 실체 또는 더 작은 정치 행위체가 그 속에 포함되기 마련이다. 따라서 역사 · 종족 · 민족 · 문화 또는 기타 원인으로 말미암아 한 문명에 동일하게 속하는 사람들은 정치적으로 작은 단위인 정치 행위체, 예를 들면 하위 문명(종종 한 왕조 혹은 제국으로 나타난다) · 교파 · 민족 나아가 부족에 충성을 다하려고 하지 이른바 문명에는 충성을 하지 않는다. 한 문명 지역 내에서 사람들이 비록 공통의 기본적 가치관이나 공통의 문화적 요소들을 함께 누린다고 해도, 그들의 문화적 정체성은 항상 정치적 정체성보다는 약하다. 정치 행위체로서 하위 문명 · 교파 · 민족 · 부족이 개인의 밀접한 이익과 더 일치하기 때문이다. 문명의 정체성보다 작은 이러한 인구들과 영토 규모 단위는 모두 진정한 의미를 지닌 행위체로 볼 수 있다. 그것들이 개인에게 더 절실하고 또 더 중요한 신분적인 정체성을 제공해줄 수 있기 때문이다.

4. 문명 충돌론에 대한 비판

문화적 정체성과 정치적 정체성의 연결 고리가 끊기는 상황은 역사적으로도 흔히 발생했지만, 우리가 사는 이 시대에도 동일하게 발생한다. 두 차례 세계대전에서 각 참전국들은 초문명적인 연합을 조직했다. 예를 들면 제1차 세계대전에서 러시아 · 일본 · 중국은 영국 · 프랑스 · 미국 편에 참가하여 중유럽의 독일과 오스트리아-헝가리 두 제국이 조직한 지연 정치집단을 공동으로 공격했다. 제2차 세계대전에서는 영국 · 프랑스 · 미국 · 소련 · 중국은 초문명적 연합인 연합국을 조직하여 독일 · 이탈리아 · 일본이 조직한 또 다른 초문명적 연합인 주축국을 공동으로 공격했다. 냉전의 상황도 이와 유사하다. 서방 진영에는 이라크 · 요르단 · 파키스탄처럼 친서방적 이슬람 국가들이 있었다. 무슬림 국가인 터키는 친서방적인 국가에만 머무르지 않고 아예 서방 군사동맹인 북대서양조약기구에 가입해버렸다. 이 밖에도 일본·한국·타이완 등 중국 문명에 속하는 국가들과 지역들이 서방 국가의 우방이 되었다. 동방 진영을 보면 소련을 대표로 하는 동유럽 국가 외에 이들과 완전히 다른 문명에 속하는 중국이 있다. 소련과 중국 이외에 친소련과 친중국인 북한과 베트남이 있는데, 양자는 모두 중국 문명에 속한다. 이외에 이 진영에는 우방인 라틴아메리카의 쿠바가 있다. 냉전 중에 발발한 두 차례 열전인 한국전쟁과 베트남전쟁 또한 초문명적인 국가 집단 간의 전쟁이었다. 이 시기에 한국과 베트남은 각각 남북으로 분열되어 동서 충돌의 뜨거운 초점이 되었다. 북한과 북베트남은 소련 진영의 일원이 되었고 친중국적이었으며, 남한과 남베트남은 반대로 서방 진영의 일원이 되었다. 이 외에 중요한 동남아시아 국가들은 동남아시아국가연합을 조직했다. 비록 이 기구가 서방 진영의 확실한 회원이라고는 말할 수 없지만, 친서방적이었다는 것은 의심할 여지가 없다.

또한 서양 내부에도 인식의 측면에서 아주 큰 의견 차이가 있었다. 대다수 사람들이 문명의 충돌로 보는 이슬람 세계와 서양의 대립 또한 초문명적인 동맹의 국면에서 벗어나지 않았다. 제1차 이라크 전쟁 때 25개국의 아랍 국가 중 12개국이 미국을 대표한 다국적 군대를 지지했다. 9·11 테러 직후 미국과 영국의 아프가니스탄과 이라크에 대한 침공은 표면적으로는 문명 간의 충돌로 비칠 수 있다. 하지만 세계무역빌딩을 공격한 주체는 결코 이슬람 문명 인구로 구성된 이슬람 국가가 아니었다. 아랍에 있는 무슬림 국가는 단지 25개국밖에 되지 않기 때문이다. 이외에 이란이 있고 나아가 북아프리카, 중앙아시아, 남아시아, 동남아시아에도 이슬람 국가가 있다. 세계무역빌딩을 공격한 주체는 국가가 아닌 하나의 테러조직에 불과했다. 탈레반 정권 또한 일반적인 이슬람 국가로 볼 수 없다. 그들은 종교 극단 분자로 조직된 매우 불안정한 준국가에 지나지 않는다. 이라크는 이슬람 국가지만, 이라크와 동일한 문화와 동일한 종족인 대다수 아랍 국가들은 이라크를 지지하지 않고 공개적으로 미영 연합군을 지지했다. 그들은 비록 공개적으로 표명하지는 않았지만, 미국과 영국의 이라크 침공도 묵인해주었다. 서양을 보면 프랑스와 독일 등 유럽 강대국과 미영 양국 간의 입장 차이는 명확하게 달랐다. 따라서 9 · 11 사태와 이 사태가 야기한 두 차례의 전쟁은 헌팅턴이 의미하는 순수한 문명 전쟁으로 보기에는 적합하지 않다.

헌팅턴은 누구나 다 아는 명백한 사실들을 보지 않았거나 보지 않으려 했다. 왜냐하면 소련의 해체로 미국은 하룻밤 사이에 자신이 이전부터 잘 알고 있던 최대의 적을 잃어버렸기 때문이었다. 국가 목표를 잃어버려 사회적 · 정치적 응집력을 상실할 수 있는 국면을 피하기 위해, 그는 미국의 새로운 적이나 가상의 적을 찾아내는 사명을 담당하고자 했다. 이러한 과도한 절박함과 지나친 집착으로 인해, 헌팅턴은 적을 찾지 못할 바에는 차라리 적을 하나 만들어내려 했다. 이로 인해 그의 시야 속에는 문명의 충돌 심지어 문명 전쟁만 보였고, 또 조금의 의심도 없이 머지않은 미래에 세계적인 문명 대전이 발생할 것이라는 예언까지 했다. 심지어 그는 이 문명 전쟁의 윤곽까지도 그려냈다. 예언은 종종 우연히 적중할 가능성이 있는데도 그는 전혀 꺼리지 않았다. 그래서 그는 서양 문명의 쇠퇴 속도를 고의로 과장했던 것이다. 옛날부터 지금까지 서로 다른 인류 집단 간에 비록 충돌이 있기는 했지만, 늘 어느 정도 다양한 형식의 협력들이 있었다. 문명의 융합은 바로 이러한 협력의 과정에서 발생한 것이다. 하지만 그는 이러한 사실들을 보지도 않고 보려고 하지도 않았다. 지금 이 시대 전 세계 절대 다수의 인구를 포괄하는 문명, 즉 헌팅턴의 마음속에 문화적 차이로 인해 단지 충돌과 전쟁만이 발생할 수 있는 인류 공동체는, 오랜 역사 기간 동안 다양한 인류 집단과 이질적인 문화 공동체들, 혹은 성격이 완전히 다른 문명들이 여러 지역에서 장기적으로 서로 작용하고, 서로 융합하고, 서로 통합하여 형성된 것이다. 헌팅턴은 바로 이러한 사실을 망각했다.

이를 입증하는 가장 분명한 예가 그리스 로마 문명이 시리아 문명과 융합한 후 서양 기독교 문명을 형성한 것이다. 더구나 이것은 바로 헌팅턴 자신이 속해 있는 문명이다. 다시 말하면 문명은 비교적 작은 인류 집단이 부족 · 종족 · 민족 · 국가 나아가 제국이라는 한계성을 타파하거나 초월해 더 크고 더 보편적인 공동체로 나아가는 일련의 과정을 통해 탄생한다. 이는 문명은 이러한 과정의 단계적 산물이라는 것을 의미한다. 이 과정의 다음 단계 산물이 지연 공동체이고, 최종 결과는 분명 진정한 의미의 보편적 문명 혹은 전 지구적 문명이나 세계 문명이다. 이것은 문명의 충돌이 발생하려고 하면, 그 이전에 서로 다른 인류 집단들이 융합해 형성한 문명이 먼저 존재해야만 함을 뜻한다. 융합이 없으면 곧 문명도 없다. 문명이 없는데 어떻게 문명이 충돌할 수 있겠는가?

물론 인류 집단 사이에 협력만 있고 충돌이 없었다는 것은 결코 아니다. 충돌은 일종의 일반적인 인류 현상이다. 중국과 미국 간에 문명 전쟁이 일어날 가능성 또한 배제할 수 없고 가까운 미래에도 민족국가는 여전히 최고의 효력을 지닌 행위 주체일 것이다. 따라서 만약 어떤 문명 간의 전쟁이란 것이 정말 발생한다면, 동서양 민족국가 간의 문명 전쟁이 될 가능성이 가장 높다. 그러나 이러한 가능성이 존재해도 이는 틀림없이 어떤 형식의 국부적인 군사 충돌에 지나지 않을 것이다. 미국과 유럽 주요 국가 및 일본 간에는 군사동맹 관계가 존재하기 때문이다. 중국을 예로 들어 말하면, 몇십 년 이후 중국의 국력이 아무리 증강된다고 해도, 중국은 원래부터 견지해온 평화주의의 성격과 정치적 지혜로, 대부분의 선진국이 포함된 군사 연합에 정면으로 도전하지는 않을 것이다. 게다가 핵시대의 역설이라는 든든한 보험이 있다. 이는 핵전쟁이 가져올 거대한 파멸성으로 인해 핵능력 보유 자체가 곧 핵을 사용하지 못하도록 억제한다는 뜻이다.[15] 이러한 까닭으로 소련 해체 이후 러시아와 유럽 및 러시아와 미국의 관계가 보여준 것처럼, 중국과 미국 간의 문명 충돌은 전쟁이라는 형식이 아닌, 정치적 의견 차이나 경제적 마찰이라는 형식을 취할 가능성이 다분하다. 또 이러한 이유로 도의에 기반을 둔 것이든 아니면 현실적 고려에 기반을 둔 것이든, 중국은 주도적 능력을 가진 세계 강국을 실현한다는 목표를 위해, 다른 선택의 여지 없이 비폭력적인 경제적, 정치적 방안을 취할 수밖에 없을 것이다. 물론 이러한 상황으로 간다고 해도, 중국 문명과 서양 문명 및 기타 문명 간에는 크고 작은 이런저런 충돌들이 일어날 수 있다. 하지만 그것은 헌팅턴이 의미하는 문명 충돌 혹은 문명 전쟁과는 분명 다를 것이다.

제3장

문명의 규모와 정체성

1. 사물은 파악할 수 있고 인식할 수 있는 규정성이 있는가?

지연-자연환경과 문명의 정체성 관계를 논의하기에 앞서 우선 먼저 제기해야 할 한 가지 문제가 있다. 그것은 일반적으로 말하는 문명이라는 것이 파악할 수 있는 질적 규정성들을 가지고 있는가 하는 문제이다.

이 문제에 대답하기 위해 고대 그리스 철학자 헤라클레이토스가 제기한 "우리는 동일한 강물에 두 번 들어갈 수 없다"라는 유명한 논제에 대해 살펴보자. 같은 강물에 두 번 들어갈 수 없는 이유는 강물이 시시각각 흐르고 있고 또 계속해서 변화하여 흐르기 때문이다. 사실상 헤라클레이토스의 논제는 사물의 모순 쌍방 혹은 대립면—변화와 불변화—을 함께 뒤섞어 구분하기 어렵게 만들어 놓았다. 더 정확하게 말하자면 변화를 불변화 속에 투영했다고 볼 수 있다. 만약 엄격하게 이 논제의 취지를 따른다면 사물은 어떤 규정성도 가질 수 없게 되고 또 사물은 어떤 항구 불변한 본질적 속성도 가질 수 없게 된다. 왜냐하면 그것들은 시시각각 변화하므로, 사물들은 더 이상 이전의 사물로 존재할 수 없기 때문이다.[1] 더 엄격하게 이 사유를 견지하면 한 개인이 과연 존재할 수 있는지, 그가 본래의 그 자신일 수 있는지의 문제가 제기될 수도 있다. 헤라클레이토스의 사유에 따르면 이른바 인간은 그가 그 자신이기도 하면서 동시에 그가 그 자신이 아니기도 한 물상에 지나지 않게 된다. 경험 속 인간은 그 자신이 시시각각 발생하는 변화 속에 있음을 부인하지는 않을 것이다.

그러나 생활하고 생존해야 할 필요성 때문에 형성된 상식에서 출발하면, 인간은 자신이 강물에 들어가면서 동시에 그 자신이 이전과 동일한 강물에 들어가는 것이 아니라고 생각하지는 않을 것이다. 오히려 자신이 그 이후의 어떤 시간, 심지어 여러 해가 지난 후에 들어가도 그 강물은 모두 이전과 같은 강물이라고 확신할 것이다. 정상적인 사고를 하는 사람이라면 당연히 그 자신과 다른 사람에 대해 이 사람은 이 사람이기도 하지만 동시에 이 사람은 이 사람이 아니기도 한 것으로 생각하지는 않을 것이다. 정상적인 사고를 하는 사람이라면 분명 그 자신과 다른 사람에 대해 그는 바로 그 자신이고 지금 이 시간과 이 장소에 있다고 여길 것이다. 이 사람은 곧 이 사람이지 저 사람이 될 수는 없기 때문이다.

또 다른 그리스 철학자 제논은 다른 방식으로 헤라클레이토스와 거의 같은 생각을 표현했다. 그는 "날아가는 화살은 움직이지 않는다"라는 말로 그의 생각을 나타냈다. 이것이 바로 유명한 제논의 '비시정지론(飛矢靜止論)의 역설'이다. 이러한 역설은 화살이 비행 중일 때 매 순간 화살의 정지성을 강조하는 반면에 매 순간 화살의 운동성은 부정하고 있다. 이는 운동의 진실성을 부정했기 때문에 늘 궤변으로 간주되었다.[2] 경험 속의 인간들은 아마도 날아가는 화살은 매순간 모두 정지해 있음을 부인하지는 않을 것이다. 하지만 화살이 매순간 날아가는 상태에 있음도 부인하기는 어려울 것이다. 그 이유는 인간은 생존해야 할 필요성에 의해 형성된 상식적인 인지구조를 가지고 있기 때문에, 경험 속의 인간은 본능적으로 날아가는 화살의 운동성으로 그 정지성을 총괄해 의미를 부여하기 때문이다. 심지어 인간은 근본적으로 날아가는 화살의 정지성을 무시해버리기도 한다. 따라서 인간은 날아가는 화살이 완전한 운동 상태에 있는 것이지 어떤 다른 상태에 있다고 믿지 않는다. 인간은, 사물이 매순간 변화하고 있음을 인정함과 동시에 한 사물이 한 사물로 변화하는 규정성을 더 알고 싶어한다(날아가는 화살의 역설 속에서 규정성 혹은 불변은 운동 자체이다). 제논의 사유는 일반인과는 반대로 운동의 중단성만을 보려고 하고 운동의 비중단성은 보려고 하지 않았다. 게다가 그는 중단성과 비중단성의 통일, 이것이 이것인 것과 이것이 아닌 것과의 통일성은 더더욱 보려 하지 않았던 것 같다. 그는 단지 운동 자체 속에 내재된 모순성만을 보려 했고 운동의 진실성 혹은 운동 그 자체는 부정했기 때문에, 모순 혹은 대립면—중단성과 연속성—의 통일은 인정하려 하지 않았다.

헤라클레이토스와 제논의 사변은 순수한 사변의 색채를 띤다. 종교 신앙에 속하는 불교 사유를 이것과 비교하면 서로 비슷한 점도 있고 서로 다른 점도 있다. 불교가 물질과 정신 현상의 근원을 해석하기 위해 사용하는 학설은 연기(緣起)이다. 우주 간의 모든 사물과 현상은 모두 여러 인연이 화합해서 생겨난 것이고, 또 다양한 조건들의 변화와 소실로 인해서 우주만물은 변화하고 사라진다. 이러한 사유에 따르면 모든 사물과 현상에는 자성(自性)이라고 할 만한 것이 모두 없어진다. 따라서 모든 것은 허상이며 실제로 존재하지 않는 것이 된다.

이에 따라 한 사물이 한 사물로 존재할 수 있도록 하는 동질성에 대해 보면, 사물 갑의 속성은 필연적으로 어느 정도 사물 을이 지닌 속성에 대한 부정이 되며 그 반대도 마찬가지다. 따라서 불교 철학에 따르면 인류 사회와 자연 및 우주 간의 현상은 모두 상대적이며 서로가 서로의 조건이 된다. 이것이 이른바 '이것이 있기에 저것이 있고, 이것이 없기에 저것이 없고, 이것이 생겨야 저것이 생기고, 이것이 없어져야 저것도 없어진다'는 것을 말한다.[3] 또 이에 따르면 모든 사물은 인연이 합쳐져 생기고 찰나에 생겨났다 없어지고 끊임없이 변화하므로 동질성은 근본적으로 존재하지 않는다. 그렇다면 논리적으로 순수한 아공(我空)과 법공(法空)만이 절대적인 진리가 된다. '아공'은 인무아(人無我)를 말한다. 이는 인간이라고 하는 것은 오온(五蘊)이 화합하여 생겨난 것으로 항상 실재하는 주체는 없음을 가리킨다. '법공'은 법무아(法無我)를 말한다. 이는 일체의 법 혹은 사물과 현상은 모두 인연이 화합하여 생겨난 것이고 끊임없이 변화해 항상 고정된 '자성(自性)'은 없음을 가리킨다. 이는 '공(空)'이 본체론적인 의미에서 절대성을 지니고 있음을 뜻한다. 이것은 '공'의 근본적인 취지와 서로 모순되므로 '공' 자체를 없애버리거나 부정해야만 한다. 이것이 바로 '공'이라고 하는 것 또한 '공'인 것임을 뜻하는 공공(空空)이다.

2. 문명은 파악할 수 있고 인식할 수 있는 규정성이 있는가?

상식적인 의미에서 인식하고 인지할 수 있는 대상인 문명은 헤라클레이토스의 '흐르는 강물'같이 끊임없이 변화하거나 본질적 속성이 결핍된 것은 아니다. 또 문명은 제논이 부정한 날아가는 화살의 운동성처럼 파악할 수 있는 질적 규정성이 없지도 않다. 하나의 현상으로서 문명은 불교의 성공설(性空說)이 단정하듯이 근본적인 자성이 결핍된 것도 아니다. 반면에 상식과 경험에 따른 인식을 통해 우리는 고정 불변하는 문명은 없음을 알 수 있다. 끊임없이 전개되는 시공 연속체인 문명은 부단히 자신을 변화시키고 끊임없이 자신을 새롭게 창조한다. 변화하지 않는 문명은 결코 지속되지 않는다. 의식을 지닌 생명체처럼 한 문명은 자신이 존재하기 위해서는 변해야 하고 변화하기 위해서는 성숙해야 하고, 성숙해지려면 끊임없이 지속적으로 무한히 자아를 창조해야 한다.[4] 본체론적인 차원에서 이 문제를 보면, 변화가 없으면 적응할 수도 없기 때문에 진화와 발전도 있을 수 없고 문명 자체도 있을 수 없음을 뜻한다. 또 이는 존재한다는 것은 연속을 뜻하고 연속은 창조를 뜻하며, 새로운 요소와 새로운 형식은 원래 요소를 계승하는 바탕 위에서 끊임없이 생겨남을 뜻한다. 생존과 발전을 위해서 한 문명은 다른 문명 속에 있는 유용한 요소들을 거부하지 않고 대량으로 섭취하기도 하고, 이로 인해 그 문명의 동질성에 손상을 줄 수 있는 구조적인 변이까지도 발생한다.

그러나 우리는 상식과 경험에 근원을 둔 인식을 통해, 문명은 혈통이 같고 동일한 집단의 기억을 가진 시공 연속체란 사실을 알 수 있다. 문명은 무엇인가? 문명은 한 인류 공동체의 탄생부터 현재까지 이르는 모든 역사를 말한다. 한 문명의 과거는 시종일관 이 문명의 현재와 함께 연결되어 있다. 다시 말하면 한 문명은 하나의 생명체처럼 존재의 본질적 근원은 기억이 된다. 이는 과거가 현재로 연장되어 있음을 의미하는 것으로, 간단히 말해서 문명은 활동 과정에 있는 것으로 다시 거꾸로 되돌아갈 수 없는 연속체이다.[5] 한 문명은 자신이 축적한 기억과 경험으로 구성된 것이라고 한다면 특정한 기억과 경험이 없는 문명은 존재하지 않는다고 볼 수 있다. 공자 · 맹자 · 순자 · 정호와 정이 · 주자 · 이백 · 두보 · 염제(炎帝)와 황제(黃帝) · 당태종 · 송태조 등에 관한 기억이 없다면, 중국 문명은 곧 중국 문명이 될 수가 없다. 소크라테스 · 플라톤 · 아리스토텔레스 · 예수 · 토마스 아퀴나스 · 문예부흥 · 계몽운동 · 프랑스 대혁명 · 산업혁명 · 두 차례의 세계대전에 관한 기억이 없다면, 유럽 문명은 유럽 문명이 될 수 없다.

구상과 추상의 이중적 의미에서 문명은 볼 수 있고, 만질 수 있고, 이해할 수 있고, 인지할 수 있는 정체성 혹은 질적 규정성을 가지고 있다. 이 문명은 이 문명이지 저 문명은 될 수 없다. 중국 문명은 중국 문명이지 서양 문명이 아니며 인도 문명은 인도 문명이지 일본 문명은 아니며 이슬람 문명은 이슬람 문명이지 서양 문명이 아니다. 분명히 나타나는데도 연구자들이 크게 중시하지 않는 다른 한 가지는, 문명은 상이한 여러 종족 담지체를 가지고 있다는 사실이다. 인도인 · 무슬림 · 화인 · 서양인은 각각 자신의 문명을 대표할 뿐 아니라, 각각 인도 문명 · 무슬림 문명 · 중국 문명 · 서양 문명의 종족 담지체의 역할을 담당하고 있다.

한 문명의 동질성과 질적 규정성을 인정하는 문제, 혹은 한 문명의 주체성을 인정하는 문제는 항상 타자 문명의 존재와 이질 문명에 대한 인식과 접촉 및 그들과 끊임없는 교류와 상호 작용에 의해서 결정된다. 다른 문명이나 다른 문화 공동체와 맺은 상호 작용 속에서, 어떤 특정 문명의 사람들이 지닌 고유한 정신적 성격도 인식될 수 있고, 그 문명에 속하는 사람들의 신분도 최종적으로 형성될 수 있다. 역사상 이른바 힌두교(즉 Hinduisim을 말한다. 이것이 일종의 교시인지 종교인지는 상당히 논란이 될 수 있다)와 유대교(Judaism, 이 용어의 번역은 Hinduisim과 같은 문제를 안고 있다. 하지만 이것이 가리키는 것이 유대인의 특유한 가치관과 생활방식이라는 점에는 이견이 없을 것이다)라는 단어들은 모두 인도인과 유대인이 다른 민족, 다른 문명과 빈번히 접촉하고 오랜 기간 상호 작용을 하면서 생겨난 것이다. 또 이는 다른 문명에 속하는 사람들이 역사적으로 인도 문화와 유대 문화의 계승자들과 접촉하고 상호 작용하는 가운데 창조된 것이고, 이는 이른바 인도인과 유대인의 가치형태와 생활방식을 지칭하는 데도 사용된다.

역사상 중국인들이 자신들의 독특한 속성에 대해 지니는 인식과 그리스인이 자기 문화의 독특한 속성에 대해 지니는 인식은 상당히 비슷하다. 중국인들의 문화적 정체성은 곧 한족과 이민족의 구별을 통해서 형성되었다. 정확히 말하자면 한족과 비한족 혹은 한족과 이민족 간의 상호 작용 혹은 충돌과 융합 속에서 형성되었다. 역사적으로 그리스인이 확립한 자신의 신분 의식이나 그리스 중심주의 의식 또한 주변의 다양한 비그리스 민족과 상호 작용하는 과정에서 형성되었다. 이러한 종류의 상호 작용 과정에서 고대 중국인이 실행한 한족과 이민족의 구별과 동일하게, 그리스인은 그리스 문화와 정체성을 이루지 못했거나 부분적 정체성만을 이룬 민족들과 그들 자신 사이에 아주 선명한 경계선을 그었다. 결론적으로 말하면 한 문명이 한 문명으로 존재할 수 있는 근본적인 이유는 상당 부분 다른 문명이나 다른 문화 공동체와 맺은 정신과 물질 방면의 구조적인 상호 작용 관계에 의해서 결정된다. 하지만 한 문명의 고유한 자질이 무엇으로 결정되든 문명은 어떤 형식의 동질성을 지니고 있는 점은 의심할 여지가 없다. 그렇지 않으면 이 문명은 곧 그 자신이 아닌 다른 문명이 되어버린다.

다른 한편 문명은 시시각각 변화하는 과정 중에 있다. 만약 문명이 헤라클레이토스가 의미한 강물처럼 끊임없이 변화하는 것이라면, 문명의 동질성과 규정성, 그리고 그 속성에 대한 논의와 문화에 대한 논의는 어떻게 가능할 수 있을까? 또 문명 혹은 문화의 본질에 대한 논의는 어떻게 가능할까? 문예부흥 이후 서양 문명이 그랬던 것처럼 근대 이후 각각의 비서양 문명들 또한 모두 환골탈태와 같은 과정을 겪었다. 이것이 바로 서양화이다. 하지만 상식과 경험을 통해 우리는 이슬람 문명 · 인도 문명 · 중국 문명 · 일본 문명 각각의 동질성이 여전히 존재함을 알고 있다. 비록 이 문명들에 아주 큰 변이가 발생했지만(중국 문명은 아마도 3천 년 동안 일찍이 없었던 대변화의 국면이란 말로 묘사할 수 있을 것이다), 그러나 그 문명들의 본질적 의미는 여전히 자신들의 문명 속에 남아 있다. 또 이 문명들은 다양한 외래문화의 요소들이나 다양한 외래문화적 기호들에 대체로 이미 적응한 상태에 있다. 생명 형태의 시각에서 보면, 비록 이 문명들이 서양 문화 요소들을 대량으로 수용했지만, 자신들의 고유한 동질성은 상실하지 않았다. 이들은 동양 문명과 서양 문명으로 변했다고 볼 수 있다. 역사 문화 공동체적 의미에서, 혹은 이 문명들의 종족 담지체적 의미에서 보면, 문화적 동질성에 토대를 둔 그들의 자주성 혹은 주체성은 약화되지 않고 오히려 더 강화되었음을 알 수 있다.[6]

따라서 한 문명의 생명 형태가 그 생명 형태를 지닌 역사 문화 공동체(일반적으로 국가 · 종족 · 민족 · 부족을 말한다)와 분리되지 않아야만, 그 문명이 탄생하여 문명으로 간주될 수 있는 자격을 갖추었을 때부터, 다른 어떤 것이 아닌 그 문명 자신이 될 수 있게 하는 각종 본성이나 정신 자질들을 가질 수 있다는 가정을 해볼 수 있다. 이러한 예들은 이미 사라진 고대 이집트, 수메르, 그리스 로마 문명들에서 찾아볼 수 있다. 또 이렇게 될 때만이 그 문명은 사라지지 않는 일종의 정신적 모반(母斑)을 가질 수 있으며, 역사의 모진 비바람과 상전벽해와 같은 변화를 겪으면서도 유지해낼 수 있는 동질성을 가질 수 있을 것이다. 이러한 동질성은 풍부하고 안정적이고, 견고하며, 끊임없이 발전한다. 이러할 때만이 그 문명은 특정한 자연환경을 바탕으로 하는 변하지 않는 문화적-정신적 규정성을 지닌다고 볼 수 있다. 이러한 종류의 역사적 의미를 지닌 문화적-정신적 규정성은 사실 본원적 의미를 지닌 문명 자질이 된다.

만약 특정한 역사 조건에서(전근대 시기에 이는 농업 활동과 관련된 모든 생산 활동과 생산 상황을 말한다), 본원적 의미의 문명 자질이 지속될 수 있고, 또 그 종족 담지체와 서로 분리되지 않을 수 있다면, 한 문명은 흥망성쇠와 상전벽해 같은 역사적 변천 속에서, 그리고 생존과 발전을 추구하는 성장 과정에서, 낡은 것은 뱉어내거나 낡은 것은 잊어버릴 수 있는 유연한 태도를 가질 수 있다. 새로운 문명 요소의 수용 차원에서 보면, 이러한 종류의 낡은 것은 뱉어내는 능력 혹은 낡은 것은 잊어버리는 지혜는 필수적이다. 낡은 것을 뱉어내지 않고 어떻게 새로운 것을 받아들일 수 있겠는가? 잊어버리는 것 없이 어떻게 기억할 수 있겠는가? 이는 하나의 상식적인 변증법이다. 서양인도 이 이치를 잘 알고 있었다. 프랑스의 철학자이자 역사가인 어네스트 르낭(Ernest Renan, 1823~1892)은 한 민족에게 망각과 기억은 똑같이 중요한 것이라고 했다.[7] 넓은 의미에서 문명은 민족의 확대 복사이다. 따라서 문명은 성장 과정에서, 자신의 본래 구조를 충분히 변화시킬 수 있는 이질적 문화 요소를 만날 수 있고, 또 완전히 어떤 새로운 문화적 경험을 할 수 있다. 문명은 이러한 새로운 문화적 요소들과 문화적 경험들을 창조적이고 선택적으로 이용해야만 한다. 이를 통해 그 요소와 경험들을 자신의 뼈와 살로 승화시키고 자신의 혈액 속에 융화시켜야만 한다. 이렇게 할 수 있을 때 문명은 낡은 것에 얽매이지 않을 수 있고, 조상의 유산이라고 해서 모두 다 진귀한 보물이라는 생각을 하지 않을 수 있으며, 조상의 유산을 버리고 잊는 행위가 자국의 역사를 망각하는 것으로 생각하거나 큰 불경으로 여기지 않을 수 있다. 정상적인 인간의 두뇌는 매일 중요하지 않은 정보들을 삭제해야만 하고 중요한 정보들을 저장하기 위해 공간을 비워야만 한다. 진화에 이러한 기능이 있는 것은 목적에 맞는 것으로 종의 생존 번식 기회를 증가시켜준다.

마찬가지로 문명도 망각하고 삭제하는 시스템을 가지고 있어야만 한다. 이렇게 해야만 형세가 새롭게 변화할 때 이미 본래의 의미나 상관성을 상실한 낡은 요소들을 버릴 수 있고, 나아가 이를 통해 나날이 새로워지는 정신적이고 물질적인 새로운 건설을 진행할 수 있다. 시시각각 발생하는 낡은 정보의 삭제와 새로운 정보의 입력이라는 시스템으로 인해, 한 문명은 오랫동안 청춘과도 같은 활력을 유지할 수 있다. 바꾸어 말하면 문명의 동질성은 결코 정지되어 움직이지 않는 것이 아니라 늘 성장, 발전하고 있다고 할 수 있다. 많은 상황에서 문명의 동질성에 대해 발생하는 중대한 변화는 공교롭게도 외래문화 요소들의 구조적인 주입에서부터 시작되었다.

불교를 바탕으로 한 인도 문명은 중국에 전해진 후 중국 본토의 요소들과 천 년이 넘는 충돌과 마찰을 겪었다. 그러나 결국 마지막에는 중국 본토에 본래 있었던 요소들과 완전하게 융합되어 중국의 유기적인 구성 성분이 되었다. 이러한 융합 과정을 거치며 불교는 중국 문명을 더 풍부하게 했고 심화시켰으며 섬세하게 만들었다. 이로부터 중국 문명의 정신적 성격은 선진(先秦) 시대와는 뚜렷하게 달라질 수 있었고, 또한 인도 문명의 흔적이 중국 문명에 선명히 드러나게 되었다. 다른 시각으로 이 문제를 보면, 불교를 바탕으로 한 인도 문명은 중국 문명의 동질성의 유기적인 성장에 참여하여 중국 문명의 동질성과 분리될 수 없는 일부분이 되었다고 볼 수 있다.

서아시아와 지중해의 상황은 이러한 문제를 설명하기에 더 적합하다. 그리스인이 서아시아를 대규모로 침입하기 이전, 이곳에 시리아 문명이 성장할 수 있었던 배경에는 팔레스타인 지역에서 일어난 10개가 넘는 이스라엘 부족의 자아 갱신만이 있었던 것은 아니다. 이 외에도 이 부락들은 티그리스 · 유프라테스 강 유역에서 2천 년 넘게 축적된 문화적 성과를 끊임없이 수용했다. 또 이란 고원에서 탄생한 정신적 자질도 끊임없이 수용했고, 페르시아 제국이 제공한 평화적 정치 분위기를 효과적으로 이용하기도 했다. 그리스인이 서아시아와 북아프리카를 점령한 시기부터, 시리아 문명도 다시 한 번 갱신의 과정을 겪었을 뿐 아니라, 그리스 문명 자체도 시리아 문명과 접촉하면서 이전의 정신적 자질을 거의 대부분 버리게 되었다. 이후 형성된 서아시아 지중해 세계의 신문명은 시리아 문명을 바탕으로 하고 그리스 로마 요소들을 융합시킨 서양 기독교 문명이 되었다. 그리고 바로 이 기독교 요소들이 근대 이후 서양 문명 동질성의 주체적 구성 성분이 된다.

문명의 본성에 대해 말하자면, 문명은 항상 자신의 본원성인 역사적 문화적 규정성을 지키고자 노력해야만 한다. 우리는 이러한 전제를 인정해야만 한다. 하지만 이와 동시에 반드시 보아야 할 것은 건강한 문명은 스스로 옛날의 자신을 버리고 동시에 다른 문명에서 양분을 섭취하여 새로운 나를 건설하는 과정 속에 있을 수 있다는 점이다. 이는 문명은 더 이상 이전의 그 자신으로만 머물러 있는 그런 문명이 아님을 의미한다. 결론적으로 그 어떤 문명도 활발한 생기를 유지하고 싶다면, 모두 자신의 자주적인 발전 및 다른 문명과의 상호 작용 속에서 그 본원적인 정신 자질을 지키려고 노력해야만 하고, 동시에 하나의 새로운 자아를 창조적으로 건설해야만 한다. 끊임없이 생성되고 변화하는 한 문명은 분명 지속적으로 옛날의 자신을 버리고 새로운 자아를 재구성해내는 문명이 된다. 그러한 문명은 그 자주적인 진화 발전과 다른 문명과의 상호 작용 속에서, 적극적이고 진취적이며 또한 자강불식할 것이다. 또한 이전의 동질성을 지키면서 동시에 자신을 개방하여 지속적으로 새로운 요소들을 수용할 수 있어야만 한다. 나아가 이를 통해 문명은 자신의 내용을 풍부하게 할 수 있는 잠재적 가능성을 발굴하고 실현시켜야 한다.

3. 문명 규모와 동질성에 대한 자연조건의 중요성

이상에서 논의한 문제 외에 또 하나 중요한 문제가 있다. 만약 안정적이고 강건한 동질성이 없거나, 이러한 동질성을 제때에 형성하지 못했다면, 한 문명이 자연환경과 접촉하고 다른 인류 사회나 문명과 교류하는 과정에서 어떻게 성공적으로 자신의 주체성을 지킬 수 있겠는가? 문명이 만약 건강한 역사적 문화적 주체성을 가지고 있지 않다면, 그 문명은 탄탄한 기초를 가질 수 없어 그 문명의 정신 자질은 물 위에 떠 있는 부평초와 별 차이가 없게 된다. 따라서 이러한 문명은 역사의 운동이라는 거센 소용돌이 속으로 가라앉고 만다. 그러면 어떻게 해야 본원적인 동질성 혹은 일종의 변하지 않는 본성을 형성할 수 있고 또 성공적으로 유지할 수 있을까? 만약 시각을 조금만 달리해보면 이 문제는 다음과 같이 제기할 수도 있다. 이러한 종류의 본원적 동질성은 어떻게 탄생하는가? 그것이 탄생되는 근본적인 조건은 무엇인가?

그것은 바로 자연환경과 기후 조건이다. 중국 문명을 예로 들어보자. 비록 최근 2~3년의 고고학 발굴 성과에서, 중국의 문명은 그 발원지가 단 한 곳이 아니라 여러 곳으로서 황허와 양쯔 강 유역의 광활한 지역 및 기타 지역들에 산재해 있다고 한다. 하지만 중국 문명의 가장 중요한 발상지이자 공인된 핵심 지역은 역시 황허 중하류의 평원이다. 상고 시기 평탄하고 광활한 지세를 가진 이 지역의 강우량은 비록 시간과 공간적으로 그 분포가 그다지 고르지 못했으나 불충분했다고까지는 말할 수 없다. 인구가 급증하고 생태환경도 심하게 훼손된 현대에 이르러서도 황허 중하류 지역의 연평균 강우량은 여전히 600~900밀리미터를 유지하고 있다. 심지어 랴오둥 반도 등의 해안 지역은 1,100밀리미터에 달한다. 인구는 극히 적었지만 식생은 더 완벽했던 고대에는 아마도 연강우량이 900~1,300밀리미터는 되었을 것이다. 또 이곳은 열대우림 지역같이 하늘을 찌르는 거목들로 빽빽하게 덮여 있지도 않았고, 들풀이나 키가 작은 관목과 성긴 교목들만이 자라고 있었다. 따라서 이곳의 고대인은 비교적 단순한 석기나 목제 도구만 사용해도 관목과 교목을 제거할 수 있었다. 이는 분명 농업이 출현하는 데 매우 유리했다. 농업의 출현은 무엇을 의미하는가? 이는 채집과 어로 및 사냥 위주의 원시 경제토대에서 잉여생산물이 대대적으로 증가했음을 의미한다. 그리고 대량의 잉여물은 문명 흥기의 기본적인 조건이 된다. 비교적 유리한 자연조건으로 인해 문명은 탄생 이후에 빠른 시간 내에 탁월한 모습으로 발전할 수 있다.

반대의 경우도 있다. 고대 이집트 문명과 티그리스 · 유프라테스 강 유역 및 인더스 강 유역에서 위대한 문명들을 창조한 인류 공동체와 비교하면, 황허 중하류 지역의 중국 문명 창조자들에게 주어진 자연환경은 훨씬 더 혹독했다. 황허 중하류 평원이 비록 북온대 지대에 속하지만, 그 기후는 지구의 동일한 위도의 기타 지역보다 훨씬 더 열악했다. 이곳의 여름은 대단히 덥고 겨울은 몹시 추웠다. 특히 농업 발전에 지대한 영향을 미치는 강우량의 분포가 극히 고르지 못했다. 어떤 때는 연평균 강우량이 대단히 적었고 어떤 때는 연평균 강우량이 대단히 많았다. 1년 중 겨울과 봄에는 비가 적고 가물며, 여름과 가을에는 폭우로 재해를 입었다. 또 황허의 낙차가 너무 커 황허의 강물이 경유하는 황토고원 지역의 토양은 너무나 부드러웠다. 이러한 강과 땅의 자연조건으로 인해 황허는 늘 범람했고 강의 물길이 바뀌는 일도 허다했다. 그리고 이곳은 평원 지역이기 때문에 고대 농기구 제조에서 중대한 의미를 지니는 구리와 철 등의 지하자원이 부족했고 채굴과 제련도 역시 용이하지 않았다. 따라서 황허 중하류 평원에 거주했던 중국 고대인들은 수렵과 어로 및 채집에서 농경으로 넘어가는 시기에 혹독한 자연환경의 도전을 받았다.[8]

황허 중하류 평원에서 문명이 탄생되었다는 사실은 중국 문명의 창조자들이 받았던 자연환경의 도전이 대단히 가혹했음을 의미한다. 비록 비교적 유리한 자연조건으로 인해 문명이 이 지역에서 탄생할 수 있었지만, 달리 말해서 이곳의 자연조건이 문명의 탄생을 잔인하게 말살시키거나 그 성장의 기회조차 얻을 수 없을 정도는 아니었지만, 다른 고대 문명의 인류와 비교하면 이곳의 인류가 치른 육체적 정신적 노력은 훨씬 더 많았다. 생존하고 발전하기 위해 황허 중하류 중국 문명의 고대인들은 집단주의적 정신을 배양해야만 했다. 자연환경의 가혹한 도전 앞에서, 다른 인류 집단과 격렬한 경쟁 앞에서, 개인은 집단의 지혜와 역량에 의지해야만 더욱 많은 생존의 기회를 얻을 수 있기 때문이다. 심지어 집단이 크면 클수록 생존의 기회 또한 더 많아진다고 볼 수 있다. 이는 개체별 역량이 단순하게 합쳐지는 것보다 훨씬 더 큰 집단적 효율을 창출해낼 수 있기 때문이다. 바로 이 때문에 황허 중하류 지역의 고대사회의 모습은 서아시아 지중해 지역과 전혀 달랐다. 즉 그것은 혈연집단의 분화와 해체가 아니라 혈연집단의 강화 및 이를 토대로 형성된 더욱 큰 사회집단이었다.[9]

자연환경의 가혹한 도전에 직면해서 황허 중하류 지역의 고대인들은 집단주의 정신 외에 강건 정진하고 불요불굴한 자질을 함양해야만 했다. 이는 열악한 자연환경의 시련에 직면해서, 주체로서의 인간이 마지막으로 의지할 수 있는 대상은 신 · 하늘 · 운명 · 운, 어떤 유형 혹은 무형의 궁극적 실재가 아님을 의미한다. 그 대상은 자신의 주체적 정신의 고양과 최대한도로 발휘할 수 있는 주관적 능동성임을 의미한다. 자신의 주관적 노력이 있을 때만이, 또 자신의 정신과 육체적 잠재력을 충분히 발휘할 때만이 인간은 비로소 생존 투쟁에서 성공을 거둘 수 있고 가장 믿을 만한 보장을 얻을 수 있다. 바로 이러한 자연환경과 상호 작용 관계에서 나온 정신적 자질들이 중국 문명의 본질적 자질을 구성했다. 즉 이성적 인지 태도(괴이한 것, 힘센 것, 어지러운 것, 귀신을 논하지 않았다)*, 분열이 아닌 융합, 극단이 아닌 중용, 편협이 아닌 관용, 싸움과 쟁탈이 아닌 공경과 돈후, 고생을 감내하는 노동, 유연한 행동, 온화하며 부드러운 태도,

* 《논어(論語)》의 〈술이(述而)〉편에 "공자께서는 괴이한 것, 힘센 것, 어지러운 것, 귀신을 논하지 않으셨다[子不語怪力亂神]" 라는 말이 있다. —역주

담백하며 평정한 정서, 강한 자존심, 타협에 능함 등을 들 수 있다. 수천 년 동안 문명의 진화와 발전 속에서 이러한 본질적 자질들은 중국 문명 및 모든 중국인에게 변하지 않는 굳건한 정신 성격과 문화적 형상을 심어 주었다. 사실들이 증명하듯이 이러한 자질을 가진 중국인은 어디를 가든지 모두 강한 생존 능력을 보여줄 수 있고, 또 모두 이러한 자질들을 지켜 낼 수 있다.

물론 인류 문명의 오랜 역사에서 중국 문명만이 이러한 본질적 자질들을 성공적으로 지키고 광범위하게 확산시켰다는 것은 아니다. 인도 문명과 유대 문명이 보여준 역사적 사실 또한 매우 높은 점수를 받을 수 있다. 문제는 왜 역사에서 많은 문명들, 예를 들면 이집트 · 바빌론 · 히타이트 · 크레타 · 그리스 로마 문명은 자신들의 본질적인 문명 자질을 지키지 못했을까 하는 점이다. 그 변화와 발전 과정이 어느 정도 수준까지 도달했음에도 왜 이들은 질적인 변화를 이루지 못했을까? 왜 이 문명들은 자신들의 본래 자질을 상실하고 그들 자신으로 존재할 수 있게 하는 근본 본성을 상실했을까? 중국 문명과 인도 문명은 어떻게 성공적으로 자신의 본질적인 자질을 지킬 수 있었을까? 어떻게 해서 그들은 이른바 문화 연속성을 탁월하게 구현할 수 있었을까? 이 현상을 충분히 설명하기 위해 문명 규모라는 개념을 사용하려 한다. 문명 규모는 한 문명 혹은 한 역사 문화 공동체가 특정한 지연-자연환경에 기반을 두고, 대규모 인구와 광활한 영토 및 거대한 경제 규모로 인해 가지는 일종의 협의적 규모를 가리킨다. 또 이러한 기반 위에서 이 역사 문화 공동체가 많은 정신적인 축적, 문화와 과학적 창조력, 제도적 시스템, 정치적 통합성, 군사적 능력 등을 획득함으로써 가지게 되는 일종의 협의적 능력을 의미한다. 그리고 각 문명의 장기적 상호 작용과 변화 발전 속에서 이러한 협의적 규모와 능력은 의미가 더 풍부한 규모로 통합되므로, 우선 이것을 문명 규모로 부르고자 한다.[10] 이 개념을 사용하는 것은 중국 문명이 다른 문명과 구별될 수 있는 주요한 요소에는 문화 연속성과 정신 자질만 있었던 것이 아님을 의미한다. 이보다 더 중요한 요소인 인구와 영토 및 경제 방면에서 장기간 누려온 통계적 의미에서 규모성이 있었음을 의미한다. 또 이 규모성의 토대 위에 세워지고, 광활한 영토의 토대 위에 세운 유구한 경제 · 정치 · 사회 · 문화 · 풍속 · 통일된 언어문자가 있었음을 의미한다.

문명 규모는 한 역사 문화 공동체가 자신의 동질성과 주체성을 성공적으로 지킬 수 있는지를 결정하는 데 가장 중요한 요소로 볼 수 있다. 한 인류 공동체가 충분히 큰 규모를 가지고 있어야만 그 문화의 정교함과 강렬함을 실현할 수 있고, 더 합리적이고 더 유효하게 인력과 물적 자원을 사용할 수 있다. 또 큰 규모를 가진 공동체는 수많은 개개인의 지혜와 재능 및 그들의 능동성을 거대하고 통일된 하나의 경제적 · 정치적 · 문화적 공동체 속으로 통합시킬 수 있고, 나아가 긴 역사의 변화 발전 속에서 굳건한 정신적 축적을 실현할 수 있다. 마찬가지로 큰 문명 규모를 가지고 있는 공동체는 가치관부터 사회-정치제도에 이르기까지, 풍속 습관부터 언어문자에 이르기까지, 문학예술부터 과학기술 등에 이르는 각종 방면에서 규모의 축적을 실현할 수 있다.

바로 이러한 종류의 정신과 물질의 거대한 축적을 통해, 중국 문명은 아주 일찍부터 심오한 집단적 기억을 가질 수 있었고 오랫동안 그 주변 지역에 거대한 매력과 감화를 줄 수 있었다. 이를 통해 여러 차례 거듭된 쇠락에도 다시 일어설 수 있었고, 나아가 이질적 문명의 전면적인 도전 앞에서 충분한 자신감을 표현할 수 있었다. 또 이로 인해 중국 문명은 선택적이고 창조적으로 다른 문명의 기물과 관념, 제도적 요소들을 흡수하고 이용하면서도 동시에 자신의 동질성은 상실하지 않을 수 있었다. 이러한 의미에서 보면 한 문명이 그 본질적 자질을 지키는 데 있어서 규모가 지니는 의미는 대단히 중요하다고 할 수 있다.

황허 중하류의 열악한 자연환경은 문명 규모의 형성에 대단히 중요한 작용을 했다. 한 집단 속의 개인이 생존하고 발전하기 위해서는 반드시 집단에 의지해야만 하고, 집단이 생존하고 발전하기 위해서는 반드시 더 큰 집단에 의지해야만 한다. 무질서한 상태에 처한 개인과 작은 집단은 생존이라는 근본적인 문제에 직면해 빠른 시간 내에 사회질서를 수립해야만 했고, 그 사회질서를 유지하기 위해서는 문물제도, 문화교육과 문화제도를 발전시켜야만 했다. 고대의 낮은 생산력 조건에서, 지연-자연환경에서 비롯된 객관적 요구는 유한한 자원이 공동체 내의 무의미한 투쟁으로 소멸되지 않기를 원했다. 이보다는 자원을 집중시켜 자연환경의 도전과 다른 인류 집단의 도전에 효과적으로 대처하는 데 사용되기를 더 원했다.

이 과정에서 사회질서도 아주 빠르게 세울 수 있었을 뿐 아니라, 또 이러한 질서를 갖게 되는 인류 공동체의 규모 또한 신속하게 확대될 수 있었다. 중화민족의 일체화 과정이라는 시각에서 보면 중국 문명은 운이 매우 좋았다고 할 수 있다. 중화민족 세계의 핵심 지역인 황허 중하류의 지형과 지세는 대단히 평탄하고, 험준한 산맥과 골짜기도 없고, 메마른 사막이나 급격한 하류 혹은 거센 대양도 없었다. 덕분에 이 지역들은 서로 단절되거나 분리되지 않아 경제 · 문화 · 정치적 일체화를 이루는 데 아주 유리했다. 바로 이러한 지리적 구조로 인해 하나의 거대한 문화 · 정치적 공동체가 아주 빠르게 탄생할 수 있었고 안정적으로 발전, 번영할 수 있었다. 이는 또한 문명 규모의 성장과 확대에도 중요한 작용을 했다. 이후 중국 역사에서 지방 할거의 국면이나 대통일이 파괴되는 상황이 자주 나타나기도 했지만, 거대한 인구와 광활한 영토 및 비교적 발달한 경제를 바탕으로 한 문명 규모가 이미 오래전부터 형성되어 있었기 때문에, 중국의 문화 정치 공동체의 안정 수준은 갈수록 높아지고 통일의 정도 또한 갈수록 강해질 수 있었다.

마찬가지로 주목할 만한 점은 열악한 자연조건이나 지연환경에서 나온 혹독한 도전은 문명을 탄생, 성장시키는 데 유리했을 뿐 아니라, 어떤 역경에도 굴하지 않는 본질적 정신 자질이 형성되는 데도 유리했다는 사실이다. 이러한 환경과 구조적인 상호 작용에서 나온 본질적 자질이 바로 중국 문명이 중국 문명 자체가 될 수 있게 한 근본적 규정성을 확립해주었다. 상호 비교를 통해서 보면 고대 나일 강 유역과 티그리스 · 유프라테스 강 유역의 자연조건은 고대 중국보다는 훨씬 더 우월했다. 따라서 이 지역에서 최초의 인류 문명이 탄생했고, 그 성장 및 번영이 비교적 높은 단계로 발전할 수 있었다. 그렇지만 그 우월한 자연조건은 이성적이고 역경에 굴하지 않는 고도의 정신 자질을 형성하는 데 도움을 주지 못했고, 강건하고 견고한 문화 주체성을 함양하는 데도 유리하게 작용하지 못했다. 그 근본적인 원인은 서아시아 지중해 세계의 문명 진화 과정에서 수차례 나타났던 심각한 단절에 있었다. 나아가 이집트와 수메르 및 크레타 문명 같은 제1기 문명의 토대 위에 세운 제2기 문명인 그리스 로마 문명도 서아시아 지중해 세계에서 나타나는 지연-자연환경의 근본적 단절성으로 인해 자신의 동질성을 지킬 수 없었고, 최후에는 역사의 무대에서 총총히 나타났듯이 짧은 시간에 사라져버렸다. 그렇지만 그들이 인류 문명의 총체적 변화 발전에 미친 영향이 지대하다는 사실에는 변함이 없다.

4. 문명 규모와 동질성에 대한 지연-자연환경의 중요성

상술한 바와 같이 가장 오래된 인류 문명이 이집트와 수메르에서 탄생했지만, 이 두 문명이 위치한 서아시아 지중해가 문명 규모를 형성하는 데 적합하지 못했던 것은 사실이다. 왜냐하면 그곳의 문명이 진화하는 과정에서 수차례 심각한 단절 현상이 나타났기 때문이다. 이곳에서 그리스 로마 문명의 발전이 최고의 전성기에 이르렀을 때, 지구의 다른 곳에서는 선천적으로 거대한 대륙판을 가진 중국이 빠른 속도로 경제 · 문화 · 사회 · 정치적 통일로 향하고 있었다. 이는 분명 그리스 로마 문명과 선명한 대조를 이룬다.

자연조건에서 볼 때 황허 중하류 지역의 기후는 비록 티그리스 · 유프라테스 강 유역과 나일 강 유역보다는 못하지만, 그래도 강우량은 충분했다(다만 분포는 고르지 못했다). 더 중요한 것은 황허 중하류의 지형과 지세, 토양의 상황이 대체로 일치했기 때문에, 인간의 주체적 노력만 충분히 발휘된다면 이 지역은 농경에 매우 적합한 거대한 평원이 될 수 있었다. 마찬가지로 중요한 점은 남쪽으로 뻗어 가면 황허 유역과 인접한 화이허(淮河)와 양쯔 강 유역이 있고, 북쪽으로는 허베이(河北) 평원이 천연으로 뻗어 있고, 서쪽으로는 웨이수이(渭水) 유역과 한중(漢中) 평원이 있고, 서남쪽으로는 한수이(漢水) 유역과 쓰촨(四川) 분지가 있고, 먼 남쪽 방향으로는 주장(珠江) 유역과 민장(閩江) 유역이 있는 점이다.

황허 중하류 이외의 각각의 중요 지역에 험준한 산악 지역이 없었던 것은 아니지만, 대다수 지역들은 대체로 지세가 평탄하고 토양과 기후 조건이 골고루 농경에 적합했고, 강우량은 황허 유역보다 더 높기도 했다. 동쪽의 대양을 제외하고, 고대의 조건에서 농경이 가능한 지리적 범위 안의 중국 문명은 어떤 방향으로 발전하든 모두 광활하게 뻗어 나갈 여지가 있었다. 다시 말하면 자연조건도 중국 문명의 탄생에 적합한 조건을 제공했지만, 지연환경도 중국 문명이 지속적으로 거대한 경제 · 문화 · 정치 공동체로 진화하고 발전하는 데 토지 면적이라는 성장 공간을 제공했던 것이다.

위의 글에서 논한 것과 같이 문명 규모를 형성하고 본질적 문명 자질을 확립하는 데 지연 요소들은 대단히 중요한 작용을 했다. 농경에 적합한 광활한 토지가 없으면 문명 규모를 형성할 수 없고, 문명 규모가 없으면 본질적 문명 자질도 확립될 수 없다. 만약 추상적인 문명 규모를 말하지 않고 단지 구체적인 사회 정치적 일체화 진행 과정만 본다면, 농경에 적합하고 거대한 지역인 황허 중하류 평원은 중국 문명의 탄생과 성장에서 대단히 중요한 의미가 있다. 그뿐 아니라 황허 중하류 평원은 중화 세계의 문화적 · 사회적 일체화 진행 과정에서, 또 통일된 정치 질서의 형성과 유지에서 대단히 중요한 의미가 있다. 이에 관해서 어떤 학자는 다음과 같이 서술했다.

> 첫째, 허베이 평원이 중국 사회 발전 과정에서 전면적으로 등장하면서 통일 질서에는 어떤 필연성이 부여될 수 있었고, 통일국가는 자연스럽게 합리적 사회정치 형식으로 될 수 있었다. 둘째, 대평원의 지리 조건은 분열과 혼란의 국면에서도 군사적 역량인 어떤 강대한 역량이 통일 질서를 다시 건립하는 데 유리한 작용을 했다. 대평원 위에 건립된 통일 질서는 늘 자연스럽게 통일 질서를 안정시키고 재편성하는 추세로 나아갔다. 이 때문에 농민 봉기에서 유발되었든, 기타 원인으로 야기되었든, 혹은 유목민족의 침입에 의해 초래되었든 간에, 중국 역사에서 발생했던 수차례의 분열과 혼란 국면은 마지막에는 늘 강력한 군사적 역량이 재통일 전쟁을 거쳐 회복하는 통일 질서로 변화될 수 있었다.[11]

여기서 더 중요한 상황은 지연-자연조건이다. 농경에 적합한 대토지는 대량의 농업 잉여물을 제공했다. 이는 의심할 바 없이 황허 중하류 문명의 생존과 발전에 유리한 물질적 조건을 제공했고, 또 정치 통일에도 막대한 물질과 인적 기반을 제공했다. 이를 통해 정치 통일의 범위는 더욱 확대되었고, 나아가 핵심 지역 이외의 기타 지역을 통합하여 풍부한 물질과 인적 자원을 제공받을 수 있었다. 이는 일종의 선순환이다. 문명의 핵심 지역이 풍부한 물질과 인적 자원을 가지고 있다는 사실은 핵심 지역이 핵심 지역 밖에 있는 기타 지역의 물자와 인적 자원을 지배하고 이용할 수 있는 능력이 있음을 뜻한다. 이러한 능력은 역으로 핵심 지역의 중심적 지위를 한층 더 공고히 하고 강화할 수 있게 한다. 대평원 자체 또한 얻기 어려운 천연의 장점이다. 이는 사회 문화적 일체화와 정치적 통일에 지리적 이점을 제공했다.

또 그 토대 위에서 중화민족의 기타 지역, 화이허 유역, 하이허(海河) 유역, 양쯔 강, 주장 유역, 민장 유역, 동북과 서북의 광대한 지역, 서남의 광대한 지역, 내몽골, 티베트를 통합하는 데도 유리한 지리적 이점을 제공했다. 고대의 기술적 조건에 따르면 도로 확장과 운하 건설은 지형과 지세 및 지질 조건이 대체로 일치하거나 비교적 단순한 지역에서만 가능했다. 원가가 낮은 교통과 통신 시설의 출현은 물자를 공급할 수 있는 유통 구조의 형성을 의미한다. 이는 물자와 인적 자원의 유동을 매우 편리하게 만들었고, 모든 지역의 경제적 · 문화적 · 정치적 통합 수준을 크게 향상시켰다. 고대의 기술적 조건에서 이 모든 것은 평원에서만 가능했다. 이는 서북의 사막 지역 및 서남과 동남 등의 산악 지역에서는 근본적으로 발생할 수 없는 상황이다. 대운하 건설은 특히 중요하다. 문명사에서 보기 드문 이러한 대규모 국가적 대공사로 인해 황허 유역과 양쯔 강 유역의 물자와 인원 및 문화 교류는 더욱 강화될 수 있었고, 중국의 중심 지역이 크게 확대될 수 있었고, 정치적 통일 수준 또한 크게 향상될 수 있었다.[12]

다른 방면의 지연 요소들 또한 대단히 중요하다. 중국의 핵심 지역의 서쪽에는 해발이 높고 온도가 낮은 티베트 고원이 있고, 북쪽에는 면적이 넓고 한랭한 대사막과 고원이 있고, 서북 방향에는 인구가 적고 매우 가문 자갈 사막이 있고, 동쪽과 남쪽에는 망망대해가 있었다. 이러한 지연환경과 자연조건으로 중국 문명은 상당히 오랜 시간 이질적인 문명의 침입과 도전을 쉽게 받지 않을 수 있었다. 물론 이러한 지리적 구조가 모든 상황과 모든 의미에서 반드시 긍정적인 것만은 아니었다. 자연계의 유기체가 한편으로는 햇빛과 비와 이슬을 받아야만 하고, 다른 한편으로는 세찬 바람과 폭풍우의 타격을 받아야만 성장할 수 있는 것처럼, 한 문명이 건강하게 성장하고 지속적으로 활발한 생기를 유지하고 싶다면, 반드시 외부 도전의 자극을 끊임없이 받아야만 한다. 만약 충분한 외부 도전의 자극이 결핍되고 자신이 가진 내재적 동력에만 의지한다면, 어떠한 문명도 오랫동안 활력을 유지할 수 없다. 또 서기 17세기 이전 길게는 2천~3천 년에 이르는 역사 시기 동안, 중국 문명은 유목민족을 통합하는 데 수많은 자원을 소모할 수밖에 없었다. 거시적 역사 시각으로 보면, 유목민족의 침입을 방어하던 만리장성은 명나라 후기에 오면 방어 기능을 상실하고 말았다. 이 시기에 청나라 사람들은 화포를 사용하고 반은 농업, 반은 유목의 특성을 지녔던 기마민족이었다. 그들과 한족은 상호 보완하는 관계를 형성했다. 또는 그들과 한족은 일종의 반(半)유목민족과 농경민족의 이익 공동체 혹은 상호 존중의 관계를 형성했다고 볼 수 있다. 이러한 양자의 공생 관계로 냉병기(칼, 창 등) 시대에 있었던 유목민족의 농경민족에 대한 구조적인 침입이 일시에 끝날 수 있었다.

이 밖에도 지형과 지세 및 기후 조건 방면에서 황허 중하류 지역은 천연적인 이점을 가졌다. 황허 중하류 및 인근 지역은 대평원 지역이었다. 이 지역들은 사방 수백에서 천 킬로미터가 넘는 범위 내에서 나타나는 지형과 지세 및 기후 조건은 대체로 일치했다. 이는 경제와 문화 및 정치 일체화 진행 과정에 대단히 유리하게 작용했다. 이와 비교하면 서아시아 지중해 세계에서 나타나는 지역 간의 차이는 대단히 컸다. 불과 수십 킬로미터의 거리인데도 지역 간의 지리적 차이는 극심하게 나타난다. 이러한 상황은 일체화 진행 과정에 분명 불리하게 작용했다. 이처럼 사분오열된 지연 분포와 차이가 극심한 지형과 지세 및 기후 조건으로 인해, 그리스인은 오랜 시간 인구가 적은 도시국가라는 소국가 정치 구조에 익숙했다. 게다가 그리스인은 도시국가에 대한 숭배 의식을 양성했기 때문에, 대형의 정치적 공동체를 건립해야 하는 어떤 역사적 순간에 직면했을 때도, 그들은 근본적으로 대형 정치 공동체를 건립하고 유지하고자 하는 염원과 능력을 가질 수 없었다.

그들에게서 이러한 염원과 능력이 결핍되었던 심층적 원인은 다음과 같은 이유에서 찾을 수 있다. 서아시아 지중해 지역의 특수한 지연-자연환경으로 그들은 문명 규모를 형성하기가 매우 어려웠고, 이러한 문명 규모의 결핍으로 그리스인은 자신들의 문명 동질성을 지킬 수 없었다. 이 문명 규모의 결핍은 그들이 창조한 찬란한 문화가 단지 부분적인 요소들의 형식으로만 다른 문명으로 확산될 수밖에 없었음을 뜻한다. 이 때문에 그리스인 자신이 종족 담지체가 되는 형식으로 후세에 파생될 수 없었다. 비록 이후의 로마 문명이 대형 정치 공동체를 건립하고 유지하는 방면에서 그리스인보다 훨씬 많은 성공을 거두었고, 그리스 문명이 로마 공화국과 로마 제국 단계에서 비교적 큰 규모를 가지고 있었지만, 로마인도 그리스인과 마찬가지로 서아시아 지중해 세계의 경제와 사회 및 문화 일체화라는 난제를 근본적으로 해결하지는 못했다. 왜냐하면 이것은 단절된 지연-자연환경이 초래한 구조적인 난제였기 때문이었다.

여기서 좀 더 자세히 지중해 서아시아 지역의 상황을 살펴보자. 알렉산더의 동방 원정 이후와 로마 제국의 모든 시기에 그리스 로마 문명이 영향을 미친 지역은 비록 중국보다는 조금 넓었지만, 진정한 문명 규모는 이곳에서 형성되지 않았다. 문명 규모의 형성 여부는 상당부분 인구 규모의 형성 여부에 따라 결정된다. 인구 규모는 서로 동일한 가치관이나 서로 동일한 생활 형태를 지닌 인구수를 의미하거나, 특정한 공통의 가치관과 특정한 생활방식으로 그 문화적 신분을 정의할 수 있는 인구수를 의미한다. 하지만 문명 규모는 어떤 정치 행위체가 실제적으로 지배하는 인구수나 서로 다른 문화적 정체성을 지닌 인구수를 의미하지는 않는다. 알렉산더 및 그 계승자들의 통치하에 있던 인구수는 고대의 기준에 따르면 적었다고는 말할 수 없다.

그러나 진정한 의미에서 그리스 문화의 정체성을 가지고 그리스인의 통치를 지지하던 인구수는 아주 적었다. 그리고 그리스인의 본질적 정신자질 또한 중국 문명이 보여주었던 것처럼 견고하지는 않았다. 기원전 12세기 그리스인이 소아시아 해안 지역에서 흥기했을 때 그들은 소아시아 내륙 깊숙한 곳까지 확장하지는 못했다. 그곳의 토지는 척박하고 기후는 가물어 대규모 농업에 적합하지 못했기 때문이다. 또 당시 지금의 중동 지역에 해당하는 이 지역에는 고도로 발달한 문명이 이미 존재했기 때문에, 그리스인은 넓은 육지가 있었던 방향, 즉 시리아 · 이스라엘 · 팔레스타인 · 요르단, 티그리스 · 유프라테스 강 유역의 하류로 나아갈 수 없었다. 이러한 까닭으로 그리스 문명은 서쪽과 북쪽인 대해 방향, 즉 에게 해 도서 지역, 흑해 연안, 그리스 반도, 시칠리아 섬, 이탈리아 반도 남부 방향으로만 발전할 수밖에 없었다. 그들은 이곳에 많은 정착지와 식민지를 건설했고 이후에는 도시국가로 변화 발전했다.

천 개가 넘는 그리스 도시국가들은 문화적으로는 일치성이 매우 강했고, 기원전 8세기 이후 그리스인의 문화 주체의식과 그리스 중심의식 또한 갈수록 강해지고는 있었지만, 지리적 원인들로 인해 각 도시국가들의 연대는 점점 더 느슨해지고 상호 관계는 악화돼갔다. 시간이 지나자 문화적 동포 간에 자주 발생하는 대립과 충돌, 참혹한 전쟁은 피할 수 없게 되었다. 이 때문에 이른바 해양 문명은 찬란한 문화적 성취를 이루었지만, 문명 규모를 형성하여 자신들의 장기적 생존 발전을 유지하는 방면에서는 탁월한 모습을 보여주지 못했다.

로마 제국 단계에서 그리스 문명은 비록 상당히 긴 시간 동안 정치적 통일을 유지하기는 했지만, 로마 통치하의 여러 민족들은 사회 문화적 정체성 측면에서는 늘 사분오열된 모습을 보였다. 로마 통치하의 서아시아 지중해 세계에서는 늘 로마 문화의 정체성을 가진 소수의 인구가 다른 문화적 정체성을 갖고 있던 대량의 인구를 통치했다고 볼 수 있다. 이러한 상황은 로마 제국이 알렉산더가 건국한 그리스 제국보다 더 지속되었고 더 견고했지만, 알렉산더 제국과 마찬가지로 진정한 의미의 인구 규모는 형성할 수 없었고, 그 인구 규모의 토대 위에 세워지는 문명 규모도 형성할 수 없었다는 것을 의미한다.

비록 대서양에서 지금의 이란 동부에 이르는 광활한 지역이 한때 로마인의 지배하에 있었지만, 그러한 상황이 오래 지속되지는 않았다. 로마 문화와 완전한 정체성을 이룬 인구가 사회 주체가 되거나 이 인구가 안정된 정권을 건립한 핵심 지역은 대체로 지중해 동부와 중부 지역, 소아시아 연안과 흑해 연안 및 서아시아를 끼고 있는 지중해 지역을 넘어서지는 못했으며, 심지어 이들 지역은 공간적으로 사분오열되어 있거나 서로 단절되어 있었다. 그리스 반도의 여러 도시국가들과 에게 해 · 소아시아 연안의 그리스 도시국가들 사이, 시칠리아 섬과 사르데냐 섬 · 이탈리아 중부 · 남부 사이, 이 몇 개의 지역과 지중해 동쪽 연안 사이는 모두 드넓은 대양으로 서로 떨어져 있었다. 이와 같이 분산된 지연구조 속에서 설사 그리스 로마 문명이 고도의 항해기술을 보유했다고 하더라도, 해상 교통의 한계를 극복하기는 매우 어려웠을 것이다. 심지어 로마 통치하의 평화, 즉 팍스로마나 시기에도 이러한 상황은 근본적으로 변하지 않았다.

여기서 다시 인류 문명이 최초로 탄생한 지역 중 하나인 이집트를 살펴보자. 고대 이집트는 문화 창조 방면에서 찬란했다고 볼 수 있지만, 지연 구조적으로 이집트는 천연적인 대륙판을 가지고 있지 않았고, 오히려 여러 자연적인 장벽으로 둘러싸여 있었다. 이집트의 핵심 지대인 나일 강 중하류의 자연조건은 아주 좋았다. 일 년에 한 번씩 나일 강의 범람이 가져다준 부드러운 진흙 덕분에 이 지역에서는 쉽게 경작할 수 있었다. 이는 원시 농업과 문명이 탄생하는 데 대단히 유리하게 작용했다. 그러나 나일 강 중하류 지역은 풍요롭기는 했지만, 아주 협소했다. 서쪽은 사막이고 북쪽은 대해이고 남쪽은 험준한 산악지대이고 동쪽에는 고대 조건에서는 건너가기 어려운 홍해가 있었다. 동북 방향의 시리아 지역과 티그리스 · 유프라테스 유역으로 통하는 좁고 긴 육지 통로를 제외하고, 이집트의 모든 지역은 나일 강 하곡지대 및 하구 삼각주의 지역 안으로 움츠러든 지세를 취하고 있었다.

이 때문에 이집트는 주변의 각 방향들로 뻗어 나가거나 확장할 공간이 없었다. 신왕조 시기 이집트 국력은 강성했다. 이집트인은 나일 강 협곡을 따라 남진하여 산이 많은 누비아 지역으로 영토를 확장했고, 시리아 지역과 티그리스 · 유프라테스 강 유역으로도 대규모의 군사행동을 전개했다. 그러나 협소한 지연 환경으로 인해 거대한 인구와 경제 규모를 만들어낼 수는 없었다. 영토 확장 때마다 일시적으로 대토지를 점령할 수는 있었지만, 대규모 이주 수단을 사용해 이 지역들을 굳건하게 장악하지는 못했다. 사실 대대적인 군사 확장의 시기에도 이집트의 인구 주체는 부유한 나일 강 유역에서 멀리 벗어난 적이 없었다. 신왕국 시기 이집트 제왕들은 누비아 지역에 대해 비교적 효과적인 동화정책을 실시했지만, 종합적으로 보면 이집트 문명 규모는 그 전성기에서도 많은 한계를 보이고 있었다.

문명 상호 작용의 관점에서 보면, 지중해 서아시아 지역의 지연구조로 말미암아 이집트 또한 다른 지역의 문화적 영향을 받아들이기가 불편했다. 따라서 이집트는 필연적으로 일종의 폐쇄형 문명이 될 수밖에 없었다. 이집트와 다른 고대 문명들, 예를 들면 수메르 · 히타이트 · 크레타 등의 문명과 어느 정도 교류와 영향을 주고받은 적도 있었지만, 총체적으로 보면 실질적인 상호 작용은 결핍되었다. 심지어 말조차도 기원전 18세기에 동북 방향에서 침입한 힉소스 사람들이 이집트에 전래한 것이다.

다음으로 이란 고원을 보자. 이곳은 페르시아 제국의 발상지이다. 황허와 인더스 강 유역과 달리 이곳은 산이 많고 강우량도 부족했다. 산간 골짜기에서는 농업과 목축 활동을 어느 정도는 할 수 있었지만, 큰 강 유역처럼 대규모의 농업 생산 활동을 할 수는 없었다. 고대의 조건에서 한계가 있는 농업 규모는 곧 제한된 인구와 경제 규모를 의미한다. 인구와 경제가 일정한 규모에 이르지 못하면 최종적으로는 공동체의 장기적 생존 그리고 지속적인 생존에 도움이 되는 문명 규모가 형성되기 어렵다. 이 점은 한때 페르시아 제국이 찬란하게 번성한 적도 있고 아시아 · 유럽 · 아프리카 3대 대륙을 휩쓴 적도 있으며 여러 민족(그중 왕국이었던 민족들도 있었다)을 섭렵한 적도 있지만, 결국 빠른 속도로 쇠락해버린 이유를 어느 정도 설명해줄 수 있을 것이다.

페르시아 제국이 이처럼 빠르게 쇠망한 데는 더 중요한 한 가지 원인이 있다. 그것은 지연의 경제와 문화 및 정치적 면에서, 페르시아 제국은 늘 일종의 종합요리 같았을 뿐, 서로 완벽하게 융합되고 조화를 이루는 통일체가 아니었다는 점이다. 지연-자연환경이 유리하지 못했기 때문에, 페르시아인은 충분한 경제 규모 · 인구 규모 · 문화 규모를 형성할 수 없었다. 따라서 그들은 한 번도 다른 민족 · 종교 · 언어 · 문화 · 풍속에 기반을 둔 이익집단을 성공적으로 통합시킬 수 없었다. 비록 페르시아인은 이전의 정복자 민족들, 예를 들면 하수나인 · 바빌론인 · 이집트인과는 달리 피정복 민족을 아주 관대하게 대하긴 했지만, 피정복인과 비교해볼 때 분명 그들은 과다한 특권을 누렸다.

시간이 지나면서 이전에 그들을 해방자로 보았던 민족과 통치자 간의 이해 충돌은 격화되지 않을 수 없었다. 페르시아 제국이 지속될 수 없었던 근본적 원인은 대부분 공간적 위치와 관련이 있고, 공교롭게도 그들이 너무도 불리한 지연-환경에서 흥기한 데 있었다. 마찬가지로 주목할 만한 것은 페르시아 통치 지역 내에 너무 많은 이질 문명이 있었던 점이다. 그리스 · 시리아 · 이란(조로아스터교) · 인도의 네 추축시대 문명-종교가 의외로 동시에 한곳에 존재했던 것이다. 이는 황허 유역과 인더스 강 유역에 출현한 문명들이 보인 비교적 단순한 모습과는 선명한 대조를 이룬다. 이러한 상황에서 페르시아인이 앞장서서 고도로 통합된 역사 문화 공동체, 즉 진정한 의미의 인구 규모를 가진 공동체를 형성하는 것은 불가능한 일이었다.

결론적으로 서아시아 지중해 세계에서 지역들 간의 지형과 지세 및 토양 조건의 차이는 대단히 컸고, 이는 각 지역의 경제 발전 수준이 심한 격차를 보이는 현상을 초래했다. 게다가 기후는 건조하고 수자원은 아주 부족해 인류 집단 간의 생존 경쟁은 매우 치열했다. 개인의 생존과 발전의 기회를 증대시키기 위해, 서아시아 지중해 지역은 배타성이 매우 강한 이데올로기를 형성해 집단 응집력을 증강할 수밖에 없었다. 이것이 곧 양자택일 논리와 흑백논리인 일신론적 사유이다.

이는 서아시아 지중해 세계의 문화 · 정치 일체화에 대단히 불리한 것들이었다. 이 밖에도 지중해와 서아시아는 원래 독립적이고 분리된 두 개의 지역이었고 서로가 그다지 연결되어 있지는 않았다. 문명 상호 작용의 관점에서 보면, 두 지역의 인류 집단들인 이집트인 · 수메르인 · 유대인 ·

페르시아인 사이에는 아주 일찍부터 교류가 시작되었다. 그러나 알렉산더의 동방 원정 이전에 그들은 각자의 운행 궤도에 따라 독자적으로 변화 발전했고, 이 때문에 마지막에 형성된 정신 자질은 확연한 차이를 보였다. 이는 사회적, 문화적 동질성을 가져야만 하는 대형 공동체를 형성하는 데는 불리하게 작용했다. 따라서 이 차이는 양대 지역을 정신 자질 면에서 진정으로 통일시키는 데도 대단히 불리하게 작용했다. 명실상부한 사회적 문화적 동질성을 지닌 하나의 대형 공동체를 형성할 수 없었기 때문에, 그리스 로마 문명이 로마 제국시기에 비록 표면적으로는 정치적 통일을 향유하고 있었지만, 표면적 현상의 이면에는 오히려 심각한 사회적 문화적 분열이 있었던 것이다.

이와 견주면 헬레니즘 시대 및 로마 제국 시대에, 시리아(혹은 히브리)적 정신은 도처에 있었던 도시 유대인들을 통해 갈수록 큰 영향력을 얻게 되었고, 마지막에는 그리스 문명 고유의 정신이 혼혈형 신문명인 기독교로 바뀌게 되었다.[13] 기독교로 인해 그리스 문명은 로마 제국 말기에 과거의 동질성을 상실했다고 볼 수 있다. 즉 그들이 이전에 지녔던 본질적 속성은 기독교라는 외투를 걸친 시리아 성격으로 대치되었던 것이다.

이제 이런 판단을 내릴 수 있다. 대형의 통일된 경제 · 사회 · 문화 · 정치적 공동체가 빠르게 이룩되는 면과 문명 규모를 이루는 면에서, 더불어 문명은 하나로 연결된 거대한 대륙판 위에서 성장하고 강대해진다는 사실에 함축된 가능성 면에서, 중국은 지중해 서아시아 세계 및 이 지역에서 출현한 시리아와 그리스 문명과 비교해서, 애초부터 비교적 유리한 지연-자연조건을 가지고 있었다. 이 점은 거대한 문명 규모가 형성되기 위해서는 반드시 어떤 공통의 문화와 정체성을 이루는 거대한 수의 인구 규모를 전제로 해야 함을 뜻한다. 또 이 점은 공통의 문화적 정체성에 근원을 둔 거대한 수의 인구 규모가 거대한 역사 문화 공동체로 통합되기 위해서는 반드시 대규모 농경에 적합한 거대한 대륙판이 있어야 함을 뜻한다.

이러한 조건에서 서아시아 지중해 세계와 비교하면 중국 문명은 그 본질적 동질성을 지키는 면에서 처음부터 유리한 지리적 이점을 지녔다고 할 수 있다. 선천적인 지연의 우세와 특수한 자연조건으로 말미암아 중국은 아주 일찍부터 같은 문화를 지닌 거대한 수의 인구, 광활한 영토와 비교적 발달한 경제를 이루었다. 그리고 이러한 토대 위에서 일찍부터 거대한 문명 규모를 형성해냈다. 이는 중화 세계에 매우 안정된 문화적 심리적 구조를 부여했고, 이 때문에 중화 세계는 하나의 거대한 공간과 시간의 범위 내에서 매우 안정된 사회 정치 구조를 유지할 수 있었다. 한 문명이 본질적 정신 자질을 지키는 경우를 살펴보면, 이러한 거대한 시간과 공간의 위도 속에서 안정된 문화 심리 구조와 사회 정치 구조가 지닌 우월성은 분명 중요한 것이다. 이것은 마치 작은 배는 거대한 파도의 충격을 견뎌내지 못하지만, 대형 선박은 오히려 바람을 타고 파도를 헤치며 안전하게 항해하고 목적지에 편안하게 도달하는 것과 같은 것이다.

문명 규모를 바탕으로 한 안정된 문화 심리 구조와 사회 정치 구조를 갖추고 있어야만, 그 문명은 정신과 물질의 각 방면에서 더 정교해지고 더 심화될 수 있으며 양적이 아닌 질적인 성장을 거두며 지속적인 이익을 얻을 수 있다. 또 문명 규모에 기반을 둔 안정된 문화 심리구조와 사회 정치 구조를 갖추고 있어야만, 문명은 비로소 거대하고 안정된 경제 · 문화 · 사회 · 정치 공동체를 통합시킬 수 있다. 문명이 거대하고 안정된 경제 · 문화 · 사회 · 정치 공동체로 통합되어야만, 비로소 거대한 시장 규모와 효율적인 문화를 형성할 수 있다. 이러한 규모와 효율이 이 공동체의 노동생산성을 끌어올리는 작용을 하는 것은 자명한 일이다. 또 이 공동체 내부의 다른 이익집단을 통합하여 경제 · 정치 · 문화의 일체성을 확대시키는 작용을 하는 것도 분명하고, 이 공동체가 주변 민족을 통합하여 그들을 공동의 발전 궤도 속에 끌어들이는 작용을 하는 것도 역시 분명한 일이다. 거대하고 안정된 하나의 경제 · 문화 · 사회 · 정치 공동체로 통합되어야만, 그 문명은 비로소 거대하고 안정된 정치와 경제 행위체를 형성할 가능성이 있고, 역량을 집중해 큰일을 할 수 있다. 이는 규모를 형성하지 못한 인류 집단들은 근본적으로 할 수 없는 일이다(중국의 만리장성 축조, 도로 건설, 운하 건설 및 기타 대형 수리시설 등이 그러하다). 거대하고 안정된 경제 · 사회 · 정치 · 문화 공동체로 통합되어야만, 개인의 총명한 기지와 창조적 잠재력을 집단이 최대한 이용할 수 있고, 하나의 거대한 범위 내에서 많은 인구들이 공동으로 나누어 누릴 수 있다. 따라서 규모를 형성하지 못한 인류 집단에서는 근본적으로 출현할 수 없거나 상상할 수 없는 여러 가지 새로운 가능성들이 나타날 수 있는 것이다.

상술한 문명 규모와 관련한 여러 가지 상황들은 모두 문명 역량을 의미하고 있다. 이는 광활한 영토 위에 기반을 둔 거대한 인구 규모 · 경제 규모 · 문화 동질성의 거대한 역량이다. 총체적 효율의 시각에서 보면 이는 개인의 지혜와 창조적 재능이 확대될 뿐 아니라, 무수한 수의 배로 확대되어 1+1=2, 3, … n의 거대한 효과가 나타난다. 마찬가지로 거대한 문명 규모에 기반을 둔 안정된 문화의 심리적 본질과 사회 정치적 구조를 지녀야만, 한 문명은 역사의 진행 과정에서 풍부한 정신과 물질의 축적을 실현할 수 있다. 이러한 풍부한 물질과 정신적 축적을 갖춰야만, 한 문명은 심오하고 강력한 집단의 기억을 가질 수 있다. 상식과 논리에서, 이러한 심오하고 강력한 집단 기억은 하나의 문명이 자신의 본질적인 동질성과 본질적인 정신을 지키는 데 대단히 유리하다. 사실 이러한 심오하고 강력한 집단 기억 자체가 곧 문명의 동질성을 의미하며, 때로 그것이 바로 문명의 동질성이라고 말해도 무방할 것이다.

5. 문명의 동질성 · 주체성에 대한 지연-자연환경의 중요성

심오하고 강력한 집단 기억은 한 문명이 자신의 본질적인 정신을 지키는 데도 유리할 뿐 아니라, 이 문명이 자신의 주체성을 지키고 향상시키는 면에서도 유리한 작용을 한다. 문명의 동질성과 문명의 주체성은 서로 안과 겉의 관계를 가진 개념이지만, 이 두 개념을 따로 구분해서 다루지 못할 것도 없다. 동질성은 주체성에 의존하고 주체성은 동질성에 의해서 결정된다. 그렇지만 동질성은 정신 자질에 더 치중되고, 주체성은 이와 달리 어떤 정신 자질을 가진 인류 집단의 행위 능력에 더 치중된다. 본질적으로 보면, 한 역사 문화 공동체의 동질성-주체성이 견고하고 강건한지는 이 공동체가 거대한 문명 규모를 창출할 수 있는지의 여부로 결정된다. 거대한 문명 규모 형성 가능성 또한 이 공동체가 도전에 적합한 지연-자연조건을 가졌는지 여부가 결정한다. 이러한 지연-자연조건과 문명 규모에 기반을 둔 문명의 동질성-주체성은 한 역사 문화 공동체의 생존과 성장에 아주 중요한 역할을 하며, 하나의 공동체가 문화 · 경제 · 정치적 행위체로서 기타 공동체에 영향을 미칠 수 있는지 없는지, 그 영향이 얼마나 클 수 있는지에 대해서도 중요한 영향을 미친다.

서기 5세기 후반 무렵 서양 문명의 가장 중요한 구성 부분인 그리스 로마 문명은 결국 멸망했다. 이는 문화적 자질과 종족의 의미에서의 멸망일 뿐 아니라 더불어 사회 · 경제 · 정치적 의미의 멸망이기도 하다. 이상의 언급에서 밝힌 것처럼 이 멸망의 원인은 서아시아 지중해 지역이 거대한 문명 규모 형성에 필요한 지연-자연환경을 가지지 못했기 때문이다. 규모의 결핍은 변천 중인 여러 문명이 강인하고 강건한 주체성을 가질 수 없음을 뜻한다. 강인하고 강건한 주체성의 결핍은 이 문명의 동질성이 취약함을 뜻한다. 이것이 곧 물결처럼 동쪽과 북쪽에서 이동해 온 바바리안족의 침입 속에서, 소아시아-지중해 세계에서 발생한 그리스 로마 문명이 이질적 문명—현재의 서아시아 팔레스타인 일대에서 시작되었고 기독교 외투를 걸친 시리아 문명—으로 대체된 근본 원인이 된다.

서기 5~6세기에 문명사에서 중대한 사건이 발생했다. 그것은 기독교 형식으로 지중해 지역으로 확장한 시리아 문명이, 마지막에는 지중해 지역에서 기원했고 그 핵심 지역 또한 지중해 지역인 그리스 로마 문명을 대체한 것이다. 특히 주목해야 할 점은 이러한 대체가 단지 문화적 의미에서 자질 변화만이 아니라, 한 문명이 규모의 결핍으로 결국에는 그 근본적인 동질성-주체성을 상실했다는 것이다. 그리스 로마 문명이 잃어버린 것은 단지 자신이 과거에 지녔던 독특한 문화적 자질만은 아니었기 때문이다. 더욱이 지중해 세계는 문명 규모의 결핍으로 물결처럼 밀려온 바바리안족의 침략적인 이주를 성공적으로 통합하거나 소화해내지 못했다. 이 때문에 그리스 로마 문명 중심 지역에서 과거의 비교적 순수했던 종족 구성에도 질적인 변화가 발생하기 시작했다. 사실 서기 475년 로마의 도시가 바바리안족의 공격에 함락되기 전 몇백 년 동안, 지중해 지역의 종족 구성에는 계속해서 급격한 변화가 발생하고 있었다. 로마의 도시가 함락된 후 몇백 년 동안에, 지중해 동북부 지역의 종족 구성에서 슬라브인의 혈통이 주도적 지위를 차지했다. 지중해 중부 지역의 종족 구성에서 게르만인의 혈통이 점차 높은 비율을 차지했고, 지중해 서부 및 서유럽과 중유럽 지역의 종족 구성에서는 게르만인 혈통이 더욱 압도적인 우세를 차지했다.[14] 종족 구성의 변화와 대등하게 그리스 로마 문명은 규모의 결핍과 주체성의 취약으로 심각한 정신적 자질의 변화를 겪었다. 이는 아주 주목할 만하다. 끈기 있는 이데올로기, 주도면밀한 교단 조직, 수도 단체를 가진 기독교 종교 형식을 통해 동방 시리아 문명의 정신이 마침내 기존에 로마인이 지녔던 문화적 속성을 대체한 것이다. 이는 시리아 문명의 성공적인 확장 앞에서, 그리스 로마 문명은 어쩔 수 없이 과거의 동질성을 잃어버릴 수밖에 없었음을 뜻한다.

이러한 상황과 대조적으로 근대 이후, 서양 문명의 세계 확장 앞에서, 중국과 인도 등 비서양 문명은 비록 환골탈태와 같은 문화적 전환을 겪고, 자신들의 고유한 정신 자질 또한 대단히 심각한 변화를 겪었지만, 이러한 상황들이 이 두 문명이 더 이상 존재하지 않는다거나 이미 서양 문명으로 변했음을 뜻하지는 않았다. 이들은 잠시 쇠퇴했지만, 지연-자연환경에 기반을 둔 견고한 문화적 동질성과 주체성을 지니고 있었기 때문에 완전하게 무너지지는 않았다. 서양 문명의 강력한 도전 앞에서, 중국과 인도 문명의 동질성-주체성이 한때는 보이지 않는 상대에 처한 적도 있었다. 그러나 그것이 존재하지 않았다는 것은 아니다. 긴 역사의 시각에서 보면 이 두 문명의 동질성과 주체성은 강건한 특징이 있었다. 그리고 이 동질성과 주체성은 취소할 수 없고 대체할 수 없고 피할 수도 없는 지연구조와 자연조건에 근원을 두고 있었다. 또 이러한 지연-자연환경에서 창조해낸 거대한 문명 규모에 그 근원을 두고 있었기 때문이다. 이러한 문명 규모에 기반을 둔 동질성과 주체성은 인도와 중국 문명에 적극적이고 창조성이 풍부한 적응력과 자신의 문화를 적극적으로 재건설하는 자아능력을 부여했다. 이를 통해 그들은 서양의 제도와 문화 및 일반적인 문화 요소들을 선택적으로 이용하고 통합할 수 있었고, 동시에 자신의 정치와 경제 및 문화 주체성을 성공적으로 지킬 수 있었다.

서양 문명의 도전 앞에서, 거대한 문명 규모와 심오한 문화 기억을 바탕으로 한 중국과 인도는 대량으로 서양 문화 요소들을 흡수했다. 동시에 서양과는 명확하게 구별되는 새로운 문화 속성을 창조적으로 형성했다. 그리고 더욱 새로워진 동질성의 토대 위에서, 두 문명의 새로운 역사 문화 주체성은 새로운 형식의 성장과 새로운 형식의 자아 표현을 갖추게 될 것이다. 한 가지 더 주목해야 할 점은 중국과 인도 등의 비서양 문명을 보면, 근대 이후 서양 문명의 확장은 주로 서양의 관념 · 제도 · 문화 요소의 확산으로 나타났지 결코 종족의 치환으로 나타나지는 않았다. 이와 비교하면 서기 5세기 이후의 로마인, 즉 서로마 제국의 로마인은 과거 자신의 문화 · 경제 · 사회 · 정치적 동질성을 상실했을 뿐 아니라, 자신의 종족적 동질성마저 잃어버렸다.

그리스 로마 문명 이외에, 자신의 고유한 문화와 종족의 동질성-주체성을 상실한 예로 이집트 · 크레타 · 히타이트 · 바빌로니아 등의 문명이 있다. 그들은 그리스 로마 문명과 비교하면 훨씬 더 일찍 역사의 무대 위에서 활약했다. 또 멕시코(혹은 아스텍)와 페루 문명이 있다. 그들은 그리스 로마 문명보다는 훨씬 늦게 출현했다. 먼저 이집트를 보면, 기원전 7세기 후 천 년 넘게 계속되는 다른 민족의 침입 속에서, 특히 서기 7세기 아랍인의 침입 후 고대 이집트 문명은 결국 끊임없는 신흥 문명의 지연 확장 앞에서 과거의 경제와 정치적 동질성과 주체성을 완전히 상실하게 되고, 최후에는 자신의 문화적 특징을 완전히 잃어버리게 된다. 심지어는 종족의 속성도 흔적 없이 사라졌다. 앞서 말한 것과 같이 이집트 문명이 이러한 국면을 맞이한 근본적인 원인은, 자신이 위치하는 지연-자연환경이 거대한 문명 규모를 형성할 만한 기본 조건을 갖추고 있지 않았다는 데 있다.

두 아메리카 대륙 문명의 예도 마찬가지로 주목을 끌 만하다. 서기 16세기 서양인이 중앙아메리카와 남아메리카를 침입한 이후, 멕시코와 페루 이 두 문명은 침입자의 살육과 말살 정책, 침입자가 가져온 치명적 질병으로 짧은 몇십 년 동안 인구가 천만에서 몇십만으로 격감했고, 이전의 종족 동질성마저도 거의 완전히 사라져버렸다. 200~300년 후 모든 라틴 아메리카 원주민들(즉 지금도 여전히 인디언으로 잘못 불리는 사람들)의 수는 이미 절대 소수로 줄어들었고, 인구의 주요 성분은 백인, 흑인, 백인과 원주민의 혼혈인, 백인 · 흑인 · 원주민 세 인종이 섞인 혼혈인 순으로 되었다. 그리고 두 고대 문명의 문화 특징 또한 이후 몇 세기 동안 점차 사라져버렸다. 마지막에 형성된 새로운 문명 속에 약간의 고대 문명의 요소가 포함되어 있지만, 서양 문명이 완전히 그곳을 차지해버렸다. 그 문명을 분류하는 특징에서도 서양 문명이 이미 절대적으로 주도적인 지위를 차지한다. 따라서 이른바 라틴아메리카 문명은 사실 단지 서양 문명의 한 변종에 지나지 않는다. 이와 비교하면, 그리스 로마 문명과 고대 이집트 문명은 오랜 과정을 통해 문화와 종족 동질성을 잃어버리는 운명을 겪었다. 전자는 수백 년이었고, 후자는 길게는 천 년이 넘었다.

두 아메리카 문명이 멸망한 근본 원인도 마찬가지로 지연-자연환경 속에서 찾아야만 한다. 주지하다시피 인디언은 지금부터 약 1만 5천 년 전 유라시아 대륙에서 아메리카로 이주했다. 이 이전에 아메리카에는 인류가 존재하지 않았다. 인디언이 도착한 곳은 존재하고 있던 원시인류가 개조한 적이 있거나 생산력을 가진 토지가 아니라, 완전히 새로운 세계였다(동일한 시기 유라시아 대륙의 많은 지역에서 원시인류는 이미 몇십만 년 동안 활동하고 있었다). 인디언은 열악한 생산도구로 태평양에서 멀리 떨어진 토질이 푸석한 땅을 개척할 수밖에 없었고, 열대우림의 키 큰 교목으로 뒤덮인 아마존 강 유역을 개척할 수밖에 없었다. 낮은 수준의 교통수단(유럽인이 신대륙을 침입했을 때, 그들은 그곳의 원주민이 뜻밖에 아직 바퀴를 발명하지 못했다는 사실을 발견했다)으로 말미암아 인디언은 북아메리카 서부의 대사막과 고산협곡을 통과할 수 없었다. 또 멀리 떨어진 북아메리카 중부와 개척하기 쉬운 중동부의 대초원으로 이주할 수 없었다. 이 때문에 인디언의 인구 주체는 멕시코 반도와 안데스 산맥의 개척하기 쉽고 작게 분산된 토지에 집중될 수밖에 없었다.

따라서 서기 16세기 초 유럽인이 북아메리카 동부에 도착했을 때, 그들은 발전 정도가 매우 낮은 소수의 인디언만이 거주하고 있음을 발견했다. 이후 유럽인은 대규모로 북아메리카로 이주했고, 심지어는 강제로 북아프리카인을 데리고 오기도 했다. 이 때문에 북아메리카의 종족 구성과 문화적 속성은 근본적으로 변화하기 시작했고, 서양 문명은 빠른 속도로 주도적 지위를 차지할 수 있었다. 서양 문명은 불평등한 경쟁 속에서 승리를 거두었다. 지연구조는 최초로 아메리카에 온 인디언을 오랫동안 유라시아 대륙의 문명 발전과 우수한 문화 성과에서 완전히 격리해버렸다. 이 지역의 자연환경은 그들이 큰 규모와 강건한 동질성을 지닌 문명을 형성하지 못하도록 방해한 것이다. 이는 분명 두 아메리카 문명이 신속하게 사라져버린 근본 원인이 된다.

한 문명은 생명 형태와 역사 공동체라는 이중적 의미에서 자신의 동질성을 향유하고 지킬 수도 있다. 그러나 이것은 어떤 상황에서나 이러한 동질성이 강인한 주체성과 서로 연결되어 있음을 뜻하지는 않는다. 상황에 따라서는 한 문명이 비록 이러한 두 가지 의미의 동질성을 지니고 있다고 해도, 지연 경제와 지연 정치의 원인으로 말미암아 여러 하위 문명으로 나뉠 수 있다. 그리고 각각의 하위 문명 내부는 다시 여러 민족국가 · 민족 · 부족으로 나뉠 수 있다. 한 문명이 만약 통일된 행위체로 통합되어 있지 않다면, 그 문명이 아무리 거대한 수의 인구와 광활한 영토를 가지고 있다 해도, 그리고 생명 형태와 역사 공동체의 의미를 지닌 동질성이 아무리 강건하다 해도, 그 주체성에는 분명 한계가 있다. 이것이 바로 이슬람 문명의 난처한 상황이다.

이런 불리한 상황이 이슬람 문명이 하나의 통일된 정치적 경제적 행위체가 되기 어려운 원인이다. 지연성의 분열로 이슬람 문명의 정치적 통일 기간은 지극히 짧았다. 마찬가지로 지연성 혹은 구조적인 분열 때문에, 현재 이슬람 세계는 역사의 대부분의 시기에 아라비아 · 이란 · 터키 · 중앙아시아 · 남아시아 · 동남아시아, 나아가 사하라 이남의 북아프리카 등 여러 지연 정치 지역과 지연 경제 지역, 그리고 여러 하위 문명으로 자연스럽게 구분되어 있다. 그리고 이 하위 문명들은 다시 여러 민족국가로 나뉘어 있다. 아라비아 세계에만 20여 개의 이슬람 국가들이 있다. 이는 하위 문명과 비교해서 민족국가의 수가 훨씬 많음을 뜻한다. 그리고 민족국가 내부는 다시 여러 민족 · 부족 · 부락 · 가족으로 한층 더 분열되어 있다. 이러한 상황에서 이슬람 문명이 총체적 의미의 주체성을 표현해내기란 거의 불가능하다. 사실 이슬람 문명은 종교-문화적 의미의 공동체로 간주할 수 있는 것과 생명 형태상 비교적 실재적인 일치성을 보이는 것을 제외하고는, 지연 · 종족 · 문화 · 정치 · 경제 등 여러 방면에서 항상 사분오열된 상태에 처해 있다. 머지않은 미래에도 이슬람 세계의 각 하위 문명과 민족국가 및 민족(나아가 부족과 가족)이 거대하고 통일된 한 행위체로 통합될 가능성은 극히 미미하다.

비록 그 분열 정도가 이슬람 세계처럼 높지는 않지만, 마찬가지로 서양 문명도 선천적인 지연 분열 구조로 말미암아 하나의 총체는 아니다.[15] 근대 이후 지연 요소와 문화적 변이, 경제-정치 이익들의 대립으로 서양은 유럽 · 북아메리카 · 라틴아메리카 3대 변체 혹은 3대 하위 문명으로 나뉘었다. 유럽과 라틴 아메리카는 다시 각각 수십 개의 민족국가로 나뉜다. 현재 유럽 일체화 진행 과정이 왕성하게 진행 중이고, 문화와 경제 및 정치적 의미에서 하나의 초국가 행위체인 EU가 갈수록 강한 역량을 발휘하고는 있지만, 유럽의 어떤 민족국가들은 민족의식이 매우 강한 여러 개의 준국가 민족으로 나뉘어 있다. 예를 들면 영국의 스코틀랜드, 스페인의 카탈루냐와 바스크, 이탈리아의 코르시카, 프랑스의 브르타뉴가 그러하다.[16] 이러한 준국가 민족들의 시민들은 늘 자신이 속한 민족국가에 대한 동질성보다 자신이 속한 민족에 대한 동질성이 훨씬 높게 나타난다.[17] 여기서는 민족국가 위에 존재할 수 있는 하위 문명이나 그 아래에 존재할 수 있는 하위 국가 민족에 대해서 논의하지 않고, 단지 서양 문명이 오랫동안 많은 민족국가로 나뉜 경우만 살펴보자.

현재 EU가 지연 문화 일치성의 토대 위에서 이미 경제 일체화는 실현하였고, 지금 현재는 신속하게 정치적 통일의 방향으로 나아가고 있다. 그렇지만 서양 문명 또한 이슬람 문명처럼 오랜 역사 시기 동안 하나의 통일된 정치 행위체에 속해 있었다고는 볼 수 없다. 다시 말하면 서양 문명이 지연 · 종족 · 경제 · 정치에서 보인 분열 상태가 자신의 문화적 성격인 동질성에 큰 영향을 미치는 정도는 아니지만, 내부에 있었던 민족국가 간의 이해 대립과 충돌은 감출 수가 없다. 사실 서기 1648년 베스트팔렌 체제의 탄생부터 1945년까지 300여 년 동안, 유럽 민족국가 혹은 민족국가 집단 간에는 무수한 문명 내부의 전쟁이 있었다. 그중 가장 참혹한 전쟁이 세계의 다른 지역까지 말려들게 한 이른바 두 번의 세계대전이다.

바로 이러한 원인으로 행위체적 의미에서 유럽 문명의 동질성-주체성은 이미 크게 낮아졌다. 러시아가 더 이상 지연 정치를 구성해 위협할 수 없는 상황에서, 유럽과 미국 양대 지연 정치 집단이나 하위 문명 간의 이익 대립 및 충돌은 사실상 피하기 어렵게 되었다. 이러한 문제들은 교토의정서에서 나타난 것과 같은 세계 환경문제나 북한과 이란의 핵문제 및 인권과 무기판매 문제에서 보이는 대중국 관계에서 쉽게 볼 수 있다. 대표적인 예가 2003년 3월 시작된 이라크 전쟁이다. 비록 이탈리아와 몇몇 동유럽 국가들이 상징적으로 소수의 이라크 주둔 부대를 파견해 미국을 지원했지만, 유럽의 강대국인 프랑스 · 독일 · 벨기에 · 스페인과 미국 사이에서 빚어진 충돌은 더욱 첨예했고, 더욱 공론화되었다.

이와 대조적으로 중국 문명은 역사의 대부분 시기에 하나의 통일된 정치 실체였다. 1949년 이후 이러한 특징은 더욱 두드러진다. 인도 문명은 역사의 대부분 시기에서 정치적 실체는 아니었다. 그러나 1947년 독립 이후에는 줄곧 하나의 대형 행위체의 면모를 갖추고 세계무대에서 활약하고 있다. 현재 이 두 문명(특히 중국)은 지연 · 문화 · 정치 · 경제 · 종족의 의미에서 고도의 통일된 모습을 가지고 위대한 문명 부흥 과정을 겪고 있다. 또 갈수록 강해지는 정치 주체성 및 문명 주체성을 표현하는 중이다. 이러한 주체성은 머지않은 미래에 분명 더욱 주목을 끌 것이다.

6. 중국 전통문화의 위기? – 장시앙롱 선생과의 토론

장시앙롱(張祥龍) 선생은 그의 〈중국 전통문화의 위기〉라는 글에서 다음과 같이 언급했다.

> 많은 사람들이 이러한 착각을 한다. 중국이 여전히 존재하기만 하면, 중국인도 계속 존재하고, 중국어도 계속 존재하고, 중국과 관련된 학문과 문화유산도 계속 존재하고, 중국의 전통문화도 매우 안정적으로 계속 존재하고, 심지어 사람들이 기뻐하든 싫어하든 상관없이 발전할 것이라고 여긴다. 따라서 우리는 "21세기는 장차 중국 문화의 세기이다"와 "개방으로 나아가는 중국은 여전히 봉건주의를 뿌리 뽑는 막중한 책임에 직면해 있다"라는 소리를 동시에 듣게 된다.
>
> 그러나 지금의 문제는 대립된 말이지만 그 속에 공통점을 가진 두 종류의 전제에 있다. 한 전제는 아직 살아 있는 중국 전통문화라는 존재는 곧 사라진다는 것이고, 다른 한 전제는 중국 전통문화의 주류는 대가 끊겨 대를 이을 수 없는 중대한 위기에 직면해 있다는 것이다.
>
> 문화, 특히 한 민족의 특징과 역사 흐름에 뚜렷한 영향을 준 적이 있는 유형

문화 혹은 고급문화는 일종의 유기체적인 생명체이다. 따라서 그것은 역사적인 생명과 영혼을 가지고 있다. 이러한 의미를 가진 한 문화가 여전히 존재하는지 혹은 존재하지 않는지를 말하는 것은 그것이 어떤 민족 혹은 어떤 단체의 현실 생활 속에 여전히 살아 있는지의 여부를 주로 본다는 것이다.

이에 대해서는 다음과 같은 구체적인 특징들을 보아야 한다. (1) 이 문화에 엄밀한 의미의 계승자가 아직 있는지 여부이다. 이 계승자는 단체든, 개인의 생명 실천이든 간에 자각적으로 그것의 도통(道通)을 계승하는 사람들을 말한다. (2) 그것이 생존할 수 있는 가장 기본적인 사회구조가 아직 존재하고 있는지의 여부이다. (3) 그것의 기본 가치 개념들이 사람들이 생활 속에서 내리는 중대한 선택에 여전히 영향을 미칠 수 있는지의 여부이다. (4) 그것의 독특한 언어가 사람들이 표현하는 중요한 사상과 깊은 감정의 말과 예술형식 속에 여전히 살아 있는지의 여부이다. 간단하게 말하자면 어떤 문화가 살아 있는지를 보고자 한다면, 그것의 기본 정신이 현실의 사람들에게 여전히 감동을 줄 수 있는지, 혹은 실제 생활이나 역사 진행 과정과 서로 호응을 하고 있는지를 보아야 한다.

이상의 네 가지 특징들에 초점을 맞추어서 이 문제를 한 번 탐구해보자. 첫째, 단체의 방식이든, 개인의 생명 활동이든 간에 유가의 도통, 혹은 그것의 문화 정수를 자각적으로 계승하고 있는 계승자는 현재 거의 없는 실정이다. …… 도가문화는 현재 상당히 쇠퇴했지만, 여전히 그것의 생명을 실천하고 있는 단체가 남아 있다. 많은 도교 신도들이나 도교 단체들은 자신의 모든 생명으로 도가문화의 정수를 계승하고 있다. 불교문화의 전승 단체 또한 뒤를 이을 계승자가 있다. 인도의 힌두교와 일본의 신도교(神道教) 등도 계승자가 있으며 때로 훨씬 더 왕성하게 활동하고 있다. 서양의 종교단체는 더 말할 필요도 없다. …… 근 천 년 넘게 생명을 유지했던 대종교 혹은 준종교가 완전히 멸절된 예는 극히 적다. 자이나교(천의교, 백의교)나 조로아스터교(배화교, 명교)처럼 이미 쇠퇴한 종교들도 지금까지 계승자들이 남아 있다. 그러나 유가 혹은 유교가 거대하고 깊은 영향을 낳았음에도, 이처럼 한 세기도 안 되어 그 전승 단체가 하나도 남지 않고 모두 사라진 예는 어디에도 없다고 말할 수 있다.

둘째, 내가 관찰한 바로는 유가문화가 생존하는 사회의 토양은 가족을 뿌리로 하고 농업을 줄기로 하는, 반 자연 반 교화의 단립(團粒) 구조이다. 서주(西周)의 촌락 단위인 향수(鄕遂)와 학교인 벽옹(璧雍)부터 시작해서 3천 년 동안 변화가 많았지만, 농사를 지으며 책을 읽고 가업을 전승하는 특징은 보존되고 있었다. 하지만 중국이 전력을 기울여 서구식 공업화를 강대국으로 향하는 방법으로 삼은 이후부터, 이 구조는 나날이 쇠퇴하다가 최근에는 거의 사라지기에 이르렀다.

셋째, 유가문화와 도가문화 및 불교문화의 기본 가치 개념은 현대 중국인이 인생에서 직면하는 중대한 선택에 이제는 거의 영향을 주지 못하고 있다. 한 중국 아이가 잉태되어 출생 · 교육(유치원, 초등, 중고등, 대학) · 취직 · 결혼 · 가정생활을 영위하고 노부모를 모시기 시작해서, 남자든 여자든 간에 자신이 어떻게 해야 행복과 정신적 만족을 얻을 수 있는지, 어떻게 병과 좌절에 대처할 수 있을지, 최후에는 어떻게 죽음을 대해야 할지에 이르기까지, 이 모든 과정 속에 유가문화의 영향은 과연 얼마나 남아 있을까? 또 전통문화의 총체적 형태, 예를 들면 전통 기예 · 주산 · 중의학(中醫學) · 서예 · 민속음악 · 경극 · 지방극의 영향이 과연 얼마나 남아 있을까? 신체에 대해서도 서양 의학의 방법과 기술이 주도적이다. 출산 · 백신접종 · 신체검사 · 진단 · 처방 · 수술 등 서양 의학이 없으면 속수무책이다. 일부분의 사람만이 중의(中醫)에 도움을 청한다. 교육에서도 어디에 전통적인 서당 · 서원 · 태학 · 과거제도의 그림자가 아직 남아 있는가?

넷째, 유가 및 전통문화 중 독특한 언어가 사람들이 표현하는 중요한 사상과 깊은 감정의 말과 예술형식 속에 여전히 살아 있는지의 여부이다. 조금 남아 있기는 하지만 그러나 이미 아슬아슬한 사정인 것 같다. 유가의 언어는《사서(四書)》와《십삼경(十三經)》 등의 경전 속에 대부분 존재한다. 백화문 운동과 병음문자를 목표로 한 간체자 정책, 민국(民國) 이후 학교에서 경전 강독 금지, 국어 교육과정 속의 서양식 교육 등의 영향으로 지금의 젊은 세대 중 극소수만이 전통문화의 언어세계로 직접 들어갈 수 있다. 즉 극소수만이 전통 경전을 읽고 해석할 수 있다는 뜻이다. 이 또한 문장부호가 들어가 있고 세로 배열이 아닌 번체자 본문에 한해서이다. 그리고 극소수만이 고문을 사용해 산문이나 시와 사를 작문할 수 있다.

이 밖에도(나는 이를 다섯 번째로 생각한다), 정부가 인정하는 명절과 기념일도 국가 언어 혹은 민족 언어로 볼 수 있다. 우리는 현재 어떤 명절이나 기념일들을 지내고 있는가? 설날부터 시작해서 5월 1일 국제 노동자의 날, 6월 1일 국제 어린이날, 7월 1일 중국공산당창당일, 8월 1일 중국인민해방군건군일, 9월 1일 스승의 날, 10월 1일 중국건국기념일, 신정 …… 국가법령을 보면 정월대보름, 단오절, 칠월 칠석의 걸교(乞巧), 중양절, 공자탄신일, 석가탄신일, 노자탄신일, 납팔절(臘八節) 등은 없어지거나 주변으로 밀려났고, 지금은 오직 음력 설날 하나만 남아 있다. 그나마 베이징과 기타 대도시에서는 폭죽도 금지되어 있다.[18]

여기서 장시앙룽 선생은 분명 유가 정신문화의 자각적인 계승자 역할을 담당하고 있다. 전통을 그다지 중시하지 않는 현시대에서 이는 분명 잘못된 방향을 바로잡는 작용을 할 수 있다. 또 장시앙룽 선생이 제기한 문제의식들도 대단히 보기 힘든 중요한 것이다. 이러한 문제의식은 학계에서 받아들이고 보편화시켜야 한다. 하지만 단지 장 선생이 설치한 경기장만 보이고 도전하고자 하는 사람은 보이지 않는다. 어찌 이럴 수 있는가? 반론이 없다는 것은 마땅히 존중받아야 할 중요한 문제가 존중받지 못한다는 것을 의미한다. 문제의 논의를 더 심화하기 위해 아래의 글들에서 부연 설명하고자 한다.

아쉬운 점은 장 선생이 이렇게 중요한 문제를 언급하면서, 정작 문제의 중요성에 대해서는 의식하지 못했거나 문제의 존재는 의식하지 못했다는 것이다. 이 문제는 도대체 유가문화 자체가 더 중요한지 아니면 유가문화가 지탱한 적이 있는 중국 문명이 더 중요한지이다. 여기서 주의할 점은 본서에서 말하는 문명은 특정 지연-자연환경에 기반을 둔 정신 형태와 생활방식만을 가리키는 것이 아니라, 나아가 이 정신 형태와 생활방식을 가진 공동체를 의미한다는 것이다(본서 제1장, 제2장 참조). 이처럼 큰 문제는 결코 짧은 글로 명확하게 다 말할 수는 없지만, 내가 생각하기에 이는 실로 중요한 문제이기 때문에 여기서 반드시 논의해야 한다고 본다. 여기서 본서의 기본 관점을 간략하게 다시 한 번 서술해보자.

학파 혹은 종교가 문명의 동질성을 구성하는 중요한 요소들이지만, 면면히 이어온 광활한 시공 연속체이자, 수천 년의 정신적 역정을 가진 역사 문화 공동체인 문명은 이 문명을 지탱한 적이 있는 국부적 요소인 학파나 종교보다 훨씬 거대하고 훨씬 중요하다. 문명의 동질성은 본질적으로 문명이 위치한 지연-자연환경에 근원을 두고 있기 때문이고, 또 이러한 환경 속의 원형적 자질 요소와 외부에서 온 새로운 요소들의 유기적 결합에 근원을 두고 있기 때문이다. 이른바 문명은 끊임없이 생성되는 것이고, 지속적으로 옛날의 나를 버리고 새로운 나를 재구성하는 동태적인 구조이다. 그리고 자주적인 변화 발전 및 다른 인류 집단과 맺는 상호 작용 속에서, 적극적이고 진취적이며 자강불식한다. 또 이 과정에서 과거의 자질을 지킬 뿐 아니라, 자신을 개방하여 끊임없이 새로운 요소들을 받아들이기도 한다. 이를 통해 자신의 내용을 발전시키고 풍부하게 하며, 잠재적인 가능성을 발굴하고 실현한다.

순서를 바꾸어 장 선생이 언급한 다섯 번째에 대해서 먼저 논의해보자. 장 선생의 관찰은 분명 부분적으로는 사실과 일치한다고 볼 수 있다. 설날을 제외하고 중국의 다른 전통 명절은 확실히 모두 주변으로 밀려나 있거나, 최소한 법령의 형식으로도 제도화되지 못하고 있다. 하지만 먼저 이러한 상황을 초래한 원인이 어디에 있는지를 보아야만 한다. 내가 생각하기에 이는 격렬한 사회혁명이 조성한 것이다. 특히 문화대혁명의 영향이 매우 컸다. 또 상당한 정도에서는 현대사회가 추구하는 생산규모인 GDP나 DNP 등과 현대적 생산효율이 초래한 것이다. 하지만 중국 문명이 여전히 존재하고, 중국의 사회경제가 한층 더 발전함에 따라, 중국에도 서양에서 경제가 발달한 이후 만들어진 법정공휴일과 같은 휴일이 갈수록 많아질 수도 있다. 또 정치 환경이 한층 더 좋아지면 주변으로 밀려난 전통 명절이 다시 새롭게 주목을 받거나, 국가 법령 형식으로 제도화될 수도 있다. 이는 무엇으로 알 수 있는가?

문화대혁명 때 정월대보름 · 한식 · 추석 · 단오 · 중양절은 거의 엄격하게 금지되었다. 하지만 국가 법령으로 규정하지 않았음에도, 현재 중국의 각 지방에서는 이러한 명절들을 다시 지내고 있다. 경제가 발달하지 못한 중국의 내륙지역 및 북방보다 경제가 발달한 남방 연안지역에서 이 명절들이 더욱 성행하고 있다. 만약 이러한 명절들이 회복될 수 있다면, 공자탄신일 · 석가탄신일 · 노자탄신일 · 납팔절 또한 머지않아 모두 회복될 것이다. 현재 있는 중국의 현대적 기념일은 대부분의 현대 국가들에도 있는 것들이다. 하지만 이 중에서 중국이 만든 스승의 날은 유가의 스승 존중 전통에 대한 계승으로 볼 수 있다. 이는 스승 존중 전통이 부족한 영어권 국가에서는 상상할 수 없는 것이다. 미국은 건국 후 차례로 독립일 · 현충일 · 노동절 등 현대적 기념일을 만들었다. 심지어 종교기념일처럼 보이는 추수감사절도 전통적인 기독교 기념일이 아니라 신대륙 이주에서 유래한 독특한 기념일이다.

다음으로 장 선생의 네 번째 부분을 보자. 즉 유가 및 전통문화 중의 독특한 언어가 사람들이 표현하는 중요한 사상과 깊은 감정의 말과 예술형식 속에 여전히 살아 있는지의 여부에 관해서다. 그는 학교에서 경전 낭독을 금지하고 문언문이 사라지는 것을 중국인과 전통문화의 언어 세계가 상호 단절되는 것으로 보고 있다. 그 결과 유가문화의 독창적 언어가 더 이상 중요한 사상과 심오한 감정 및 예술형식을 표현하는 데 사용되지 않는다는 것이다. 여기서는 그가 말한 중요한 사상과 심오한 감정 및 예술형식이 무엇인지는 논의하지 않고자 한다. 다만 여기서는 문명의 동질성을 어떻게 인식하고 어떻게 다루어야 하는지만 언급하고자 한다. 또 문명 자체와 이것의 국부적인 구성 요소들과 맺는 관계 문제에 대해서만 언급하고자 한다.

본질적으로 발전하지 않고 변화하지 않는 언어는 없다. 중국어도 예외는 아니다. 역사가 유구한 중국어의 구조는 대단히 풍부하다. 그중 문언문은 분명 중요한 자원이지만, 백화문도 마찬가지로 중요한 자원이다. 실제로 명 · 청 이후 대량의 장회소설이 백화문으로 쓰였고, 또 송나라와 명나라 때의 불학(佛學)과 이학(理學) 관련의 대량의 명저들도 문언문으로 쓰였다. 역사적 사실이 증명하듯이, 청나라 말기와 중화민국 초기, 중국 문화의 급격한 근대적 전환 과정에서 단지 문언문만을 사용했다면, 외국에서 들어온 대량의 새로운 관념과 새로운 사물들을 효과적으로 표현할 수 없었을 것이다. 백화문 사용은 외래 관념과 사물을 번역하기에 훨씬 편리했다. 이것이 백화운동이 홍기할 수 있었던 근본적인 원인이다. 그 결과 불교의 유입 이래로 중국어는 다시 한 번 신속하게 성장하고 발전할 수 있는 큰 기회를 얻을 수 있었다.

한편 현재 중국 정부는 학생들이 기본적인 문언 지식을 습득할 수 있는 교육정책을 실행하고 있다. 이는 중국어의 문언문 전통을 지키는 데 대단히 중요한 역할을 한다. 물론 중국의 문언문 교육정책이 높은 수준에 도달했다고는 볼 수 없다. 반대로 영어권 국가들을 보자. 서양의 전통적인 문언문인 라틴어와 그리스어가 기독교와 그리스철학의 고전 언어를 계승하고는 있지만, 소수의 초중등학교에서만 라틴어를 가르칠 뿐이고, 교과과정에서 차지하는 비중도 대단히 적다. 그리스어가 너무 어렵기 때문에 극소수의 초중등학교에서만 개설된 것이다. 또 서양의 대학들에서 고전언어 전공자의 수는 스페인어·중국어·일어·프랑스어·독일어 등 현대 언어 전공자의 수와 비교하면 훨씬 적게 나타난다. 하지만 현재 영어권 국가의 사람들은 학생들이 전통문화의 언어세계로 들어갈 수 없다고 불만을 토로하지는 않는다. 사실 현실 생활의 세계가 변하고 있으므로 언어 또한 변화해야만 한다.

장 선생이 말한 세 번째 관점을 보자. 그는 유가문화와 도가문화 및 불교문화의 기본 가치 개념들이 현대 중국인이 인생에서 직면하는 중대한 선택에 거의 영향을 주지 못한다고 보았다. 또 주산·중의학·서예·민속음악·경극·지방극 등의 전통문화가 사라지고 있고, 중국인의 신체도 서양 의학이 주도하고 있으며, 중국의 전통적인 교육인 서당·서원·태학·과거제도는 사라지고 서양식 교육과 시험제도가 보편화되었다고 보았다. 이는 전통문화에 대한 자신의 가치관을 언급한 것이다. 삼종지도(三從之道)와 사덕(四德) 및 삼강오륜(三綱五倫)의 관념은 벌써부터 폐기되었다. 이는 분명 폐기되어야 할 것들이다. 하지만 유가의 가장 핵심적인 가치인 인의예지신(仁義禮智信)은 여전히 중국인의 생활에 본질적인 영향을 미치고 있다. 충과 효의 관념 또한 여전히 중요한 작용을 하고 있다. 서양의 경우를 관찰하면 이와 유사한 현상을 쉽게 발견할 수 있다.[19]

몇백 년 동안 종교의 지배를 받아오던 서양의 가치관은 계속해서 세속화의 충격을 받아왔다. 사회정치적 측면에서 보면, 이러한 세속화는 영국에 평화적인 자산계급혁명을 가져왔고, 정치와 종교의 분리도 가져왔다. 프랑스에서는 거센 폭풍과도 같은 유혈혁명이 초래되기도 했지만, 정치와 종교가 분리될 수 있었다. 미국에서도 세속화는 유럽과 동일하게 정치와 종교의 분리를 가져왔다. 정치와 종교가 일치되었던 초기 청교도 이주단체의 상황만 보아도 이 점은 명백하게 드러난다. 이로 인해 하느님이란 단어가 헌법에서 사라졌고, 국기에는 별과 줄만이 있게 되고, 종교를 연상시키는 기호나 상징도 없어졌다. 이와 비교하면, 이슬람 국가의 국기에는 초승달, 녹색, 《코란》 경전의 구절 등 이슬람교의 형상 혹은 기호를 많이 사용한다. 하지만 세속화는 세속화일 뿐이다. 영국과 프랑스, 미국 나아가 모든 서양 국가들은 여전히 기독교에 뿌리를 둔 국가로 간주된다.

세속화의 거대한 물결과 동시에 일어난 것은 근대 과학기술과 밀접하게 연관된 산업화이다. 산업화 사회에서 전통의학이 현대의학에 자리를 양보하는 것은 피할 수 없는 일이다. 하지만 산업화된 서양인 가운데 보기 드물게 혈액 채취 요법과 같은 전통을 버린 것을 한탄하는 사람들이 있다. 이에는 말거머리를 환자에게 사용하여 혈액을 채취하는 방법도 있었다. 이러한 서양의 전통적 치료 방식은 1880년까지도 런던 의사들이 여전히 사용하고 있었다.[20] 중국 전통의학의 독창적인 가치는 양생과 만성질병 치료 방면에서 나타난다. 이는 서양 의학보다 탁월한 효과를 보여주었다. 심지어 중국 전통의학은 전염병 치료 방면에서도 대단히 탁월한 치료 효과를 보여주었다. 2003년 사스(SARS)가 유행하던 시기에 중국대륙의 병원들은 중국 전통의학의 한방약을 사용해 치료했는데 그 치료 효과가 아주 탁월했다. 하지만 홍콩의 각 병원들에서는 홍콩 주재 영국총독부가 중국 전통의학을 배척했기 때문에 중국 전통의학의 한방약을 제때 사용할 수 없었다. 그 결과 홍콩의 사스 환자 사망률은 중국 대륙보다 확연히 높게 나타났다.

그 밖에 건국 후에 발생한 유행성B형간염, 유행성출혈열, 홍역은 모두 중국 전통의학으로 해결되었고, 그 치료 효과도 서양 의학보다 훨씬 좋았다. 중국 전통의학을 위주로 사용해 1988년 상하이의 A형간염과 B형간염 복합 문제가 해결되었을 때, 미국질병통제예방센터(CDC)는 이것과 미국이 서양 의학을 위주로 치료한 동일 질병의 치료 효과에 대한 통계를 대비했는데 그 결과는 1대 234였다. 즉 중국인은 단지 1명만이 사망했는데, 미국인은 234명이 사망했다.[21] 이러한 상황은 하나의 중요한 사실을 설명해준다. 그것은 중국 전통의학이 심각한 위기나 곤경에 직면해 있지만, 백 년이 넘는 서양 의학의 거센 충격에서도 중국 전통의학은 여전히 중국에서 중요한 작용을 하고 있다는 점이다. 이는 또한 미래에 중국 전통의학과 한방약이 더 큰 작용을 발휘한다고 해도, 서양 의학을 굳이 배척할 필요는 없음을 뜻한다. 중국 전통의학의 근본이념과 전통 체계를 지킬 수 있는 전제하에서, 서양 의학을 유용하게 사용할 수 있다면, 단지 중국 전통의학만을 사용하는 것보다 더 좋은 결과를 가질 수 있다. 이는 중국 전통의학만이 중요한 위치를 차지하는 상황보다도 훨씬 낫지 않겠는가? 현재 중국 의료위생 체계에는 많은 구조적 문제들이 존재한다. 하지만 이는 중국 전통의학 자체와는 관계가 없다. 일단 문제들을 해결하고 중국 전통의학의 고유한 장점들이 더 많이 알려진다면, 더욱 많은 중국인들 심지어 외국인들까지도 중국 전통의학을 새롭게 인식하고 소중히 여길 것이다.

음악 방면을 보면, 서양 고전음악은 민간 음악을 기초로 해 현대 예술형식으로 형성되었다. 이 음악이 중국에 들어온 후에는 중국 전통음악의 합리화, 체계화, 이론화 정립에 긍정적 작용을 했다. 이를 통해 경극 음악을 포함한 중국의 민족음악과 이탈리아 가극을 포함한 서양의 고전음악이 동시에 존재하면서 같이 발전할 수 있는 상황이 형성되었다. 성악만 놓고 보아도 전통 창법과 벨칸토 창법 및 통속 창법이 융합된 독특한 면모가 형성되었다. 이는 중국의 음악문화를 더 풍부하게 했고, 중국인의 음악적 소양을 더욱 향상시켰다.

교육 방면을 보면, 중국에는 전통적 의미의 서당 · 서원 · 태학 · 과거제도가 더 이상 존재하지 않는다. 또 현행 교육체계도 서양에서 들어온 것이다. 하지만 꼭 눈여겨봐야 할 점은, 서양 교육체계 또한 전근대적인 학교와 종교의 일치부터 지금의 학과 분화에 이르는 점차적인 세분화의 발전 과정을 겪었다는 사실이다. 교육과 종교가 분리되지 않은 예는 과거 주일학교의 홍성, 신학 과정 위주인 중세 대학의 강의 등에서 쉽게 볼 수 있다. 현재 유럽과 미국은 정치와 종교의 분리를 법률로 정해 교회를 교육 영역의 중심 위치에서 물러나게 했다. 그 결과 종교가 교육 현장에서만큼은 비주류로 되었다. 이는 민간 사립학교든, 정부가 재정을 지원하는 공립학교든, 소수의 교회학교를 제외한 대다수 초중등학교에서 가르치는 비종교적 교과과목을 통해 쉽게 볼 수 있다. 또 비종교적 사립대학이든, 정부가 재정을 지원하는 국립대학이든, 절대 다수의 대학에서 인문학 · 사회과학 · 자연과학 · 의학 · 법률 · 정치 등의 비종교적 교과과목(당연히 대학의 신학원은 별도로 다루어야 한다)을 가르치는 것을 통해서도 쉽게 찾아볼 수 있다. 설사 교회에서 재정을 지원한 교회대학이라고는 해도 교과과목 배정에서는 대부분 일반 종합대학이나 단과대학과 별반 차이가 없다. 개설한 교과과목이 비종교적 성격이어야 하지, 그렇지 않으면 학생들의 취업에 문제가 생길 수 있다.

이어서 장 선생의 두 번째 견해를 보자. 유가문화의 생존 기반이었던 농업과 가정을 근본으로 한 사회적 토양은 이미 거의 사라졌다는 주장은 틀림없는 사실이다. 하지만 '유가문화의 생존 기반인 사회적 토양이 거의 사라지고 있는' 것이 아니라 더 이상 존재하지 않을 것이란 사실에 주목해야 한다. 세계적 추세를 보면, 각종 전통적 가치형태의 생존 기반이었던 사회적 토양들이 모두 완전히 사라졌다고는 볼 수 없지만, 최소한 현재 사라지고 있는 중이고, 심지어 지금도 빠르게 사라지고 있다. 이를 통해 한 가지 결론을 도출할 수 있다. 장 선생의 글 중 두 번째는 문제가 안 될 수도 있고 또 문제가 될 수도 있다. 그것이 문제가 안 된다고 말하는 것은 이러한 전통적 문화 형태의 생존 기반이었던 사회적 토양이 쇠퇴하는 것은 전 세계적 현상이기 때문이다. 그리고 이는 2천 년 동안 특히 16세기 이후 하나의 단일한 세계체제가 점차 변화하고 발전한 확장의 결과이고, 이는 일반적으로 말하는 근대성이 가져온 한 양상이기 때문이다.[22]

따라서 추축시대 이후 각 문명의 거대한 경제적 사회적 발전 과정 자체가 근본적으로 발생해서는 안 되는 일이라거나 인류 문명이 잘못된 길로 들어서서 완전히 틀린 길을 걸어간다고 생각하지 않는 한, 유가문화의 생존 기반이었던 사회적 토양이 거의 사라진 것을 한탄할 이유는 없다. 이것이 문제가 된다고 보는 것은 근대성이 거대한 역설이기 때문이다. 근대성은 역사적으로 유례가 없을 정도로 인류의 잠재력을 개발해내기도 했지만, 동시에 인류에게 역사에서 전례 없는 난제를 가져다주기도 했기 때문이다. 그 난제란 가치형태의 단일화(이것이 도대체 문제인지 아닌지 그 자체가 문제이기도 하다), 생태환경의 파괴, 개인주의의 팽창, 인간과 자연의 비소통, 인간과 사회의 비소통 등을 말한다. 근대성은 지금부터 수십 년 후 나아가 수백 년 동안에도 논쟁이 끊이지 않을 논제이고, 모든 인류가 직면한 하나의 대전환이자 대도전이기 때문에, 유가문화 혹은 중국 문명이 혼자 직면해야 할 그런 곤경의 상황은 아니다.

마지막으로 가장 흥미로운 장 선생의 첫 번째 견해에 대해 논의해보자. 그는 단체의 방식이든 개인의 생명 활동이든 유가의 도통 혹은 문화 정수를 자각적으로 계승하고 있는 계승자는 거의 사라졌다고 한다. 정말 그럴까? 이는 유가를 어떻게 인식하는지와 관련된 문제이다. 무엇이 유가의 도통이고 문화적 본질인지에 대해서는 논하지 않더라도, 유가가 현실 초월이 아닌 현실 참여의 생명 형태인 점에 대해서는 이견이 없을 것이다. 이것은 중국 역사에서 불교의 출가인 단체와 비슷한 단체가 유가에는 출현한 적이 없었던 근본 원인이기도 하다. 유가는 오히려 국가 정권과 대단히 밀접한 관계를 맺었다. 따라서 그 계승자들로는 주로 공명을 이룬 진사(進士) · 거인(擧人) · 수재(秀才), 사대부 출신의 정부 관리 및 공명을 희망하는 예비 인력에 속하는 사람들이 있었고, 서당과 서원에 모여 공자와 맹자를 숭배하며 공명을 이루고자 갈망하는 학생들 혹은 단체가 있었다.

물론 유가는 지방 공동체와도 대단히 밀접한 관계를 맺었다. 학식과 소양을 갖추었으나 벼슬을 얻지 못한 지방 향신(鄕紳), 학교 선생, 향토 학자 등도 유가의 중요한 계승자들이었다. 주목할 필요가 있는 것은 풀뿌리 계층인 가족이나 가정 단위의 수많은 백성들 또한 유가문화의 계승자였다는 점이다. 어쩌면 그들이 바로 가장 중요한 계승자였을 것이다. 이와 비교해보면, 불교와 도가는 현실 초월 경향으로 말미암아 역사의 대부분의 시기에서 국가의 이데올로기로 형성되지는 못했다. 당나라는 불교와 도가를 숭배했지만, 국가 기구의 운영은 이 두 종교에 의존하지 않고 오히려 유가 경전으로 교육된 사대부들에 의지했다. 불교 세력이 과도하게 팽창했을 때, 국가 정권은 억불정책을 시행한 적도 있다. 더 중요한 점은 불교와 도가에 대한 숭배가 유가에 대한 억압을 의미하지 않았다는 사실이다. 유가와 밀접한 관계가 있는 과거제도는 수나라와 당나라 시기에 흥기하고 번영했다. 불교와 도가가 비록 수많은 중국인에게 영향을 미쳤지만, 지나친 현실 초월 경향으로 말미암아 지방 공동체와 개인의 일상생활을 지배하는 본질적 가치관으로는 형성되지 못했다. 청나라 말 중화민국 초기의 급격한 사회 정치의 전환기 중에, 상술한 첫 번째 유가 계승자인 사대부는 근대적 정부의 관리나 정당 혹은 그 반대파로 전환되었다. 두 번째 계승자인 지역 유지들은 공무원 · 교사 · 의사 · 기술자 · 과학기술 인력 등 근대적 직업을 가진 인사나 어느 정도 근대적 의식을 지닌 관리로 전환되었다. 세 번째 계승자의 변화는 비교적 적었다. 비록 문화대혁명이란 대참사를 겪기는 했지만, 현재까지 유가적 인식을 가지고, 또한 생명 실천의 형태로 유가적 신념을 이어가고 있는 수많은 농민들이 여전히 존재하기 때문이다.

이러한 의미에서 보면 유가의 계승자가 없는 것은 아니다. 유가의 계승자로는 중국 인구의 30퍼센트를 차지하는 한족 중국인이 있고, 나아가 한족화 과정 중에 있는 소수민족이 있다. 물론 중국의 서북 지역 특히 위구르 무슬림 민족은 같은 상황으로 볼 수 없다. 그렇다. 현대 시대에서 단체의 방식으로나 개인의 생명활동으로 자각적으로 유가의 도통과 문화적 정수를 계승하고자 하는 계승자들은 확실히 찾아볼 수 없다. 또 사찰과 도가사원에 있는 출가인 단체와 유사한 유가문화의 계승자들도 찾아볼 수 없다. 하지만 유가가 그 자체의 특성으로 말미암아 역사에서 종교단체의 면모로 단 한 번도 출현한 적이 없었는데, 무엇 때문에 유독 산업화된 21세기 중국에서 유가와 종교단체를 비교해야만 하고, 또 그와 유사한 조직 형태가 없다고 슬퍼해야만 하는가.

당나라와 송나라 시기 불교와 도가가 지나치게 성행했을 때, 한유(韓愈) · 주돈이(周敦頤) · 정이(程頤) · 주희(朱熹) · 육구연(陸九淵) 등의 이학가(理學家)들이 자각적으로 일어나 유가의 도통을 지키고자 한 적이 있다. 하지만 그들이 단체 혹은 종교 공동체의 형식으로 일을 한 것이라고 보기는 어렵다. 이 시기에 유생 사대부들은 불교와 도가에 심취했지만, 최종적으로는 유가의 정신 역정 속으로 귀속했다. 유가 이념과 불교와 도가 사이에는 상당한 상호 작용과 융합이 일어났고, 이로 인해 유가의 관념 형태도 크게 변하고 그 이론적 바탕 또한 크게 향상될 수 있었다.

인도와 일본에는 힌두교와 신도교(神道教)가 여전히 존재하고 있다. 여기에서 부연설명을 하면, 일본에서는 신도교보다 불교의 영향력이 컸다. 신도교는 일본 원시종교가 외래종교에 자극을 받아 형성된 것이다. 더욱이 국가신도(國家神道)는 기존 신도교의 바탕 위에서 생겨난 기형적인 근대적 이데올로기이고, 일본 군국주의 및 제국주의와 대단히 밀접한 관계를 맺고 있다. 하지만 현재 일본과 인도의 정치와 사회를 지탱하는 것은 근대적 이데올로기이고, 이 두 국가의 경제를 지탱하는 것 또한 근대적 경제관념이다. 총체적으로 보면 종교로서의 힌두교와 신도교는 이미 쇠퇴했다. 물론 인도인은 다른 정도와 다른 형식으로 힌두교의 생활방식을 유지하고 있다. 반면 신도교는 일본인의 주요 생활방식으로 볼 수는 없다. 신도교는 기껏해야 일본인의 생활방식 중 한 부분으로 간주할 수 있을 뿐이다. 만약 다른 의미에서 관찰해보면, 이 두 종교가 인도와 일본에서 여전히 번성하고 있다고도 볼 수 있다. 이는 인도와 일본에게 분명 좋은 일이 아니다. 인도에서는 최근 몇십 년 동안 대규모 유혈 종교 충돌이 반복해서 발생하고, 과부 순장 풍습의 참극도 반복해서 나타나고 있다. 현대 인도인의 카스트제도 반대 운동은 비록 1세기 넘게 투쟁했지만 지지부진한 상태이다. 그 근본 원인은 모두 힌두교 근본주의 세력이 지나치게 큰 데 있다. 일본에서 국가신도는 우익세력의 정신적 지주이고, 새로운 우익 세대를 양성해내는 온상이다. 이 때문에 정치인들은 표를 얻기 위해 야스쿠니 신사를 참배한다. 그 결과 이웃 나라의 분노를 초래하고 나아가 모든 나라의 우려와 반대를 불러일으킨다. 이는 최근 일본 언론과 여론조사에서 쉽게 볼 수 있는 상황이다. 그리고 자이나교와 조로아스터교도 인도에 여전히 존재하고 있다. 하지만 이는 결코 이상한 현상이 아니다. 왜냐하면 그것들은 원래부터 종교단체의 형식으로 존재했기 때문이다.

다시 서양을 보자. 주지하다시피 역사적으로 서양 문명의 이데올로기를 지탱한 것은 주로 기독교 가치관이다[여기에 고대 게르만인의 충성심과 상무(尙武) 정신도 분명 포함해야 할 것이다]. 하지만 문예부흥과 근대 자본주의의 흥기 특히 계몽주의 이후부터, 서양 문명은 지동설 · 이신론 · 진화론 · 프로이트 학설 · 마르크스주의 등 연이은 근대적 관념이나 근대적 이데올로기의 영향을 겪었다. 또 서양 문명은 근대 산업혁명 · 기술혁명 · 사회운동 · 정치운동의 격랑을 겪기도 했다. 이때부터 거대한 변화가 일어나는 새로운 사회에 적응하기 위해 전통적 기독교 가치관은 중대한 조정을 겪을 수밖에 없었다.

그중 가장 중요한 상징은 1962년의 바티칸공의회이다. 이 회의에서 로마 가톨릭 당국은 어쩔 수 없이 기독교 외의 구원은 없다고 하는 절대적인 신조를 포기했다. 그리고 기독교 외의 종교들이나 문화 형태들 예를 들면 불교 · 도교 · 유교 · 이슬람교 · 유대교 등에도 각 종교들이 의미하는 구원이 있다고 인정했다. 비록 현재에도 로마 가톨릭이 여전히 큰 세력을 가지고는 있지만, 정치와 종교의 분리를 당연한 것으로 간주하는 현대의 정치 환경에서 기독교는 의심할 여지 없이 비주류가 되었다. 기독교가 비주류가 되었다는 것은, 정치와 종교가 일치하던 중세에 교회가 세속 정권보다 더 큰 권력을 가지고 걸핏하면 세속 정권의 정치에 간섭하던(무력을 사용한 적도 있었다) 상황과 비교했을 때 그렇다는 것이다. 기독교를 비주류로 만든 주요 동력으로는 산업혁명과 기술혁명, 다양한 사회운동과 정치운동도 있었지만, 다양한 근대적 이데올로기도 있다. 이 근대적 이데올로기는 연이은 근대 혁명과 운동의 충격에 따라, 기독교와 고대 그리스에 근원을 둔 철학의 모체를 통해 배태되었다. 이는 중국화한 근대적

이데올로기가 연이은 혁명운동의 충격에 따라 근대적 관념과 전통적 관념의 결합을 통해서 형성된 것과 비교할 수 있다.

현재 미국에서 정기적으로 교회를 다니는 보수 기독교도는 분명 유럽보다는 많지만, 이러한 미국인은 주로 경제가 발달하지 못하고 정보통신도 발전하지 못한 미국의 중서부와 남부에 집중되어 있다. 경제가 발달하고, 정보통신도 발달한 미국의 동서 해안과 큰 호수 주변의 각 주에는, 정기적으로 교회에 다니지 않는 진보적인 미국인이 더 많다. 거시적인 추세로 보면 미국의 사회경제가 한층 더 발전함에 따라 기독교 가치가 더욱 약화되는 현상은 피할 수 없을 것이다. 종합적으로 보면, 유럽의 기독교 비주류화 현상은 미국보다 확연히 높게 나타난다. 따라서 유럽인은 미국인과 비교해서 더 진보적이다. 진화론, 배아줄기세포연구, 환경보호, 낙태, 동성혼인 등의 민감한 문제에서 유럽인의 의식 수준은 미국인보다 확연하게 높거나 미국인보다 더 진보적이다. 그렇지만 그냥 지나칠 수 없는 점은 미국인과 유럽인 간의 차이는 결코 본질적인 것이 아니고, 단지 근소한 차이만 있을 뿐 근본적으로는 같다는 것이다.

사실상 발전하지 않고 성장하지 않고 변화하지 않는 문명과 문화 형태 및 종교는 없다. 청나라 말 중화민국 초기 이후 유가문화를 포함한 중국 문명은 3천 년 동안 일찍이 없었던 큰 변화의 국면, 혹은 격렬한 근대적 전환기를 겪었다. 이러한 전환은 지금도 끝나지 않고 계속된다. 이러한 전환 속에서 전통과 현대가 단절되는 현상이 출현했다. 이것이 바로 장 선생이 말한 중국 전통문화의 주류가 대가 끊기고 계승자가 없는 중대한 위기에 직면하게 된 근본 원인이다. 하지만 만약 주안점을 중국 문명(역사문화 공동체적 의미의 중국 문명)에만 두고 유가에 두지 않을 수 있다면, 만약 시야를 2천 년 동안의 인류 문명 발전이란 거대한 역정으로 확대할 수 있다면, 중국 전통문화가 대가 끊기는 위기에 직면해 있다는 이러한 비관적 결론을 내리지 않을 수 있다. 중국 문명은 다른 주요 문명과 마찬가지로 몇천 년 동안 성장과 발전을 이루었고 변화하는 과정에 있었다. 최근 100여 년 동안 이러한 성장과 발전 및 변화를 겪은 속도는 분명 너무 빨랐다. 또 이로 인해 많은 문제가 발생하기도 했다. 그렇지만 부인할 수 없는 것은 중국 문명은 지금 다시 새롭게 흥기하고 있는 점이다. 100여 년 동안 중국인은 대의를 위해 유가문화 속의 많은 '비본질 연생물(連生物)'23들을 조금도 주저하지 않고 버렸다.

예를 들면 삼강오륜, 삼종지도와 사덕, 관아의 잔혹한 형벌, 전족, 첩, 오대가 같이 사는 대가족 등. 이러한 것들은 원래부터 유가문화 혹은 중국 문명의 본질적 속성이 아니었으며, 또한 존재해서도 안 되는 것들이기 때문이다. 중국 문명의 새로운 흥기는 바로 이러한 비본질 연생물들의 포기와 새로운 문화적 요소들의 수용을 전제 조건으로 하고 있었다. 그리고 이 흥기는 바로 이러한 낡은 것은 버리고 새것을 받아들이는 과정에서 실현할 수 있었다. 지금 이 시대는 더 이상 극도로 부패한 청나라 말기의 상황도 아니고, 막 건국된 중화민국과 같은 상황도 아니다. 구국운동이나 계몽운동에 매달려야 할 문제들도 없다. 5·4운동 시대의 사람들처럼 비분강개하거나 극도로 비통해 할 시대도 아니다. 몇천 년 동안 중국 문명사에 있었던 식인의 역사를 비판하지 않아도 되고,* 공자 사당을 무너뜨리고도 성이 안 차서(이는 단지 유가를 겨냥한 것일 뿐이다) 심지어 모든 고서를 불태우자(이는 곧 모든 중국 문명을 겨냥한 것이다)고 하는 그런 시대도 아니다. 반대로 현재는 완전한 심리적 안정을 찾을 수 있고, 사실적이고 객관적으로 자신의 문명을 새롭게 인식할 수 있는 시대이다. 그리고 지금

* 20세기 초 루쉰은 그의 대표작의 하나인 《광인일기(狂人日記)》에서 유가적 질서하의 중국 사회가 사실은 인간이 인간을 잡아먹는 '식인[吃人]' 사회에 불과했다고 비판했다.—역주

의 시대는 자신의 장점과 단점 및 실패와 득실에 대해 실사구시적인 새로운 평가를 내릴 수 있고, 일종의 보존해야 할 것은 보존하고 버려야 할 것은 버리는 태도를 취할 수 있다. 사실 5·4운동 시대의 사람들 중에서 량수밍(梁漱溟) 같은 문화보수주의자도 삼강오륜, 삼종지도와 사덕 같은 개인의 능동성을 말살하는 전통적 교조를 폐기하는 것에 반대하지 않았다. 오직 이와 같을 때 21세기 중국은 비로소 경제와 정치 및 과학기술에서 다시 흥기할 수 있고, 문화에서도 다시 새로운 자부심을 세울 수 있다. 오직 이와 같을 때 중국 문명은 과거 2천여 년 동안 동아시아와 동남아시아에 깊은 영향을 미쳤던 것처럼, 21세기에도 인류를 위해 다시 한 번 위대한 공헌을 할 수 있을 것이다.

제4장

문명의 성격

1. 문명 출현과 발전의 지연-자연조건

한 문명에는 이미 알려진 다양한 모습들, 즉 역사와 현재의 모습이 있다. 문명에는 그러한 모습 이외에 발굴해야 할 여러 가능성들도 있다. 이 가능성들은 상당 부분 그 문명의 고유한 자질이나 성격 속에 묻혀 있다. 그렇다면 문명의 성격은 어디서 오는 것일까? 문명의 성격은 근거 없이 형성된 것이 아니라, 지연-자연조건에서 오는 중요한 원인을 가지고 있다. 다시 말하면 이는 상당 부분 지연-자연환경이 결정한다는 것이다. 지연-자연환경에 근원을 둔 문명 자질은 근본적으로 한 문명의 과거와 현재의 모습을 결정했을 뿐 아니라, 이 문명의 미래의 모습에도 상당한 영향을 미치게 된다. 왜 그런 것일까? 인류 역사의 보편적 법칙을 통해 볼 때, 적합한 지리-자연조건이 없으면 근본적으로 문명 자체가 출현할 수 없었다. 문명이 탄생되는 순간부터 18세기에 이르기까지 총면적이 겨우 1,100만 제곱킬로미터에 불과한 동아시아 · 동남아시아 · 남아시아 · 서아시아 · 유럽에 이르는 협장(狹長) 지대에 왜 세계 인구의 70퍼센트가 집중되었을까?

이는 분명 이 지대가 풍부하고 고른 강수량, 알맞은 기후, 농경에 적합한 토지를 가지고 있었기 때문이다. 인류 문명은 얼음과 눈으로 덮인 북극과 남극 지역에서는 탄생할 수 없었고, 심지어 북극과 남극의 인근 한대 지역에서도 출현할 수 없었다. 그 원인은 아주 간단하다. 이 지역들은 매우 춥기 때문에, 문명 탄생에 필수적인 조건인 잉여생산물을 가져올 수 있는 농업이 존재하지 않았기 때문이다. 바그비는 문명 탄생의 기준을 도시의 출현으로 보았다. 그리고 도시가 나타난 기준은 모든 거주민이 식량 생산에 직접적으로 종사하지 않아야 한다고 보았다.[1] 식량 생산에 직접 종사한다는 속박에서 벗어난다는 것은 대단히 중요한 의미가 있다. 왜냐하면 노동의 전문화를 통해 사람들이 더욱 높은 생산력과 기본적 생활 수요를 초과한 잉여생산물을 획득할 수 있고, 이로써 사람들은 이전보다 훨씬 더 많은 자유를 얻을 수 있기 때문이다. 새롭게 얻은 자유 덕분에 사람들은 여행을 할 수 있었고, 상업 무역을 할 수 있었고, 군사적 활동에도 종사할 수 있었다. 이렇게 해서 그들은 자신의 문명을 더욱 넓게 확장할 수 있었던 것이다. 문자는 도시가 아닌 지방에서 출현했겠지만, 오히려 도시의 전문가가 더 발전시키고 완전하게 만든 것이 분명하다. 그들은 자신의 역량을 가장 기본적인 생존 투쟁에 소비할 필요가 없었기 때문이다. 심지어 체계적인 이성 사유도 도시에서 출현할 수밖에 없었다. 사람들이 이러한 사유에 종사하기 위해서는 변덕스러운 대자연의 직접적인 지배를 받지 않는 조건이 필요하기 때문이다.[2]

에스키모를 예로 들어보자. 북극권 안에 살았던 에스키모는 생존을 위해 혹독한 추위와 싸우는 것에 모든 시간과 정력을 소비했다. 그들은 살을 에는 차가운 바람 속에서 무거운 얼음 덩어리로 집을 지을 수밖에 없었다. 우연히 소량의 해양 포유동물들을 포획하여 보충하기도 했지만, 그들은 대부분 매우 두꺼운 얼음층 아래에서 물고기와 새우를 잡아서 먹을 수밖에 없었다. 이러한 자연조건은 분명 엄청나게 가혹했을 것이다. 또 이러한 환경하에서 경제는 순전히 생존을 위한 경제일 수밖에 없다. 어쩌면 에스키모가 생존할 수 있었던 것은 대단한 행운에 속한다고 볼 수 있다. 근본적으로 그들은 충분한 잉여생산물의 획득을 통해 도시의 형성이나 사회분업의 실현, 또는 전문화된 수공업자와 상인계층을 출현시킬 수 없었다. 그리고 그들은 한가한 계층의 사람들이 정신적으로 창조하는 일에만 전문적으로 종사할 수 있도록 부양할 수도 없었다. 한마디로 말해 그들은 하나의 북극 문명을 창조할 수 없었다는 것이다. 사실 근현대에 이르기까지 에스키모의 생산력 수준은 여전히 매우 낮았다. 그러나 그렇다고 해서 그들이 선천적으로 지능지수가 낮다고는 말할 수 없다. 만약 그들의 조상이 온대에서 생활했더라면 그들은 에스키모가 되지 않았을 것이고, 그들의 모습 또한 온대 지역의 사람들이나 문명을 창조한 다른 지역의 사람들과 분명 큰 차이가 없었을 것이다.

지구 극지가 아니라 적도를 살펴보아도, 최초의 인류 문명이 남북회귀선 사이의 광활한 지역이나 북위와 남위 23도보다 낮은 열대 지역에서도 출현하지 못했음을 쉽게 알 수 있다. 문명 탄생의 필수조건은 농사와 목축의 잉여생산물을 충분히 제공할 수 있는 농업이기 때문이다. 그러나 열대 지역의 인류가 농업에 종사하기에는 너무나 많은 문제에 직면해 있었다. 수자원은 관리하기가 어렵고, 우기와 건기가 교차하는 상황에서는 가뭄 재해의 위험도 있었다. 또 농업과 목축업에서는 병충해 발생률도 높았고, 식품은 부패되기 쉽고 저장하기도 어려웠다. 야간의 기온이 높은 지방에서는 광합성 작용의 효율도 낮아진다.[3] 더욱 심각한 문제는 무더위가 농업과 목축업의 생산성 저하를 초래한다는 사실이다. 무더위는 세균이 부패한 식물을 분해하는 부식 활동을 빠르게 한다. 기온이 섭씨 20도 이상에 이르면 세균의 활동 속도는 식물의 자연 부패 속도보다 빠르다.[4] 이는 일반적으로 열대 지역은 토지가 메마르고, 토양 유기질 함량이 낮고,

토지 비옥도와 수분을 유지하기가 어렵기 때문에, 농업과 목축업 생산성이 장기간 낮은 수준에 머물 수밖에 없음을 뜻한다. 사하라사막 이남의 아프리카에서는 체체파리 때문에 말과 소 등의 대형 가축을 촌락 근처에서 기를 수 없었다. 이 때문에 아프리카에서는 우경 · 마차 · 수레와 같은 가축 노동력을 사용할 수 없었다.[5]

이는 농업 생산성을 향상시키는 데 대단히 불리한 작용을 했다. 이러한 요소들은 열대 지역의 농업과 목축업 발전을 크게 제한했고, 게다가 무더운 기후 조건에서는 농업과 목축의 잉여생산물을 저장하기도 어려웠다. 따라서 열대 지역은 충분한 농업과 목축의 잉여생산물, 혹은 충분한 재화를 축적하기가 매우 어려웠기 때문에, 최소한의 사회분화를 실현할 수 없었다. 이는 전문화된 수공업자 · 상인 · 무사 · 제사장 계층이 출현할 수 없었다는 것을 의미한다. 농업 생산에 종사하지 않는 전문적 인력들이 없다면 도시의 출현과 발전은 불가능하다. 도시가 없으면, 그리고 농업과 목축에 직접적으로 종사하지 않는 전문 인력이 없으면, 문화는 창조될 수 없다. 설사 문명 탄생이 가능하다고 해도 매우 어려운 일일 것이다.

생산성 저하 문제 외에도, 열대 지역에는 온대 지역에 없거나 있어도 심하지 않은 여러 종류의 전염성 질병들이 있었다. 예를 들면 말라리아 · 황열 · 주혈흡충병 · 나가나병 · 사상충 등이다. 이는 해충류 · 세균 · 바이러스가 온대 지역보다 열대 지역에서 훨씬 더 왕성하기 때문이다. 사하라 이남의 아프리카를 보면 모기 · 체체파리 · 흑파리(파리매) · 메뚜기 · 흰개미 등의 번식이 대단히 빠르고, 이들은 동식물과 인류를 심각하게 위협했다. 이것들은 말라리아와 열대병 등의 병균들과 수많은 각종 기생충들을 광범위하게 퍼뜨려 인간의 생존을 직접적으로 위협했다.[6] 전염병의 높은 발병률로 인간의 예상 수명은 다른 지역보다 낮았고, 인적 자본의 증가율 또한 낮았다. 전염병으로 인해 대량의 인구가 사망했고, 이 때문에 기본 생산과 생활 능력 또한 상실했다. 부족한 농업과 목축의 잉여생산물은 순식간에 소모되거나 간단한 생산 또는 대체에 사용되었다. 높은 출생률은 단지 높은 사망률을 보충하는 데만 활용되었을 뿐, 잉여 농축산물로 인력 자본을 증대시키고 인구의 소양을 향상시켜 농업과 목축업 생산을 발전시키거나 생산성을 높이지도 못했다. 큰 규모의 도시와 전문화된 인력 계층이 형성되지 못했기 때문에, 현대에 와서도 열대 지역의 농업 인구 비율이 비록 온대 지역보다는 높은 편이지만, 도시화 수준은 온대보다 여전히 낮다. 또 많은 인구들이 아주 외진 고원 지역, 예를 들면 안데스 고원과 아프리카 동부의 대호수인 탕가니카 호 같은 지역에 집중되고 있는데, 이는 더운 평원 지역에서 발생하는 여러 가지 문제들을 되도록 피하기 위해서이다.[7]

열악한 기후 조건이 문명의 탄생과 성장에 불리한 것처럼, 편벽한 지리적 위치도 마찬가지다. 아프리카의 사회 발전 수준이 세계 기타 지역보다 월등하게 낮은 이유는 분명 사하라사막 때문이다. 역사의 많은 시기에, 사하라의 큰 사막은 블랙 아프리카와 유라시아 대륙 중간에서 물적 · 인적 교류를 가로막았다(유라시아 대륙 문명의 변화와 발전, 혹은 사회 발전 수준은 항상 블랙 아프리카보다는 높았다). 뿐만 아니라 사하라사막은 아프리카를 두 지역으로 확연하게 나누었다. 종합적으로 볼 때, 교통 조건이 좋은 지역과 견주어 해안이나 선박이 다니는 수로에서 멀리 떨어진 지역이나 매우 험난한 산악 지역에서 문명이 출현하고 발전하기가 더 어렵다. 문명의 출현과 발전에는 충분한 잉여생산물을 생산해내는 데 적합한 기후 조건과 토양 조건이 필요할 뿐 아니라, 지역들 간의 물질 교류 및 개인과 집단 간의 정보 통신도 필요하기 때문이다. 지역 간의 왕래에는 정보 소통과 물물교환뿐만 아니라, 서로 다른 인류 유전자 간의 융합적인 교류도 있어야 한다. 편벽한 지역에서는 교통과 통신에 너무 많은 시간이 들었고, 필요한 원가도 너무 높았다. 따라서 위와 같은 중요한 교류는 근본적으로 불가능했고, 그 대가도 너무 컸기 때문에, 문명의 탄생과 성장에 영향을 미칠 수 없었다. 이 밖에 지형과 지세 또한 문명의 탄생과 성장에 중요한 영향을 미친다. 사하라사막 이남의 아프리카는 내부 지표면의 고저차가 매우 심했기 때문에, 내륙 하류의 대부분의 수로는 선박이 항해하기에 적합하지 않았다. 물살의 낙차도 매우 커서 내륙 각지의 원시 거주민 간의 왕래는 매우 불편했다. 따라서 이 지역의 지형은 세계의 다른 지역처럼 문명 발전에 거대한 촉진 작용을 할 수는 없었다. 선박 항해가 불가능한 것 외에도, 열대우림 지역의 원시 삼림 또한 교통을 가로막고 있어서 블랙 아프리카 내륙지역의 폐쇄성은 더욱 가중되었다. 이러한 폐쇄성이 바로 블랙 아프리카의 발전 속도가 느렸던 중요한 원인 중 하나이다.8

문명사 측면에서 이집트 · 수메르 · 중국 · 인도와 같은 원형문명인 제1기 문명이 모두 북위 23도 북쪽의 농경에 적합한 온대 혹은 아열대 지역에서 탄생했고, 또 수로가 조밀하게 분포해 교통이 편리한 큰 강 유역에서 탄생한 것은 결코 우연이 아니다. 제1기 문명의 토대 위에서 발전한 제2기 문명인 그리스 문명과 시리아 문명, 그리고 제2기 문명의 토대 위에서 발전한 서양 문명, 동방정교 문명, 이슬람 문명의 제3기 문명을 보면, 이러한 지리적 위치의 중요성은 더욱 부각된다. 이들 문명이 출현한 고대 시리아와 아라비아 반도 같은 지역은 척박하고 메마른 반사막 지역이었고, 그리스 반도, 에게 해 섬 지역과 소아시아 서부는 대규모 농업 활동에 부적합하고 건조한 산악 지역이었다. 그리고 서양 문명의 성장 지역인 서유럽과 중유럽, 동방정교 문명의 성장지인 동남유럽과 동유럽처럼, 이 지역들은 금속 도구를 사용해야만 제거할 수 있는 원시 삼림 지역이었다.

하지만 제3기 문명들의 지리적 위치는 대단히 우월했다. 이들 문명은 환지중해와 흑해 지역 및 예전부터 교통이 발달한 서아시아에 위치했을 뿐 아니라, 또 더 중요한 점은 운 좋게도 더욱 발달했던 제1기 문명 및 제2기 문명과 인접해 있었다. 기존 문명의 생산력 축적과 정신적 성과를 이용해, 불리한 자연조건을 가진 지역에 있던 인류는 원시적 조건에 따라서는 불가능한 일들을 해낼 수 있었던 것이다. 이러한 상황은 이전 문명이 비교적 높은 생산력 수준을 이룩했기 때문에, 그 토대 위에서 형성되는 문명은 시작부터 더욱 좋은 출발점에 설 수 있었다고 볼 수 있다.

2. 문명 성격의 지연–자연 배경

만약 지연-자연환경이 문명 탄생의 근본적 조건이라고 한다면, 마찬가지로 특정한 문명의 성격 또한 특정한 지연-자연조건에 의해 결정된다고 보아야 한다. 왜 서양 문명은 중도에서 벗어나 흑백논리 식의 자질이나, 관용적이지 않고 배타적인 본성 혹은 공격성과 침략성[이는 량치차오(梁啓超)가 말한바 '무력으로 천하를 지배하다'와 같다]이 대단히 풍부했을까? 왜 서양 역사에서는 수차례의 참혹한 종교전쟁과 살육, 박해가 발생했을까? 왜 서양인은 세계 확장 중에 무뢰하고, 무치하고, 난폭하고, 흉악한 잔인함을 보였을까? 다른 한편 왜 중국 문명은 분열보다는 화합하고, 극단보다는 중용을 택하고, 편협보다는 관용적이고, 온화하고 비폭력적인 정신적 자질을 지녔을까? 본질적으로 서로 다른 문명의 성격은 서로 다른 지연-자연환경에서 나온 산물이다.

인류 문명사에서 서아시아와 지중해 지역은 의심할 여지 없이 가장 일찍 문명이 형성된 지역이다. 만약 중국 문명이 기원전 16세기의 하(夏)나라에서 시작되었고 남아시아 문명도 거의 동일한 시기 아리아인이 남아시아 대륙에 들어왔을 때부터 시작되었다고 한다면, 서아시아 지중해 세계의 발달 수준과 대등한 문명이 기원전 약 15세기 이전에도 출현했다고 보아야 한다. 서아시아 지중해 지역은 문명이 가장 빨리 탄생했을 뿐 아니라, 그 흥망도 가장 격렬했고, 교체도 가장 빠르고 빈번했다. 혹은 문명의 생장과 소멸이 가장 극적이었다고도 말할 수 있다. 이집트 · 수메르 · 바빌로니아 · 크레타 · 미케네 · 히타이트 등의 유명한 제1기 문명은 모두 여기에서 생성하고 쇠퇴했다. 서아시아 지중해 지역 또한 두 개의 위대한 제2기 문명인 그리스 로마 문명과 시리아 문명의 요람이었다. 지금도 여전히 세계무대에서 활약하고 있는 제3기 문명인 서양 문명 · 동방정교 문명 · 이슬람 문명의 발상지도 마찬가지로 이곳이다.

서아시아 지중해 지역은 다양한 문명이 결집된 지역이었기 때문에, 문명의 변화와 발전 및 심화와 정교화에 필요한 문화적 자양분은 굉장히 풍부했다. 따라서 인식론인 생명 형태의 의미에서든 역사 문화 공동체적 의미에서든, 이 지역의 문명은 모두 아주 우수했다. 여기에서 탄생한 유클리드기하학은 지금도 여전히 전 세계 교과서의 기본 내용이 되고 있다. 비록 현대적 기준에 근거하면 불합리하고 부정확하며 심지어 황당무계한 부분도 있지만, 아리스토텔레스의 생물 분류에 관한 기본 개념은 지금까지 대부분의 세계에서 여전히 사용하고 있다. 다양한 문화가 융합된 비옥한 토대 위에서 탄생한 그리스의 신화 · 시 · 희극 · 건축 · 조각 등은 현재까지도 여전히 전 세계의 문학 · 예술 · 건축에 영향을 주고 있다. 물론 이러한 그리스 문명의 성취들은 제1기 문명이 이룬 성과의 토대에서 얻은 것이다. 그리고 인류 문명의 발전 과정에 깊은 영향을 미친 시리아 종교와 그리스의 이성 사유도 그리스철학에서 탄생한 점은 더 말할 나위가 없다.

서아시아 지중해 세계의 문명은 어떻게 이런 모습을 갖추게 되었을까? 첫째, 이 지역에는 두 개의 큰 강 유역, 즉 나일 강 유역과 티그리스 · 유프라테스 강 유역이 있다. 동양의 황허 · 양쯔 강 · 인더스 강 · 갠지스 강과 비교해보면, 서아시아 지중해 지역의 큰 강은 크다고는 말할 수 없다. 그러나 이 지역에는 제1기의 여러 문명들이 탄생할 수 있었던 우수한 지리적 자연적 조건이 있었다. 이와 비교하면 중국 지역과 남아시아 대륙에는 제1기 문명 단 하나만이 탄생했다. 서아시아 지중해 세계 각 주요 지역들은 비록 지리적으로는 서로 흩어져 있었지만, 고대 항해기술의 발전 덕분에 상당히 빈번한 관계를 맺고 교류를 할 수 있었다. 이로 인해 각각의 고대 문명들은 상대적으로 간섭을 받지 않으면서도 독립적으로 발전할 수 있었고, 그 결과 비교적 긴 시간 동안 본질적인 문명 자질과 문화적 주체성을 지킬 수 있었다. 그리고 이러한 토대 위에서 다른 문명의 우수한 성과를 섭취하여 진일보한 성장과 발전을 이룰 수 있었다. 문명 간의 상호 작용으로 새로운 가능성이 출현할 수 있는 측면이나 문명 자질의 변화와 새로운 문화 요소의 형성에 서아시아 지중해의 지연구조는 대단히 유리했다.

하지만 서아시아 지중해 지역의 우세한 지리적 조건은 오히려 불리한 조건으로도 작용했다. 이집트와 수메르 문명이 비록 큰 강 유역에서 탄생했지만, 중국 세계의 황허와 양쯔 강 유역과 비교하고 남아시아 대륙의 인더스 강과 갠지스 강 유역과도 비교해보면, 아프리카 북부와 서아시아의 두 큰 강 유역인 나일 강과 티그리스 · 유프라테스 강 유역은 비록 신석기 시대 말기의 인류가 개척하기에는 쉽겠지만, 문명이 한 단계 더 발전하는 데 필요한 광활한 공간은 결핍되어 있었다. 이 밖에도 나일 강 유역과 티그리스 · 유프라테스 강 유역은 모두 대양으로 가로막혀 있었고, 두 유역을 이어주는 것은 단지 좁고 긴 육로밖에는 없었다. 하지만 이와 견주면 황허와 양쯔 강 유역 및 인더스 강과 갠지스 강 유역은 모두 천연적으로 하나로 연결된 거대한 대륙판이거나 천연적인 지연-지리적 통합체였다. 그렇다면 서아시아 지중해의 이러한 지연환경은 어떤 결과를 가져왔을까? 지속적이고 통일된 경제적 · 정치적 공동체가 형성되기 어려웠고, 이러한 공동체의 결핍으로 문명 규모 또한 형성되지 못했고 문명 자체도 지속되기 어려웠다.

그리스 로마 문명이 출현한 지중해 동부 지역의 상황은 더욱 나빴다. 그리스 반도 및 주변의 섬들, 소아시아 연안, 이탈리아 반도, 시칠리아 섬 사이에는 큰 바다가 가로막고 있었다. 고대인들의 수준을 기준으로 할 때, 비록 그리스인이 비교적 발달한 항해기술을 가지고는 있었지만, 분산된 지리적 조건이 초래한 해상 교통의 한계를 근본적으로 극복할 수는 없었다. 심지어 팍스로마나 시기에도 이러한 구조는 근본적으로 변화되지 않았다. 흩어진 지연 분포로 인해 도시국가가 즐비한 구조로 조성되었고, 이러한 지연 분포로 작고 분산된 정치 공동체에 충성을 다하는 그리스인의 성격이 양성되었다. 그리스 문명의 전성기 때, 그리스 세계의 가장 큰 도시국가인 아테네의 총인구는 약 25만에 불과했다. 그중 아테네 시민은 단지 약 5분의 2를 차지하고 있었으며, 기타 인구는 노예와 외지인이었다.

그러나 이 시기 대다수 기타 그리스 도시국가들의 인구는 십만 단위가 아닌 만 단위에 불과했고, 백만 단위는 있지도 않았다.[9] 민족주의적인 현대인이 일반적으로 종족 숭배 감정을 가지고 있는 것과 마찬가지로 그리스인은 자신의 도시국가를 숭배하는 감정을 가지고 있었다. 그 결과 역사의 발전이 대형 정치 공동체 건립의 임무를 제기했을 때도, 그들은 여전히 각자의 자체 정치에 그쳤을 뿐 정치적 통일을 실현시킬 어떠한 능력도 보여주지 못했다. 기원전 334년 그리스인이 알렉산더의 동방 원정으로 서아시아라는 큰 지역을 점령했지만, 이후 지연환경이 초래한 분열적 성격으로 지속적이고 통일된 정치 공동체를 형성하지는 못했다. 모두가 아는 것처럼 알렉산더가 죽자마자 그의 수하인 몇몇 장군들은 즉시 내부 투쟁을 감행했고, '삼국지'로 불릴 만한 역사적 사건들이 전개되었다. 그리스인의 대제국은 이후 서로 전쟁을 일삼는 세 개의 왕국으로 분열되었다.

토인비 같은 서양 학자들은 그리스 문명의 정신적 자질에서 이 문명이 지속될 수 없었던 원인을 찾고자 시도했다. 이러한 정신 자질은 도대체 어디서 왔을까? 아마도 그 근본은 지연-자연환경에서 왔을 것이다. 그리스 문명은 시작부터 수많은 작은 지역 혹은 도시국가로 갈라졌을 뿐 아니라, 또 선천적으로 서아시아 지역의 기타 고대문명과 필연적으로 대치하고 충돌할 수밖에 없는 역사 환경에 있었다. 굳이 문명 간의 복잡한 상호작용 관계를 고려하지 않더라도, 지중해와 서아시아는 지연 분포 면에서 볼 때 독자적으로 형성된 두 개의 독립된 지역이었다고 볼 수도 있고, 아니면 그들은 원래부터 단절된 두 개의 지연 단위였다고도 볼 수 있다. 이러한 지연 정세는 하나의 크고 통일된 문화적 정치적 공동체를 형성하고 전개해 나가는 데 분명 아주 불리하게 작용했다. 이후의 역사 발전의 상황들은 이 점을 여러 차례 증명했다. 이는 중국 및 인도 세계와는 선명한 대조를 이룬다. 따라서 이러한 지연환경으로 그리스 문명은 처음부터 열세에 놓인 상황에서 성장하고 발전했다고 보아도 무방할 것이다.

고대 서아시아 지중해 세계의 도시국가제가 문화를 창조하는 데 유리하게 작용했다는 것이 보편적인 견해이긴 하지만, 지연환경과 자연환경이 더 중요한 작용을 했다고 볼 수 있다. 도시국가제의 소국가와 인구가 적은 특징, 그리고 이에 내포된 고유한 자아중심주의적 경향은 대형의 경제적 · 정치적 공동체를 형성하고 공동체의 통일성과 연속성을 지키는 데 매우 불리한 작용을 했다. 중국 문명의 운명이 그리스 문명과 확연히 달랐던 근본적인 원인은 중국은 늘 거대하고 농경에 적합한 하나의 대륙판을 가지고 있었다는 점이다. 이러한 지연-자연조건은 문명의 탄생을 가능하게 하는 자연환경을 제공할 뿐 아니라, 그 문명이 성장하여 마지막에는 하나의 거대한 경제적 정치적 공동체로 발전하는 데 필요한 광활한 공간을 제공했다. 신석기 시대 말기 황허 중하류 지역의 지세는 평탄하고, 토양은 비옥하고, 강우량은 고르지 않았지만 비교적 충분했다. 그리고 대규모 농경을 불가능하게 만드는 무성한 원시 삼림도 존재하지 않았고, 발달된 금속 도구로 제거해야 하는 하늘을 찌를 듯한 고목들도 많지 않았다. 드문드문 흩어진 키 작은 초본식물과 관목들이 주를 이루었다. 그렇지만 황허 중하류 지역 역시 젖과 꿀이 도처에 흐르는 하늘이 선사한 약속의 땅은 분명 아니었다. 이곳의 자연조건은 나일 강 삼각주와 메소포타미아 유역처럼 좋지는 않았다. 여름은 매우 더웠고, 겨울은 혹독하게 추웠고, 강우량 분포 또한 고르지 못했으며 홍수와 가뭄은 비일비재했다. 중국의 고대인들은 반드시 매우 험난한 자연과 투쟁을 해야만 생존할 수 있었다. 그렇지만 종합적으로 보면 그래도 이 지역은 문명의 창조와 성장에 도전성이 풍부한 환경을 제공할 수 있었다.

마찬가지로 중요한 것은 황허 중하류 지역은 하나의 대형 대륙판이란 점이다. 화베이 평원이 이곳과 혼연일체를 이루어 자연적으로 뻗어 나갈 수 있고, 남쪽으로는 화이허와 양쯔 강 유역이 이곳과 접경을 이룬다. 서쪽으로는 웨이수이 유역과 한중 평원 및 허시(河西) 회랑이 있고, 서남 방향으로는 한수이 유역과 쓰촨 분지가 있다. 멀리 남쪽 방향으로는 주장과 민장 유역이 있고, 동북 방향으로는 비옥한 산장 평원이 있다(근대 심지어 20세기에 와서야 중국의 동북 지역은 개발되었다). 물론 황허 중하류 지역과 양쯔 강 유역 이외의 지역에 험한 산림지대가 없었던 것은 아니지만, 대부분 토양과 기후 조건이 모두 농경에 적합한 평지나 낮은 구릉이 주를 이루었다. 그리고 이 지역들의 강우량은 일반적으로 황허 유역보다는 많았다. 동쪽의 큰 바다를 제외하고, 중국 문명은 어느 방향으로 확장되더라도 모두 광활하게 뻗어 나갈 수 있는 여지를 갖고 있었다. 어쩌면 중국 문명은 그 탄생 때부터 거대한 역사 문화 공동체로 한층 더 생장하고 발육될 수 있는 광활한 발전 공간을 갖고 있었다고 볼 수 있다. 또 하나 중요한 것은 중국의 농경 사회에서 서쪽과 북쪽은 한랭한 티베트 고원과 몽골 고원이고, 서쪽 방향은 사람이 거의 살지 않는 자갈사막이나 모래사막이고, 동쪽과 남쪽은 망망대해란 점이다. 전적으로 운이 좋았다고만은 할 수 없고, 서기 17세기까지 북방과 서북에서 내려온 유목민족의 소요 또한 그친 적이 없지만,[10] 그래도 이러한 지연환경으로 중국 농경 사회는 상당히 긴 시간 이질 문명의 침입과 도전을 많이 받지 않을 수 있었다.

지형과 지세 및 기후 조건도 한 문명의 성격을 형성하는 데 있어 똑같이 중요한 요소들이다. 이 방면에서 서아시아 지중해 세계는 인도 및 중국의 큰 강 유역과 비교해보면 아주 큰 차이가 있다. 황허 · 인더스 강 · 갠지스 강은 모두 대평원이고, 주변 수백 킬로미터 나아가 수천 킬로미터 범위 내에서 지형 · 지세 · 기후 조건은 대체로 일치한다. 이는 경제 · 문화 · 정치 일체화 진행에 아주 유리한 작용을 한다. 반면 서아시아 지중해 세계의 경우 지역 간의 지형과 지세는 상당히 큰 차이가 있다. 거리가 불과 몇십, 몇백 킬로미터밖에 차이가 나지 않는데 지역들은 서로 완전히 다른 세계로 나타나기도 한다. 가나안(고대 팔레스타인)은 지중해와 아라비아 사막 사이에 있고, 북쪽으로는 시리아와 이웃하고 남쪽으로는 시나이 반도와 접경을 이룬다. 면적은 크지 않은데 기후와 지세는 완전히 천차만별이다. 요르단 강과 지중해 사이는 비옥한 이스라엘의 에스드렐론 평원이고, 갈릴리 및 남부 셰펠라의 경우 옛날에는 삼림이 무성한 구릉지였다. 안티레바논 산맥의 최고봉인 헤르몬 산에서 발원하는 요르단 강이 긴네레트 호수(갈릴리 호수 또는 겐네사렛 호수로도 불린다)로 흘러갈 때는 평균 해수면보다 208미터 낮지만, 100킬로미터 이남의 사해로 흘러들어갈 때에는 평균 해수면보다 302미터나 낮아진다. 그 후 하곡은 900미터로 상승하는데, 아카바 만(엘라트)에 이를 때는 다시 홍해 해안보다 낮아진다. 비옥한 토지와 황량한 사막 간에는 상상할 수 없는 차이가 있다.[11] 이렇게 극명한 대조를 보이는 지리 조건은 분명 경제 · 정치 · 문화의 일체화에 불리하게 작용했을 것이다. 이는 왜 이 지역의 문명이 커다란 규모를 형성하기 어려웠고, 또한 문명의 변화와 발전이 늘 불안정했는지를 상당 부분 설명해준다. 그리고 무엇 때문에 이 지역에서 기원한 여러 종교-문명이 화합하지 않고 분열적인 자질, 다른 의견을 용인하지 않는 공격적인 배타성을 보이는 심리 태도, 중도에서 멀리 벗어난 흑백논리의 사유 양상을 가지게 되었는지도 상당 부분 설명해준다.

3. 지연-자연환경과 시리아형 문명의 성격 특징

지금까지 중국의 지식계와 학계가 충분한 주의를 기울이지 못했던 한 가지 사실이 있다. 그것은 4대 문명에 속하는 서양 문명 · 동방정교 문명 · 이슬람 문명 · 유대 문명들이 비록 대부분의 상황에 따라 각각 독자적인 네 개의 문명으로 간주되고 있지만, 이들 상호 간에는 명확한 가족적 유사성이 있다는 사실이다. 이 4대 문명은 모두 시리아 문명의 기본 요소들을 구조적으로 지니고 있기 때문이다. 시리아 문명이나 시리아 사회와 같은 학술용어는 토인비가 먼저 사용했다. 하지만 이를 근거로 유대 문화와 헤브라이즘 같은 학술용어를 수정하기에는 부족하다.[12] 그리고 이른바 시리아 문명은 그 명칭을 보고 알 수 있듯이, 시리아 일대의 지연환경 속에서 탄생하고 성장한 문명이다. 여기서 시리아는 고대 시리아를 의미하는 것으로, 지금의 시리아 · 이스라엘 · 팔레스타인 · 요르단 · 레바논을 포함한 넓은 지역을 가리킨다. 사실 이 4대 문명의 가족적 유사성은 너무나 분명하게 드러나기 때문에 논증할 필요가 없다. 이는 예루살렘이 이슬람교·기독교·유대교 3대 종교의 성지라는 사실을 통해서도 알 수 있고, 야세르 아라파트가 매년 크리스마스 때 베들레헴(예수 탄생지로 예루살렘에서 10킬로미터 정도 떨어져 있다)에 있는 성 캐서린 성당에 가서 크리스마스 축하 미사에 참석한다는 사실을 통해서도 알 수 있다. 성 캐서린 성당은 각각 그리스 동방정교, 가톨릭, 아르메니아의 기독교 단성론 교회에 속한다. 그리고 베들레헴은 1950년에서 1967년까지는 요르단에 속했고, 1967년에서 1995년까지는 이스라엘 관할이었다가, 1995년 후에는 다시 팔레스타인에 귀속되었다. 따라서 아라파트의 참배 활동은 풍부한 문명사적 의의를 지니고 있으며, 또 이슬람교·유대교·동방정교·서양 기독교(가톨릭이 정통이고 신도 또한 가장 많다), 나아가 기타 유형의 기독교 및 이에 대응하는 문명이 모두 서로 같은 뿌리임을 상징한다.

여기서 몇몇 대 종교-문명의 공동 조상인 시리아 문명이 어떤 특징들을 지니고 있는지 살펴보자. 기원전 1250년에서 기원전 950년에 걸친 민족 대이동 이후, 지연 단위로서의 시리아에 출현한 문명에는 다음과 같은 공통점들이 있다. 우선 각 지역의 셈어족에 속하는 각종 언어를 표현하기 위해 인류 역사에서 최초로 자모를 사용했다는 점을 들 수 있다. 또 이 문명의 가장 뚜렷한 특징으로 농업 활동에서 유래한 종교숭배 형식들, 예를 들면 추수기에 죽고 다음 해 작물이 자랄 때 다시 부활하는 신에 대한 제사, 그리고 이와 관련된 신화 및 의식을 지니고 있다는 점이다.

다음으로 이 지역에서 광범위하게 활동했고, 정치와 사회 및 종교 방면에서 가장 중대한 영향을 미친 선지자들이 있다는 것이다. 이 밖에 비록 유일신 신앙과 같은 가장 중요한 공헌은 아니지만, 이 문명은—협의의 헤브라이즘은 아니다—대서양을 발견해 인류를 위한 중대한 공헌을 하였다. 이후 유대인이 세운 유대 왕국은 시리아 문명이 성장하는 데 공동으로 중요한 공헌을 한 페니키아인 · 히브리인 · 아모르인 · 아시리아인 · 팔레스티나인 등 여러 부족 혹은 민족 중 하나에 불과했다. 주지하다시피 기원전 722년 이전 히브리에만 12개의 부족이 있었다. 시리아 문명 혹은 사회는 이러한 부족들이 공동으로 이룩하였다. 유대 왕국에 속한 부족은 다른 혈연 부족들과 견주어 다만 운이 더 좋았을 뿐이다. 물론 시리아 문명은 이집트 문명, 바빌로니아 문명과 오랜 기간 상호 작용을 하며 많은 문화적 자양분을 섭취했다. 그들이 없었다면 시리아 문명은 탄생할 수 없었을 것이다. 기원전 6세기 중엽 이후, 이란 고원의 페르시아인은 '보편국가(universal state)'인 아케메네스 왕조 때 이 문명에 오랫동안 평화적인 정치 환경을 제공했고, 또 같은 형식으로 시리아 문명의 성장에도 참여했다. 시리아 종교-문명이 생동한 시기는 이슬람교를 포함하여 역사에서 가장 활기찼던 시기였다.[13]

중국 학계에서는 두 문화, 즉 헤브라이즘과 헬레니즘 문화로 거슬러 올라가 서양 문명의 근원을 탐구하고 있다고 볼 수 있는데, 이러한 방법은 서양 문명의 근원을 단순화하는 것이다. 두 문화는 응당 시리아와 그리스, 즉 시리아 문명과 그리스 문명이 돼야 한다. 이들은 현대 서양 문명만이 아니라, 현대 이슬람 · 동방정교 · 유대 문명의 원류가 되기도 한다. 중국 학계가 주목하지 못하는 또 하나는 시리아와 그리스 요소들이 현대 문명들의 구조에서 가지런하게 반으로 나눌 수 있는 그런 것이 아니라, 역사 시기마다 각기 다른 중요성을 가진다는 것이다. 9세기에서 12세기에 그리스철학의 사유 형태는 이슬람 문명에서 주도적인 지위를 차지하면서, 이븐 루시드(Ibn Rushd, 1126~1198)와 이븐 시나(Ibn Sīnā, 980~1037) 등의 위대한 철학자 겸 과학자를 출현시켰다.

사실 중세에 그리스철학은 이슬람 문명 속에 이와 같이 잘 보존되어 있었다. 따라서 문예부흥 시기에 서양인은 그리스 고전을 읽으려면 아랍어를 번역해야만 했다. 중세에 시리아 형태의 종교가 서양에서 지배적인 지위에 있었던 것은 의심할 여지가 없다. 철학은 신학의 시녀라는 말은 그리스 형태의 이성이 시리아 형태의 신앙을 섬기고 있었던 것으로 표현해도 무방할 것이다. 문예부흥 시기에 이르러 그리스 문화가 역사적으로 유례가 없는 인기를 얻고 인문주의의 학술과 사상이 대단한 번영을 누리기는 했지만, 인간이 근본이 되는 수준에는 이르지 못했다. 또 이 시기가 인간의 가치를 발견한 시대이긴 하지만, 유신론이 여전히 주도적인 이데올로기였다고 볼 수 있다. 종교개혁 운동 시대에 시리아 문화가 잃어버린 지위들을 회복했지만, 계몽운동 이후에는 그리스 문화가 다시 두각을 드러냈다. 하지만 본질적으로 볼 때 시리아 요소들은 여전히 현대 서양 문명의 핵심 내용이라고 볼 수 있다. 이는 왜 보수적인 미국 대통령 부시가 항상 경건한 신자의 얼굴로 대중 앞에 나서기를 좋아하는지, 좌파적인 민주당 대통령들 또한 공개적으로 무신론자로 자처할 수 없는지를 어느 정도 설명해준다.

서아시아 지중해 지역에서 출현한 그리스 문명은 찬란했고 서양, 나아가 세계 문명의 발전 과정에 대단히 깊은 영향을 미쳤다. 하지만 서양 문명 · 동방성교 문명 · 이슬람 문명에 본질적인 규정성을 부여한 것은 오히려 서아시아 지중해 지역에서 함께 출현한 시리아 문명이었다. 여타 문명과 마찬가지로, 시리아 문명을 만든 독특한 자질들 또한 시리아 지역의 특수한 지연-자연환경에서 생겨났다. 비옥한 초승달 지대로 불리는 가나안(현 이스라엘 · 팔레스타인 · 유대인의 조상이 거주한 지방)은 사실상 비옥하지 않았다. 사방이 사구(砂丘)와 암석이고 단지 그 사이에 오아시스들이 군데군데 있을 뿐이었다. 하지만 고대에 이곳은 교류의 집결지였다. 모든 민족 · 군대 · 유목부락 · 상인 · 카라반은 반드시 이곳을 거쳐 강을 따라

갔다. 당시 그리고 그 이후에도 비옥한 초승달 지대는 상품 매매의 시장만이 아니라 사람들이 사상을 교류하는 장소이기도 했다.[14] 즉 가나안은 비록 비옥하지는 않았지만 문화적 자원이 풍부하고 정보 교류가 빈번한 장소였다고 볼 수 있다. 왜냐하면 이곳의 위치는 각 지역과 각 문명이 수없이 오고 가는 교통의 요지였기 때문이다. 하지만 이는 오직 단면에 불과하다.

앞서 말한 바와 같이 가나안의 지형과 지세 또한 매우 좋지 못했다. 이 지역의 비옥한 토지와 황량한 사막 간에는 상상하기 어려운 차이가 존재했고 기후와 지세 또한 변화가 많았다. 지리적 특징에 따라 40개의 지역으로 구분할 수는 있지만, 당시에 이른바 도시의 주민 수는 최대한 추산해야 대략 세겜(Shechem)에 3천 명, 예루살렘에 3천 명 정도에 불과했다.[15] 이곳의 토양 조건도 마찬가지로 최악이었다. 사막과 비교하면 그곳 가나안에는 평원과 구릉도 있었고, 농업 생산물도 나오고, 목장도 있어 방목이 가능하긴 했지만, 정착에 적합한 이집트 나일 강 삼각주 혹은 유프라테스 강 유역과 비교하면 그곳은 정말 척박한 곳이었다. 이스라엘의 토지는 25퍼센트만이 경작에 적합할 뿐이고, 나머지 대부분은 암석이 많은 구릉이어서, 이 지역들에서는 공간만 있으면 되도록 나무를 심어야만 한다. 관개시설의 도움이 없다면 이 지역의 토지에서는 매년 한 번밖에 수확할 수 없다. 이스라엘 국경 내의 토양은 암석이 많고, 갈색을 띠지만 짙은 검은색은 아니다. 고지대에서는 품질이 안 좋은 작물이 자랐다. 수자원도 부족하여 일 년 중에 오직 4, 5월에만 비가 올 뿐이었다.[16]

한편 유대인이 처한 자연환경 또한 매우 험난했다. 하지만 추운 북극 지역의 에스키모들처럼 모든 에너지를 기본적 생존 투쟁에 쏟아 부어야 하고, 또 이 때문에 다른 것들이 발전할 수 없는 정도는 아니었다. 자연환경의 도전성으로 보면 유대인이 처한 환경은 중국인의 조상이 처한 환경과 비슷했다. 최소한의 생존 조건은 있었지만, 반드시 엄청난 노력을 기울어야 한다는 전제 조건이 있었다. 이는 고난을 극복하는 강건한 문명 자질을 배양하는 데 매우 유리했고, 결정적인 역할을 했다. 도전성의 정도로 보면, 유대인이 처한 환경은 중국인의 조상이 처한 환경보다 더욱 험난했다. 중국 고대인이 비록 해마다 늘 혹독한 추위와 강렬한 더위, 홍수와 가뭄을 상대로 투쟁을 해야 했지만, 황허 중하류 지역은 그래도 사막과 척박한 사토가 아닌 비옥한 토양의 대평원이었기 때문이다. 지나치게 험난한 자연조건으로 인해, 유대인은 배타성이 매우 강한 종족 성격, 그리고 이에 대응하는 집단적 단결력을 형성해야 했다. 이렇게 해야만 그들은 생존 투쟁에서 살아남을 수 있었다. 그러나 가나안 지역이 농경에 적합하지 못한 대륙판이었다는 사실은 이러한 집단 단결력이 비교적 소규모 집단에만 나타나고, 대규모 집단에는 출현할 수 없었던 것을 의미하고, 또한 대형 공동체와 개인의 생존 투쟁이 그다지 직접적인 관계를 맺지는 못했고, 심지어 개인으로 보면 일종의 사치일 수도 있었음을 뜻한다. 사실 유대인이 처한 지연-자연환경 자체가 일찍부터 대형 공동체가 출현할 가능성을 근본적으로 없애버린 것이다.

특히 주목해야 할 점은 가나안에 정착하기 이전의 긴 역사에서 고대 유대인은 이미 사막과 사막 주변 지대에서 주로 생활해왔다는 사실이다. 가나안에 들어온 이후에도 그들은 또다시 유사한 지리 자연환경에서 생활해야 했다. 따라서 사막 환경은 유대인의 민족 본성 및 문명 본성에 본질적이고 구조적인 영향을 미칠 수밖에 없었다. 사막지대에는 생물이 희소하여 식물이든 동물이든 혹은 인류든 도시와 비교하면 그 수가 지극히 적었다. 대부분 지방에는 인류의 발자취가 거의 없고, 장엄한 건축물도 없고, 넓은 장원도 없고, 무성한 삼림도 없다. 사막 지방의 사람들은 대자연을 대할 때 악조건 따위는 신경도 쓰지 않았다. 작열하는 태양의 열기에

머리가 타는 듯 뜨거워도 결코 아랑곳하지 않는다. 달밤이 고즈넉하면 화는 없어지고 마음은 편안해진다. 별빛이 찬란히 빛나면 마음도 따라 후련해지고 안정을 찾게 된다. 폭풍이 습격해오면 그냥 그 자리에 선 채로 맞섰다. 사람들은 강렬하면서도 아름답고 냉혹하기도 한 대자연 속에서 생활하면서, 마음속으로 인자한 조물주와 만물을 키워내는 주재자를 그리워하지 않은 적이 없었다. 적막에 뒤덮인 사막에서 생활하는 주민들의 내면에는 늘 공포와 순결의 감정이 함께 가득 차 있었다. 사막에는 조물주가 창조한 자연물 이외에 어떠한 사물도 존재하지 않았기 때문이다. 끝없는 광활한 사막에서 눈가에 비쳐 들어오는 것은 오직 찬란하고 뜨거운 태양뿐이고, 소곤대는 별들뿐이고, 유유히 밝은 달뿐이고, 열정적으로 춤을 추는 바람뿐이기 때문이다.[17]

이러한 매우 열악한 자연조건에서, 대지의 인류가 체험한 것은 존재론적 의미에서 호소할 데 없는 고독과 쓸쓸함이다. 의지할 데 없는 인간은 감정과 사유를 오로지 모든 것을 창조하고, 모든 것을 초월하는 신에게로 돌릴 수밖에 없었다. 즉 신은 절대적이고, 무한하며, 존재하지 않는 곳이 없고, 하지 못하는 것이 없고, 모르는 것이 없고, 동시에 질투심이 대단히 강한 유일신이었다. 그는 자신의 숭배자가 동시에 다른 신에게 충성을 다하는 것을 허락하지 않는다. 인간은 자신을 이 신에게 완전히 맡기고, 그를 마지막 정신적 의지처로 삼아 비로소 영혼의 안식을 얻을 수 있었다. 이는 유일신 관념의 탄생 근원이 지연-자연에 있음을 뜻한다. 실제로 시리아 형태의 3대 종교는 모두 서아시아 사막 지역에서 출현했다. 유대교는 시나이 반도에서 출현했고, 동방정교를 포함한 기독교는 팔레스타인 사막(네게브 사막)에서 출현했고, 이슬람교는 아라비아 사막에서 출현했다.[18] 이는 결코 우연이 아니다. 유사한 지연-자연환경은 유사한 심리 양식을 형성한다. 혹은 특정 심리 양식은 지연-자연조건이 유사하면 그 수용 정도도 대체로 서로 같다고 볼 수 있다. 종교사회학의 각도에서 문제를 보면, 유일신 관념은 다양한 신들을 숭배하는 것보다는 한 부족과 민족 및 종족 내부의 단결을 유지하는 데 분명 더 유리하다. 이러한 견해를 현대에는 적용할 수 없겠지만, 고대의 여러 조건에서 다른 종교 숭배는 다른 정치적 충성을 의미할 수 있고, 다른 종교 혹은 교파는 다른 정치적 경향을 의미한다고 볼 수 있다.

시리아 지역의 지연-자연조건에 의해 결정된 목축업 또한 유일신 관념이 출현할 수 있었던 하나의 중요한 원인으로 보아야 할 것이다. 이는 생산과 생활방식인 목축 활동이 사막 환경과 상호 작용을 해 유목민족의 심리 양식과 종교 형태를 공동으로 양성해냈음을 뜻한다. 고대 시리아 지역에서 목축업은 중요한 농업 생산 형식이었다. 가축을 방목할 때 목동과 양 떼의 관계는 신과 인간의 관계에 쉽게 비교할 수 있다. 심리학적 의미에서 보면 이 두 종류의 관계 사이에는 어떤 밀접한 관계가 분명 있다. 이러한 사회, 즉 유목사회에서 생활하는 사람들이 지닌 강박적인 성격은 초자아의 징벌성에 근원을 둔다. 초자아는 유일한 하느님 속에 은연중 내포되어 있고, 부친에 대한 사랑은 동물에 대한 준 토템식의 의존 속에 남아 있다. 유목민족의 일신교 주신이 다신교의 최고의 신에 해당하는 부성신과 견주어 더 많은 두려움과 증오를 지니는 원인은 그들이 목축을 대하는 토템식 태도에서 비롯된 것이다. 토템 제도의 회귀는 경제적 · 심리적 측면에서 동물에 대한 의존으로 이해될 수도 있고, 원시토템제의 수렵경제가 남겨놓은 동물에 대한 공격적 태도로의 회귀를 의미하기도 한다.[19]

목자의 동물에 대한 의존 · 장악 · 지배 · 명령 · 강요의 태도는 인간에 대한 신의 지고지상한 모습으로 투영되고, 또 신에 대한 인간의 절대적 복종으로 투영된다고 볼 수 있다. 그리고 도덕과 양심적 의미의 초자아는 영원하고 절대적인 유일신을 통해 외화(外化)를 얻게 되고, 자아와 인류 사회를 초월하고, 대자연 나아가 우주만물을 초월하는 유일신의 상징 속에서 최고의 모습을 찾아냈다고 볼 수 있다. 이러한 상황과 시리아형 문명이 지니는 공격성과 강박성의 성격은 분명 어느 정도 관계가 있다. 이는 농업에 기반을 둔 문명과는 선명한 대조를 이루는 것이다. 고대 중국 문명과 인도 문명 지역에서 가장 중요한 생산과 생활방식은 목축업이 아닌 농업이었다. 식물에는 식물의 운동법칙이 있다. 동물과는 다르게 식물은 말을 알아듣지 못하기 때문에 인류의 명령에 복종할 리가 없다. 식물과 접촉할 때 인류는 동물과 접촉할 때처럼 의존도 하면서 동시에 그들을 장악하고 지배하는 식의 감정을 나타낼 수 없고, 명령과 강요의 방법을 사용할 수도 없다. 다만 그 식물들의 자연적 본성을 따라야 하고, 그것의 생장 법칙을 존중해야만 기대하는 결과를 얻을 수 있다. 이런 사실은 왜 중국 문명과 인도 문명이 더욱 온화하고 더욱 평화스러운지를 상당 부분 설명해준다.

사실 인류 역사 진행 과정에 깊은 영향을 미친 위대한 생명 형태인 시리아 문명의 가장 중요한 특징은 종교성에 있다. 그리고 이 종교성에 내재된 가장 중요한 의미는 유일신 신앙이다. 기원전 6세기 이후 고대 시리아 세계에서 엄격하고 윤리적인 유일신 신앙은 히브리 사람들에게서 먼저 형성되었다. 일신론은 이후 유대인과 무슬림의 신앙이 되었을 뿐 아니라, 역사적으로 한때 아주 왕성했던 기독교 네스토리우스파와 현재도 여전히 활약하고 있는 기독교 단성론파의 신앙이 되었다. 기독교 단성론은 현재 아르메니아 · 이집트 · 에티오피아 · 레바논 · 시리아 등의 국가에 분포하며, 아르메니아의 국교이기도 하다. 또 단성론은 길게는 1천여 년의 시간 동안 서양 문명과 동방정교 문명의 주도적인 이데올로기를 담당했다. 이러한 신앙 속에서 신은 유일하고, 절대적이고, 영원하고, 무형무상이고, 전지전능하고, 지고지상한 존재였다. 이러한 종류의 신에 대한 관념이 신앙인의 정신 자질을 향상시키고, 신념과 원칙들을 확고히 하는 문화적 작용을 하기도 했지만, 그 폐단 또한 적지 않았다. 즉 다른 의견을 쉽게 인정하지 않고, 공격적이고 배타적이며, 중도에서 너무 벗어난 흑백 논리의 사유 방식을 만들어낸 것이다. 또 주목해야 할 점은 원형 형태의 시리아 종교를 가장 직접적으로 계승한 것은 유대교지만, 10억 이상의 신도를 보유한 이슬람교 또한 시리아 종교에서 직접적으로 변천해 온 종교라는 사실이다. 그들의 신에 대한 관념과 원형 형태인 유일신 관념은 거의 구별이 가지 않는다. 서양 문명과 동방정교 문명의 핵심 내용인 기독교는 원형 형태의 시리아 종교-문명이 큰 전환기를 겪고 난 후 형성된 것이다.

여기서 기독교의 신에 대한 관념을 좀 더 상세하게 살펴보자. 기원 원년 초, 나사렛 예수를 구세주(창세주)로 하는 소수파가 그리스 세계에 전파될 때, 이 교파는 일종의 다신교 문화의 자생지와 만나게 된다. 여기서 생존하고 발전하기 위해, 이 소수파는 어느 정도의 융통성을 발휘해야만 했다. 이 때문에 이후 기독교라 불리는 종교 속에서 우리는 다신교의 흔적들을 쉽게 볼 수 있다. 예수의 아버지가 신일 뿐 아니라, 신의 아들인 예수 또한 신이고(비록 동시에 또한 사람이기도 하지만), 심지어 예수의 어머니인 마리아 또한 성모로 추앙되며 광범위한 숭배를 받고 있다. 더욱이 많은 순교자와 교부들도 성도로 추앙되며 숭배를 받기도 한다.

특히 중요한 점은 삼위일체의 신 관념은 일신론이 다소 약화된 상황에서 신의 절대성을 지키기 위해 제기된 것이고, 신의 메시지를 육화하여 만들어낸 예수가 인간 세계로 와서 죄인을 용서하고 구원한다는 기본 교의를 수립하기 위해 제기되었던 사실이다. 이로 인해 원형 형태의 일신론은 그 의미가 한층 더 줄어든다. 이러한 새로운 교의 속에서 신은 여전히 유일신이긴 하지만 성부 · 성자 · 성령이란 세 지위와 품격으로 분화되었다(비록 이 세 가지가 모두 특정한 지위와 위엄을 가지되, 하나의 동일한 본체를 가진 유일무이한 신이지만). 논리적 사유가 발달한 그리스 문명에서 이러한 다신론적 색채를 지닌 유일신 관념이 얼마나 이질적이었는지는 쉽게 상상할 수 있다. 비록 정밀한 논증을 통해 이러한 신에 대한 관념의 정확성을 증명하고자 한 많은 신학자들이 있었고, 삼위일체론 역시 하나의 방대한 신학 학문 영역으로 형성되었다고 볼 수 있지만, 수많은 신자들이 진정으로 이러한 독특한 신에 대한 관념을 받아들이는 것은 일종의 계시를 통한 것이지 이성적 사고에 의해서 결정된 것은 아니다. 계시 그 자체, 혹은 하늘의 계시가 신에게서 오는 이상, 신자들은 인간의 이성을 사용해 삼위일체의 오묘한 비밀을 깨닫고자 시도할 필요가 없었던 것이다. 그들이 필요로 한 것은 단지 신앙 그 자체일 뿐이었다.

시리아 문명의 신 관념이 기독교 속에서 다소 크게 변화하기는 했지만, 기독교는 시리아 형태의 일신교이다. 이러한 사유에 근거하면 기독교 위에 세운 서양 문명과 동방정교 문명은 원형 형태에 가까운 유대 문명이나 이슬람 문명과 어느 정도 차이를 보이고, 심지어 계몽운동 이후에는 더 큰 차이를 보이기도 하지만, 본질적 자질 혹은 본성 그 자체로만 보면, 이 네 문명들은 모두 의심할 여지 없이 시리아 형태의 문명에 속한다고 보아야 한다. 헌팅턴과 같은 학자들은 서양 문명 · 이슬람 문명 · 동방정교 문명 · 유대 문명 간에 존재하는 뚜렷한 가족적 유사성은 보지 못하고, 그들 사이에는 일말의 관련도 없는 것처럼 생각했다. 반면 토인비는 이슬람 문명을 시리아 문명의 자연스러운 확장으로 보았고, 심지어는 현대 유대교 문명을 시리아 문명의 살아 있는 화석으로 간주하기도 했다.

그러나 그의 견해가 보여주는 전체적인 인상은 서양 문명과 동방정교 문명인 두 기독교 형태의 문명과 정통적인 두 시리아 문명인 유대 문명과 이슬람 문명 사이에는 아무런 친연성도 없는 것처럼 보인다. 중국인과 인도인의 시각으로 보면, 서양 문명과 동방정교 문명(그 분포 지역은 역사에서의 비잔틴 제국, 현 러시아, 우크라이나 서부 지역, 벨로루시, 그리스, 키프로스의 그리스 민족 일부, 세르비아, 몬테네그로 공화국, 아제르바이잔, 그루지야가 있다)은 이슬람 문명 및 유대 문명과 분명 한 가족에 속한다. 그들의 몸은 모두 의심할 바 없는 시리아 모반(母斑)을 지니고 있는 것이다.

시리아 문명에는 또 다른 하나의 중요한 특징이 있다. 그것은 일찍이 유일신 신앙이 형성되기 전에 이미 존재했던 선민의식이다. 이는 《구약성서》에서도 쉽게 찾을 수 있다. 이스라엘 사람들은 자신들이 모든 고대의 민족들 중에서 유일하게 신에게서 선택받은 사람들이고, 신이 자신들의 조상인 아브라함과 언약을 하고 그들에게 약속의 땅인 가나안을 주었다고 생각했다.[20] 시리아 문명의 바탕 위에서 성장해온 기독교는 유대인의 좁은 종족 관념을 초월하고, 모든 민족에게 개방된 세계적 종교로 점차 발전했고, 그 초기에는 그리스 로마 환경에서 발전하면서 비교적 큰 전환을 겪기도 했다. 그러나 기독교가 얼마나 많이 개방되었든지 간에, 또 기독교가 얼마나 깊은 그리스 로마 문명의 영향을 받았든지 간에, 기독교의 근본은 여전히 시리아 종교였다. 비록 현대 기독교 신자 중에 많은 진보적 자유주의자들이 있기는 하지만, 역사적으로나 현재에도 기독교 신자에게서 이 선민의식이 사라진 적은 한 번도 없었다. 《신약》에서 가난한 자, 어리석은 자, 약한 자, 남에게 버림받은 자가 신의 구원을 받는다는 표현들을 읽을 수도 있다.[21] 그런 까닭에 최소한 이론적인 면에서 기독교는 가난한 자의 종교, 약자의 종교가 되기를 갈망한다. 그러나 마찬가지로 《신약》에서 격정으로 가득한 "오직 너희(기독교도)만이 선택받은 자들이요, 왕 같은 제사장들이요, 신성한 민족이요, 그의 백성이니"[22] 라는 구절들을 또한 발견할 수 있다. 이는 기독교가 비록 유대교보다는 한층 더 진보했고, 이론적으로는 더 이상 민족과 인종의 경계를 긋고 있지는 않지만, 교리를 믿는 자와 믿지 않는 자에 대해서는 여전히 경계를 긋고 있는 사실을 의미한다. 오직 기독교도만이 신의 보살핌을 받는다는 것이다.

4. 시리아형 문명의 흑백논리적 사유 양상 결과

특수한 지연-자연환경에서 유래한 선민의식은 유일신 관념에 기반을 둔 시리아형 문명의 절대주의와 결합되면서, 다른 견해를 용납하지 않는 공격적이고 배타적인 문화적 심리 상태를 형성했다. 또 중도에서 벗어난 흑백논리의 심리 상태와 행위 양식도 형성했다. 이러한 심리 상태와 행위 양식 아래에서는 서로 다른 신앙 및 다른 의견과의 대화는 대단히 어려워진다. 또 이러한 심리 상태와 행위 양식 아래에서는 타협은 늘 나약한 것으로 간주되기도 하고, 심지어 원칙과 신앙에 대한 배반으로 간주되기도 한다. 이로 인해 결국 심각한 결과가 나타나게 되었다. 두 차례의 세계대전이 모두 유럽에서 시작되었고, 주요 전쟁 지역 또한 유럽이었다는 사실은 이 문명의 성격과 상당한 관련이 있다는 뜻이다.

전후 반세기가 넘는 동안, 시리아 형태의 문명에 속하는 국가들 사이에서 또다시 여러 차례의 대규모 전쟁이 발발했다. 다시 말하면 이러한 대규모 전쟁은 모두 4대 시리아 문명과 이와 대응되는 4대 종교, 즉 유대교 · 이슬람교 · 동방정교 · 기독교와 연관되었다고 볼 수 있다. 2003년, 여러 해 동안 협상이 진행되었던 팔레스타인과 이스라엘의 평화는 사실상 결렬된 상태이다. 이스라엘은 절대적인 군사적 우위로 국가테러리즘을 실행했다. 이스라엘은 점령지인 팔레스타인 도시를 파괴하고, 아라파트 관저를 포위하고, 하마스 지도자들에 대해 거점 제거를 실시했다. 이러한 행동으로 무고한 시민들이 폭탄에 죽거나 부상을 입었다. 팔레스타인 측도 끊임없이 자살테러 사건들을 일으키고 있다. 사실 팔레스타인과 이스라엘 쌍방은 전시 상태에 있다고 보아야 한다. 마찬가지로 발칸 반도에서도 냉전이 끝난 후 동방정교 신도와 가톨릭 신도, 무슬림 간에는 오랫동안 살상이 끊이지 않고 있다. 이는 다시 말하면 동방정교 문명과 이슬람 문명 및 서양 문명에 속하는 각 민족들 간에 살상이 끊이지 않고 있다고 볼 수 있다.

중도에서 벗어난 흑백논리의 사유 양상과 오직 나만이 신의 총애를 받는다는 문화적 심리 상태는 각 시리아 문명 간의 장기적인 대치를 초래했다. 또한 이는 이 문명들 내부의 다양한 민족과 교파들 간의 장기적인 충돌을 조성하기도 했다. 무슬림과 동방정교 신도들이 많지 않은 북아일랜드에서조차 기독교 내부의 신교도와 가톨릭 신도 간에는 해마다 잔인한 살육이 자행되고 있다. 최근에 비록 한 줄기 평화의 서광이 비치기도 했지만, 지속적인 평화가 찾아올 전망은 그다지 밝지 않다. 역사적으로 보면 같은 무슬림에 속하는 아랍인 · 이란인 · 터키인 간에도 의견 대립과 충돌이 끊이지 않았다. 8년간 지속된 이란과 이라크 전쟁은 비교적 최근에 속하는 한 예일 뿐이고, 이는 서로 다른 무슬림 민족 간에 발생한 전쟁에 지나지 않는다. 똑같이 한 민족에 속하는 무슬림이지만, 한 교파 내에 또 다른 교파가 있는 현상, 혹은 유혈 파벌 충돌은 너무 흔해 더 이상 신기한 일도 아니다.

유대인의 역사적 기록 또한 이보다 나은 것이 없다. 어쩌면 그것은 더 최악의 경우에 해당한다고 볼 수 있다. 서기 66년 로마 통치에 저항한 봉기가 발생한 후, 유대인은 한때 예루살렘을 장악한 적이 있다. 각 지역의 유대인은 곧 다가올 로마의 공격에 대응하기 위해 전쟁 준비를 했다. 하지만 이 중요한 시기에 유대인 내부에는 여러 차례의 내부 투쟁이라는 비극이 연출되었다. 젤로트당 극단분자들은 이 이전부터 자기편 내부에 있는 온건파를 계속 살해했기 때문에, 강적이 눈앞에 있다고 해서 일치단결하여 외적에 대항해야 한다는 생각은 근본적으로 하지 못했다. 어떤 관점이든 조금이라도 온화한 부분이 있는 동족이라면 모두 그들이 암살해야 할 대상이 되었다. 서기 68년 로마 대군이 예수살렘 성 아래에 도달했을 때, 성 안의 유대인 내부에는 놀랍게도 격렬한 내전이 발발하고 있었다.

중도에서 벗어난 흑백논리의 사유 양식, 관용적이지 않고 배타적인 문화적 심리 상태의 시리아 문명은 서양 문명의 강한 공격성과 침략성에 상당한 영향을 미쳤다. 나아가 이는 서양 역사에서 일어났던 참혹한 종교전쟁과 종교 박해에도 책임이 있고[참고 4-1] 서양 역사에서 신념이 다르다는 이유로 살해가 자행된 사건들에도 책임이 있다.[참고 4-2] 또 세계 확장에서 행한 약탈과 파괴 및 잔인한 살육 행위에도 책임이 있다. 주지하다시피 서양인의 영토 확장은 경제적 이익이란 동기 때문에 추진된 것이기도 하지만, 또 종교적 이데올로기를 확장하기 위해 추진된 것이기도 하다. 특히 미국을 위시한 서양 강대국의 패권주의적인 행위 또한 이러한 사유 양식이나 심리 상태와 밀접한 관련성이 있다. 무엇보다 서양 역사에서 규모가 가장 크고 참혹했던 사건은, 유럽에서 발발했고 그 주요 전쟁 지역 또한 유럽이었던 두 차례의 세계대전이다.

제2차 세계대전에서 죽은 사람의 수는 수천만 명에 달해 인류 역사의 전 기간 동안 벌어진 전쟁에서 죽은 모든 사람의 수를 합한 것보다 많다. 서양 민족국가들이 즐비하게 출현한 상황과, 특히 산업혁명으로 인류의 생산 능력, 동원 능력, 전쟁 효율이 급격이 향상된 상황에 따라서, 중도에서 벗어난 흑백논리의 사유 양식과 배타적인 선민의식은 기존에 있어왔던 정치와 경제 및 민족 문제와 결합되어 각종 갈등을 더욱 증폭시켰다. 그리고 이것이 만들어낸 피비린내 나는 파괴는 이전의 모든 전쟁과 비교할 수 없을 정도였다.

새로운 천년이자 새로운 세기의 첫해에 9·11테러 사건이 발생했다. 테러리즘에 대해 세계의 대다수 국가들은 맹렬하게 비난했고, 최소한 도의적인 차원에서 미국과 반테러 동맹을 결성했다. 하지만 이와 같은 참혹한 비극이 발생할 수밖에 없는 문제에 대해서, 많은 미국의 학자들이나 다른 국가의 학자들은 이슬람 국가들의 빈곤화를 초래한 미국의 잘못된 중동 정책, 서양이 주도한 경제 세계화를 가장 근본적인 원인으로 보았다. 또 드물지만 어떤 사람들은 문명의 정신적 자질과 그것이 초래한 문명 간의 대립과 충돌도 중요한 원인이라고 과감하게 인정하기도 했다. 하지만 문명적인 요소가 원인이 될 가능성은 다수의 의견에서 배제되었다. 이와 동시에 미국 정부가 보인 모든 행동들은 다시 한 번 시리아형 문명의 양자택일 논리와 흑백논리 식의 사유 본성을 부각시켰다. 테러 문제에서 부시 정부는 우방이 아니면 적이라고 하는 국가적 입장을 공개적으로 취했다.

9·11테러 사건 이후 얼마 지나지 않아 발표된 미국 정부의 연두 교서에서 부시는 공개적으로 이라크와 이란 및 북한을 악의 축으로 선포했다. 사실 이러한 내용은 너무 지나친 면이 있었기 때문에, 미국의 동맹국조차 찬성을 표명하는 국가가 없었다. 2003년 3월 미국은 세계의 대다수 국가들의 반대를 무릅쓰고, 유엔의 권한 부여도 얻지 않은 상황에서 이라크에 침략 전쟁을 일으켰고, 같은 해 5월 초 부시는 주요 전투 행동이 이미 공식적으로 끝났음을 선포했다. 그러나 뒤이은 몇 달 동안 미군은 이라크에서 지속적으로 무장 습격을 받았다. 이 시기 미군의 사상자 수는 공식 전쟁 기간에 사망한 미군 수를 금세 초과했다. 물론 미국인에게 나타나는 양자택일 논리와 흑백논리 식의 사유 방식은 이미 1950년대 극히 악명 높았던 매카시즘을 통해서도 증명된 바 있다.

이 밖에 서양인이 9 · 11테러에 대해 분노의 치를 떨 즈음에, 수많은 아랍인들은 오히려 이와 완전히 상반된 반응을 나타났다. 비행기를 납치하고 빌딩과 충돌을 일으켰던 19명의 테러범 중 15명은 빈곤 국가 출신이 아닌 사우디아라비아 출신이었다. 주모자로 지목된 오사마 빈 라덴도 부유한 석유재벌 가문 출신이다. 그리고 미군의 군사적 보호를 받는 부국인 쿠웨이트에서 대규모 이슬람 부흥운동이 일어나, 팔레스타인과 아프가니스탄에 대한 미국의 정책에 항의했다. 이러한 상황은 어떻게 해석해야 할까? 알바니아를 제외한 대다수 발칸 반도 국가의 경제 발전 수준은 세계의 다른 지역과 비교하면 그래도 중진국보다는 나은 수준이다. 그렇지만 발칸 반도 지역에서 동방정교 신도와 가톨릭 신도 및 이슬람 신도 간의 충돌은 끊이지 않고 있다. 심지어 이곳에서는 전쟁이 끊이지 않고 발생한다. 이러한 상황은 어떻게 해석해야 할까? 또 북아일랜드 지역에서도 신교도와 가톨릭 신도 간에 테러리즘에 속하는 살상이 오랫동안 발생하고 있다. 이러한 충돌들을 전 지구화가 초래한 부정적 결과만으로 해석하면 설득력이 부족한 것은 아닐까? 발칸 반도 지역이 사하라 이남의 아프리카보다 분명 가난하지는 않다. 사람들의 평균 수입이 중국보다 10배가 넘는 북아일랜드는 세계화로 인해 빈곤국으로 전락하지도 않았다. 말레이시아와 싱가포르 및 태국 등의 동남아시아 국가는 그들과 마찬가지로 다문명 · 다종교 · 다민족으로 구성된 국가들이다. 하지만 이곳에서 무슬림 · 불교도 · 중국인 · 힌두교 신도는 서로 별다른 충돌 없이 오랫동안 평화공존하면서 생활한다. 물론 1997년 금융 위기 이후 인도네시아에서 중국인을 겨냥한 폭력사태가 발생한 적이 있지만, 심각한 정도는 아니었다. 이러한 상황들은 테러리즘과 문명적 자질이 서로 아무런 연관이 없다는 견해가 정확하지 않다는 것을 의미한다.

서양 문명의 중도에서 벗어난 흑백논리의 사유 양식, 관용적이지 않고 배타적인 문화 심리 상태는 두 차례의 세계대전이나 최근 반세기 동안에만 나타난 전형적 현상은 결코 아니다. 이는 역사적으로 오랫동안 나타났던 문제들이다. 여기서 버트런드 러셀(Bertrand Russell)이 문명 본성에 내린 진단과 이러한 상황을 서로 연결해 봐도 무방할 것이다. 그가 비록 서양 문명의 호전성과 편협성을 철저하게 고찰하긴 했지만, 자신의 시각을 문명 속에 축적된 시리아적 본성에 국한시키지는 않았다. 그의 견해에 따르면 그리스 문명 또한 서양인에게서 나타나는 본성과 직접적인 관련성이 있다. 그리스인은 자신들의 계승자인 서양인보다는 조금 더 관용적이지만, 그들은 어디까지나 소크라테스를 사지로 내몰았다. 플라톤은 소크라테스를 추앙하기는 했지만, 국가는 반드시 종교 활동에 종사해야만 한다고 주장했다. 이는 사실 플라톤 자신도 허위라고 보았던 문제이다. 그리고 그는 그 어떤 누구라도 이에 대해 의심을 품으면 죽여야 한다고 했다. 러셀은 이에 대해 만일 유교와 도교 및 불교였으면 이러한 히틀러식의 교조는 인정하지 않았을 것이라고 보았다.[23] 그렇다면 서양인은 도대체 어떠한 문명 자질을 지니고 있을까? 러셀은 "플라톤과 같은 신사식의 온화함과 우아함은 결코 유럽인의 전형적인 특징이 아니다. 유럽인은 본래부터 호전적이고 교활했으며, 온화, 선량, 공손, 검소, 겸양하다고 말할 수 없다"라고 했다. 그리고 이 모든 것은 로마 제국 시기에 기독교가 통치적 지위로 확립되던 시기부터 시작되었다고 보았다. 그는 "콘스탄티누스부터 기독교 시대에 유럽에서는 아시아와는 다른 충동적 박해들을 마음껏 발산할 수 있는 기회가 처음으로 제공되었다"[24]라고 했다. 주지하다시피 모든 중세 유럽에서 이러한 충동적인 박해가 적나라하게 표현된 적이 분명 있다.

그렇다면 문예부흥과 계몽운동의 영향을 받은 서양인은 그들의 조상보다 더 진보적이었을까? 러셀은 이에 대해 "과거 150년 동안(1920년대 이전의 1세기 반을 가리킨다), 자유주의는 분명 일시적으로 걸음을 멈추고 앞으로 나아가지 못한 적이 있다. 그러나 지금 이 백인들은 기독교도들이 유대인에게서 전해 받은 편협한 신학을 회복하고 있다"[25]라고 했다. 사실 서양인이 유대인에게서 편협한 정신이나 문화적 심리의 계승에만 그치지 않고, 청출어람 하듯 그들보다 더 심했다. "유대인은 이러한 관념을 처음 만들었고, 오직 이 하나의 종교만이 진실할 수 있다고 여겼다. 하지만 그들은 모든 세계가 이 하나의 종교만을 믿도록 강요하지는 않았고, 그들은 단지 유대인 자신만을 박해했을 뿐이다. 기독교도는 독창적인 새로운 발견으로 유대인의 신앙을 계승했다. 그리고 그들은 거기에 전 세계를 통치하고자 했던 로마인의 갈망과 심오함을 숭배하는 그리스인의 기풍을 가미했다. 이러한 혼합은 세계 역사에서 일찍이 전례가 없었고, 그 박해 또한 가장 잔인한 종교를 출현시켰다. 일본과 중국에서 사람들은 온화한 태도로 불교를 수용했고, 신도교와 유교가 더불어 나란히 공존할 것을 허락했다. 무슬림 세계에서는 기독교도와 유대인이 조공을 받치기만 하면 어떤 간섭도 받지 않았을 수 있었다. 그러나 기독교 세계에서는 사형은 말할 것도 없고, 정통의 관념에서 조금이라도 벗어나면 처벌을 했다."[26] 파시즘의 편협성은 일종의 근대적 현상일 뿐이지, 뿌리 깊은 문명의 성격은 아니라고 여기는 사람들에게 러셀은 이러한 문제를 제기했다. "우리는 16세기를 좋아하는 유럽인처럼 무속을 믿지 않으면 사형을 당하는 사회에서 생활할 수 있을까? 우리는 초기의 뉴잉글랜드를 용인하거나[27] 혹은 피사로가 잉카 제국에 자행한 학살을 숭배할 수 있을까?[참고 4-3] 우리는 한 세기 동안 10만 명의 무녀가 화형을 당한 독일의 문예부흥을 좋아할 수 있을까? 우리는 보스턴 수석 목사가 매사추세츠 지진을 피뢰침의 신성모독 탓으로 돌리는 18세기의 미국을 좋아할 수 있을까?"[28] 심지어 러셀은 편협성은 유럽인의 평소 모습이고, 유럽인의 전통이고, 근대 유럽 파시즘의 근원이라고 여겼다. 또 유럽인은 편협하지 않으면 정상이 아닌 것이고, 전통에 위배된다고도 했다.[29][참고 4-4]

5. 지연-자연환경과 중국 문명의 평화주의적 성격

중국 문명은 부인할 수 없는 평화주의적 성격을 띤다. 근본적으로 말해서 이러한 정신 자질 또한 마찬가지로 중국의 특수한 지연-자연환경에서 나왔다. 신석기 시대 말기, 황허 중하류 지역은 지세가 평탄하고 토양이 비옥한 넓은 면적의 토지였다. 여기는 원시적 조건에서 대규모 농경을 불가능하게 하는 원시 삼림은 존재하지 않았고, 단지 키 작고 뽑아내기 쉬운 식물만이 드문드문 있었다. 이러한 독특한 지연-자연환경은 문명이 탄생하는 데 일종의 선결조건을 제공했다. 동일한 지연-자연조건, 즉 하나로 연결되어 있고, 토양과 기후 조건이 대규모 농경에 적합한 대형의 대륙판을 가지고 있었기 때문에, 황허 중하류 지역은 문명이 탄생하는 초기부터 매우 강한 문화적 동질성을 가질 수 있었다.

이는 이후의 정치 · 경제적 일체화에 좋은 기반을 제공했고, 이로 인해 문명 규모 또한 좀 더 일찍 형성될 수 있었다. 또 비교적 합리적인 가치 체계도 순조롭게 형성될 수 있었고, 일종의 독특한 문화적 자신감도 확립될 수 있었다. 한편으로 황허 중하류 지역은 토양이 비옥하고 하나로 연결된 거대한 대륙판으로 이루어지기는 했지만, 이곳의 기후는 인류 문명이 최초로 탄생한 나일 강 삼각주와 유프라테스 · 티그리스 강 유역과 비교해 볼 때 오히려 훨씬 더 열악했다. 겨울은 몹시 추웠고, 여름은 너무 더웠기 때문에 겨울과 봄에는 가뭄으로, 여름에는 폭우로 재난을 입었다. 이는 황허 중하류 지역이 비록 문명의 태동에는 적합했으나 고대인들은 이와 동시에 일종의 도전성이 매우 많은 생존 환경에 직면했음을 의미한다.

하지만 바로 이러한 많은 도전 정신을 요구하는 자연환경으로 인해, 중국 문명은 일종의 강건하며, 역경에 굴복하지 않고, 고생을 감내하는 노동, 유연한 행동의 생명 자질을 배양해 낼 수 있었다. 이른바 "자연의 운행은 강건하니, 군자는 이로써 스스로 힘쓰고 쉬지 않는다"[30]라고 하는 말은 바로 이러한 정신을 표현한 것이다. 이처럼 많은 도전 정신을 요구하는 지연-자연환경과 황허 중하류 지역의 안정된 농업 생산과 생활방식으로 인해, 중국의 고대인들은 아주 일찍부터 이성적 수준이 대단히 높은 사유 양식을 발전시켰다.

체계적 이성 사유가 출현하기 위해서는 다음과 같은 필수조건이 있어야 한다. 즉 인식 혹은 경험 주체가 변덕스러운 대자연의 지배를 받지 않아야 하고, 점진적으로 어떤 신념을 발전시켜야 한다. 그것은 대상을 인식할 수 있고 파악할 수 있는 것이며, 경험에 따라 사물에 내포된 법칙성과 중복성을 인식할 수 있는 것이다. 즉 그들은 귀신과 천명을 믿지 않고, 대자연에는 순환의 법칙이 있음을 믿었다. 또 하늘은 자신의 본성을 갖고 있기 때문에, 사람은 하늘의 본성에 순응하고 대자연의 법칙을 존중하기만 하면, 자신의 주관적 노력으로 대자연을 완전히 이용할 수 있다고 믿었던 것이다. 이른바 "하늘의 운행은 일정하기 때문에, 요임금 때문에 흥하는 것도 아니고, 걸임금 때문에 망하는 것은 아니다"라고 하는 말이나, "하늘과 사람은 별개의 것임을 밝힌다"거나 "하늘의 법칙을 만들어 이용한다"[31]라고 하는 말은 그 정신적 표현이다. 공자의 "괴이한 것, 힘센 것, 어지러운 것, 귀신을 논하지 않았다"라는 말 또한 그 정신적 표현이다. 물론 이보다 더 오래된 표현도 있었다. 공자 이전에는 "점을 쳐 소원을 바란다"라는 말이 있었다. 이를 극복할 수 있었던 이유는 "군자는 덕을 실천하여 복을 구하고, 어짊과 정의로 행운을 구한다"[32]라는 말처럼, 도덕에 호소하는 사유가 귀신에게 기도하는 행위를 대체할 수 있었기 때문이다. 사실 주나라 사람들의 높은 이성 정신은 계몽시대 이전의 서양 사람들과 비교할 수도 없을 정도였다.

또 많은 도전을 요구하는 지연-자연환경으로 인해, 중국 고대인들은 아주 일찍부터 집단주의의 생존 전략과, 더불어 이와 관련한 정신 이념과 문화적 품격을 배양할 수 있었다. 그리고 집단의 힘으로 대자연과 투쟁하는 과정에서 화합하는 지혜를 키워나갔다. 이는 일종의 분열이 아닌 화합, 극단이 아닌 중용, 편협이 아닌 관용, 폭력이 아닌 온화한 문화적 품격으로 볼 수 있다. 이 이치는 결코 복잡한 것이 아니다. 개인 간의 조화 및 집단 간의 조화가 이루어지기만 한다면, 인류 사이에 갈수록 실행 범위가 커지고 갈수록 심도가 깊어지는 협력이 이루어지기만 한다면, 단순하게 개인의 역량을 합친 것을 훨씬 넘어서는 효과를 거둘 수 있고, 개인과 집단에 커다란 생존 및 발전 기회를 제공할 수 있다. 또 이로 인해 문명은 계속해서 건강하게 성장하여 문명의 규모 또한 지속적으로 확대될 수 있다. 이러한 문명 성격은 서양인의 흑백논리의 심리 상태와 그 행위 양식, 그들의 화합하지 않고 분열하는, 극단적이며 중도에서 벗어난, 배타적이고 공격적이며 불관용적인 문명 본성과는 선명하게 대비된다.

마찬가지로 주목할 가치가 있는 것은 중국 문명 지역의 주요 생산과 생활방식이 목축업이 아닌 농업이었다는 사실이다. 주로 농업을 기반으로 한 생산과 생활방식을 가진 사람들은 식물과 접촉할 때나 식물을 대할 때는 동물을 대할 때처럼 그들에게 명령을 내리고, 통제하고, 윽박지르지는 않는다. 반대로 식물의 자연 본성을 따라야 하고, 그 생장 법칙을 존중해야만 바라는 결과를 얻을 수 있다. 이는 곧 목축업을 근본으로 한 생산과 생활방식에서는 동물에게 의존하면서 동시에 통제도 해야 하므로, 동물을 지배하는 감각이 쉽게 생겨날 수 있지만, 농업을 근본으로 한 생산과 생활방식을 가진 인간에게는 이러한 감각이 쉽게 생겨날 수 없다는 뜻이다. 생산과 생활방식은 필연적으로 인간의 사유 양상에 영향을 미친다. 생산과 생활방식을 지배하지 않고, 통제하지 않고, 강요하지 않고, 명령하지 않는 감정들이 문화적 성격에 반영되었고, 이는 곧 중국 문명의 본성이 되었다. 바로 겸양, 공손, 온화, 인자, 평화적 자질, 화합하며 분열하지 않는, 중용이며 극단적이지 않은, 관용적이며 편협하거나 폭력적이지 않은 성격들이다. 문명 성격으로서 이러한 심리적 특징들은 20세기에 이르러서도 여전히 예전 그대로 남아 있다.

통찰력이 풍부한 많은 서양인들도 이를 알고 있었다. 1920년대 초, 유럽 전쟁의 화약 연기가 아직 완전히 사라지지 않았을 때, 러셀은 한 가지 문제로 곤혹스러워했다. 그것은 왜 같은 문명에 속하는 서양인들이 자기편끼리 참혹한 대전을 치를 수밖에 없었을까 하는 문제였다. 이 대전은 1천만여 명이 사망한 대전쟁을 말한다. 이후 전 세계 사람들은 이를 제1차 세계대전으로 불렀다. 그는 아마 중국 문명에 내포된 평화적이고 인자하며 중도적인 성격에서 이 문제의 답을 찾을 수도 있다고 생각했던 것 같다. 그래서 그는 먼 길을 마다하지 않고 중국으로 왔고, 중국 문명의 정신 자질에서 처방전을 찾아 서양인의 호전적 고질병을 고치고자 했다. 사상가였으며 특히 중국 문명에 관해서는 일종의 제삼자였던 러셀은 결코 근면, 용감과 같은 부류의 진부한 말들로 포장하려 들지는 않았다. 오히려 그는 중국인에게 많은 결점이 있음을 보았다. 그는 중국인들에게서 욕심과 나약함, 게으름, 부족한 격정, 의심이 많음, 옹졸하고 비겁함, 극단적 탐욕, 무감각, 냉혹함, 동정심의 결핍 등이 있음을 보았다. 또 그는 중국인은 돈 몇 푼 때문에 자신의 혈육을 팔거나 죽일 수도 있고, 심지어 잔인한 행위를 둘러서서 구경하며 즐거워한다고 묘사했다.[33] 그는 심지어 "만약 개가 차에 치어 심각한 상처를 입고 도로에서 구르고 있어도 중국인 열에 아홉은 도로를 건너다 멈추어서 불쌍한 개가 고통으로 울부짖는 것을 보고 웃어대며 즐거워할 것이다"[34]라는 등등의 말을 했다. 하지만 러셀은 중국인의 늘 만족하며 즐거워하고, 어떤 환경에도 잘 적응하고, 마음이 맑고 조용하고, 태도가 온화하고 행동에 교양이 있고, 단정하고 진중하고, 자존심이 강하고, 타협을 잘하고, 극단을 좇지 않고, 유유자적하고, 인내심이 많고, 평화를 좋아하고, 관용적인 마음이 강한 성격에도 주의를 기울였다.[35] 러셀은 중국인에게서 서양인과 다른 명확한 장점들도 있음을 보았다. 예를 들면 인내심과 묵묵히 참고 견디는 정신, 즉 어떤 역경에도 굽히지 않는 강인한 힘, 나아가 무엇과도 비교할 수 없는 민족 응집력을 보았다.[36]

더욱 중요한 것은 러셀은 중국인의 양보와 공손한 예의, 온화하고 선량함, 타협을 잘하는 정신에도 주의를 기울였다. 하지만 중국인의 품성 가운데 러셀이 가장 극찬한 것은 바로 평화적 기질이었다. 그는 "이러한 기질로 인해 그들은 분쟁을 해결하고자 할 때, 서양인처럼 실력에 의존하지 않고 평등과 공정을 더욱 중시할 수 있었다"라고 했다. 이와 적합한 대조를 이루는 것으로 러셀은 서양 민족의 힘의 과잉에서 나온 제국주의, 군국주의, 광적인 포교, 끝없는 야심, 난폭하고 싸움을 좋아하며, 지배욕이 강하고, 진보와 효율을 맹목적으로 추구하는 점을 들었다. 또 그는 서양인은 이러한 생활방식으로 인해 영원히 평온할 수 없고, 영원히 만족을 모르고, 맹목적으로 경쟁, 충돌, 개발과 파괴에 투신한다고 보았다.[37] 그리고 그는 중국인은 양보와 공손한 예의, 온화하고 선량한 정신 품격을 갖고 있기 때문에, 중국 관리는 자신이 파면당했을 때, 산골에 은거하면서 시를 짓거나 전원생활의 즐거움을 편안히 누릴 수 있다고 보았다. 이와 반대로 만약 한 그리스 정치인이 그가 사는 도시국가에서 쫓겨나면, 그는 추방된 사람들을 이끌고 와 그가 원래 살았던 도시를 공격할 것이라고 했다. 러셀은 그리스인의 왕성한 정력이 예술과 과학의 발전에 많은 공헌을 하기도 했지만, 그들은 자신들의 정력을 도시 간 혹은 도시 내부의 사람과 사람, 계급과 계급 간의 살인에 더 많이 소모했고, 그리스인과 비그리스인 간의 무력 충돌과 전쟁에 더 많이 소모했다고 보았다. "이 방면에서 그들은 역사에서 전례가 없는 성공을 거두었다."[38] 현대 서양인은 상당한 부분에서 그리스인의 바로 이러한 품성을 계승하고 있다.

중국에서는 문명 규모를 바탕으로 한 지혜 덕분에 본래 중국 문명과 동질성을 이루지 못하던 많은 개인과 집단들이 점차 중국 문명이란 대가정(大家庭)에 참가할 수 있었다. 이 사실은 공격성과 배타성이 강한 그리스인의 자질과 선명한 대비를 이룬다. 또 이 덕분에 중국의 인구는 지속적으로 증가할 수 있었고, 영토와 경제 규모 또한 꾸준히 확대될 수 있었다. 일찍이 춘추전국 시기 초나라 사람들은 남쪽 오랑캐였다가 화하(華夏: 중국 중원 문화)와 동질성을 이루었고, 진나라 사람들은 서쪽 오랑캐였다가 화하와 동질성을 이루었다. 이후 화하화 과정 중에 있던 초나라와 진나라 자체는 같은 민족으로 융합되었다. 많은 남쪽 오랑캐와 서쪽 오랑캐는 모두 초나라와 진나라의 국경 안에서 중국 문명에 융합되었다. 물론 화하와 오랑캐가 뒤섞여 살던 시기의 유가 사상에는 오랑캐를 경시하는 일면도 있었다. 하지만 거대한 문명 규모에 기반을 둔 자신감과 화합의 문화적 심리 상태로 인해, 유가는 개인이나 부족이 일단 화하 문화를 받아들이면서 더 이상 화하와 오랑캐를 구분하지 않는 관념으로 발전했다. 현대의 척도로 볼 때, 이는 일종의 화하 중심주의적 문화 심리이지만, 역사적으로 본다면 동시기의 다른 문명이 취한 방법과 비교했을 때 더 올바르고 더 합리적이었다.

이러한 화합의 지혜가 없었던 아테네는 이와 대조되는 상황을 보여준다. 공자가 살던 시대보다 조금 뒤의 시기에 아테네는 고향을 지킬 인력과 물자가 절실하게 필요했다. 이러한 위기의 순간에도 그들은 시민권의 범위를 확대하는 방법을 채택하지 않고, 오히려 부모 중 어느 한 사람이 아테네 사람이 아니고 이방인이면 그 시민권을 박탈했다.[39] 심지어 고대 민주주의의 최고의 전형으로 간주되는 페리클레스 시대조차 온화함, 겸손, 양보, 평화, 관용이라는 문화적 자질은 결핍되고, 아테네는 오직 군사력만을 앞세워 델로스동맹(그리스 도시국가들의 해군동맹)의 패주를 담당했다. 그리고 제국주의를 내세워 다른 그리스 도시국가에게 공물을 바칠 것을 강요하고 그들의 재산을 강탈했다. 훗날 로마인 역시 그리스보다는 조금 낫긴 했으나, 자신의 통치 기반을 확대하는 것만 생각하고 시민권을 같은 종족에게, 문화적으로 서로 비슷하거나 지역적으로 이웃인 이탈리아인에게, 그리고 귀순한 해외 이민족에게만 주었다. 물론 이후 로마 시민권의 수여는 더욱 후해져 그 수여 범위 또한 갈수록 넓어졌다.[40] 이와 대체로 비슷한 시기이거나 조금 더 이른 시기에, 확연히 다른 지연-자연 환경에 있던 중국인은 근본적으로 시민권과 같은 부류의 생각은 하지도 않았다. 어느 누구든, 어떤 부락이든, 무슨 종족이든, 복장과 예의와 행동이 올바르기만 하다면 중국 문명의 대가정 안으로 받아들였다. 이는 더 건강한 문화 심리 상태로, 중국 문명 규모의 증대나 중국 문명의 장기적인 발전에 대단히 유리하게 작용했다.

분열과 대립이 아닌 화합하는 문명 성격을 바탕으로, 중국은 모든 동아시아 세계에서 일종의 안정적인 지연 정치 질서를 유지하고 있었다. 이것이 이른바 동아시아의 조공 체제이다. 이는 베스트팔렌 조약이 유럽에서 주도적인 지위를 획득한 시기보다 훨씬 이전의 일이고, 그 기간도 훨씬 길었다. 물론 이러한 무역에는 정치 질서란 성분이 더 큰 비중을 차지하고 있었고, 약소국과 강대국의 구분 없이 일률적으로 평등하게 대하는 근대적 이념과도 분명 차이가 있었다. 그러나 이는 당시의 역사 조건에서 동아시아 세계의 지속적인 평화를 유지할 수 있는 합리적인 정치체제의 기능을 담당했다. 이러한 지연 정치 질서에서 중심 위치에 있던 중국은 형식적으로는 정치적 합법성의 원천이었다. 종합적으로 볼 때, 주변 국가와의 정치-경제 교류 과정에서 중국은 인자하고 관대해 약탈성이 강한 다른 제국주의 국가와는 달랐다. 주변 국가는 상징적으로 어떤 공물을 바치기만 하면 중국의 정치적 승인을 얻을 수 있었다. 이런 종류의 승인은 그 정권들의 정치적 합법성 확립과 국내외의 인정을 뜻했다. 중국은 공물보다 훨씬 가치가 큰 선물을 통해 이러한 조공 체제의 정상적인 운행을 유지했다. 이는 탐욕스럽고 약탈성이 강한 그리스인과 로마인 및 근대 이후 전 세계에서 약탈적인 확장을 자행한 서양인의 성격과는 뚜렷한 대조를 이룬다. 마찬가지로 분열과 대립이 아닌 화합하는 문명 자질을 지녔기 때문에, 명나라 이후 많은 중국인이 동남아시아 및 세계 각 지역에 평화적으로 이주하여 그 국가 혹은 지역의 사회경제 발전에 큰 공헌을 할 수 있었다. 이는 서양 식민주의자들의 방법과는 질적으로 다른 부분이다.

화합하며 분열하지 않는, 타협하며 대립하지 않는 문명 성격과 그것이 뜻하는 문명의 규모와 동력은 정화(鄭和)의 대항해라는 위대한 역사에서도 나타난다. 정화의 원양 함대는 동남아시아 · 남아시아 · 동아프리카를 운항했다. 비록 신세계를 발견하거나 점령하는 공로를 세우지는 못했지만, 서양인의 지리 대발견에 비교하면 그 시기는 훨씬 앞섰다. 콜럼버스의 아메리카 항해보다는 87년 빠르고, 디아스가 발견한 희망봉과 비교하면 83년 빨랐다. 정화 원양함대만큼 큰 규모와 광범위한 항해는 역사에서도 전례가 없었다. 선박의 규모나 수량, 선원 수에서 스페인과 포르투갈의 함대와는 비교가 되지 않을 정도였다. 여기서 주목할 점은 정화 함대의 대항해가 동시대의 서양인 원양항해보다 규모 면에서 크게 앞설 수 있었던 까닭은 거대한 인구-경제 규모와 풍부한 기술 역량이 그 뒤를 지탱하고 있었기 때문이라는 사실이다.

이는 뿌리 없는 나무나 근원이 없는 강처럼 고립된 국가의 독자적 행위가 결코 아니었음을 뜻한다.[41] 또 명나라가 이미 원양항해에 필요한 선진 기술을 보유하고 있었고, 동원할 수 있는 인력과 물자의 규모가 서양을 크게 앞질렀음을 보여준다. 특히 주목할 점은 정화 함대가 도착한 곳에서는 약탈이나 학살이 한 번도 일어나지 않았다는 사실이다. 이는 포르투갈 사람들이나 네덜란드 사람 또는 인도양을 침략한 다른 유럽 사람들과는 분명 다른 점이다.[42] 이러한 평화적인 자질은 이후 서양인이 카리브 해 지역, 남·북 아메리카, 인도양, 남아시아 등의 지역을 침략하면서 보여준 방화와 약탈, 살인 등의 잔혹한 행동과는 큰 대조를 이룬다.[참고 4-5]

마지막으로 러셀이 비판했던 중국인의 국민성에 대해 어느 정도는 대답을 해야 할 것 같다. 반드시 인정해야 할 것은 러셀이 보았던 중국인의 여러 단점들이 당시에는 모두 부인할 수 없는 사실이었다는 점이다. 이는 중국인의 고유한 품성에 속하는 것일까, 아니면 어떤 다른 요소들이 초래한 것일까? 이러한 상황들의 근본 원인은 대체로 당시 중국 사회의 심각한 빈곤에 있었고, 또 당시 부조리했던 중국 법률제도에도 있었다. 그러나 전문적인 역사학자가 아니더라도, 이후 백 년의 시간도 안 돼 중국인이 얼마나 많이 변했는지는 쉽게 발견할 수 있다. 전 세계가 인정하듯이, 화인 나아가 중국 대륙의 대부분 사람들은 모두 자녀의 교육과 성장을 위해 큰 희생을 마다하지 않는다. 이는 어떤 다른 사회에서도 찾아보기 힘든 현상이다.

심지어 어떤 중국인은 한 극단적인 모습에서 다른 극단적인 모습을 보여주기도 한다. 산아제한 계획 정책이 실시되는 상황에서, 특히 한 자녀만 출산해야 하는 정책이 시행되는 시점에서, 러셀이 보았던 자식을 사랑하지 않던 많은 중국인들은 이제 지나칠 정도로 자식을 사랑하는 사람들로 변했다. 실제로 중국의 '소황제(小皇帝)' 현상은 이미 전 세계적으로 아주 유명해졌다. 생활수준이 크게 향상된 이후, 1920년대 러셀이 보았던 중국인이 동물을 대하는 태도도 이미 변화되었다. 현재 중국에서, 위험에 처한 동물은 국가 정책과 시민의 보호를 받을 뿐 아니라, 심지어 애완동물 열기까지 생겨났다.

내전으로는 세계에서 그 규모가 가장 컸던 국민당과 공산당의 내전, 항일전쟁, 한국전쟁을 겪고 난 후, 중국인은 비겁하고 나약하다는 꼬리표를 완전히 벗어버렸다. 전쟁을 겁내지 않는 중국인은 서양 우익 세력의 눈에 호전적으로 비치기도 한다. 러셀이 말한 극단적 탐욕은 주로 당시 중국인 가운데 존재했던 부패 현상을 가리키는 것이다. 그 원인은 중국인의 취약한 법률제도 의식과 건전하지 못한 중국 사회의 법률제도에 있었다. 이 문제는 현재까지도 완전히 해결되지 않고 있지만, 정치적 문명이 점차 발전해가고, 법률제도 의식이 한층 더 강화되고, 모든 사회의 경제 수준이 더욱 향상되면, 중국인은 미래의 50년에서 100년 이내에 제도적인 부패 문제를 근본적으로 해결할 수 있을 것이다.

분명한 점은 이상의 중국인에 관한 긍정적 관점은 단지 상대적 의미에서만 성립될 수 있다는 것이다. 역사적으로 중국 문명은 결코 완전무결한 것이 아니라 많은 결점이 있었다. 삼강오륜, 삼종지도와 사덕, 관아의 잔혹한 형벌, 환관의 정치 간섭, 전족, 첩, 다섯 세대가 모여 사는 대가정 등은 모두 시대에 적합하지도 않고 또한 버려야 할 것들이다. 신문화운동 이후, 중국인들은 이러한 관념들을 재빨리 버렸다. 하지만 공중도덕의 결여, 체면을 중시하는 태도, 형식주의, 냄비근성, 고질적인 관료주의적 심리 상태나 뿌리 깊은 출세 정서 등은 현대 중국 사회 도처에서 여전히 볼 수 있다. 이러한 것들은 모두 현대적 정신과는 차이가 많아 위배되는 것이므로 노력해서 극복해야 한다.

이는 특히 급격한 변혁의 시대나 전환기에는 특히 중요한 문제가 된다. 마찬가지로 서양 문명에도 분명 장점이 없는 것은 아니다. 이러한 장점들을 중국인은 반드시 수용하고 배워야만 한다. 서양 문명에서 그들의 법치주의 정신은 단연 최고의 장점에 속한다. 또 법률적 규범 하에서 개인의 의지를 충분히 표현할 수 있고, 개인의 능동성 또한 최대한 발휘할 수 있는 효과적이고 다양한 메커니즘을 가지고 있는 것도 서양 문명의 커다란 장점이다. 서양인의 공중도덕과 철저한 직업의식 또한 중국인보다는 강하다. 더욱이 서양인은 진취적이고, 실험적이고, 모험적이고, 창의적이다. 이러한 자질들은 모두 현대 중국인이 배울 만한 가치가 있는 것들이다.

6. 문명 성격에 내포된 동력

지연-자연환경의 산물인 중국인의 자강불식, 고생을 감내하는 노동, 유연한 행동의 성격은 중국 문명의 규모-동력의 형성과 성장에 대단히 중요한 작용을 했다. 혹독한 자연조건은 인력과 물자의 대량 소모를 유발하기 마련이고, 이는 중국 문명에 심각한 도전이었다. 생존과 발전을 추구하기 위해 중국의 고대인들은 반드시 엄청난 노력을 해야만 했고 대자연과 싸우는 불굴의 투쟁을 해야 했다. 이러한 과정을 통해 그들은 강인한 자질을 배양할 수 있었고, 지혜와 재능을 펼칠 수 있었고, 자신들의 잠재력을 발휘할 수 있었다. 이러한 힘들고 어려운 투쟁을 거치며 중국 문명의 규모와 동력은 지속적으로 성장할 수 있었다.

중국 역사에서 자연재해의 빈도는 매우 높았고, 관련된 지역의 넓이와 인구로 보면 그 규모는 대단히 컸다. 또 이를 서아시아나 지중해 세계와 비교해보면 그 정도는 대단히 심각했다. 이러한 상황만 보아도 중국 문명이 어떻게 해서 이러한 정신적 자질들을 지니게 되었는지를 쉽게 이해할 수 있다. 상나라 탕왕(湯王) 18년인 기원전 1766년부터 청나라 말년인 1911년까지를 계산한 3,677년의 중국 역사에서, 각종 천재지변 예를 들면 수해 · 가뭄 · 메뚜기 떼 · 우박 · 강풍 · 전염병 · 지진 · 서리 · 폭설 등의 발생 건수는 총 5,181건에 달한다. 이는 평균 약 반년에 한 번씩은 재해를 겪었음을 뜻한다. 수재만 놓고 본다면 3천여 년 동안 1,034건에 달한다. 이는 평균 약 3년 5개월에 한 번씩은 재해를 겪었음을 뜻한다. 가뭄 재해만 놓고 본다면 위와 동일한 시기에 1,060건이 발생했고, 평균 약 3년 4개월에 한 번씩 재해를 겪은 셈이다.[43] 이는 단지 기록된 문헌에서만 볼 수 있는 숫자들이고, 기재되지 않은 재해는 분명 더 많았을 것이다. 이와 비교하면 서아시아와 지중해 지역의 경우 자연재해가 없었다고는 볼 수 없지만, 그 규모와 정도는 분명 중국보다는 작았다. 특히 나일 강 유역의 자연조건은 중국보다 우월했다.

험난한 자연조건은 분명 중국 문명의 동력과 규모의 확대에 유리했다. 하지만 빈번한 천재지변은 인구의 대량 사망과 재산의 대량 손실 및 민중 폭동과 이민족의 잦은 침입을 주기적이고 구조적으로 초래했다. 이는 인력과 물자의 대량 소모를 야기했을 뿐 아니라, 더 나아가 경제와 과학기술의 발전 속도를 느리게 하거나 정체되게 했다. 자연재해 발생 후 재해를 입은 지역의 사람들은 인도주의적 곤경에 빠졌다. 이로 인해 고향을 버리고 떠나거나 부득이하게 자식들을 파는 상황들이 흔히 발생했다. 자연재해가 발생한 후 재해를 입은 지역에서는 자연스럽게 경제적 쇠퇴 현상이 나타난다. 이때 만약 민란이나 전쟁, 이민족의 침입이 발생하면, 이는 재앙이 겹쳐오는 설상가상의 상황이 된다. 이러한 상황에서는 생존 자체가 문제되는 것은 말할 것도 없고 자본축적과 과학기술의 발전 또한 당연히 큰 영향을 받았다.

다른 한 가지 중요한 요소 또한 고려해야만 한다. 그것은 중국 민족이 길게는 몇천 년 동안 주변 민족을 통합해야 하는 막중한 임무에 줄곧 직면해왔다는 점이다. 사실상 중국은 그 특수한 지연 정치적 위치로 하나의 특수한 유형에 속하는 지역이었다. 중국과 다른 모든 수준 높은 문화들과 있었던 차이는 바로 유목민족 문제를 처리해야만 했다는 데 있다. 세계의 어떠한 지역에서도 고도로 발달한 하나의 문화가 처음부터 끝까지 광대한 면적의 유목 지역과 수많은 유목민족과 대면해야만 했던 현상은 찾아볼 수 없다. 메소포타미아에도 일찍이 중국의 발전 정도와 비슷한 문화가 출현한 적이 있지만, 이 문명이 직면했던 유목민족 문제를 보면 그 수가 비교적 적었기 때문에 늘 충분한 대응을 할 수 있었다. 기타 지역의 예를 들면 박트리아와 동부 파르스 또한 광활한 면적의 유목민족 지역과 접경을 이루고 있었다. 하지만 정착민과 유목민족 간의 문화 차이가 중국과 중국 인근의 유목민족처럼 크지는 않았다.[44]

역사적 시각으로 이 문제를 보면, 유목민족의 끊임없는 유입과 중국 문명과의 통합 과정에서, 많은 인구와 새로운 생활방식 및 새로운 기술이 들어왔다. 특히 전쟁과 관련한 기술이 도입되었다. 이 때문에 인구나 영토 및 기술적 의미에서 중국의 문명 규모가 확대되기는 했지만, 이 모든 것은 결국 자원의 대량 소모를 필요로 했다. 이는 중국의 자본축적 과정을 굉장히 어렵게 만들었고, 전근대적 조건에서 독자적으로 이루어내기가 어려웠음을 뜻한다. 이 때문에 중국의 문명 발전은 완만하거나 정체될 수밖에 없었다.

이와 관련한 한 가지 문제는 중국의 광활한 영토이다. 중국 문화가 최초로 출현했던 시기의 면적은, 지구의 수준 높은 문화 및 이와 관련된 국가나 국가 집단들의 지역과 비교하면 크게는 몇 배의 차이가 난다. 비옥한 농경지와 광활한 초원이 교차되는 모습, 험준한 산과 넓은 사막이 서로 연결된 이러한 지리적 특징은 각 지역 사람들의 성격과 국가의 정책에 영향을 미쳤고, 각 지역 상황들에 대한 국가의 통제와 여기서 시작되는 모든 지역에 대한 통치 가능성에 큰 영향을 미쳤다. 광활한 영토에서 비롯된 이러한 어려운 문제들은 중국에서 수없이 나타났다.[45]

한 문명의 영토 범위가 크면 클수록 각 지역 간의 지형과 지세 및 자연 조건의 차이는 상대적으로 더욱 커지고, 각 지역 간의 경제와 사회 및 문화의 발전 또한 불균형을 이룰 가능성은 더욱 높아진다. 진나라 이후 중국 문명은 광활한 영토 위에서 초대형의 경제 · 정치 · 문화적 공동체를 유지하는 역사적 임무에 줄곧 직면해왔다. 이는 동시에 역사적으로 중국 문명은 해결하기 힘든 정치적 난제들이나 정치적으로 높은 위험들에 줄곧 직면해왔다는 사실을 의미한다. 중앙정부와 지방 세력 간의 역량의 성쇠가 파장처럼 끊임없이 기복을 이루는 상황에 직면하면서, 대국이 와해되지 않도록 대국 내부의 응집력을 유지하기 위해 끊임없이 전력을 다해야 했다. 이러한 상황으로 말미암아 명철한 중앙의 통치자들은 원래는 힘으로도 가능했던 지속적인 영토 확장을 포기했을 것이다.[46] 다른 한편 초대형 경제 · 정치 · 문화적 공동체를 유지하기 위해 중앙정부는 거대한 인적, 물적 자원을 장악해 대규모의 재정 경비를 지불해야만 했다. 2천여 년의 중국 역사에서 전통적인 중앙집권적 정치 형식은 고도로 통일된 국가적 질서를 필요로 했다. 그리고 방대한 영토 범위에서 고도로 통일된 질서를 수립하기 위해서는 반드시 거대한 재정적 자원에 의존해야만 했다.[47]

하지만 고대의 중국 역사를 살펴보면, 방대한 제국의 통일 질서에 장기적인 안정과 상호 균형을 제공할 수 있는 경제적 자원과 재정적 능력은 늘 부족했다. 이 때문에 거의 모든 역대 왕조와 시대마다 재정 위기로 유발되는 과중한 제국의 부세 문제가 출현했다. 과중한 세금으로 민란이 일어났고, 제국의 통일 질서는 분열과 전쟁에 휩싸였다.[48] 전근대적 조건에 따르면 이러한 통일 정권의 재정적 자원의 한계 때문에(이는 당연히 상대적인 의미의 한계다), 역사상 중국의 통일국가는 늘 그 통일 질서를 한족과 유가문화의 문화 관념 위에 세우고자 했다. 그리고 유가 세계 이외의 지역, 특히 북부 유목민족 지역에 대해서는 늘 신중한 태도를 유지했다. 기본적으로 역대 왕조들은 그들을 통일국가의 정식 영토 안에 포함하지 않았고, 중국 통일 질서의 통제 범위 밖에 두어 부속 국가의 지위를 유지하도록 했다. 따라서 제국은 이 지역들에 대한 경제와 재정적 부담을 떠안지도 않았고, 이 지역들에서 얻을 수 있는 경제와 재정적 이익 또한 당연히 바라지 않았다.[49]

사실 현대의 교통과 통신 수단이 출현하기 이전에, 한 거대한 국가의 정치적 통일에 들어가는 경비는 대단히 높았다. 역대의 중앙정권이 장악할 수 있는 경제와 재정적 자원 또한 상대적으로는 유한할 수밖에 없었다. 이 때문에 지속 기간이 길었던 역대 왕조들, 예를 들면 한나라 · 당나라 · 송나라 · 명나라 · 청나라의 초기 몇십 년이나 기껏해야 100여 년의 시간을 제외하면, 중국 문명은 역사적으로 많은 시기에 방대한 영토에서 정치적 통일이란 구조적 난제에 대해 겨우 대처할 뿐, 근본적인 대처를 할 수는 없었다. 다시 말하면 한 거대한 지역 내에서 정치적 통일을 유지하기 위해서 너무나 많은 자원을 썼다고 볼 수 있다.

광활한 영토로 말미암아 중국은 정치적 통일을 유지하기 위해 막대한 대가를 지불해야만 했다. 또 여러 방면에서나 총체적인 역사 진행의 과정에서 다른 문명 지역, 예를 들면 유럽 중서부와 아메리카와 비교하면 막대한 인적, 물적 자원을 써야만 했다. 이러한 상황은 근대 이전의 전 지구적인 상업화 과정이나 전 자본주의화의 역사적 준비 단계에서, 중국이 상당한 원시적 자본을 축적하고 있었고, 이른바 송대 자본주의의 태동이나 명대 자본주의 맹아가 출현한 적이 있었음에도, 원시적 자본축적이 서유럽처럼 근대 자본주의로 전환될 수준에는 이르지 못한 원인을 알게 해준다. 또 이러한 상황은 근대 이전 중국이 다른 어떤 곳보다 경제와 과학기술이 발전했고 더불어 인류 문명의 총체적 변화 발전에 지울 수 없는 공헌을 했지만, 유럽처럼 근대 과학기술을 먼저 창출할 수 있는 수준에는 도달하지 못한 까닭도 설명해준다. 그리고 이러한 상황은 유리한 지연 조건과 많은 도전성을 요구했던 자연조건이 화하 세계의 중도와 화합, 강인함과 정진, 불요불굴의 문명 자질을 형성시켰고, 이를 통해 화하 세계는 오랜 변화 발전의 과정에서 탁월한 면모를 보이며 거대한 문명 규모를 형성하였음에도, 이 단계에서 한 단계 더 높이 올라갈 수 없었던 원인, 문명의 발전이 새로운 형태로 진입할 수 없었던 원인, 이전에는 근본적으로 상상할 수 없었던 새로운 단계로 도달할 수 없었던 원인에 대해서도 설명해준다. 그리고 이 새로운 형태와 새로운 단계 위에서 완전히 새로운 가능성들을 보여주기가 왜 그토록 힘들었는지도 설명해준다.

그렇지만 만약 현대 과학기술과 생산력으로 천재지변의 위험 정도를 대폭 감소시켜 위험이 크게 줄어들 수 있다면, 또한 주변 민족을 통합하는 역사적 부담이 해소될 수 있다면, 나아가 현대적 교통-통신 조건에서 거대한 정치 경제적 공동체를 유지하는 경비를 크게 낮출 수 있다면, 중국 문명의 성격에 내재된 거대한 동력은 역사에 유례가 없을 정도로 크게 발산될 수 있을 것이다. 사실 20세기 전반에 걸쳐 중국은 줄곧 이 방향을 향해 점진적으로 나아가고 있었다. 이 점은 관련 데이터에 조금만 주의를 기울인다면 쉽게 알 수 있다. 1980년대에 전통적 의미의 자연재해, 예를 들면 수재와 가뭄이 초래한 인명 사망은 최소한 두 자릿수로 크게 떨어졌고, 초래한 재산 손실의 폭 또한 이와 마찬가지로 줄었다.

그다음으로 주변 민족을 통합하는 역사적 임무는 사실 청나라 전기와 중기에 이미 기본적으로 완성되었다.[50] 이 시기에 이르면 2천 년 동안 줄곧 농경 지역을 침탈해왔던 유목민족이 보유한 기마 전술의 우월함은 이미 사라진다. 문명의 발전 과정에 큰 영향을 미치는 역할을 하던 그들은 이때부터 역사의 무대에서 퇴장했다. 북방의 대초원을 지배하면서 끊임없이 남하하고 농경 지역을 침탈했던 그들은 한 번 역사의 무대에서 사라지자 다시는 나타나지 않았다. 만리장성 또한 이때부터 상징적 의미만을 지니게 되었다. 오랫동안 이어지던 유목민족과 농경민족의 대치와 충돌은 이후 양자가 공생하는 국면으로 바뀌었다. 또 화하 세계의 영토나 행정적 효력을 가진 지역의 분포 범위도 이 때문에 크게 넓어져 한나라와 당나라의 전성기를 뛰어넘었다.[51] 현재 56개 민족은 하나의 경제 · 정치 · 문화란 대가정 안에서 화목하게 공존하고 있다.

역사에서 중국 문명이 자신의 통일 질서에 지불할 수밖에 없었던 비싼 재정적 경비 문제는 현대적 교통과 통신 기술의 발달로 상당히 해결되었다. 현대적 교통-통신의 조건에 따라 대형 공동체를 유지하는 데 필요한 재정 경비가 급격히 줄어들었기 때문이다. 이는 고대나 심지어 청나라 후기에도 근본적으로 상상할 수 없는 완전히 새로운 가능성을 가져왔다. 예를 들면 청나라 전기 강희제(康熙帝)가 정성공(鄭成功) 일가가 지배했던 타이완을 수복하고자 할 때, 자금성에서 푸젠(福建) 전신에 주둔하던 청나라 해군에게 군령을 하달하는 데 많은 시간이 걸렸을 것이다. 또 긴 역로를 유지하는 데 드는 비용, 많은 수의 역마를 사육하는 데 드는 비용, 역참 인원의 월급 지불에 드는 비용, 병사와 전쟁 물자를 운송하는 데 필요한 시간과 인적 및 물적 자원의 소비 등, 이 모든 것에 필요한 상대적 총원가는 엄청났을 것이다. 하지만 지금은 전보 한 통, 전화 한 통, 전자우편 한 통으로도 아주 짧은 시간에 같은 효과를 얻을 수 있다. 또 현대의 사람들에게는 이미 일상화된 자동차 · 기차 · 배 · 비행기는 빠른 속도와 큰 규모로 병력과 전쟁 물자를 운송할 수 있다. 이는 강희제 시대와 비교하면 현대적 통신-교통에 드는 원가가 대단히 저렴한 정도로 떨어진 것이다. 이러한 상황들을 보면 완전히 새로운 가능성이 무엇을 뜻하는지는 어렵지 않게 이해할 수 있다. 또 이러한 사고에 따르면 문명 성격 속에 숨어 있는 거대한 동력이 머지않은 미래에 드러나게 될 것이라는 생각은 전혀 이상하지 않다.

제5장

문명의 공간운동

1. 문명의 공간운동의 의미

문명은 항상 운동 상태에 있다. 만약 이전에는 왕성했던 한 문명이 지금은 정체되어 더 이상 의미 있는 어떤 변화 혹은 어떤 변천도 나타나지 못한다면, 설사 이 문명이 완전히 죽었다고는 말할 수 없더라도 최소한 이 문명이 활력을 상실했다고는 말할 수 있다. 이 이치는 너무나 당연한 것이다. 만약 생명의 본질이 운동에 있다고 말한다면, 문명 생명의 본질 또한 운동에 있는 것이다.

문명 운동은 시간적 의미에서 존재하기도 하고, 공간적 의미에서 존재하기도 한다. 문명의 시간운동은 역사 속 문명의 유동과 변화를 의미한다. 혹은 일종의 특정한 생명 형태가 시간의 흐름 속에서 계승, 변화, 발전하는 것이라 볼 수도 있다. 우리가 문명의 시간운동에 대해 이야기할 때, 우리의 주안점은 분명 그것이 위치한 공간적 위치에 있지는 않다. 중국 문명이 원시사회에서 하나라와 상나라로 진입하고, 상나라에서 주나라로, 춘추전국시대에서 진나라 · 한나라 · 위진남북조 시대로, 다시 수나라 · 당나라 · 송나라 · 원나라 · 명나라 · 청나라 · 중화민국에 이르고, 또한 현재 중화인민공화국에 이르기까지, 중국 문명의 각 시기에 발생한 역사의 계승과 변천 및 변화 발전은 모두 시간 속의 운동에 해당한다. 마찬가지로 이른바 서양 문명의 이집트 · 미케네 · 크레타 · 수메르 형태에서 그리스 로마 · 시리아 형태(마르크스 사상 체계에서 이 문명 형태들은 모두 노예사회에 속한다)로의 계승과 변천, 중세 형태(혹은 마르크스 사상 체계에서 봉건사회)에서 근대적 형태로의 변화와 추진 또한 시간 속의 운동에 해당한다. 아마도 문명이 바로 이러한 시간 속에서 변천하고 변화 발전하였기 때문에, 슈펭글러와 토인비에서 퀴글리와 멜코 등의 많은 서양 학자들이 문명을 하나의 유기체에 비교하고, 또한 생로병사를 겪는 하나의 생물체에 비유했을 것이다. 하지만 말하지 않아도 너무나 당연한 것은 시간적인 운동과 공간적인 운동을 확연하게 구분하기는 어렵다는 것이다. 왜냐하면 문명이 시간 속에서 어떻게 계승, 전환되고 변화 발전하든지 간에, 이러한 운동은 또한 반드시 특정한 공간 속에서 진행되어야 하기 때문이다. 그리고 특정한 시간 속에 위치한 한 문명이 점유하는 공간은 일반적으로 움직이지 않고 정지해 있는 것이 아니라 움직이고 변화한다. 그것은 수축할 수 있고 확장할 수 있고, 또한 중심에서 주변으로 주변에서 중심으로 위치를 이동시킬 수 있다. 이러한 공간성의 수축과 확장 및 위치 이동 또한 상대적으로 빠를 수도 있고 또한 상대적으로 느릴 수도 있다.

특히 주의할 필요가 있는 점은 문명이란 단어는 일반적으로 두 가지 의미로 사용된다는 것이다. 하나는 한 특정 생명 형태로서의 문명이다. 이는 한 특정한 인류 공동체가 역사 속에서 표현해낸 특정한 가치 형태 혹은 생활방식을 가리킨다. 다른 하나는 이러한 특정한 생명 형태와 정체성을 이루고 있고, 특정한 지연-자연환경에 기반을 두면서 역사적 주체성을 가진 인류 공동체를 가리킨다(본서 제2장 문명의 두 가지 함의 참조). 내가 더욱 관심을 두는 것은 인류 공동체를 의미하는 문명, 다시 말하면 특정한 지연-자연 배경과 역사적 주체성 및 문화적 연속성을 가진 대형 인류 집단이다. 이러한 의미의 인류 집단은 한 거대한 공동체일 수 있기 때문에, 문명은 또한 역사 속에서 발생할 수 있는 인류의 상호 작용 혹은 충돌과 융합으로 이루어진 대형 지연 단위가 된다. 이 지연 단위는 경제적 의미를 지닐 뿐 아니라, 문명적 의미도 지니고, 하나의 지연 정치적 행위체일 수도 있다. 결론적으로 말하면 문명의 공간운동을 탐색하기 위해서는 생명 형태를 고려해야 할 뿐만 아니라, 나아가 이 생명 형태의 종족 담지체인 역사 문화 공동체도 고려해야만 한다. 중국 문명은 신석기 시대 말기에 황허 중하류 지역에서 발생한 후, 줄곧 끊임없이 주변 지역으로 확장하였다. 예를 들면 웨이허 유역 · 하이허 유역 · 화이허 유역 · 양쯔 강 유역(최근 몇 년 동안 학술계에서 유행한 중국 문명이 황허 유역과 양쯔 강 유역의 여러 점 혹은 일부 지역들에서 동시에 발생하였다는 관점에 대해서는 여기서 논하지 않고자 한다) · 쓰촨 분지, 그리고 서남 기타 지역 · 서북 지역 · 주장 유역 · 민(閩)과 위에(越) 지역 · 만주 지역 · 몽골 · 위구르 · 티베트, 심지어 동남아시아와 해외 기타 지역으로도 계속해서 확장하였다. 이는 분명 일종의 공간운동이다. 이는 형태적 의미의 공간운동일 뿐 아니라, 더 중요한 공동체적 의미의 공간운동이기도 하다. 인도 문명은 인더스 강 유역에서 갠지스 강 유역으로, 다시 아시아 대륙의 기타 지역으로 확장하였다. 이 또한 인종의 공간운동이다. 서양 문명은 나일 하곡 · 크레타 섬 · 유프라테스 강과 티크리스 강에서 소아시아 · 시리아 · 지중해 중서부로 확장하였고, 다시 서유럽에서 카리브 해 지역 · 아메리카 · 호주 · 뉴질랜드 · 남아프리카로 확장하였다. 유라시아 문명은 동유럽에서 시베리아 · 동북아시아 · 중앙아시아로 확장하였다. 이는 마찬가지로 공간운동이고 모든 기타 문명의 확장 범위와 비교하면 더욱 큰 공간운동으로 볼 수 있다. 또한 이는 형태적 의미의 공간운동일 뿐 아니라, 나아가 공동체적 의미의 공간운동이기도 하다.

각 주요 문명들은 기원 원년을 전후해 독자적으로 변화 발전하면서 각자 지역 밖으로 공간 확장을 시작하였다. 이러한 공간 확장은 아마도 문화적 전파의 형식을 취했을 것이다. 예를 들면 중국 문화가 한국 · 일본 · 베트남에 전파되고, 그리스 문화가 이탈리아 반도 · 서유럽 · 서아시아 · 북아프리카로 전파된 것 또한 종교적 확장의 형식을 취했을 것이다. 또 예를 들면 인도에서 탄생한 불교는 소승불교의 형식으로 지금의 스리랑카 · 미얀마 · 태국 · 캄보디아 등지로 전파되고, 대승불교의 형식으로 현재의 중국 황허와 양쯔 강 유역 및 기타 지역으로 전파되고, 밀교와 게룩파의 형식으로 티베트 · 내몽골 · 외몽골로 전파되었다. 그리고 불교는 중국에 뿌리를 내린 후 중국화된 형식으로 다시 한국과 일본에 전파된다. 서양을 보면 대략 동일한 시기에 혹은 알렉산더의 동방 원정 이후의 헬레니즘 시기에, 시리아 형태의 종교가 서아시아에서 지중해 세계로 침투되고 전파되기 시작한다. 천여 년의 시간이 지나 마지막에는 러시아를 포함한 모든 유럽의 종교 신앙이 되었다. 문화적 전파를 취하든 아니면 종교적 전파의 형식을 취하든, 기원 원년을 전후해서 시작된 각 주요 문명의 지역 확장은 모두 의심할 여지 없이 의미가 깊은 공간운동이었다. 그 결과로 이전에는 서로 관계가 비교적 적었던 혹은 근본적으로 아무런 관계가 없었던 인류 공동체가 확장을 통해 밀접한 접촉을 하게 되었다. 그리고 이전에는 자유롭게 자족하던 문화 형태가 큰 전환을 시작하였다. 또한 이전에는 비교적 낮은 발전 수준 심지어 여전히 원시사회에 머무르고 있었던 인류 집단이 확장 중이던 발전 수준이 비교적 높은 문명을 받아들이게 되었다. 반면에 이전에 발전 수준이 비교적 높았던 인류 집단은 발전 수준이 동일하게 높은 새로운 문명과 융합 혹은 혼혈을 이루었다. 이러한 의미에서 오랫동안 독자적으로 변화 발전해오던 각각의 대문명들이 기원 원년을 전후해 시작한 확장은 일종의 전형적인 공간운동일 뿐 아니라, 나아가 일종의 지역적이고 규모가 비교적 작은 전 지구화 혹은 일종의 준전 지구화로 볼 수 있는 이유가 된다. 또한 지금 열띤 논의를 벌이고 있는 전 지구화의 예행연습 혹은 준비였다고도 볼 수 있을 만큼 충분한 의미를 지니고 있다.

2. 공간운동의 서로 다른 표현 형식

한 문명이 만약 여전히 활력을 가지고 있고, 여전히 정체되지 않고 발전하는 상태에 있다면, 그 문명은 반드시 어떤 형식의 공간 운동성을 표현할 수 있다. 역사적으로 이러한 종류의 공간 운동성은 늘 지연 확장성으로 나타났다. 이것은 지리적 의미의 문명 성장이다. 이러한 지리적 의미의 성장은 한 역사 문화 공동체의 인구 확산으로 나타날 수도 있고, 그 문화 형태의 지리적 확장으로 나타날 수도 있고, 또는 이 양자가 동시에 나타날 수도 있다. 문명의 지리적 확장은 간단해 보이지만 사실은 상당히 복잡한 것으로, 두 종류의 가장 기본적인 형식으로 나타난다. 한 종류는 단순히 문화 요소만 전파되고, 기본적으로 이 문화 요소들을 가지고 있던 종족이 그와 더불어 확산되지는 않는 것이다. 예를 들면 역사에서 불교 형식으로 중국에 전파된 인도 문명, 일본에 총체적으로 이식된 중국 문명, 동슬라브인이 거주하는 유럽 동부에 총체적으로 이식된 동방정교 문명이 그에 속한다. 다른 한 종류는 어떤 특정 문명과 정체성을 이룬 종족 자체가 주변으로 확산되는 것이다. 이러한 과정에서 그들의 인구(생물적 의미를 지닌)는 뚜렷하게 증가하는 추세를 보인다. 그들이 이전에 가지고 있던 문화 요소들 또한 그에 따라 총체적으로 새로운 지연 지역으로 파급되었다. 이 중 가장 두드러진 예로는 서양 문명이 남아메리카 · 북아메리카 · 호주 · 뉴질랜드 · 남아프리카로 확장된 것과 동방정교 문명이 시베리아와 동북아시아로 확장된 것을 들 수 있다.

이슬람 문명의 상황은 더욱 복잡하다. 이슬람 문명이 아라비아 반도에서 서아시아 서부와 북아프리카로 확장할 때는 대부분 후자의 형식, 즉 종족이 문화를 가지고 확산하는 형식을 취하였다. 반면에 이슬람 문명이 이란 · 중앙아시아 · 남아시아 · 동남아시아 등의 지역으로 확장할 때는 전자의 형식을 더 많이 채택하였다. 이는 주로 문화 요소의 확장이지 종족의 인구 확산은 아니었다. 따라서 이슬람 문명이 확장된 양상은 두 종류의 문명 확장 형식을 모두 가지고 있는 혼합 양상으로 볼 수 있다. 화하세계를 보면, 하나라 · 상나라 · 주나라에서 20세기에 이르기까지, 중국 문명은 3천여 년의 시간 동안 황허 중하류 지역에서 점차 주변의 광대한 지역으로 확장하였다(주의할 점은 관내* 인구가 대규모 만주 지역으로 이주하기 시작한 것은 19세기 후반에서 20세기 사이이며, 지금도 여전히 이주가 계속되고 있다는 것이다). 이것과 이슬람 문명이 이란과 이란 동쪽인 광대한 지역으로 확장하던 형식을 비교하면 뚜렷한 대비를 보인다. 즉 중국 문명의 확장은 단순한 문화 형태(종족은 아니다)의 확산도 아니고, 또한 단순히 종족이 문화를 가지고 확산한 경우도 아니었다. 이는 적은 수의 한족이 새로운 지역에 행정구역을 세우고 정치와 문화에서 점진적으로 그 지역 사람들을 동화시키는 방식을 채택한 것이다. 하지만 중앙정부는 황허와 양쯔 강 유역에서 농업경제를 기반으로 하고 있었기 때문에, 멀리 떨어진 유목 경제 지역에 대해서는 제한적인 정치 통제만을 실시할 수밖에 없었다. 이러한 상황에서 이 지역들에 대한 한족 문화의 영향은 현저하게 감

* '관내(關內)'란 전통적인 한족 거주지 또는 중국 영역으로서 동쪽의 산하이관(山海關)과 서쪽의 자위관(嘉峪關) 안쪽을 가리킨다. — 역주

소되었다.

동남아시아 화인과 유대인에게서 나타나는 문명 확장 운동은 상술한 세 가지 문명 확장 방식과는 다르다. 그들은 이른바 이산 혹은 산거의 형식을 채택하였다. 이는 문화 형태인 종족 담지체와 그들이 산거한 지역이 효과적으로 결합될 수 없는 문명 확장 형식이었다. 문명은 문화 형태 및 종족 담지체(즉 역사 문화 공동체)로 분석할 수 있다는 의미에서 볼 때, 한 문명이 확장 중에 자신이 원래 갖고 있던 이전의 동질성을 효과적으로 유지하고 있는지의 여부는, 이 문명의 종족 담지체가 자신의 본질적인 정신 자질을 성공적으로 지키고 있는지에 의해 결정된다. 또한 동질성의 유지 여부는 종족 담지체와 이것이 속한 문명에서 형성된 특정 지역의 정신적 자질과의 결합 정도에 의해서도 결정된다. 그리고 이는 종족 담지체와 그가 속한 문명의 주체적 언어[1]와 관련된 역사적 기억과의 결합 정도에 의해서도 결정된다. 표면적으로 보면 동남아시아에 기거하는 화인과 서아시아 · 북아프리카 · 유럽 · 아메리카에 산거한 유대인은 모두 자신의 문화적 동질성을 성공적으로 유지한 것처럼 보인다. 하지만 동시에 다음 상황들이 있었다는 것을 반드시 인정해야만 한다. 즉 이산 혹은 산거 상황에서 화인과 유대인은 생존과 발전을 위해 반드시 현지의 언어를 구사해야만 했으며, 상당한 정도로 현지의 문화를 받아들이고 이를 생활화해야만 했고, 심지어 현지 사람들과 결혼해야만 했다는 사실이다. 따라서 그들의 문화 신분과 현지 문화가 결합하는 과정에서 다양한 종류의 형식과 결합 정도가 높고 낮은 상황들이 발생할 수밖에 없었다. 그 결과 그들의 문화적 신분은 본래의 중화 문화와 현지 문화의 혼합체 혹은 본래 유대인 문화와 현지 문화의 혼합체로 변천하였다.

서양 문명이 아메리카로 확장된 상황을 보면, 신대륙 본래의 문화와 종족 요소들의 작용으로 인해, 구대륙에서 이주해 온 문명에는 점차 어느 정도 변이가 발생했고, 이로 인해 모문명과는 크고 작은 차이가 나타났다. 이러한 상황은 라틴아메리카에서 특히 두드러졌다. 마찬가지로 중요한 것은 아메리카 대륙과 유럽 대륙은 원래부터 독립된 두 지역이었고 그들 사이에는 험난한 대해가 가로막고 있었기 때문에, 또한 신대륙과 구대륙이 독립된 두 지역으로 분리되어 있었을 뿐 아니라 두 지역 사이의 거리도 실제로 매우 멀었기 때문에, 아메리카로 이주해 온 유럽인은 사실상 새로운 땅에서 새로운 역사를 창조했다는 사실이다. 시간이 흐름에 따라 아메리카의 이주민은 신대륙에 뿌리내린 독특한 생활 경험을 갖게 되었고, 이런 종류의 생활 경험과 함께 융합되고 또한 자신들이 매우 귀중하게 생각하는 독특한 역사 기억들을 갖게 되었다. 그리고 지연 정치와 역사 경험에서 비롯된 차이와 이 차이들이 만들어낸 동질성의 차이로 인해, 유럽에서 아메리카로 이주한 사람들은 본질적 이익 방면에서 모국과 항상 일치할 수는 없었다. 특정한 상황에서는 첨예한 대립이 발생하기도 하였다. 예를 들면 미국 독립전쟁 시기에 미국과 영국이 보여준 관계, 또는 최근 이라크 전쟁 문제에서 미국과 주요 유럽 국가들이 보여준 관계가 대표적이다.

많은 상황에서, 신세계 이민 집단과 구세계 모국 간의 이익 충돌은 전쟁을 통해서 해결되었다. 예를 들면 미국은 독립전쟁을 통해 모국인 영국의 통치에서 벗어나 독립을 획득했다. 멕시코 · 아르헨티나 · 콜롬비아 · 불가리아는 독립전쟁을 통해 모국인 스페인의 통치에서 벗어나 독립을 획득했다. 이는 모문명의 하위 형태가 되는 새로운 문명이 신세계에서 탄생했음을 의미한다. 비록 문화 양상 면에서는 북아메리카 문명과 라틴아메리카 문명은 여전히 그들의 모체인 유럽 문명과 매우 비슷하지만, 그들 문명들은 다른 지연 역사 공동체에 속한다고 보아야 한다. 이 점은 인구 구성 면에서 나타나는 차이를 보면 명확해진다. 미국을 보면 인구

중 흑인이 총인구의 약 13퍼센트를 차지하고, 라틴인이 총인구의 약 11.5퍼센트를 차지하고, 아시아 계열이 총인구의 약 4퍼센트를 차지한다. 뿐만 아니라, 백인 인구 중에서도 몇십 년 동안 영국계가 아닌 유럽이나 혹은 비유럽 국가에서 온 이민자들이 매우 높은 비율을 차지하였다. 그리고 라틴아메리카를 보면, 1996년 이 지역 인구는 총 4억 6,000만 명이었는데, 그중 혼혈 인종이 총인구의 약 50퍼센트를 차지하고, 백인이 약 35퍼센트를 차지하고, 인디언이 약 8퍼센트를 차지하고, 흑인이 약 7퍼센트를 차지하고, 이 밖에 중국계 이주민 · 일본계 이주민 · 기타 인종들도 분포되어 있다.[2]

경제의 세계화가 맹렬한 기세로 퍼져나가는 상황에서 세계 각 지역에서 문명을 초월한 사람들의 교류, 특히 문명을 초월한 이민 활동은 과거 어떠한 시기보다도 더욱 빈번해졌고, 그 교류의 깊이와 넓이 또한 과거 그 어떤 시대보다도 깊어지고 넓어졌다. 이러한 종류의 교류와 이민 과정에 있는 개개인은 이미 어떤 특정한 문화적 경험을 가지고 있는 상태였다. 이러한 종류의 교류와 이민 과정에서 특정한 문명에 속한 사람들은 그들이 도착한 지역의 문명에 영향을 미치지 않을 수 없고, 반대로 그들 또한 도착한 지역의 문명에 영향을 받지 않을 수 없다. 이러한 사람들의 교류와 이민 과정은 문명 확장의 한 특수한 형식으로 간주해도 무방할 것이다. 비록 현재까지 문화적 의미의 세계인과 세계시민은 아직 존재하지 않지만, 전통적 의미에서 비교적 뚜렷하게 구분되던 문화적 신분은 이미 상당히 약화된 상태이다. 아메리카 · 유럽 · 동남아시아로 이민을 간 중국인과 인도인 혹은 홍콩과 싱가포르로 이민을 온 영국인이 문화적 정체성 면에서 조금도 변화하지 않았다고는 결코 볼 수 없다. 마카오에서 태어나고 자란 포르투갈 후손들은 이미 몇백 년에 달하는 중국 문화의 경험을 가지고 있다. 따라서 그들에게 포르투갈 본토의 문화를 유지할 것을 요구하는 것은 불가능할 뿐 아니라 바람직하지도 않다. 이민 1세대가 아닌 해외 화인의 상황도 이와 마찬가지다. 이민자는 많든 적든 어느 정도는 현지 문화에 동화되기 마련이고, 종국에는 현지 문화에 융합된다. 이는 자연스러운 것이고 피할 수도 없는 것이다.

만약 어떤 국가에 이주하는 이민 1세대가 이미 성년이거나 최소한 청소년 정도라면, 문명의 공간운동 형식은 일종의 혼합형 문화적 정체성으로 표현될 수 있다. 그중 모국 문화에 대한 정체성은 우월한 위치를 점하게 된다. 하지만 이민 세대가 2대, 3대, n대로 내려가면 그들의 모국 문화에 대한 정체성은 각각 정도는 다르더라도 점차 희석되고, 이와 대조적으로 이주 국가의 문화에 더 강한 정체성을 표출한다. 만약 이주 국가의 문화가 비교적 강한 포용성을 갖고 있다면, 또한 만약 이주 국가의 문화가 이민자들을 매우 환영하는 분위기이거나 이민자들을 완전히 수용하는 태도를 가지고 있다면, 2세대, 3세대, n세대 이민은 현지 문화에 상당한 정도로 동화될 수 있다. 예를 들면 중국 문화에 동화된 카이펑(開封) 지역의 유대인들, 또는 태국이나 필리핀 현지 문화에 동화된 수많은 화인들이 있다. 이민은 당연히 모국의 문화로 현지 문화의 성장에 참여하는 것이다. 따라서 이주한 국가의 문화 신분 구성에 어느 정도 공헌을 한다. 반면에 현지 문화의 포용성이 낮다면, 이민자는 자신의 조상과 그 문화를 유지하기 위해 의식적으로 더 노력할 가능성이 있다. 예를 들면 유대인이 미국·동유럽·중유럽에서 보여준 상황, 또한 화인이 인도네시아와 말레이시아에서 보여준 상황들이 있다.

3. 공간적 의미의 문명 상호 작용

문명은 다양한 정신적 요소들과 물질적 요소들의 집합체이다. 한 문명의 잠재력이 아직 충분히 발휘되지 않았고, 늘 끊임없이 생장하고 지속적으로 변화하는 과정에 있기만 한다면, 이른바 문명의 잠재력은 한 문명이 자신만의 법칙으로 역사와 공간운동에서 표현하게 될 다양한 능력을 가리킨다. 또한 더 중요하게는 이 문명이 다른 문명과 교류, 상호 작용하면서 보여주게 될 새로운 가능성을 의미하기도 한다. 문명은 끊임없이 생장하고 변화하고 움직이는 정신과 물질의 과정이라는 의미에서 보면, 문명은 영원히 정지하지 않고 운동하는 시공 연속체가 될 수 있다. 이러한 종류의 운동은 내재적일 수도 있고 또한 외재적일 수도 있다. 내부적 요소들이 불러일으킬 수도 있고 또한 외부적 요소들이 야기할 수도 있다. 내부와 외부에서 오는 도전 및 이 도전에 대한 응전은 한 문명의 생장과 연속에 중요한 의미를 지닌다. 도전과 응전은 곧 상호 작용이다. 각 문명에 대해 보면 상호 작용은 보편적이고 항구적인 속성을 지니며 심지어 문명의 본질 그 자체가 된다.

다양한 요소들의 거대한 집합체인 문명은 여러 성분들로 구성된다. 예를 들면 종교 · 윤리 · 철학 · 법률 · 정치 · 경제 · 종족 · 문학 · 예술 · 음악 · 과학 · 풍속 · 습관이 있다. 비록 그 변화에 어느 정도 차이는 있을 수 있겠지만, 그중 어떠한 구성 요소도 모두 고정불변하지는 않는다. 하지만 하나의 구조가 일단 형성되면 설령 그것이 끊임없이 변화한다고 해도, 그것의 어떤 본질적인 자질 혹은 본성은 그 구조 속에 그대로 유지될 수 있다. 중국 산수화는 당나라와 송나라에서 발전의 최고봉에 이르렀지만 그 이후의 변화는 대단히 적었다. 이는 대체로 자신의 중복 단계 혹은 하나의 경직된 단계로 들어섰다고 볼 수 있다. 하지만 현대예술 유파의 예술적 인자가 주입된 후 상황은 달라졌다. 서양 예술 유파가 중국 전통 그림에 준 충격은 대단히 컸다. 다양한 양식의 현대 산수화가 잇따라 출현하였고, 산수화는 이를 바탕으로 새로운 활력을 보여주었다. 그러나 서양 추상화의 영향을 강하게 받은 산수화라 할지라도, 사람들은 이 그림이 프랑스 인상파의 풍경화나 또는 영국이나 러시아 유파의 풍경화가 아니라, 첫눈에 바로 독특한 중국 산수화임을 인식할 수 있다. 독특한 예술형식인 중국 산수화는 외국의 영향을 받으면서도 자신의 고유한 정신 자질로 그 예술적 속성을 길게 유지할 수 있었다.

한 문명을 부분적으로 구성하는 문화 요소들의 변화처럼 전체가 되는 문명의 변화 역시 이와 동일하다. 슈펭글러와 같은 학자들의 생명 주기론적인 문명관에 반드시 동의할 필요는 없지만, 운동이 문명의 본질인 이상 문명은 하나의 유기체처럼 시시각각 신진대사와 자기 변화를 진행한다고 볼 수 있다. 이러한 의미에서 자체 유지 · 자체 생산 · 자체 번식을 할 수 있는 모든 계통은 유기체에 비유할 수 있다. 한 개인만을 유기체로 볼 수 있는 것이 아니라, 가정 · 가족 · 민족 · 국가도 모두 유기체로 간주할 수 있다.[3] 그러나 문명은 필경 유기체는 아니다. 문명이 비록 생명현상과 유사한 생육 · 탄생 · 성장 · 노쇠의 과정을 겪기도 하고, 심지어 치료할 약도 없이 침몰하여 영원히 역사의 암흑 속으로 사라지기도 하지만, 문명은 외부의 도전을 받으면서도 본질적인 정신 자질을 바탕으로 다시 회복할 수 있고, 계속해서 중흥할 수 있고, 계속해서 다시 빛을 발할 수도 있다. 이는 유기체와는 다르다. 최초로 중국 문명의 영토 범위를 확립했던 진나라와 한나라의 통일국가는 400여 년을 지속했고, 또한 중요한 문화적 창조를 많이 이루었지만, 최후에는 내부의 동란과 유목민족의 침입이라는 이중의 공격으로 결국 붕괴되었다. 위진남북조 시기, 중국 문명은 쇠퇴하여 거의 나락으로 떨어졌지만(그렇지만 현학과 불교는 번영했다), 그러나 이후 흥기한 수나라와 당나라에서 중국 문명은 다시 문화 창조의 최고봉으로 상승하였다. 송나라는 경제 · 문화 · 기술의 각도에서 볼 때 일반적으로 나약하고 무능했다고 볼 수 있지만, 세계 문명사에서는 오히려 자타가 공인하는 눈부신 시대를 열었다. 송나라는 경제 규모 · 과학기술 · 인문학술 수준에서 모두 세계를 이끈 독보적인 지위를 차지하였다.[참고 5-1] 송나라의 판도는 비록 광활했던 당나라에 미치지는 못하였지만, 화하 세계의 중요한 경제 지역과 중요한 인구 밀집 지역을 여전히 포괄하고 있었다. 이는 송나라가 각 방면에서 눈부신 업적을 이루는 데 필요한 물질적 조건들을 제공하였다.

일반적으로 발전이 정체되었다고 보는 원나라 · 명나라 · 청나라 시대에도 중화 문명은 여전히 선진과 서한 · 동한 시대에 세워진 구조 내에서 계속 성장하였다. 비록 쇠퇴한 현상들이 여럿 있기는 했지만, 그것 또한 분명 상대적 의미의 쇠퇴로 보아야만 한다. 왜냐하면 그 자체의 내재적 법칙으로 볼 때, 중국 문명의 잠재력이 이미 사라졌다고는 볼 수 없기 때문이다. 또한 문명 운동의 보편적 법칙에 근거하면 한 문명의 잠재력은 분명 그와 다른 문명 혹은 다른 역사 문화 공동체(특히 비교적 발달한 문명 혹은 공동체들)와 상호 작용하는 과정에서 발생하는 새로운 가능성을 포함하고 있기 때문이다. 이러한 시각으로 보지 않으면 원나라 이후 화하 세계에서 대규모 분열과 지방 할거가 더 이상 출현하지 않은 까닭을 설명할 수 없다. 또한 중국의 경제와 인구 규모가 더욱 신속하게 확대된 현상 또한 설명할 수 없다. 그리고 원대 희곡의 흥기, 명 · 청 소설의 번영, 심학(心學)과 이학(理學)의 발달, 나아가 청나라 건륭과 가경 시기의 고증학파(이 학파가 대표하는 학설들은 어느 방면에서 보아도 모두 실증성이 강했기 때문에, 근대성이 현저하게 내포된 학문으로 볼 수 있다)의 발전을 설명할 수도 없다. 더욱 중요한 점은 이 몇몇 왕조들에서 화하 세계의 문화 동질성은 한층 더 강화되었고, 중화 문화를 공유하는 인구 규모 또한 뚜렷하게 확대되었다는 사실이다. 비교적 작은 비한족 집단들은 주류 문화 속으로 한층 더 통합되었고, 다른 민족의 주체 문화에 대한 정체성 또한 갈수록 높아졌다. 이로 인해 마지막에는 더 이상 다른 민족으로 간주되지 않고 동일한 민족, 즉 한족으로 간주되었다. 이러한 상황 자체도 문명 공간운동의 한 형식으로 보아야만 한다. 현대에 이르러 특히 20세기 후반 무렵에 중국의 인구 요소는 이미 세계 정치와 경제 구조에 막대한 영향을 미치게 되었으며, 앞으로도 더욱 강한 영향을 미치게 될 것이다.

사실 선진에서 청나라 말까지 중화 문명은 줄곧 서역 및 주변 민족과 적극적인 상호 작용과 교류를 해왔다. 혹은 늘 그들의 도전에 맞서 응전을 했다고 볼 수 있다. 바로 이러한 자극들이 항상 있었기 때문에, 중화 문명은 문명의 생존과 발전에 반드시 필요한 천재와 인재에 저항할 수 있는 최소한의 면역력을 얻을 수 있었고, 자극이 결핍된 상황에서 나타날 수 있는 무기력한 상태를 피할 수 있었던 것이다. 이러한 의미에서 몽골인이 중원에 들어와 건국한 원나라는 중화 문명에게는 중요한 기회였다고 볼 수 있다. 비록 원나라 왕조가 문화 방면에서는 현저한 공헌을 하지 못했지만, 그들은 한나라와 당나라 시대보다도 더 넓은 영토를 장악하였고, 심지어 장악의 정도 또한 한나라와 당나라 시대보다 높았다. 그렇지만 원나라는 몽골인이 잇따라 건립한 여러 제국 중 하나였고, 따라서 몽골 세력이 미친 먼 서쪽 지역 예를 들면 중앙아시아 전역 · 동유럽 · 서아시아 등을 모두 중국 원나라가 장악한 지역으로 보는 것은 적합하지 않다.[4] 동일한 이치에서, 만주족이 중원에 들어와 한족화된 상황도 중화 문명에게는 의미가 더욱 큰 중흥의 기회였다. 이 기간에 현대 중국의 판도는 최종적으로 다져질 수 있었다. 청나라의 판도는 송나라와 명나라 두 시대보다 훨씬 커졌고, 심지어 당나라 시대보다도 더 커졌다. 당나라의 세력이 미쳤던 범위는 비록 대단히 컸지만, 충분히 견고하지는 못했고, 지속된 시간 또한 매우 짧았으며, 수립했던 유효한 행정구의 범위도 청나라보다 훨씬 더 작았다.[5] 만약 현대 중국의 판도를 명나라 영토를 기준으로 삼는다면 국토 면적은 실제 면적보다 40퍼센트로 줄어든다.[6] 청나라에서 화하 세계의 인구도 급속하게 증가하였다. 건륭 중기에 이르면 중국의 인구는 세계 총인구의 1/3을 차지한다. 문화 또한 한층 더 발전하였다. 건륭 · 가경 시기의 고증학파가 보여준 근대적 과학정신이 바로 이러한 상징이 된다. 이 시기 전통적 교육체계 또한 더욱더 내실화되고 발전하였다. 그리고 문화적 동질성 또한 한층 더 강화되었다. 만주 · 내몽골 · 타이완 지역은 신속하게 개발되었고, 나아가 양무운동은 근대 중국의 공업화에 기초를 다지게 된다.[7]

물론 부인할 수 없는 사실은 만약 근대 이후 서양 문명 및 기타 문명 요소들이 주입되지 않았다면, 중국 문명은 자신을 자극해 문화 창조를 가능하게 한 진정한 상대를 갖지 못했을 것이라는 점이다. 그러면 중국 문명은 여전히 변화가 없는 옛 길만을 따라 걸어갔을 것이고, 또한 자신이 가질 수 있는 새로운 기회와 새로운 가능성에도 분명 큰 한계가 있었을 것이며, 양호한 발전 전망을 가질 수도 없었을 것이다. 다른 한편으로 중국 문명의 입장에서 보면, 서양 문명의 화하 세계에 대한 확장 및 그것이 초래한 새로운 문화 요소들의 수입 과정은 일종의 굴욕과 고통으로 점철된 경험이었다. 화하 세계는 3천 년 동안 일찍이 없었던 대 변화의 국면을 맞이하면서, 정치 · 경제 · 문화 각 방면에서 역사에 유례가 없는 문명 간의 불평등과 불공정을 겪어야만 했다(역사적으로 중원의 왕조들이 여러 차례 유목민족들에게 정복당했지만, 이를 진정한 문명 간의 상호 작용으로 볼 수는 없다). 하지만 이 과정이 얼마나 고통스럽든지, 얼마나 굴욕적이든지, 얼마나 많은 불평등과 불공정을 포함하고 있든지 간에, 진일보한 성장에 필요한 완전히 새로운 문화 사상과 사유 방식 및 풍부한 문화적 자양분들이 화하 세계에 도입되었다. 서양 문명의 중국 문명에 대한 전면적 도전은 결국 이러한 결과를 낳았다. 즉 중국 문명은 일어나 응전하는 과정에서 진일보한 발전의 기회를 얻을 수 있었다.

4. 지연-자연환경과 문명 규모의 문명 상호 작용에 대한 중요성

오랜 역사에서 중국 문명이 주변 인류 사회에 강한 흡인력과 동화력을 가질 수 있었던 이유는, 단지 중국 문명이 가지고 있던 본질적인 정신 자질에만 있었던 것은 아니다. 중국 문명이 아주 일찍부터 거대한 영토 규모와 인구 규모를 형성하고 있었다는 사실이 더 크게 작용하였다. 여기에서 영토 규모와 인구 규모를 따로 분리해서 볼 수는 없다. 영토와 인구 규모는 한 문명의 영향이 미치는 토지 면적과 안정된 정권을 건립한 면적을 의미할 뿐 아니라, 또한 이러한 지역에 거주하면서 이 문명과 정체성을 이룬 인구수와 인구의 분포 상황을 말한다. 여기서 집중은 비교적 유리하고 분산은 비교적 불리하다는 것이 명백히 드러난다. 이 방면에서 진시황 시대의 중국 문명이 당시 세계에서는 가장 높은 성취를 이루었다. 그 시대의 문명은 황허와 양쯔 강 유역에 집중되어 있었고, 광활한 영토와 정체성을 이루고 있으며 또한 비교적 집중되어 있던 대규모 인구 덕분에 안정된 정권이 수립될 수 있었다. 이와 동시에 진시황 또한 그 영향의 범위를 기타 방향으로 확장하였다. 광둥과 광시 및 지금의 베트남 중부와 북부에 각각 남해군, 계림군, 상군의 삼군을 설치하였다. 동남 방향에서 진나라 군대는 저장 남부와 푸젠으로 진입해 그 지역 베트남인의 정권을 정복하고 민중부를 설립하였다. 인산 이남과 황허 동쪽에서 진나라는 구원부를 설치하였다. 서북 황허 허타오 지역에서 진나라 군대는 흉노족을 쫓아내고 북방 변방을 공고히 하기 위해 기존의 만리장성을 보수하였다. 이로써 서쪽 간쑤에서 시작하여 타오허를 끼고 황허와 인산을 따라 북한 평양의 서북쪽 방향 해안인 랴오둥에 이르는 만리장성을 구축할 수 있었다.[8]

이와 비교해보면 알렉산더 동방 원정 후의 모든 로마 제국 시기를 포함해 그리스 문명이 세력을 미친 범위는 중국 문명보다 훨씬 광대했지만, 그리스 문명이 수립한 안정적이고 유효한 행정구역은 중국 문명보다 훨씬 작았다. 더욱이 이러한 행정구역들의 집중 정도는 중국 문명에 훨씬 뒤떨어졌다. 대서양에서 인도에 이르는 광활한 지역이 한때 그리스 문명의 통제 범위 안에 있었던 적도 있다. 하지만 이러한 국면은 그리 오래 지속되지 않았고, 그 핵심 지역들 또한 그리스 문명과 완전한 정체성을 이룬 사람들이 수립한 안정된 정권 지역은 아니었다. 그리스 문명은 기본적으로 지중해 동부와 중부 · 소아시아 · 흑해 연안을 벗어나지는 못했다. 이러한 지역들은 서로 연결되어 있지 않았다. 예를 들면 그리스 반도 · 에게 해 지역과 소아시아 연안 사이에, 그리고 시칠리아 섬 · 사르데냐 섬과 이탈리아 중부 · 남부 지역 사이에, 나아가 이러한 지역들과 지중해 동부 사이에는 모두 대양이 가로막고 있었다. 설령 그리스인들이 고도로 발달한 항해 기술을 보유하고 있었다고 해도, 고대의 기술 조건에서 이러한 해상 교통의 한계성을 극복하기는 매우 어려웠을 것이다. 이러한 상황은 문화 창조 방면에서는 어쩌면 불리하게 작용하지만은 않았을지도 모른다. 하지만 이러한 상황은 한 문명의 통일성과 연속성을 유지하는 데는 분명 대단히 불리하게 작용했을 것이다. 그리스 문명이 그 보편국가 단계, 즉 로마 제국의 정치적 통일 시기로 진입한 적도 있었지만, 이러한 분산된 지연구조는 근본적으로 변화될 수 없었다. 어떤 학자들, 예를 들면 토인비 같은 사람은 그리스 문명의 정신 자질에서 이 문명이 지속될 수 없었던 원인을 찾고자 시도하였다. 이 또한 분명 어느 정도는 일리가 있다. 하지만 그 원인이, 그리스 문명이 위치한 불리한 지연구조와 그 인구 규모의 상대적인 부족 및 이 두 요소들이 공통으로 초래한 역사적 문화적 영향에 있다고 보는 것이 더 설득력이 있다.

우리가 시각을 돌려 이집트 문명을 살펴보면, 중국 문명이나 인도 문명과 비교해서, 또한 이후의 서양 문명이나 이슬람 문명과 비교해서, 이집트 문명은 상대적으로 영토 규모와 인구 규모가 매우 부족했다는 사실을 쉽게 발견할 수 있다. 지연환경은 이집트 문명에 천연적인 보호막을 제공하였지만, 이러한 지연환경은 동시에 이집트 문명을 폐쇄적인 공간에 갇히게 하였고, 길게는 3천 년이 넘는 시간 동안 줄곧 이러한 편안한 환경 속에 움츠려 있게 만들었다. 이로 인해 이집트 문명은 개척적이고 진취적인 문명 정신과 강력한 문명 동력을 형성할 수 없었고, 영토와 인구 규모를 확장할 수도 없었다. 이후 피동적으로 우위를 점한 문명에게 눌려서 도전과 영향을 받고 변화되고 매몰되었다. 고대 지중해 세계의 모든 민족들 중에서 오직 이집트인들만 가치가 있는 항해 기술을 발전시키지 못했다는 사실은 소극적 문화 심리 상태의 결과이자 또한 이러한 심리 상태의 반영이기도 하다. 기원전 약 1000년 이후로 진입하면, 외래 문명 요소들이 이집트에 들어오는 속도와 빈도 및 그 심도는 모두 이전과 비교할 수 없을 정도였다. 그러나 이집트는 마치 해가 이미 서산에 기운 듯, 그리고 숨도 제대로 쉬지 못하는 듯, 이미 회복할 수 없는 노령기에 들어서 있었고, 이러한 도전들 앞에서 조금이라도 그럴듯한 응전의 자세마저도 취하지 못하였다. 따라서 문명의 중흥은 근본적으로 논할 수조차 없는 상태였다. 이집트 문명이 최후에는 물결처럼 밀려오는 새로운 문명 속으로 사라져버린 것은 조금도 이상할 것이 없다.

이러한 결말의 원인은 문명의 내재적 자질에서 찾을 수 있는데, 사실은 일반적으로 그것을 보호했다고 여기는 지리적 장애에서 찾는 것이기도 하다. 왜 고대 이집트인들의 종교 감정은 기타 문명과 달랐을까? 왜 그들은 사후 세계와 사후 생명에 집착하여, 많은 자원과 풍부한 상상력을 피라미드 건설 같은 현실적 효용이 없는 활동에 남김없이 소모했을까? 왜 이집트인들은 대량의 인적 물적 자원을 피라미드 건설에 소모하는 데 그치지 않고, 또한 대량의 재정자원을 방대한 제사장 계층과 휘황찬란한 많은 신전들을 건설하는 데 소비하여 백성들의 부담을 가중시키고, 파라오 혹은 황제의 권력 또한 제약당하는 상황을 초래했을까? 제사장 계층은 이를 바탕으로 끊임없이 파라오의 신성성을 천명하고 강화할 수 있었다. 이는 사실상 그들 자신의 신성성을 천명하고 강화하는 것이었다. 한 문명의 잠재력과 창조력이 단지 이러한 실제 효용이 결핍된 웅장한 피라미드들과 거대한 종교적 상부 구조에 나타날 수밖에는 없었을까? 한 문명의 잠재력이 기타 방면에 표현될 수는 없었을까? 예를 들면 더 합리적인 사회-경제 구조를 발전시키거나, 더욱 많은 표현력을 갖고 있고 더욱 세속화된 문학과 예술 창작 활동들을 하거나, 대중성이 더 풍부하고 더 활력을 지닌 종교 형식이나 철학 사상 혹은 정치제도를 형성하는 데 표현될 수는 없었을까? 만약 일종의 문명 자질의 시각을 채택하지 않는다면, 이러한 질문들에 대답하기는 정말 쉽지 않다. 그렇다면 이집트 문명의 자질은 어디에서 형성되었을까? 지연구조의 시각을 채택하지 않는다면 이 질문에 대답할 방법이 없다.

지연구조의 관점에서 보면 이집트는 북아프리카 동북쪽 모퉁이에 위치한다. 사막과 해양으로 가로막혀 있었기 때문에, 기원전 1000년쯤 지중해 동부 지역에서 시작된 활발한 문명 간의 상호 작용이 있기 이전에, 이집트와 주변 문명들인 수메르 · 히타이트 · 크레타 사이에는 실질적인 상호 작용이 없었다. 심지어 말[馬]도 힉소스인이 기원전 18세기에 이집트를 침입하면서 서아시아에서 가지고 들어온 것이다(종합적으로 보면 힉소스인의 침입이 이집트에 문화적 영향을 미쳤는지는 명확하지 않다). 이와 비교하면 이집트 동북 방향의 유프라테스 강과 티그리스 강 유역, 그리고 황허 유역에서는 말과 말이 끄는 전차는 거의 동일한 시기에 사용하기 시작했다. 화하 세계를 보면 이곳의 문명은 지중해 · 서아시아 · 인도 세계와는 상당한 정도로 떨어져 진화, 발전하고 있었다. 그러나 기본적으로는 그들과 같이 발전하는 상태에 있었다. 그렇지 않았다면 불교를 바탕으로 한 인도 문명의 성과를 대규모로 수용, 이용한 것을 설명할 수 없게 된다. 반(半)그리스화된 중앙아시아 민족은 그리스 회화와 조각을 중국에 전래하였다. 또한 아랍인의 수학과 천문학, 서역의 잡기 · 무용 · 음악이 중국에 전래되었다. 호금(胡琴)과 수르나이 등의 악기 명칭을 보면 이는 서역 지방에서 온 것임을 짐작할 수 있다. 또한 홍당무 · 거여목 · 토마토 · 후추 등의 작물이 화하 세계에 전래되었다. 이것들은 정신적 · 물질적으로 중국 문명을 풍부하게 하였다. 과학기술 방면에서 중국은 서역 즉 지중해 서아시아 세계로부터 유리 제조 기술을 받아들였고, 또한 페르시아와 인도를 경유해서 서양의 의학지식과 기술들이 중국에 전래되었다. 기물 방면에서는 중국이 지중해 서아시아 지역에서 수입한 물건들이 더 많았다. 예를 들면 유리 · 차옥 · 산호 · 호박 · 마노 · 수정 · 다이아몬드 등이 있었다.[9] 심지어 의자와 걸상 같은 부류의 가구 개념 또한 근대 이전 서역에서 중국으로 들어온 것이다. 물론 중국이 서역에서 수입한 물건들은 여기서 열거한 것들 외에 훨씬 더 많다. 이러한 모든 수입물들 중에서, 오직 불교를 담지체로 해 전래된 인도 문명만이 중국인의 관념에 유구하고 깊은 영향을 미쳤다. 불교와 중국 문명의 결합은 그 성과가 대단히 풍부한 문화적 융합이었다.

그러나 중국과 이집트의 가장 근본적인 차이는, 중국 문명이 비록 이집트처럼 전(前) 추축시대에 탄생했지만 문명의 연속성을 유지하면서 역사적 단절이 발생하지 않는 상황에서 추축시대의 위대한 철학과 종교를 창조하는 활동에 참여했다는 점에 있다. 중국은 추축시대의 인도 · 서아시아 · 중국 · 에게 해 지역 · 이란이라는 5대 신문화 탄생 지역의 하나이지만, 이집트 문명은 어떤 방면에서 보든지 간에 전형적인 전 추축시대 문명에 해당한다. 이와 비교하면, 중국은 추축시대의 신문화를 창조하는 데 참여했을 뿐 아니라, 또한 윤리종교시대에도 그 성취가 탁월하였다. 윤리종교시대는 추축시대 이후부터 근현대 이전까지의 길게는 2천 년에 이르는, 추축시대의 문화 성과를 공고히 하고 확대한 시대를 말한다. 이러한 성취는 중국 문명 영토의 지속적인 확대와 그 영토 안의 문화 동질성이 지속적으로 강화되는 방면에서 나타날 뿐 아니라, 기타 문명 지역, 예를 들면 인도와 서역의 추축시대 성과를 지속적으로 수용, 이용하는 방면에서도 나타난다. 이와 대조적으로 이집트 문명은 추축시대의 격동적인 정신적 창조 활동에 참여하지 않았고, 자신의 문화 동질성을 유지할 수도 없었다. 이러한 상황 때문에 이집트는 인근의 에게 해 · 서아시아 · 이란이라는 지연적 편리함을 바탕으로, 이 지역들이 가진 신문화의 정신과 물실석 성과를 수용하고 이용하여 자신을 변화시키지 못했다. 반면에 이집트는 새로운 문화의 물결 속에 완전히 매몰되었고 최후에는 심지어 종족마저도 정복자들 속으로 사라져버렸다.

5. 공간운동 중의 문명의 동질성과 주체성

서기 5세기 후반 무렵, 700~800년 넘게 지연 확장을 지속하던 그리스 로마 문명—이후 서양 문명의 가장 중요한 구성 성분이 된다—은 완전히 멸망한다. 점령 지역의 고유한 문명의 영향으로 인해서, 또한 북방 바바리안족의 침입으로 인해서, 지중해 세계의 지연환경에 건설되었던 이 문명은 자신에게 정복당했던 이질 문명인 서아시아에서 유래한 시리아 문명으로 대체된다. 혹은 기독교 형식으로 지중해 지역에 스며든 시리아 문명이 마지막에는 겉으로만 강대한 그리스 로마 문명을 정신적으로 이겼다고도 볼 수 있다. 이러한 상황은 문화 형태의 자질 변화로 보아야만 한다. 이전에는 피정복민의 위치에 있던 시리아 문명이 600~700년 동안 지중해 세계의 패주였던 로마인을 육체적으로는 소멸시키지 못하였지만, 새로운 정신 자질로써 로마인의 기존 정신 자질을 바꾸어놓은 것이다. 겉으로는 약해 보였던 시리아 문명은 서아시아를 정복한 로마인에게 동화되지 않았을 뿐 아니라, 오히려 반대로 로마인이 본래 가지고 있던 영토 범위를 향해 지연 확장을 진행하였고, 이로 인해 그곳의 주류였던 그리스 로마 문명은 자신들의 고유한 문화적 동질성을 상실하였다. 그러나 로마인들이 상실한 것은 단지 자신들의 고유한 문화적 신분만은 아니었다. 바바리안족의 진입으로 인해 로마인의 종족 정체성에도 질적인 변화가 발생하였다. 서기 475년 로마 성이 바바리안족의 공격으로 함락된 후 몇백 년 동안, 지중해 동북부 지역의 인종 구성에서는 슬라브인 혈통이 주도적 지위를 차지하였고, 중부의 인구 구성에서는 게르만인 혈통이 상당히 높은 비율을 차지하였으며, 서부 및 서유럽 기타 지역과 중유럽의 인종 구성에서는 게르만인 혈통이 더욱 압도적인 우세를 차지하였다.

이와 비교할 수 있는 상황은 근대 이후 서양 문명이 지연 확장을 하는 과정에서 각각의 비서양 문명들이 거의 환골탈태와 같은 문화적 전환을 겪었고, 이로 인해 고유의 문화적 동질성에도 대단히 큰 변화가 발생한 것이다. 그러나 이것이 이러한 비서양 문명들이 더 이상 존재하지 않는다는 것을 의미하지는 않는다. 적극적이고 창조성이 풍부한 서양 문명에 적응하고 자신들의 정체성 구조를 재정립함으로써, 각각의 비서양 문명들은 자신의 역사 문화적 주체성을 성공적으로 지켜냈다. 역사가 유구한 자신들의 문화적 정체성의 토대 위에서, 서양에서 먼저 시작된 효과적인 제도와 관념 및 기타 문화 요소들을 선택적으로 이용, 통합함으로써, 이러한 비서양 문명들은 서양 문명과는 확연하게 구별되는 새로운 문화적 주체성을 이룩할 수 있었다. 또한 이미 이루어낸 더욱 새로운 경제적 · 정치적 주체성의 토대 위에서, 이러한 새로운 문화적 주체성은 반드시 한층 더 성장할 수 있을 것이다. 이는 중국 · 일본 · 인도 · 이슬람과 같은 중요한 비서양 문명들과 비교해볼 때, 1500년 이후 서양 문명의 공간운동은 단지 문화 요소들의 파급에 불과할 뿐, 종족 의미의 확장으로 볼 수는 없다는 것을 의미한다. 이와 비교하면, 서기 5세기 후반 무렵 이후의 로마인은—로마 제국의 로마인에 대해 말하자면—시리아 문명의 확장 앞에서 자신들의 과거 문화적 · 경제적 · 정치적 정체성을 상실하였을 뿐 아니라, 심지어 종족의 정체성마저도 상실하였다.

역사적으로 문화와 종족이라는 이중적 의미에서 자신의 고유한 속성을 상실한 예로는 서아시아 지중해 지역의 이집트 · 바빌로니아 · 크레타 · 히타이트 문명이 있다. 이들은 모두 그리스 로마 문명보다 훨씬 이전에 탄생하였다. 또한 중남 아메리카에는 아스텍과 잉카 문명이 있었다. 그들은 그리스 로마 문명보다 훨씬 늦게 탄생하였다. 이집트는 특히 주목할 만한 가치가 있다. 기원전 7세기 후 천여 년 동안 계속해서 이민족의 침입을 받으며, 특히 서기 7세기 아랍인의 침입 이후 이집트 문명은 새로운 문명의 확장 앞에서 이전의 종교와 문화 및 정치적 정체성을 완전히 상실하였고, 최후에는 심지어 종족마저도 흔적 없이 사라져버렸다. 두 아메리카 문명의 예들 역시 주목할 만하다. 서기 16세기 서양인들이 중앙아메리카와 남아메리카를 침입한 후, 아스텍과 잉카 문명은 서양인들의 학살과 소멸 정책으로 인해, 더욱이 서양인들이 구세계에서 가지고 온 치명적인 병균과 바이러스 때문에, 몇십 년이란 매우 짧은 기간에 이전의 문화와 종족 속성을 완전히 상실해버렸다. 상호 비교해보면, 그리스 로마 문명과 이집트 문명이 문화와 종족 정체성을 상실하기까지는 긴 시간이 걸렸다. 전자를 보면 수백 년의 시간이 걸렸고, 후자를 보면 길게는 천여 년의 시간이 걸렸다. 한 문명이 생명 형태와 역사 문화 공동체라는 이중적 의미에서 비록 자신의 정체성을 지킬 수는 있다고 해도, 그러나 이러한 정체성이 어떠한 상황에서도 모두 강건한 주체성을 지니고 있다는 것을 의미하지는 않는다. 어떤 상황들에서 한 문명이 설령 이러한 종류의 이중적 의미의 정체성을 가지고 있다고 해도, 지연 역사의 구조로 인해 여러 하위 문명으로 나누어지기도 하고, 또한 이러한 하위 문명들도 다시 여러 민족국가 혹은 민족 및 부족으로 분열될 수 있다.

가장 두드러진 예로는 이슬람 문명을 들 수 있다. 일종의 생명 형태로서 이슬람 문명은 서기 7세기에서 8세기 사이에 서아시아와 북아프리카에서 급속도로 확장되었다. 하지만 이러한 종교-문화적 의미의 문명 파급은 이 지역의 구조적인 지연 정치의 분열을 해소하지는 못했다. 그 결과 역사적으로 이슬람 문명의 정치 통일 기간은 매우 짧았다. 마찬가지로 뿌리 깊은 지연 역사적 구조에서 야기된 원인으로 인해, 지금의 이슬람 문명은 역사의 대부분 시기에 그러하였듯이 아라비아 · 이란 · 터키 · 중앙아시아 · 남아시아 · 동남아시아 심지어 사하라 사막 이남의 아프리카 등 다양한 지연 정치 지역 혹은 하위 문명으로 분열되어 있다. 또한 이러한 지연적인 하위 문명들은 다양한 민족국가로 분열되어 있다. 아라비아 세계에만 20개가 넘는 아랍 국가들이 있다. 하위 문명과 비교해 훨씬 많은 민족국가가 있다. 더구나 민족국가도 여러 민족과 수많은 부족으로 분열되어 있다. 따라서 이슬람 세계가 만약 문명 주체성을 표현해내고자 한다면, 그 어려움이 얼마나 클지는 쉽게 상상할 수 있다. 사실상 이슬람 문명은 종교-문화적 의미에서 한 공동체로 간주할 수 있는 것을 제외하고는, 혹은 생명 형태에서 보이는 비교적 실재적인 공통성을 제외하고는, 지연 · 종족 · 문화 · 정치 · 경제 등 여러 방면에서 모두 쟁반 위에 흩어진 모래알처럼 사분오열되어 있다. 머지않은 미래에도 이슬람 세계의 사분오열된 하위 문명 · 민족국가 · 민족 · 부족 · 씨족들이 하나의 통일된 행위체로 통합될 가능성은 극히 미미하다. 만약 한 문명이 통일된 행위체가 아니라면, 그 문명이 아무리 거대한 인구와 아무리 광활한 영토를 가지고 있다 해도, 또한 그 생명 형태와 공동체적 의미의 동질성이 아무리 강하게 나타난다 해도, 다른 문명 혹은 다른 정치-경제 행위체에 영향을 미치는 주체성에는 결국 한계가 있기 마련이다.

비록 분열의 정도가 이슬람 세계의 수준에는 이르지 않았지만, 서양 문명 또한 마찬가지로 사분오열되어 있다. 주지하다시피 서양 문명은 지연 확장 과정에서 유럽 · 라틴아메리카 · 북아메리카의 3대 하위 문명으로 분열되었다. 앞의 둘은 다시 많은 민족국가로 분열되었다. 비록 유럽 일체화 과정이 현재 왕성하게 진행되고 있고, EU 또한 갈수록 강한 실질성을 획득하고 있지만, 이러한 민족국가 중 많은 국가들은 다시 여러 민족으로 분열되어 있다. 예를 들면 영국은 잉글랜드 · 스코틀랜드 · 웨일스 3대 민족으로 구성되어 있다. 서양 문명이 각 방면에서 우위를 점하는 시기에는 비교적 강한 주체성을 표현해낼 수 있기에, 이러한 분열 상태가 아마도 큰 문제를 초래하지는 않을 것이다. 하지만 이것이 각 하위 문명 심지어 민족국가 간에 내재된 이익 충돌을 결코 덮을 수는 없다. 바로 이러한 종류의 이익 충돌로 인해서 서양 문명의 주체성은 이미 적잖이 감소된 실정이다. 이와 대조적으로 현대 중국 문명 · 인도 문명 · 일본 문명은 모두 통일된 정치 행위체이다. 역사적 원인으로 인해 자신의 주체적 정신을 표현할 수 없는 일본을 제외하고, 인도 문명과 중국 문명(특히 중국 문명)은 그 지연 · 문화 · 정치 · 경제 나아가 종족의 통일을 바탕으로 강건한 주체성을 표현하기 시작하였다. 이러한 주체성은 머지않은 미래에 틀림없이 더욱 사람들의 주목을 끄는 양상으로 나타날 것이다.

6. 지연-인구 의미에서의 문명 확장

인류 문명의 변화 발전 과정에서 작은 인류 집단들은 문명으로 불릴 수 있을 만한 단계로 발전하지 못하고 다른 더 큰 혹은 더 잠재력을 가진 인류 집단들에게 합병되거나 동화되었다. 물론 어떤 작은 부족 혹은 사회집단들은 지리적 위치상 강하고 큰 집단들과 멀리 떨어져 있거나, 혹은 원시 삼림과 자갈사막 같은 천연적인 장벽 덕분에 생존할 수 있었다. 하지만 공교롭게도 바로 그들이 처한 이러한 지리적인 단절 상태 때문에 진정한 의미에서 강대하게 발전할 기회를 얻을 수 없었고, 이로 인해 지금도 여전히 상당히 원시적인 상태에 처해 있다. 예를 들면 아마존 강 유역의 열대 정글 속에 사는 인디언 부락들이 있다. 다른 한편 문명으로 불릴 수 있는 단계로 발전한 비교적 큰 인류 집단들이라고 해서 모두 다 근현대까지 지속될 수 있었던 것은 아니다. 이집트 · 수메르 · 크레타 · 바빌로니아 · 히타이트 · 그리스 로마 및 초기 형태의 시리아 문명은 모두 근현대까지 지속되지 못했다. 비록 지속되지는 않았지만, 위와 같은 문명으로 간주되는 문화 공동체들은 지연과 인구의 의미에서 모두 다양한 확장을 겪었는데, 그리스 로마 문명과 시리아 문명이 특히 두드러졌다.

유럽 방면을 보면 기독교 문명이 그리스 로마 문명을 대체하기 전에,

후자는 줄곧 이른바 바바리안족에게 동화되고 있었다. 이들은 아시아 혹은 유럽 동부에서 대규모로 수차례 유럽 기타 지역으로 이동한 종족이다. 로마 제국 말기에 이르면 게르만족 · 반달족 · 고트족 · 슬라브족의 바바리안족은 심지어 자신들의 용맹스럽고 질박한 정신 자질로 로마 제국 병사와 변경 지역 거주민들을 동화시키기도 하였다. 비록 그러했지만 총체적으로 보면 지속적인 지연 확장을 추진한 것은 로마인들의 강력한 문화 공동체였다. 이는 로마인들이 가지고 있던 그리스 로마 문명 역시 줄곧 주변으로 확산되었다는 것을 의미한다. 이러한 상황의 자연스러운 결과 가운데 하나가 서기 원년 후 몇 세기 동안 로마 제국의 인구 주체가 기독교화될 때, 몇백 년 동안 그리스 로마의 영향을 받던 주변 민족들 또한 이에 따라 기독교화된 사실이다. 이는 또한 그리스 로마 문명의 속성이 강렬한 질적 변화를 겪었고, 그 정신 자질이 시리아 문명의 정신 자질로 대체되었다는 것을 의미한다. 다시 말하면, 이후 이른바 서양 문명으로 성장하는 문명인 시리아 형태의 새로운 문명이 보인 지연 인구 확장은 사실상 다른 사람의 집을 통째로 자신의 집으로 삼는 것이나 다름없었다. 따라서 이 새로운 문명은 수백 년 동안 그리스 로마의 지연 인구 확장이 축적해온 성과도 이용할 수 있었다. 비록 이는 길고 긴 하나의 과정으로 천여 년 동안 시속되었지만, 의심할 여지 없이 대단히 많은 효과가 있었다. 근대의 목선에 이르면, 발칸 반도 지역과 슬라브 유럽의 무슬림 인구를 제외하고는, 거의 모든 유럽이 완전히 기독교화되어 있었고(기독교 서양 문명의 남북아메리카와 호주에서의 지연 확장에 대해서는 여기서 논의하지 않고자 한다), 또한 기독교를 믿지 않거나 혹은 서양 문화와 정체성을 이루지 않은 소수민족은 거의 찾아볼 수 없었다.

이제 중국 문명의 지연 인구 확장에 대해서 살펴보자. 상나라 시대에 중원 이외의 광활한 지역에는 비교적 영향력이 큰 여러 부족 혹은 부족연맹들이 존재했다. 그중에서 어떤 것들은 원시국가를 형성하고 있었다. 예를 들면 쓰촨 분지에는 촉(蜀)과 파(巴)가 있었고, 양쯔 강 중하류에는 초(楚)·복(濮)·월(越)이 있었고, 화이허 유역에는 회이(淮夷)가 있었고, 산둥 반도 동부에는 내이(萊夷)가 있었고, 산시(陝西)·간쑤·쓰촨이 교차하는 지역에는 저(氐)가 있었고, 황수이(湟水) 유역에는 강(羌)이 있었고, 북방에는 위방(鬼方)이 있었고, 웨이베이(渭北) 고원에는 융(戎)이 있었고, 만주에는 숙신(肅愼) 등이 있었다. 서주(西周) 시기 장화이와 장한 일대의 상나라와 주나라 계통의 제후국이 비교적 크게 발전한 것을 제외하고, 모든 기타 주변 지역에서는 뚜렷한 변화가 일어나지는 않았다.[10] 이 시기에 상술한 부족 혹은 부족연맹들은 문화적 정체성 방면에서 아직 중원의 문명을 수용하지는 않았다. 하지만 진나라와 한나라의 통일국가가 수립된 후부터는 주변 부족들과 중원 문명 간의 정체성은 피할 수 없는 형세가 되었다. 이와 동시에 불교를 통해 중국에 전래된 인도적 요소들 또한 점차 중원의 문명과 불가분의 관계를 이루는 한 구성 부분이 되었다.

전국시대 말기에서 서한에 이르기까지, 중원의 왕조들은 남방으로 확장을 하였고 멀리는 지금의 베트남 중부에까지 이르렀다. 중원의 정권들은 양쯔 강 유역 남쪽의 광활한 지역에서 늘 점화선[11]밖에는 점령하지 못하였고, 또한 그 주위의 광활한 지역들은 여전히 교화가 미치는 범위 밖에 있었다. 그러나 이 점화선들은 중원 문화의 전초 거점이 되었고, 중원 문화의 씨앗이 이를 바탕으로 전파되는 기지였기 때문에, 중국 문명의 지연 확장에서 중대한 의미를 가진다. 사실상 중국 문명은 바로 이러한 기초 위에서 견고해지고 튼튼히 다져지고 성숙해질 수 있었다. 비록 지금의 베트남 북부와 중부가 700~800년 동안 중원 정권이 직접 통치한 후에 독립을 하였지만, 그곳에 건립되었던 정권 및 대동했던 중원의 문명을 바탕으로 결국에는 베트남에 중국 문명이 깊게 뿌리를 내릴 수 있었다. 중국 국내 상황을 보면 장기간의 동화와 융합 시기를 거쳐 명나라와 청나라에 이르면, 서남과 서북 지역에 흩어져 있는 소수민족 지역을 제외한 황허 유역 주변의 절대 다수 지역들은 의심할 여지 없이 한족 문화 지역이 되었다. 더욱이 청나라 후기에는 타이완과 만주로 대규모 이민을 실시하였고, 이로 인해 이 지역들이 한족 문화 지역이 되었다는 사실은 논쟁의 여지가 없다. 명나라와 청나라 이후 인구 부담 때문에 실시한 동남아시아 지역으로의 이민은 중화 문명이 멀리 해외로 확산되는 계기가 되었고, 현지에서도 영향력이 큰 문화 요소들이 될 수 있었다.

하지만 또한 반드시 짚고 넘어가야 할 점은 중국 문명의 지연 성장은 그 내용 면에서 서양 문명과 분명한 차이가 있었다는 점이다. 어쩌면 지세와 자연 기후의 차이가 너무 컸기 때문일 수도 있고, 또한 지역이 너무 광활했기 때문일 수도 있다. 중국 문명이 비록 농경에 적합한 거대한 대륙판을 가지고 있었고, 또한 그 지연 성장이 과거 3천 년이 넘는 시간 동안 계속 진행되었지만, 중국 문명의 비유교권 문화 인류 집단에 대한 동화력은 유럽 역사에서 기독교 민족의 비기독교 민족에 대한 동화력에는 미치지 못한다. 그렇기 때문에 현재까지 중국에는 여전히 55개의 정식 소수민족들이 있다. 아직 정식 인정을 받지 못한 종족들을 더한다면 소수민족들의 수는 분명 더 많아진다. 이러한 소수민족들은 정체성이 강하지 못하거나 혹은 단지 부분적으로만 유가 형태의 주류 문화와 정체성을 이루었다. 비록 그렇다 해도 또한 반드시 알아야만 하는 것은 일종의 강력한 문화로서 한족 문화는 유럽의 기독교 문화처럼 자신의 내재적 법칙을 가지고 있었다는 점이다. 아직은 주변 민족을 자신의 경제적 · 정치적 궤도에 완전히 올려놓지는 못하였지만, 이처럼 발전이 강대한 동력이 순식간에 사라질 리는 없다. 사실상 지린, 내몽골, 위구르, 윈난, 구이저우, 광시, 쓰촨, 후난 등의 성에서 많은 소수민족들이 이미 상당한 정도로 한족 문화를 수용하고 있다. 그중 어떤 소수민족들은 한족 문화에 대한 정체성 정도가 심지어 한족과 거의 구분이 안 될 정도에 이르고 있다. 예를 들면 지린의 조선족, 윈난의 바이족과 나시족, 광시의 좡족자치구 인구 중 다수를 차지하는 많은 좡족이 그러하다. 심지어 유가 윤리를 유지하고 발전시키는 방면에서는 조선족이 한족보다도 더욱 월등하다. 또한 한족 사대부 문화를 유지하고 발전시키는 방면에서는 윈난의 나시족이 한족보다 더욱 뛰어나다.

이제 인도 문명의 지연 확장 내용을 살펴보자. 얼핏 보기에 인도는 흡사 중국보다 못한 것처럼 보인다. 인도 민족의 상황은 중국과 비교해 훨씬 복잡하고 그 소수민족의 수 또한 중국과 비교해 훨씬 많다. 역사적으로 많은 나라들이 난립하였기 때문에 정치적으로 통일을 이룬 기간은 아주 짧았고, 이로 인해 지금까지도 인도는 여전히 중국과 러시아와는 달리 하나의 주요 민족이 절대적 우위를 차지하지 못하고 있다. 힌두스탄족 인구가 약 4억 5,000만 명으로 총인구의 약 45퍼센트를 차지한다. 이 민족이 물론 다수 민족이지만, 중국 한족과 러시아의 러시아족이 각기 중국과 러시아에서 차지하는 총인구 비율과 비교하면 현저하게 낮은 편이다. 힌두스탄족 이외에 인구가 5,000만 이상인 민족이 5개 더 있다. 텔루구족, 벵골족, 마라타족, 타밀족, 구자라트족이다. 인구가 1,000만에서 5,000만 사이인 민족도 5개가 있다. 이 11개 민족의 인구는 모두 1,500만 이상이고, 모두 합하면 인도 총인구의 96퍼센트를 차지한다.[12] 이는 최대인 힌두스탄족 이외의 10개 민족을 단순하게 소수민족으로 볼 수는 없고, 모두 주요 민족으로 간주해야만 한다는 것을 의미한다. 이 밖에 인도에는 사회 발전 정도가 매우 낮은 원시부족 및 정글 부족과 산악 부족이 더 있다. 이러한 부족들에 대해서 인도 헌법은 '지정부족'*이란 통칭을 사용하고 있다. 1956년 공포된 대통령 법령의 한 항목에 따르면 총 414개의 지정부족이 있다. 그리고 1991년에 실시한 인구 일제조사에 따르면 지정부족 인구수는 6,780만에 달한다고 한다.[13] 현대 인도의 민족 일체화 정도는 비록 중국보다는 못하다. 그러나 인도는 양호한 지연-자연조건을 가지고 있다. 즉 인도는 일조량과 강우량이 풍부해 토지가 비옥한 거대한 대륙판으로 이루어져 있다. 이는 인도 문명의 지연 성장에 유리한 조건으로 작용하였다. 이로 인해 기원전 1500년부터 아리아인들이 수차례 대규모로 중앙아시아에서 인더스 강과 갠지스 강 유역으로 이동하는 과정에서 인도 문명이 점진적으로 형성될 수 있었다. 기원전 약 500년에 이르면 모든 남아시아 대륙은 이미 공통의 문명으로 응집되기 시작하였다.[14] 혹은 이 시기의 인도는 높은 정도의 문화적 동질성에 근거하는 이미 독자적인 문명이었다고 볼 수 있다.

중국 문명과 비교하면 인도 문명이 기원할 당시의 상황은 훨씬 복잡하다. 인도아대륙은 삼면이 바다로 둘러싸여 있고, 북쪽으로는 히말라야 산이 병풍처럼 가로막고 있다. 하지만 서북 지역의 산 어귀로는 쉽게 진입할 수 있다. 이로 인해 상고시대부터 전 추축시대에 이르기까지 인도에는 줄곧 인류가 거주하고 있었다. 고고학자들과 역사가들의 많은 관심을 받았던 드라비다인은 아리아인이 들어오기 훨씬 전부터 찬란한 문화를 창조하고 있었다. 인도-아리아인의 문화가 비록 점차 드라비다인의 문화를 대체하기는 했지만, 후자는 여전히 인도 문화의 전체 구조에 대단히 큰 영향을 미치고 있다. 현재까지도 각종 드라비다 언어를 구사하는 인구가 여전히 인도 총인구의 약 1/5 정도를 차지한다. 또 인도-아리아인만이 인도아대륙에 들어와 인도유럽어를 구사하고 윤리 종교를 형성해낸 유일한

* 지정부족(Scheduled tribe)은 인도에서 교육 및 고용 부문 특별 지원 대상으로 지정된 부족을 말함.—역주

민족은 아니었다. 그들 후에 약 천 년쯤 반그리스화된 박트리아인, 이슬람화된 이란인, 이슬람화된 돌궐인, 혹은 돌궐-몽골인이 서북 지역의 산악지대에서 들어왔다.[15] 이러한 민족들은 이 광활한 지역에 그리스와 이슬람 문명 요소들을 가져왔다. 이러한 요소들은 이미 인도 문명에서 분리할 수 없는 일부분이 되었고, 현재까지도 인도아대륙의 정치와 문화 구조에 큰 영향을 미치고 있다.

인도 문명은 쇠퇴했던 19세기에도 영국인 관리하의 이민 형식을 통해 동남아시아로 지연 확장을 하였다. 그 이전부터 인도 문명이 이미 이 지역에 들어와 있었고, 또한 큰 영향을 끼치고 있었기 때문에, 이러한 확장은 주로 남아시아 대륙의 인구가 동남아시아의 영국 식민지로 이동해 가는 현상으로 나타났다. 따라서 이는 영국 식민통치란 순풍을 탄 것으로도 볼 수 있다. 그 결과 현재 미얀마 · 말레이시아 · 싱가포르 · 홍콩에서 모두 규모가 작지 않은 인도인 후손과 파키스탄 후손의 밀집 거주지를 발견할 수 있다. 이러한 남아시아인은 각각 서로 다른 민족에 속하고 또한 서로 다른 민족 언어를 구사한다. 이러한 종류의 이민 운동의 목적지는 동남아시아만은 아니었다. 영연방 기타 국가와 지역에서도 또한 많은 수의 남아시아 이민을 볼 수 있다. 동아프리카 · 남아프리카 · 마다가스카르 · 피지 · 모리셔스 · 가이아나 · 카리브 해 등지에도 모두 규모가 상당히 큰 인도인 사회집단들이 있다. 유명한 작가이며 2001년 노벨 문학상 수상자인 비디아다르 네이폴(Vidiadhar Naipaul)도 트리니다드의 한 인도인 가정에서 출생하였다.

7. 종교 형식으로 나타나는 문명 확장

문명의 지연 인구 확장은 또한 일반적 의미의 종교적 형식을 채택할 수도 있다.

여기서 인도를 예로 들어도 무방할 것이다. 남아시아 대륙에서 기타 문화 요소들이 대단히 중요하다고 해도, 현재 이 지역의 주도적 문화는 분명 인도-아리아인들이 창조한 힌두교를 위주로 한 문화이다. 주목할 점은 힌두교가 생겨나기 이전에 인도 문화는 불교화란 한 단계를 겪었다는 사실이다. 이 단계 이전에는 브라만 혹은 브라만교가 천하를 통일한 시대도 있었다. 브라만교가 인도아대륙에서 지연 확산 혹은 기타 문화에 대한 실체적 동화를 이루는 데는 아주 오랜 시간이 걸렸다. 이 과정에는 강대한 인도-아리아인 집단의 군사적 정복도 포함되고, 또한 약한 비인도-아리아인 집단의 자발적 동일화도 포함된다. 하지만 인도 문화에서 브라만교의 더욱 중요한 지연 확장은 기원전 3세기 아소카왕이 건립한 아소카 왕조 후에 발생한다. 그리고 이 시기에 주도적 지위를 차지한 것은 브라만교가 아니라 그것의 위대한 변종인 불교였다. 근대 이전의 인도 문명의 주체적 종교인 힌두교는 적극적인 포교를 하는 종교 형태에 속하지는 않았다. 그러나 브라만교의 분위기 속에서 성장한 불교는 그 탄생 몇백 년 후에는 적극적인 포교 활동을 하는 종교로 발전하였다.[참고 5-2] 그 결과로 인도 문명의 지연 확장은 대승불교로 주변 지역에 전파되는 형식을 채택했다. 대승불교는 인도 문명의 유전인자를 당시의 중앙아시아로 가져왔고, 다시 중앙아시아를 경유해 중국에 전파되었고, 중국을 거쳐 한국에 전파되고, 다시 한국을 거쳐 혹은 직접 중국을 거쳐 일본에 전파되었다. 이 밖에 서기 약 7세기부터 대승불교는 그 발원지에서 직접 중국 티베트로 전파되었고, 다시 티베트를 거쳐 몽골로 확산되었다. 남아시아 대륙 남부에서는 소승불교 또한 포교의 방식으로 동남아시아 지역으로 확산되었다. 이 과정에서 단지 신앙의 씨앗만이 아니라 사회 · 경제 · 정치조직 형식도 확산되었다.

후 추축시대 즉 윤리종교시대에는 문명과 종교의 의미가 상당한 정도로 융합되어 있었다. 그리고 한 종교가 그 신앙만을 전파한 것이 아니라, 종교의 핵심적 가치와 본질적으로 관련이 있는 문화적 요소 혹은 본질적 관련이 없는 문화적 요소도 모두 함께 지닌 채 전파되었다. 이로 인해 한 문명이 다른 한 문명을 대체하는 것은 종종 윤리 종교가 다른 윤리 종교를 대체하는 것으로 나타났다. 이 방면에서 근대 이전 이슬람교가 기타 윤리 종교를 대체한 예가 가장 많고, 또한 근대 이후에 기독교가 기타 윤리 종교를 대체한 예도 비교적 많은 편이다. 하지만 이슬람교와 비교하면 기독교가 기타 대종교를 대체한 규모는 훨씬 작다. 인도에서 기독교를 믿는 인구는 총인구의 약 100분의 1에 불과하다. 중국에서는 각 기독교 교파가 몇 세기 동안 선교를 하였지만 기독교를 믿는 인구는 총인구에서 아주 낮은 비율을 차지할 뿐이다. 1980년대 이래 기독교를 믿는 중국 인구가 비록 비교적 빠르게 증가했지만, 심각한 대가를 치러야 했다. 바로 신앙의 순수성이 큰 문제가 되었다. 이는 현재 중국 기독교 교회 지도자층이 골치 아파하는 문제이기도 하다. 이와 비교할 수 있는 하나의 상황은 명나라 말기와 청나라 초기에 로마 교황청이 예의 논쟁에서 유가 기독교도의 신앙 순수성을 잘못 판단하였고, 그 결과 원래는 대단히 융통성 있고 창조적인 예수회가 중국 선교에 실패하였다는 사실이다. 또한 한국에서는 제2차 세계대전 이후 특히 1960년대 이래 기독교를 믿는 인구가 대단히 큰 폭으로 증가하였지만, 현재에 이르기까지 기독교도는 총인구에서 약 1/3을 차지할 뿐이다. 하지만 근대 이후 라틴아메리카 · 아프리카 · 필리핀에서 기독교의 전파는 윤리 종교가 다른 윤리 종교를 대체한 것으로 간주할 수 없다. 그 이유는 기독교가 들어오기 전 이 지역들에는 낮은 생산력 수준으로 인해 윤리 종교가 근본적으로 형성되지 않았었기 때문이다.

이와 비교하면 다른 문명 지역으로 진행된 지연 확장 방면에서, 이슬람교는 기독교에 비해 더욱 성공적이었다. 이란에서는 이슬람교가 흥기하기 이전에 조로아스터교의 영향이 매우 컸다. 그러나 이슬람교의 강력한 충격을 받아 조로아스터교가 자신의 문화적 요구를 평화적으로 포기하였기 때문에, 현대 이란의 조로아스터교 인구는 극히 미미해 거의 관심 밖의 대상이 되었다. 중앙아시아에 이슬람교가 들어가기 전, 불교가 현지의 각 알타이 민족의 주류 종교로 된 지는 이미 몇백 년이 넘었었다. 하지만 격렬한 종교 충돌 없이 이 민족들은 이슬람교에 귀의하였다. 서기 8세기부터 19세기까지 이슬람교는 계속해서 남아시아 대륙에 스며들었다. 영국인들이 물러나자 이슬람교 인구는 무슬림 인구 대국인 파키스탄을 건립할 수 있었고, 인도에 남은 무슬림 또한 인도 총인구의 약 11퍼센트를 차지하게 되었다. 인도 인구의 수가 거대한 것을 감안하면 1억이 넘는 무슬림의 비율은 인도를 하나의 이슬람 대국으로 간주할 수 있는 충분한 이유가 된다. 서기 15세기에서 16세기 동안 오스만튀르크 무슬림은 발칸 반도를 점령하였다. 이러한 종류의 점령이 비록 현지 인구의 신앙 구조를 근본적으로 바꾸지는 못하였지만, 무슬림 인구는 여전히 이 지역 총인구에서 상당히 높은 비율을 차지하고 있다. 20세기 말에 이르러서도 무슬림 인구는 여전히 발칸 반도의 정치와 군사적 구조에 깊은 영향을 끼치고 있다. 보스니아와 기타 지역에서 발생한 모든 민족 혹은 종교적 충돌과 전쟁에서 무슬림은 언제나 중요한 당사자였다.

이슬람은 현재의 말레이시아와 인도네시아에 들어가 이 지역의 주도적 종교가 되었다. 비록 현지에 원래 있던 윤리 종교(인도형 종교 및 이와 관련된 문명 요소들은 동남아시아에 깊게 뿌리를 내리지 못하였다)를 충분히 대체했다고 보기에는 적합하지 않다. 그러나 인도 형태의 종교인 힌두교와 불교 및 이에 대응하는 문명이 오랫동안 이 지역에서 큰 영향을 미쳐왔다는 점을 감안하면, 이는 필경 한 이질 문명이 그 전통적 지역에 들어가 지배적 지위를 얻었다는 것을 의미한다. 중국은 한편으로는 이슬람 문명의 중심 지역인 아라비아 반도와 유프라테스 · 티그리스 강과 아주 멀었고, 게다가 그 사이는 광활한 모래사막과 자갈사막이 가로막고 있었다. 다른 한편으로는 대통일 국가였던 당 · 송 · 원 · 명 · 청의 영토가 넓었고, 또한 거대한 인구 경제 규모와 비교적 강대한 정치적 · 군사적 동원 능력을 가지고 있었다. 북송과 남송 시기 북방 유목민족이 건립한 비몽골족 정권, 예를 들면 요 · 금 · 서하 또한 강대한 정치적 · 군사적 동원 능력을 가지고 있었다. 이러한 원인들로 인해서, 서기 8세기 이후 이슬람교의 화하 세계를 향한 이동을 현재의 티베트 일대에서 성공적으로 저지할 수 있었다. 물론 소수의 무슬림 인구가 중원 지역의 인근인 닝샤(寧夏), 간쑤, 산시 일대 및 윈난으로 들어와, 이 지역들에 비교적 집중된 형태의 무슬림 인구 밀집 지역을 형성하기도 하였다. 하지만 그들은 이 지역들에 들어온 후 현지에서 압도적인 우위를 차지하던 한족에게 점차 동화되었다. 이들이 곧 지금의 위구르족이다. 위구르족은 상업에 종사하였기 때문에 전국적으로 분포하고 있었는데, 특히 도시에 많이 있었다. 하지만 이를 인구 밀집으로 보기는 어렵다.

고사 직전 단계에 있던 로마 제국 말기에, 그리스 문명은 기독교 형식의 시리아 문명으로 대체되었다. 이는 한 대문명이 다른 대문명 속으로 사라진 예로 볼 수 있지만, 단순하게 하나의 윤리 종교가 다른 윤리 종교를 대체했다고 간주할 수는 없다. 한 위대한 추축시대 문명이었던 그리스 로마 문명은 분명 추축시대적 의미에서 심오한 철학 · 과학 · 문학 · 예술을 발전시켰다. 그리고 이후 기독교 성분이 되는 많은 문화 요소들이 지중해 인류 집단들에서 오랫동안 유행하였고, 또한 이 집단들 속에서 많은 발전을 이루기는 하였다. 그러나 이 지역에서 완전한 윤리 종교가 출현했다고는 볼 수 없다. 왜냐하면 윤리 종교의 근본적 성격은 공리주의이지만, 그리스 문명의 성격은 본질적으로 개인주의적이었기 때문이다. 로마제국의 정치적 통일기에도 이러한 종류의 개인주의적 정신 자질은 근본적으로 약화되지 않았다. 발전 추세로 보면 후기 스토아철학과 신플라톤주의가 모두 일종의 윤리 종교적이고 공리주의적인 문화적 품격을 앞세운 적이 있었다. 그러나 상류 계층에 유행하는 수준 높은 사상을 수많은 군중에게 보급하는 것은 결코 쉬운 일이 아니다. 따라서 그리스 문명이 지속하지 못한 혹은 그 쇠망의 운명을 되돌릴 수 없었던 한 중요한 원인으로, 시기적절하게 윤리 종교의 문화적 품격이 그리스 문명에 확산되고 형성되지 못했다는 이러한 사실을 거론해도 무방할 것이다. 그리스 문명이 더욱 공리주의적인 윤리 종교 형태인 시리아 문명으로 대체된 것은 역사적 필연이고, 또한 고대 개인주의의 실패로 보아도 무방할 것이다. 고대의 개인주의적 문명이 신형의 공리주의적 문명으로 대체된 것으로 보아야 하지, 일종의 윤리 종교가 다른 일종의 윤리 종교로 치환되었다고 볼 수는 없는 것이다.

8. 해외 화인에게서 나타나는 문명 확장

문명의 공간운동은 어떤 때는 유대인 · 화인 · 해외 인도인의 상황이 보여주는 이산 혹은 이주의 형식을 채택하기도 한다. 이러한 형식의 문명 운동을 일종의 공간 확장으로 보아도 무방할 것이다. 하지만 한 문명이 어떤 형식의 공간운동을 진행하든지 간에 반드시 그 문명이 그 문명일 수 있게 하는 본질적인 자질을 보유해야만 한다. 이 본질적인 자질이 없으면 이 문명을 다른 문명과 구분할 방법이 없게 된다. 혹은 이 문명을 식별할 수 없게 되고, 이 문명의 정체성을 말할 수 있는 근거 또한 없게 된다고 볼 수 있다. 하지만 문명의 지연 성장 속에서 모든 문명이 본래 다 속성을 오랫동안 지킬 수 있는 것은 아니다. 더욱이 본래의 속성이 이질적 속성을 가진 인류 집단에 동화되기도 한다. 이산 형식의 문명 확장에서는 자신의 본래 속성을 지키는 문제가 특히 두드러지게 나타난다. 비교적 좋은 상황에서는 본래의 문명 속성을 모종의 약화된 형식으로 어느 정도는 보존할 수 있다. 비교적 나쁜 상황에서는 본래의 문명 정체성이 이산 지역 문명 속으로 사라져버리는 일이 나타날 수 있다. 이러한 의미에서 문명 성장 혹은 문명 속성의 확산 또한 문명의 공생으로 볼 수 있다.

여러 세대에 걸쳐 진행된 화인의 평화적인 동남아시아 진입 및 19세기 이후 시작된 화인의 전 세계 이주를 어떻게 설명해야 할까? 인도인이 동남아시아 · 동아프리카 · 남아프리카 · 카리브 해 · 남미 국가들로 진입한 것을 어떻게 설명해야 할까? 이러한 진입이 중국 문명과 인도 문명의 영토 확장을 의미하지는 않을까? 해외로 이주한 중국인과 인도인에게서 중국 문명과 인도 문명의 정체성 혹은 주체성이 여전히 성립될 수 있을까? 만약 성립된다면 어떤 종류의 정체성 혹은 주체성이 어느 정도나 성립할까? 여기에는 결코 흑백논리나 양자택일 논리와 같은 극단적 해답은 결코 존재하지 않는다. 화인들이 해외 특히 동남아시아에 광범위하게 분포하고 있고, 또한 막강한 경제력을 가지고 있는 상황만을 보면, 중국 문명의 지연 범위가 대단히 크게 확장된 것처럼 보인다. 하지만 실제 상황은 이처럼 결코 간단하지만은 않다. 왜냐하면 대다수 지역에서 화인들이 그 인구수에서는 우위를 차지하지 못하고 있기 때문이다. 따라서 정치적 주체성이 보편적으로 결핍된 상황에서, 중국 문명의 해외 확산은 기껏해야 일종의 이주 형태의 문명 성장 혹은 현지 문화와 공생 관계를 형성한 문명 성장으로밖에는 볼 수 없다.

동남아시아를 보면, 근대 이전에 동남아시아 화인이 몇몇 시대에 중국식의 작은 정부들을 건립한 적이 있다. 싱가포르는 1965년에 완전히 독립하여 화인을 주체로 하는 현대 국가가 되었다. 그러나 전반적으로 보면 동남아시아 화인은 자신의 정치적 주체성을 완전하게 확립하지는 못했다. 심지어 그들은 자신의 문화적 주체성도 완전하게 확립하지 못했다고 볼 수 있다. 비록 화인이 경제적 방면에서는 거의 모두 대단한 성공을 거두었지만, 그들이 문화적 방면에서도 똑같은 모습을 보였다고는 결코 말할 수 없다. 사실상 그들은 중국 문화를 원형 그대로 이주한 국가에 이식하지 못했고, 또한 그렇게 할 수도 없었다. 이는 곧 그들이 이주한 국가에서 중국 문화를 원형 그대로 전승하고 발전시키지 못했고, 또한 그렇게 할 수도 없었다는 것을 의미한다. 왜냐하면 생존과 발전이라는 전략적 고려에 따라, 그들은 현지 언어를 구사하고, 현지 문화를 학습하고 현지 문화에 적응하고, 현지 풍속을 받아들이고, 심지어 현지인과 결혼을 하거나 현지인의 이름으로 바꿀 수밖에 없었기 때문이다(이로 인해 동남아시아 화인의 수를 정확하게 통계 내는 것은 사실상 불가능하다). 이러한 상황에서 그들은 종종 이민 후 제2세대 혹은 길어봐야 제3세대에서 모국어를 버리게 되었다.

만약 현지 정부가 차별과 억압 정책을 시행하였다면, 동남아시아 화인들은 심지어 화인 학인조차 설립하지 못하고, 또한 후세들에게 체계적인 중국어 · 문자 · 문화 · 가치관 교육을 할 수 없었을 것이다. 심지어 일부 지역에서는 화인의 문화적 신분을 나타내는 전통 명절을 지내는 것도 금지당했을 것이다. 이렇게 되면 그들은 자신들의 문화적 본성을 상실하는 위험에 빠지게 되고, 문화적 본성을 지키는 최소한의 임무를 수행하기도 대단히 어려워진다. 비교적 좋은 상황이라면 비록 동남아시아 화인이 본래의 문화적 속성을 완전히 버리지는 않겠지만, 두 가지 언어와 두 가지 문화 혹은 세 가지 언어와 세 가지 문화(중국어 · 현지 언어 · 영어 혹은 중국 문화 · 현지 문화 · 영미 문화)가 혼합된 환경에서 생활할 것이다. 그들의 문화적 신분 또한 이로 인해서 공생 형태의 문화적 신분, 이중 심지어 삼중의 의미를 지닌 문화적 신분이 된다. 중국 문화는 그중에서 단지 1/2이나 2/3를 차지할 것이다. 특히 주목해야 할 점은, 생존과 발전이라는 전략적 고려에 따라 동남아시아 화인이 정치적으로 현지 정부에 충성을 해야만 한다는 사실이다. 이러한 종류의 정치적 충성으로 인해, 장기적으로 볼 때 그들이 본래 가지고 있던 문화적 속성은 약화될 수밖에 없을 것이다.

그렇다면 동남아시아 화인 나아가 모든 화인을 중국 문명의 계승자로 간주할 수 있을까? 그들에게서 중국 문명의 지연 확장이 어떤 형식으로든 여전히 나타나고 있을까? 중국 문화의 정체성이 여전히 그들에게서 나타날 수 있을까? 그 대답은 긍정적이다. 하지만 이는 일종의 조건부 긍정이다. 즉 그들은 약화된 혹은 변이된 모종의 중국 문화만을 계승할 뿐이다.[16] 중국 문명의 정체성이 그들의 사유 · 언어 · 행동에 선명하게 나타난다고 해도, 그것은 불완전하고 약화된 모습일 수밖에 없다. 이는 단지 형태적 의미의 중국 문명일 뿐이다. 화인은 공동체적 의미의 중국 문명에는 전심전력으로 참여할 수 없다. 그들이 비록 규모가 매우 큰 화인 사회 집단을 형성할 수 있다고 해도, 그것은 모문명의 종족 담지체가 되는 거대한 역사 문화적 공동체와 비교하면 분명 대단히 약화된 형태가 된다.

비록 이렇지만 모문명과의 관계를 보면 화인은 의심할 여지 없이 문화가 같고 민족이 같은 친척이다. 이 때문에 모문명의 중요한 역사적 시기에 그들은 모문명에 도의적이고 물질적인 지원을 주고자 했다. 신해혁명 전후와 8년의 항일 전쟁 때 화인이 보여준 행동들을 그 예로 들 수 있다. 실제로 이주 국가에서의 생존과 모문명에 대한 문화적 감정으로 인해서, 현대사에서 화인들은 상당히 긴 시간 동안(동남아시아 화인들의 경우에는 1955년 중국 정부가 이중 국적을 더 이상 인정하지 않는 정책을 시행한 시점이 그 경계가 된다) 정치적인 부분에서 자신들이 거주하는 국가와 중국 대륙에 모두 충성을 다하는 방법을 선택하였다. 즉 그들의 정치적 정체성은 이중적이었다고 볼 수 있다. 해외 화인은 심지어 중국 대륙의 다른 정치 파벌들에게도 따로따로 충성을 하기도 하였다. 예를 들면 그들은 중국에 내전이 발생했을 때, 전쟁 상태에 있던 국민당과 공산당 쌍방에게 모두 정신적 · 물질적인 지원을 하였다.[17] 또한 1949년부터 모문명이 중국 대륙과 타이완의 두 정권으로 분열된 후에는, 그들은 과거의 정치적 입장을 계승해서 제각기 중화인민공화국과 타이완 국민당 정권을 지지하였다. 이러한 상황의 원인은 다음에 있다. 단일 민족국가에서 기본이 되는 정치적 정체성 단위가 갈수록 세계적인 구조로 될 때, 화인이 가진 문화적 신분의 이중성은 일반적으로 수용해야 하는 정치적 정체성 구조와 충돌할 수밖에 없기 때문이다. 이로 인해 그들은 정치적으로 현지의 국가에 충성을 다하면서, 동시에 또한 모문명에 충성할 수밖에 없는 것이다.

이러한 모문명에 대한 특수한 형태의 충성이 비록 완전한 의미의 충성이 될 수는 없다고 해도, 이는 결코 무의미한 것은 아니다. 특정한 상황에서 이러한 충성은 모문명에 대단히 중요한 경제적 영향을 미칠 수 있다. 개혁개방 이후 문화와 혈연의 특수한 관계로 인해, 거대한 경제력을 가진 화인들은 대부분의 상황에서 다른 나라가 아닌 모국을 위한 상업적 투자를 선택하였다. 이는 중국 경제가 급속히 발전하는 데 대단히 중요한 작용을 하였다. 이러한 의미에서 보면, 화인이 비록 정치적 혹은 문화적 의미에서 이국 타향에 거주하지만, 그들은 여전히 상당한 정도에서 중국 문명을 표현하고 대표한다고 볼 수 있다. 이로 인해 그들이 해외에서 생존하고 활동하는 것 또한 중국 문명이 보여주는 특수한 형태의 공간 성장을 의미하게 된다.

9. 유대인에게서 나타나는 문명 확장

유대 문명의 공간 표현 형식은 늘 흥미로운 문제이다. 서기 2세기 전반 무렵 유대인은 현재의 팔레스타인 일대에 있던 원래의 고향을 잃어버렸다. 이때부터 유대 문명은 다른 문명 지역에 이산의 형식으로 성장한다. 이는 대단히 독특한 공간 확장 형식으로, 화인과 해외 인도인에게서 나타났던 문명 확장과 비교할 수 있다. 하지만 화인과 인도인의 뒤에는 거대한 영토와 인구를 가진 모문명이란 하나의 배경이 있었지만, 유대인은 고향을 잃어버렸다. 이는 무엇과도 비교할 수 없는 것이다.

타향에 이산하며 살았기 때문에 유대인은 이산 지역 문화의 깊은 영향을 받지 않을 수 없었다. 이로 인해 유대 문화의 정체성은 단순하게 본질적인 유대 가치관과 생활방식만으로 정의할 수는 없다. 이는 유대 문화와 이산 지역 문화가 상호 결합되어 생겨난 이중적 문화 신분으로 정의 내려야만 한다. 이는 생존과 발전을 위해 유대인이 이산 지역의 문화를 수용하고 실천할 수밖에 없었기 때문이다. 실제로 역사적으로 현대에 이르기까지 유대인은 언어[18] · 문자 · 풍속에서 가치 관념에 이르기까지 이산 지역 문화의 깊은 영향을 받았다. 따라서 이른바 유대 문화 혹은 유대 문명은 고유한 유대 자질과 이산 지역 문화의 혼합체가 된다. 혹은 일종의 이산 지역 요소들과 공생하는 문화가 된다. 이 방면에서 가장 흥미로운 예가 인도 말라바르 해안의 유대인 사회집단이다. 그들은 말라바르 이디시

어라고 불리는 언어를 구사하는데, 이는 히브리어 · 타밀어 · 스페인어 · 네덜란드어 · 영어의 혼합체이다. 그들의 풍속도 마찬가지로 히브리인과 타밀인 및 수차례 잇따라 이곳으로 들어온 서양인 풍속과의 혼합체이다. 그들이 수용한 인도 문화의 영향이 얼마나 컸던지 아이러니하게도 일종의 유대인 버전의 카스트제도가 발전하기도 하였다.[19] 이 점들은 유대인이 비록 의심할 여지 없이 유대 자질을 지니고는 있었지만, 그들이 최종적으로 표현해낸 문화 속성에는 유대 문화와 이산 지역 문화의 이중적 속성을 내포할 수밖에 없었다는 것을 의미한다. 에티오피아 유대인, 모로코 유대인, 세파라딤, 독일 유대인, 폴란드 유대인, 러시아 유대인, 미국 유대인 등 이러한 용어들 자체가 곧 유대 문화가 이산 지역 사람들과 함께 공유한 공통의 언어와 문화이며, 또한 공동으로 창조한 역사적 경험임을 나타낸다. 사실상 서로 다른 지역에 사는 유대인 간의 차이도 매우 커 유대인과 비유대인에게서 나타나는 차이 못지않다. 이러한 상황들은 세계 각 지역에서 이스라엘로 이주해 간 유대인 집단 사이에 나타나는 여러 종류의 모순과 충돌에서 쉽게 찾아볼 수 있다.[20]

하지만 문화적 공생과 이중적 정체성의 상황 또한 시대의 도전에 직면하게 되었다. 계몽운동으로 시작된 세계적인 세속화의 물결 속에서, 각국의 민주화 진행 과정도 지속적으로 심화되고(비록 19세기 말에서 20세기 중엽까지의 역류가 있기도 하고, 심지어 600만 유대인들의 죽음을 초래한 대학살이 발생하기도 했지만), 각국 내부의 서로 다른 민족들도 갈수록 평등한 발전 기회를 누리게 되었다. 이에 따라 세계 각 지역에 이산해 있던, 특히 서양 국가에 있던 유대인은 거주국 국민과 동일한 권리와 기회를 얻게 되었다. 그리고 그 권리와 기회의 수준 또한 갈수록 높아졌다. 이러한 권리와 기회를 획득한 유대인들은 종종 자신의 고유한 문화적 신분을 일정 정도 포기하기도 하였다. 이로 인해 유대인은 양자택일이라는 곤란한 상황에 직면하게 된다. 그들은 기회와 권리냐 아니면 자신의 유대 속성이냐를 놓고 한 가지를 선택해야 했기 때문이다. 막을 수 없는 세속화의 큰 물결 속에서, 유대인이 대다수의 상황에서 내린 결정은 자신의 유대 본성을 포기하는 것이었다. 이로 인해 과거의 이중적 신분의 방식으로 자신들의 문화적 정체성과 정치적 정체성을 유지하던 방법은 이산 지역 사람들의 단일한 문화적 정체성과 단일한 정치적 정체성으로 대체되었고, 그 정도 또한 갈수록 높아졌다. 그 결과 세속화된 유대인의 비율은 점점 높아졌다. 이러한 현상은 유럽과 미국에서 모두 나타났다. 18세기 프랑스 유대인은 프랑스에 대한 정체성을 유대 민족의 정체성보다 상위에 두었다.[21] 또한 현재 세계에서 가장 영향력이 큰 유대인 집단인 미국 유대인 중에는 강렬한 자유주의 경향을 가진 유대인이 많다.[22] 뚜렷하고 급속한 세속화가 유발한 상황은 심지어 이스라엘에서도 나타난다. 이스라엘 유대인은 어떠한 종교도 인정하지 않는다고 공개적으로 선포하기도 하고, 공리적 판단에서 명목적으로는 어떤 공회에 속한다고도 하지만, 실제로는 어떠한 종교 활동에도 참가하지 않고 또한 유대교의 법규와 풍속을 준수하지 않는 경우도 있다.[23]

본질적인 문명 자질을 지키는 측면에서, 이산 지역 문화와 함께 형성된 구조적인 공생 관계 및 이 관계가 야기한 이중적 문화 정체성은 득보다 실이 큰지, 아니면 실보다 득이 큰지는 명확하다. 이러한 구조적인 공생 관계 속에서 유대 문명의 본질적 자질은 희석되지 않을 수 없었고, 유대 문명의 정체성 또한 약화되지 않을 수 없었다. 비록 이렇지만, 길게는 2천여 년에 이르는 유대인의 디아스포라는 분명 문명 공간 확장에서 독특한 형식이라고 할 수 있다.

제6장

문명 상호 작용 속의 근대성

1. 근대성의 의미와 확산 가능성

주제로 들어가기에 앞서 먼저 분명히 해야 할 것은 근대성이란 무엇인가 하는 문제이다. 간단하게 말하면 근대성은 자유 자본주의와 산업화의 대량생산 및 이와 관련된 과학기술이 주도하는 일종의 생활양식이다. 또한 사회 평등 · 언론 · 결사 · 신앙의 자유를 주장하며, 종교적 권위를 반대하고, 이성과 개인의 권리를 중요시하는 이데올로기적인 경향을 말한다. 오랫동안 중국을 비롯한 세계 각국의 지식인들 사이에는 일종의 잘못된 견해가 존재하고 있었다. 그것은 근대성은 서양인들만이 가진 모종의 문화적 유전자에서 유래한 것이고, 근대성은 이식하기 어려운 어떤 독특한 문명 자질이며 서양인만이 가진 모종의 특허권이라는 견해였다. 그리고 서양인이 비서양 세계를 침입하기 전에, 비서양 세계에는 근대성이 존재하지도 않았다고 여겨왔다. 또한 비서양 세계 사람들이 자신의 전통 사상과 완전히 다른 체제와 이와 관련된 관념을 자신의 문명 속에 총체적으로 이식해야만 자신의 영혼을 계몽할 수 있고, 자신의 사유를 변화할 수 있고, 최종적으로 근대화를 실현하고 근대 세계로 진입할 수 있다고 생각했다.

본 장의 목적은 넓은 의미에서 근대성은 인류 문명이 어느 정도 발전을 이룬 후에 필연적으로 출현하게 된 경제 · 정치 · 관념 형태라는 것을 논증하는 데 있다. 이것은 결코 서양만의 특허권도 아니고, 서양 문명만의 유일한 성격도 아니고, 다른 어떤 문명만의 유일한 자질도 아니다. 그것은 기원 원년을 전후해 이미 시작되었고, 중단된 적이 없었던 각 대문명의 상호 작용과 총체적 변화 발전의 산물이다. 이는 근대성이 서양에서 독자적으로 형성된 후 세계 기타 지역으로 확산되었다고 보는 견해가 틀렸음을 의미한다. 사실에 더 부합하는 설명은 각 대문명이 1,500여 년 넘게 경제 · 기술 · 정치적 상호 작용을 겪은 후, 표면적으로는 서양의 독특한 품격처럼 보이는 경제 · 정치형태 · 사상 관념과 이에 대응하는 제도인 일종의 협의적 근대성이 서양에 먼저 출현했고, 이 이후에 세계 기타 지역으로 확산되었다는 것이다. 이러한 협의적 근대성은 표면적으로는 독특한 서양의 품격을 지니고 있지만, 본질적인 면에서는 문명을 초월하고 문명을 뛰어넘는 특성을 가지고 있다. 하지만 오랫동안 서양중심주의자들은 서양에 먼저 출현한 협의적 근대성만이 보편적 정당성과 유효성을 지니고 있고, 이것이 바로 서양과 비서양을 구별해주는 일종의 독특한 문명 자질이라고 보았다. 이러한 사유 속에서는 자본주의 · 자유 · 민주 · 인권 · 법치 등은 모두 서양만의 유일한 자질이 되고, 심지어 민족국가 또한 서양 문명만의 유일한 자질이 된다. 슈펭글러 같은 학자는 더욱이 화약무기 · 시계 · 철도 · 전화, 심지어 인쇄술과 같은 기술 문명 또한 기타 문명과 구별할 수 있는 서양 문명의 중요한 특징으로 삼고 있다.[1] 이는 분명 황당한 견해이다.

역사를 대략적으로 고찰해보기만 해도, 근대적 의미의 과학기술, 근대적 의미의 자유, 민주 · 인권 · 법치 관념 및 이에 대응하는 체제가 모두 자유시장 형태의 자본주의 토대 위에서 세워진 것임을 쉽게 발견할 수 있다. 이러한 의미의 자본주의를 근대 자본주의라고 명명해도 무방할 것이다. 근대 자본주의가 최종적으로 그 역사적 지위를 확립한 19세기 이전에, 자유 · 민주 · 인권 · 법치 등 근대적 관념과 이와 관련된 체제들은 시작되지 않았거나 혹은 막 싹이 트는 상태에 있었다. 동유럽 · 남유럽 · 유럽 서남 지역의 포르투갈 · 스페인뿐만 아니라, 동아시아 · 남아시아 · 서아시아에서도 그러했고, 심지어 근대 자본주의가 탄생한 지역인 서유럽에서도 대체로 마찬가지였다. 공공질서 속의 제약과 균형, 민권 · 분권 · 다수원칙, 소수 집단의 권익 보호 등의 원칙들은 이전부터 유럽 혹은 서양의 전형적인 문화적 유전자로만 여겨져 왔다. 하지만 사실상 이러한 원칙들은 일종의 세속적이고 충돌이 가득했던 발전 과정에서 나온 최근의 산물이고, 그 기원을 봐도 결코 유럽에서 먼저 시작된 것만은 아니다.[2] 이러한 관점의 근거는 아주 간단하다. 유럽 심지어 서유럽에서도 처음부터 이러한 원칙들이 성행하지는 않았고, 아시아와 마찬가지로 여러 종류의 비근대적인 심지어 대단히 집단주의적인 가치관이 성행했기 때문이다.[3]

부인할 수 없는 것은 이러한 인식에는 한 가지 기본 전제가 깔려 있다는 점이다. 즉 근대성의 원칙이 확립되기 위해서는 반드시 근대 자본주의적 의미의 사회경제 발전 수준에 도달해야 한다는 것이다. 경제결정론과 마르크스주의 색채를 띤 이러한 인식에서는 분명 경제적 토대가 상부구조를 결정하는 근본 요소가 된다. 따라서 인류 문명 발전의 총체적 진화 과정에서 자유시장 형태의 자본주의는 자유 · 민주 · 인권 · 법치 등 근대적 관념 및 해당 체제를 결정하는 근본적 전제가 된다. 다시 말하면 논리적으로든 아니면 시간적 순서로든, 모두 자유시장을 바탕으로 하는 자본주의가 먼저 성립되어야만 비로소 자유 · 민주 · 인권 · 법치 등의 근대적 관념과 해당 체제가 있을 수 있다는 것이다. 역은 성립하지 않는다. 이 점은 왜 많은 아프리카 국가들과 남아시아 국가들이 경제는 정체되어 있고, 정치적 동요는 해마다 반복되며, 나아가 끝이 없을 것 같은 사회적 빈곤 상태에 있는지를 충분히 설명해준다. 그 이유는 이 국가들이 근대 자본주의가 형성되기도 전에, 근대 서양에 먼저 출현한 협의의 근대적 관념과 체제를 기계적으로 받아들였기 때문이다. 특히 비서양 국가가 근대화를 실현하는 데 있어 결코 중요한 요소들이 아닌 관념과 체제, 예를 들면 형식적인 정치적 자유와 직접민주주의 및 대의민주주의를 기계적으로 받아들였기 때문이다.

충분한 의미를 가진 근대 자본주의가 아직 형성되기도 전에 서양의 특수한 형태인 근대적 관념들을 급하게 수입하고, 서양의 특수한 형태인 근대적 체제들을 수립하려는 것은 마치 부드러운 모래사장 위에 기초도 다지지 못한 상태에서 마천루를 짓는 것과 같다. 물론 각 문명과 각 지역 간의 사회 발전 수준 및 구체적인 역사적 상황의 차이로 말미암아, 근대적 관념과 체제를 표현하는 형식 및 확립하는 시간에는 이런저런 차이가 있을 수도 있다. 그러나 근대적 관념과 체제가 반드시 자유시장의 의미를 지닌 자본주의를 선결 조건으로 해야 한다는 데는 의심할 여지가 없다. 그렇다면 무엇이 자유시장 형태의 자본주의인가? 간단하게 말하면 이러한 종류의 자본주의는 그 재산권이 명확하다는 전제하에서 자본 · 원자재 · 사람 · 상품 · 기술이 자유롭게 유동할 수 있는 근대 자본주의이다. 이러한 자본주의는 자본을 신속히 축적 · 재생산 · 확대하고 신속히 사용하는 데 대단히 유리하기 때문에, 사회 생산력을 급속하게 향상시킬 수 있다. 특히 주의할 점은 근대성이 서양만의 유일한 문명 자질이 아닌 것처럼, 자유시장 형태의 자본주의가 비록 서양에 먼저 출현했지만, 서양이 애초부터 갖고 있던 문명 자질도 아니고, 서양만이 유일하게 전파할 수 있고 이식할 수 있는 문명의 성질 또한 결코 아니라는 점이다. 이러한 인식은 일반적인 자본주의 개념을 더욱 깊이 탐색해야 한다는 것을 의미한다. 본질적으로 말하면 이러한 종류의 자본주의는 논리적인 측면에서 자유시장 형태의 자본주의보다 그 함의가 더욱 넓다. 역사적 사실 또한 근대 이전에 이미 근대 자본주의와 거의 흡사한 경제 현상이 서유럽뿐만 아니라 각 주요 문명 지역에 광범위하게 존재했음을 증명해준다. 물론 이러한 자본주의는 충분한 의미에서의 근대 자본주의와는 다르다. 이는 자본주의를 자동적으로 자유시장 형태의 자본주의 혹은 근대 자본주의로만 보는 과거의 인식 태도를 버려야만 한다는 것을 의미한다.

마찬가지로 근대 과학기술도 각 주요 문명이 각자 형성한 과학기술의 토대 위에서, 또한 각 주요 문명이 각자의 사회 발전 수준의 토대 위에서 오랫동안 이루어온 기술 축적과의 교류에서 나온 결과이다. 또한 근대 과학기술은 각 주요 문명이 경제-기술적인 세계체제 내에서 오랫동안 상호 작용한 총체적인 산물로 볼 수도 있다. 만약 이러한 세계체제가 없었다면, 그리고 이러한 종류의 문명 간 상호 작용이 없었다면, 서양인들은 결코 근대 과학기술을 형성할 수 없었을 것이다. 이에 대해 어떤 비교 가설을 해보아도 무방할 것이다. 서양인을 굳이 화성에까지 갖다 놓지 않더라도, 그들을 아프리카 중부나 혹은 유라시아 대륙과 상대적으로 단절된 어떤 지역에 갖다 놓으면 그들은 어떤 성과를 낼 수 있을까? 그들이 과연 독자적으로 근대적 의미의 과학기술을 형성할 수 있을까?

나음으로 민족국가에 대해 살펴보자. 오랫동안 민족국가는 유럽에서만 유일하게 형성된 일종의 근대적 현상이라는 견해가 유행했다. 여기서는 민족국가를 근대적 현상으로 볼 수 있는지, 그것이 근대성이란 가정하에 어떤 의미가 있는지, 또는 근대성이 유럽인 나아가 전 인류에게 유익했는지 아니면 유해했는지의 여부는 논하지 않을 것이다. 단지 역사적 사실만 약간 고찰해보면, 민족국가가 근대 이후 서양에서만 유일하게 나타난 현상도 아니고, 나아가 서양에서 먼저 출현하지도 않았다는 사실을 쉽게 발견할 수 있다.[참고 6-1] 유럽 역사에서 근대적 의미의 민족국가는 일반적인 형태는 아니었다. 이는 17세기 이후 한때 성행한 적이 있는 일종의 정치체제나 정치적 정체성의 한 양상에 불과한 것으로 보아야만 한다. 장기적으로 보면, 유럽 경제 일체화와 유럽 정치 일체화가 빠르게 진행됨에 따라, 그리고 세계 기타 지역의 지역 일체화 진행 과정이 심화됨에 따라, 민족국가는 최종적으로는 완전히 사라질 것이다. 앞으로 그것을 대신할 것은 민족국가보다 더욱 큰 경제 공동체일 수 있고, 이러한 토대를 바탕으로 더 거대한 경제 · 사회 · 정치적 공동체가 형성될 수도 있을 것이다.

헌정민주주의 및 해당 자유 · 인권 · 법치 관념을 먼저 형성하고 실천한 점에서, 서양 문명은 분명 여타 문명보다 더 많은 공헌을 했다고 볼 수 있다. 하지만 본질적으로 말하면 헌정민주주의는 사회 · 경제 발전을 선결조건으로 한다. 따라서 이는 사회 · 경제 발전의 산물이 된다. 근본적으로 보면 헌정민주주의는 한 국가 혹은 한 문명의 경제 · 사회 발전 수준에 따라 결정된다. 비록 현대 헌정민주주의가 사회 · 경제 발전의 토대 위에서 수립되지만, 더 정확하게 말해 자유시장 형태의 자본주의 토대 위에서 수립되지만, 이것을 한 문명과 다른 문명을 구별하는 일종의 독특한 자질로 볼 수는 없다. 설령 이것이 대단히 중요한 측면이라고 해도, 서양 형태의 근대성은 결코 단숨에 이루어진 것도 아니며, 길고 긴 변화 발전 과정 없이 실현될 수 있었던 것도 아니다. 이러한 이유 때문에, 근대성 나아가 초기 근대성도 결코 서양 문명만의 독점물이 될 수는 없고, 더욱이 서양 형태의 협의적 근대성도 서양 문명을 기타 문명과 구별 짓는 본질적 자질로 보아서도 안 된다.

특히 주목할 필요가 있는 점은 근대성은 확산될 수 있다는 사실이다. 사실상 어떤 문명이라도 그것이 형성한 의미 있고 가치 있는 이념은 모두 확산될 수 있다. 지연, 경제, 정치적 의미를 내포한 문명 간의 상호 작용을 연구하고, 또한 한 문명이 어떤 의미에서 어떤 방식으로 다른 문명에 영향을 미쳤는지를 고찰하면, 인구 규모, 경제 규모, 영토 규모, 정치 통합성(한 문명은 대부분 비교적 통일된 하나의 행위체로 나타나지, 사분오열된 다종족-문화 집단 혹은 하위 문명으로 나타나지는 않는다), 가치 체계와 같은 요소들은 일반적 의미의 문화(의식주와 행위에 있어서의 풍속 및 그 방식, 나아가 음악 · 무용 · 미술 · 문학의 형식 및 내용 등), 과학기술, 제도와 비교해 보면 더욱 중요한 의미를 가지고 있음을 알 수 있다. 왜냐하면 문화 · 과학기술 · 제도 방면의 새로운 이념은 한 문명이 다른 한 문명에 영향을 미치는 총체적 능력, 특히 그중에서 경제 · 정치 · 군사적인 능력을 일시적으로 강화시킬 수는 있지만, 장기적으로 볼 때 이러한 이념들은 확산되거나 전파될 수밖에 없다. 따라서 다른 문명 특히 그러한 이념들을 수용하고 소화할 수 있는 규모와 능력을 가진 문명에 의해 이용될 수밖에 없기 때문이다.

이와 비교하면 길고 긴 역사 과정에서 한 문명의 인구 · 경제 · 영토의 규모는 상대적으로 안정되어 있다. 반면 문화 · 과학기술 · 제도 방면의 창조성은 늘 한 문명에서 다른 문명으로 전이되었다. 그러나 인구 규모[참고 6-2], 경제 규모, 영토 규모, 정치 통합성은 이러한 전이성이 크지는 않았다. 제1기 문명, 예를 들면 수메르와 이집트 문명이 창조한 문화 · 과학기술 · 제도는 찬란했지만, 진정한 의미에서 그 창조적 성과를 대규모로 이용한 것은 오히려 그 뒤에 일어난 제2기 문명인 그리스와 시리아 문명이었다. 그리고 그리스와 시리아 문명이 정치사상, 법률제도, 사회-문화 관념, 문학예술 방면에서 보여준 창조성 또한 찬란했지만, 그 창조적 성과를 대규모로 이용한 것은 오히려 그 뒤에 일어난 제3기 문명, 예를 들면 이슬람 · 서양 기독교 · 러시아 동방정교의 시리아형 문명이었다.

동일한 맥락에서 서기 16세기 이후 서양 문명은 정치제도 · 과학기술 · 문학 · 음악 · 예술 방면에서 끊임없는 창조성을 보여주었다. 그리고 이 창조성이 인류 역사의 진행 과정에 미친 지대한 영향은 어떤 식으로 평가해도 지나치지 않다. 하지만 이러한 창조들은 다른 문명으로 확산될 수밖에 없었다. 한 문명이 이룬 기술 발명과 창조는 다른 문명으로 쉽게 전파될 수 있고, 다른 문명이 쉽게 수용할 수 있다. 많은 사람들이 이슬람 근본주의자들은 근대성에 가장 격렬한 반감을 가지고 있다고 생각하지만, 그들은 기술 방면에서만큼은 근대성을 배척하지 않고, 오히려 자신들의 근본 목적을 위해 선진 기술을 충분히 이용하고 있다. 물론 이슬람교뿐만 아니라 유대교와 기독교의 근본주의도 근대성의 산물이라고 볼 수 있다. 오랫동안 어떤 사람들은 서양이 과학기술 방면에서 이룬 근대적 창조를 근대성 그 자체로 보는 것을 당연시해왔다. 그러나 이것은 근대성의 한 일면에 불과하다고 말하지 않더라도, 그리고 다른 문명이 일찍이 서양의 근대적 과학기술을 가능하게 한 과학기술을 창조한 적이 있다는 점을 말하지 않더라도, 또 설령 이러한 종류의 과학기술적 근대성을 순전히 서양 문명만의 성과로 본다고 하더라도, 이 근대성은 확산될 수밖에 없는 것이다. 실제로 서양 형태라 여기는 협의적 근대성은 줄곧 확산되었고, 현재까지도 이러한 확산 과정이 멈추었다고 말할 수는 없다. 서양에서 러시아로, 서양에서 인도로, 서양에서 이슬람 세계로, 서양에서 일본으로, 서양에서 중국으로, 일본에서 중국으로, 중국 한족에서 중국의 소수민족에 이르기까지 이러한 예는 무수히 많다. 하지만 문제는 서양 형태의 협의적 근대성이 어떻게 전파되었는가가 아니라, 다른 문명은 서양의 특수한 형태와 다른 근대성을 형성한 적이 있었는가 하는 점(혹은 형성할 수 있었는지의 여부)이다. 그리고 이러한 근대성이 서양적 근대성을 형성하는 데 참여했는지, 이러한 종류의 근대성이 없었다면 서양적 의미의 근대성이 형성될 수 있었는가 하는 점이다.

서양적 의미의 협의적 근대성은 결코 서양인이 독자적으로 형성한 것이 아니라, 그것은 인류 문명의 총체적 변화 발전의 결과이다. 또한 다른 문명에서도 일종의 더욱 광의적인 근대성이 그 문명들의 고유한 이념의 구조 속에서 또는 그 형태 속에서 줄곧 존재했고 발전했다. 그 문명들의 근대성과 근대 이후 서양 형태의 근대성은 어느 정도 형식적인 차이가 있기는 하지만, 본질적으로는 크게 다르지 않다. 더 중요한 것은 서유럽 이외 지역에 존재했던 근대성과 근대 이전 서유럽의 근대성은 비록 형식적인 차이가 있기는 하지만, 그 수준에는 결코 큰 차이가 없었다. 왜냐하면 이러한 서로 다른 유형들의 근대성은 모두 대체로 같거나 혹은 비슷한 사회경제 발전 수준 위에 수립된 것이기 때문이다. 바로 이러한 사회경제 발전 수준의 상호 유사성으로 인해, 근대 이전 서유럽을 포함한 각 대문명이 보인 각자의 근대성 사이에는 일종의 질적인 친연성이 존재했다. 서로 다른 근대성 간의 본질적인 친연성이 상호 비슷한 사회경제 발전의 토대 위에 수립되었기 때문에, 각 대문명의 장기적 교류, 상호 이익과 혜택, 공동의 발전이 모두 가능할 수 있었다. 바로 이 때문에 근대 이후 서양 형태의 근대성이 급속히 전파될 수 있었다. 또한 이로 인해 서양 형태의 근대성은 본래부터 갖고 있던 서유럽의 특징에서 벗어나, 다른 문명의 구조적인 참여에 따라 전적으로 새로운 의미를 획득하고, 완전히 새로운 세계적 지질을 얻었으며, 최종적으로는 보편적인 의미를 지닌 진정한 근대성으로 탈바꿈할 수 있었다.

2. 근대 과학기술은 서양 문명이 독자적으로 형성한 것이 아니다

유행하는 견해에 따르면 서양 과학기술은 곧 근대 과학기술의 대명사이다. 근대 과학기술은 종종 서양 문명의 중요한 내용으로 여겨지기도 하고, 서양인이 인류 문명에 끼친 중요한 공헌으로 생각되기도 하며, 심지어는 서양 문명과 다른 문명을 구별 짓는 일종의 독특한 자질로 간주되기도 한다. 예를 들면 슈펭글러는 화학무기 · 시계 · 철도 · 전화 심지어 인쇄술조차 모두 서양 문명의 특징으로 여긴다. 오랫동안 많은 사람들은 과학기술이 산업혁명의 원동력이라고 생각해왔다. 그러나 역사학계의 중요한 연구들에 따르면 과학기술은 결코 산업혁명을 일으킨 중요한 요소가 아니며, 심지어 어떤 형식을 유발하는 원인도 되지 못한다고 한다. 일반적으로 잠재 가치가 있는 기술 발명들은 항상 이러한 기술들이 대규모로 사용되기 전에 출현하지 그 이후에는 출현하지 않는다. 바로 이러한 이유 때문에 대다수 발명들은 물거품이 되거나, 근본적으로 그 잠재 가치를 대규모로 사용할 기회를 얻지 못한다고 볼 수 있다. 이로 인해 역사의 진행 과정에 참여하지 못하는 일종의 발명 유산이 되기도 하는 것이다.

브로델은 "기술의 실제적 응용은 항상 경제생활의 일반적 운동보다 뒤처진다. 그것은 반드시 분명하고 강한 수요를 기다려야만 하고, 여러 번의 요구를 거친 후에야 비로소 경제생활에 개입할 수 있다. …… 기술 혁신은 분명 시장의 시스템을 따른다. 반드시 소비자의 강한 요구가 있을 때 기술 혁신은 객관적인 상황에 따라 나타날 수 있다"[4]라고 했다. 안드레 군더 프랑크(Andre Gunder Frank) 또한 "기술은 항상 독자적으로 발전하는 것이 아니라, 서로 같거나 혹은 다른 환경에 신속하게 확산되거나 적응하는 것이다. 구체적으로 말하면 기술의 선택 · 응용 · 진보는 사실상 기회비용에 따른 합리적 반응이다. 그리고 기회비용은 세계경제와 현지의 공급과 수요 상황에 따라 결정된다. 이는 곧 기술의 진보가 어느 곳에 있든지 간에 주로 세계의 발전에 따라 결정되지, 지역적이고 민족적인 현지의 특징에 따라 결정되는 것은 아님을 의미한다. 게다가 문화적 특징에 따라 결정되는 것은 더욱 아니다"[5]라고 했다. 이렇게 볼 때, 잠재적 가능성을 가진 한 기술이 그 가치를 충분히 실현할 수 있는 가장 중요한 요소는 바로 한 사회의 경제 발전 수준이다. 혹은 경제 발전 수준에 근거한 그 사회의 시장 수요이지, 발명 자체는 아니라고 볼 수 있다. 다른 측면을 보면, 서양인이 근 1~2세기 동안 정치 · 경제 · 군사 방면에서 우위를 차지하고 있었기 때문에, 서양의 과학기술 또한 근대로 간주되는 특권을 누릴 수 있었다. 하지만 비서양 문명들도 일찍부터 근대 이전에 이미 많은 발명과 창조를 했다. 이러한 발명과 창조가 없었다면 동아시아와 남아시아의 문명이 현재까지 오랜 시간 동안 성장하고 계승되면서 이어올 수는 없었을 것이다. 서양 과학기술은 어떻게 근대로 간주될 수 있었을까? 서양 과학기술이 근대로 간주될 수 있는 이유는 서양 문명의 특수한 자질 때문일까, 아니면 서양인의 탁월한 지혜 혹은 천부적인 자질 때문일까? 한 세계체제 내에서 과학기술 성과가 다른 지역으로 전파되고 교류되었기 때문에 근대로 간주된 것은 아닐까? 또는 인류 문명의 총체적 변화 발전과 총체적 경제 발전의 내재적 수요로 인해 근대로 간주된 것은 아닐까?

주지하다시피 서양 문명은 그리스 로마 문명으로부터 변화 발전해 왔다. 그리스 로마 문명도 이집트와 유프라테스 · 티그리스 강 유역의 다양한 문명의 토대 위에서 건립되었다. 마찬가지로 서양의 과학기술 또한 그리스 로마 과학기술의 성과라는 기초 위에서 건립되었고, 그리스 로마의 과학기술은 역시 이집트와 유프라테스 · 티그리스 강 유역의 과학기술 성과에서 많은 자양분을 섭취했다. 뿐만 아니라 서양 과학기술은 이슬람 · 중국 · 인도 문명의 중요한 과학기술적 성과에서도 많은 것을 물려받았다. 이것이 바로 근대로 간주되는 서양 과학기술이 실제로는 인류 문명의 총체적 발전과 변화의 산물이고, 서양보다 더 큰 경제체제의 총체적 발전과 내재적 수요에서 비롯된 산물로 보는 이유이다. 만약 중국인이 화약과 초기 형태의 화약 무기를 발명하지 않았더라면, 서양 역사에서 화약 무기가 가장 필요한 시기에 근대적 화약 무기가 그렇게 마술처럼 만들어질 수 있었을까? 유프라테스 · 티그리스 강 유역 문명과 그리스 로마 문명이 이룩한 기계 기술의 장기적인 발전과 축적이 없었더라면, 근대 초기 서양인들이 무에서 유를 창조해내듯 그렇게 시계를 제조해내고 나아가 정밀한 스위스 시계를 제조해낼 수 있었을까? 연산 효과를 크게 발전시킨 아라비아숫자도 사실 인도인의 발명품이었다. 0의 개념 또한 인도인이 인류 문명에 끼친 공헌이다. 철도를 보면, 그 자체는 본래 위대한 발명이 아니었지만, 19세기 초기에 기존 운송 수단이 더 이상 영국의 왕성한 경제 발전과 활기찬 소비 수요를 만족시킬 수 없는 상황에서 발전할 수 있었다. 전보와 전화는 1960~1970년대 미국에서 발명된 후 급속도로 전 세계로 널리 보급되었다. 사실 이 또한 경제 발전이 야기한 빠르고 편리한 통신 수단에 대한 내재적 수요라는 거대한 배경에서 생겨날 수 있었다. 인쇄술은 근본적으로 서양인의 발명품이 아니라 중국에서 먼저 출현했다.

기원전 3000년에 건설된 피라미드를 보면, 당시 이집트인은 이미 복잡한 수학과 기하학 문제를 해결하는 지식을 가지고 있었음을 알 수 있다. 기원전 약 2000년에 그들은 이미 일원 일차와 이원 이차방정식을 알고 있었고 그들은 또한 세계에서 최초로 태양력을 창조했다.[6] 그들이 가지고 있던 세밀한 보석 장식물 제조 기술은 지금까지도 타의 추종을 불허한다. 이 밖에도 그들은 유리에 색을 입히는 기술을 발명했고 세계 최초로 가죽을 무두질하여 제품을 만드는 기술을 보유한 민족이었다.[7] 유프라테스 · 티그리스 강 유역에서는 가축 떼의 수량 통계, 곡물 중량 계량, 토지 면적 측정에 대한 수요가 있었기 때문에, 바빌로니아인은 아주 일찍부터 대단히 발달한 수학을 갖고 있었다. 그들은 아주 일찍부터 자릿수 개념을 알았다. 예를 들면 25와 52 중의 2는 확연히 다르다. 전자의 2는 십 자릿수의 2이고 20을 대표하지만, 후자의 2는 한 자릿수의 2이고 2를 대표한다.

기원전 7세기 바빌로니아인은 이미 제곱근과 세제곱근을 계산할 수 있었고, 이미 이차방정식을 사용했다. 십진법과 육십진법은 유프라테스 · 티그리스 강 유역에서 동시에 사용했는데(후자는 이 지역의 독창적인 발명이다), 그중 육십진법은 아랍인과 그리스인들이 채택한 후 유럽으로 전래되었고, 지금까지도 여전히 전 세계에서 사용하고 있다.[8] 이보다 조금 후 중국 상나라에서는 청동 제련 주조 기술이 고도로 발달했는데, 이는 세계 기타 지역보다 한참이나 앞선 것이다.[9] 좀 더 시간이 지난 후 서아시아 지중해 지역에서는 페니키아인이 발전시킨 항해 기술이 이후에 흥기한 그리스 문명에 대단히 깊은 영향을 미쳤고, 그들이 발명한 알파벳 체계는 그리스인과 아랍인을 거쳐 유럽을 포함한 세계의 대다수 서체 체계에 영향을 미쳤다. 알파벳이 서양 문명에 끼친 위대한 공헌은 어떻게 평가해도 결코 지나치지 않다.

서양 과학기술이 기타 문명에서 혜택을 받은 사례는 물론 위의 예만 있는 것은 아니다. 중국에서 발명한 말[馬] 사용 방법은 10세기에 서양에 전래되었는데 말은 이때부터 서양 농업의 중요한 동력원이 되었고, 서양의 농업 생산성은 이로 인해 대단히 향상되었다. 중국 혹은 서아시아에서 발명한 수차는 본래 방아로 곡물을 빻는 데만 사용되다가, 유럽인에게 전래된 이후에는 다목적으로 사용할 수 있는 일종의 동력장치로 발전했다. 15세기 후반 무렵에 중국이 발명한 인쇄술 또한 서양에 전래되기 시작했다. 이는 정보의 전파, 문명의 번영, 문명 자질의 향상에 헤아릴 수 없는 영향을 미쳤다. 화약은 송나라 중국인이 발명했고, 금나라와의 전쟁에 사용되었다. 몽골인은 금나라의 전투 중에 화약을 알게 되었다. 그들은 화약과 간단한 화약 무기를 중앙아시아, 남아시아 나아가 동유럽의 성을 공격하고 땅을 정복하는 데 사용했다. 14세기 화약과 화약 무기가 유럽에 전래되면서 이후 유럽인은 이를 개조하고 발전시켜 조선과 항해 기술에 결합시켰다. 이로 인해 화약과 화약 무기는 서양의 지리 대확장의 중요한 기술 수단이 되었다.[10] 이와 마찬가지로 중요한 의의가 있는 것은, 화약과 화약 무기가 유럽에 보급됨으로써 험준한 곳에서 봉건귀족을 굳건하게 지켜주던 견고한 성들이 이때부터 무용지물이 되었다는 점이다. 즉 유럽에 전래된 화약과 화약 무기는 봉건귀족이 오랫동안 누려오던 권력을 근본적으로 동요시키는 역할을 했고, 이로 인해 근 천 년을 지속하던 유럽 봉건사회는 마침내 붕괴의 길로 나아가기 시작했다. 또한 의학 방면을 보면, 19세기 후반 무렵에 서양 의학이 비록 장족의 발전을 이루기는 하지만, 그 의료 성과는 중국 전통의학보다 뛰어나지는 못했다. 심지어 1880년대까지도 우매한 혈액 채취 요법, 예를 들면 말거머리를 이용한 혈액 채취 방법을 런던 의사들은 여전히 사용하고 있었다.[11] 통계에 따르면, 명나라 전기에 이르기까지 세계에서 중요한 기술 발명과 중대한 과학기술 성과는 약 300항목이 있는데, 그중에서 중국의 발명은 약 175항목으로 57퍼센트를 차지한다. 심지어 명나라 중기와 후기까지만 해도 중국 문명과 서양 문명의 과학기술 창조력은 각자 나름의 특색을 갖고 있었고, 또한 대등한 위치에 있었다.[12]

이에 따라 다음과 같은 질문을 할 수도 있다. 만약 중국인이 발명한 화약 · 인쇄술 · 제지술 등이 유럽에 전래되지 않았다면, 혹은 전래되었더라도 제때에 유럽에 전래되지 않았더라면, 봉건귀족의 견고한 성이 이처럼 시기적절하게 파괴될 수 있었을까? 시장경제를 성장시키는 데 중요한 작용을 하는 국내 통일시장이 이처럼 시기적절하게 형성될 수 있었을까? 유산계급이 이처럼 시기적절하게 흥기할 수 있었을까? 이후 유럽인의 군사 · 항해 · 경제 방면에서의 우위와 사회 · 문화(문예부흥과 종교개혁에 반영된다) 방면에서의 획기적인 변혁이 가능했을까? 서기 16세기 이후 특히 19~20세기의 유럽이 다른 문명보다 명확한 우위를 획득할 수 있었을까?

이런 질문들은 분명 대답하기 어려운 것이 아니다. 하나의 중요한 근대성으로서 서양에서 먼저 생겨나 근대라 간주되는 과학기술은 각 대문명이 세계체계 속에서 진행한 지연 상호 작용과 총체적 변화 발전의 성과이지, 서양 문명이 독자적으로 발전시킨 산물이 아니기 때문이다. 이는 의심할 여지가 없는 것이다. 실제로 조선술 · 운송 · 인쇄술 · 야금술 · 화포 · 화력 등 중요한 기술 방면에서, 각 대문명들은 줄곧 밀접한 상호 교류를 해왔다. 심지어 서기 16세기에 와서도 각 주요 문명의 과학기술은 대체로 비슷한 발전 수준에 있었다. 세계체제론자인 군더 프랑크는 "분명 유럽이 많은 과학기술 전파의 결과를 계승하기는 했지만", 그러나 서기 1500년 이전의 천 년 동안 유럽은 과학기술과 결코 인연이 없었으며, "과학기술은 오히려 동아시아 · 동남아시아 · 남아시아 · 서아시아에 주로 분포되어 있었는데, 특히 중국과 페르시아 간의 교류에 분포되어 있었다"라고 했다.[13] 이러한 이유로, 설사 서양에 먼저 출현한 근대 과학기술을 일종의 중요한 근대성으로 간주한다고 해도, 그것의 유래는 반드시 깊이 탐구해야만 한다. 또한 그것이 도대체 어떤 의미를 가진 근대성인지도 그 근원부터 꼼꼼하게 따져야만 한다. 만약 서양에서 먼저 출현한 과학기술을 서양과 기타 지역을 구별 짓는 일종의 문명 자질로만 간주한다면, 이는 곧 대단히 잘못된 오류를 범하는 것이 된다.

3. 근대 자본주의는 서양에서 독자적으로 형성되지 않았다

근대 과학기술과 상황이 비슷한 것이 있다. 그것은 유럽에 최초로 출현했다고 보는 근대 자본주의다. 이 또한 늘 유럽만의 독특한 현상으로 간주되고, 심지어 서양을 서양으로 규정할 수 있는 유일한 자질로 여긴다. 근대적 형태의 자본주의가 서양 문명을 다른 문명과 구별 짓는 일종의 근본적 자질이 될 수 있는가? 1920~1990년의 중국 자본주의 맹아에 대한 대토론에서, 적잖은 논자들은 서양적 의미의 근대 자본주의가 만약 중국을 침입하지 않았다면, 중국은 영원히 독자적으로 자본주의를 형성할 수 없었다고 보았다. 이러한 가정은 어느 정도까지 의미를 가질 수 있는가?

이런 가정을 증명하거나 혹은 반박하기 위해서는 역사를 1840년 이전으로 되돌려 다시 한 번 시작해야 한다. 더 정확하게 말해 중국 문명이 서양의 개입이 없는 상황에서 몇백 년 심지어 천 년 넘게 다시 독자적으로 변화 발전해보아야 한다. 하지만 이는 불가능한 것이기 때문에 따라서 이러한 가정은 어떠한 의미도 가지지 못한다. 그러나 만약 깊이 사유해보지도 않고 다른 생각에 근거해서(예를 들면 나라를 멸망에서 구하고 생존을 도모하기 위해 중국의 전통문화를 전면적으로 부정하는 것과 같은) 이러한 가정을 전적으로 수용한다면, 다른 문명들이 근대 자본주의를 먼저 형성하거나 선천적으로 가지지 못했다고 해서, 서양인이 집을 부수고 방에 들어와 강도짓을 하듯이 근대 자본주의를 이 문명들에 강요하는 것은 완전히 합리적인 것이 되어버리고, 다른 문명들은 이 때문에 서양의 강도짓에 오히려 감사해야만 한다. 어찌되었든 생존과 발전을 위해서 다른 문명들은 자발적으로 근대 자본주의를 도입해야만 한다. 물론 자본주의 맹아에 대한 토론 자체에 자본주의가 서양만의 독특한 현상이 결코 아니라는 중요한 전제가 깔려 있기는 하다. 하지만 이러한 전제하에서 깊이 사유하지 않고 서양의 기준을 채택하여, 중국이 지금까지 근대 자본주의를 형성한 적도 없고 또한 독자적으로 형성할 수도 없었다고 인정해버리면, 이는 곧 근대 자본주의는 서양만의 유일한 문명 자질임을 인정하는 것과 같다.

이는 이상할 것이 없다. 왜냐하면 논자들이 당시의 중국 상황에만 매몰되어 있었기 때문에, 자본주의를 더욱 객관적이고 더욱 총괄적으로 정의할 수도 없었고 또한 그렇게 하기를 원하지도 않았기 때문이다. 이로 인해 18세기 말 이후 산업혁명과 함께 일어난 서양 자본주의는 이치에 맞지 않는 보편성을 부여받게 되었다. 서양의 기존 이론만을 중국의 실제 상황에 적용하면, 그 결과는 당연히 중국은 지금까지 자본주의를 형성한 적도 없고 또한 형성할 수도 없었다는 논리가 된다. 따라서 이른바 중국 자본주의 맹아는 완전히 없던 일이 되어버리고, 심지어 자본주의 맹아 문제 자체도 허위적인 문제가 되어버린다. 이런 토론은 결국 자본주의의 정의와 관련되기 마련이다. 자본주의란 무엇인가? 그 의미를 좁게 보면 자본주의는 다음과 같은 경제 형식이다. 사회 생산자원은 대개 개인이 소유하고, 생산의 조절과 상품 혹은 사회 자원의 분배는 주로 자유시장을 통해 진행된다. 이렇게 생산된 잉여가치나 이윤은 다시 자본으로 전환되고 이러한 자본은 더 많은 이윤을 획득하기 위해 다시 재생산을 확대하는 데 사용된다. 자본주의는 자본 축적과 유동, 잉여가치에 토대를 둔 일종의 사회생산과 분배 형식이자, 이러한 생산과 분배 형식에 기반을 둔 생활방식이라고도 말할 수 있다. 이는 상당히 엄격한 정의이다. 이러한 정의는 아편전쟁 이전의 중국 문명에는 자본주의가 결핍되어 있었기 때문에, 근대성이라 할 만한 것이 근본적으로 없었다는 것을 의미하게 된다. 이는 대단히 중요한 문제가 된다.

하지만 현대 세계체제론자인 프랑크는 결코 이렇게 보지 않았다. 그는 각 농업문명에는 일종의 광의의 자본주의, 즉 상업주의가 존재했다고 보았다. 이것은 물론 근대적 의미의 자본주의는 아니지만, 근대 자본주의가 성립될 수 있는 하나의 전제가 된다. 이러한 광의의 자본주의적 요소들은 사람들이 보고자 하는 혹은 인정하고자 하는 것보다 훨씬 더 많았다.[14] 이른바 상업주의의 성장은 지속적이고 장기적인 하나의 과정으로서, 문명이 막 출현할 즈음인 기원전 약 3000년에 이미 시작되었다. 프랑크의 이론 구조 속에서 상업주의의 성장 과정은 사실상 장기적인 자본축적의 한 과정이거나 혹은 광범위한 의미에서 자본주의의 변화 발전 과정으로도 볼 수 있다. 그가 자본주의라는 개념을 사용하지는 않았지만, 이는 근대 자본주의의 예행연습이었다고 볼 수 있다. 서기 16세기 이후 근대 자본주의가 유럽에 흥기한 사실은 단지 전 세계적인 진행 과정에서 일어난 하나의 양적 성장이었지, 봉건주의에서 자본주의로 이르는 질적 변화는 아니었다. 이는 근대 자본주의가 서양에서 독자적으로 형성된 것이 아니라, 세계경제 체제 내에서 각 지역 혹은 문명 간의 장기적인 지연 상호 작용의 산물임을 의미한다. 문명이 탄생한 이후 이러한 세계적인 경제체제는 줄곧 확장되고 있었다. 근대 초기에 복식부기 · 환어음 · 은행 · 거래소 · 시장 · 이서 · 어음 할인 등 서양 근대 자본주의가 운용했던 이성적 수단들은 서양 세계 밖에서, 서양이 신처럼 신봉하는 이성 밖에서도 분명 존재했다.[15] 이러한 종류의 관점에 근거하면, 근대 자본주의 형성에서 유럽이 담당한 역할은 크게 절하될 수도 있고, 심지어 완전히 부정될 수 있다는 것을 쉽게 알 수 있다.

또 다른 세계체제론자인 스티븐 샌더슨(Steven Sanderson)의 견해는 프랑크와는 다소 다르다. 그는 서기 16세기 이전 상업주의가 비록 장기적인 확장 과정을 겪기는 했지만, 이러한 과정이 본질적으로는 비자본주의적인 조공 제도 사회에서 발생했기 때문에, 자본축적의 과정으로 보는 것보다 확장 중인 세계적인 상업화 과정으로 보는 것이 가장 적합하다고 했다. 하지만 이러한 조공 제도 사회에도 어떤 초기 자본주의 형태, 혹은 중국 학술계가 일찍이 뜨겁게 토론한 바 있는 자본주의 맹아의 함의보다도 더 광범위한 원형 자본주의(proto-capitalism)가 줄곧 존재했다. 다만 이러한 형태의 자본주의가 이 사회들의 경제생활에서 전면적이고 주도적인 지위를 확립하지 못했을 뿐이다. 이러한 이유로 샌더슨은 무역망의 규모와 비중의 증가16에서 출발하여 지속적으로 확장된 세계적인 상업화 진행 과정을 고찰할 것을 제안한다. 이러한 인식에 기초해서 그는 다음과 같은 결론을 도출했다. 이러한 의미를 가진 무역은 문명이 비교적 큰 진보를 이룬 후에야 실질적으로 성장하기는 했지만(이는 당연히 무역과 문명은 함께 발전한다는 것을 의미한다. 무역의 성장은 곧 문명 성장의 일부분으로 문명 성장의 내용이 된다), 일찍이 문명이 탄생한 시기, 즉 기원전 약 3000년에도 상업화 진행 과정의 지표가 되는 무역이 출현했다는 것이다. 샌더슨은 또한 초기 무역은 비교적 작은 지역에 국한되었지만, 그 범위와 밀도 및 빈도는 걷잡을 수 없이 확대되어 점차 거대한 지역 내 무역망을 형성했다고 보았다. 여기에는 예를 들면 황허-양쯔 강 유역의 무역망, 인더스 강-갠지스 강 유역의 무역망, 지중해 서아시아의 무역망이 있다. 그리고 그는 최종적으로는 지역을 초월한 무역이 출현했다고 보았다. 이것이 바로 동아시아와 동남아시아, 동남아시아와 남아시아, 중동-북아프리카와 지중해 중서부 및 서유럽, 서유럽과 동유럽을 연결시킨 무역이다. 심지어 서아시아 지중해 세계와 동아시아를 연결하는 대륙 간 원정 무역이 출현했다.

샌더슨은 이러한 세계적인 무역 확장 과정을 크게 세 단계로 구분한다. 제1단계는 기원전 3000년 전후에 시작되어 기원전 약 200년에 끝난다. 이 단계에서 무역은 대체로 지역적이었다. 따라서 이 시기는 아직 지역을 초월한 지연 경제 상호 작용이 있었다고 말할 수는 없다. 기원전 약 200년에 이르러서야 진정한 의미의 지역을 초월한 경제적 상호 작용이 출현했고, 중국에서 지중해 세계에 이르는 대륙 간 무역축이 출현했다. 이 시기부터 서기 11세기 전후까지 홍해-페르시아 만 지역과 인도, 인도와 동남아시아, 중국과 동남아시아 및 일본, 중국과 유럽, 중국과 인도 사이에 정기적이고 규칙적인 무역 활동이 진행되었다. 이것이 제2단계이다. 서기 11세기 이후가 제3단계에 해당한다. 이 단계에서 세계적인 무역망은 더욱 확장, 심화되었고, 근대 자본주의 또한 이 단계의 후기에 탄생했다.[17] 샌더슨은 근대 자본주의 탄생의 중요한 전제를 광범위한 국내시장과 국제시장으로 보았다. 하지만 상업화 진행 과정과 지역을 초월한 시장의 성장에 대해, 각 농업문명의 기득권 계층은 오랫동안 적대적인 태도를 취했다(이 점은 논의의 여지가 있다). 이러한 이유로 세계적 범위의 상업화는 줄곧 매우 완만하게 진행될 수밖에 없었다. 하지만 길고 긴 부화기를 겪고 난 후 이 과정은 마침내 양적 변화에서 질적 변화에 이르게 되었고, 기존의 경제 역량의 균형 또한 결국 깨어지고, 근대적 형태의 자본주의 생산방식이 탄생했다. 단지 이 모든 것이 공교롭게도 서양에서 먼저 발생했을 뿐이다.[18]

프랑크는 자신의 저서에서 샌더슨의 관점을 지지했다. 프랑크는 《리오리엔트》에서 다음과 같이 말했다.

> 서기 14세기 초 동아시아와 동남아시아에서 긴 확장의 시기가 다시 시작되었다. 그리고 이 확장은 빠른 속도로 중앙아시아 · 남아시아 · 서아시아를 휩쓸었고, 15세기 중기 이후에는 또한 아프리카와 유럽으로 널리 뻗어 나갔다. 아메리카의 발견과 정복 및 그 이후 콜럼버스의 교류(아메리카 · 유럽 · 아시아 간에 있었던 경제 · 사람 · 문화 심지어 동식물과 질병 같은 많은 방면에서의 상호 영향을 가리킨다)가 바로 이러한 세계경제 체제의 확장이 가져온 직접적인 결과이자 그 구성 부분이다. …… 이는 17~18세기까지 지속되었다. 이러한 확장은 주로 아시아를 기반으로 지속되었다. 비록 유럽인이 아메리카에서 가져온 금은 화폐의 새로운 공급이 마치 불에 기름을 끼얹는 것과 같은 작용을 했지만 …… 아시아에서의 이러한 확장은 중국 · 일본 · 동남아시아 · 인도 · 페르시아 · 오스만 지역에서 인구 · 생산 · 수출입 무역이 모두 급격하게 증가하는 형식으로

나타났다.[19]

아시아가 주도한 이러한 세계경제 체제의 확장은 유럽에 지대한 지연 경제적 영향을 미쳤다. 그것은 직접적으로 유럽인의 아메리카 대륙 발견을 야기했을 뿐 아니라, 이른바 콜럼버스 교류를 가져왔고, 이로 인해 유럽인은 아메리카 대륙에서 귀금속을 얻을 수 있었다. 이를 통해 그들은 마침내 아시아가 선두 주자로 있었던 세계경제에 더욱 깊숙하게 참여할 수 있었다. 주지하다시피, 유럽인이 아시아 경제에 참여했던 방식에서 도의라고는 조금도 찾아볼 수 없다. 그것은 수탈과 착취였고 영락없는 해적 행위였고, 야만적인 수탈과 살인 및 강도짓이었다(근대 초기 포르투갈인이 인도양에서 태평양에 이르는 항로에서 자행한 모든 행위들을 그 예로 들 수 있다). 서기 16세기에서 19세기 사이에 유럽 식민주의자들이 수탈한 총 가치는 10억 파운드에 달했다. 그중 1750년에서 1800년 사이에만 영국은 인도에서 무려 1억~1억 5,000만 파운드에 이르는 금화를 수탈했다. 이러한 종류의 거대한 자본 유입으로 영국 신산업혁명을 뒷받침한 모든 자본이 형성되었다고는 볼 수 없지만, 최소한 영국의 신산업혁명에 대한 투자를 촉진했고, 특히 증기기계와 방직기술 방면에서 투자를 촉진했다고는 볼 수 있다.[20] 다시 말하면 만약 아시아 각 지역과 아메리카에 대한 유럽의 경제적 착취와 수탈이 없었다면, 근대 자본주의가 그렇게 순조롭게 형성될 수 있었는지, 그리고 산업혁명 또한 그렇게 시기적절하게 유럽에서 발생할 수 있었는지는 모두 의문스럽다.

샌더슨과 프랑크는 비록 의견 차이는 있지만, 두 사람의 공통점은 분명하다. 두 사람은 모두 근대적 자본주의 생산방식과 전통적 농업 생산방식 간에 의심의 여지 없는 연속성이 있다는 것을 강조한다. 두 사람은 제한된 의미에서만 서양인이 근대 자본주의를 형성했다는 논리가 성립될 수 있다고 믿었다. 샌더슨은 근대 자본주의는 분명 일종의 질적 변화였다고 볼 필요성은 있지만, 이에 앞서 전 세계적인 자본축적의 양적 성장도 대단히 중요한 것이고, 또한 이러한 성장의 중요성은 어떻게 평가해도 지나치지 않다고 보았다. 이와 달리 프랑크는 아예 자본주의란 개념을 하나의 모순[21]으로 보고, 이것을 철저하게 포기할 것을 주장했다. 그는 현대 역사학자들이 자본주의의 기원을 끊임없이 탐색하는 것은 마치 연금술사가 못쓰게 된 쇠붙이를 황금으로 변화시킬 수 있는 점금석(點金石)을 찾는 것과 다를 바 없다고 보았다. 따라서 가장 좋은 방법은 자본주의란 개념을 잊어버리고, 방향을 바꾸어 세계 역사에 내재된 더욱 진실한 사실들을 탐구해야 한다고 보았다. 이러한 사유는 대단한 가치가 있다. 왜냐하면 프랑크와 샌더슨 두 사람이 기존의 유행하는 자본주의 개념에 제기한 도전은 모두 역사적 사실에 대한 분석과 근대 정치 · 경제 정세에 대한 사유에 기반을 두고 있기 때문이다. 지금 이 이론을 뒷받침하는 근거는 여전히 취약해 보이므로 보강할 필요가 있다. 그러나 수년간 유행했던 진부한 견해와 비교하면, 분명 더 정확한 지식을 얻고자 노력하기 위해 사물의 본질을 심도 있게 파악한 시도라 할 수 있다.

세계체제 이론가들은 자본주의에 대한 새로운 이론을 바탕으로 다음과 같은 결론을 도출해냈다. 이전에 성행한 서양중심론은 이치에 맞지 않을 뿐 아니라 황당하기까지 하다는 것이다. 왜냐하면 서기 1500년 이전의 서양은 중심으로 간주할 수 없을 뿐만 아니라, 단지 중심에 종속된 하나의 주변 지역으로만 볼 수 있기 때문이다. 이집트 출신인 세계체제론 학자 사미르 아민(Samir Amin)은 많은 역사적 연구 성과를 종합하여 이러한 결론을 도출했다. 서기 1500년까지, 상품 잉여(일종의 광범위한 의미의 자본축적 혹은 엄밀한 의미의 자본축적은 없어서는 안 될 하나의 준비 과정 혹은 경제적 전제로 이해할 수 있다)의 규모와 수립에 근거해 무역 규모를 계산해보면, 세계 역사에서는 단지 하나의 중심만 있었던 것이 아니라 세 개의 주요 중심이 있었다. 즉 중국 · 인도 · 지중해 서아시아 지역(로마와 비잔틴 제국 시기부터 이란 사산 왕조 시기까지, 또한 아랍 칼리프 제국 시기까지)이다. 그리고 유럽과 일본은 동남아시아 · 중앙아시아 · 아프리카와 마찬가지로 주변 지역에 지나지 않았다.[22] 서기 1000년 이전에 유럽은 매우 가난했기 때문에 주변으로 간주할 만하다. 하지만 서기 1500년부터 유럽인은 모든 아메리카 대륙을 자신의 경제체제로 포함시키면서 지속적인 발전 시기로 진입했다. 설령 그렇더라도 늦게는 1800년까지 세계 각 주요 지역의 발전 수준의 차이는 그렇게 뚜렷하지 않았다. 1800년에서 1950년 사이에 비로소 확연한 차이가 벌어지기 시작했다.[23]

중심 혹은 주변의 논의에서, 프랑크의 관점은 아민과 기본적으로는 같지만, 프랑크의 논증이 더 충분하고 더 설득력이 있다. 그는 서기 16세기 이후 유럽의 흥기가 결코 유럽이 세계 기타 지역을 모두 자신의 경제체제로 편입시켰다는 것을 의미하는 것은 아니고, 반대로 유럽은 나중에야 이전부터 존재하던 세계경제 체제에 가입할 수 있었고, 또한 원래는 자신과 비교적 느슨했던 관계를 강화할 수 있었다고 보았다.[24] 더 정확하게 말하자면 유럽은 아메리카 대륙에서 약탈한 은을 바탕으로 비로소 동아시아와의 무역에 참여할 수 있었고, 세계에서 가장 막강한 무역에 비집고 들어올 수 있었으며, 아시아의 어깨 위로 기어오를 수 있었다. 만약 이러한 은이 없었다면 유럽은 심지어 발가락 하나조차 끼어 넣지 못했을 것이다. 간단히 말하면 유럽의 급속한 흥기는 자신들보다 훨씬 더 컸던 아시아의 경제 규모에 의존할 수 있었던 덕분이었다.[25] 시계추는 결코 한쪽으로만 움직일 수 없다. 현재 세계의 경제 중심은 서양이 흥기하기 이전의 위치로 되돌아가고 있는 중이다. 이러한 이유로 프랑크는 “만약 꼭 중심을 말해야만 한다면, 주변에 있는 유럽이 아니라 오히려 중국이 중심으로 자처

할 자격을 더 갖고 있다"고 보았다.[26]

세계체제론 이론가의 관점에서는 현대 자본주의를 서양의 독특한 현상으로 보거나, 서양의 독특한 자질로 보는 것은 분명 이치에 맞지 않았다. 세계적 현상으로서의 원형 자본주의는 세계 각 지역들이 오랫동안 지연경제적 상호 작용을 겪은 후에야, 혹은 세계적인 경제체제 내에서 장기적인 양성과 성장 과정을 거치고 난 후에야 비로소 최종적으로 근대 자본주의로 변화 발전할 수 있었다. 이러한 의미에서 보면, 해체 전의 소련과 개혁개방 전의 중국을 대표로 하는 사회주의도 사실상 세계경제 체제 내부에서 형성된 자본주의의 총체적 진행 과정 중의 한 변주 혹은 방계에 지나지 않는다. 혹은 이는 일반적으로 말하는 현대 자본주의의 하위 형태로 볼 수 있다. 소련 해체 후의 러시아와 개혁개방 이후의 중국은 이미 대체로 이전의 사회주의식 자본주의를 포기했다. 본질적으로 보면 사회주의식 자본주의도 수백 년 나아가 수천 년간 지속된 상업자본의 축적이라는 토대를 바탕으로, 이른바 계획경제라는 강력한 국가적 수단을 통해 산업화를 실현한 자본주의이다. 상업자본의 축적 또한 인적 자본 혹은 사회자본의 축적으로 볼 수 있다. 마찬가지로 이러한 인적 자본 혹은 사회자본의 축적도 각 대문명에서 수백 년 심지어 수천 년 동안 지속되어온 것이다. 현재의 세계정세에서 보면, 서유럽과 북아메리카를 전형으로 한 효율 높은 현대 자본주의는 이미 러시아와 중국을 포함한 기타 지역에 광범위하게 도입되었다. 동아시아에서는 특히 일본과 네 마리 작은 용이 대표적인 예이다. 여기에 급속히 성장하고 있는 중국을 가산하면 동아시아의 현대 자본주의는 서유럽과 북아메리카의 세력을 크게 뛰어넘고 있다. 하지만 동아시아가 이룩한 이러한 성취는 결코 뿌리 없는 나무도 근원이 없는 물도 아니다. 이곳에는 원형 자본주의의 장기적 축적과 사회문화 자본의 장기적 축적이라는 깊고 튼튼한 뿌리가 있었다. 사실상 19세기 중엽 이

전, 자본의 원시적 축적 성격을 지닌 동아시아의 상업화 진행 과정은 이제는 이미 매우 높은 수준에 도달했다. 혹은 원형 자본주의가 이제는 이미 상당히 발달한 수준에 도달했다고 볼 수 있다.

결론적으로 말해 근대 자본주의는 통일된 세계체제 내에서 각 대문명이 오랫동안 진행한 상호 작용의 산물이다. 근대 자본주의는 결코 서양 문명을 서양 문명이게 하는 혹은 다른 문명과 구별 짓는 독특한 자질이나 속성이 아니다. 서양 문명에 대해 본질적인 설명을 해야만 한다면, 반드시 다른 요소들 예를 들면 시리아의 종교, 그리스의 철학, 고대 게르만 정신 자질 및 이와 상응하는 문화에서부터 시작해야만 한다.

4. 헌정민주주의는 서양에서 독자적으로 형성되지 않았다

근대성의 다른 한 가지 중요한 측면은 정치 분야에서 나타나는데, 정치와 종교의 분리,[27] 권력의 견제와 균형, 자유, 인권, 법치 관념 등이다. 이런 정치형태 속에서 국가는 교회의 구속에서 벗어났고, 입법 · 행정 · 사법의 삼권이 분리되고, 보편적인 개인 권리의식이 출현하여 보통 시민이 갈수록 광범위하고 갈수록 깊이 있게 국가의 정치 생활에 참여함으로써, 자신의 바람을 표출하고 자신의 이익을 보호 증진했다. 이러한 근대적 현상이 계몽운동 시대의 서유럽과 미국에서 폭발적으로 출현했기 때문에, 오랫동안 사람들은 정치적 의미의 근대성은 당연히 서양 문명의 독특한 속성이고, 서양인만의 문화적 유전자이며, 서양인이 먼저 형성한 것으로 생각했다. 그러나 이 근대성의 본질이 무엇인지, 현재 민주적 정치형식 및 서양 양식으로 간주되는 자유 · 인권 · 법치 관념이 어디에서 유래했는지, 그것들이 어떤 경제 · 사회 · 제도 · 관념 방면의 기초들을 가져야만 하는

지, 이러한 기초들이 형성되는 원인과 조건은 무엇인지에 대해 5·4운동 이후 중국 지식인들은 긴 시간을 투자해 깊이 있는 사유를 하지 않았다. 많은 사람들은 헌정민주주의의 의미는 의회를 건립하여 민의를 반영하고, 공화제를 실행하여 권력을 분산하는 데 있다고 보았다. 심지어는 단순히 투표를 하는 것으로 생각하고 자유의 의미는 하고 싶은 대로 하는 것으로 생각하기도 했다. 만약 이러한 단순한 민주 관념이 주도하게 되면, 군주입헌제조차도 비민주적인 것으로 간주될 수 있고, 현대 민주정치 이념과 서로 조화를 이루어야 하는 권리 의식과 법치 관념 또한 경시되기 쉽다. 이는 바로 중국에서 1912년 중화민국이 건국된 이후 실제로 발생한 일이다.

여기서 정치적 근대성이 가장 먼저 형성된 서유럽의 상황을 우선 살펴보자. 중세 후기에 유럽의 발전한 상업은 이후 서양 문명의 총체적 발전에 큰 영향을 미쳤다. 상업의 번영은 도시의 발전을 의미한다. 도시가 있어야 상업이 번영할 수 있고, 그리고 상업의 번영은 역으로 또한 도시의 발전을 촉진한다. 이 시기 유럽의 지방 도시는 지역 무역 및 정치 중심으로 대두하기 시작하고, 갈수록 경제적·정치적 역량을 키워가고 있었다. 지연구조 또한 서유럽 도시경제의 총체적 발전에 대단히 유리했다. 거대한 규모로 이동하는 유목민족이 중국·인도·아라비아-이란 지역을 대규모로 침략하여 막대한 파괴 행위를 했지만, 반면에 서유럽은 유라시아 대륙의 서쪽 끝에 위치하여 유라시아의 초원과 멀리 떨어져 있었기 때문에, 유목민족의 역량이 거기까지는 미치지 못했다. 이러한 특수한 지연 형세로 인해 다행히 서유럽은 아주 긴 시기 동안 외적의 대규모 침략을 면할 수 있었고, 도시경제도 오랜 시간 동안 평화적인 환경에서 안정적으로 성장할 수 있었다. 이 밖에 봉건 시기 국왕과 귀족의 구조적인 충돌 또한 도시 발전의 한 중요한 요소가 되었다. 이러한 충돌이 벌어지는 상황에서

귀족의 권력을 견제하고 균형을 이루기 위해 국왕은 도시의 지지가 필요했다. 도시는 이로 인해 갈수록 큰 자치권을 부여받았고,[28] 도시 사람들 또한 이를 통해 더욱더 많은 정치적 자유를 획득할 수 있었다.

자유로운 도시 거주민들은 곧 서유럽의 시민사회로 성장했고, 시민사회의 출현으로 정치적 의미를 지닌 공공영역이 출현할 수 있었다. 그리고 시민사회와 공공영역의 형성으로 근대적 의미를 가진 헌정민주주의도 출현할 수 있었다. 시민사회가 성장함에 따라 서양, 나아가 전 세계에는 민주정치를 실현하고자 하는 핵심 이념들이 점차 형성되기 시작했다. 그것은 개인의 권리가 국가의 침해를 받지 않도록 하기 위해, 개인과 정부 간에 법률 · 절차 · 규범 · 규칙을 제정할 수 있는 일종의 이익 단체의 필요성이었다. 개인의 권리의식 나아가 일련의 근대적 인권 관념과 자유 관념은 모두 여기에서 유래했다. 하지만 다른 문명은 서유럽과 비교하면 근대 이전에 시민사회가 그다지 발달한 상태가 아니었기 때문에, 다음과 같은 논리가 도출될 수밖에 없었다. 즉 시민사회는 서유럽에서만 나타난 특수한 현상이고, 서양의 특정한 역사적 조건과 사회 상황에 의해 결정된 특수성이 있다는 것이다. 만약 이러한 좁은 시각을 채택하면 이 논리가 마치 이치에 맞는 것처럼 보이지만, 더욱 거시적인 시각을 채택하면 필연적으로 다음과 같은 의문이 들게 된다. 서양의 이러한 특수성은 어디에서 왔을까? 서양 문명의 특수한 성격 때문일까, 아니면 서양인의 독특한 천부적 자질 때문일까? 하나의 통일된 세계체제 내에서 이루어진 각 대문명 간의 장기적인 교류 때문일까? 혹은 하나의 통일된 세계체제 내의 유래가 깊은 경제적 상호 작용 때문일까?

서양의 근대 자본주의와 과학기술 나아가 모든 문명의 성장은 세상과 동떨어진 단절된 환경에서는 결코 이루어질 수 없고, 단지 세계경제 체제 내에서만 이루어질 수 있다. 만약 우리가 이러한 사실을 충분하게 고려한다면, 필연적으로 다음과 같은 결론을 얻을 수 있을 것이다. 즉 근대 자본주의와 동일하게 서유럽 시민사회 또한 다른 문명과의 장기적이고 깊은 상호 작용이 없는 봉쇄된 세계에서는 결코 탄생할 수 없다는 점이다. 왜냐하면 시민사회는 비교적 발달한 경제를 토대로 삼아 형성되기 때문이다. 이러한 경제 토대 또한 사회와 격리된 환경에서는 탄생할 수 없다. 앞의 글에서 언급한 것처럼 이러한 경제 토대는 세계 각 대문명과 광범위한 지역 간의 장기적 지연 경제 교류의 산물이기 때문이다. 곧 서유럽 시민사회가 가지고 있다는 그 역사적 특수성 또한 세계체제 내에서 이루어진 지역들 간의 지속적인 경제 상호 작용에 의해서 형성되었다고 볼 수 있다. 따라서 이는 1990년대 중국계 해외 지식인들처럼 서양의 시민사회 구조를 중국의 실제 상황들에 적용하는 것은 타당하지 않다는 것을 의미한다.

개괄적인 공공영역 개념으로 중국의 실제 상황을 설명하는 것 또한 적합하지 않다. 위르겐 하버마스(Jürgen Habermas)와 같은 서양 학자들의 설명에 따르면, 공공영역과 시민사회는 그다지 큰 차이가 없기 때문이다. 그들의 견해에 따르면 공공영역과 시민사회는 모두 같은 정치적 차원에 속하거나, 혹은 모두 뚜렷한 정치 비판적 성격을 지닌 여론과 체제의 차원에 속하기 때문이다. 하버마스는 공공영역의 정의에 대해 "우리는 공공영역을 언급할 때 가장 먼저 사회생활 속의 한 영역을 가리키게 된다. 이는 대중 여론 같은 것을 형성할 수 있다. 원칙적으로 말하면 공공영역은 모든 시민에게 개방된 것이고 …… 우리가 강제적이고 고압적인 상황에 굴종하면서 보편적 이익과 관련된 사무를 처리할 필요가 없을 때, 다시 말해 그들의 자유로운 집회와 모임을 보장할 수 있고, 자유롭게 자신의 관점을 표현하고 발표할 수 있을 때, 시민들 또한 공공의 역할을 다하게 된다"라고 설명했다.[29] 이는 분명 정치에만 과도하게 편중된 정의이다.

서양 학자의 편파성을 수정하기 위해 화인 학자 황종쯔(黃宗智)는 시민사회와 공공영역에 비해 더 포괄적인 제3영역이란 개념을 제기했다. 그의 설명에 따르면 제3영역은 가치중립적인 범주이고, 이론상으로는 국가나 사회와 구별된다. 비록 국가나 사회 양자가 동시에 제3영역에 영향을 미치고는 있지만, 제3영역이 국가 혹은 사회 속으로 흡수되거나, 혹은 국가와 사회 둘 다에 동시에 흡수되는 듯한 인상을 주지는 않는다. 또는 제3영역은 일종의 국가와 사회적 영향을 초월한 자신만의 특성과 자신만의 객관적 법칙을 가진 존재로 볼 수 있다. 황종쯔가 열거한 제3영역에는 예를 들면 현 단위 이하의 행정과 향신 간에 존재하는 공공 기능, 관리와 사회단체-문중 간에 존재하는 '반(半)제도화'된 중재 기능 등이 있다.[30] 제3영역에 내포된 의미가 시민사회와 공공영역에 비교해서 큰 차이가 있기는 하지만, 그 기능적 측면에서는 오히려 뚜렷하게 비교할 수 있는 유사성이 있다. 즉 지방 공동체와 정부 간의 중개를 담당함으로써 정부의 권력을 제한하는 작용을 발휘하는 부분이다.

지나치게 강력한 황제의 권한과 관료조직으로 인해 근대 이전의 중국에는 서유럽처럼 자치도시와 시민사회가 생겨나지 않았다. 주의할 점은 서유럽 또한 계몽운동이 일어나기 이전에 왕권이 집중되고, 국가의 관료조직이 팽창하는 과정을 겪었다는 사실이다. 하지만 개인의 이익과 제국의 권력 사이에 모종의 형식을 갖춘 중간지대 혹은 완충지대가 중국에 존재하지 않았다는 것은 아니다. 중국 역사상 향우회, 문중, 지역단체, 공개 혹은 비공개의 종교단체가 광범위하게 존재했고, 상인과 장인으로 구성된 조합 또한 광범위하게 존재했다. 기능적 의미에서 말하자면 이러한 단체의 조직 형식은 모두 개인 이익과 정부 권력 간의 완충지대로 볼 수 있고, 모두 서로 다른 형식으로 그리고 서로 다른 정도로 서양 시민사회와 같은 작용을 발휘했던 사회정치 구조로 볼 수도 있다. 조합을 예로 들면, 업종 내부에서 이익 충돌이 발생하면 조합이 나서 균형을 조절해주기도 하고, 또한 조합 회원과 정부 권력의 관계를 조화롭게 하는 수단을 제공하기도 했다. 정부 측에서 예를 들면 물품 징발, 장인 징발, 혹은 노역 등과 같은 어떤 요구를 제기하면, 조합 지도자가 나서 정부와 교섭을 할 수 있었다.[31] [참고 6-3] 상식적인 측면에서 보면, 이러한 상황에서 정부는 일방적으로 하고 싶은 대로 할 수 없었고, 백성들로부터 이익을 얻어내기 위해서는 양보해야 할 부분은 양보해야 했다. 왜냐하면 과도한 요구는 곧 모든 사회경제 기초를 동요시키는 것을 의미했고, 이는 곧 정부의 통치기반을 동요시킬 수 있었기 때문이다. 조합의 이러한 중개를 통해, 개인과 정부 간에는 많은 협상 공간이 형성되었다. 이러한 종류의 협상 공간과 서양의 공공영역은 비록 형식상의 차이는 있지만, 실질적인 기능에서는 서로 비슷한 점이 아주 많았다.

명나라 말기에는 동림당(東林黨)과 복사(復社) 같은 정치적 색채가 대단히 짙은 민간 학술단체가 출현했다. 이는 사실상 개인과 국가권력 간에 존재했던, 일종의 다른 형식을 지닌 매개자로 보아야만 한다. 이러한 단체들은 강력한 정치 비판적 색채를 띠고 있었기 때문에, 서양 시민사회 나아가 공공영역과 더욱 유사한 매개 형태 혹은 제3영역으로 볼 수 있다.[32]

그러나 개인과 정부 간의 가장 중요한 완충지대는 향우회, 문중, 지역단체, 종교단체, 상인과 장인의 조합 같은 부류의 느슨한 민간조직도 아니고, 또한 동림당과 복사 같은 부류의 정치적 색채가 농후한 사대부 학자단체도 아니었다. 그것은 바로 사회정치 구조 중 가장 중요한 계급인 향신이었다. 청나라를 보면, 중앙 재정이 지원하는 관료행정 구조는 단지 현(縣) 단위까지만 미쳤다. 지금과 비교하면, 그 당시 현 정부의 규모는 대단히 작았다. 현의 최고책임자인 지현(知縣)이나 지금의 현 정부 공무원과 비슷한 막속(幕屬)과 서반(書辦)의 수는 매우 적었고, 경비 또한 부족했다. 더욱이 중앙정부가 지방관원의 부패를 막기 위해 제도적으로 관리의 재직 기간을 제한했기 때문에, 관리는 지방 상황에 익숙해질 겨를도 없이 다른 부서로 옮겨 갔다. 이로 인해 본래 정부가 책임져야만 했던 많은 직무들을 근본적으로 감당할 능력도 감당할 방법도 없었다. 이러한 의미에서 보면, 군주제였던 중국은 마치 현재 일부 서양 학자들이 주장하는 작은 정부의 기준에 비교적 부합하는 것처럼 보인다. 그렇다면 이러한 정부의 직무를 누가 집행했을까? 그 답은 정부 측이 아닌 지방 공동체의 지도자 계층인 향신이었다. 향신들은 지역 문화를 선도하고 유가 가치관을 계승하고 발전시키는 정신적 역할을 담당했다. 이 밖에도 향신 계층은 응당 정부가 책임져야 하는 대량의 직무 혹은 공익 봉사를 담당했다. 예를 들면 분쟁 중재, 치안 방위, 수리 공사, 도로 건설과 다리 가설, 물길 준설, 이재민과 빈곤 구제, 의학 설립, 사당 건설 등이다.

더욱 중요한 사실은 향신 계층은 지방 공동체와 정부의 관계를 조화롭게 하는 책임을 졌다는 점이다. 지방 공동체의 지도자로서, 또한 여러 종류의 특권을 가진 특수한 사회집단으로서 향신들은 기본적으로 자원해서 정부를 대신해 일을 했지만, 정부의 입장만을 대변하는 정부 대리인은 아니었다. 이로 인해 그들은 대단히 유리한 매개자의 위치에 있을 수 있었다. 역사적 사실이 보여주듯이, 그들은 대체로 지역의 복지를 증진하고 지역의 이익을 보호하는 것을 자신들의 책임으로 여겼다. 그들은 정부 관원을 위해 지방 사무를 해결할 계책을 고안해냈다. 이 과정에서 그들은 정부와 백성 간의 매개자 역할을 담당했고, 지역의 이익을 대표해 정부 측과 교섭을 진행했다. 만약 정부가 세금 징수, 부역 징발, 군인 징발이 필요하면 반드시 가장 먼저 향신과 접촉해야만 했다. 조합과 정부의 관계처럼 이러한 교류에서 정부 당국이 무턱대고 일방적으로 하고 싶은 대로 할 수는 없었다. 따라서 정부와 향신이 대표하는 지역 이익 사이에는 아주 큰 협상 공간이 존재할 수 있었다.[33] 태평천국의 난이 발발한 후 지방단체와 향신의 권력은 대단히 커졌다. 이로 인해 정부의 권력이 심각하게 약해진다. 반란을 평정하기 위해, 청나라 정부는 남방의 향신에게 큰 정치권력을 줄 수밖에 없었고, 그들이 정부를 대신해 세금 징수와 군무 등 중요한 직무를 집행하는 것을 암묵적으로 동의할 수밖에 없었다. 이는 그들이 대단히 큰 정부 권력을 누리는 것을 묵인하는 것과 같았고, 심지어 그들이 중앙의 권위에 도전하기 위해 세력을 형성하는 것을 묵인했다고도 볼 수 있다.[34]

근대화 운동이 정식으로 그 서막을 열기 이전에, 중국에는 이미 제3영역이 광범위하게 존재했다. 하지만 이것이 중국에서 근대적 의미를 지닌 헌정민주주의 · 자유 · 인권 · 법치가 단번에 이루어졌다는 것을 의미하지는 않는다. 이것이 의미하는 것은 단지 중국 문명은 이전부터 정치적인 근대성 자원들을 가지고 있었고, 또한 바로 이러한 자원들로 인해 최종적으로는 정치적 근대성이 중국에 뿌리를 내릴 수 있었다는 사실이다. 이는 곧 서유럽에서 중세 말기에 시민사회가 나타났지만, 이것을 근대적 의미의 민주주의가 즉시 생긴 것으로 볼 수 없는 것과 같다. 〈대헌장〉은 서양 민주제도의 기원으로 간주되지만, 본질적으로 보면 그것은 일종의 정치 시스템에 불과했다. 즉 소수를 차지하던 대귀족들이 기본법의 형식을 이용해 일정 정도 국왕의 권력을 제한하고, 이를 통해 공동체의 권력 분배에서 더욱 효과적으로 자신의 이익을 보호하고자 한 것이다. 따라서 이때부터 중소 귀족이 즉각적으로 민주적 권리를 가질 수 있었다고 볼 수 없고, 더욱이 일반 민중들이 이때부터 바로 민주적 권리를 가질 수 있었다고도 볼 수 없다.[35] 역사가 보여주듯이 19세기 후반 무렵에 이르러서야 또한 20세기 후반 무렵에 이르러(예를 들면 스페인) 산업화가 완성된 후에야, 서유럽의 일반 민중은 비로소 선거권을 점차적으로 획득할 수 있었다. 영국과 프랑스같이 자본주의가 일찍 형성된 국가에서조차 근대적 의미의 민주제도와 관념은 길고 긴 고통의 과정을 겪고 난 후에야 비로소 씨앗이 뿌려지고, 뿌리가 생기고, 꽃이 피고, 열매를 맺을 수 있었다. 따라서 독일과 이탈리아와 같은 주요 서유럽 국가들은 그 과정이 더욱 심각했다고 볼 수 있다. 그들은 사회 동란 심지어 유혈이란 비싼 학비를 치르고 나서야, 비로소 헌정민주주의라는 졸업장을 받을 수 있었다.

1990년대 초기에 중국 학계의 지식인들은 영국의 점진적 혁명을 대단히 찬양했다. 하지만 그들은 다음과 같은 역사적 사실에는 주의를 기울이지 않았다. 가장 온건하다고 여겨지는 개량주의 혹은 비혁명 양식조차도 17세기 대규모의 피비린내 나는 부르주아혁명을 겪은 후에야 가능할 수 있었다는 사실이다. 그리고 그 이후 아주 오랫동안 경제는 피폐하고, 관리들은 부패하고, 사회는 불안했으며 심지어 계속되는 대규모 소란이 영국 사회의 평상시 모습이 될 정도였다. 영국은 일찍 산업화를 실현했지만, 20세기 전반 무렵에도 혁명 사조의 세찬 풍파로 인해 여전히 격동하고 있었다. 제2차 세계대전 후에야 영국은 비로소 진정한 의미의 사회 안정을 실현할 수 있었다. 민주적 권리 관념의 변화 발전을 통해 보면, 서기 13세기 영국에서 비록 근대적 민주주의의 발단으로 간주되는 〈대헌장〉이 생겨났지만, 1832년에 이르러서도 영국에서는 여전히 극소수의 사람만이 선거권을 가질 수 있었고, 시민민주주의로 볼 만한 모습은 나타나지 않았다. 1832년 유명한 개혁법안(의회개혁법안)이 통과되었지만, 이것은 단지 선거권을 10파운드 이상의 재산을 소유한 남성에게만 확대하는 것에 불과했다. 10파운드는 당시에 결코 적은 액수가 아니었다. 1867년 두 번째 개혁법안이 통과된 후 더욱 많은 시민이 선거권을 획득했지만, 그 인원은 겨우 93만 8,000명에 불과해 총인구에서 아주 적은 부분을 차지할 뿐이었다. 그리고 선거권도 단지 남성 시민에게만 국한되어서 영국 여성들은 1918년에 의회 선거에 참여할 수 있는 권한만을 허가받을 수 있었고, 1928년이 되어서야 비로소 남성 시민과 동일한 선거권을 획득할 수 있었다.

유럽 대륙의 상황을 보면, 자유와 평등의 깃발을 가장 먼저 어깨에 멘 나라는 프랑스였지만, 프랑스 여성들은 훨씬 늦은 1944년에 비로소 선거권을 획득할 수 있었다. 영국, 프랑스와 함께 서유럽에 속하는 스페인은 심지어 훨씬 더 늦은 1975년에 진정한 의미의 전 국민 보통선거를 시행했다. 동유럽과 발칸 반도의 상황을 보면, 이 지역의 국가들이 EU가 가져다 준 많은 경제적 이익의 혜택을 받기는 하였지만, 지금까지도 유럽식 민주정치는 아직 시행하지 못하고 있다. 예를 들면 루마니아와 불가리아가 그러하다. 유럽 주변 국가들은 EU 가입으로 현실적으로 많은 이익을 얻을 수 있지만, 그 조건은 정치제도와 관념에서 개혁을 진행해 서유럽과 비슷해지는 것이었다. 미국의 경우, 미국 여성들은 1922년에 법적 선거권을 획득했는데, 그렇다고 여성들이 남성들의 이전부터 누려온 각종 사회 권리를 즉시 획득했음을 의미하는 것은 결코 아니다. 하버드 대학의 유명한 레이먼드 도서관 5층에는 사람의 이목을 끄는 동으로 된 팻말이 하나 있다. 그 팻말에는 "1963년에 이 도서관은 여전히 여성의 출입을 금지하고 있었다"라는 글귀가 새겨져 있다. 전국적인 인권운동의 물결 속에서 여성들은 마침내 1964년에 옆문을 통해 열람실에 들어가는 것을 겨우 허가받을 수 있었고, 1965년 7월이 되어서야 도서관의 문은 여성에게 완전히 개방되었다. 더 주목할 부분은 현재까지도 미국 여성은 남녀의 불평등한 임금 문제에 대해 여전히 투쟁하고 있다는 사실이다.

결론적으로 말하면, 서양의 개인 권리의식의 신장, 정치적 자유와 법치 관념의 형성, 헌정민주제도의 최종 실현은 근본적으로 보면 사회경제 발전을 기초로 해서 이루어진 것이다. 거시적으로 문명사의 각 방면을 관찰하면, 이는 분명 한 세계체계 내에서 각 대문명 혹은 각 대지역 간에 있었던 장기적이고 강렬했던 지연 상호 작용의 산물이다. 단지 서유럽 내부만을 보아도, 이 또한 하나의 장기적이고 점진적인 발전 과정의 산물이지, 결코 어떤 모종의 문화적 유전자 혹은 내재적 문명 자질 때문은 아니었다. 더 광범위한 의미에서 보면, 서유럽의 근대적인 의미를 지닌 시민사회와 공공영역의 형식을 반드시 채택해야만, 혹은 제3영역의 형식을 채택해야만 통치자의 권력이 제한되고, 피통치자가 자신이 마땅히 누려야 할 권리를 누릴 수 있는 것은 아니다. 왜냐하면 정부가 정부로서 의미를 가질 수 있었던 이유는 정부가 아무런 방해도 받지 않고 하고 싶은 대로 할 수 없었기 때문이었다. 역사적으로 대다수 중국 정권은, 그것이 전국적인 정권이든지 아니면 지역적 정권이든지, 또는 한족 정권이든지 아니면 유목민족 정권이든지 간에, 중국 문명의 전통적 가치체계에 근거한 논리적 범위 안에서 모두 역사적 정당성을 상실하지는 않았다. 이 밖에 중국은 또한 유구한 민본주의 전통을 가지고 있었다. 역사적으로 살펴보면 중국 황제들이 "백성은 귀하고, 사직(社稷)은 그다음이고, 군주는 가볍다"[36]라는 이론을 실제로는 인정하지도 않았고, 더욱이 반드시 실천한 것만은 아니었다고도 볼 수 있다. 그렇지만 그들 중 대다수는 "물은 배를 띄울 수 있지만, 또한 배를 뒤집을 수도 있다"는 이 단순한 도리는 너무나 잘 알고 있었다. 그렇지 않으면 한 왕조가 200~300년 동안 지속될 수는 없었을 것이다.[37]

전통 속에 본래 있었던 근대성이라는 자원을 바탕으로 사회경제가 더욱더 발전한다면, 정치적 의미의 근대성도 머지않은 장래에 반드시 중국의 대지 위에 떨어져 뿌리가 생겨나고 꽃이 피고 열매를 맺을 수 있을 것이다.

제7장

지연 시각 속의 문명과 정치 행위체

1. 지연 시각을 사용하는 이유

문명 연구자들은 일반적으로 문화의 특징 혹은 생명 형태에 근거해 문명을 정의하고 구분한다. 이 방법으로 토인비는 20여 개의 문명을 분류했고 이러한 기준에 근거해 연구자들은 일반적으로 현재 8개의 문명, 즉 중국 · 인도 · 이슬람 · 서양 · 러시아 · 라틴아메리카 · 일본 · 아프리카 문명이 여전히 존재하고 있다고 본다.[1] 그중 앞의 4개 문명은 형태상에서 서로 뚜렷하게 구별되기 때문에 독자적 문명으로 보는 데 이견이 없을 것이다. 그러나 뒤의 4개 문명이 존재하는지, 그리고 그것들이 존재한다면 그것들의 형대적 특징이 무엇인지에 대해서는 의견이 분분할 것이다.

예를 들면 브로델은 라틴아메리카는 본질적으로 서양 문명의 갈래에 속하며, 러시아는 그 문화 형태 면에서 서유럽과 매우 유사하고 지리적으로도 유럽과 하나로 연결되어 있기 때문에, 이 두 문명과 서유럽 문명은 초대형 유럽 문명을 형성했다고 보았다.[2] 토인비의 문명 분류에서 일본은 기본적으로 하나의 독자적 문명이 아니라, 이른바 중화문명(the Sinic Civilization)이 발전하여 한나라 이후에 일본열도에서 생장한 한 갈래, 즉 극동 문명의 일본 갈래에 속한다.[3] 일부 연구자들은 아프리카가 독자적 문명인 것을 인정하고 싶어 하지 않았다. 다른 일부 연구자들은 이와 달리 절충적 입장을 취하기도 했다. 예를 들면 헌팅턴은 아프리카를 존재했을 수도 있는 한 문명으로 본다. 그가 이렇게 본 중요한 이유는 이슬람 문명이 모든 아프리카 북부와 동북부 및 동부 해안에 오래전부터 깊이 뿌리내려 있었고, 사하라 사막 이남의 대단히 넓은 지역에서 이슬람 문명은 이미 수백 년 내지 천 년이 넘는 경제적, 정치적 삼투 과정을 진행했기 때문이다. 또한 근대 이후 유럽 식민주의자들이 많은 서양 문명 요소들을 아프리카에 가지고 왔기 때문이다. 이 두 외래 문명은 모두 강력한 문명이었기 때문에, 그 강한 문화적 특성으로 인해 아프리카에 존재하는 보편적이고 강렬한 부락 정체성이라는 아프리카 본토의 문화 특성이 이에 억눌려 부각될 수 없었다고 본 것이다.[4] 또 어떤 연구자들은 아프리카는 일찍이 이슬람과 서양 문명이 들어오기 전에 이미 독자적인 문명을 형성했다고 보았다.[5] 하지만 이러한 문명들이 지형과 지세의 차이가 매우 크고 기후 차이가 아주 심한 광활한 대륙에 넓게 분포해 있었기 때문에, 근대에 이르기까지도 중국 · 서양 · 인도 문명과 같이 선명한 공통의 특징을 형성할 수 없었다. 이 때문에 사람들은 아프리카는 하나의 독자적 문명으로 볼 수 없다고 생각했다.

문명 분류의 어려움 때문에, 어떤 연구자들은 2등급 문명 혹은 하위 문명이라는 개념을 사용하기도 했다. 이러한 사고에 따르면, 서양 문명에는 서유럽-중부유럽 · 라틴아메리카 · 미국 · 러시아 등의 2등급 문명 혹은 하위 문명이 존재한다. 이슬람 문명에는 아라비아 · 이란 · 터키 · 중앙아시아 · 남아시아 · 동남아시아 · 아프리카 등의 2등급 문명 혹은 하위 문명이 존재한다. 극동 문명 안에는 중국 · 일본 · 북한 · 한국 · 베트남 등의 2등급 문명 혹은 하위 문명이 존재한다. 인도 문명 안에는 인도 · 스리랑카(그 주요 종교는 인도와 다른 불교이다) · 네팔(네팔은 힌두교 국가이고, 인도는 힌두교와 이슬람교를 주요 종교로 하는 다종교 국가이다) 등의 하위 문명이 있다. 주목할 점은 일본을 제외하고 모든 2등급 문명들이 다민족 문명이란 사실이다. 베트남에는 정식 인정을 받은 소수민족이 중국보다도 더 많은 60여 개가 있다. 문명은 일반적으로 다양한 민족과 다양한 언어 및 해당 문화가 통합된 하나의 집합체란 의미에서, 베트남은 분명 중국 문명의 하위 문명으로 볼 수 있다. 러시아에는 소련 해체 후에도 여전히 100개가 넘는 소수민족이 있다. 인도에는 11개의 주요 민족 외에도 400개가 넘는 지정부족이 있고, 네팔에도 네와르족과 구룽족 등 30여 개의 소수민족이 있다.

어떤 2등급 문명 혹은 하위 문명은 민족국가와 중복된다. 예를 들면 중국 · 인도 · 네팔 · 베트남 · 러시아 · 미국 · 터키 · 이란 등이 있다. 이 국가들은 민족국가의 모습을 가진 하위 문명으로 볼 수 있을 것이다. 다른 어떤 하위 문명들은 사실상 종교-문화적 공동체에 지나지 않는다. 예를 들면 아라비아 지역 · 이슬람 중앙아시아 · 이슬람 아프리카가 그러하다. 러시아를 제외한 중서유럽의 상황은 대단히 특수하다. 이 지역은 유럽 문명의 핵심 지역이기 때문에 일반적인 상황에서 유럽이라는 단어는 곧 중서유럽을 의미한다. 현재 이곳에는 여전히 수십 개의 민족국가가 있고, 모두 하나의 단일한 지연 문화 공동체에 속한다. 그중 대다수인 25개 국가가 EU 회원국이다. 지난 수년간 EU가 주로 경제 공동체였다면, 경제 일체화가 기본적으로 완성되고 나면, EU는 틀림없이 정치 공동체의 방향으로 변화 발전할 것이다. 즉 하나의 초대형의 정치적 EU가 지금 형성되고 있다고 볼 수 있다. 머지않은 장래에 EU는 분명 인도와 중국 및 미국과 견줄 수 있는 하나의 초대형 민족국가가 될 가능성이 아주 높다. 이 점은 유럽 정부 기능을 집행하고 있는 초국가적인 EU 위원회, 각국의 인구 비율에 따라 표결권을 분배한 초국가적인 유럽의회, 유럽헌법 비준에 대해 각 국가에서 단계적으로 진행되고 있는 국민투표, 나아가 입안 중인 통일된 EU 외교에 대해 살펴보기만 하면 쉽게 알 수 있다.

하지만 2등급 문명 혹은 하위 문명과 같은 개념을 사용한다고 해도 문명 현상의 복잡성을 설명하기에는 여전히 부족하다. 브로델의 분류에 따르면 러시아 문명은 분명 서양 문명을 구성하는 한 부분으로 보아야 하지만, 토인비의 문명 분류에 따르면 러시아는 비잔틴 동방정교 문명의 자문명이 된다. 형태상으로 보면 후자는 서양 문명과 친연성이 더 강하다. 이는 비잔틴 동방정교 문명과 서양 문명이 동일한 하나의 모문명을 가지고 있음을 의미한다. 그 모문명은 로마 제국 말기에 헤브라이즘과 그리스 요소들이 융합된 초기 기독교 문명이다. 이로 인해 매우 까다로운 문제가 하나 생기는데, 그것은 러시아 혹은 비잔틴 동방정교 문명을 반드시 서양 문명 속에 포함시켜야 하는지에 관한 것이다.

이러한 문제에 이르면 우리 앞에 놓여 있는 이 인류 문명이라는 퍼즐은 끝없이 복잡해진다. 왜냐하면 종교 혹은 종교 분파의 각도에서 문명을 분류하면, 네스토리우스파 기독교(경교)라는 역사적 존재는 네스토리우스파 기독교 문명이 존재했다는 것을 의미할 수 있기 때문이다. 기독교가 형성되던 초기에는 많은 분파가 생겼는데, 그중에서도 네스토리우스파가 가장 크고 가장 중요한 분파의 하나였다. 이 분파는 일찍이 서아시아와 중앙아시아에서 적극적인 선교를 했고, 그 활동 범위 또한 대단히 광범위해 심지어 당나라 시기 중국 문명 지역에도 생생한 흔적을 남겼다. 하지만 지금은 네스토리우스파 기독교를 정체성으로 내세우는 역사 문화 공동체는 하나도 존재하지 않는다. 이 기독교 분파는 이미 오래전에 사라졌다. 그렇다면 일찍이 존재한 적이 있는 이 기독교 분파와 그 문화 형태는 서양 문명에 속할까, 아니면 동방정교 문명에 속할까, 혹은 광의의 이슬람 문명[6]에 속할까? 아니면 그것 자체가 곧 하나의 독자적인(비록 이미 사라졌지만) 문명을 대표하는 것일까? 또 다른 한 가지 예로는 에티오피아와 이집트의 기독교 단성론파를 들 수 있다. 이 기독교 분파의 운명은 네스토리우스파보다는 다소 나았다. 현재 이 분파는 하나의 종교 공동체이다. 역사적으로는 종교 공동체이기도 했고 또한 정치 공동체이기도 했다. 이 분파는 일찍이 효과적으로 이슬람교의 침투를 막아냈고, 근대 이후 서양 식민주의자들의 침략을 성공적으로 막아냈다. 현재도 아프리카 동북부에서 기독교 단성론 신앙에 기반을 둔 국가인 에티오피아가 여전히 존재하고 있으며, 이집트에도 또한 많은 기독교 단성론 교도(콥트교)들이 있다. 종교의 연원에서 보면, 기독교 단성론파는 서양 문명 · 비잔틴 동방정교 문명 · 광의의 이슬람 문명[7]과 아주 밀접한 관계였다. 그렇다면 그것은 도대체 서양 문명 · 비잔틴 동방정교 문명 · 광의의 이슬람 문명에 속하는 것일까, 아니면 그것 자체가 하나의 독자적 문명을 대표하기에 족한 것일까?

이상에서 논의한 문명은 대체로 문화 특징과 생명 형태적 의미를 가진 문명이다. 문명 분류가 이처럼 어려운 까닭은 상당 부분 문화 형태에 따라 문화를 분류해온 데 있다. 하지만 역사가 보여주듯이 인류 집단 간의 상호 작용 혹은 충돌은 대부분 특정 문화 형태에 대한 정체성 때문이 아니라, 더 작고 더 낮은 형태의 정체성 때문에 일어났다. 예를 들면 한 왕조 · 국가 · 민족 · 부족에 대한 정체성이거나, 혹은 한 종교 분파에 대한 정체성 때문에 일어났다는 것이다. 일반적으로 이러한 비교적 작고 낮은 정체성의 토대는 공통의 문화 형태와 종교 신앙이 되기도 하고, 지연 일체성의 공간이 되기도 한다. 그리고 이러한 종류의 공통의 생활공간과 공통의 이익은 함께 뒤엉켜 있어 분리할 수도 없다. 이는 한 인류 집단과 다른 인류 집단을 구별하는 문화적 정체성 혹은 신분에는 생명 형태적 차원도 있고, 지연 경제와 지연 정치적 차원도 있다는 것을 의미한다. 일반적으로 이른바 문화 혹은 형태적 의미의 문명은 근거 없이 생겨난 것이 아니라, 특정 지연 범위 혹은 생활공간과 결합된 산물이다. 이러한 문명은 공통의 가치관과 생활방식만이 아니라 경제적 의미의 지연 공동체일 수도 있다.

이러한 점에서 브로델의 문명관과 문명 분류는 특수한 의미를 지닌다. 그는 한 문명의 특성을 형성하는 결정적 요소는 지연 위치와 자연환경이지, 가치관과 심리 습관 혹은 사유 양식의 의미를 가진 종교와 문화 요소는 아니라고 본다. 다시 말하면 일반적으로 한 문명을 구별 짓는 특징으로 간주하는 가치관과 심리 습관 및 사유 양식은 특정한 지연환경 혹은 특정한 자연과 기후 환경이 결정한다는 것이다. 브로델은 "문명을 논의한다는 것은 곧 공간 · 토지 · 지세 · 기후 · 식물 · 동물 나아가 자연 방면 혹은 기타 방면에서 가지는 유리한 조건을 논의하는 것이다. 문명을 논의한다는 것은 또한 인류가 농업 · 목축 · 물 · 거주 · 의복 · 교통 · 공업 등의 기본적 조건들을 어떻게 이용했는지를 논의하는 것이다"[8]라고 보았다. 지연-자연환경의 장점을 도입하면 문명을 고찰하고 분류하는 문제가 대단히 명확해지며, 서양의 지리 대확장 이전의 인류 문명 분포에 관한 연구에서 특별한 가치가 있다. 또한 이를 통해 천차만별의 상황으로 분류 자체가 어려운 아프리카의 문명 분류와 문명사에서 차지하는 위치도 무난히 설명할 수 있다. 또한 전통적 문명 분류의 한계도 대단히 명확해진다. 예를 들면 아프리카와 동남아시아같이 이전부터 여러 문명의 각축장이었던 특수한 지역에 대한 연구에서, 단지 일반적 의미의 문명 개념과 그 분류 방법을 사용한다면 늘 어려움에 직면하게 된다. 사실 이 두 지역은 슈펭글러 · 토인비 · 바그비 등의 문명 분류에서는 아예 소홀히 취급되고 있거나, 고려해야만 하는 중요한 내용들이 빠져 있기도 하다. 아프리카라는 지연 연속체와 동남아시아라는 지연 경제 · 정치 공동체에는 일반적 문명 분류를 적용하기 힘들다. 이에 대해서는 지연 특징 · 지연 연속체 · 지연 공동체 · 지연 총체라는 공간과 상호 연관된 개념들을 사용해야 한다. 이렇게 하면 방법론상에서 편리하기도 하고 또한 인식론적인 가치도 있다. 이러한 공간 개념을 사용하는 문명 연구는 근대 이전의 동남아시아에 대한 연구 방면에서 중요한 의미가 있고, 더 중요한 점은 동아시아 문명, 아시아-아프리카 유럽 문명, 남아시아 문명, 아메리카 문명과 같은 개념을 사용하는 것이 적법하다는 의미를 가진다는 것이다.

2. 지연 시각의 고찰: 동남아시아 · 중국 · 일본 · 한국

먼저 동남아시아를 살펴보자.

동일한 하나의 지연 지역에 속하기 때문에 동남아시아 각국은 공통점이 아주 많다. 이들의 지리적 위치와 자연환경은 대체로 동일한데, 모두 열대 혹은 아열대에 속하고, 계절풍과 비가 풍부하고, 태풍의 직접적인 영향을 받고 있다. 그리고 모두 해양으로 둘러싸여 있기 때문에(인도네시아는 '만 개의 섬나라'로 불리고, 필리핀 또한 7천여 개의 섬으로 구성된 나라이다), 해항과 밀접한 관련이 있는 경제와 문화 형식이 발전했다. 뿐만 아니라 동남아시아 각국의 역사적 경험 또한 유사하다. 그 지리적 위치의 특수함 때문에, 동남아시아는 줄곧 여러 문명이 각축을 벌이는 장소가 되었다. 인도 문명의 진입에서부터 이슬람 문명과 중국 문명의 진입까지, 서양 식민주의 세력의 침입에서부터(차례로 포르투갈인, 스페인인, 프랑스인, 영국인 · 네덜란드인이 이곳에 왔었고, 그중 네덜란드인의 식민통치 기간이 가장 길었다) 제2차 세계대전 기간 일본의 일시적 점령에 이르기까지 수없이 많았다. 이 외래 문명들이 비록 동남아시아의 문화 형태나 인구 구성, 사회경제 발전에 서로 다른 영향을 미쳤지만, 그 어떤 문명도 완전하게 승리를 거두지는 못했다. 그렇지만 다음과 같이 개괄해볼 수는 있다. 근대 이전에는 인도 문명의 영향이 비교적 컸고, 근대 직전과 근대 초기에는 이슬람 문명의 구조적인 진입이 인도네시아 · 말레이시아 · 태국 · 필리핀 등 지역의 종교-문화 자질을 변화시켰고, 그리고 근대 이후에는 중국 문명과 서양 문명이 거의 동일한 시기에 진입해 막대한 영향을 미쳤다.

동남아시아에서 외래 문명의 침투와 확장은 일반적으로 동남아시아 본토 출신들이 외부로 가서 학습하고 도입함으로써 일어난 것은 아니다. 예를 들면 일본이 당나라에 대규모로 견당사(遣唐使)를 파견해 중국에 유학한 것과는 달리, 동남아시아는 주로 외래 문명을 담지한 종족이 들어오면서 이루어졌다. 남아시아에서는 인도유럽어족 언어를 구사했던 방글라데시인 · 텔루구인 · 펀자브인과 드라비다어족 언어를 구사했던 타밀인과 말라얄람인 등의 민족들이 서로 다른 시기에 인도로 들어왔다.[9] 이때 그들은 힌두교와 힌두 문화를 가져왔을 뿐 아니라, 또한 이슬람교와 이슬람 문화까지 가져왔다. 특히 화인들의 이민은 주목할 만한 가치가 있다. 동남아시아 화인들은 대단히 풍부한 경제력을 갖고 있었다. 그들은 대부분 광둥과 푸젠 등 중국 연안 지역에서 왔고, 모두 중국어를 구사하기는 했지만 서로 소통할 수 없는 민난어(閩南語)와 광둥어 혹은 객가어(客家語)를 사용하고 있었다. 주의할 점은 언어학의 과학적 분류에 따르면 이러한 말들은 방언이 아니라 언어로 보아야만 한다는 것이다. 왜냐하면 각각의 말을 구사하는 사람들이 서로 소통할 수 없기 때문이다. 중국 역사에서 통일 정치 구조와 공통 문자의 사용 나아가 공통의 서사문학 전통 등의 요소들 때문에, 게다가 통일된 현대 국가 건설이라는 정치적 요구 때문에, 이러한 말 혹은 언어들은 정치적으로 방언으로 평가되었다. 유럽의 상황은 이와 정반대이다. 포르투갈인과 스페인인은 각자 자신들의 언어를 구사하지만 서로 소통할 수 있다. 노르웨이인과 스웨덴인도 각자 자신들의 언어를 구사하지만 서로 소통할 수 있다. 언어학적 분류에 따르면, 이러한 언어들은 분명 방언이다. 하지만 철자도 다르고, 더욱이 모호함이 용납되지 않는 민족국가 관념 때문에 이러한 방언들은 일반적으로 언어로 간주되고 있다. 남아시아 각 민족과 중국 연안 지역의 중국인이 동남아시아로 이주하면서 모국의 종교와 문화 및 풍속을 같이 갖고 들어왔을 뿐 아니라, 기술 · 자금 · 인적 자원도 가지고 왔다. 그들은 동남아시아 각 지역의 경제와 문화 건설에 참여했고, 각 지역 경제문화를 발전시키는 데도 매우 큰 공헌을 했다. 그리고 각 지역의 인구 구성도 상당히 변화시켰다. 그들은 현지의 언어문화를 배우고 현지인과 결혼을 하고, 심지어는 현지의 성씨를 사용했다. 동남아시아로 이주해 온 다른 민족 집단과 비교하면 화인의 수는 훨씬 많았다. 이로 인해 그들은 싱가포르를 총인구의 70퍼센트 이상이 화인인 국가로, 말레이시아를 총인구의 1/3이 화인인 국가로 만들었다. 화인들이 이룬 경제적 성취는 특히 탁월했다. 현재 화인은 각 동남아시아 국가의 경제에서 모두 주도적 지위를 차지하고 있다.

이렇게 간단한 역사적 설명을 통해서도, 다른 모든 문명과 비교해 동남아시아는 그 신분이 대단히 복잡한 마치 슈퍼 혼혈아 같다는 점을 쉽게 발견할 수 있다. 이 때문에 문명 분류에서 본질적으로 중국 · 인도 · 서양 등의 문명들과 비슷한 문명으로 볼 수 없게 된 것이다. 하지만 만약 동남아시아를 한 독특한 지연 공동체로 본다면, 이 지역의 복잡한 역사적 상황들은 아주 분명해진다. 그리고 서로 다른 역사 시기에 여러 문명들의 영향을 받았던 이 지역의 정치 실체 간의 복잡한 관계들과 쇠퇴와 흥기를 거듭한 정치 실체들의 복잡한 상황들도 하나의 뚜렷한 맥락 속에서 통일된다. 즉 동일한 지리 위치와 동일한 자연조건으로 인해, 동남아시아는 서로 유사한 역사적 상황을 갖고 있다는 것이다(주의할 점은 모든 동남아시아 국가들이 일찍이 서양인의 식민지로 전락할 때, 오직 태국만이 몇몇 국왕들의 지혜로운 통치로 인해 식민지의 운명을 피할 수 있었다는 것이다). 한편 여러 외래 문명의 유입은 이미 지나간 역사적 사건으로 볼 필요가 있지만, 이 외래 문명들이 동남아시아 문화의 생장에 구조적으로 참여했기 때문에, 이 지연 공동체의 문화적 신분과 분리할 수 없는 일부가 되었다고 볼 필요가 있다.[10]

다음으로 역사에서 중국과 한국 · 일본의 관계를 살펴보자.

역사적으로 중국 · 한국 · 일본 간에는 여러 차례 전쟁이 발생했다. 그중 조선의 동학농민운동이 발단이 된 청일전쟁과 1931년부터 1945년까지 이어진 일본의 중국 침략이 규모 면에서 비교적 컸다고 볼 수 있다. 거시적 문명사의 고찰 속에서 이 전쟁들의 성격을 어떻게 설명해야 할까? 이는 공통의 문화를 가진 민족 혹은 국가 간의 전쟁으로 보아야 할까, 아니면 문명 혹은 하위 문명 간의 전쟁으로 보아야 할까? 이 문제도 또한 민족 · 국가 · 문명 · 하위 문명 등에 내포된 개념 정의와 관련된다. 그러나 지연적 시각으로 바라본다면, 15세기 후반 무렵 이후 중국 · 일본 · 조선 간의 정치 군사적 충돌을 문명의 충돌로 보는 것도 무리가 아니다. 또한 이 정치 행위체들 간의 대규모 전쟁도 문명 간의 충돌로 보는 것도 무리가 아니다. 그리고 현재 많은 연구자들이 이전부터 보편적으로 분석해온 것처럼 일본을 하나의 독자적 문명으로 보아도 결코 이치에 맞지 않는 것은 아니다. 물론, 만약 엄격하지 않게 이 정치 행위체들 간의 밀접한 문화 교류와 친연 관계를 다룬다면, 그리고 만약 문명에 비교적 광범위한 정의를 내린다면, 역사에 있었던 3대 정치체 간의 충돌과 전쟁을 문명의 충돌 혹은 문명 간의 충돌로도 볼 수 있다.

심지어 중국을 일본 · 한국과 동일하게 민족 혹은 국가로 보는 것이 다소 적합하지 않을 수 있다. 이렇게 보면 근대 서양식 개념을 동아시아의 실제 상황에 무리하게 적용했다는 의심을 받을 수 있는 것이다. 일본인과 한국인은 아마도 혈통이 단일한 민족으로 볼 수도 있다. 그러나 민족으로서 중국인은 그 함의가 훨씬 복잡하다. 중국의 주체 민족인 한족 자체가 곧 수많은 종족 · 부족 · 민족이 몇천 년 동안 이룬 정치 · 경제 · 문화적 통합의 산물이다. 또한 역사에 출현한 적은 있지만, 한족 혹은 기타 민족 속에 완전히 융합된 수많은 소수민족, 예를 들면 흉노 · 선비(鮮卑) · 갈(羯) · 씨(氐) · 해(奚) · 조길(鳥古) · 당항(黨項) · 토혼(吐渾) · 거란 · 여진이 있다. 이런 점을 제외하고라도 현재도 중화인민공화국을 구성하고 있는 중화민족만 해도 56개 민족으로 이루어진 연합체이다. 이른바 국가라는 상황은 서로가 비슷하지만, 근대 이전의 한국과 일본은 국가로서의 의미가 근대 민족국가와 아주 비슷한 반면에, 근대 이전의 중국은 다민족의 대제국이어서 그 상황이 현저하게 다르다.

일종의 지연적 시각을 채택한다면 우리는 중국 · 일본 · 한국을 3개의 다른 지연 정치 행위체로 볼 수 있다. 그것들이 민족이나 국가, 혹은 왕조나 제국에 상관없이 모두 이와 같이 볼 수 있다. 그들 간의 충돌과 전쟁은 동일한 한 지연 연속체 내에서 벌어진 서로 다른 정치 행위체 간의 충돌과 전쟁으로 볼 수 있다. 그리고 이러한 충돌과 전쟁들의 근원은 3개의 정치 행위체 간에 존재했던 지연 정치적 의미의 이익 대립에 있다. 이러한 상황은 유럽과 어느 정도 비슷한 것이다. 중세 말에서 1945년까지, 유럽의 각 정치 행위체 간에는 중국의 전국시대와 같은 상황들이 즐비하게 나타났고, 각종 연합과 동맹들이 있었고 많은 전쟁이 발생했다. 그 근본 원인 또한 지연 정치적 의미의 이익 대립에 있었다. 그리고 일본이 도대체 하나의 독자적 문명인지 아니면 중국 문명의 하위 문명인지, 혹은 토인비가 말한 것처럼 극동 문명의 일본 갈래인지 분명하게 말하기는 매우 어렵다. 베트남의 경우를 보자. 비록 그 유사성이 아마도 한국과 중국의 상호 유사성보다는 적겠지만, 베트남은 기본적 가치관뿐만 아니라 유가사상과 불교도 중국과 동일하다. 그리고 기타 문화 형태, 예를 들면 문자·언어·문학·역사·음악·극·의학·역법·수학 나아가 주산·인쇄술 등의 실용적 기술도 중국과 대단히 비슷하다. 이 밖에 베트남은 일본·한국과 동일하게 민족의 후손들이 구성한 단일한 민족국가가 아니라, 중국처럼 다민족 국가이다. 그 소수민족은 많게는 60여 개에 이르러 중국보다 더 많다. 따라서 이러한 상황들은 베트남을 중국 문명의 한 하위 문명으로 보는 이유가 된다.

15세기부터 일본 왜구는 끊임없이 조선 연안과 중국 동남 연해 지역을 침탈하여 소란을 일으켰다. 이것은 문명의 충돌일까 아니면 중심에 대한 주변의 소요와 도전일까? 1592년에서 1598년까지 도요토미 히데요시가 이끄는 일본 군대는 조선에 참혹한 침략 전쟁을 일으켰는데 역사에서는 이를 임진왜란으로 부른다.[11] 지연 정치적 의미에서 보면, 이 전쟁은 일본이 주변 위치에서 동아시아 지연 연속체 안의 역사가 유구한 중심 지역 혹은 핵심 대국에 대해 일으킨 첫 번째 대규모 전쟁이다. 그렇다면 이 전쟁을 문명 간의 전쟁으로 보아야만 할까, 아니면 지연 동아시아 내부의 한 주변 정치체가 중심의 정치 권위에 대해 일으킨 제1차 정면 도전으로 보아야 할까? 동아시아에서 발발한 대규모 전쟁, 즉 1894년의 청일전쟁과 1931년부터 1945년까지 이어진 중국의 항일전쟁은 문명 간의 전쟁으로 보아야 할까, 아니면 서양 열강과 러시아가 개입한 새로운 형세에서 이전의 주변 국가가 중심 강국에 대해 일으킨 도전의 연속으로 보아야 할까? 이러한 문제들의 해답을 찾기 위해 전통적 문명 시각을 채택하느냐 혹은 지연 정치 시각을 채택하느냐에 따라 분명 서로 다른 해답이 나올 수 있다.

오랫동안 동아시아에는 문화와 정치적 의미에서 일종의 천하, 즉 중국을 중심으로 한 국제정치 질서가 줄곧 존재했다. 사실상 여기에서 천하는 중국을 중심으로 하고 주위의 작은 정치체를 주변으로 하는 지연적인 동아시아 세계 혹은 동아시아 문명이다. 그것은 정치와 문화적 의미를 가진 지연 문명일 뿐 아니라 지연 경제적 의미를 가진 지연 문명이다. 장기적으로 볼 때, 이 지연 문명의 경제적 차원은 앞으로 갈수록 중요해질 것이다. 각 동아시아 정치체가 공통으로 가지고 있는 하나의 천하 혹은 지연 문화 연속체 개념을 도입하면, 민족국가 · 문명 · 하위 문명 등의 개념을 동아시아 정치체를 분석하는 데 적용할 이유가 없어진다. 왜냐하면 우리가 역사적으로 중국 · 일본 · 한국 간에 있었던 전쟁을 민족 혹은 하위 문명 간의 전쟁으로 보면, 이는 사실상 1648년 베스트팔렌 평화조약에서 시작하는 서양 개념을 동아시아의 지연 정치와 경제 및 문화적 현실에 억지로 끌어들여 적용하는 결과를 초래하기 때문이다. 특히 주의할 필요가 있는 것은 동아시아 지연 정치 구조의 성격은 역사적으로 유럽 지연 정치 구조의 성격과는 크게 다르다는 점이다. 중세 말에서 제2차 세계대전이 끝날 때까지, 유럽에서는 줄곧 군주국가 · 민족군주국가 · 현대 민족국가의 각종 동맹과 연합 및 중국의 전국시대와 같은 상황이 즐비하게 나타났다. 이러한 국면이 형성된 중요한 원인은 유럽의 역사와 동아시아의 역사가 확연히 달라, 유럽에는 중국과 같은 강대한 정치 · 경제 중심이 형성되지 못했기 때문이고, 또한 조공 체제와 같은 국제적 질서가 형성되지 않았기 때문이다.

사실상 역사적으로 아주 오랜 기간, 동아시아와 동남아시아 및 중앙아시아에는 중국을 중심으로 한 하나의 국제 질서 혹은 국제적인 체제가 존재했다. 이러한 체제 속에서, 동아시아와 동남아시아 및 중앙아시아에 대해서 중국은 하나의 권력 중심이었고, 또한 모든 주변의 작은 정치체에게 정치적 합법성을 부여했다. 서양식 민족국가 관념이 오늘날의 주도적 지위를 획득하기 전에, 중국은 길게는 2천 년 동안 동아시아에서 안정적인 국제정치 질서를 유지하고 있었다. 이것이 이른바 중국을 중심으로 한 조공 체제이다. 무역적인 요소들이 큰 비중을 차지하는 이러한 종류의 정치 질서에서 중국은 정치적 합법성을 인정받는 궁극적인 근원이었다. 주변 국가는 단지 상징적인 의미에서 중국에 진상물을 바치기만 하면 중국의 정치적 비준을 얻을 수 있었다. 중국의 비준을 얻는다는 것은 이 정권들이 이미 정치적 합법성을 획득했다는 것을 의미했고, 또는 국내와 국외의 정치적 승인을 얻었다는 것을 의미했다. 권력의 중심으로서 중국은 진상물의 가치를 훨씬 초월하는 정치적 답례를 통해 조공 체제의 정상적인 운행을 유지할 수 있었다. 그리고 이를 통해 최소한의 대가로 상당한 정도에서 그 주변 지역의 평화적 안정을 확보할 수 있었다.[12] 이와 달리, 서양 문명 흥기 후의 유럽에는 지연 정치적으로 압도적인 우세를 지닌 하나의 권력 중심이 지금까지 출현한 적이 없다. 그리고 바로 이러한 종류의 권력 중심이 없었기 때문에, 중세 말에서 1945년까지의 각 역사 시기에 지연 정치체들 간에 동아시아보다 훨씬 빈번한 또한 동아시아에서 일어난 전쟁들보다 더 참혹했던 전쟁들이 발생했던 것이다.

이러한 의미에서 16세기 이후 조선과 중국에 대한 일본의 침략과 전쟁을 서로 다른 동아시아 민족 혹은 하위 문명 간의 전쟁으로 보는 것보다, 이것은 경제 위치에너지*로부터 촉진된 한 지연 정치 행위체—이는 중국 동쪽에 위치한 섬으로 이루어진 일본이라 불리는 나라이다. 이 나라는 해

---

* 여기서 말하는 경제 위치에너지는 저자가 물리학 용어인 위치에너지를 경제에 결합한 것이다. 중국과 인접한 지정학적 공간에 위치한 일본이, 마치 공간 내에 있는 물체가 위치에 따라 잠재적인 에너지를 가지는 위치에너지 개념처럼, 중국의 영향을 받았지만 상대적으로 독립되어 있기 때문에 강대해질 수 있었고, 이를 통해 중국에 도전할 수 있었다고 보는 것이다.—역주

양이 가로막고 있었기 때문에 길게는 수천 년 동안 형성된 대륙 지역의 정치 · 경제의 통합에서 상대적으로 독립적일 수 있었다—가 중국을 중심으로 한 조공 체제 혹은 동아시아 국제정치 질서에 대해 일으킨 도전으로 보는 편이 더 적합하다. 이러한 여러 세기에 걸친 지연 경제와 지연 정치의 충돌 속에서, 16세기 말 일본의 조선 침입은 명나라의 군사적 개입으로 인해 실패했지만, 이 도전의 확대 복사에 해당하는 청일전쟁에서 일본은 승리했고, 이로 인해 오랫동안 이어져 오던 중화체제는 마침내 붕괴되었다.13

1931년부터 1945년까지, 일본은 중국의 만주 지역을 점령하여 식민화했고, 또한 중국의 동부 · 중부 · 북부 · 남부의 넓은 지역을 점령했다. 이 시기에 중국과 일본의 전통적 역할은 이미 완전히 전도된 듯 보였다. 만약 이때도 모종의 동아시아 국제정치 질서가 여전히 존재했다고 본다면, 이러한 질서의 주역은 중국이 아니라 일본이었다. 혹은 최소한 중국-일본의 두 주연이 함께 동아시아를 주도한 국제정치 질서였다고 볼 수 있다. 또한 지연적 의미에서의 동아시아 국제정치 질서를 통해 다음과 같은 현상을 어느 정도는 설명할 수 있다. 1930~1940년대, 중국의 절반 이상을 점령한 일본은 자신들이 동아시아 국제 체제로 진입해 그 중심 위치를 차지했다고 생각했고, 이로부터 대동아 공영권을 선전하는 데 열을 올리기 시작했다. 일본이 이렇게 한 것은 분명 중국 · 조선 · 동남아시아 사람들의 마음속에 결코 존재한 적도 없던 어떤 정치적 합법성을 도모하고 강요하기 위해서였다. 모두가 주지하다시피 일본은 성공하지 못했다. 일본이 전쟁에서 패배해 항복했을 때도 그랬고, 1960년에서 1980년까지의 경제 기적을 거둘 때도 일본이 경제적 형식으로 그 목적을 달성했다고도 말할 수 없다(비록 그 경제적 성공이 동아시아 경제 발전과 통합에 중요한 의의를 가진다고 해도). 21세기에 이르러서도, 일본은 영광스럽지 못한 제국주의의 역사 때문에, 또한 항상 미국의 눈치만 보고 독자적 외교를 하지 못하기 때문에, 정치 대국과 도의적 국가로서의 형상을 아직 수립하지 못하고 있다.

3. 지연 시각의 고찰: 서아시아 · 북아프리카 · 지중해 · 서유럽

거시적인 정치사 연구에서, 지연 시각의 중요성은 근대의 역사에서 설득력이 대단히 높은 기존의 예들에서 찾을 수 있다. 그것은 바로 서로 동일한 이데올로기를 가진 사회주의 진영 내의 중국과 소련의 분열, 같은 한자 문화권에 속하고 같은 사회주의 진영에 속하는 중국과 베트남의 충돌, 나아가 베트남전쟁에서 미국과 유럽이 가진 서로 다른 입장이다.

장기적인 시각으로 바라본다면, 서아시아 · 북아프리카 · 지중해 · 서유럽의 많은 역사적 사실들에서 지연 시각의 중요성을 입증하는 증거를 찾을 수 있다. 터키 역사 연구의 성과에 근거하면, 1453년 콘스탄티노플이 함락되고 비잔틴 제국이 멸망한 가장 근본적인 원인은 결코 오스만튀르크의 장기적인 포위와 공격에 있었던 것이 아니라, 바로 비잔틴 제국 내부의 조화될 수 없었던 반(反)서양적 입장에 있었다. 다시 말해서 보루가 내부의 분열로 파괴된 것이다. 실제로 서양 라틴교회가 비잔틴의 그리스 동방정교회에 대해 일관되게 취했던 확장과 장악 정책 때문에, 그리스 동방정교회는 설사 터키인들에게 투항할지언정 서양 라틴교회와 동맹을 결성해 공동으로 터키 무슬림에 항거하기를 원하지 않았다. 그리스 동방정교회가 터키인들에게 투항하기로 결정한 것은 사태의 압박 때문에 성급하게 내린 결정이 아니라, 장기적인 과정을 거친 자연스러운 결과였다.[14] 동방정교회 사람들은 서유럽 라틴교회의 통치하에서보다 터키인들의 진보적인 통치하에서 더욱 많은 자주성을 누릴 수 있다는 사실을 인식했던 것이다. 이보다 이전인 1385년에 콘스탄티노플의 대주교는 로마 교황 우르바노 6세에게 편지를 보내, 터키인이 그리스교회에 충분한 행동의 자유를 줄 수 있다는 제안을 했다고 말했다.[15]

만약 문명과 문화 혹은 종교의 역량이 더 컸다면, 그리스 동방정교회는 분명 라틴교회와 동맹을 맺고 일치단결해 터키 이교도의 침략에 맞서 싸웠을 것이다. 이 두 교회가 믿은 것은 모두 기독교였을 뿐만 아니라 모두 삼위일체 형태의 기독교였기 때문이다(기독교 단성론파와 네스토리우스파도 이전에는 세력이 매우 큰 기독교 유파였다. 하지만 그들은 삼위일체설을 신봉하지는 않았다). 이는 두 교회가 교리에서는 실제적인 차이가 없었음을 의미한다. 그들의 차이는 단지 조직 문제, 즉 각자의 조직 기구를 인식하는 정체성에 있었다. 두 교회는 두 인류 집단을 대표했고, 또한 역대로 의견 대립도 있었다. 이 의견 대립이 신학에서의 의견 차이로 나타나기도 했지만, 그 근본 원인은 지연 정치적인 이해와 충돌이었다. 라틴교회와 그리스교회의 대립은 표면적으로는 신학 분쟁이란 가면을 쓰고 있었다. 십자군의 동방 원정 시기에 서유럽 기독교도는 이교도의 징벌이라는 기치를 내걸었지만, 오히려 동남 유럽의 비잔틴 기독교 동포들을 공격하고 약탈했다. 이때 신학 대립이라는 가면이 완전히 벗겨졌고, 이익만이 중요 동기라는 사실이 적나라하게 드러났다. 이는 또한 인류 집단의 충돌에서 지연 이익의 요소가 문명·문화·종교의 형태 요소보다 더 크게 작용한다는 사실을 보여준다.

16세기 지중해 지역의 지연 정치 무대에서도 유사한 상황을 볼 수 있다. 서유럽 프랑스인은 중유럽 합스부르크 왕가와 충돌을 빚으며, 지중해에서 유럽인과 각축을 벌이던 터키 무슬림이 적이 아니라 반대로 신뢰할 만한 동맹이라는 사실을 깨달았다. 따라서 아무런 의심 없이 프랑스인은 툴롱 항을 터키 해군이 사용할 수 있도록 허가했다.[16] 유사한 예를 이슬람 세계 내부에서도 찾아볼 수 있다. 13세기 중엽 몽골인이 유프라테스·티그리스 강 유역을 침입했을 때, 이란을 근거지로 한 시아파 무슬림은 그들을 구세주로 보고, 그들의 역량을 빌려 아랍인이 주체인 수니파 무슬림의 통치에서 벗어나고자 했다. 몽골 총사령관 훌라구에게 바그다드 공격을 건의한 사람은 당시 시아파의 재상이었다. 바그다드 함락 후, 또다시 다른 시아파 지도자가 몽골인을 설득하여 포로가 된 수니파 칼리프를 사형에 처하게 했다.[17] 16세기부터 17세기까지 오스만튀르크 통치자가 국내 친이란계 시아파에게 실시한 종교정책도 이러한 문제를 충분히 설명해준다. 오스만튀르크 통치자는 이슬람교의 일관된 방법을 답습하여 국내의 이교도에게는 관용적인 종교정책을 시행했다. 유대인과 기독교도에 대해서는 더 특별했다. 하지만 그들은 다른 분파인 이슬람 특히 시아파에 대해서는 대단히 단호했다. 심지어 너무나 잔혹했다고도 말할 수 있다. 이란을 대대적으로 공격하기 전 터키 통치자는 국내의 시아파를 무자비하게 진압했는데, 2년도 채 안 되는 기간 동안 4만 명을 죽였다.[18] 다른 한편 서양 십자군이 11세기에서 13세기에 팔레스타인(현재의 팔레스타인과 시리아 및 요르단 등의 국가를 포함한 하나의 큰 지역)을 침략했던 역사적 배경이나, 발칸 반도를 이미 점령한 터키인이 16세기 내내 중유럽 나아가 서유럽에 군사적 압력을 가하던 상황에서, 그리고 포르투갈인이 터키인과 인도양 지역 쟁탈전을 벌이는 과정에서 터키와 같은 무슬림인 이란은 적이 아니라 오히려 우방이란 사실을 발견했다. 그리하여 이란과 군사적·정치적 동맹을 맺어 공동으로 터키인에게 저항하고 반격할 수 있을 것이라고 생각했다.[19]

이슬람 세계에서 이란인과 터키인만 지속적으로 충돌한 것은 아니다. 아랍인과 이란인 및 터키인 간에도 심각한 대립이 있었다. 16세기에 이르기까지 이 3대 지연 정치 행위체 간에는 마치 《삼국지》에 나오는 것과 같은 대립들이 천 년 넘게 이어졌다(물론 터키인은 서아시아 정치 무대에서 후발 주자였다). 만약 우리가 시각을 이슬람교 홍기 이전인 기원전 6세기로 돌려본다면, 일찍이 아케메네스 페르시아 제국 통치 시기인 서아시아 지역에는 다양한 행위체들이 끊임없이 분쟁을 벌이는 지연 정치 구조가 이미 존재했다는 사실을 쉽게 발견할 수 있을 것이다. 이란 고원에서 새로운 세력으로 급부상한 페르시아인은 드넓은 아시아와 아프리카 동북 지역에 이르는 광대한 지역을 통일했다. 또한 그들은 역사에서 유례가 없는 관대하고 진보적인 정치적 통치를 시행했다. 하지만 그들과 티그리스·유프라테스 강 유역, 팔레스타인(지금의 팔레스타인이 아니라, 이를 포함한 훨씬 더 넓은 지역), 이집트에 이르는 많은 지연 정치 행위체 간에는 협력과 대치 및 전쟁이 교차되는 복잡한 구조가 존재했다. 아시리아인·유대인·칼데아인·이집트인·리디아인 등의 지연 정치체들은 때로는 전쟁을 하고 때로는 연합을 하는 전국시대의 제후국들과 같은 관계를 유지하고 있었다.

기원전 4세기 후반 무렵, 지중해 지역에서 온 그리스인과 로마인이 또한 이 지연 정치 각축장에 뛰어든다. 알렉산더 대왕 시기에 그리스인은 거의 모든 아시아 지역을 점령했다. 비록 알렉산더가 아케메네스 페르시아인을 물리치기는 했지만, 이란 고원을 장악한 적은 한 번도 없었다. 이 시기 그리스인의 군사적·정치적 승리 또한 오래 지속되지는 못했다. 알렉산더 대왕이 죽자마자 그의 계승자들은 바로 3개의 작은 그리스 제국으로 분열되었기 때문이다. 이로 인해 전통적으로 적대 지역이었던 이란 고원에서 또 다른 페르시아 제국이 흥기할 수 있었다. 이것이 바로 파르티아이다[고대 중국에서는 이를 '안식(安息)'으로 불렀다]. 지중해 지역의 후발 민족인 로마인은 그리스인들이 점령했던 서아시아를 계승했지만, 이란 고원 및 인근의 티그리스·유프라테스 강 유역을 한 번도 완전하게 장악하지는 못했다. 파르티아 제국은 이란 고원 및 인근의 티그리스 · 유프라테스 강 유역에서 아케메네스 제국의 명실상부한 계승자가 되어 로마 제국과 오랜 기간 전쟁을 벌였다. 이후에는 그리스인과 로마인은 모두 역사의 무대 뒤로 퇴장했다. 서기 6세기에서 7세기 초에 이르면, 서아시아 지연 정치 무대의 주역은 동쪽의 사산 왕조 페르시아 제국(이란)과 서쪽의 동로마(비잔틴 제국)가 되었다. 백 년간 지속된 전쟁은 이 두 거대한 제국을 피폐하게 만들었는데, 이는 아랍인이 흥기하는 데 대단히 유리한 조건으로 작용했다.

이슬람화한 아랍인은 동로마(비잔틴)인을 티그리스 · 유프라테스 강 유역과 팔레스타인 및 이집트 지역에서 쫓아냈고, 또 이란 고원도 정복했다. 이로 인해 이 지역들은 이슬람화되었고, 종교와 정치에서 모두 아랍 제국의 일부분이 되었다. 하지만 비록 아랍 제국이 서아시아의 동서 양대 지역에서 통일을 실현했어도, 이 통일이 곧 이곳의 지연 정치 구조에 근본적인 변화가 발생했음을 의미하는 것은 아니다. 사실상 서아시아 지역의 동서 분열 국면은 이전처럼 변함없이 계속되고 있었다. 이슬람교가 흥기하기 전 1천여 년에 걸쳐 이미 형성되었던 지연 정치의 충돌 구조는 이슬람 문명 내부의 서로 다른 지연 정치체들 사이의 충돌 구조로 전환되었다. 이러한 지연 정치 충돌은 이 지역들이 동일하게 갖고 있던 종교 신앙 및 해당 문화적 정체성이 약화되었기 때문은 아니었다. 새로운 상황에서 이 충돌이 지연 정치적인 교파 분쟁이란 새로운 형식으로 나타났고, 이로 인해 서아시아 이슬람 세계가 수니파와 시아파란 양대 교파로 아주 빠르게 분열했기 때문이다(현재까지도 이러한 분열은 여전히 중동 나아가 세계 정치 구조에 영향을 미치고 있다). 전자의 지연 정치의 토대는 아랍인이 통치적 지위를 차지하던 아라비아 반도와 이집트를 포함한 서아시아의 대부분 지역이고, 후자의 지연 정치의 토대는 이란인이 통치적 지위를 차지하고 있는 이란 고원 및 이와 접경한 티그리스 · 유프라테스 강 유역의 동부이다.

사산 왕조 페르시아 제국이 멸망한 후 이란인은 이슬람교로 귀의했고, 또한 일시적으로 아랍인에게 굴복하기도 했다. 그러나 이로 인해 이란인과 팔레스타인 및 티그리스 · 유프라테스 강 유역과 아라비아 반도를 기반으로 한 아랍인의 대립이 해소된 것은 아니었다. 이 대립은 이데올로기에서는 시아파와 수니파의 대립으로 나타나지만, 구조적인 의미에서는 의심할 바 없이 서아시아 동서 양대 지역 간의 지연 정치 충돌의 성격을 가지고 있다. 이는 또한 이슬람화한 이란인이 수니파의 반대파인 시아파를 선택한 것도 지연 정치의 필연성 때문임을 의미한다. 시아파만이 아니라 수니파의 반대파가 될 수만 있다면 이란인은 다른 어떤 이슬람 교파였다고 해도 상관없이 선택했을 것이다. 여기서 서로 다른 교파 간의 교리 차이는 결코 중요한 것이 아니다. 이란인의 입장에서 보면, 이슬람 세계의 최고 지도자를 무함마드의 후손이 담당하든 아니면 그와 혈연관계가 없는 아랍인이 담당하든 그것은 어떤 실질적인 의미도 없었다. 중요한 것은 이 지도자가 통치하는 지연 정치 교파가 반드시 권력을 장악하고 있는 정치 파벌의 반대파여야 한다는 점이었다. 물론 이러한 종류의 반대파 역할은 이란인이 담당할 수도 있고, 또한 비주류의 위치에 있는 아랍인이 담당할 수도 있다.

만약 이란에서 아케메네스 페르시아인 · 파르티아 페르시아인 · 사산 왕조 페르시아인의 지연 정치 계승자를 시아파 이란인으로 본다면, 그리고 만약 티그리스 · 유프라테스 강 유역과 팔레스타인 및 이집트에서 아케메네스 페르시아인 · 그리스인 · 로마인 · 동로마인의 계승자가 수니파 아랍인이라고 본다면, 14세기에 흥기한 오스만튀르크인은 소아시아 · 유럽 동남부 · 이집트 · 아라비아 서아시아 지역에서 동로마(비잔틴) 제국의 지연 정치 계승자가 된다. 터키인은 이보다 200~300년 전에 이미 이슬람교로 귀의했고, 현재는 서아시아 지중해 세계의 지연 정치 무대에서 엄연한 다크호스가 되었다. 터키의 세력이 서북 지역을 넘어서고 있기 때문에 이 지역의 정치적 형세는 더욱 복잡하게 변화하고 있다. 하지만 이 광활한 지역의 지연 정치체가 아케메네스 페르시아 제국 · 셀레우코스 그리스 제국 · 로마 제국 · 파르티아 페르시아 제국 · 비잔틴 제국 · 사산 왕조 페르시아 제국 · 압바스 아라비아 제국 · 오스만튀르크 제국의 대제국 형식을 취하든지, 혹은 이란 · 시리아 · 터키 · 사우디아라비아 · 요르단 · 이라크의 현대 민족국가 형식을 취하든지, 또는 고대 이란 문명 · 유대 문명 · 그리스 로마 문명 · 서양 기독교 문명 · 비잔틴 동방정교 문명 · 이슬람 문명의 문명 형식을 취하든지, 아니면 기독교 네스토리우스파 · 기독교 단성론파 · 이슬람교 시아파 · 이슬람교 수니파의 교파 형식을 취하든지 모두 상관없이, 대체적으로 보면 동서 양대 지역의 대치와 충돌이라는 지연 정치 구조는 항상 일정했고 실질적인 변화도 없었다고 볼 수 있다.

심지어 근 3천 년의 역사에서, 서아시아 지역의 많은 종족들, 다양한 문화들, 다른 명칭을 가진 정치 행위체들은 주마등처럼 재빨리 나타났다가 재빨리 사라져 갔다. 그러나 이란 고원을 기반으로 한 하나의 핵심 지역과 티그리스 · 유프라테스 강 유역을 기반으로 한 또 하나의 핵심 지역 사이의 지연 정치적 대치와 충돌이라는 심층적 구조는 여전히 과거의 상황과 같으며, 근본적인 어떤 변화도 일어나지 않았다. 이는 보편성을 가진 이슬람교가 양대 지역을 통일한 후에도 마찬가지였고, 지금 현대에도 여전히 마찬가지다.

물론 이것이 역사적으로 혹은 현대에서도 지연 정치 구조의 대치와 충돌은 해소될 수 없고 영원히 지속된다는 것을 의미하지는 않는다. 인류는 지역적 통합이 빠르게 진행되고 있는 전 지구화 시대로 진입했기 때문이다.

4. 지연 시각의 고찰: 러시아

만약 아랍인과 오스만튀르크인을 동방정교 비잔틴 제국의 지연적 유산 계승자라고 본다면(비록 이러한 계승이 다른 지리적 분포에서 또한 다른 시기에 발생했지만), 러시아인은 동방정교 비잔틴 제국의 문화적 유산 계승자로 볼 수 있다. 아랍인과 오스만튀르크인은 이슬람의 종교 및 문화를 수용한 후에 서아시아 정치 무대에서 급부상했다. 이와 마찬가지로 동슬라브인 중에서 가장 중요한 한 갈래인 러시아인 또한 동방정교 비잔틴 문명을 수용한 후에 유럽의 지연 정치 무대에서 중요한 역할을 담당하게 되었다. 비록 이들은 후발 주자들이었지만, 오히려 이후에는 선발 주자들을 추월했다. 여기에서도 또한 문명 분류의 문제가 발생한다. 일본 문명이 독자적으로 존재하는지 여부가 이미 많은 논쟁을 불러일으킨 것처럼, 마찬가지로 러시아 문명이 독자적으로 존재하는지 여부에 대해서도 분명 다른 의견이 있을 것이다. 만약 독자적인 러시아 문명이 존재한다면 왜 이 문명과 서양 문명 사이에는 그렇게도 많은 유사점이 있을까? 만약 러시아 문명이 단지 서양 문명의 일부분 혹은 서양 문명의 한 변형이라면 왜 양자 간에는 아주 큰 차이점이 있을까?

의심의 여지 없이 러시아는 문명 형태에서는 서양과 유사한 '같은 문명'이다. 러시아는 언어와 종족에서도 서양인과 근원이 같고 뿌리도 같다. 그들은 모두 인도유럽어족 언어를 구사하고, 모두 코카서스인종으로 동일한 종족이다. 문화 · 언어 · 인종에서 서양과 동일한 문명 동일한 종족이고, 지연에서도 서양과 인접하고 있기 때문에 심지어 서양과 통합되어 있다고 볼 수 있다. 이로 인해 18세기 초 서양의 산업화 운동이 아직 전면적으로 전개되기 전부터, 러시아는 서양과 지리적으로 근접한 데 따른 이점을 누릴 수 있었다. 표트르 대제는 평민 차림으로 직접 스위스로 가 서양의 선진 과학기술을 몸소 체험하고 학습했다. 그리고 아주 편리하게 서양 문명의 최신 과학기술과 최신 문화적 성과를 수용하고 이용할 수 있었다. 따라서 러시아의 근대화 운동은 최소한 중유럽과 비동방정교인 동유럽 지역과 비슷한 시기에 일어났다고 볼 수 있다. 이는 분명 표트르 대제가 서양화 운동을 대규모로 개시한 이후 러시아가 신속하게 유럽 강국이 될 수 있었던 중요한 한 원인이다. 또한 냉전 시기 러시아가 미국 다음가는 세계 강국이 될 수 있었던 중요한 한 원인이기도 하다. 서양과의 문화적 · 언어적 · 종족적 친연성으로 인해, 러시아는 모든 비서양 민족 중에서 가장 일찍 또한 가장 쉽게 근대화를 할 수 있었고, 또한 이러한 이점을 바탕으로 16세기 이후 전개된 서양의 세계 식민지 분할과 통치에도 전면적으로 참여할 수 있었다.

다른 한편으로 대형 역사 문화 공동체인 러시아의 대부분 인구는 아시아가 아닌 유럽에 거주한다. 이 인구들의 경제 · 정치 · 문화 활동들 또한 주로 유럽에서 이루어진다. 서양화 운동이 어느 정도 진행되었을 때, 러시아인들은 유럽 문화를 대폭 수용함으로써 발전 정도가 비교적 낮았던 러시아 문화에 매우 뚜렷한 유럽 자질을 부여했다. 물론 러시아인들도 그들만의 문화적 창조성을 가지고 서양 문화에 합류했고, 또한 서양 문화를 매우 심화시켰고 풍부하게 했다. 혹은 유럽 문명(혹은 아시아 아프리카 유럽 문명)의 정신적 내용을 크게 심화시키고 풍부하게 했다고도 볼 수 있다. 차이콥스키와 쇼스타코비치의 교향악, 〈백조의 호수〉와 〈호두까기 인형〉 등의 발레, 도스토옙스키와 톨스토이 및 체호프의 소설은 이미 유럽 문명과 분리할 수 없는 일부분이 되었다. 동아시아인 · 인도인 · 아프리카인이 러시아인이 창작한 이러한 현대 음악을 들을 때, 러시아인이 각본을 쓰고 연출한 발레를 감상할 때, 또한 러시아인이 쓴 소설을 읽을 때, 그들은 이러한 문예작품이 러시아 문명이 최초로 만든 것인지에 대해서는 아마 조금도 신경 쓰지 않을 것이다. 반면에 아마 틀림없이 그것들을 모두 유럽 혹은 서양 문명의 문화 성과로 볼 것이다.

근원적 의미를 내포한 종교의 성격 면에서, 러시아와 유럽 혹은 서양 사이의 친연관계의 중요성은 아무리 강조해도 지나치지 않을 것이다. 왜냐하면 종교는 한 문명의 신분을 확립하는 가장 중요한 요소이기 때문이다. 이는 최소한 전통적 의미의 문명 개념을 사용할 때도 마찬가지다. 또한 종교는 한 문명의 기본 성격을 정의하는 가장 중요한 요소이며, 심지어 한 문명이 성립할 수 있는 근본이 되기도 한다. 근원을 거슬러 올라가 보면, 역사적으로 서양 기독교와 러시아 동방정교의 모체인 비잔틴 동방정교는 모두 기독교에 속할 뿐 아니라, 모두 칼케돈 형태 혹은 삼위일체론을 신봉하는 정통 기독교에 속하지, 다른 형태의 기독교에 속하지는 않는다. 예를 들면 하나는 기독교 단성론파 혹은 네스토리우스파에 속하고 다른 하나는 이와 달리 삼위일체론 정통파에 속하거나 하지는 않는다. 마찬가지로 유럽과 러시아는 모두 구조적으로 그리스 로마 문명의 요소들을 가지고 있다는 점을 주의할 필요가 있다. 예를 들면 서사 체계 · 이성주의적 애지학(愛智學) 혹은 철학 · 건축양식 등을 들 수 있다.

위의 여러 가지 상황들만을 보면, 서양 문명과 러시아 문명은 근원도 같고 조상도 같고 문명도 같다는 결론이 나올 수 있다. 또한 러시아 문화는 서양 문명에 속하거나 혹은 서양 문명의 변이체 또는 파생체라는 결론에 이를 수도 있다.

그러나 만약 지연 시각에서, 혹은 지연-자연환경의 각도에서 이 문제를 보면 러시아 문화에 내재된 복잡성이 즉시 부각된다. 지리적으로 보면 러시아의 주체를 이루는 부분은 유라시아 대륙 중부에 위치한다. 폴란드에서 우랄 산맥에 이르는 유럽에 거대한 대륙판이 있고, 우랄 산맥의 동쪽에도 광활한 영토가 있으며, 시베리아에서 베링 해협에 이르는 광대한 지역도 포함된다. 러시아는 영토가 유럽과 아시아 두 대륙에 걸쳐 있고, 중요한 두 종교-문화 형태인 동방정교와 이슬람교 및 해당 문화를 가지고 있고, 100개가 넘는 소수민족이 있는 초대형 공동체다. 문화는 인간이 창조하는 것이지만, 문화를 창조한 인간 또한 그 지리적 위치의 제약을 받지 않을 수 없고 그가 위치한 지역의 자연환경의 영향을 받지 않을 수 없다. 광활한 토지와 독특한 자연조건은 필연적으로 러시아인의 문화 심리에 영향을 미치기 마련이다. 이로 인해 그들은 많은 면에서 유럽 문명과 일치하는 유전자를 가지고 있고, 이와 동시에 또한 자신의 독특한 성격과 기질을 가지고 있다. 이것이 곧 러시아와 주변 슬라브 동방정교 민족이 비교적 독자적이고, 지역적으로는 유럽과 아시아에 걸쳐 있는 하나의 유라시아 문명에 속하게 되는 이유가 된다.

'유라시아 문명'이 유럽 문명과 다른 독자적 문명인 이유는, 중국 문명이 그리스 로마 문명과 확연히 다르고, 또한 인도 문명이 중국 문명과 확연히 다른 것처럼, 유라시아 문명과 유럽 문명의 확연한 형태 차이 때문만은 아니다. 그 이유는 바로 유럽 문명과의 비교적 큰 공간적 거리 때문이다(비록 둘이 인접해 있고, 심지어 하나로 이어진 것처럼 보여도). 바로 이러한 공간적 거리 때문에 역사적 전통과 이해관계를 둘러싸고 양자는 심각한 대립과 충돌을 빚었다. 다른 문명과 비교하면 러시아를 중심으로 하는 유라시아 문명과 유럽 문명이 보이는 형태적 차이가 비록 대단히 큰 것은 아니지만, 분명 어느 정도 차이는 존재한다. 바로 이러한 차이들로 인해, 유라시아 문명이 독자적인 지연 역사 공동체가 되는 데 없어서는 안 되는 기호 조건들이 충분하게 형성될 수 있었다. 이것이 바로 문제이다. 18세기부터 러시아 문명은 비교적 독자적인 지연 정치체로서의 모습을 이미 보여주었으며, 20세기에는 이러한 독자성이 더욱 명확하게 나타났다. 냉전 시기에는 두말할 나위가 없고, 냉전 후에도 러시아가 독자적으로 형성한 지연 정치 신분은 이전과 같이 변함이 없었다. 사실상 초대형 지연 정치 행위체인 러시아와 유럽과 미국을 포함한 서양은 역대로 심각한 이해 대립과 충돌을 빚어왔다. 특히 소련 시기에 이 대립과 충돌은 동서 냉전으로 뚜렷이 나타났다. 소련 및 그 동맹국들은 바르샤바조약기구를 조직하여 한편이 되었고, 중서부의 주요 유럽 국가와 미국 및 그 동맹국들은 북대서양조약기구를 조직하여 다른 한편이 되었다. 가까운 미래에도 이러한 대립과 충돌은 여전히 극복하기 어려울 것이다.

유래가 깊은 이익 대립과 충돌이 있었기 때문에, 일부 학자들은 러시아와 서양의 문화적 친연성을 인정하지 않고, 러시아와 서양을 형태상 확연하게 다른 두 개의 문명, 즉 러시아 동방정교 문명과 서양 문명으로 간주한다. 헌팅턴이 그 대표적인 학자이다. 사실상 헌팅턴처럼 두 지연 역사 공동체 간의 문화적 친연성을 무조건 말살하고, 무턱대고 양자 사이의 차이만을 과장하는 것은 현실적으로 반드시 필요한 것은 아니다. 이러한 방법은 대립을 봉합하고 충돌을 해소하는 데 도움이 되지 않을 뿐 아니라, 오히려 대립과 충돌을 확대할 가능성이 있다. 심지어는 새로운 충돌을 만들어낼 수도 있어 인류의 평화에 불리한 작용을 한다. 헌팅턴은 "13세기 중엽부터 15세기 중엽까지 러시아는 몽골의 종주 권력 아래에 있었다. 러시아는 서양 문명으로 정의할 수 있는 역사적 현상들이 없거나 혹은 아주 적게 경험했다. 예를 들면 로마 가톨릭 · 봉건주의 · 문예부흥 · 종교개혁 · 해외 확장과 식민화 · 계몽운동 · 민족국가의 출현을 들 수 있다. 이전에 서양 문명으로 간주되었던 8개의 특징 중 7개, 즉 종교 · 언어 · 정치와 종교의 분리 · 법치 · 사회 다원화 · 대의제 기구 · 개인주의는 러시아의 역사와는 거의 무관하다. 유일한 예외는 그리스 로마의 고전 유산뿐이다. 이것은 비잔틴을 거쳐 러시아에 전래되었다. 따라서 로마에서 직접 전파된 서양과는 상당한 차이가 있다. 러시아 문명은 키예프와 모스크바 본토에 뿌리를 둔 자신의 본성과 비잔틴의 강력한 영향 및 몽골의 장기 통치가 상호 융합된 산물이다. 이러한 영향들이 형성한 사회와 문화는 다른 역량의 영향 속에서 발전한 서유럽의 그것과는 거의 비슷한 점이 없다"라고 했다.[20]

헌팅턴은 단지 러시아와 서양이 공통으로 가진 그리스 로마의 문화유산만을 인정했기 때문에, 그가 보기에 양자 간의 차이는 다른 비서양인이 볼 수 있는 것보다 훨씬 더 많았다. 그의 이러한 논점에서 보이는 한 가지 명확한 오류는 한 인류 공동체의 자질을 정의하는 가장 근본적 요소인 종교를 대충 언급하고 간단하게 넘어갔다는 점이다. 주지하다시피 역사적으로 러시아 및 주변 슬라브 국가(폴란드는 예외다)의 종교는 동방정교이지만, 동방정교와 서양 종교인 가톨릭은 대단히 밀접한 관계를 갖고 있다. 양자는 모두 삼위일체 형태의 기독교에 속하기 때문이다. 이러한 방법은 문명의 신분을 확립할 때 종교에 큰 중요성을 부여하는 일관된 방법이기 때문에 헌팅턴의 방법과는 대립된다. 봉건주의 · 문예부흥 · 종교개혁 · 해외 확장과 식민화 · 계몽운동 · 민족국가의 출현을 보면, 이러한 요소들은 어떻게 보아도 한 문명의 본질적 특징과 밀접한 관련이 있다고는 볼 수 없다. 오히려 이 요소들은 서양 형태의 근대성의 주요 특징들에 훨씬 더 가깝다. 이러한 특징들이 보편성을 지니고 있다고 말하기도 매우 어렵다. 또한 비서양 국가 혹은 문명이 이러한 특징을 가지고 있지 않다고 해서 자신의 근대성을 형성할 수 없다고 말할 수는 더더욱 없다. 오히려 비서양 국가와 문명은 자신의 독특한 경험들이 토대가 되었기 때문에 자신의 근대성을 형성할 수 있었다고 보아야 한다. 따라서 근대성을 더욱 개괄적으로 정의해야지, 서양의 특정한 경험 틀을 비서양 민족과 문명의 독특한 현실 위에 씌우지 말아야 한다. 바꾸어 말하면 봉건주의 · 문예부흥 · 종교개혁 · 해외 확장과 식민화 · 계몽운동 · 민족국가는 서양의 독특한 현상이기 때문에 보편적 의미를 가지지도 못하고, 또한 근대성과도 필연적인 관계가 없다고 할 수 있다.

헌팅턴의 논점에는 또 다른 결함이 있다. 그것은 정치와 종교의 분리 · 법치 · 사회 다원화 · 대의제 기구 · 개인주의라는 요소를 한 문명과 다른 문명을 구별하는 핵심적 자질로 간주한다는 점이다. 이는 대단히 잘못된 관점이다. 왜냐하면 이러한 요소들은 본질적으로 보면 근대 자본주의의 변화 발전의 결과이기 때문이고, 거시적인 역사의 각도에서 보면 한 세계체계 내에서 서로 다른 문명이 교류한 지연적인 상호 작용의 산물이기 때문이다. 혹은 오랜 시간 동안 진행된 세계경제 발전의 산물이라고도 볼 수 있다. 그리고 서양의 특정한 역사적 경험으로 볼 때, 위의 요소들은 문예부흥 · 종교개혁 · 해외 확장과 식민화 · 계몽운동 · 민족국가 출현 등의 근대적 사건을 바탕으로 형성된 것들이다. 따라서 한 문명의 본질적 특징 혹은 신분의 자질을 확립하는 요소는 결코 아니다. 간단하게 말해 헌팅턴이 문명 자질로 간주한 위의 요소들 또한 실제로는 근대성이 된다. 앞에서 언급한 바와 같이 근대성은 문명 자질이 아니라 대단히 쉽게 확산되는 것이다. 사실상 근대성이 비서양 지역에 성공적으로 이식된 많은 사례들이 이미 나타났다. 예를 들면 한국 · 일본 · 타이완 · 태국 · 말레이시아 · 인도네시아 · 인도 · 브라질 · 아르헨티나 · 칠레 · 페루 · 멕시코 등이 있다. 이는 자본주의와 산업화라는 경제적 의미를 지닌 성공적 이식이었을 뿐 아니라, 또한 헌정민주주의라는 정치적 의미를 지닌 성공적 이식이었다. 근대성의 요소가 이러한 아시아 국가들과 라틴아메리카 국가들에 성공적으로 이식되었다고 해서 이 국가들이 이미 서양화되었다고는 말할 수 없다. 지연 정치체의 각도에서 보아도 그렇지 않고, 문화 형태의 각도에서 보아도 그렇지 않다.

1720년대부터 유럽 형태의 근대성 이식이라는 측면에서 러시아는 길고 험난한 길을 걸어왔다. 러시아는 70여 년 동안 사회주의 실험을 했다. 러시아의 사회주의는 효율성이 결핍되었기 때문에 마지막에는 실패했다고 볼 수 있고, 혹은 효율성이 더 높은 유럽 양식의 근대성에 자리를 내어줄 수밖에 없었다고도 볼 수 있다. 하지만 만약 러시아의 독특한 지연 현실과 지연 정치적 경험 및 지연 문화적 신분을 충분히 고려한다면 다음의 결론을 얻을 수 있다. 즉 러시아의 사회주의 실험은 사실상은 유럽 양식을 띤 자본주의의 한 변종이라는 것이다. 양자는 대규모 자본축적과 자본운용이라는 가장 본질적인 측면에서, 사회 생산력을 크게 향상시켜 근대화를 실현했다는 점에서 일치한다. 양자의 다른 점은 유럽은 시장과 개인의 작용을 더 중시했고, 러시아는 이와 달리 국가계획의 작용을 더 중시했다는 데 있다. 그리고 이는 러시아의 독특한 역사 및 문화적 배경과 밀접한 관계가 있다. 이로 인해 러시아의 사회주의 실험은 유럽 양식과는 다른 근대성을 대표하게 되었고, 이러한 종류의 근대성은 사실상 더 효율성 높은 근대성으로 가기 위해 반드시 거쳐 가야 할 길이었다. 이러한 의미에서 러시아의 사회주의 실험은 결코 실패한 것이 아니다. 1990년대 이후 유럽식 정치적 현대성을 이식하는 데 러시아는 대단히 큰 성공을 거두었다. 하지만 주의할 점은 이러한 성공 또한 사회주의 실험이라는 토대가 있었기에 가능할 수 있었다는 사실이다. 만약 이전 70년 동안에 사회경제 발전 수준을 대폭 끌어올리지 못했다면 1990년대 초의 혁명은 상상할 수 없는 것이다.

제8장

주변과 중심

1. 주변과 중심의 형성

우선 무엇이 중심이고 무엇이 주변인가 하는 문제부터 살펴보자.

어떤 한 지역이 있다고 하자. 만약 그 지역의 지연-자연조건이 문명이 발생하는 데 유리하고 나아가 문명이 발전하는 데도 유리하다면, 아주 자연스럽게 그 지역은 주위와 비교해 훨씬 많은 경제 · 문화 · 정치 · 군사적 자원을 장악할 수 있을 것이다. 이를 통해 또한 주위 지역에 대해 거대한 흡인력을 가질 수 있다. 이 지역 사람들은 이로 인해 자신이 지리적 의미에서 중심 위치에 있다고 생각할 것이다. 하지만 사실상 그들은 기껏해야 단지 지연 정치 혹은 지연 문화적 의미에서 중심 위치에 있는 것이다. 이러한 지역을 핵심 지역 혹은 중심 지역으로 불러도 무방할 것이다. 이와 대조적으로 이 지역의 주변 지역 사람들은 지리적 의미에서 자신이 주변에 있다고 생각할 뿐만 아니라, 문명 개화적인 의미에서도 중심보다 크게 뒤진다고 생각한다. 따라서 중심에 가까이 다가가려고 노력한다. 문명 수준이 비교적 높은 지역의 사람들은 의식을 하든, 하지 않든 간에 항상 중심으로 자처하기 때문에, 그들은 주위 지역은 자연스럽게 주변이 되거나 늘 문명 밖에 있다고 생각한다. 그들은 주위 지역에 있는 사람들이 설사 완전한 야만인은 아닐지라도, 기껏해야 반쯤 개화된 민족에 속한다고 생각한다.

역사적으로 화하 세계의 황허 중하류 지역, 남아시아 세계의 인더스 강 유역, 서아시아의 티그리스 · 유프라테스 강 유역, 북아프리카의 나일 강 삼각주, 지중해 지역의 그리스 사회와 로마 제국은 모두 이러한 중심 지역에 속했다.

하지만 거시적 문명사는 우리에게 다음과 같은 사실을 보여준다. 모든 인류 문명의 역사 변화 발전에서뿐만 아니라, 어떤 특정한 지연 공동체의 역사 변화 발전에서도 거의 예외 없이 중심이 주변이 되고 주변이 중심이 되는 일종의 공간적 상호 작용의 상황이 존재했다는 점이다.[1] 이러한 드라마는 동양의 지연 정치 무대에서뿐만 아니라 서양의 지연 정치 무대에서도 옛날부터 지금까지 되풀이해서 상연되었다. 거의 모든 지연 연속체 안의 각 문명의 흥기와 확장에는 주변이면서 중심이고 중심이면서 주변인 이야기, 혹은 주변이 중심으로 가까이 다가가 중심으로 변해 전체 지연 공동체 혹은 지연 문명을 주도했던(반대도 마찬가지다) 이야기가 있다. 각 지연 문명 간의 세계적 상호 작용이라는 좀 더 거시적인 관점에서 볼 때도 마찬가지로 주변이 중심이 되거나 혹은 주변에서 중심에 가까이 다가가 중심으로 변하고, 마지막에는 세계를 주도하는 역량이 된 상황이 존재한다.

역사적으로 한 지역이 만약 비교적 긴 시기 동안 경제와 문화가 발달한 상태에 있다고 한다면, 그곳의 사람들은 자연스럽게 자신을 중심으로 상상하고 주위 사람들을 문명 밖의 사람으로 보면서, 그들의 생활방식을 몽매와 야만 그 자체로 보게 된다. 만약 너무 큰 대가를 치를 필요만 없다면, 중심 지역 사람들은 무력을 사용하여 주위 부족을 정복할 것이다. 만약 정복의 어려움이 너무 크거나 혹은 그 비용이 너무 높으면, 회유나 속박과 같은 수단을 사용해 자기의 이익에 부합할 수 있도록 그들을 지연 정치 질서 속에 편입시키고자 할 것이다. 이러한 종류의 지연 정치 질서가 형성된 후 상당히 긴 시간 동안, 중심 지역은 물질과 정신 모두에서 명확히 우세한 지위에 있을 것이다. 이때 주변 부족은 중심 지역의 발달한 물질과 정신생활에 내심 탄복하며 자발적으로 그들을 배우고 능동적으로 그 생산과 생활방식을 채택하게 된다. 그리고 중심 지역 사람들 또한 자신이 장악한 대량의 물질과 정신 자원을 이용해, 혹은 위협과 정복이라는 무력 수단을 사용하거나 혹은 협상과 타협 및 협력 같은 비교적 평화로운 전략을 사용해 주변 지역에 자신의 발달한 생산과 생활방식을 수출하고자 할 것이다. 어떤 종류의 상황에 속하든지 간에 모두 중심 지역을 핵심으로 하고 주위 지역을 외곽으로 한 문명 나아가 지연 문명의 규모는 모두 확대된다.

화하 세계에서 중원 지역의 경제-문화 공동체는 매우 일찍부터 거대한 규모를 가지고 있었다. 국가 단계로 진입한 후 상당히 긴 시간 동안, 중원 지역이 지배한 인적 · 물적 자원과 문화적 · 정치적 자원은 주위 인류 집단들보다 훨씬 많았다. 이러한 상황에서 중원 국가의 중앙 기구는 새로이 정복한 지역에 관리를 파견해 주둔시키면서 그 지역에 대해 직접적인 행정관리를 시행해 점차 문화적으로 이 지역들을 동화시키기도 했다. 주위 부족이 중원 지역의 문화와 정치에 영향을 받고, 어쩔 수 없이 중원 국가와 일치하는 문화 형식과 정치조직을 채택하여 마지막에는 중원 지역의 문화 형식과 정치 구조 속에 융합되기도 했다. 그러나 이러한 중심에서 주변에 이르는 문명의 확장이 무한정으로 지속될 수는 없다. 한 문명의 지연 확장은 항상 어떤 법칙에 의해 제약받고 지배받기 때문이다. 일정한 범위로 확장된 이후에, 중심 지역 사람들은 거대한 범위 내에서 정치적 · 경제적 질서를 유지하는 것이 곧 막대한 인적 · 물적 자본의 소모를 의미한다는 것을 깨닫게 된다. 또한 그들은 중심 지역이 장악한 물질적 자원이 아무리 많아도 그 또한 한계가 있다는 것도 발견한다.[2] 중심 지역의 높은 생산력 수준과 발달한 생산방식은 한편으로는 그곳의 통치자가 대량의 물질과 정신 자원을 장악할 수 있다는 것을 의미한다. 하지만 다른 한편으로는 그들이 지나치게 안락에 빠지거나 심지어는 사치스러운 생활을 할 수도 있다는 것을 의미한다. 이러한 생활방식은 문명의 진일보한 발전이라는 측면에서도, 기존의 성과만을 지키고자 하는 측면에서도 모두 대단히 불리한 것이다. 더욱 중요한 것은 주위보다 훨씬 많은 물질과 정신 자원을 장악한다는 것은 주위보다 더 큰 정치권력을 장악했다는 것을 의미한다. 이는 동시에 주위에는 더 이상 진정한 경쟁자가 없는 정치 구조가 형성되었다는 것을 의미한다. 따라서 권력을 유지하거나 혹은 쟁탈하고자 하는 투쟁은 중심 지역 안의 서로 다른 지연 집단 사이에서 진행될 수밖에 없다. 곧 적이 없는 상황에서 중심 지역은 그 내부에서 적을 찾을 수밖에 없기 때문에, 내부 투쟁을 피할 수 없다. 이는 주위의 잠재적인 경쟁 상대에게 절호의 발전 기회를 주는 것과 같다. 동서고금을 막론하고 주변이 중심이 되고 중심이 주변이 되는 문명 운동은 이러한 법칙의 지배를 받지 않는 경우는 없었다.

2. 주변이 중심이 되는 운동의 역사적 증거

중국 선진 시대의 상황을 보면, 오랫동안 중원 지역을 차지했던 상나라 사람들은 서부 주변에서 온 주나라 사람들에게 정복당한다. 그 근본 원인은 권력 중심에 있었던 상나라 사람들이 중심 지역에 복속된 부족에 대해 장기적으로 실시한 억압 정책에 있었다. 또한 많은 자원을 장악했던 상나라 통치자가 향유했던 사치스러운 생활 때문이기도 했다. 이는 그들의 정신과 의지를 소모시켰다. 그러므로 서쪽의 순박하면서도 강인하고 용맹한 주나라 사람들이 들고일어나자, 상나라에 복속했던 다른 중원 부족들은 즉각 호응했다. 일찌감치 나약하게 변해 있던 상나라 사람들은 단 한 번의 공격도 견디지 못하고 여지 없이 무너져버렸다. 유사한 예는 다음과 같은 역사적 사실에서도 찾을 수 있다. 주나라처럼 서부 주변에 위치했던 진나라는 오랫동안 부국강병 정책을 시행했다. 그리고 군사적 · 정치적 수단을 사용해 중심 지역의 중원 국가들을 격파하고 마침내 중국 역사상 최초의 통일제국을 건립했다.

진나라 이후 중국 역사의 총체적 구조는 주변 지역에 위치했던 유목민족들이 중심 지역의 한족에게 가한 끊임없는 도전이었다. 남북조시대 북방 유목민족들은 처음으로 화하의 북부, 즉 전통적 의미의 중심을 대규모로 점령하고 여러 비한족 정권들을 건립했다. 이전에 이 소수민족들은 이미 어느 정도는 한족화되어 있었다. 그들이 건립한 정권 중에는 북위(北魏) 정권처럼 적극적으로 한족화 정책을 추진한 정권도 있었다. 그 정권들이 지속된 시간도 비교적 길어 서기 386년에서 534년까지 150년에 이르렀다. 이러한 종류의 주변이 중심이 되는 운동은 단지 정치권력에 대한 장악만을 의미한다. 이러한 유목민족들은 문화적으로 점차 한족에 동화되었다.

처음으로 전국적인 정권을 건립한 유목민족은 몽골족이다. 그들은 척박하고 추운 북방 초원에서 흥기하여 화하의 중원 지역에 들어와 주인이 되었고, 양쯔 강 유역을 점령했다. 한족 지역에서 획득한 자원(예를 들면 선진적인 군사기술과 숙련공 및 대량의 물자)을 이용해, 몽골족은 유라시아 대륙의 대부분 지역을 정복했다. 심지어 몽골 군대는 현재의 이라크와 헝가리에 이르는 인류 역사에서 면적이 가장 넓은 대제국을 건립하기도 했다. 그들이 이러한 성공을 거둘 수 있었던 것은 그들이 농경민족은 근본적으로 할 수 없는 유목생활을 하며, 기마 전술, 전 백성의 병사화, 강한 기동력이란 전략적 우위를 보유하고 있었기 때문이다. 그렇지만 더 중요한 원인은 오랫동안 문명 중심 지역에 안주했던 한족 자체의 나약함과 내부적인 소모에 있었다.

만주족들은 궁벽한 랴오닝 지역에서 홍기해 중국 역사에서 대단한 능력을 발휘한 왕조를 수립했다. 이는 몽골인 이야기와 매우 비슷하다. 기마 전술 덕분에 만주족 사람들은 분명 전략적으로 우위에 설 수 있었다. 하지만 만약 명나라 왕조가 극도로 부패하고 나약하지 않았다면, 만주족은 주변이 중심이 되는 역사적 업적을 완성할 수 없었을 것이다. 선비(鮮卑)의 북위(北魏) 정권, 당항(黨項)의 서하(西夏) 정권, 거란의 요나라, 여진의 금나라는 몽골족 및 만주족의 상황과 어느 정도 유사하다. 이러한 유목민족들은 전국적인 정권을 수립하지는 못했지만, 주변의 약한 집단이 문명의 중심 지역에 들어와 중심이 되었던 예로 볼 수 있다.

서아시아 · 북아프리카와 유럽 역사에서 보이는 예는 더욱 많다. 아케메네스 페르시아인은 척박하고 황량한 이란 고원에서 풍요로운 티그리스 · 유프라테스 강 유역의 평원 지역에 들어와 주인이 되었고, 그곳의 신바빌로니아 왕국을 정복하여 유명한 페르시아 제국을 수립했다. 초기 그리스 문명의 중심은 소아시아 연안의 도시국가인 이오니아였지만, 200여 년 이후에는 그리스 반도의 여러 도시국가들이 중심이 된다. 약 200년 후인 기원전 4세기 중엽 한때 대단히 발달해 그리스 세계의 중심 지역이었던 그리스 반도 중부와 남부의 도시국가들은 내부 투쟁과 여러 원인으로 인해 쇠퇴하고, 무력과 정치적 수단을 사용한 반야만적인 마케도니아에게 하나하나 정복당하고 만다. 얼마 지나지 않아 반야만 혹은 반그리스화한 국가에 지나지 않았던 그리스 반도 북부의 산악 왕국은 문명의 중심에 들어와 주인이 되었다. 그리고 그 통치를 받아들였지만 여전히 흩어져 있던 그리스 도시국가들을 1~2년 만에 방대한 연합군을 조직했고, 서아시아로 진격하여 그리스 국가 입장에서 보면 상대적으로 늘 권력의 중심에 있었던 페르시아 제국을 무너뜨렸다.

기원전 6세기 중엽부터 페르시아 제국은 줄곧 서아시아 지중해 지역의 패주로 있었다. 비록 그리스 반도로 세력을 확장하는 과정 중에 좌절을 겪기도 했지만, 제국이 장악한 많은 자원과 인적·물적 역량 및 문화적 역량을 기반으로 전국시대의 제후국들과 같은 상태에 있었던 그리스 도시국가(영어에 "그리스인은 만나기만 하면 죽자고 싸운다"라는 표현이 있다)들을 손쉽게 다룰 수 있었다. 하지만 이후 페르시아 제국은 이미 서산에 지는 해와 같이 쇠퇴해, 온몸은 상처투성이가 되고 숨은 곧 끊어지려 했고 그 부패도 극에 달했다. 마찬가지로 이탈리아 반도의 로마는 건국 초에는 서아시아 지중해 세계의 권력 중심인 그리스 반도 밖의 궁벽한 소국에 지나지 않았다. 하지만 로마인은 이때까지는 문명의 안락함과 사치스러움으로 타락하지 않았던 자질들인 실천 정신, 집단주의, 강인함 등을 바탕으로 마침내 그리스를 포함한 모든 지중해 민족을 정복하여 방대한 로마 제국을 건립했다.

서기 7세기 상반 무렵, 티그리스·유프라테스 강 유역 동부 및 이란 고원을 통치한 사산 왕조 페르시아 제국이라든지, 티그리스·유프라테스 강 유역의 서부와 소아시아 및 그리스 반도를 통치한 비잔틴 제국과 비교해본다면, 아라비아 반도는 분명 개화된 지역이었다고 볼 수 없다. 이 지역은 경제와 문화가 대단히 낙후한 사막지대였다. 하지만 순박하고 용맹한 아랍인은 서아시아 지역의 기존 문화적 성과를 이용하여 이슬람 혁명을 일으켰고, 이 과정에서 빠르게 흥기하여 짧은 시기에 모든 사산 왕조 페르시아 제국과 비잔틴 제국의 영토를 대부분 정복했다. 또 얼마 지나지 않아 그 세력 범위를 전체 북아프리카로 더욱 확대시켰다. 주변이 중심이 되는 문명 운동의 또 다른 예로 지금의 터키 조상인 반개화(半開化)한 튀르크인을 들 수 있다. 그들은 이슬람의 종교와 문화를 받아들인 후, 궁벽한 중앙아시아에서 반은 주변이었던 소아시아 및 문명 중심 지역인 유럽 동남부로 진격하여 마침내는 이 지역을 영구적으로 점령했다. 마찬가지로 흑해 북쪽의 초원에 있던 동슬라브인은 원래 반야만 상태에 있었지만, 그들은 문명 중심 지역인 지중해 서아시아의 동방정교 및 문화를 받아들인 후 짧은 시간에 국가를 형성했다. 그리고 몽골인의 통치에서 벗어난 후 빠르게 동부 유럽과 아시아로 확장하여 최후에는 방대한 러시아 제국을 건립했다. 이로써 그들은 유라시아 대륙의 지연 정치 무대에 뒤늦게 뛰어들었다. 심지어는 단시간 내에 서유럽과 세계 기타 지역에 자신의 정교한 문화를 수출할 능력도 갖추었다. 예를 들면 차이콥스키 · 라흐마니노프 · 쇼스타코비치 등을 대표로 하는 고전음악, 〈백조의 호수〉와 〈호두까기 인형〉을 대표로 한 발레, 푸시킨 · 톨스토이 · 도스토옙스키 등을 대표로 한 시와 소설 등이 있다.

또한 일본열도가 위치한 지역도 문명 중심 지역인 중국 대륙에서 그리 멀지도 않고 또한 그리 가깝지도 않다. 이 점은 일본 입장에서 보면 대단히 유리한 지연구조였다. 일본은 이 덕분에 역사적으로 상당히 긴 시간 동안 문명 중심 지역의 문화적 성과를 지속적으로 수용하고 이용할 수 있었다. 또한 일본은 중심 지역에 완전히 통합되어 그 정치적 · 경제적 신분이 상실되는 상황도 피할 수 있었다. 서기 16~17세기에 이르면 일본의 경제와 사회 발전 수준이 중국을 초월했다고 볼 수는 없지만, 최소한 중국과 서로 대등한 수준으로 올라섰다고는 볼 수 있다. 하지만 경제적 총량은 별도로 다루어야 한다. 19세기 후반 무렵에 이르면 특수한 지연-자연 조건과 단일민족이 형성시킨 고도의 사회적 · 문화적 일체성과 응집력 덕분에, 특히 몇백 년 동안 비교적 평화롭게 발전하며 축적한 대량의 사회자본과 문화자본 덕분에, 일본은 서양의 근대 자본주의 제도를 대단히 빨리 이식할 수 있었다. 이를 통해 그 국력은 매우 짧은 20~30년 내에 급속도로 증대하여 중국을 확연하게 추월했다. 더욱이 1894년 청일전쟁에서는 극도로 부패했던 청나라 왕조를 일거에 격파했다. 청나라는 거액의 전쟁 배상금을 지불한 것 외에도 일본에게 타이완을 할양했다. 만약 이해타산을 주목적으로 하던 러시아와 서양 열강이 개입하지 않았다면 아마 랴오둥 반도 또한 할양해주었을 것이다. 1930년대 일본은 다시 대규모 중국 침략 전쟁을 일으키지만, 미국과 영국 및 소련의 개입으로 인해, 특히 근대 중국의 홍기로 인해 실패한다. 비록 전쟁에서는 패했지만, 미국의 지원과 일본이 가지고 있던 경제적 동력과 사회문화 자본으로 인해, 전후 일본은 빠르게 회복하여 1960~1970년대에 이르면 세계를 놀라게 하는 경제 발전을 이룩한다. 이 때문에 일본의 흥기는 그 줄거리가 매우 복잡한, 주변이 중심이 되는 이야기로 볼 수 있다. 21세기에서 전개되는 이야기의 내용을 보면 이러한 국면은 잠시 일단락되고 있다. 일본과 중국이 동시에 동아시아 양대 강국이 되어 세계 각국 앞에 나섰기 때문이다. 만약 계속해서 이 이야기를 읽어 나간다면 중국인이든 일본인이든, 혹은 다른 나라 사람이든 간에 모두 대단히 흥미진진해 할 것이다.

이상의 논의에서 쉽게 볼 수 있는 것은, 중심이 주변이 되고 주변이 중심이 되는 문명 운동은 마치 세간에서 말하는 "30년 전에는 황허 동쪽이었는데, 30년 후에는 황허 서쪽이 되었다"라고 하는 것과 유사한 법칙성을 갖고 있다는 점이다. 그 중요한 원인은 핵심 국가가 발전하는 과정에서 주변 지역의 발전을 이끌어내고, 주변 지역은 이를 바탕으로 핵심 국가와 맞먹을 수 있는 역량을 배양할 수 있기 때문이다. 심지어 핵심 국가와 주변 지역 간에 1개 혹은 2개 이상의 특수한 주변 국가가 존재할 수도 있다. 이러한 주변 국가는 성공적인 모방자가 될 수도 있고, 또한 핵심 국가의 후보가 될 수도 있다. 주변 국가는 중심 국가와 빈번히 교류함으로써 수혜를 받을 수도 있고, 발전과 진보에 따른 역량의 증강으로 인해 곧 이 체계에 도전장을 내미는 도전자가 될 수도 있다.[3] 바로 이러한 법칙성이 존재하기 때문에, 권력과 공간의 주변에 위치하던 인류 집단은 약한 집단에서 문명의 중심 위치로 들어가 그곳을 점령하고, 마지막에는 주변이 중심이 되는 역할의 전환을 실현할 수 있었다.

이상의 논의에서 또한 쉽게 볼 수 있는 것은, 중심이 주변이 되는 공간 운동 혹은 역할 전환을 위해서는 반드시 전제 조건이 갖추어져 있어야 한다는 점이다. 모든 주변 국가가 다 성공적인 모방자가 될 수 있는 것도 아니고, 모두 성공적으로 중심 지역에 들어가 주인이 될 수 있는 것도 아니다. 더욱이 지리적으로 멀리 떨어져 있을수록 중심 지역으로 들어가 주인이 될 가능성이 더 높아지는 것도 아니다. 중심이 되기 위해서는 잠재력을 가진 한 인류 공동체가 중심 밖의 어떤 지역에 위치할 수는 있지만, 이 지역과 중심의 거리가 너무 멀어서는 안 된다. 교통과 통신이 발달하지 못한 고대에는 그 위치가 지나치게 떨어져 있으면 주변 국가가 중심 지역이 여러 세기 동안 축적한 문명 성과를 이용하기 어렵고, 또한 그 자신의 발전도 이로 인해 심각한 제약을 받을 수 있기 때문이다. 이 밖에 주변 지역의 기후와 토양 조건이 너무 열악해서도 안 되고, 중요한 자연 자원들(예를 들면 동광 · 주석 · 철광 · 목재 등)이 있으면 유리하다. 만약 이러한 유리한 조건들이 없다면, 이 인류 공동체의 발전도 심각한 제약을 받을 수 있고, 심지어 중심 지역에 있는 기존의 문화적 성과를 학습하고 수용하는 능력조차도 발휘할 수 없게 된다. 만약 주나라 사람들이 흥기하기 전에 그들이 있었던 웨이허 유역이 중원 지역에서 대단히 멀었다면, 만약 아케메네스 페르시아인이 흥기하기 전에 그들이 있었던 이란 고원이 티그리스·유프라테스 강 유역에서 대단히 멀었다면, 만약 주나라 사람들과 아케메네스 페르시아인이 흥기하기 이전에 그들이 직면했던 자연환경이 지나치게 열악했다면, 그들의 발전 속도는 매우 느렸을 것이고 발전 수준 또한 매우 낮았을 것이다. 이로 인해 그들이 장악할 수 있는 물질과 정신 자원도 매우 부족해졌을 것이다. 그렇다면 중심 지역의 발달한 생산과 생활방식을 학습하고 채택할 수 있는 최소한의 능력마저도 구비할 수 없었을 것이다. 그 결과 중심 지역의 정국이 동요하고 국력은 쇠퇴하여 중심을 대신할 절호의 기회가 생겨나도 분명 그 기회를 잡을 수 없었을 것이다. 따라서 주변이 중심으로 가까이 다가가 결국 중심을 점령해 중심이 되는 상황은 근본적으로 일어나지 않았을 것이다.

지연 상호 작용의 의미를 폭넓게 적용하면, 서기 16세기 전의 중국 문명은 그 생산력 수준에서 세계의 중심에 있었고, 반면에 서유럽은 주변에 속했다고 볼 수 있다. 서기 15세기에 유럽은 동일한 시기의 세계체제에서 존재감이 거의 없었다고 볼 수 있다. 낮은 노동생산력 탓에 유럽의 잉여 상품 수량은 제한될 수밖에 없었고, 유럽의 국제무역 총액 또한 제로에 가까웠다.[4] 하지만 주지하다시피 서기 16세기 이후 서양은 각 방면에서 모두 앞서게 되었고, 19세기와 20세기에 이르면 인류 문명의 중심 위치를 안정적으로 차지하게 된다. 하지만 문명의 공간운동은 그 내재적 법칙의 지배에서 결코 벗어날 수 없다. 1910년에 이르면 서양은 그 권력의 최고점에 이르게 된다.[5]

이 시기부터 주변이 중심이 되고 중심이 주변이 되는 운동은 계속 상반된 방향으로 진행되었다. 현재 중국 문명과 인도 문명은 주변 위치에서 중심으로 이동하고 있다. 하지만 확신할 수 있는 점은 이러한 종류의 거시적 문명 운동은 분명 아케메네스 페르시아인이 신바빌로니아 왕국을 정복하고 티그리스·유프라테스 강 유역을 점령한 상황과는 크게 다르다는 점이다. 또한 이러한 종류의 문명 운동은 몽골인이 중원에 들어와 주인이 된 그러한 상황으로도 나타나지 않을 것이다. 그리고 이 문명 운동은 서양 역사에서 수차례 출현한 것과 유사한, 즉 패권을 장악하기 위해 대규모 전쟁으로 승부를 결정짓는 방식을 택하지는 않을 것이다. 반면에 그보다는 종합적 경제력 · 과학기술 · 문화와 사회 발전 수준을 크게 향상시킴으로써 그 총체적인 우위를 획득하는 방법을 택하고자 할 것이다.

이러한 과정은 거대한 것이기에 몇 년 혹은 몇십 년보다 더욱 긴 시간이 필요할 것이다.

3. 지연 정치학 고찰

여기서는 지연 정치학의 시각을 통해 주변-중심의 문명 운동을 고찰해 보자.

지연 정치학은 주로 서양 학문으로서 19세기 말에 시작되어 1930~1940년대에 성행했는데, 지금도 여전히 큰 영향을 미치고 있다. 의미심장한 국제적 정치 사건으로서 중국과 미국의 관계는 20여 년의 긴장관계를 겪은 후 1971년에 마침내 완화되었다. 그렇지만 양국의 지도자들로 하여금 표면적 의미의 대립적 이데올로기를 포기하도록 만든 것은 일종의 심층적인 원인, 즉 지연 정치적 의미의 국가이익이었다. 물론 역사적으로 지연 정치학이란 학문이 중국에 출현했던 적은 없었지만, 지연 정치적 사고가 없었던 것은 결코 아니다. 사실 세계에서 가장 발달한 지연 정치 혹은 지연 전략적 사고는 중국의 춘추전국시대에 이미 출현했다. 그 예로 가까운 곳은 가족처럼 대하고 먼 곳은 예로 대하는 "근친원예(近親遠禮)", 가까운 곳은 온전하게 놔두고 먼 곳을 공격하는 "전근공원(全近攻遠)", 가까운 곳을 굴복시켜 먼 곳을 압박하는 "복근강원(服近强遠)", 작은 것을 합하여 큰 것을 공격하는 "합소공대(合小攻大)", 약한 것을 합하여 강한 것을 공격하는 "합약공강(合弱攻强)", 종으로 연합하고 횡으로 연합하는 "합종연횡(合從連橫)", 먼 곳과는 사귀고 가까운 곳을 공격하는 "원교근공(遠交近攻)", 전쟁을 삼가는 "신전(愼戰)", 전쟁을 대비하는 "비전(備戰)", 전쟁을 적게 하는 "소전(少戰)", 공격을 하지 않고 평화를 추구하는 "비공화평(非攻和平)", 모든 인간을 똑같이 사랑하며 서로 이익을 얻는 "겸애호리(兼愛互利)" 등의 학설을 들 수 있다.[6] 심지어 현재까지도 손자가 말한 "백 번 싸워 백 번 이기는 것이 가장 잘하는 것이 아니다, 싸우지 않고 상대방을 굴복시키는 전쟁이 가장 잘하는 것이다"라는 전략은 전 세계에서 여전히 높은 가치를 지닌 군사 철학 혹은 지연 전략 사상으로 간주되고 있다. 그렇지만 지연 정치를 일종의 전문적인 학문으로 삼아 연구하기 시작한 사람들은 분명 19세기 말에서 20세기 초의 유럽인들이다.

1897년 독일의 박물학자이자 지리학자인 프리드리히 라첼(Friedrich Ratzel)은 《정치지리학》을 출판했다. 그는 인종은 자신이 생활하고 있는 공간 환경과 밀접한 관계가 있다고 보아 유명한 '생존공간'이란 개념을 제기했다.[7] 이는 이후 정치지리학의 중요한 업적으로 간주된다. 세계의 자연과 인문 특징을 탐구하려는 지적 노력은 그 유래가 아주 오래되었다. 그 산물로는 지도 · 해상지도 · 지리 저작 · 지리 노트 · 지리학 등이 있다. 의식적으로 지리학을 이용해 국제정치 문제를 이해하고 설명하고자 한 것은 라첼이 처음이다. 하지만 지연 정치학을 순수한 학문으로 볼 수는 없으며, 그 초창기에는 명성 또한 좋지 않았다. 왜냐하면 이는 전 세계적으로 군사적 · 정치적 패권 쟁탈이란 의미를 가지고 있었고, 이로 인해 전쟁의 색채가 짙었기 때문이다. 따라서 독일 정부에게 이용당한 것도 어쩌면 당연한 일이었다.

1904년 영국인 해퍼드 매킨더(Halford Mackinder)는 〈역사의 지리적 중심〉이란 한 편의 논문을 발표했다. 그는 세계 역사는 지연 정치 각도에서 해상 권력과 지상 권력의 대립으로 설명할 수 있다고 보았다. 그는 러시아를 비롯한 동유럽과 아시아 내륙이 이미 '세계의 섬(유라시아 대륙)'의 전략 중심이 되었고, 20세기 초 국제정치 구조에서 대영제국과 차르 러시아가 전 세계 해상 권력과 지상 권력을 대표하는 주역이라고 보았다.[8] 1919년에 출판된 《민주주의의 이상과 실현》이란 소책자에서 매킨더는 자신의 관점을 더욱 상세하게 논술하면서, 독일이 아시아 중부의 심장지대(Heart-land)를 장악하는 것에 두려움을 표현했다. 그는 미국과 영국의 역할은 심장지대를 쟁탈하고자 하는 각 강대국들 사이에서 균형을 유지하는 것이라고 보았다. 이 때문에 그는 유명하지만 동시에 논쟁의 여지도 안고 있는 다음과 같은 격언을 제기했다.

누구든지 동유럽을 통치하면 곧 심장지대를 장악하게 된다.
누구든지 심장지대를 통치하면 세계의 섬을 장악하게 된다.
누구든지 세계의 섬을 통치하면 곧 전 세계를 장악하게 된다.[9]

또 다른 유명한 독일의 지연 정치학자인 카를 하우스호퍼(Karl Haushofer)는 1924년 《지정학보》를 창간했다. 그는 라첼의 생존공간설을 계승했지만, 매킨더를 더 숭배하여 그의 해상 권력-지상 권력 대립설과 '심장지대' 및 '세계의 섬' 등의 개념을 거의 전부 계승했다. 하지만 그는 독일이 초대형 대국이란 꿈을 실현하는 과정에서 맞이할 최대의 적은 영국이지 러시아가 아니라고 보았다. 때문에 그는 독일과 러시아가 동맹을 맺어야 한다고 주장했다. 또한 그가 제2차 세계대전 동안 독일과 일본 양국의 세계 패권 도모를 변호했다는 것이 일반적인 견해이다. 그는 나치 독일 부원수 루돌프 헤스(Rudolf Hess)와 밀접한 관계였는데, 헤스를 통해 히틀러에게 영향을 미칠 수 있었다. 히틀러는 1925년《나의 투쟁》에서 유럽과 생존공간 및 동진 등의 중요한 지연 정치 개념을 인용했다. 하지만 나치 당국은 소련과 동맹을 맺자는 하우스호퍼의 주장을 받아들이지 않았고 오히려 먼저 소련을 침공했다. 하우스호퍼의 아들 알브레히트 하우스호퍼는 베를린 대학 지연 정치학 교수였는데, 반히틀러 지하활동에 참가하다가 나치에 사형당했다. 독일 패전 후 카를 하우스호퍼는 점령군 사령부에 전범죄로 고발당해 조사를 받았고, 이후 그의 유대인 아내와 동반 자살했다.[10]

지연 정치학자의 이론적 동기가 자신이 속한 민족국가의 현실 이익을 보호하는 것이었기 때문에, 그 이론은 늘 근시안적일 수밖에 없었다. 만약 시야를 넓히거나 혹은 조금 멀리 내다본다면, 이러한 좁은 안목의 한계는 명백하게 드러난다. 매킨더의 이론은 영국과 미국을 대표로 한 서방과 소비에트연방을 대표로 한 동방(서방과 동방이란 두 개념은 많은 문제를 안고 있기 때문에 적잖은 오해를 불러일으킨다)이란 두 중심의 세계적 충돌을 예견하는 것이었기 때문에, 냉전 시기 유럽과 미국에서 광범위하게 받아들여졌고 그 자신도 이 이론으로 영국 황실로부터 작위와 훈장을 수여받았다. 그러나 그의 이론을 슈펭글러와 토인비 같은 역사철학자의 이론과 비교해보면, 이론의 한계성과 시야의 편협성을 즉시 간파할 수 있다. 일찍이 1940년대 토인비는 중국이 항일전쟁 중에 보여준 거대한 동원 능력을 근거로 해, 중국은 미래 국제정치 무대에서 독자적 역량을 가진 대단히 중요한 실력자가 될 것으로 확신했다. 이는 중국을 인류 사회에서 또 다른 중요한 문명 중심으로 보는 것과 같다. 사실 훨씬 이른 1930년대에 그는《역사연구》(12권, 1934~1961)에서 이미 중국 문명을 서양 · 인도 · 러시아 · 이슬람 등의 여러 문명과 동등하게 거론했다. 이는 인류 사회에는 역대로 많은 권력 중심이 있었다는 것을 의미한다. 이른바 표면적 현상인 해상 권력과 지상 권력의 대립 및 냉전 시기 양극 세계의 세계적 충돌이 심층적 현상인 인류 세계의 다극성과 지속되어온 다중심성을 잠시 가린 것에 불과하다.

그러나 동서 냉전이 한창일 때 서양의 지연 정치학자들은 단기적인 국가 이익에만 사고가 국한되어 있었기 때문에, 현실 정치 구조와는 비교적 거리가 있는 토인비의 문명사관을 중시하지 않았다. 그들은 분명히 매킨더의 해상 권력-지상 권력 대립론이란 주문에 사로잡혀 있었다. 또한 뿌리 깊은 서양중심론에 매몰되어 있었기 때문에 중국을 위주로 한 동아시아(이른바 극동)를 하나의 독자적인 지연 정치 지역 혹은 하나의 문명 중심으로 보지도 못했다. 반면에 중국을 소련과 서양의 세계적 대립 속에 있는 동반자로만 간주하거나, 혹은 아마도 별로 중요하지 않은 일개 동반자쯤으로 보았을 것이다. 이러한 사고들 속에서 중국의 지위는 분명 주변적이거나 심지어 소련의 한 종속물쯤에 지나지 않았다.

지연 정치학의 시각에서 바라본 솔 코헨(Saul Cohen)과 같은 학자들에게 동아시아 냉전은 단지 유라시아 대륙 서쪽(즉 유럽)에서 부각되는 양극 충돌의 한 복사판에 불과했다. 이데올로기로 포장된 해상 권력-지상 권력의 충돌 속에서, 공산주의와 자본주의 세계라는 양대 지연 전략 지역으로 갈라놓은 '철의 장막'이 유럽에서 출현했다고 본다면, 이와 동일하게 공산주의 세계와 자본주의 세계로 갈라놓은 '죽의 장막'이 동아시아에서도 출현했다. 냉전이 고조되던 시기에, 동아시아와 동남아시아의 몇몇 대륙 국가들은 사회주의 집단에 속했다. 이는 곧 그들이 소련을 중심으로 한 공산주의 세계의 주변 위치에 있었다는 것을 의미한다. 그러나 동아시아 연안의 몇몇 섬나라들은 이와 달리 모두 아시아 태평양 판 서양의 일부분으로 간주되었다. 즉 그들은 유럽과 미국을 중심으로 한 자본주의 세계의 주변 위치에 있었다는 것을 의미한다. 이러한 지연 정치학자들의 견해에 따르면 양대 지연 전략 지역의 핵심 국가는 소련과 미국이었다. 전자는 유라시아 대륙 세력인 지상 권력을 대표했고, 후자는 무역에 의존한 해상 세계인 해상 권력을 대표했다. 중국은 자연히 소련을 중심으로 한 유라시아 대륙의 지연 전략 지역에 속했고, 일본 · 한국 · 타이완 · 필리핀은 이와 달리 해양 세계의 지연 전략 지역에 속했다.[11]

하지만 완벽해 보이는 양극이 대립한 지연 정치 지도에는 분명 뚜렷한 결함이 있었다. 그것은 바로 인도가 제창하고 발기한 비동맹운동이 세계 지연 정치에서 무엇을 의미하는지를 근본적으로 설명할 방법이 없다는 점이다. 또한 인도가 도대체 유라시아 대륙 세력에 속하는지 아니면 해양 세계에 속하는지도 설명할 수 없었다. 이른바 비동맹은 냉전 중에 줄을 서지 않은 중립적 입장을 가리킨다. 즉 소련을 대표로 하는 공산주의 진영에도 가입하지 않고, 또한 미국을 대표로 한 자본주의 진영에도 가입하지 않은 것이다. 비동맹운동은 인도와 함께 앞장섰던 큰 개발도상국들과 몇십 개의 작은 개발도상국들로 구성되어 있었다.

냉전은 마침내 종식되었다. 냉전이 끝날 수 있었던 것은 근시안적인 지연 정치학자들이 상상한 것처럼, 중국이 유라시아 대륙의 지연 전략 지역의 일부분에 속한 것은 아니었기 때문이다. 반면에 중국은 독자적인 지연 정치적 역량임을 명백하게 보여주었다. 그 자체가 하나의 지연 전략 지역이었고, 그 자체가 바로 하나의 중요한 문명 중심이었다. 주지하다시피 냉전 기간에 규모가 아주 큰 열전이 발생한 적이 있었다. 바로 1950년대 한국전쟁과 1960~1970년대의 베트남전쟁이다. 당시 중국은 소련과 동맹을 맺고 있었다. 그리고 미국을 위시한 서방 세력이 일으킨 전쟁의 화염이 자기 집 대문을 태우려고 하는 상황에서 국경을 넘어 북한으로 가 전쟁을 할 수밖에 없었다. 또한 중국은 대량의 군사 물자와 인원으로 베트남전쟁을 지원할 수밖에 없었다. 그 결과, 미국을 위시한 서방 세력을 이겼다고는 말할 수 없지만 최소한 비겼다고는 볼 수 있다.

만약 한국전쟁 기간에 중국이 아직 완전히 소련의 구속에서 벗어난 상태가 아니었고, 또한 독자적이고 자주적인 면모로 세계에 출현하지 못했다고 한다면, 1960년대 초 발생한 중국과 소련의 이데올로기 대논쟁[12]과 이로 인해 발생한 중국과 소련의 분열 및 무력 충돌은 중국이 잠시 맡았던 [소련에 대한] 종속적인 역할이 끝났음을 시사한다(물론 이 이전에 중국과 소련 양국 및 다른 국가들은 겉으로 보기에는 강철대오 같은 사회주의 진영으로 조직되어 있었다). 또한 이는 중국이 서양과 소련의 양대 집단 이외의 제3의 지연 정치 역량이 되었다는 것을 의미하고, 역사적으로 늘 그랬던 것처럼 중국은 미국 · 유럽 · 소련 외 제3의 중심이라는 사실을 분명하게 보여준 계기가 되었다. 냉전의 종식에 따라 제프리 파커(Jeffrey Parker)와 같은 새로운 세대의 서양 지연 정치학자들은 이전의 세계 지연 정치 지도는 이미 시대에 뒤떨어진 것임을 깨달았다. 그리고 필히 전면적으로 새로운 지도를 제작해야만 세계 지연 정치의 실제 상황을 정확하게 반영할 수 있다는 것도 발견했다. 심지어 서양 또한 결코 강철대오가 아니라 어떤 의미에서는 적어도 유럽과 북아메리카 양대 지연 정치 집단으로 나눌 수 있다는 것도 발견했다.

해상 권력-지상 권력의 양극 대립을 바탕으로 한 지연 정치 지도와는 다르게 파커의 새로운 지연 정치 지도에는 핵심 지역이란 개념이 사용되었다. 하지만 파커가 의미한 핵심 지역은 2개가 아니라 3개로 유럽 대륙 · 지중해의 서부 핵심 지역, 남아시아의 남부 핵심 지역, 동아시아의 동부 핵심 지역이다. 이 외에 또한 라틴아메리카와 아프리카라는 2개의 핵심 지역 초기 형태가 있다.[13] 여기서 주목할 것은 파커가 말한 핵심은 중심과 거의 비슷해 중심의 동의어로 볼 수 있다는 점이다. 사실 파커 자신도 중심이란 용어를 사용하고 있다. 그는 이러한 모든 핵심 지역들은 인류 발전의 중요한 중심이고, 인구 · 경제 · 정치 · 문화 방면에서 자신만의 특징들을 가지고 있다고 보았다. 그리고 이와 동시에 이 핵심 지역들은 일정한 공간 내에서 상호 연관된 특수한 개성도 형성하고 있고, 비록 각 핵심 지역의 총체적 특징이 완전히 다르기는 하지만, 그들 사이에는 어떤 공통의 지연 정치적 특징이 나타난다고도 보았다. 또한 이러한 공통의 특징에는 통치적 지위를 차지하고 있는 도시의 존재 · 핵심 지역 · 주도적 문화 · 주변의 안쪽과 바깥쪽 · 경계와 통신 계통이 포함된다고도 보았다.[14] 여기서 코헨의 지연 전략 지역 개념은 분명 사라졌다. 비록 파커의 지연 정치 이론을 역사철학으로 단정 지을 수는 없지만, 토인비의 문명사관과 비교해보면 방법은 달라도 성격은 같다는 것을 쉽게 알 수 있다. 혹은 이를 토인비의 영향에 의한 산물로도 볼 수 있다.

4. 세계체제론 고찰

서양의 지연 정치학 인식에 중대한 변화가 발생한 것과 거의 동시에, 마르크스주의 형태를 띤 세계체제론 사상가들, 예를 들면 사미르 아민, 군더 프랑크, 크리스토퍼 체이스던(Christopher Chase-Dunn), 재닛 아부 루고드(Janet Abu-Lughod), 마틴 버낼(Martin Bernal), 바실리스 램브로풀로스(Vassilis Lambropulos) 등은 월러스틴을 대표로 한 전통적 색채가 강한 세계체제론을 강하게 비판하기 시작한다.[15] 그들은 보수적이고 유럽 중심주의 색채를 띤 중심-주변론을 수정하거나 심지어 부정했다. 유럽 중심주의는 중심이 주변에 장악과 착취 및 억압을 가하기 때문에, 주변은 중심으로 더 깊이 빠지게 된다는 종속적인 이론이다.[16] 과거의 세계체제론에서 유럽 중심주의 이론은 핵심적 지위에 있었다. 여기서 반드시 제기해야만 할 점은 새로운 버전의 세계체제론이 제기된 근본적 원인은 결코 냉전의 종식과 사회주의 진영의 붕괴 및 소련 해체 등과 같은 일련의 대사건에만 있는 것은 아니라는 사실이다. 더 넓은 의미에서 보면 다음과 같은 사실들이 원인이 되었다. 일본과 '아시아 네 마리 용'과 같은 많은 비서양 국가 또는 지역들이 빠르게 흥기했고, 이를 통해 자본주의 세계체제에 깊숙이 참여함으로써 이 체제 내부의 권력구조를 크게 변화시켰다. 이로 인해 전통적 중심-주변론은 심각한 도전에 직면했고, 더욱이 종속론은 더 이상 합리화될 수 없었다.

새로운 형세에서, 세계체제론자들은 그들이 이전에 상상했던 것처럼 중심과 주변의 경계선이 실제로는 명확하게 구분되지 않는다는 사실을 인식했다. 이론과 현실이 일치하지 않았기 때문에, 전통적인 중심-주변론에 대한 수정 작업과 특히 시대에 뒤떨어진 종속론을 버리는 일이 급선무가 되었다. 이렇게 해서 아민의 《유럽중심주의》(1989)와 《세계일체화의 도전》(1996), 군더 프랑크의 《리오리엔트》(1998), 체이스던의 《전(前) 자본주의 세계의 핵심-주변 관계》(1991), 아부 루고드의 《유럽 패권 이전: 1250년에서 1350년까지의 세계체제》, 마틴 버낼의 《블랙 아테나》, 바실리스의 《유럽중심론의 흥기: 해석의 해부》 등 중요한 저작들이 대거 출판되었다.

아민은 16세기 근대 자본주의 세계체제가 흥기하기 전 2천여 년 동안의 인류 역사에는 세 개의 중요한 중심 씨족식 지역이 존재했다고 보았다. 아민의 씨족 지역 혹은 씨족사회는 마르크스주의 이론의 봉건사회와 아주 유사하다. 이 중요한 중심들에는, 첫째 현재 중동 지역의 이슬람 아라비아-페르시아 중심이 있었다. 이 중심은 유럽과 아프리카 및 동남아시아 세 개의 주변 지역을 가지고 있었다. 둘째는 중국 중심이다. 이 중심은 일본과 동남아시아 등의 주변 지역을 가지고 있었다. 셋째는 인도 중심이다. 이 중심의 주변 지역은 동남아시아가 담당하고 있었다.[17] 아민은 기원전 300년에서 서기 1500년까지 1,800년 동안 각 주변 지역의 주변성은 대단히 놀라운 것이었다고 보았다. 그는 "비잔틴과 이탈리아를 제외한 유럽 혹은 미개한 유럽은 씨족 체제가 로마 제국의 야심과 기독교의 세계 전파를 통해 낙후된 사회집단에 접목된 산물이다. …… 유럽은 아주 완만하게 씨족 체제로 발전했다. 스페인과 포르투갈의 국토회복운동 후, 또한 영국과 프랑스의 백년전쟁 시작 후에야 군주제가 수립될 수 있었던 상황이 이를 증명한다"라고 보았다. 일본은 유라시아 대륙과는 다른 곳에서 주변 씨족 체제를 대표한다. 그 주변성도 유럽의 주변성과 비슷하게 대단히 놀라운 것이다. 일본의 주변성을 증명하는 것은 일본식 유교의 낙후된 형식과 도쿠가와 막부 군주제가 수립되기 전 분산된 형태로 있었던 봉건사회이다. 그렇지만 아민은 유럽과 일본은 바로 이 주변성 덕분에 자본주의 과정을 단축하는 형태의 질적 비약을 할 수 있었고, 비교적 쉽게 근대 자본주의로 넘어올 수 있었다고 보았다.[18] 서기 16세기부터 유럽은 모든 아메리카를 자신의 경제체제 속에 편입시키는 지리 확장과 지속적 발전 시기로 진입했다. 그렇지만 서기 19세기(혹은 1840년)까지만 보면, 세계 각 주요 지역에 나타난 발전 수준의 차이는 크지 않았다. 차이가 확연히 벌어지기 시작한 것은 서기 1800~1950년 기간이다.[19]

아민의 새로운 세계체제론에서, 한 지역이 씨족식 중심 지역인지 아니면 씨족식 주변 지역인지를 판단하는 중요한 기준은 그 지역 정권의 권력 집중 정도와 그 정권의 집약된 표현 형식인 국가 종교이다. 씨족식 사회의 완전한 형성은 놀랍게도 주요 종교와 철학 사상의 탄생과 보조를 같이 한다. 하지만 이러한 종류의 동일한 보조가 서로 다른 종교들이나 철학 체계들 사이에 있었던 상호 영향을 미치는 작용을 결코 배제한 것은 아니다. 길게는 2천여 년의 시간 동안 그리스 종교와 철학, 서아시아에서 탄생한 기독교와 이슬람교 및 조로아스터교, 동양에서 탄생한 불교와 유교 등의 종교와 철학 사상은 각 대문명의 발전을 주도했다. 아민이 보기에 이는 인류 역사적으로 전 세계에서 일어난 제1의 위대한 혁명의 물결이었다. 이를 보면 아민은 아마도 카를 야스퍼스(Karl Jaspers)의 추축시대 이론의 영향을 받은 것으로 보인다. 이와 비교하면 우리가 익히 아는 문예부흥 · 기독교 혁명 · 프랑스 대혁명 · 러시아 혁명 · 중국 혁명은 전 세계에서 발생한 제2와 제3의 위대한 혁명 물결을 대표하고, 또한 근대 자본주의와 근대 사회주의라는 새로운 단계를 열었다. 자본주의의 질적 비약의 중요성은 인정한다는 전제하에, 아민은 각 중심이 비록 수많은 전쟁과 수많은 제국 혹은 왕조의 교체를 겪기는 했지만, 잉여 자산의 집약 나아가 고도의 집약은 의심의 여지 없는 보편적 법칙이었다고 보았다.[20] 주지하다시피, 근대의 목전에 와서도 잉여 자산의 축적과 집약은 여전히 근대 자본주의 탄생의 필수조건이었지 결코 충분조건은 아니었다.

프랑크는 기본적으로 아민과 관점이 같지만 프랑크의 논증이 더 충분하고 설득력이 있다. 그는 정면으로 다음과 같은 견해에 도전했다. 그는 서기 16세기 이후 유럽이 흥기하는 과정에서 세계의 기타 지역을 모두 유럽의 경제체제 속에 편입시키거나 집어삼켰다는 견해를 비판했다. 프랑크의 논증은 일반적인 견해와는 상반된다. 그는 유럽은 과거의 세계경제체제에서는 사실상 후발 주자에 지나지 않았고, 심지어 한참 후에야 이 세계체제에 가입할 수 있었다고 보았다. 혹은 유럽은 한참 후에야 본래 비교적 느슨했던 세계체제와의 관계를 강화할 수 있었다고 보았다.[21] 심지어 프랑크는 유럽이 아메리카에서 은을 수탈해 온 이후에야 비로소 중국 · 일본 · 동남아시아 사이에 이루어졌던 "세계에서 가장 부유한 무역에 비집고 들어올 수 있었고", 혹은 "아시아의 어깨 위로 기어오를 수 있었다"고 믿었다. 만약 아메리카의 은이 없었다면 유럽은 "발가락 하나조차 집어넣을 수 없었다"[22]라고 하였다. 간단하게 말하면 유럽의 흥기는 아시아라는 거대한 경제 규모가 있었기 때문에 가능했던 것이다. 오랫동안 아시아 특히 중국이 유럽보다 더 번영했다는 것은 의심의 여지 없는 역사적 사실이다. 세계은행과 IMF의 통계에 따르면, 1830년대에 이르러 중국의 1인당 국민총생산은 비록 유럽의 2/3에 불과했지만, 그 경제 규모는 여전히 유럽을 크게 초과하고 있었고, 전 세계의 1/3을 차지했다. 시계추는 결코 한쪽 방향으로만 움직이지 않는다. 현재 "세계의 경제 중심은 서양이 흥기하기 이전의 위치로 되돌아오고 있는 중이다." 그렇기 때문에 "중심이란 말을 꼭 해야 한다면, 주변에 위치한 유럽이 아니라 중국이 중심으로 자처할 자격을 더 갖추고 있다."[23]

1990년대 중반 세계체제론자인 샌더슨은 다른 세계체제론자와 관점이 비슷한 〈확장하고 있는 세계 상업주의: 여러 세계체제와 여러 문명의 관계〉(1995)라는 논문을 발표했다. 이 흥미로운 논문에서, 그는 인류 역사에서 유럽 · 중국 · 인도 심지어 일본에서도 무에서 유를 창조하고 약자에서 강자가 되는 확장 중인 세계 상업주의가 줄곧 존재했다는 주장을 제기한다. 이와 함께 늘 동반된 것은 여러 세계체제 혹은 여러 문명 속에 존재했던 원형 자본주의였다. 근대 이전에 이러한 종류의 자본주의 형태가 경제에서 비록 주도적 지위를 차지하지는 못했지만, 세계 각 주요 경제 지역에 분명 존재하고 있었다. 샌더슨은 기원전 200년 전후 중국에서 지중해 지역에 이르는 무역축이 출현했다고 보았다. 이는 사실 한 세계체제와 다른 세계체제를 연결시키는 원정 무역이었다. 기원전 200년에서 서기 1000년 전후까지 체제와 문명 간의 원정 무역은 홍해-페르시아 만 지역과 인도 간, 인도와 동남아시아 및 유럽 간, 동남아시아와 중국 및 일본 간, 중국과 유럽 간, 중국과 인도 간에 정기적이고 규칙적으로 진행되었다.

서기 1000년 이후 세계적 무역망은 한층 더 확장되고 심화되었다. 근대 자본주의는 바로 이 단계의 후기에 탄생했다. 오랜 부화기를 겪은 후 세계 상업화 과정은 마침내 질적이고 양적인 임계 상태에 도달해 기존의 경제적 역량의 균형을 무너뜨렸고, 마지막에는 근대 자본주의의 생산방식으로 탄생했다.[24]

이상의 논의를 통해 쉽게 알 수 있는 것은 비록 출발점과 지향점이 다 일치하는 것은 아니지만, 각 근현대 세계체제론 학자들과 역사철학자 토인비 및 1990년대 이후 서양 지연 정치학자들의 관점이 완전히 일치한다는 점이다. 그들은 모두 인류 역사에서 오랫동안 여러 중심이 존재했지 하나의 중심과 여러 주변이 존재한 것은 아니라고 보았다. 이러한 견해를 통해 다음과 같은 결론을 도출할 수 있다. 유럽 이외의 다른 지연 공동체(또한 이들을 중심 씨족식 지역이나 여러 세계체제로도 부를 수 있고, 물론 다른 명칭을 사용할 수도 있다. 이는 사실 중요한 것은 아니다)나 혹은 지연 문명이 없었다면, 그리고 이 공동체들 혹은 문명 사이의 장기적인 지연 경제 상호 작용이 없었다면, 유럽은 분명 단독으로 근대 자본주의를 형성할 수 없었으리라는 것이다. 의심의 여지가 없는 사실은 21세기 초 현재 각 지연 문명 혹은 지연 공동체 간의 교류와 영향 및 충돌과 상호 보완은 이전의 어떠한 시대보다도 더 깊고 더 빈번하게, 또한 이전의 어떠한 시대보다도 더 실질적으로 각 개인의 생활에 영향을 미치고 있다는 것이다.

제9장

동아시아 공동체

■ 제1장(서론)에서 지연 문명(혹은 지연 공동체) 개념을 제기했고, 이의 특징 · 성격 · 형식 · 정의 · 분류를 서술하고 분석했다. 이제 본 장에서는 다음과 같은 문제들을 논의하고자 한다. 주로 중국 · 일본 · 한국 3국과 동남아시아국가연합으로 구성된 동아시아에서 통합의 추세는 계속 진행될 수 있을까? 이러한 통합 추세가 장차 최종적으로는 하나의 지연적 동아시아 문명 혹은 동아시아 공동체의 형성으로 발전할 수 있을까? 혹은 지연 일체성과 경제적 상호 의존성 및 문화적 친연성의 토대 위에 세워진 하나의 동아시아 문명이 과거에도 존재했던 것은 아닐까? 혹은 EU와 같은 의미의 초국가 구조로서 동아시아 공동체를 건립할 수 있을까? 만약 그럴 수 있다면 이 공동체의 미래는 어떤 모습으로 발전할 수 있을까?

역사와 현재의 상황을 통해 보면, 한 지연 공동체는 하나 혹은 하나 이상의 중심 지역 혹은 핵심 대국을 갖고 있어야만 한다. 그렇지 않으면 장기적 발전 측면에서 이 공동체의 경제 일체화와 사회 일체화는 어려운 문제가 된다. 또한 문화 일체화(상대적으로 말해)도 어려운 문제가 되고, 정치 통합은 더욱더 어려운 문제가 된다. 심지어 근본적인 의미에서 정치 통합 자체가 불가능해진다. 여러 가지 문제로 인해 동아시아는 지연 공동체로서의 자격을 어쩌면 완전히 상실할 수도 있을 것이다. 열 개가 넘는 현대 주권국가가 포함되어 있는 동아시아를 보면, 비록 전통적 의미의 동아시아 국제 질서가 이전부터 시대에 맞지 않는 것이었고, 실제로 1895년부터는 더 이상 존재하지도 않게 되었지만, 중국은 역사적으로 의심할 바 없는 하나의 핵심 국가였고, 동아시아 조공 체제 혹은 중화체제의 중심이었다.

더욱 주의해야만 할 점은 비록 중국과 비교하면 그 정도는 작았지만, 16세기 이후의 일본 또한 사실상 동아시아의 핵심 국가였다는 사실이다.

1. 중국: 전통적 동아시아의 정치 중심

자연환경과 지연 특징을 통해 보면, 중국 문명의 발상지는 황허 중하류 지역이다. 이 지역은 하나의 거대한 대륙판으로, 온대에 위치하고 강우는 풍부해 농경에 적합했다. 황허 중하류의 북쪽은 이 지역과 하나로 이어진 화베이 평원이다. 남쪽으로는 웨이허 강과 양쯔 강 유역이 이 지역과 접경을 이룬다. 서쪽으로는 풍요로운 웨이수이 유역과 한중 평원 및 허시 회랑이 있다. 서남 방향에도 마찬가지로 풍족한 한수이 유역과 쓰촨 분지가 있다. 멀리 남쪽 방향에는 주장과 민장 유역이 있다. 동북 지역에는 더 비옥한 산장 평원이 있다. 황허 중하류의 지형과 지세는 비교적 평탄해 험준한 산맥과 깎아지른 협곡이 없고, 메마른 사막이나 물살이 급한 강도 없고, 지역들을 서로 단절시키거나 분리시키는 바다도 없다. 따라서 지역의 경제 · 정치 · 문화 일체화에 대단히 유리했다. 물론 황허 중하류의 자연조건이 나일 강 유역과 티그리스 · 유프라테스 강 유역보다 좋았다고는 볼 수 없으며 심지어 인더스 강 유역보다도 불리했다. 이곳의 겨울은 몹시 춥고 여름은 대단히 덥다. 비록 농작물이 생장하는 데 필요한 강우량은 충분했지만, 여름과 가을에 지나치게 집중되었다. 그 결과 겨울과 봄은 가물고, 여름에는 폭우로 인한 재해가 잦았다. 따라서 이 지역 사람들은 생존을 위해 고대 이집트와 티그리스 · 유프라테스 강 유역의 사람들보다도 훨씬 많은 노력을 해야 했다.[1] 비록 시련은 혹독했지만, 황허 중하류의 자연조건은 그나마 대규모 농경에는 적합했다. 그리고 주위의 지연환경도 고대 이집트와 티그리스 · 유프라테스 강 유역보다는 훨씬 유리했다. 바로 이러한 지연-자연조건 덕분에 대형의 경제 · 문화 · 정치 공동체가 탄생할 수 있었고, 그 속에서 탄생한 역사 문화 공동체는 단시간 내에 거대한 문명 규모를 갖출 수 있었다.

아주 일찍부터 거대한 문명 규모를 갖추었기 때문에, 중화 세계는 각 시기마다 만리장성을 축조하고, 대운하를 포함한 많은 운하를 건설하고 많은 수량의 수리 공사도 진행할 수 있었다. 운하를 통해 남방의 곡식과 여러 자원들을 북방과 기타 지방으로 운송할 수 있었고, 북방의 물자 또한 남방으로 수송할 수 있었다. 이를 바탕으로 대규모 물적 교류가 이루어져 양쯔 강과 황허 유역 간에는 경제적인 상호 보완 관계가 형성될 수 있었다. 이는 중화 세계의 경제 규모를 유지하는 데 중요한 의미가 있었을 뿐 아니라, 또한 정치 · 군사 · 문화에서도 중요한 의미가 있었다. 또한 도시 발전 상황을 보면 중화 세계는 상당히 긴 시기 동안 세계의 선두에 있었다. 비록 중화 세계가 모든 시기에 선두에 있었다고 말할 수는 없지만, 최소한 송나라 시대에는 중화의 도시가 같은 시기 유럽의 도시와 비교해서 훨씬 많았고, 도시화 수준도 유럽보다 높았다. 또한 송나라 때 중화 세계의 국내 및 국제적 판매 경로는 유럽과 비교해 더욱 많았고 분포 범위도 더욱 넓었다. 그리고 송나라 때 중국은 세계 인류 역사에서 최초로 지폐를 사용했다. 이는 경제 발전이 높은 수준에 도달했다는 상징이었을 뿐 아니라, 경제 발전을 한층 더 촉진하는 계기가 되었다. 오랫동안 농업 상품의 높은 잉여율과 높은 노동생산성을 유지할 수 있었기 때문에, 중국에서는 정치형태, 과학기술, 사상문화가 발달할 수 있었다. 또한 근대 이전의 중국 문명 지역 내에서 이는 정치적 통일과 정권 형태의 발달 및 정신과 육체노동의 분화로 생겨난 사대부 계층의 형성, 나아가 과학문화와 정권 수립 방면에서 큰 역할을 했다. 이 모두는 서유럽과 기타 봉건국가들이 미치지 못한 수준이었다.[2] 이 밖에 화약 · 인쇄술 · 제지술의 발명이 인류 문명의 총체적 발전에 지대한 영향을 끼쳤다는 것은 누구나 다 아는 사실이다.

높은 생산력과 높은 사회 발전 수준이 일찍부터 이미 형성되어 있었기 때문에, 중화 공동체에서 세습 귀족제가 세계 기타 지역보다 훨씬 일찍 사라질 수 있었고, 인류 문명사에서 최초로 과거제도가 수나라와 당나라 시대에 생겨날 수 있었다. 비록 이 제도의 폐단이 적지 않았지만(각 왕조의 말기에는 더욱 심했다), 역사적으로 유능한 인재를 선발하고 실력으로 등용하는 사회-정치적 기능을 발휘했다. 이를 통해 중하층 인사들은 사회 고위층으로 진입할 수 있었다. 이 덕분에 속칭 "아침에는 농부였으나 저녁에는 조정의 관리가 된다"라는 독특한 사회현상이 출현하기도 했다. 이러한 사회 유동성은 경계가 뚜렷한 동시기 세계 기타 지역의 계급제도와 비교하면 훨씬 더 우월했다.[참고 9-1] 따라서 과거제도가 계몽시대 유럽인이 만든 현대적 관료제도의 본보기가 되었다는 것은 조금도 이상할 점이 없다. 한정된 기술 조건에서도 과거제도를 토대로 하고 있었기 때문에, 역사적으로 중국은 효율적인 문관 제도를 구축하여 성숙한 정치 문화를 발전시킬 수 있었고, 행정제도의 효율과 신속한 반응 수준은 근대 이전의 다른 어떤 행정제도보다도 훨씬 높았다.[3]

이미 형성된 거대한 문명 규모를 바탕으로, 중화 세계는 일찍이 선진시대에 유목민족을 통합하는 험난한 과정을 시작했다. 북부와 서부의 유목민족은 역대로 중원 지역의 한족 정권과 대치하거나 정치적 게임을 하는 상태에 있었다. 남북조(南北朝)와 오대십국(五代十國) 시대에, 유목민족은 많은 국부적인 정권을 건립했는데 그중 규모가 큰 정권으로 북위와 북제(北齊)가 있었다. 이후에는 또한 송나라와 대치한 요 · 서하 · 금 등 비교적 큰 국부적 정권이 있었고, 몽골인이 건국한 전국적인 정권인 원나라가 있었다. 명나라에 이르기까지 한족은 항상 군사적으로 열세에 있었고, 또한 전투력과 사기도 높지 않았다.[4] 그 중요한 원인으로는 한족 문화에 뿌리내려 있던 평화 사상과 반전의식 및 향토 관념을 들 수 있다. 또한 농경사회와 냉병기(칼, 창 등) 시대에 한족은 기마 전술이 없었고 대개의 경우 보병으로만 전쟁을 할 수밖에 없었다. 따라서 전술 능력 측면에서 분명 기동성이 강하고 전 국민이 병사였던 유목민족에 뒤질 수밖에 없었다. 하지만 화약과 화승총 같은 열병기를 사용한 청나라에 이르면 냉병기 시대는 결국 끝이 나고 기마민족은 더 이상 군사적 우위를 점할 수 없게 된다. 이로써 농경민족과 유목민족의 구조적인 충돌은 마침내 원만히 해결될 수 있었다.

이때부터 한족과 만주족 · 몽골족 및 기타 유목민족 사이에 2천여 년 동안 지속되던 유목민의 소요와 습격, 정착민의 성을 거점으로 한 자기 방어라는 관계는 끝이 났다. 이때부터 만리장성은 더 이상 정착민과 유목민, 중국과 외부 세계의 국경선이 아니었다. 만리장성 안팎의 사람들은 서로의 장점을 상호 공유하여 고도로 통합된 하나의 지연 정치 · 경제 공동체로 융합되거나, 혹은 농경민족과 유목민족이 일종의 지연 공생 관계를 형성했다고 볼 수 있다.[5] 바로 이러한 공생 관계 덕분에 소수민족과 한족 간의 정치 · 경제 나아가 문화의 통합 정도는 이전보다 크게 높아질 수 있었다. 소수민족 또한 더 깊이 그리고 더 많이 화하 공동체의 물질과 문화를 받아들여 성장할 수 있었다. 또한 화하 공동체도 더 효과적으로 소수민족의 인적 · 물적 자원과 문화적 자원 및 기술 자원을 이용할 수 있었고, 이를 통해 더욱 효과적으로 문화적 정체성과 역사적 주체성을 지킬 수 있었다. 더 중요한 것은 바로 이러한 지연 공생 관계 덕분에 현대 중국의 판도가 최종적으로 형성될 수 있었다는 점이다. 이러한 공생 관계가 없었다면, 중국은 여전히 만리장성 안쪽에 웅크리고 있었을 것이다. 이는 곧 현대 중국의 판도가 지금의 약 1/3밖에 될 수 없다는 것을 의미한다.

비교할 수 없는 경제 규모와 강력한 사회적 응집력, 거대한 정치적 감화력 덕분에 화하 공동체에는 대통일의 정치적 전통이 매우 일찍부터 형성될 수 있었다. 이를 통해 화하 세계는 광활한 영토에서 유목민족 및 그들이 수립한 국가를 성공적으로 통합할 수 있었고, 또한 자연스럽게 주변 지역의 정치 · 경제 · 문화의 중심이 될 수 있었다. 근대 민족국가 개념의 근원이 되는 베스트팔렌 조약이 지배적 지위를 얻기 이전에, 사실상 중국은 주변 지역에서 조공 체제 혹은 중화체제라는 일종의 안정적인 국제정치 질서를 유지하고 있었다. 이러한 체제 속에서, 번국(藩國)은 중국 황제의 책봉을 받고 중국의 연호와 역법을 사용하기 위해 중국에게 조공을 받치기를 원했고, 중국은 종속국을 도와 적을 막고 변란을 처리하는 책임을 맡았다. 하지만 그곳의 내정에 개입하거나 특히 그곳의 사회생활을 간섭하지는 않았다. 그 성격을 통해 보면 조공 체제는 근대 서양 식민체제에서 종주국과 예속국이 맺는 관계와는 다르고, 현대국가의 연방제에서 연방 혹은 국가연합과도 다르며, 또한 현대의 단일국가에서 시행하는 민족자치나 지방자치와도 근본적으로 다르다. 그 실질적인 차이는 조공 체제에서 중앙 왕조가 각 번국에 대해 영토 주권(심지어 이러한 개념 자체가 없었다)을 소유하거나 직접 통치를 시행하지 않았다는 데 있다.[6]

현대적 기준으로 비교해보면, 조공 체제하의 동아시아 정치 질서는 중국 중심주의였고 심지어는 대국 쇼비니즘을 의미했다. 그러나 현재 중국과 중국 외 학계의 일반적 견해에 근거하면, 대체로 이러한 국제 질서에서 핵심 국가인 중국이 주변 국가에 시행한 정책은 평화적이고 우호적인 것으로, 서아시아 지중해 지역에서 흔히 볼 수 있었던 군사 확장과 경제 침탈은 하지 않았다. 심지어 한나라와 당나라 시기의 황실은 부락연맹이나 작은 국가들이 토지와 인구를 중국에 귀속시키고자 하는 요구를 거절한 적도 있다. 서기 1754년 지금의 필리핀인 술루국 국왕은 그곳의 토지와 인구를 중국 영토에 편입시켜달라고 요청했지만, 청나라 황제 건륭은 중국은 영토를 확장하지 않는다는 이유로 완곡하게 거절했다. 이러한 독특한 국제정치 질서에서 중국은 주변 국가가 국내외에서 정치적 합법성을 획득하는 궁극적인 근원이었다. 주변 정권은 단지 상징적으로 약간의 진상물을 바치기만 하면 중국의 정치적 승인을 획득할 수 있었다. 또한 이러한 승인의 획득은 그들이 중국의 정치적 승인을 획득했다는 것을 의미했을 뿐 아니라, 국내외의 기타 정치 세력의 승인도 획득했다는 것을 의미했다. 다른 한편 동아시아 국제 질서의 정상적인 운행을 유지하기 위해, 중국 측은 진상물의 가치를 초과하는 답례를 지불했다. 특히 주의할 것은 조공 체제는 주로 정치 질서 혹은 상징적인 정치 질서였다고 볼 수 있다는 점이다. 이러한 질서에서 무역은 중요한 위치를 차지하고 있었다. 심층적 구조로 보면 중국의 이러한 행동은 일종의 허영에서 비롯된 '천자의 나라'란 심리 상태에서 나온 것이 아니라, 아마도 최소한의 대가로 국경의 장기적인 무사안녕을 확보하고자 하는 동기에서 비롯됐을 것이다.[7]

2. 일본: 또 다른 핵심 국가

일본은 동아시아의 또 다른 핵심 국가이다.

일본은 혼슈 · 홋카이도 · 규슈 · 시코쿠와 부근의 3,900개가 넘는 작은 섬으로 구성된 나라로, 총면적은 37만 7,800제곱킬로미터에 불과하다. 비록 지연 조건으로 인해 일본은 중국과 같은 문명 규모를 형성할 수는 없었지만, 이것이 결코 우수함을 보여줄 수 없다는 것을 의미하지는 않는다. 바로 지금 전 세계가 중국의 흥기를 이야기하고 있는 것처럼, 1970년대에서 1980년대 사이에 전 세계는 모두 일본의 경제 기적을 이야기했다. 비록 십몇 년 동안 계속된 침체에 빠져 있지만, 달러 가격으로 계산하면 일본의 경제 규모는 2005년 현재 여전히 세계 2위 규모로서 중국의 근 3배에 달한다. 지역 경제 일체화가 대세인 시대에 이처럼 방대한 경제 규모가 모든 동아시아 경제를 이끌고 통합하는 작용을 한다는 점은 굳이 거론할 필요가 없을 것이다.

이러한 현상을 어떻게 설명할 수 있을까?

먼저 자연환경을 고찰해보자. 일본은 경작 가능한 면적이 유한하고 기타 자연 자원도 매우 빈약하지만, 수자원은 결코 부족하지 않다. 일본의 연강우량은 1,700밀리미터로 풍족하다. 이와 비교하면 베이징은 600밀리미터, 난징은 1,000밀리미터, 상하이는 1,100밀리미터이다. 또한 일본은 전형적인 온대기후로 여름에는 혹서가 없고 겨울에는 혹한이 없다. 푸른 초원이 곳곳에 펼쳐져 있고 무성한 산림 또한 국토의 1/3을 덮고 있다. 이러한 자연조건은 농업에 대단히 적합했다. 옛날부터 일본인은 한정된 토지를 세밀하고 정성스럽게 경작했는데, 쌀이 중요한 농작물이었다. 그 생산량은 밀보다 훨씬 많았고 재배 면적 또한 아주 높은 비율을 차지해 모든 작물 중 약 40퍼센트를 차지했다. 이 밖에 일본 서부의 절반 지역에서 이모작 작물을 재배할 수 있었다. 이러한 매우 우월한 자연환경 덕분에 일본의 농업 생산성은 매우 높았고, 그렇기 때문에 서아시아와 유럽보다 더 밀집한 인구를 먹여 살리는 것 외에도, 또한 상당히 많은 잉여생산물을 확보할 수 있었다. 서기 3세기부터 일본 인구는 이미 같은 면적을 가진 유럽 국가보다 훨씬 많았다.[8] 전근대적 조건에서 풍부한 잉여생산물과 밀집한 인구는 높은 경제 수준과 종합적 역량을 의미한다.

공동의 동아시아 문화적 요소들 또한 일본의 발전에 간과할 수 없는 영향을 미쳤다. 일본은 대륙과 매우 가까워 아주 일찍부터 편리하게 중국 문명에서 자양분을 섭취할 수 있었다. 예를 들면 벼 재배와 금속 제련 등의 중요한 기술은 지금으로부터 약 3천 년 전에 일본으로 전해졌다. 또 서기 6세기부터 유학과 불교 등 대륙의 문화 요소들이 대거 일본에 들어갔다. 유학과 불경은 한반도를 경유해 일본에 전래된 후 일본에서 문화 혁명의 매개가 되었다. 이는 서아시아 지중해 지역에서 형성된 기독교 문명이 역사적으로 게르만인과 동슬라브인들을 개화시킨 것과 유사한 작용을 했다. 승려 · 학자 · 교사 · 장인 등이 잇따라 한반도와 중국을 거쳐 바다를 건너 일본으로 갔다. 이들은 중국 문명의 기본 가치관과 생활방식을 전파했을 뿐 아니라, 중국의 철학 · 종교사상 · 경제제도 · 문자 · 언어 · 문학 · 서예 · 회화 · 의술 · 건축기술 · 방직기술 · 도예기술 등도 전파했다. 물론 이후 일본 또한 서양 기술을 바탕으로 발전시킨 자국의 기술을 중국에 전해주었다. 그들의 부채 공예 · 상감 공예 · 금박 기술 · 칠공예 · 제련 · 도검 제작 기술 등은 중국에 많은 영향을 미쳤다. 일본은 또한 적극적으로 중국을 배우기 위해 당나라에 많은 견당사를 보냈는데, 그중 어떤 사람들은 길게는 20년 넘게 중국에 체류하기도 했다. 그들은 모두 중국 문명의 열정적인 신봉자들이었고 귀국 후에는 중국 문명의 적극적인 전파자가 되었다. 당나라가 쇠락한 후, 일본은 더 이상 대규모로 유학생을 중국에 파견해 학습시키지는 않았지만, 일본의 중국 문화 학습과 수용은 이것으로 끝나지 않았다. 통상과 기타 형식의 교류를 통해 일본은 계속해서 중국 문화를 수용했다.[9]

다른 한편 일본은 지리적으로 중국 대륙과 비교적 멀리 떨어져 있었다. 바다가 중국과 일본을 갈라놓고 있는데 가장 가까운 곳의 거리가 약 725킬로미터이다. 고대의 조건에서 이처럼 폭이 넓은 바다는 건너가기가 매우 어려웠다. 이는 영국이 처한 상황과는 아주 다르다. 일본의 주요 섬과 한국의 거리는 약 160여 킬로미터로 영국과 프랑스 사이의 도버해협의 너비 약 32킬로미터의 5배가 된다. 일본과 중국 대륙의 거리는 160여 킬로미터의 약 5배가 된다. 이러한 지연구조는 아주 오랫동안 일본이 독자적으로 형성될 수 있었고 독립적으로 발전할 수 있었다는 것을 의미한다. 또한 이는 외부의 침략을 받지 않을 수 있었고, 동북아시아 지역 유목민족의 공격을 쉽게 받지 않을 수 있었다는 것을 의미한다. 실제로 원나라 세조인 쿠빌라이는 13세기 말 대일 전쟁을 개시했는데 태풍의 습격으로 실패한 적이 있다. 이는 또한 여러 시기에 일본이 자국의 필요에 따라 대륙의 특정한 문화 요소를 자유롭게 선택할 수도 있었고, 또한 거부할 수도 있었다는 것을 의미한다.

16세기 일본은 도쿠가와 막부 시대의 정치적 통일로 상대적인 평화와 안정을 이룩했고, 일본인은 전란에서 벗어나 경제 발전에 더욱 전심전력할 수 있었다. 이 시기 일본의 경지면적은 배로 늘어났고 관개면적도 더욱 확대되었다. 또한 일본은 새로운 농작물을 수입하고 발전한 농업기술을 사용했다. 이로 인해 오사카와 에도를 중심으로 통일적 국가 경제가 형성되어 전국적인 경제 일체화가 일본에서 처음으로 실현되었다. 경제 발전은 일본 인구의 증가로 이어졌다. 1500~1750년 일본의 인구는 배로 늘어나 1,600만 명에서 2,600~3,200만 명으로 증가했다. 경제 발전은 교육의 발전을 동반하여 무사들은 문화 수준이 높은 계층이 되었다. 평화로운 시기에 그들은 더 이상 군사적 의무를 이행할 필요가 없었고, 대신 문관의 직무를 수행할 수 있었다. 심지어 광범위한 교육 기회가 사회 하층민들에게도 주어졌다. 사실 일본 인구의 교육 수준은 서양인이 대거 동아시아에 들어오기 이전에 이미 상당히 높은 수준에 도달했다. 도쿠가와 시대 말기 일본 남성의 문자 해독률은 45퍼센트일 정도로 높았다.[10]

특히 도쿠가와 시대 일본의 도시화 진행 과정은 주목할 만한 가치가 있다. 1853년 미국 의 불법 선박이 관문을 두드려 일본의 문호 개방을 압박하기 전인 18세기 초, 일본과 외부 세계는 여전히 단절된 상태에 있었다. 그러나 일본에는 상당한 규모의 도시가 이미 존재했다. 통계에 따르면 1700년을 전후해 지금의 도쿄인 에도에는 약 100만의 인구가 있었다. 다른 통계에 따르면 에도에는 130만 인구가 있었는데 이는 파리와 런던의 인구를 초과하는 것으로 당시 세계에서 인구가 가장 많은 도시였다. 무역 중심 도시였던 오사카와 교토에도 모두 각각 40만이 넘는 인구가 있었다. 기타 지역에도 10만 이상의 작은 성 규모의 도시가 산재해 있었고, 265개의 반자치적 성격의 봉건 번국의 수도를 각기 담당하고 있었다. 문호 개방 직전에 이미 일본의 도시 인구 규모는 상당한 수준이었고 이후에는 더욱 대폭적으로 증가했다. 사실 18세기 일본의 도시화 수준은 유럽보다 높았고 또한 중국보다도 현저하게 높았다. 한 연구에 따르면 18세기 말 일본은 인구의 15~20퍼센트가 이미 도시화되어 있었으며, 또 다른 연구에 따르면 10~13퍼센트의 인구가 10만 이상의 도시에서 생활했다고 한다. 이는 당시 일본 인구가 세계 인구의 3퍼센트를 차지했고, 전 세계 10만 이상의 도시 인구 중에서 일본이 8퍼센트를 차지하고 있었다는 사실을 의미한다.[11]

불법 선박이 관문을 두드린 후 개혁 개방의 거대한 압력으로 막부정권은 1868년 붕괴되고 메이지 정권이 수립된다. 이로부터 일본 근대화 운동은 급속하게 전개되었고 또한 아주 빨리 성과를 거뒀다. 1894년 국력을 크게 증강한 일본은 겉으로 보기에는 강대하지만 실상은 이미 극도로 부패했던 청 왕조와의 전쟁에서 승리한다. 1902년 일본과 영국은 동맹조약을 체결했는데, 이것은 서양 강국과 동양 국가 간에 조인한 최초의 동맹조약이었다. 이는 일본의 강대국 지위가 서양의 인정을 받았다는 것을 상징한다. 1904년에서 1905년까지 일본은 다시 유럽 강국인 러시아와의 전쟁에서 승리한다. 이는 당시 서양인은 결코 이길 수 없다는 비서양 국가의 미신을 타파한 것과 같았다. 하지만 엄밀한 의미에서 보면 러시아는 서양 국가는 아니었다. 만약 16세기 초 세계의 중심이 계속 서양으로 치우치다가 1914년에 최고조에 이르렀다고 본다면, 그리고 그 이후에는 그 중심이 다시 점차 동양으로 돌아오고 있었다고 본다면, 이러한 추세를 보여주는 중요한 하나의 상징이 바로 일본의 급속한 홍기다. 그렇지만 이 이후 일본은 중국과 동남아시아에서 침략 전쟁을 일으켰고 이로 인해 씻을 수 없는 역사의 오점을 남겼다.

일본은 비록 제2차 세계대전에서 패하기는 했지만, 패전 후 대단히 빠르게 폐허를 딛고 일어나 놀라운 속도로 현대화를 실현했다. 1980년대에 이르면 일본은 이미 일반적인 의미의 선진국이 아니라 선진국 중에서 미국에 도전할 수 있는 강대한 국가가 되었다. 고속 슈퍼컴퓨터 · 레이저 · 로봇 · 재료공학 · 생물기술 · 나노기술 등의 방면에서 일본은 미국을 바싹 추격하다가 끝내는 미국을 크게 앞질렀다. 1946~1947년에 미국의 광업과 공업 생산량은 세계 총생산량의 약 60퍼센트를 차지했고 수출액 또한 세계 총수출액의 1/3을 차지했지만, 반면에 일본의 점유율은 대단히 미미해 말할 가치도 없었다. 1960년 당시 미국 경제 총생산량은 여전히 일본의 12배에 달했다. 그러나 1986년에 이르면 미국 경제 총생산량은 이미 일본의 2배밖에 안 되는 정도로 하락했고 1987년 일본의 1인당 국민총생산은 이미 미국을 초월하였다. 실제로 1950~1990년 기간에 일본 경제는 152배 이상 증가했다. 1980년대 일본의 인구는 세계 총인구의 1/40밖에 되지 않았지만, 일본 국민총생산은 세계 국민총생산의 1/10을 차지했다.[12] 특히 대단한 것은 국토 면적이 협소하고, 경제 총생산량과 인구 대국과 비교하면 상대적으로 작은 인구 규모에, 공업자원이 대단히 빈약한 상황에서 이러한 모든 성과들을 이룩했다는 점이다.[13]

3. 일본의 도전과 전통적 동아시아 정치 질서의 붕괴

서력기원 초에 조공 성격을 지닌 중국을 중심으로 한 동아시아 국제 질서의 기초가 형성된다. 근대적 의미를 지닌 주권 지상주의와 국력에 구분 없이 모든 국가는 다 같이 평등하다는 관념과 비교해보면, 이 체제 내의 핵심 국가와 주변 국가의 관계가 평등했다고는 볼 수 없다. 후자는 근대적 의미의 충분한 주권을 누릴 수 없었기 때문이다. 또한 당연히 근대적 의미의 국가 혹은 민족의 존엄을 충분하게 누렸다고도 말할 수 없다. 하지만 반드시 짚어보아야 할 것은 동아시아는 서아시아 지중해 세계와 세계 기타 지역과는 상황이 달랐다는 점이다. 역사적으로 이곳의 주변 국가는 핵심 국가와의 정치적인 무역 교류에서 손해를 보지 않고 오히려 많은 이익을 얻을 수 있었기 때문이다. 그리고 역사적으로 중국은 지금까지 주변 국가의 희생을 통해 얻은 경제적 이익으로 자국의 발전을 도모하지 않았기 때문에, 주변 국가로부터 강한 도의적인 감화력을 이끌어낼 수 있었다. 이는 고대 서아시아 지중해 세계와 근대 서양이 보여주었던 것과는 다르다.

기원전 3세기 말에서 서기 16세기 중엽까지 중국이 정치적인 통일을 이루기만 하면, 중국을 중심으로 한 동아시아 국제 질서는 대체로 정상적으로 운행되었다. 일본을 예로 들면, 원나라 황제가 서기 1271년 이후 여러 번 사신을 일본에 보내 조공을 요구했지만, 일본은 이를 거절했다. 하지만 1401년 일본 막부는 오히려 이익을 얻기 위해 자발적으로 명나라에 사신을 파견해 예전 법도를 따르고자 한다고 밝혔다. 이때부터 16세기 중엽까지 사절이 제도적으로 상호 왕래하고, 중국과 일본의 경제 · 문화 교류도 강화되기 시작했다. 1406년 양국은 영락감합무역협정을 체결한다. 이 협정은 사실상 일종의 정치적인 무역제도로, 일본은 십 년 간격으로 중국과 한 차례 무역을 할 수 있도록 규정하고 있는데, 무역 규모는 인원은 200명으로 제한하고, 배는 2척으로 제한했다. 하지만 실제 시행 과정에서는 이 협정에서 제한한 규모를 훨씬 초과하였다. 일본인들은 매년 선박을 이용해 중국에 갔고, 또한 선박과 인원의 수도 모두 협정에서 제한한 규모를 훨씬 초과했다. 기록에 따르면 가장 많을 때는 매년 선박 9척과 1,000명이 넘는 인원이 중국에 왔다. 아마 기록되지 않은 무역 교류는 틀림없이 그보다 더 많았을 것이다.[14] 특히 주목할 것은 중국과 일본 양국 간의 정치적인 무역은 결코 동등한 거래가 아니었다는 점이다. 일본은 조공 명목으로 적은 양의 물품을 명나라 황제에게 바쳤지만, 명나라 정부는 진상물보다 그 가치가 몇 배 혹은 몇십 배에 달하는 물품을 일본에 선물로 주었기 때문이다.[15]

그러나 16세기부터 동아시아 국제정치 질서는 심각한 도전을 받기 시작한다.

지속적인 경제 발전으로 일본에는 기세등등한 상인 계층이 출현했고, 그들은 중국과 조선 및 동남아시아 지역의 무역 활동에 참여하기 시작했다. 대외무역에 적극적으로 참여한 것은 상인만이 아니었다. 경제적 이익을 위해 종교단체 · 무사 · 귀족도 대외무역에 개입했고, 어떤 때는 막부의 장군까지 뛰어들었다. 이는 당시 유럽의 상황과는 아주 다른 것이었다. 그 시대 유럽 귀족은 자신들이 생각하기에 스스로 신분을 낮추는 일을 하지 않았다. 15세기에서 16세기까지 일본의 대외무역은 급속하게 발전했고, 무역 활동의 범위도 멀리 말라카 해협까지 이르렀다. 1560년 이후 일본은 이미 은과 동의 주요 수출국이 되었다. 일본은 중국과 조선에는 주로 은·동·부채·병풍 등의 수공예품을 수출했고, 인도와 서아시아에는 황금·유황·장뇌·목재·진주·철·도검·칠·가구·청주·차·고급 쌀을 수출했다. 반대로 일본은 중국의 비단과 인도의 면직물을 수입했고, 조선과 중국 및 동남아시아의 기타 생산품과 소비용품을 수입했는데 아연·주석·염료·설탕·피혁·수은 같은 것들이었다.[16] 활발한 대외무역은 경제 확장의 동력을 의미한다. 경제 발전이 일본인의 입맛을 자극하자 정상적인 대외무역으로는 그들의 강렬한 욕망을 완전히 충족시킬 수 없었다. 이때부터 일본은 무법자가 되어 조선과 중국의 동남 연해에서 몇백 년에 이르는 침탈을 시작했는데, 이들이 바로 중국과 조선 역사에 등장하는 왜구이다.

왜구는 곧 해적을 말하는 것으로 그들은 중국과 조선의 연해 지역에서 살인과 약탈, 무력 무역 행위를 일삼았다. 276년 동안 이어진 명나라 통치 시기에는 늘 왜구들이 침탈하였다. 16세기 이전에 왜구는 주로 일본인이었는데 대부분 주군이 없는 유랑 무사들이나 망한 농민들 또는 대상인들이 매수한 무장 무역선단이었다. 16세기 이후에는 왜구 두목들은 대부분 일본 해적이었지만 중국 연해의 수많은 유민들 또한 그 속에 섞여 있었다. 인적 구성으로 보면 일본인은 단지 20퍼센트를 차지한 반면 중국 유민의 비율은 높게는 70퍼센트에 이른 것으로 보인다. 그들은 중국의 장쑤, 저장, 푸젠 연해 지역에 자주 창궐했는데, 어떤 때는 수백 척의 배를 연결하여 바다를 뒤덮는 듯 나타났고, 한 번에 몇 개의 현(縣)에 달하는 넓은 지역을 약탈하여 심각한 손해를 초래했다. 명나라 조정은 왜구 문제로 일본과 다방면으로 교섭하여 관련된 협의를 체결했다. 일본은 협의 내용을 집행했고, 중국과 협력하여 일본 국내의 해적 두목을 수색하여 체포했다. 그리고 일본으로 잡혀와 노예가 된 연해 지역의 중국인을 돌려보내기도 했다. 중국 또한 해상 방어 강화와 항해 금지령을 실시했다. 더욱이 척계광(戚繼光)과 유대유(兪大猷) 등의 명장들이 왜구를 토벌했기 때문에 왜구로 인한 소요는 평정할 수 있었다.[17]

몇백 년에 이르는 왜구의 소요는 중국 연해 지역에 심각한 손실을 끼쳤다. 명나라 조정은 이로 인해 골머리를 앓았고 재정적 부담 또한 심각하게 가중되었다. 이는 명나라의 멸망을 초래한 간접적 원인이 되기도 한다. 하지만 이것을 일본이 동아시아 정치 질서에 정면으로 도전한 것으로 볼 수는 없다. 16세기 말 일본은 정치 통일을 실현했고, 이후 일본 경제는 뚜렷하게 발전하여 국력은 크게 증대한다. 1592년에서 1598년까지 도요토미 히데요시가 일으킨 조선 침략 전쟁은 과거의 왜구와는 전혀 다른 성격을 띤다. 여기서 한 가지 짚고 넘어갈 점은 하나의 문명사적 사건의 관점에서 보면, 16세기 말 일본인의 조선 침략과 11세기 초 서유럽이 기타 지역에 자행한 침략은 서로 비슷한 점이 있다는 것이다. 예를 들면 서유럽은 경제 회복 이후 동프로이센과 발트 해 지역을 군사적으로 식민화했으며, 그리고 이후 서아시아에서 십자군 전쟁을 일으켰고, 또한 그 이후에는 서아시아와 동아시아를 침략하고 아메리카 대륙 등지를 점령하고 식민화했다. 일본 군대는 비록 명나라의 군사적 개입으로 어쩔 수 없이 조선에서 퇴각했지만, 조선 침략은 일본이 정식으로 일으킨 전쟁으로 흥기 중인 일본이 최초로 동아시아 국제정치 질서에서 중심적 지위에 있던 중국에 정면으로 도전한 것을 의미한다. 이뿐만이 아니다. 도요토미는 비록 전쟁에서 패배했지만 일본이 16세기에 중단한 조공을 재개하지는 않았다. 이로 인해 비록 정권의 합법성에 불리하게 작용했지만, 자신들은 중국이 주도하는 동아시아 질서의 정식 구성원이란 표현도 서슴지 않았다.[18]

청나라 시기 중국은 항해 금지령을 풀고 중국과 일본의 무역을 장려했다. 이로 인해 중국과 일본의 관계는 어느 정도 완화되었다. 도쿠가와 막부 또한 양국 관계에 적극적으로 대처하기 위해, 다양한 수단을 통해 국교 회복과 정식 무역을 희망한다고 표현했다. 하지만 중국에게 신하의 예의를 다한다는 말이나 그런 인상은 피하려고 노력했다. 이러한 상황에서 중국과 일본 사이의 무역은 다시 번영하기 시작했다. 1685년 이후 거의 매년 70에서 100척에 달하는 중국 선박이 나가사키에 도착했다. 일본의 대중국 무역량은 더욱 많았는데, 완벽한 통계는 아니지만 1662년에서 1839년 사이에 중국에 온 일본 상선은 6,200척이 넘었다고 한다.[19] 하지만 막부가 무너지고 메이지 정부가 수립된 후, 일본은 근대화 운동을 전개했고 대단히 빨리 성공을 거두었다. 일본의 국력도 이로 인해 크게 증대하게 된다. 이와 정반대로 중국은 아편전쟁 이후와 태평천국의 난 시기에 국력이 급속도로 쇠약해지기 시작했다. 이때부터 서양 국가와의 전쟁에서 빈번히 패배해 어쩔 수 없이 여러 불평등조약을 체결했다. 이러한 상황에서 도요토미의 조선 침략 전쟁 실패 이후 일본은 다시 한 번 중국을 중심으로 한 동아시아 국제 질서에 도전하기 시작한다.

1870년과 1872년 일본은 중국에 두 차례 사신을 파견해 서양 국가와 체결했던 조약과 비슷한 조약을 청 정부가 체결하도록 유도했지만 원하는 대로 되지는 않았다. 1874년 일본은 2년 전의 한 사건을 구실로 청나라 정부에 협상을 요구했다. 그것은 한 척의 류큐(지금의 오키나와) 선박이 태풍으로 타이완 동부에 표류했을 때, 이 배의 류큐 사람들이 고산족에게 살해당한 사건이었다. 청나라 정부의 관원이 이치에 근거해 반박하면서 사고를 낸 고산족은 중화 문명 밖의 미개 민족으로 중국 측의 통치가 미치지 않는 지역이라고 말했다. 일본은 즉시 이를 꼬투리로 잡아 1874년 4월 타이완의 미개 민족을 토벌하는 침략 전쟁을 일으켰다. 타이완 군민들은 일본 군대에 완강히 저항했지만, 청나라 정부는 오히려 타협하기로 결정해 일본과 '북경전조'를 체결했다. 그 조약에는 일본은 타이완에서 철수하고 중국은 일본에게 은 50만 냥을 배상한다는 내용이 포함되어 있었다. 이 조약에는 심지어 "타이완 미개 민족이 일찍이 일본 국민에게 함부로 위해를 가했고", 일본이 타이완을 침범한 것은 "자국민을 보호하기 위한 의로운 행위이다"라는 내용이 있다. 이는 본래 청나라의 부속 지역이었던 류큐가 현재는 일본의 부속 지역이 되었음을 의미한다. 1875년 일본은 정식으로 류큐에 군대를 주둔시켰다.[20]

이와 동시에 일본은 조선 침략 또한 빠르게 진행했다. 1868년과 1870년 일본은 두 차례 관리를 조선에 파견하여 불평등조약을 강요했지만 모두 거절당한다. 1875년 9월 일본은 공개적으로 군함을 보내 강화도 부근의 해역을 침략하여 영종도를 점령했다. 그리고 1876년 일본은 조선을 협박하여 불평등조약을 체결했고, 1880년 일본은 한양에 공사관을 설립하여 청나라의 세력 범위에 압박을 가했다. 1884년 일본은 조선에서 정변을 책동했지만 청나라의 군사적 개입으로 무산되었다. 하지만 일본은 오히려 중국에게 협상을 제기한다. 다음 해에 쌍방은 톈진조약을 체결했고, 일본은 이를 바탕으로 중국과 동등하게 조선에 출병할 수 있는 권리를 획득했다.[21] 이는 중국이 여전히 전통적인 중심 지위를 유지하고는 있었지만, 동아시아 국제정치 체제에 이미 중국 이외의 또 다른 중심이 출현했다는 것을 의미한다.

비록 일본이 조금씩 청의 세력 범위에 압박을 가하고는 있었지만, 이때까지는 정면 군사 충돌에서 아직 완전한 승리를 거두지는 못하고 있었다. 하지만 이후 벌어진 청일전쟁에서는 완전히 다른 상황이 벌어졌다. 주지하다시피 중국은 이 전쟁에서 패배했다. 1895년 체결된 시모노세키 조약에 따르면, 중국은 조선에 대한 종주국의 지위를 정식으로 포기했고, 타이완 전체와 부속 도서를 할양했고, 은 2억 3,000만 냥을 배상했다. 그리고 이 조약에서 중국은 일본이 중국에 투자하거나 공장을 건설하는 것을 허락했고, 일본은 일방적인 최혜국 대우와 영사 재판권 등을 누릴 수 있었다. 또한 1910년에 일본은 조선을 협박하여 한일합병조약을 체결했고, 이로써 조선은 주권을 완전히 상실하게 된다.[22] 만약 1592년에서 1598년까지 도요토미가 일으킨 조선 침략 전쟁이 일본이 동아시아 국제 질서에 대해 일으킨 제1차 정면 도전이었고, 그리고 이 전쟁이 명의 조선 개입으로 실패했다고 본다면, 이 16세기 말에 일어났던 전쟁의 확대 복사판인 청일전쟁에서 일본의 도전은 성공했다고 볼 수 있다. 그리고 이로 인해 오랫동안 지속되던 중국 주도의 조공 체제는 마침내 붕괴되었다고 할 수 있다.[23]

물론 조공 체제의 해체 과정이 단순히 청일전쟁 때문에 일어난 것은 결코 아니다. 전쟁 후에도 해체 과정은 여전히 계속되었다. 청일전쟁은 사실 단지 이 해체 과정의 직접적인 원인에 불과하다. 조공 체제의 해체에는 기타 방면에서 비롯된 내부적, 외부적인 원인들이 있었다. 내부적 원인들은 주로 청나라 말기 어려운 민생 경제, 관리의 부패, 농민 봉기, 극도로 허약한 국력이었다. 외부적 원인 또한 일본의 전통적 중화체제에 대한 다년간의 잠식과 청일전쟁에서 중국에 거둔 군사적 승리만은 아니었다. 중요한 외부적 원인은 서양 열강이 훨씬 이전인 16세기 초반 무렵에 이미 동남아시아에 들어와 있었다는 데 있었다. 그들은 그곳에서 중국을 중심으로 2천 년 넘게 줄곧 운용되어 왔던 국제정치 질서를 흩뜨려놓기 시작했다. 그곳의 작은 나라들은 서양인에게 정복당하거나 혹은 서양인에게 굴복했고 그때부터 더 이상 중국에 조공을 바치지 않았다. 심지어 여전히 그 세력이 막강했던 청나라 전기에도 마찬가지였다. 1840년 영국인은 강도짓과 다를 바 없는 아편전쟁을 일으켜 중국을 패배시키고, 불평등조약을 중국에 강요했다. 또한 1840년 후에는 영국과 프랑스 및 기타 서양 국가들이 수차례 중국에서 전쟁을 도발했다. 그리고 청일전쟁 후의 1900년에는 서양 열강과 러시아와 일본이 결탁한 8개국 연합 군대들이 중국을 침략하여 전쟁을 도발했다. 이는 남의 방에 들어와 약탈하는 짓과 다를 바 없었다. 이후 중국은 어쩔 수 없이 그들과 시모노세키 조약과 같은 굴욕적인 '경자배상금협정'을 체결했다. 따라서 이 시기에 이르러서야 전통적인 동아시아 국제 질서가 비로소 완전히 사라졌다고 볼 수 있다. 제2차 세계대전이 끝난 후 악명 높았던 식민주의 국가, 예를 들면 영국과 프랑스 및 네덜란드가 어쩔 수 없이 동아시아에서 철수했다. 이때 중국은 즉시 홍콩을 되찾지는 못했다. 이는 전략적인 책략 때문에 그런 것이지, 결코 도의적인 이유가 부족해서거나 되찾을 능력이 없어서가 아니었다. 이후 미국의 세력이 다시 구조적으로 동아시아에 뿌리를 내리기 시작하자, 전통적인 동아시아 조공 체제가 회복될 가능성은 거의 제로에 가까워졌다.

분명하게 지적하고 싶은 것은 전통적 중화체제가 비록 1900년에 끝나긴 했지만, 도전자였던 일본도 이 시기에 동아시아의 새로운 맹주가 되지 못했다는 점이다. 이후 일본은 다시 중국 만주를 침략하여 1931~1945년에 만주를 완전히 점령하고, 1937년에는 중국에 대해 전면적인 전쟁을 일으켰다. 그리고 1940년대 전기에는 인도네시아와 말레이시아 및 필리핀 등의 국가를 침략해 점령했다. 하지만 일본은 한 번도 중국과 같은 의미의 진정한 문화적 흡인력과 정치적인 구심력 및 도의적인 감화력을 가진 중심 국가가 되지는 못했다. 어떤 논자들은 일본은 청일전쟁 이후 정식으로 아시아를 탈퇴하고 유럽에 가입해 서양이 주도하는 국제 질서에 참여하기 시작했고, 또한 일본이 이때부터 아시아와 관계를 끊고 동아시아와는 확연하게 다른 세계에 속했다고 생각한다. 하지만 이는 단지 하나의 견해에 불과한 것으로, 분명 거시적 문명사의 시각이 결핍된 견해이다. 만약 세계체제론의 시각을 채택한다면,[24] 기원 원년 초부터 각 중요한 지연 지역과 문명 간에는 상당히 밀접한 교류와 상호 작용이 줄곧 존재해왔다는 것을 쉽게 발견할 수 있다. 또한 세계 일체화(이는 사실 일반적 의미의 전 지구화를 의미한다) 진행 과정도 중단된 적이 없다는 사실도 발견할 수 있다. 16세기에 이르러 세계는 하나의 세계적 자본주의 시대로, 경제적 통합이 빠르게 진행되는 시대로 진입했다. 이러한 이유 때문에, 전통적 동아시아 정치 질서 및 그 기본 개념이 비록 부인할 수 없는 역사적 합리성을 갖고 있다고 해도, 이 거대한 진행 과정에 자리를 내어줄 수밖에는 없었던 것이다. 하지만 이것이 지연 경제와 지연 문화적 의미에서 동아시아 문명이 이미 사라졌다는 것을 의미하지는 않는다. 동아시아 문명은 계속해서 존재했다. 21세기 중국이 새롭게 홍기함에 따라 이 거대한 지연 공동체는 역사에서 거대한 경제와 문화적 활력을 분출시킬 것이다. 일본 또한 16세기 말 이후 세계무대에서 모습을 드러냈고, 20세기 초에는 급속하게 홍기하여 세계 경제대국이 되었다. 이는 동아시아 문명이 이때부터 통합력을 가진 하나의 핵심 국가만을 가지지 않고 두 개의 핵심 국가를 가지게 되었다는 것을 의미한다.

4. 중국과 동남아시아의 역사적 상호 작용

중국과 동남아시아는 인접해 있어서 매우 일찍부터 교류를 시작하였다. 이는 정치 · 군사 · 문화 · 과학기술 · 무역 방면에서의 상호 작용이었을 뿐 아니라 인구 유동의 의미를 가진 상호 작용이기도 했다. 지면의 제한으로 아래에서는 중국과 베트남 · 미얀마 · 인도네시아 · 필리핀 · 말레이시아와의 정치적 · 경제적 교류 및 화인의 동남아시아 이주에 대해서만 간략하게 역사적으로 회고해보고자 한다.

일찍이 진나라와 한나라 때부터 중국과 베트남(현 베트남 북부) 간의 군사적 · 정치적 상호 작용이 시작되었다. 진시황은 영남* 지역을 통일한 후, 남월** 지역에 남해군, 계림군, 상군의 삼군을 설치했다. 그중 상군은 지금 베트남 북부를 포함하고 있었다. 기원전 207년 진나라가 설치한 남해의 군위(郡尉)였던 조타가 진나라 왕조의 내란을 틈타 지금의 광저우 일대를 중심으로 지방정권인 남월국을 건국하고, 현 베트남 북부와 중부에 교지와 구진의 이군(二郡)을 설치했다. 이러한 이유로 베트남 고대 역사에서는 남월국을 베트남 역사에서의 정통 왕조인 즉 조왕조로 간주하고, 조타를 베트남 개국 군주로 여긴다. 진나라가 망하고 한나라가 흥기하자, 조타가 건국한 남월국은 한 왕조의 제후국이 되었고 한나라 황제의 책봉을 받게 된다. 이후 한나라 무제는 중앙 권력을 강화하기 위해 제후를 약화시키고 군현(郡縣)을 설치했다. 기원전 111년에는 군대를 보내 남쪽을 정벌하여 남월국을 9군으로 나누었는데, 그중 교지, 구진, 일남 3군은 현재 베트남 국경 안에 위치해 있다. 한나라 왕조는 관리를 파견해 이 3군을 효과적으로 관리하면서 그곳에 중국 문화를 적극적으로 보급했다. 이 지역도 중원 지역의 선진적인 농업기술과 금속 제련 및 제조 기술을 수입했다. 이때부터 베트남은 정치와 학문 방면에서 중국과 같은 뿌리를 갖게 되어 중국과 끊을 수 없는 인연을 맺게 되었고, 또한 중화 문화권의 정식

---

* 영남 지역은 중국의 남방 오령(五嶺) 남쪽 지역을 가리킨다. 현재의 광둥 · 광시 · 하이난 전체 지역과 후난 · 구이저우의 일부분 및 베트남의 송코이 강 삼각주 일대가 이에 포함된다.—역주

** 중국 역사에서 영남 지역에 세워진 제후국인 남월국을 가리킨다. 현 중국의 광둥 · 광시의 대부분 지역과 푸젠 · 후난 · 구이저우 · 윈난의 일부 지역 및 현 베트남 북부에 달하는 영토를 가지고 있었다.—역주

성원이 되었다. 이러한 종류의 인연에는 평화적인 교류도 있었지만, 충돌과 전쟁도 있었다는 점은 부인할 수 없다. 서기 10세기 오대십국 시기 중국은 내란으로 인해 국경을 돌볼 여력이 없었다. 이때 베트남의 자주적인 정권이 수립된다. 새롭게 세워진 송나라는 경제와 문화 방면에서는 탁월한 성과를 거두었지만, 군사력은 오히려 상대적으로 나약했다. 따라서 베트남에 대한 장악력은 대단히 약했고 중당(中唐) 이전의 면모를 회복할 수도 없었다. 1174년 송나라 중앙 정부는 정식으로 이영종을 안남 국왕으로 책봉할 수밖에 없었다. 베트남은 이때 독립하게 된다. 비록 이러한 상황이었지만, 이후 베트남은 정치적으로 여전히 중국 중앙정권과 조공 관계를 유지했고 경제적 · 문화적으로도 중국과 밀접한 관계를 유지했다. 역사적으로 베트남인들은 줄곧 한자를 공부했고, 한자로 된 문장을 학습해왔다. 이러한 상황은 서양 식민주의자들이 침략한 후에야 비교적 큰 변화를 겪게 되었다.[25] 비록 이러한 변화들이 발생하기는 했지만, 지금의 베트남은 일본, 한국과 마찬가지로 모두가 공인하는 한자 문화권 국가이다. 중국의 유가적 가치관 · 문자 · 언어 · 문학 · 역사 · 음악 · 극 · 의학 · 역법 · 수학, 나아가 주산 · 인쇄술 등의 실용 기술들은 모두 베트남 문화의 유기적인 구성 부분이 되었다.

중국과 미얀마는 2,185킬로미터에 달하는 긴 국경선을 경계로 하고 있다. 일찍이 기원전 2세기 살윈 강 골짜기는 중국인과 미얀마인이 경제적 · 문화적 교류를 하던 육로 중 하나였다. 기원전 중국 상인들은 쓰촨과 윈난의 험준한 산들을 넘어 비단길에서 남쪽 지선으로 갈라지는 서남 비단길을 개척했다. 이로 인해 중국과 미얀마의 경제적 · 문화적 교류가 매우 편리해졌다. 서기 1세기 미얀마 국경 내에 있던 샨국 등의 정권들은 중국에 수차례 사신을 보냈다. 한나라 안제는 샨국 국왕으로 옹유를 봉하고, 그를 파견해 한나라의 대도위로 삼았다. 서기 3세기 초반 무렵 제갈량이 남쪽을 정벌할 때 한족의 농업기술을 서남 소수민족 지역에 전했다. 이 선진 기술들은 이후 미얀마에 전래되었고 이로 인해 제갈량은 미얀마 사람들의 존경을 받았다. 고대 미얀마 국경 내에는 제갈량 사당이 세워지기도 했다. 당나라와 송나라 때 중국과 미얀마 간에는 진일보한 교류와 왕래가 있었다. 퓨 왕국의 왕자가 이끄는 가무단이 중국을 방문하여 수도 장안을 떠들썩하게 한 적도 있었다. 11세기부터 12세기까지 푸감 왕조는 여러 차례 사신을 파견해 중국을 방문했고, 그중에는 국왕이 방문한 적도 있었다. 복잡한 역사적 상황에서 원나라는 푸감 왕조와 세 차례 전쟁을 했고, 1287년에 푸감 왕조를 멸망시킨다. 청나라 건륭 시기에 또한 세 차례 미얀마를 정벌했고, 1769년 미얀마 군대를 격퇴했다. 이에 미얀마는 사신을 보내 강화를 요구했다. 1790년 건륭은 미얀마를 미얀마 왕국으로 책봉하고 1년에 한 번 중국에 조공을 보낼 것을 규정했다. 중화인민공화국 건국 후에도 중국과 미얀마 양국의 정치 협력과 경제 교류는 비교적 밀접한 편이다. 1960년부터 1980년까지 중국은 미얀마에 다양한 건설 원조를 제공했다.[26] 또한 다른 주변 국가와 비교하면 중국과 미얀마의 국경 협상은 상대적으로 순조로운 편이다.

인도네시아는 중국과 비록 국경을 접하고 있지는 않지만, 기원전 1세기부터 중국인이 인도네시아 섬들로 건너가 그곳에 정착하기 시작했다. 서기 131년 자바 엽조(葉調)국이 파견한 사신 일행은 일남을 경유해서 뤄양에 도착해 동한에 조공을 했다. 삼국시대에서 수나라 시대에 이르기까지 중국의 항해와 조선 기술이 향상되면서 중국과 동남아시아의 해상무역과 정치 관계 또한 발전하게 된다. 위진남북조 시기에 이미 중국과 인도네시아 간에는 중국 남부 근해를 횡단하는 직접 교통이 이루어져 해상무역이 번영하였고, 자바와 수마트라의 작은 왕국들은 여러 차례 사신을 파견해 조공을 보냈다. 당나라와 송나라 때 인도네시아 지역의 왕국들은 더욱 빈번하게 중국에 조공을 보냈고, 중국의 대외 활동 또한 더욱 활기찼다. 987년 송나라 왕조는 환관을 특별 파견했는데, 그들은 각각 네 길로 나누어 동남아시아와 남아시아의 여러 나라로 사신으로 갔고, 50개가 넘는 국가와 수교를 맺었다. 그중에는 인도네시아 국경 내의 스리비자야와 람브리 등이 포함되었다. 두 지역의 민간 교류 또한 전례 없는 규모로 발전했다. 원나라 왕조는 확장주의 정책을 시행했는데, 이때 쿠빌라이는 자바 섬을 공격할 것을 명령한다. 1292년 푸젠 행성 평장정사 사필은 2만의 군대를 모집하고 전선 1천 척으로 남쪽 정벌에 나섰지만 끝내 실패하고 만다. 쿠빌라이 사후 정벌 전쟁은 더 이상 발생하지 않았다. 명나라 왕조 초기 주원장은 사신을 파견해 자바의 마자파힛, 스리비자야, 브루나이 등의 국가를 방문하게 했다. 명나라 성조 주예가 왕위를 계승한 후 정화 함대를 파견했을 때 인도네시아와의 정치적 · 경제적 교류는 더욱더 강화된다. 제4차 정화 함대가 수마트라에 도착했을 때 현지에서는 공교롭게도 왕위 쟁탈 싸움이 발생했다. 정화 군대는 국왕을 도와 왕위를 넘보는 자들을 격퇴했다.[27] 또한 정부의 장려로 많은 중국인이 살길을 도모하기 위해 동남아시아로 건너가 생활했다. 1950년 중화인민공화국과 인도네시아는 수교를 맺었다. 1955년 중국과 인도네시아는 반둥 회의에서 반둥 정신을 함께 제창했는데, 이는 양국 관계가 새로운 시기로 진입했음을 상징했다. 양국 관계가 비록 1960년대에 매우 나쁜 상황으로 전락했지만, 1980년에는 다시 회복되었다.

중국과 말레이시아의 우호적인 교류는 유구한 역사를 가지고 있다. 기원 이전인 서한 시기부터 중국 상인과 승려가 말레이시아로 건너갔다. 중국과 말레이시아의 정식 외교와 교류는 삼국시대에 시작되었다. 당시 오나라는 말레이시아를 포함한 남양의 여러 나라에 관원을 사신으로 파견했다. 서기 5~7세기경 말레이시아의 고대국가인 탄탄, 판판, 랑카수카와 중국은 대단히 빈번하게 교류했고, 여러 번 사신을 파견해 중국을 방문하고 예물을 증정했다. 7세기 초 수나라는 관리를 적토국에 사신으로 보냈는데, 사신이 귀국할 때 적토국 왕자가 수행하여 답방을 했고, 수나라 정부의 융숭한 접대를 받았다. 당나라와 송나라 때 중국 해상무역은 더욱더 발전하여 말레이시아로 가는 중국 상인과 승려가 대거 증가한다. 말레이시아의 유명한 고대 왕국인 말라카(현 말라카 해협 일대에 위치한다)와 명나라의 관계는 더욱 밀접하여 양국은 수차례 사신을 파견하고 상대국을 방문했다. 1411년 말라카 국왕 파라메스와라는 부인과 수행원 500여 명을 대동해 중국을 방문했는데 명 정부는 대단히 높은 예우를 했다. 정화 함대는 총 일곱 차례 항해 중 말라카에 다섯 번을 갔다. 지금까지도 말라카에는 삼보(三寶)산 · 삼보사당 · 삼보우물 등 정화의 유적이 남아 있다.[28] 16세기 서양 식민주의자들이 말레이시아에 들어오자, 중국과 말레이시아의 국가 간 교류는 잠시 중단되었다. 하지만 민간 교류는 중단되지 않았을 뿐만 아니라, 오히려 더욱 빈번해져 수많은 화인들이 말레이시아로 이주했다.

발굴된 유물과 역사 문헌을 통해 보면 역사에서 중국과 필리핀의 교류는 동한과 삼국시대로 거슬러 올라간다. 당나라와 송나라 시대에 양국은 상당히 밀접하게 무역과 문화적 교류를 했다. 서기 982년 마일국(지금의 민다나오 섬)은 사신을 파견하면서 물건을 싣고 광저우에 도착했다. 이때부터 지속적으로 중국 상인은 필리핀으로 가 장사를 하기 시작했다. 심지어 원나라 때도 중국과 필리핀의 무역은 비교적 크게 발전했다. 명나라 때 필리핀 지역의 루손 섬, 술루, 마오리우 등의 나라들은 잇따라 중국과 외교관계를 수립했다. 1372년 루손 섬은 사신을 파견해 조공을 바쳤다. 1417년 명 정부는 장겸을 고마자랑(지금의 민다나오 섬)에 사신으로 보냈는데, 고마자랑 국왕은 장겸과 동행해 중국을 방문했다가 이후 푸저우에서 병으로 죽었다. 1417년 술루국 동왕(東王)과 술루국 서왕(西王)은 방대한 사신단을 인솔하여 진귀한 선물을 가지고 중국을 방문했고, 중국 정부는 성대한 예우로 답례했다. 동왕은 귀국 도중 산둥 더저우에서 병으로 죽었다. 1737년 술루국 국왕 소로단은 중국을 방문하고 더저우에 가 조상의 장례를 치렀다.

정화 함대는 일곱 차례 원정 항해를 하면서, 함대를 나누어 인아국, 마닐라, 민도로, 술루 등의 지역을 세 차례 방문했다. 필리핀에는 지금까지 정화와 관련된 이야기들이 전해져오고 있다. 어떤 지방에는 아직도 삼보사당과 삼보우물이 남아 있다. 명나라 후기에 중국과 필리핀의 무역은 더욱더 발전하여, 매년 중국에서 필리핀으로 출항한 상선은 수십 척이 훨씬 넘었다. 필리핀으로 이주한 화인들 또한 점차 증가했는데, 대부분이 남자였기 때문에 일반적으로는 현지인과 결혼을 해서 함께 살았다. 중국 상인들은 제지 · 항해 · 제당 · 양조 · 채광 · 제련 · 양초 제조 · 피혁 제조 · 화약 제조 등의 기술을 필리핀에 전했다. 또한 중국의 기본적인 농업기술, 중요 농작물, 풍속 습관 심지어 의복 양식 등도 필리핀에 전했다. 반면 필리핀인 또한 중국 특히 타이완으로 이주를 했다. 필리핀인 및 중국과 필리핀 지역을 왕래하던 많은 화인 상인들을 통해 담뱃잎 · 토마토 · 옥수수 · 코코아 · 용설란 · 시금치 · 호박 · 캐슈너트 등 아메리카 농작물들도 중국으로 들어왔다.[29]

5. 동남아시아 화인

무역과 정치적 교류 이외에, 인구의 유동 또한 동남아시아와 중국 간에 있었던 역사적 상호 작용의 중요한 내용이다. 그리고 인구 유동 방면에서 가장 영향이 컸던 것은 2천여 년에 걸친 화인의 동남아시아 지역 이주였다. 주목할 점은 전통적 동아시아 정치 질서에서 조공은 주로 정치적인 제도였지만, 무역의 요소들을 상당히 지니고 있었다는 것이다.

문자로 실증할 수 있는 역사적 기록에 근거하면, 서한 중후기 무렵에 중국인은 동남아시아로 이주하기 시작했다고 한다. 동한 말에서 삼국과 위진남북조 시대까지, 서역으로 통하는 육상 교통이 유목민족에 의해 차단되었기 때문에, 중국의 동남 연해 지역의 대외 교류는 바닷길을 통할 수밖에 없었다. 이는 중국의 항해와 조선 기술 발전을 촉진했다. 이러한 상황에서 동남아시아로 이주하는 중국인은 더욱 많아졌다. 당나라 말기에 정국이 혼란에 빠지자, 많은 이주자들이 동남아시아로 가 정착하는 상황이 발생하기 시작했다. 송나라 때 항해와 조선 기술이 더욱 향상되자, 중국의 해외무역 규모도 뚜렷하게 확대되고 동남아시아로 가서 정착하는 중국인의 수도 증가했다. 이 화인들은 대부분 중국의 가치관과 생활방식을 유지하고 있었고 현지에서 특수한 사회집단을 형성했다. 15세기 초반 무렵 정화 함대가 중국의 서쪽 바다로 항행하자 중국인의 동남아시아 이주는 다시 한 번 고조를 맞게 된다.[30] 명나라 말과 청나라 초 중국 국내의 사회적 혼란으로 인해, 또한 서양 식민주의자들이 동남아시아의 자본주의 경영에서 기술을 가진 노동력을 필요로 했기 때문에, 중국인은 또다시 대규모로 동남아시아로 이주를 한다.[31] 주목할 점은 이 시기에 많은 화인들이 동남아시아로 이민을 가 큰 역할을 하기 시작했지만, 일부 지역에서 역사가 짧은 소형 정권들을 건립한 것 외에 화인들이 동남아시아의 광활한 지역에서 대규모 정치적 장악을 시도한 적은 한 번도 없었다는 사실이다. 이는 중국의 자본주의 진행 과정이 서양보다 한 박자 늦었기 때문이기도 했고, 또한 중국 문명의 평화주의적 본성 때문이기도 했다.

명나라와 청나라 때 예를 들면 왜구 환난 시기나 정성공 일가 정권의 타이완 할거 시기에 그랬던 것처럼 중국 정부가 항해 금지령을 시행한 적이 있었다. 하지만 이 시기에도 많은 화인들이 여전히 몇백 년 동안 지속적으로 동남아시아로 이주를 했다. 이러한 추세는 20세기까지 지속되었다. 현재는 약 2,100만 명의 화인이 동남아시아에 있는 것으로 추산된다. 그들은 중국 혈통을 유지하고 있을 뿐 아니라 현지에서 중국 문화를 계승했다. 필리핀에서 유명한 인물로는 필리핀 독립의 아버지인 호세 리살, 제1공화국 대통령 아기날도 장군, 전 대통령 아키노 등이 있는데, 이들은 모두 중국 혈통이다.[32] 그들은 중국의 문화적 신분을 지닌 채 현지 국가의 경제 문화 건설에 참여했고, 현지 경제와 사회 발전에 자타가 공인하는 지대한 공헌을 했다. 바로 이러한 이유 때문에 현재 화인은 동남아시아의 주요 국가, 예를 들면 싱가포르 · 말레이시아 · 인도네시아 · 필리핀 · 태국 등지의 경제활동에서 대단히 중요한 위치를 차지하고 있다. 화인들은 주로 경제 방면에서 활약했지만 어떤 상황에선 현지 국가의 정치활동에 깊숙이 참여하기도 했다. 그중에는 20세기 서양 식민주의와 제국주의에 반대한 정치 투쟁도 있었다.[33]

16세기 이전에는 인도 문명과 중국 문명이 잇따라 동남아시아에 들어와 그곳의 문화 구조와 인구 구성에 대단히 깊은 영향을 미쳤다. 15세기 이후에는 남아시아 무슬림이 이슬람교를 인도네시아 · 말레이시아 · 태국 · 필리핀 등의 국가에 전했다. 그리고 16세기 이후에는 서양의 포르투갈인 · 네덜란드인 · 스페인인 · 프랑스인 · 영국인이 서로 다른 시기에 차례로 동남아시아의 각 지역에 들어와, 모든 동남아시아 국가들을 자신들의 식민지로 전락시켰다(오직 태국만이 예외였다. 몇 명의 지혜로운 군주들의 통치 덕분에 태국은 다행히 서양 식민지로 전락하지 않을 수 있었다). 이는 그 지역의 경제 · 사회 · 문화적 질서에 강렬한 충격을 안겨주었다. 1940년대 초반 무렵 일본도 모든 동남아시아 국가들을 점령하고 통치했다. 또한 1960년에서 1970년대에 소련 또한 잠깐 이 지역의 베트남에 손을 댄 적이 있다. 이러한 복잡한 역사적 배경으로 인해 동남아시아는 일종의 융합형 문화 구조, 일종의 혼합형 · 혼혈형 인구 구성으로 발전하였다. 하지만 동남아시아에 들어온 모든 외부의 민족과 비교하더라도, 경제와 사회 및 인구에서 이 지역에 가장 큰 영향과 충격을 미친 것은 화인이었다. 현재 동남아시아의 10개 국가에 화인이 약 2,100만 명이 있는데, 이는 화인 총수의 78퍼센트를 차지한다. 싱가포르는 화인 국가로 볼 수 있는데, 화인이 전 인구의 77퍼센트 이상을 차지하고 있기 때문이다. 기타 동남아시아 국가들의 인구에서 화인이 차지하는 비율을 보면, 말레이시아 33퍼센트, 태국 12, 인도네시아 3.5, 베트남 2.7, 캄보디아 5, 라오스 1, 미얀마 1, 필리핀 1.4, 브루나이 19, 동티모르 19퍼센트이다.[34] 남아시아 대륙의 많은 사람들도 오래전부터 꾸준히 동남아시아로 이주했다. 그러나 16세기 이후 중국 연해 지역 인구의 동남아시아 이민은 갈수록 증가해 남아시아를 확연하게 초과했다. 현재 동남아시아의 주요 국가에서 화인은 인구 구성, 경제 영향력, 문화 영향력, 정치 참여 정도에서 모두 남아시아에서 이주해 온 이들보다 분명 우월하다는 것을 보여주고 있다.

오랫동안 동남아시아 화인은 중국 문화 계승을 몸으로 실천했을 뿐 아니라, 또한 동남아시아와 중국 경제 문화의 교량 역할을 담당해왔다. 그들은 늘 학교와 병원 혹은 기타 복지 시설을 짓는 자금을 고향에 기부했다. 더욱 중요한 것은 그들이 해외에서 축적한 막대한 자금을 중국 대륙의 경제 건설에 투자했다는 점이다. 1990년대 말까지 동남아시아 화인과 타이완 및 홍콩의 중국인이 중국 대륙에 직접 투자한 금액은 중국에 유입된 해외 투자금의 70퍼센트 이상을 차지했다.[35] 중요한 역사적 시기에 동남아시아 화인은 자신의 조상이 있는 중국에 도의적이고 물질적인 지원을 했다. 예를 들면 신해혁명과 항일전쟁 시기 그들이 보여준 행동이 그렇다. 1995년 중국 정부가 그들의 이중국적을 더 이상 인정하지 않는 정책을 시행하기 이전에, 동남아시아 화인은 사실상 두 가지 정치적인 선택을 하였다. 그것은 한편으로는 생존의 필요에 의해서 자신들이 이민해 살고 있는 현지 국가에 충성을 다하는 것이고 다른 한편으로는 문화적 정서에 의해 중국 대륙에도 충성을 다하는 것이었다. 중국의 내전 시기 그들은 물심양면으로 국민당과 공산당 양측에 각각 따로 지원을 했다.[36] 총괄하면 오랫동안 중국과 동남아시아 간에는 지속적으로 밀접한 경제적 상호 작용이 있었고, 20세기에 와서도 양측 간에는 여전히 상당한 정치적인 상호 작용이 있었다. 이러한 상호 작용에서 교량 역할을 한 것은 동남아시아 화인이었다.

6. 동아시아의 통합: 과거와 현재

중국 · 일본 · 한국 · 동남아시아의 통합 진행 과정은 이미 기원전부터 시작되었고, 또한 근대에 와서도 상당히 긴 역사적 과정을 겪었다. 그러나 이 통합 진행 과정은 16세기 이후가 되어서야 비로소 비교적 빠른 속도로 이루어질 수 있었고, 20세기 말 20~30년 동안 전대미문의 가속도가 붙었다. 2005년 현재 동아시아 경제구역 내의 무역액은 이미 동아시아 각국 무역 총액에서 54퍼센트를 차지한다. 이는 1980년과 비교해 20퍼센트가 증가한 것이고, 북미 자유무역지대에서의 무역이 이 지역 각국 무역에서 차지하는 총액인 46퍼센트를 초과하는 것이다. 이는 또한 유로랜드의 지역 무역이 이 지역 내의 무역에서 차지하는 총액인 64퍼센트에 근접하는 수준이다.[37] 점차 빨라지고 있는 통합 진행 과정의 가속도는 분명 전 지구화 진행 과정의 가속성과 밀접한 관계가 있다. 또한 이는 동아시아 국제 질서에서 급속히 상승한 일본의 지위가 기타 경제체를 추동한 것과도 밀접한 관련이 있다. 게다가 많은 화인이 가속시킨 동남아시아 이주와도 밀접한 관계가 있다. 하지만 동아시아 특히 동남아시아에 근대 자본주의 생산방식을 들여온 서양인 또한 일정 정도 역할을 했다는 사실도 인정해야만 한다. 근대 이후 동아시아 통합을 논하면서 서양 세력의 개입을 언급하는 것은 너무나 당연한 것이다.

기원전부터 이미 시작된 동아시아의 오랜 통합 과정이 서양 세력의 침입으로 갑자기 중단되었다고 볼 수는 없다. 오히려 서양인의 진입이 동아시아 통합을 촉진하고 가속하는 작용을 했다는 점을 부인할 수 없다. 말레이시아를 예로 들면 화인 이주의 역사를 통해 볼 때, 말레이시아 화인 이주민의 수와 영국 식민주의자가 개발한 말레이시아 국토 면적은 정비례 한다. 그리고 노동력의 관점에서 볼 때도 화인은 다른 어떤 민족보다 우수했다. 화인의 이러한 부지런한 노동력 덕분에 영국을 위주로 한 서양 자본주의가 말레이시아에서 그 역할을 발휘할 수 있었고, 또한 화인 자본이 형성되고 발전할 수 있었다.[38] 그러나 이러한 유럽 풍조의 동아시아 침투와 서양 세력의 촉매 작용 때문에, 2천여 년 동안 지속되어온 통합 진행 과정의 방향과 성격에 심각한 변화가 생겨났다. 이 변화는 중국이 동아시아에서 갖고 있던 전통적 지위에 불리하게 작용했다. 결국 서양 식민주의자들의 진입으로 동아시아에서 누려온 중국의 전통적 권위는 잠식당하게 된다. 19세기에 오면, 동남아시아의 거의 대부분 지역이 서양의 식민지로 전락하고, 서양 문화와 제도 또한 중국을 포함한 동아시아 기타 지역에 전면적으로 침투한다. 19세기 말에 이르면 중국이 동아시아와 동남아시아에 갖고 있던 전통적 권위는 청일전쟁의 패배로 완전히 사라지게 된다. 비록 이러한 상황이 있었고, 게다가 서양인 또한 동아시아 전역에 진입하여 상당한 정도로 동남아시아를 식민화했지만, 핵심적이라 할 인구 구성 면에서 지금까지 중국 이민과 비교해 서양인이 상대적인 우위를 점한 적은 없었고 항상 열세에 있었다. 이러한 형세는 이후로 더욱 명확해졌다. 제2차 세계대전 이후 탈식민화 진행 과정이 전면적으로 전개됨에 따라, 인구 면에서 서양 세력은 1500년 전의 위치로 되돌아가기 시작했다. 특히 주목할 점은 서양인은 동남아시아 및 동아시아 통합이란 역사적 대세를 바꿀 수 없었고, 다만 이러한 추세를 촉진하고 가속하는 작용밖에 할 수 없었다는 것이다. 그 중요한 원인은 하나의 지연 총체인 동아시아 각 지역 간에는 일종의 근본적인 내재적 통합 동력이 존재했기 때문이다. 물론 어느 정도로는 경제와 정치 통합에 대단히 유리한 지연 문화적 친연성이 존재하기도 했다.

역사적으로 봤을 때 1840년 이전에는 중국이 의심할 바 없이 모든 동아시아의 경제 구심점을 담당하고 있었다. 또한 중국은 지연 경제 및 지연 문화를 통합하는 과정에서 충분한 자격을 가진 핵심 국가였다. 그리고 일본을 포함한 모든 동아시아 국가에 대해서도 강력한 흡인력을 가지고 있었다. 완벽한 통계는 아니지만 1662년에서 1839년에 이르는 기간에 중국에 온 일본 상선은 6,200척이 넘었다.[39] 그리고 일본으로 간 중국 상선 또한 적지 않았다. 1638년 일본이 문호를 닫는 쇄국정책을 실시한 이후, 중국 상인은 네덜란드 상인과 마찬가지로, 심지어 후자보다 더욱 효과적으로 일본열도의 동과 은 무역에 참여했다.[40] 물론 동아시아 조공 체제가 갖고 있던 무역 기능 또한 결코 경시할 수 없는 의미를 가지고 있었다. 중국을 중심으로 한 국제 질서는 사실 다국적인 조공 무역망을 구성하고 있었고, 동시에 이 무역망을 통해 대량의 상품이 오고 갔다.[41] 이는 중국을 중심으로 한 정식 정치-무역 관계였다. 이와 함께 민간 무역도 이루어졌다. 중국의 광둥 · 저장 · 푸젠 등의 화물선이 일본 · 필리핀 · 수라카르타 · 술라웨시 · 몰루카 · 보르네오 · 자바 · 수마트라 · 싱가포르 · 리아우 · 말레이 반도 동쪽 연안 · 시암 · 코친차이나 · 캄보디아 · 도쿄 만으로 가 무역 활동을 했다. 동쪽 연해노선은 타이완과 마주한 푸젠과 필리핀 및 인도네시아와 연결시키고, 서쪽 연해노선은 광둥과 동남아시아 대륙을 연결시켰다. 통계에 따르면 1900년 이후 222척의 화물선 중에서 매회 20척은 일본과 코친차이나 및 도쿄 만으로 출항했고, 10척은 필리핀 · 보르네오 · 수마트라 · 싱가포르 · 캄보디아로 출항했다.[42] 중국 상인은 또한 마닐라에서 멕시코 아카풀코(남미 항구)로부터 운송되어 온 은을 받았다. 중국인은 항상 외지로 나가 장사를 했고, 중국의 기능공과 상인 및 화물은 심지어 동남아시아 군도의 깊숙한 외딴 곳으로도 들어갔다. 이후 유럽의 대중국 무역이 급증함에 따라 광저우는 모든 중국 경제무역을 자극하고 추동하는 무역 중심이 되었다. 그리고 이러한 상황은 은행가와 금융가 및 사채업자들을 더욱 능력 있고 영리한 사람들로 변화시켰다.[43]

동아시아의 각 지역 및 국가 간에는 밀접한 경제적 · 문화적 상호 작용이 계속 존재해왔다. 따라서 만약 근대적 의미의 민족국가가 최종적으로 형성되고, 또한 근대 민족국가를 형성하는 과정에서 영토 분쟁이 해결되기만 한다면, 각 지역 및 국가 간에 줄곧 존재해왔으며 지연 경제와 문화 일체성에 기반을 두고 있던 통합 진행 과정은 완전히 새로운 활력을 얻을 수 있을 것이다. 이 방면에서 동남아시아는 확실히 중국과 일본 및 한국 3개국보다는 앞서 나아갔다. 동남아시아 국가들이 이전의 나쁜 감정을 과감히 버리고, 영향력이 상당히 큰 정치적 · 경제적 연합인 동남아시아국가연합(아세안)을 결성할 수 있었던 근본 원인은 바로 각국의 본질적인 공동 이익이었다. 이러한 종류의 공동이익이 또한 변화될 수도 없고 취소될 수도 없는 인접성, 나아가 지연 일체성에 근원을 두고 있다는 것은 너무나도 자명하다. 1967년 8월 말레이시아 · 필리핀 · 싱가포르 · 태국 · 인도네시아 5개국으로 구성된 아세안이 성립되었고, 이후에 다른 국가들도 계속해서 가입을 했다. 1995년 7월 베트남이 아세안 회원국이 되고, 1994년 캄보디아가 정식 가입함에 따라 아세안은 모든 동남아시아 국가를 포함하는 지역 기구가 되어 정치 경제적 의미의 거대한 지연 집단이 되었다. 아세안은 10개국, 450만 제곱킬로미터의 토지, 4억 5,000만 인구, 1999년 수치로 7,370억 달러가 넘는 국민총생산을 차지한다. 아세안과 중국의 무역 상황을 보면, 2004년 아세안과 중국의 무역 총액은 1,059억 달러에 달했고, 12년 연속해서 중국의 5대 무역 대상국이었다. 아세안은 또한 중국의 5대 수출 시장이자 4대 수입시장이었다. 2005년 1/4분기 쌍방 무역액은 275억 달러에 달해, 전년도 동기 대비 25퍼센트가 성장해 아세안은 중국의 4대 무역 대상국으로 급상승했다.[44]

일본이 제2차 세계대전 기간에 동남아시아를 점령한 적도 있고, 냉전 시기 일부 동남아시아 국가가 미국과 영국의 종용으로 서양 편에 서서 중국을 위협으로 간주해 중국을 겨냥한 동남아시아조약기구(SEATO)를 만든 적도 있다. 또한 전신이 동남아시아조약기구인 아세안의 창립 초기에는 중국을 방위하기 위한 목적도 분명 있었다.[45] 하지만 이는 단지 국제관계에서 나타나는 일종의 비구조적인 것이기 때문에 오래 지속될 수 없는 표면적 현상으로밖에 볼 수 없다. 심층적인 구조로 보면 동남아시아와 동아시아 기타 지역 특히 중국 사이에는 공동의 이해관계가 존재한다. 이러한 깊은 이해관계는 동아시아와 동남아시아 각국이 가지고 있는 근본적인 지연 일체성의 토대 위에 세워진 것이다. 이 점은 이전에 한동안 중국을 경계했던 동남아시아 국가들이 결국에는 중국과 연합하여 공동으로 베트남의 확장주의를 견제한 사실을 통해 충분히 증명되었다.[46] 1960년대 말에서 1970년대에 걸쳐 소련의 지지로 베트남은 동남아시아에서 지역 패권주의를 자행해, 1978년에는 캄보디아를 침범하여 지역의 평화와 안정을 무너뜨렸다. 이러한 형세는 동남아시아와 중국 사이에 있었던 표면적인 대립을 종식시켰다. 화해의 근본적인 원인은 분명 구조적인 공동의 이익에 있었다. 이로부터 화해와 협력은 아세안과 중국 관계의 기조가 되었다. 갈등을 해결한 후 동남아시아는 더 높은 단계의 통합 시기로 진입하게 되었다. 1990년대 초 소련의 해체로 냉전은 종식되고, 구소련 세력은 동남아시아에서 물러났다. 이로써 베트남은 더 이상 강력한 외부의 지지를 받지 못하고, 지역 패권주의를 지속할 수 있는 객관적 조건 또한 잃어버렸다. 이러한 상황에서 베트남은 자국의 이익에 입각해 결국 1995년 아세안에 가입했다.

1997년 아시아 금융 위기가 발생한 후 동아시아 각국은 이 거대한 곤경에 직면해 힘을 합쳐 협력하고 상호 긴밀히 공조했다. 이는 동아시아 통합이라는 거대한 추세 및 중국 · 일본 · 한국 · 동남아시아가 지연 일체성에 기반을 둔 상호 의존 관계에 있다는 것을 더욱 잘 보여주는 예가 된다. 1997년 이전 중국과 미국 및 일본을 포함한 몇십 개의 환태평양 국가로 구성된 아시아태평양경제협력체(APEC)가 이미 형성되어 있었고, 더욱이 서양인이 주도하는 국제통화기금(IMF) 또한 대단한 영향력을 가진 국제기구였다. 하지만 APEC은 북미와 남미 및 오세아니아를 포함해 너무 많은 국가들로 구성되어 있었기 때문에 그 조직이 지나치게 방대하고 복잡했다. 지나치게 많은 국가로 구성되었다는 것은 모두를 만족시키기 어렵다는 것을 의미한다. 또한 그들 사이의 대립도 심각해져 통일된 의지를 형성하여 갑자기 발생한 아시아 금융 위기에 대처할 열의와 역량도 보여주질 못했다. 가장 일찍 금융 위기의 타격을 입은 아시아는 내부의 여러 대립과 핵심 국가의 결핍으로 인해 위기를 완화할 수 있는 구체적 방안을 도출해내지 못했다. 미국과 기타 서양 국가들은 이 위기에 무관심한 태도를 취했고, 많은 아시아 국가들이 기대한 것처럼 아시아의 현실에 부합하는 문제 해결 방안을 내놓지 않았다. 처음에 동남아시아와 기타 아시아 국가들은 IMF에 큰 기대를 걸면서, 금융 위기 해결을 진지하게 도와줄 것으로 생각했다. 그러나 서양인이 주도하는 이 국제기구의 언행은 오히려 "시야의 편협함과 정치적인 무지"를 드러냈고, 이로 인해 아시아 국가들은 대단히 실망했다.[47] 이와 대조적으로 사태를 안정시키기 위해 중국은 위안화 절하를 하지 않기로 정중하게 승낙했고 일본은 아시아통화기금을 건립하여 위기를 해결할 것을 건의했다. 중국은 자국의 재력이 탄탄하지 않고, 자국의 금융 또한 충격을 받을 수 있는 상황에서 동남아시아 국가들을 구하기 위해 많은 자금을 투자했다. 예를 들면 태국에 투자한 금액만 10억 달러였다. 일본도 탄탄한 재력으로 거액의 자금을 투자했다.[48] 이와는 대조적으로 미국과 IMF는 구체적인 구제 방안도 내놓지 않았을 뿐 아니라, 심지어 일본이 제기한 아시아통화기금 설립 건의 또한 부결시켰다. 이러한 여러 상황들로 말미암아 동아시아 각국은 먼 친척은 가까운 이웃보다 못하다는 사실을 절실하게 인식할 수 있었다. 제1차 아세안+3 회의가 1997년 7월 금융 위기가 발생한 수개월 후인 그해 12월에 열렸다. 바로 이는 APEC이 교착 국면에 빠진 후에 발생한 일이다. 이는 의도적으로 계획한 것도 아니었지만, 또한 결코 순전히 우연의 일치만도 아니다.[49]

7. 동아시아 통합 과정 중의 아세안 · 한 · 중 · 일

물론 현재의 동아시아 통합 진행 과정이 금융 위기가 발생한 후에 비로소 시작된 것은 아니다. 이는 줄곧 진행되고 있었다. 중국은 1975년 정식으로 아세안을 승인했고, 냉전 종식 후에 중국과 아세안 국가는 외교 관계를 수립하거나 회복했다. 1990년대 초 중국 · 일본 · 한국 3국과 아세안의 정식 접촉이 이미 시작되었다. 1994년 아세안지역안보포럼이 창립되고,

중국은 제1차 회의에 참가했다. 1996년 중국은 정식으로 아세안의 우선 협상 대상국이 되었다. 1997년 12월 중국 국가주석은 제1차 아세안+한·중·일 및 아세안·중국 비공식 정상회의에 참가했다. 제1차 아세안·중국 정상의 비공식 회의에서 쌍방은 중국과 아세안이 21세기의 선린 상호 신뢰 동반자 관계를 확립하자는 데 인식을 함께했다. 1998년 아세안+한·중·일 및 아세안·중국 지도자들은 제2차 비공식 정상회담을 개최했다. 이후 아세안+한·중·일 및 아세안·중국 지도자들은 매년 연례 정상회의를 개최했고, 동아시아 각국의 경제·금융·무역·과학기술과 기타 방면의 협력 또한 이로 인해 해가 갈수록 심화되었다. 이 회담들에서 동아시아 각국은 상호 주권과 영토 존중, 상호 불가침, 상호 내정 불간섭, 호혜 평등, 평화 공존의 기본 원칙과 나아가 상호 이익과 혜택의 공유, 상호 장점의 교류, 공동 발전, 공동 번영의 주요 방침을 또한 확립했다. 그리고 많은 구체적 문제들, 예를 들면 아세안 자유무역지대, 자유투자지대, 메콩 강 유역 개발, 교육 과학기술 협력 방면에서 모두 그 운용성이 매우 강한 합의들을 이루어냈다.[50] 1999년 연말 아세안과 한·중·일 정상회담 때, 아세안 측은 2000년의 아세안 연례회의 때는 아세안과 한·중·일 외교부장관 회의, 즉 10+3 외교장관회의를 동시에 개최할 것을 제기했다. 2001년의 아세안·중국 정상회담에서 중국과 아세안 쌍방은 중국·아세안 자유무역지대를 건립할 것을 공동으로 결의했다. 이러한 여러 가지 상황들은 최소한 경제적 의미에서만큼은 EU와 비슷한 일종의 동아시아국가연합의 초기 형태가 곧 나타날 수 있음을 보여준다.

이는 또한 형식적 의미의 동아시아 공동체가 머지않아 탄생할 것을 의미한다. 수년 이내는 아니더라도 아마 10년에서 20년 내에는 완전히 그 모습이 갖추어질 것이다. 그때 동아시아는 하나의 거대한 경제연합의 면모로 세계에 출현할 것이다. 아마 처음에는 비교적 느슨하게 보일 것이다. 비록 실질적인 통합을 실현하기에는 아직 갈 길이 멀지만, 계획 중인 동아시아 공동체는 결코 신기루가 아니라 지연 경제, 지연 역사, 지연 문화란 광범위한 방면의 토대를 가지고 있다. 이러한 의미에서 형식적 의미의 동아시아 공동체의 탄생은 기원전부터 이미 시작되어온 긴 통합 과정의 중요한 이정표이자 새로운 출발점일 뿐이다. 지연 연속성에 기반을 둔 내재적 통합 동력은 중국·일본·한국과 동남아시아가 위치한 광활한 지역에 줄곧 존재해 있었다. 바로 이러한 내재적 통합 동력이 동아시아 일체화의 본질적인 이유와 동기를 만든 것이다. 이는 곧 동아시아 일체화가 실행 가능한 것이고 또한 필연적인 것임을 의미한다. 이러한 의미에서 동아시아는 그 미래 통합 진행 과정에서 EU와 비슷한 공동체 위원회, 공동체 의회, 공동체 헌법 같은 정식 기구만을 출현시키고 끝나지는 않을 것이다. 반면에 이러한 기구들의 힘을 빌려 더욱더 심화되어갈 것이다. 다른 한편으로 미국 세력의 깊숙한 개입, 대단히 복잡한 역사적 갈등, 나아가 중국과 일부 동남아시아 국가의 당면한 의견 대립, 중국과 일본 양국에 쌓인 깊은 역사적 원한 등으로 인해서, 현재 동아시아 정치 통합을 논의하는 것은 분명 시기상조로 볼 수 있다. 그러나 머지않은 장래에 동아시아 국가들이 경제와 금융 통합 나아가 기타 방면의 초국가적인 협력 방면에서는 대단한 발전을 이룰 것이라는 점은 거의 확신할 수 있다. 그리고 장기적으로 볼 때 금융과 경제 및 문화의 통합은 동아시아 정치 통합으로 가는 길을 닦는 역할을 할 것이다.

물론 동아시아 공동체의 진일보한 통합 특히 정치 통합으로 가는 과정에서는 중국과 일본 간에 존재하는 대립 이외에도, 유럽에는 근본적으로 존재하지 않는 여러 불리한 요소들에 직면할 수 있고 심지어 극복하기 어려운 장애물에도 부딪힐 수 있다. EU는 일체화된 육지를 가지고 있다. 영국은 비록 섬나라이지만 대륙과 해저 터널로 연결되어 있다. 하지만 동아시아에는 일본과 인도네시아 및 필리핀과 같은 군도(群島) 국가들이 있다. 이는 곧 경제와 인구에서 중요한 국가들이 바다에 가로막혀 서로 통하지 못한다는 것을 의미한다. 동아시아의 민족과 종교 및 문화 구성 또한 대단히 복잡해 세계의 모든 종교 혹은 문화 형태를 포괄하고 있는데, 예를 들면 이슬람교 · 불교 · 힌두교 · 기독교 · 유교 문화가 이에 속한다. 이곳에서는 하나의 종교 혹은 하나의 문화 형태가 주도적인 지위를 차지하지 않고 있는 반면에, 기독교가 주도적인 지위를 차지하는 유럽은 이러한 부분에서 상대적으로 단일하다. 현재 동아시아 각국과 각 지역 사이에는 사회와 경제 발전 수준에서 여전히 큰 차이가 존재하고 있다. 중국은 아직 타이완 문제를 해결하지 못하고 있다. 이 문제는 또한 중국과 미국 및 일본 삼자가 벌이는 장기적인 게임과 관련되어 있다. 일본의 전쟁 범죄에 대한 인식과 반성은 독일인만큼 깊지도 않다. 이는 곧 두 핵심 대국인 중국과 일본의 관계가 정상적으로 발전하는 데 영향을 미치고 있다. 중국과 일본 및 동남아시아 국가 간에는 영토 문제도 존재하고, 일본과 한국 및 북한 간에도 또한 영토 분쟁이 존재하고 있다.

하지만 동아시아에는 유리한 조건도 있다는 것을 알아야만 한다. 현재 동아시아 통합이 직면한 문제들은 유럽이 두 번의 세계대전에서 형식과 정도는 다르지만 모두 겪었던 것들이다. 현재도 유럽의 각 지역 사이에는 경제와 사회 발전 수준에서 여전히 많은 차이가 존재한다. 비록 프랑스와 독일 같은 핵심 국가가 EU의 의미를 지닌 유럽 통합을 지속적으로 추진하고는 있지만, 똑같은 강대국인 영국과 이탈리아는 반대로 그렇게 열의를 보이지 않고 있다. 프랑스와 독일 및 영국과 이탈리아도 모두 강대국이기는 하지만, 절대적인 우위를 차지하고 있는 나라는 없다. 상호 비교해보면 동아시아에는 중국과 일본이라는 초강력한 두 핵심 강대국이 있다. 그 거대한 인구수와 경제적 총량은 동아시아에서뿐만 아니라 전 세계에서 대단히 중요한 지위를 차지하고 있어 기타 아시아 국가들을 훨씬 앞서고 있다. 장기적으로 볼 때 중국과 일본 양국이 서로 간의 관계를 잘 처리하기만 하면, 양국이 동아시아 나아가 동아시아 주변 지역의 거대한 통합에 미치는 작용은 프랑스·독일·영국·이탈리아가 유럽 통합에 미치는 작용과는 비교할 수 없을 것이다.

동아시아에 두 핵심 강대국이 있는 이러한 구조는 대단히 중요하다. 하나의 지연 공동체에 속하는 각 회원국의 실력이 서로 비슷하면, 헤게모니를 쟁탈하는 투쟁이 쉽게 생겨날 수 있다. 이는 곧 공동체의 통합 진행 과정을 방해하고 심지어 지역적인 경제와 정치 혼란을 초래할 수 있다. 만약 논의의 여지가 없는 핵심 강대국이 존재한다면, 비교적 영향력이 적은 회원국이 피지도적 지위를 수용하는 것은 상대적으로 쉬워지고, 경제와 정치적 혼란이 발생할 가능성 또한 상대적으로 줄어든다. 핵심 강대국이 있으면 공동체 내에서 발휘하는 조직과 조화 등의 지도적 작용으로 인해 통일된 공동체의 의지를 형성해내기가 더욱 쉬워진다. 또한 그 조직 기구의 정책을 결정하고 운행하는 것 또한 더욱 효과적일 수 있다. 현재 아프리카와 남아시아 및 라틴아메리카에는 많은 지역 기구들이 있다. 그중 대다수는 오랫동안 어떤 성과도 내지 못하고 있다. 그 근본 원인은 바로 핵심 강대국이 없다는 데 있다. 심지어 아세안과 같이 대단한 영향력을 가진 지역 기구도 또한 핵심 대국의 결핍으로 인해, 지역 내와 지역 외의 각종 도전에 효과적으로 대응하지 못하고 있다.

하나의 지연 공동체 내에 만약 두 핵심 강대국이 동시에 존재한다면 어떤 상황이 벌어질 수 있을까? 두 호랑이가 싸워 둘 다 상처를 입는 그런 종류의 결과를 초래하지는 않을까? 이는 이 두 핵심 강대국이 서로 간의 관계를 어떻게 인식하고 처리하는가에 달렸다. 이전에 소련이 주도한 경제상호원조회의와 인도가 주도한 남아시아지역협력연합의 상황을 통해 보면, 각기 소련과 인도라는 하나의 핵심 강대국만 있는 것은 결코 좋은 일이 아니었다. 이 핵심 강대국을 견제하여 균형을 이루게 하는 다른 강대국이 없기 때문에 한쪽이 영향력을 독차지하는 국면은 거의 피할 수 없게 된다. 또한 지역 기구의 응집력은 말할 수 없게 되고, 소국과 유일한 강대국 간 및 소국과 소국 간의 모순 또한 균형을 얻을 수 없게 된다. 그 결과 필연적으로 모든 지역 기구가 남아시아의 경우처럼 아무런 성과도 내지 못하고, 심지어 경제상호원조회의가 보여준 것처럼 분열되고 와해되어 버린다. EU의 상황을 보면 프랑스와 독일 이 두 강대국은 일찍이 유럽 지연 정치에서 결코 양립할 수 없는 앙숙 사이였다. 하지만 시간이 흐르면 상황도 변하는 것처럼, 제2차 세계대전이 끝난 후 유럽의 통합은 거스를 수 없는 거대한 흐름이 되었다. 최근 몇 해 동안 프랑스와 독일 양국은 이미 유럽 일체화 진행 과정을 추동하는 밀접한 협력자 혹은 쌍두마차가 되었다. 추론할 수 있는 것은 만약 두 핵심 국가가 존재하면 하나의 강대국만이 영향력을 독점하는 국면이 생길 가능성은 높지 않다는 것이다. 반면에 두 강대국이 상호 견제하면서도 동시에 공동으로 발전할 국면이 형성될 가능성은 더욱 높아진다. 만약 두 강대국이 정치적인 지혜와 자제력을 발휘한다면 역사가 남겨놓은 문제 및 발생 가능한 모순을 적절하게 처리할 수 있다. 또한 일종의 양성적인 상호 작용과 상호 보완 관계도 형성할 수 있고, 이로 인해 모든 공동체의 일체화 진행 과정을 효과적으로 추진할 수 있다.[51]

당연히 중국과 일본 두 핵심 강대국이 있다고 해서 미래의 동아시아 공동체 통합이 반드시 순조로운 것만은 결코 아니다. 일체화 정도가 갈수록 심화됨에 따라 동아시아 공동체에는 각 회원국이 모두 승인하고, 각 회원국의 의지를 충분히 반영하고, 또한 각 회원국의 이익을 효과적으로 나타내는 일종의 중앙관리기구를 반드시 건립해야만 한다. 이러한 기구를 건립하고 운용한다는 것은 또한 각 회원국에게 더 많은 주권을 주어야만 한다는 것을 의미한다. 이는 곧 각국 사이에 대단히 복잡한 권력 균형과 권한과 책임의 범위를 정하는 데 달렸다. 이는 결코 단번에 성공할 수 있는 것이 아니다. 현재의 10+3 기구는 중국과 일본 양국이 상대적으로 수동적인 태도를 취하고 있는 특수한 배경에서 탄생한 것으로 비정식적인 성격을 가지고 있다. 이러한 기구에서 아세안과 중국 · 일본 · 한국의 관계는 주인과 손님의 색채가 짙다. 이와 대조적으로 더욱 현실성을 지닌 미래의 중앙관리기구에서는 중국과 일본이 프랑스와 독일 양국이 현재 EU에서 맡고 있는 역할을 맡을 수 있을 것이다. 어쩌면 더욱 중요한 역할을 맡을 수도 있다. 그렇다면 각국들의 승인을 얻은 중앙관리기구가 건립된 후에는, 아세안이 앞장섰던 10+3 기구는 이미 그 역사적 사명을 완수했다고 볼 수 있을까? 동아시아는 유럽보다 훨씬 상황이 복잡하다. 중국과 일본 간 및 중국 · 일본과 아세안 간의 역사적 원한 그리고 현재의 대립이 아직 완전히 해결되지 않은 이상, 10+3 기구는 장기적으로 존재할 필요가 있다. 중국과 일본 양국이 충분히 협력할 수 없고 공동으로 일체화 진행 과정을 주도할 수 없는 상황에서는, 아세안이 주역을 맡는 국면은 해가 되지 않고 오히려 유익하다. 더욱이 "아세안 회원국들이 중국과 일본이란 양대 기인에 대해 항상 일종의 선천적인 우려의 감정을 가지고도 있지만 …… 또한 중국과 일본이 미래의 동아시아 공동체에서 주도적인 역할을 할 수밖에 없다는 것도 분명하게 인식하고 있다"는 것을 고려해야만 한다. 따라서 실질적인 중앙관리기구로 넘어가는 단계에서 역사적 연원을 충분히 고려해야만 하고, 아세안 각국의 우려를 없애도록 노력해야 하며, 상당히 긴 시간 동안 아세안이 앞장서는 역할을 하도록 해야 한다. 동아시아 공동체의 중앙권력기구를 건립한 후에도 10+3 기구는 변함없이 비공식 정상회담으로서 계속 존재해야만 하고, 또한 동아시아의 특색을 가진 이원화 제도를 실행해 회원국의 이익을 보호해야 한다. 오직 이렇게 할 때만이 공동체 속의 작은 회원국들은 존중받을 수 있게 되고, 또한 그들의 우려를 없앨 수 있으며, 그들이 전심전력으로 동아시아 일체화 진행 과정을 추진하게 할 수 있다.[52]

8. 동아시아 통합 진행 과정 중의 중일 관계: 역사적 원한에 우선하는 국가이익

중국과 일본 양국은 인접해 있다. 이러한 인접 관계는 일종의 선천적인 공간적 구조이다. 이러한 공간적 구조는 선천적일 뿐 아니라, 또한 바꿀 수도 없고 복제할 수도 없고, 취소할 수도 없고 피할 수도 없는 것이다. 이 공간적 구조를 바탕으로 중국과 일본 사이에는 옛날부터 아주 가까운 문화-역사 관계가 존재했고, 근대 이후에는 더욱이 갈수록 밀접해지는 경제와 정치적 상호 작용의 관계가 존재하게 되었다. 또한 바로 이러한 공간 구조를 바탕으로 중국과 일본 사이에는 경제적으로 상호 의존하는 밀접한 관계가 존재했고, 더 탄탄하고 범위가 더 큰 협력이라는 동력도 존재했다. 따라서 역사적으로 어떤 일이 발생했든지 간에, 중국과 일본 양국이 미래에 착안하여 이성적으로 해야만 하는 일은 이러한 선천적인 이웃 관계와 지연 일체성 속에 내포된 긍정적인 요소들을 최대한 이용하는 것이다. 동시에 역사가 남겨놓은 부정적 요소들을 최대한 극복하는 것이다. 오직 이러할 때만 중국과 일본 양국은 아름다운 미래를 공유할 수 있고 나아가 동아시아 및 아시아의 모든 국가들이 아름다운 미래를 공유할 수 있다.

여기서 서론에서 언급한 말을 다시 하겠다. 화하 세계의 인류가 고도의 문명을 가지고 있을 때, 일본열도의 인류는 여전히 미개한 단계에 처해 있었다. 하지만 그들은 공교롭게도 중국과 인접해 있었다. 이러한 상황 덕분에 그곳의 원시부락은 편리하게 선진적인 중국 문명을 학습하고 수용할 수 있었고, 높은 사회 발전 단계로 도약할 수 있었다. 그 이후 19세기 말까지도 일본은 계속해서 중국과 일본 양국의 지연 일체성을 바탕으로 중국의 선진 문명 성과를 편리하게 수용하고 이용했다. 다른 한편 청일전쟁이 끝났을 때부터 1970년대 말까지, 오랫동안 깊은 잠을 자던 중국이 변법과 개혁개방을 시작하고자 했을 때, 이웃 일본은 이미 근대화를 (물론 다른 시기에 다른 수준의 근대화를) 실현했고 많은 자금과 선진 기술 및 선진적인 관리 이념을 가지고 있었으며, 중국이 학습하고 앞질러야 할 대상임을 깨닫게 된다. 중국과 일본 양국은 동일한 지연 경제 지역에 속했고 또한 동일한 종류의 혹은 대단히 비슷한 문화를 가지고 있었다. 따라서 중국은 이러한 지리적 이점을 이용하면 일본이 이미 소화한 근대적 관념을 빠르고 편리하게 도입할 수 있다는 것을 깨달았다. 그 결과 중국은 일본의 선진적 자금과 기술 및 관리 문화를 더욱 편리하게 도입하여 자국의 근대화 운동을 촉진할 수 있었다. 또한 자국의 공업화 수준을 상대적으로 신속하게 향상시킬 수 있었고, 자국의 종합적 국력을 상대적으로 신속하게 증강시킬 수 있었다. 비교해보면 동일한 시기에 인도는 일본 및 네 마리 용과 같은 경제 강국을 자신의 이웃으로 갖고 있지 못했다. 이는 인도의 근대화 운동이 상대적으로 낙후되었던 중요한 원인으로 볼 수 있다.

동아시아의 진일보한 통합과 동아시아 공동체의 탄생을 이뤄낼 수 있을까. 남아시아 국가들을 포함한 초대형 아시아 연합 혹은 대동아시아가 형성될 가능성도 당연히 배제할 수 없다. 현재 이러한 조직은 태동 중에 있다. 그러나 진정한 실체적 의미를 가진 조직을 탄생시킬 수 있으리라는 전망은 아직은 요원하다. 만약 이것을 탄생시킬 수 있다면 머지않은 장래에 실체화하는 방향으로 추진할 수 있을까. 구체적으로 말하면 공동체의 중앙관리기구를 수립할 수 있을까. 만약 수립할 수 있다면 실질적인 내용과 높은 효율을 획득하기 위해 어떤 모습의 운용 기구를 채택해야만 하는지가 문제이다. 실질적인 내용과 높은 효율이 없다면 모든 기구는 의미를 상실하게 된다. 이와 같은 문제들을 해결하는 관건은 중국과 일본이 양국 관계를 어떻게 합리적으로 처리하는가에 달려 있다. 이는 어렵지 않게 파악할 수 있는 문제들이다.

먼저 불리한 요소를 보자.

일본은 중국 침략 시기에 중국인에게 대단히 끔찍한 만행을 저질렀다. 그러나 일본 문화 특유의 시시비비에 대한 애매한 태도, 또 일본 우파 특히 극우파는 일본이 아시아를 유럽과 미국 식민주의 및 제국주의로부터 해방시켰다고 주장한다는 점, 또 일본은 세계에서 유일하게 원자폭탄의 폭격을 당한 국가라는 점, 더욱이 전후 냉전하에서 소련을 견제할 목적으로 미국이 일본 점령 기간에 의도적으로 일본의 전쟁 책임을 철저하게 따지지 않았던 점 때문에, 제2차 세계대전이 끝난 후 일본은 자신들의 전쟁 범죄에 대단히 애매한 태도를 취하면서 시종일관 독일과 같은 깊은 반성을 하지 않았다. 1972년 중국과 일본의 국교 정상화 연합 성명에서, 일본 측이 전쟁 책임에 관해 한 표현은 비교적 모호했다. 그들은 "일본 측은 일본이 과거 전쟁에서 중국인에게 중대한 손해를 끼친 점에 대해 책임을 통감하고 깊은 반성을 표명한다"라고 했다. 1972년에서 2000년까지 일본 총리는 근 20명이 교체되었지만, 단지 3~4명만이 침략 혹은 침략 행위를 공개적으로 인정했을 뿐이다.[53] 뿐만 아니라 근 10년 넘게 일본은 역사 교과서를 왜곡하여 일본의 침략 범행을 은폐하려는 속셈을 여러 차례 보이고 있다. 심지어 우파가 집권하면 일본 총리가 야스쿠니신사를 참배하는 사건이 여러 차례 발생했다. 최근 고이즈미 준이치로 총리의 참배는 그 자신의 말에 따르면 개인의 신앙에 따른 행동이라고 한다. 하지만 실제로는 정치적 쇼의 특징을 뚜렷하게 가지고 있다. 중국과 일본의 대립을 야기하는 또 다른 구조적인 원인은 일본과 미국의 방위조약이다. 최근 미일 양국은 자신들의 준군사동맹관계의 포함 범위를 타이완 지역으로 확대하고 있다. 이로 인해 타이완을 수복하고 국가의 통일 대업을 완성하고자 하는 중국의 핵심적 이익은 심각한 위협을 받고 있다. 이 밖에 중국과 일본은 조어도 문제와 동중국해 석유가스 유전 개발과 같은 문제를 놓고도 분쟁을 벌이고 있다.

이제는 유리한 요소를 보자.

중국 문명이 일본에 끼친 영향은 대단히 심원하다. 이 점에 대해선 별다른 설명이 필요 없을 것이다.[참고 9-2] 일본과 중국 및 동남아시아는 함께 동아시아란 자연적인 지연 연속체에 속한다. 그리고 2천 년 동안 일본과 중국 및 동남아시아 국가의 경제와 문화적 통합은 계속 진행되어왔다. 16세기 후 경제 문화의 통합 속도는 빨라졌고, 더욱이 1970년대에는 역사상 유례가 없는 가속도가 붙게 되었다. 중일 관계에서 부인할 수 없는 한 가지 사실은 역사적으로 중국의 문화와 경제가 일본을 계몽, 촉진하는 작용을 하지 않았다면, 일본은 결코 메이지유신 이후 이렇게 놀라운 속도로 근대화를 실현할 수 없었다는 점이다. 마찬가지로 부인할 수 없는 것은 20세기 동아시아에서 먼저 근대화를 이룬 일본이 경제와 기술 및 관리 사상 방면에서 중국을 촉진하는 작용을 하지 않았다면, 1980년대 이후 개혁개방을 실행한 중국 또한 결코 이처럼 빠르게 경제적 비약을 실현할 수 없었고, 또한 신속하게 종합적 국력을 향상시킬 수 없었다는 점이다. 이러한 촉진 작용이 없었다면 중국이 흥기하는 데는 더욱 오랜 시간이 걸렸을 것이다. 메이지유신 이후의 일본 문화는 경제와 기술 및 관리 방면과 어느 정도 유사한 영향을 중국 문화에 미쳤다.

첫째, 근대 이전 일본이 중국에 끼쳤던 기술과 문화적인 영향 외에도,

청나라 말과 중화민국 초 중국의 근대적 전환기에 일본인은 서양인이 결코 할 수 없었던 유일한 영향력을 발휘했다. 학술계는 이러한 사실을 뚜렷하게 인식하고 있지만, 중국의 대중매체와 문예 작품은 이를 잘 알지 못하므로 이에 대한 주의를 환기할 필요가 있다. 청일전쟁 이후 전쟁에서 패한 청나라 정부는 어쩔 수 없이 천자의 나라라는 오만한 태도를 버리고, 개혁개방을 전면적으로 실행하기 시작했다. 그리고 외부 세계를 학습하는 것이 급선무라는 것을 인식했다. 서양에 많은 유학생을 파견하고자 했지만, 들어가는 비용이 너무 많고 또한 필요한 시간도 너무 길었기 때문에, 문화도 같고 인종도 같은 바로 지척에 있는 가까운 일본에 유학생을 파견하는 것이 필연적인 선택이었다. 일본 정부 측 또한 당시에는 적극적인 장려 정책을 채택했다. 그 결과 청나라 말 중화민국 초에 수많은 중국 학생들이 일본으로 가 유학을 했다. 그들 중 많은 사람들이 학업에서 성취를 거두었다. 그들은 중국의 근대화 사업에 공헌을 했고 또한 중일 양국의 연결 고리가 되었다. 더욱이 그들 중 어떤 사람들은 근대 중국 혁명 진행 과정과 문화 건설에 지대한 영향을 미쳤다. 예를 들면 천두슈, 저우언라이, 루쉰, 저우쭤런, 궈모뤄 등이 그러했다. 비록 일본 군국주의자들이 1931년 9·18만주사변을 일으키고, 1937년에 다시 전면적인 중국 침략 전쟁을 일으켰지만, 많은 일본인들은 군국주의가 일으킨 중국 침략 전쟁을 단호히 반대했다. 어떤 사람들은 반전 동맹에 가입하여 중국인과 함께 반파시즘과 싸웠고 중화 민족의 해방을 위해 목숨을 바쳤다. 더욱 많은 사람들이 중국의 민족민주혁명에 깊은 동정과 지지를 보냈고, 중국인과 두터운 우애를 맺었다. 쑨원과 미야자키 도라조, 리한준과 가와카미 하지메, 루쉰과 후지노 겐쿠로는 중일 양국 사람들의 우의를 대표하는 예다.[54] 중일 양국의 저명한 정치가와 문학가들이 맺은 두터운 우애는 역사가 유구하고 규모도 대단히 큰 중일 교류의 한 단면이다. 비록 중일 간의 정상적 교류가 냉전 시기에 한때 중단되기도 했지만, 1972년 중일 국교 정상화 이후부터 양국 간의 상호 방문 인원수는 1970년대 초의 매년 연인원 9만 명에서 2003년에는 연인원 350만 명으로 급속히 증가했다. 현재는 매일 거의 1만 명의 인원이 중일 양국 사이를 왕래하고 있다.[55]

둘째, EU의 경제 일체화가 매우 높은 수준에 도달했고, 북미자유무역지대도 이미 정식으로 운용되고 있는 상황에서, 일본은 선진국 중 유일하게 경제 집단에 의지하지 않는 국가가 되었다. 이 때문에 최근 20~30년 동안 일본은 계속해서 중국과 동아시아 국가와의 협력을 강화해 자신의 경제 경쟁력을 향상시키고자 노력하고 있다. 1980년대 중기 일본 수입 중에 동아시아가 차지하는 비중은 20.8퍼센트이고, 미국은 16.5퍼센트였다. 1993년 그 수치는 31.8퍼센트와 22.9퍼센트이고, 1996년에는 37.4퍼센트와 22퍼센트였다. 같은 시기 중국과 동남아시아 국가의 대일본 수출은 급속하게 증가하여 일본 시장에서 차지하는 시장점유율도 갈수록 높아졌다. 1988년 양자에 대한 일본 수입 비중은 각각 0.1퍼센트와 8.6퍼센트를 차지하고, 1996년에는 11.6퍼센트와 14.1퍼센트가 된다.[56] 금융 위기 후 일본은 동아시아 각국이 영광과 치욕을 함께하는 순망치한의 특수한 관계란 사실을 더욱더 절실하게 인식했다. 따라서 일본은 동아시아 국가와 너욱 밀접한 경제 관계를 발전시켰다.

따라서 일본과 중국 및 동남아시아 경제는 현재 분리할 수 없는 총체로 융합되어 있고, 실질적인 동아시아 경제 공동체가 이미 존재하고 있다고도 볼 수 있다. 차후 동아시아 각국이 해야 할 일은 바로 여기에 명분을 제공하는 일이다. 이러한 종류의 구조는 지연 일체성에 의해 결정된 것이고, 또한 경제 세계화와 지역 일체화란 세계적인 추세에 의해 결정된 것이다. 2003년에 일본은 11년간 연속해서 중국의 가장 큰 무역 대상국이 되었고, 중국은 8년간 연속해서 일본의 두 번째 무역 대상국이 되었다.[57]

1996년 일본의 대중국 수출입 총액은 미국 다음인 2위를 차지해 일본 수출입 총액의 8.2퍼센트를 차지했다.[58] 2002년 말에 일본의 중국에 대한 직접 투자는 이미 3,644억 달러에 달해 중국이 이용하는 외자 총액의 8.11퍼센트를 차지했다. 이로써 일본은 중국의 최대 외자 투자자가 되었다. 마찬가지로 2002년 중국 상품은 처음으로 일본 수입 상품 중에서 가장 큰 비율을 차지하였고, 일본 수입 총액의 18.3퍼센트를 차지함으로써 미국을 넘어섰다.[59] 2004년 말에 이르면 일본과 홍콩을 포함한 중국의 수출입 무역 총액은 2,150억 달러에 달해 처음으로 일본의 대미국 무역 총액 약 1,988억 달러를 초과했다. 일본의 대중국 수입 총액 또한 약 990억 달러에 달해 중국은 미국을 대신하게 되었고, 처음으로 일본의 가장 큰 무역 대상국이 되었다.[60]

셋째, 특수한 역사와 정치적 배경을 바탕으로 한 협력 자금 운용으로서, 일본은 1979년에서 2000년 사이에만 중국에 2만 5,849억 엔의 저금리 장기 차관을 제공했다. 일본 은행 또한 중국에 1만 7,000억 엔의 에너지 개발 차관을 제공했다. 사실상 1979년 이후 일본은 줄곧 가장 큰 대중국 정부 개발 원조 제공국이었고, 1981년에서 1997년까지 무상으로 중국에 원조한 금액은 약 1,010억 엔에 이른다. 일본의 원조를 받은 국가 중에서 중국이 항상 1~2위를 차지했다.[61] 1990년대 초 모든 선진국 지도자들 중에서 일본 총리는 맨 먼저 중국을 방문하여 중국이 서방의 봉쇄를 타파할 수 있도록 협조했고, 서양의 대중국 제재를 해제할 것을 추진했다. 중국이 관세무역일반협정 체약국의 지위를 회복하는 것과 이후 세계무역기구에 가입하는 문제에서 일본 정부는 또한 일관된 입장으로 분명하게 중국을 지지했다.[62] 또한 간과할 수 없는 부분은 1998년 장쩌민 주석이 일본을 방문했을 때, 양국 정부가 체결한 평화에 주력하고 우호 협력을 발전시키는 동반자 관계 수립에 관한 연합 성명문의 내용이다. 이 성명문에서 일본은 이전과 비교해서는 더욱 명확하게 전쟁 책임을 인정했다. 일본은 이 성명문에서 "과거 중국에 대한 침략으로 중국인에게 초래한 중대한 재난과 손해에 대한 책임을 통감하고, 이에 대해 깊은 반성을 표명한다"[63]라고 했다. 비록 이것이 일본이 자신들의 전쟁 책임에 대해 정식으로 중국인에게 사죄를 한 것은 결코 아니지만, 이는 분명 일본이 역사 문제 인식에서 긍정적으로 평가할 만한 진전이 있었다는 것을 보여준 것이다.

더 중요한 것은 현재 중국이 비록 미국과 일본 같은 경제 강대국은 아직 아니지만, 중국의 경제 규모는 달러 환율에 근거해 계산한 것처럼 세계 6위 수준이 아니라는 것이다. 세계은행과 IMF 및 중국 학자들의 구매력평가에 근거한 계산에 따르면(구매력평가에 근거한 계산이란 중국의 GNP 혹은 GDP에 대한 미화 1달러와 미국의 GNP 혹은 GDP에 대한 미화 1달러가 동일한 구매력을 가지는 것을 가리킨다[64]), 중국 경제 총량과 종합 국력은 2000년에 이미 세계 2위를 차지했다. 이는 일본을 추월한 것으로 미국 다음이다. 대략 2025년 즈음에 이르면, 미국을 추월해 세계 1위를 차지할 것이다.[65] 현재 중국의 1인당 GDP는 여전히 선진국 수준에는 훨씬 못 미치지만 중국 경제의 양호한 인적 자원과 사회 문화적 토대, 그리고 중국 경제의 거대한 잠재력과 강력한 기세를 고려할 때, 의외의 사건만 발생하지 않는다면, 21세기 중반에 중진국 수준에 순조롭게 다다를 것임은 너무나 당연한 일이다. 이는 중국이 장차 전 세계에 이전보다 더 심원한 영향을 끼치리라는 것을 의미한다. 위대한 국가로서 한때 쇠락했던 중국은 일종의 중대하고 역사적인 역할의 전환을 경험하고 있다. 따라서 다음과 같은 결론을 쉽게 도출할 수 있다. 머지않은 장래에 중국은 새로운 역할을 맡을 것이다. 그것은 과거 100여 년 전보다 더 중요한 지역적인 나아가 세계적인 역할이다. 이는 19세기 중엽에서 20세기 중엽까지 서양 국가가 타국에 강요하던 그런 역할과는 본질적으로 다를 것이다. 따라서 중국인은 지금부터 마음의 준비를 해야 한다.

동아시아 공동체 속의 중일 관계에서 중국이 새로운 역할을 담당하기 위해서는 마음의 준비를 잘해야만 한다. 이는 현재 및 미래의 비교적 긴 시간 동안 중국은 국제 관계와 전략에 서 적극적으로 심리 상태를 조정해서, 이전의 감정적인 피해 심리를 버리고 경제와 정치 나아가 역사 등 여러 문제에서 더욱 이성적인 태도와 더욱 통찰력 있는 인식을 가져야만 한다는 것을 의미한다. 역사적인 원한에 사로잡혀 국가의 원대한 이익에 손해를 끼쳐서는 결코 안 된다. 중국은 충분한 자신감을 갖고 모든 수단과 모든 자원을 이용하고, 모든 기회를 잡거나 혹은 능동적으로 기회를 창조해, 미일 동맹의 부정적 효과를 없애기 위해 일본에 대해 새로운 통일전선을 전개해야 한다.[참고 9-3] 이를 통해 중국은 타이완 문제와 기타 중대한 국제 문제에서 더욱 주도적인 지위를 확보해야 한다. 내정 문제에 속하는 타이완 문제조차 원만히 해결할 수 없다면, 어떻게 국제적 문제를 논의할 수 있겠는가.66 이러한 목표가 생겼으면 동아시아의 진일보한 통합 및 일체화 진행 과정에서 더욱 유리한 지위에 서기 위해, 중국은 한층 더 중일 경제협력을 적극적으로 추진해야만 한다. 또한 정부에서 대중매체에 이르기까지, 지식인 사회에서 일반 민중에 이르기까지 일본과 일본인에 대한 인식을 대폭 조정해 더욱 이성적인 태도를 함양해야만 한다. 이렇게 할 때 미래의 중일 관계에서 중국은 여유를 가지고 더 합리적이고 유리하게 일본을 대할 수 있다.

장기적으로 볼 때 중국의 종합 국력과 세계에 대한 영향력이 상승하고 있는 데 반해 일본의 국력과 영향력은 상대적으로 하락하고 있는 것을 중국은 분명하게 인식해야만 한다. 더구나 일본은 급속도로 하락하고 있다. 일본 경제는 몇 년 동안 계속해서 심한 기복을 보이고 있고, 인구 또한 뚜렷한 감소 추세를 보이고 있으며, 인구 노령화의 속도 또한 아주 빠르다.

50년 후에 일본이 다시 16세기 이전의 위치로 되돌아간다고 말할 수는 없어도, 최소한 중국에 비해서는 명확하게 열세에 있을 것이다. 세계은행과 IMF의 구매력평가에 근거한 통계에 따르면, 중국의 경제 총량과 종합 국력은 2000년에 이미 일본을 추월하여 세계 2위를 차지했다. 이처럼 중국의 종합 국력이 일본을 크게 앞서기만 하면 중국은 국제 문제에서 역사에서 유례가 없을 정도로 상당히 여유로운 태도를 보여줄 수 있다. 그리고 중일 간의 역사적 원한과 대립 또한 상당한 정도로 희석할 수 있고, 나아가 근본적인 해결을 볼 수도 있다. 이는 중국이 원칙을 견지할 수 있다는 전제하에서, 극우파가 아닌 일본의 일반 국민에 대해 더욱 융통성 있는 방침과 정책을 채택할 수 있다는 것을 의미한다. 또한 일본인 가운데 "일본은 언제까지 사죄만 해야 하는가"[67]라고 생각하는 사람들의 원망을 가라앉히기 위해서, 일종의 적극적인 태도인 통일전선을 그들에게 사용할 필요가 있다. 이는 또한 어떤 특정한 상황에서는 역사 문제를 너무 빈번하게 제기할 필요는 없다는 것을 의미한다. 역사 문제가 너무 자주 불거지면 부정적인 효과들이 쉽게 야기된다.[68][참고 9-4] 근본적으로 말하면 이는 결코 중국에 유리한 것이 아니다. 중국은 국치를 잊을 수 없고, 또한 일본이 중국을 침략한 사실을 다시 언급하지 않을 수도 없다. 하지만 또한 세심하게 어휘를 선택해야 하고, 시기를 잘 선택해야 하며, 횟수를 조절해야 한다. 실제로 일본 정부가 보여준 역사 문제에 대한 반성이 침략을 당한 국가가 만족할 만한 수준에는 못 미치지만, 일본은 분명 깊은 반성을 여러 번 표명한 바 있다. 1995년 8월 15일 당시 총리이던 무라야마 도미이치는 일본의 반성을 표현할 때, 비록 전적으로 중국을 겨냥한 것은 아니지만 명확하게 '사죄'라는 단어를 사용한 바 있다. 그는 "일본은 잘못된 국가 정책 때문에 식민지 통치와 침략을 했다. 특히 아시아 국가의 사람들에게 막대한 손해와 고통을 초래했다. 이에 대해 깊은 반성을 표현하고 충심으로 사죄를 표한다"[69]라고 했다.[참고 9-5] 2005년 4월 22일 고이즈미 총리는 다시 한 번 일본이 과거 아시아 국가에 저질렀던 식민 침략과 통치에 대해 "반성과 사죄"를 표명했다.[70] 하지만 이러한 종류의 입장 표명 또한 마지못해 한다는 인상을 준다. 2005년 우익 세력에 의해 좌우된 일본은 한편으로는 인도·독일·브라질과 같이 유엔안보리 상임이사국이 되려고 긴박하게 준비하고 도모하면서, 다른 한편으로는 동중국해의 유전과 조어도 및 한국의 독도(일본은 다케시마라 부른다) 문제와 관련하여 중국과 한국에 대해 비이성적이라 할 만한 도발 행동을 했다. 이는 한국과 중국의 대규모 군중 항의 시위를 불러일으켰다. 상임이사국을 도모하던 일본이 재차 사죄를 한 것은 분명 한국과 중국의 압력과 관계가 있다.

이상의 논의에서 이러한 인식을 도출할 수 있다. 즉 중국인은 감정적으로 일을 처리하지 말아야 한다. 그리고 중국 대중매체와 문예작품에서 일본을 덮어놓고 부정적으로 묘사하려는 경향은 분명 수정해야 한다. 이렇게 해야 중국은 평면이 아닌 입체적인, 그리고 주관적이지 않고 객관적인 일본과 일본인의 이미지를 얻을 수 있다. 오직 이럴 때만 프랑스와 독일이 통일된 유럽이라는 하나의 더 큰 목표를 위해 그랬던 것처럼, 중국과 일본은 이전의 앙금을 버리고 완전히 화해할 수 있다.[참고 9-6] 국가의 근본 이익을 위해 역사적 원한을 억누를 수 있어야만, 중국은 미래의 동아시아 통합 진행 과정에서 진일보하여 깊이 있게 추진할 수 있다. 그리고 태동 중인 동아시아 공동체를 순조롭게 탄생시킬 수 있고, 이를 대단히 효과적으로 운용하여 점차 성숙하게 할 수 있다. 그리고 이렇게 해야만 더 높은 착안점과 더 넓은 시야로 국제 문제를 인식하고 처리하는 습관을 함양할 수 있다. 더불어 미래의 중일 관계와 중미 관계 나아가 모든 중대한 문제에서 더욱 큰 국제적 공간을 획득할 수 있고, 이를 통해 관대하고 점잖은 태도를 보일 수 있고 자유자재로 일을 할 수도 있다. 반대로 이야기하자면 만약 중일 양국이 계속해서 역사적 원한의 수렁으로 깊이 빠져들면 스스로 빠져나오기는 어려워진다. 이는 스스로 자국의 국제적 공간을 박탈하는 것과 같고, 동시에 중일 양국뿐만 아니라 동아시아 통합 진행 과정에도 큰 비애가 될 것이다. 나아가 모든 동아시아 국가들에게 큰 비애가 될 것이다.[참고 9-7] 유엔안전보장이사회에서 거부권을 가진 5개 상임이사국의 하나인 중국 정부는 2005년 상반기에 일본 · 인도 · 독일 · 브라질 4개국이 제기한 안보리 확대 방안에 반대 의견을 제출했다. 그리고 만약 이 4개국이 유엔총회가 이 제안을 표결에 부치도록 강행 추진한다면, 비록 2/3를 얻어 다수표로 통과된다고 해도, 중국은 이 제안을 부결시키기 위해 거부권 사용도 불사하겠다고 암시했다. 이는 민의를 따른 것이고 국가의 핵심 이익을 지키기 위한 행위였다. 여기에는 일본 측이 과거의 역사를 한층 더 깊이 반성하도록 촉구하는 장기적인 효과도 분명 있었다. 단기적으로는 이러한 행동으로 인해 최근에 급격하게 냉각된 중일 관계를 더욱더 악화시킬 수도 있었다. 하지만 장기적으로 볼 때는 중일 관계의 정상적인 발전과 동아시아의 진일보한 통합에 분명 유리한 것이다. 미국과 러시아가 잇따라 중국과 비슷한 입장을 표명한 후에 이 점은 더욱 분명해졌다.

9. 동아시아와 몽골 · 중앙아시아 3국 · 러시아 극동 · 호주의 경제 통합

동아시아 통합의 범위는 중국 · 일본 · 한국 3국과 10개의 아세안 국가에만 국한되지 않고 더 광범위하다.

이상의 논의에서 몽골은 언급하지 않았다. 비록 동아시아 경제 통합이 주로 중국·일본·한국과 동남아시아 국가 사이에서 일어나지만, 이것이 몽골이 은둔 국가이거나 독자적으로 홀로 살아가거나, 동아시아 밖에 존재한다는 뜻은 결코 아니다. 중국과의 지연 일체성으로 인해, 몽골은 옛날부터 지금까지 줄곧 중국의 정치와 경제 및 문화적 영향 범위 안에 있었다. 어쩌면 20세기의 90년간은 예외일 수 있다. 사실 역사적으로 만리장성 밖의 몽골인과 만리장성 안의 중국인은 항상 밀접한 상호 작용을 해왔다. 13세기 몽골 군대는 현재의 헝가리를 무너뜨리고 대부분의 아시아 지역을 포괄하는 몽골 제국을 건립했고, 쿠빌라이는 중국 원나라를 건립했다. 원나라와 청나라 심지어 중화민국 시기에도 몽골은 중국의 한 부분이었다. 냉전 시기 몽골은 잠시 소련연방에 종속되어 있었지만, 냉전이 종식되자마자 바로 본래 가지고 있던 경제와 문화의 궤도로 되돌아왔다. 현재 몽골 인구는 약 238만 명이고, 그중 44퍼센트가 목축업에 종사하고 있다. 농업은 발달하지 못하고, 공업 규모는 작고 현대화 수준도 높지 않다. 이 때문에 몽골은 동북아시아 특히 중국 경제에 대한 의존도가 매우 높다. 가까운 장래에 설령 미국 같은 외부 세력이 개입한다고 해도, 이러한 종류의 의존 관계에서 몽골이 벗어날 가능성은 그리 크지 않다.

냉전 시기 중앙아시아의 카자흐스탄·키르기스스탄·타지키스탄 3국은 소련연방에 속했고, 심지어 냉전이 종식된 후에도 여전히 러시아의 영향 범위 내에 있었다. 하지만 잊지 말아야 할 것은 일찍이 서력 원년이 시작되기도 전인 한나라 무제(武帝) 시대에 중국과 중앙아시아에는 실크로드가 있었고, 쌍방의 무역과 문화 교류 역사도 유구하다는 점이다. 현재 중앙아시아 3국과 중국 간의 무역과 문화 교류는 한층 더 발전하고 있다. 이는 중앙아시아 3국이 티베트와 인접해 있어, 가까운 거리와 낮은 운송비 등 대중국 무역에 편리한 조건을 가지고 있기 때문이다. 이 밖에 중앙아시아 3국과 티베트 및 서북 기타 성의 소수민족들은 종교 신앙과 언어

문자 및 생활 풍속이 서로 같거나 비슷하다. 그래서 서로 소통하기도 쉽고 상호 이해와 신뢰를 구축하기도 상대적으로 용이하다. 마찬가지로 주목할 만한 것은 중앙아시아 3국의 경제 구조가 합리적이지 못해 목축업과 광업은 비교적 발달했지만 식품 공업을 포함한 경공업은 낙후해 있다는 사실이다. 하지만 중국은 이 분야에서 오히려 명확한 우세를 점하고 있어 상호 부족한 부분을 보완할 수 있다.[71] 사실 냉전이 종식된 이후 중앙아시아 3국과 중국의 경제 교류는 갈수록 밀접해지고, 그곳으로 가 장사를 하고 투자를 하는 중국인도 갈수록 늘어나고 있다. 3국은 이미 중국 경제에 상당히 의존하고 있어 지역적 경제 통합 구조가 이미 형성되어가고 있다. 총괄하자면 중앙아시아 3국과 중국 사이에는 의심의 여지 없이 지연 연속성과 경제적 상호 보완성 및 문화적 친연성이 존재하며, 이것이 바로 그들이 갈수록 심도 있게 동아시아에 융합되고 있는 근본 원인이다.

최소한 경제 방면에서는 러시아 극동 지역 또한 동아시아에 융합되는 구조를 가지고 있다. 러시아 전역에서 벌어지고 있는 상황과 마찬가지로 냉전 종식 이후 이 지역 인구는 감소하기 시작했다. 1995년에는 1.6퍼센트가 줄었고, 1991~1999년에는 인구가 100만 명 넘게 감소했다. 예측에 따르면 2010년에 이르면 러시아 극동의 인구는 1991년의 83퍼센트 수준밖에 미치지 못하게 되어, 인구는 1991년의 800만 6,500명에서 664만 4,600명으로 감소할 것이라고 한다. 동북아시아의 평균 인구밀도는 1제곱킬로미터당 33.4명이지만 러시아 극동의 인구밀도는 단지 1.2명밖에 되지 않는다. 1997년 러시아 극동의 인구는 740만 명이었는데, 이와 비교하면 중국은 동북 3성의 인구만 해도 1993년 자료에 따르면 1억 240만 명이었다.[72] 현재 러시아 극동의 인구·노동력 부족은 대단히 심각한 상황에 있다. 이 때문에 과거에 중국이 이민을 통해 러시아 극동에서 점진적 확장을 계획한다는 소문이 났고, 이와 관련하여 많은 러시아 학자 및 정부 인사들이 비판을 하기도 했다. 반면에 일부 러시아 학자들은 국외 이민이 인구와 노동력 부족을 해결하는 근본적 방법이라고 생각했다. 그들은 러시아 자국의 역량에만 의존하면 시베리아와 극동이란 이 광활한 공간의 경제와 문화를 현대적 수준에 이르게 하기는 매우 어렵다고 보았다.[73] 중앙아시아 3국이 처한 상황과 비슷하게, 러시아 극동 지역에는 풍부한 산림자원과 지하자원이 있지만, 경공업과 식품공업은 발달하지 못하고 있다. 지리적 위치를 보면 러시아 극동은 러시아 서부의 비교적 발달한 지역과는 멀리 떨어져 있다. 반면에 지척에 있는 중국의 동북 3성 및 한국은 경공업과 식품공업이 비교적 발달했기 때문에, 러시아 극동에 품질은 우수하고 가격은 저렴한 상품을 꾸준히 제공할 수 있다. 따라서 러시아 극동과 중국 만주 사이에는 대단히 강한 경제적 상호 보완성이 존재한다고 볼 수 있다. 심지어 러시아 극동의 중국 경제에 대한 의존성은 매우 강하다고도 볼 수 있다. 이 점을 러시아 측도 분명하게 인식하고 있다. "러시아의 인력과 재력으로는 임해 변경 지역을 근본적으로 유지할 수 없다. 오직 아시아에 개방해야만 우리는 겨우 생존할 수 있다." "사실 중국 상품이 모스크바가 잊어버린 극동을 먹여 살리고 있고 극동 사람들의 먹을 것과 입을 것을 책임지고 있다." "경제적 측면에서 말하면 우리는 일찍부터 유럽에 속하지 않았다."[74][참고 9-8] 이는 러시아 극동이 경제적으로는 동아시아에 융합되고 있는 근본 원인이다.

종족과 문화적으로 보면 영국의 식민지였던 호주는 분명 서양에 속한다(지면의 제한으로 여기서 뉴질랜드는 언급하지 않겠다). 하지만 호주는 러시아 극동 지역과 매우 유사한 상황에 직면해 있다. 1950~1960년대 이전에 호주의 해외무역 대상은 주로 영국과 기타 유럽 국가였다. 하지만 호주는 유럽에서 너무 멀었고, 해상 항해 거리는 동아시아 국가의 2배에 달했다. 1967년 중동전쟁 이후 수에즈 운하는 늘 닫혀 있었고, 유럽으로 가는 호주 무역선은 할 수 없이 희망봉으로 우회해서 갈 수밖에 없었다. 운송원가는 크게 증가했고 상품경쟁력은 더욱 떨어졌다. 호주는 유럽과도 너무 멀었고, 또한 북아메리카와도 너무 떨어져 있었다. 상품경쟁력 자체도 본래 강하지 못했고, 영국이 EU에 가입하고 북미자유무역지대가 수립됨에 따라, 이 두 지역에 수출하는 호주의 농업과 축산업 및 광물 상품들은 대단히 높은 관세장벽에 부딪히게 되었다. 게다가 유럽의 경제 자체가 활력을 잃자, 호주는 갑자기 자국의 경제 공간이 대단히 협소해졌음을 느끼게 되었다. 이와 비교하면 거리도 가깝고 인구도 아주 많은 동아시아 경제는 오히려 활기차게 발전하고 있었다. 동아시아 국가에는 일본과 네 마리 용처럼 이미 공업화를 실현한 국가도 있고, 중국과 일부 동남아시아 국가처럼 대규모로 공업화를 실현 중인 국가도 있었다. 너무나 분명하게 아시아는 기회를 의미하고 있었다. 아시아로 향해야만 그리고 적극적으로 아시아의 경제성장에 참여해야만 새로운 시장을 개척할 수 있고, 새로운 경제 공간을 얻을 수 있었다. 따라서 "아시아를 향해", "아시아로의 융합"은 호주 정부의 정책 방침과 구호가 되었다.[75] 따라서 호주 지도자가 다음과 같이 선언한 것은 조금도 이상할 것이 없다. "'아시아를 향해'는 …… 경제결정론에서 나온 대략적인 결과도 아니고, 단순하게 시장시세를 뒤따르는 것도 아니다. …… 우리가 아시아를 선택한 것은 돌발적인 기발한 생각도 아니고 시대의 분위기를 따라다니는 것도 아니고, 정치적 술수를 부리는 것도 아니다. 바로 호주의 경제와 전략 및 정치 이익이 이미 주변 지역과 긴밀하게 연관되어 있기 때문이다." 또한 호주 지도자는 이렇게 말하기도 했다. "만약 우리가 아시아태평양 지역에서 성공을 거두지 못한다면 다른 지역에서도 성공할 수 없을 것이다."[76] 1990년대 중기 호주의 대동아시아 수출은 이미 수출 총량의 60퍼센트를 차지하고 있었기 때문에, 자국의 12개 최대 시장 중 절반이 아시아에 있는 것은 조금도 이상할 것이 없다.[77] 현재 호주의 대동아시아 수출은 수출 총량의 약 75퍼센트를 차지할 정도로 늘어났고, 동아시아에 대한 경제 의존도 또한 유럽과 북미에 대한 의존도보다 크게 높아졌다. 사실 호주는 이미 동아시아 경제 체제의 일원이 된 것이다.

부록: 태동 중인 대동아시아

일본 및 인도네시아와 싱가포르의 강력한 요구에 따라, 미국을 배제한 아세안+한 · 중 · 일 3국의 동아시아정상회담은 친미 성향이 강한 인도와 호주 및 뉴질랜드를 받아들였다. 이를 통해 지역적 한계를 타파한 초대형 협력 기구가 곧 생겨날 것만 같았다. 이러한 범동아시아 협력 시도를 우리가 우스개로 '대동아'로 부른다 해도 이상하지는 않을 것이다. 일본은 미국과 특수한 동맹관계를 맺고 있기 때문에(최소한 현재로 보면 그러하다. 하지만 국제 관계에서 영원한 친구는 없다), 일본의 이러한 행동은 국내의 정치적 고려 외에 분명 중국을 견제하려는 의도도 있었다. 사실 미국은 최근 몇 년 동안 자국은 태평양 국가에 속한다고 여러 번 공언했다. 또한 미국은 동아시아의 정치적 안정과 경제 번영에 큰 공헌을 했고, 미국을 배제하고 포함시키지 않는 어떠한 동아시아 지역의 연합도 타당하지 않다고 여러 번 표명했다(만약 이러한 논리를 수용한다면 한 · 중 · 일 3국, 아세안, 호주와 뉴질랜드 등의 국가가 북미자유무역지대 및 계획 중인 미주자유무역지대에 가입할 자격이 있는가 하는 문제는 논하지 않겠다). 동아시아정상회담은 동아시아, 동남아시아 각국, 남아시아의 인도, 오세아니아 주요 국가를 포괄하고 있다. 이는 일종의 지역을 초월한 협력 시도로서 어느 정도는 전지구화 시대의 거대한 흐름을 보여주고는 있지만, 지금 하나의 공동체라는 의미에서 대동아를 토론하는 것은 분명 시기상조이다.

현재 인도 · 호주 · 뉴질랜드를 포함한 대동아 각국은 기껏해야 단지 상호 탐색 혹은 대화 단계에 있을 뿐이다. 장기적으로 보면 지역 연합 심지어 지역을 초월한 대연합으로 나아갈 추세를 가로막을 수는 없겠지만, 지나치게 방대한 시스템이 어떠한 결과를 초래할지를 분명히 예측하기는 어렵다. 여러 해 동안 APEC이 경제 협력 및 기타 방면에서 형식에만 치우치고 내세울 만한 장점이 없었던 까닭은 바로 이 기구가 모든 환태평양 국가들을 포괄하고 있어 지나치게 방대하기 때문이다. 이 기구에는 동아시아, 동남아시아 각국, 호주, 뉴질랜드, 미국, 캐나다, 멕시코, 칠레 및 기타 중미와 남미 국가가 있다. 이와 같이 많은 경제체를 한 초대형 기구에 포함시켜놓고, 이 기구에서 실질적인 경제 협력이 이루어지기를 요구하는 것은 사실상 어려운 일을 억지로 시키는 것이고 일방적인 바람일 뿐이다. 만약 인도가 대동아에 가입할 수 있다면 다른 남아시아 국가들의 가입을 거절할 이유가 없다. 물론 또한 러시아, 중앙아시아의 여러 나라, 이란 심지어 기타 중동 국가의 가입을 거절할 이유도 없다. 이와 같아지면 대동아는 각국의 지도자가 1년에 한 번 같이 모여서 시끌벅적하게 모임을 갖는 것 외에, 또한 APEC과 같이 변하는 것 외에 과연 어떤 역할을 해낼 수 있을까?[참고 9-9]

다행히도 상황이 비관적인 것만은 아니다. 동아시아정상회담을 개최할 때의 초심은 동아시아 공동체를 계획하여 건립하자는 것이었다. 현재 동아시아 이외의 국가가 들어왔기 때문에 이미 그 이름과 실상은 부합하지 않는다. 확실한 것은 그 개방성이 지나치게 강했기 때문에 초심을 잃어버렸다는 것이다. 이는 중국 이외의 언론도 모두 주목했던 사실이다. 미국과 러시아의 가입이 시간문제인 것을 고려해보면 이 점은 더욱 분명해진다. 하지만 어떠한 형식의 지역적 협력도 분명 배타적인 일면도 있고 개방적인 일면도 있기 마련이다. 지역 외 국가의 가입은 동아시아 협력의 개방성을 뚜렷하게 보여주는 것이다. 그렇다면 이러한 종류의 개방성이 지연 일체성에 기반을 두고 있고 그 역사적 연원도 두터운 동아시아 자체의 협력을 약화시키지는 않을까? 그렇지는 않을 것이다. 동아시아정상회담은 이제 막 시작되었기 때문에, 그 목표와 운용 체제가 향후 어떻게 될지는 현재로서는 미지수다. 더욱이 동아시아정상회담은 3년에 한 번 열리는 반면, 10+3 체제 회의는 1년에 여러 번 열린다. 그리고 영수 회담 아래에는 14개의 장관급 체제가 있고 협력 분야만 해도 이미 18개로 확대되어 있다. 이는 동아시아정상회담이 아닌 10+3이 실질적인 동아시아 협력을 대표한다는 것을 의미한다. 따라서 10+3이 이미 하나의 완벽한 체제인 이상 동아시아정상회담이 그 자리를 대신하게 할 수는 없다. 만약 이렇게 되면 동아시아정상회담이 APEC과 유사한 동아시아자유무역지대 수립에 새롭고 유리한 발판으로 판단될 수 있다. 이는 곧 동아시아정상회담을 10+3의 격상으로 간주할 필요가 없다는 것을 의미한다.[78] 현재로 볼 때 동아시아 협력과 동아시아 공동체 건설은 분명 10+3을 주요 근거와 주요 경로로 삼아야만 한다.[79] 그것의 가까운 장래 목표는 2010년에 10+3 체제하에서 오랫동안 토의해온 동아시아자유무역지대 건설이다.

2003년 12월 16일 추기

제10장

문명, 지연 문명, 전 지구화, 전 지구적 문명

■인류의 진화는 다음과 같은 단순한 형태에서 복잡한 형태에 이르는 기본적인 과정을 따랐다. 미소생물(이 이전에 무기물에서 유기물로, 유기물에서 고분자유기물로 진화한다)→원생동물→강장동물→척삭동물→척추동물→파충류→양서류→포유류→영장류→유인원→인류. 이러한 방대하고 오랜 과정을 거치며 생명 속에 숨어서 나타나지 않던 가능성들이 끊임없이 방출되었다. 매번 한 종류의 새로운 생명 형태가 출현한 것은 모두 생명 정신이 상승했다는 것을 의미하고, 생명 정신이 더욱 높은 단계로 진화했다는 것을 의미한다. 문명의 진화와 발전도 다음과 같은 비교성이 매우 강한 유형을 따라왔다. 가족→부족→문명(그 자체의 진화 발전 과정 또한 부족연합→국가→제국→내형 근대 민족국가의 집합 혹은 근대 민족국가의 집합으로 나타난다)→지연 문명(초문명적인 지역적 연합으로 나타날 수 있다)→전 지구적 문명. 이 장에서는 앞의 각 장절과 이와 연관된 논증들을 결합하여 문명 진화 발전이라는 하나의 큰 윤곽을 그려내고자 한다. 독자들은 이제부터 진행할 논의가 20세기 중국인들이 반세기 동안 토론한 사회 형태 5단계설과 비슷하다는 것을 발견하게 될 것이다. 그래도 상관없다. 왜냐하면 여기서는 역사적 필연성과 같은 개념 사용을 피할 것이기 때문이다. 더 중요한 것은 이 장의 논술은 다음과 같은 시도를 의미한다

는 점이다. 즉 문명에서 지연 문명(혹은 지연 공동체)에 이르고, 여기서 다시 전 지구적 문명에 이르는 일종의 거시적인 역사적 서술을 구성하고, 이를 통해 역사를 분석하고 현재를 평가하고 미래를 전망하는 새로운 시각을 얻고자 하는 것이다.

1. 문명은 지역적 정체성을 타파한 결과이다

헌팅턴은 문명의 본질은 '충돌'이고 문명의 숙명도 '충돌'이라고 보았다. 그는 분명 서양 문명의 쇠퇴 속도를 너무 과장했고, 또한 이 쇠퇴를 너무 지나치게 한탄했다. 그리고 그는 서양 문명을 위해 가상의 적을 빨리 찾아야만 서양 문명이 빠른 속도로 쇠퇴하는 것을 막을 수 있다고 보았다.[1] 바로 이러한 이유 때문에 그는 문명의 충돌밖에 볼 수 없었다. 심지어 어쩌면 그는 문명 간의 전쟁밖에 볼 수 없었을 수도 있다. 헌팅턴은 서양 문명의 구원자 역할을 하고 싶은 마음이 너무 절실했고, 또한 미국 정부의 참모 역할을 하고 싶은 마음이 너무 간절했다. 이 때문에 그는 문명의 본질에 대해 더욱 깊은 철학적 사고를 하려고 하지 않았다. 어쩌면 그런 능력이 없었을지도 모른다. 또한 이로 인해 그는 증명하지 않아도 너무나 자명한 역사 현상을 보고도 못 본 체했다. 자명한 역사 현상이란, 바로 현시대에서 지구의 거의 대부분 인구를 포괄하고 있는 각 주요 문명—가치관 차이와 이익 대립 때문에 상호 간에 충돌 또는 전쟁만 발생할 수 있다는 그러한 문명들 혹은 초대형의 인류 공동체들—은 그 자체가 바로 작은 인류 집단들의 장기적인 융합으로 형성되었다는 사실이다. 혹은 비교적 작은 인류 집단들이 지역적 정체성을 버린 결과로도 해석할 수 있다. 이러한 의미의 문명은 분명 정체적이고 불변적이거나 혹은 폐쇄적이거나 배타적이지 않다. 오히려 이러한 의미의 문명은 비정체적이고 계속 변화하며 개방적이고 포용적이다. 개방성과 포용성이 없었다면, 또 서로 다른 인류 집단 사이의 상호 작용과 협력이 없었다면, 문명은 절대 탄생할 수 없었을 것이다. 이는 곧 개방성과 포용성이 문명의 본질적 속성이고 문명이 문명이 될 수 있는 본질적인 전제 조건임을 의미한다. 헌팅턴이 볼 수 없었거나 혹은 보기를 원하지 않았지만, 너무나 분명하고 뚜렷한 한 가지 사실은 충돌이 발생할 수도 있다는 그 문명은 곧 옛날부터 지금까지 크고 작은 인류 집단들이 서로 다른 시기에 서로 다른 지역에서 서로 다른 형식으로 상호 작용하고 협력한 산물이란 사실이다.

문명은 언제나 생성되는 과정에 있고, 심지어 지금도 빠르게 생장하는 과정에 있을 수 있다. 분명 존 스튜어트 뮐러(John Stewart Müller)가 "문명의 진화 발전 과정에서 한 단계 더 높은 변화를 위해서는 필연적으로 더욱 큰 범위의 협력이 필요했고 더 많은 인구의 변화도 포함되어 있었다"[2]라고 한 것과 같다. 그리고 문명의 생장은 일반적으로 지역적 정체성의 경계가 타파되는 것으로 나타나거나 혹은 민족과 문화의 융합으로 나타났다. 과거 역사에서 동화 과정은 곧 다른 민족의 가치와 제도 및 문화를 수용하는 과정이었고, 또한 이는 문화의 융합 과정으로도 나타났다. 이러한 종류의 문화 융합이 근대 문명에 공헌을 했다고 보기보다는 그것이 근대 문명을 창조했다고 보아야 할 것이다. 문화의 융합과 확산이라는 이 두 종류의 강력한 문화적 발전 추세는 우리의 근대 문명이 걸어갈 길을 닦아주었다. 과학과 문화 발전의 여명 시기부터, 문화가 상호 영향을 미치고 융합하는 과정은 그 자체가 바로 역사 발전의 진보 과정이었다.[3] 의심의 여지가 없는 한 가지 사실은 인류 문명이 장기간에 걸쳐 거듭해서 진보하는 과정에서 일찍이 존재했던 수많은 원시사회 및 해당 문화가 예컨대 인도, 유럽, 북미-라틴아메리카, 이슬람 세계와 중국 같은 규모가 큰 역사 문화 공동체를 이루어냈다는 것이다. 이러한 거대한 역사 문화 공동체들은 모두 다양한 종족과 부족 및 민족, 다양한 종교와 종교 분파, 다양한 지역적 문화와 하위 문화, 다양한 언어와 방언 및 토착어를 포함하고 있다. 그리고 이와 함께 나타나는 한 가지 상황은 이러한 역사 문화 공동체들은 동시에 거대한 지연 경제 공동체로 나타난다는 점이다. 그 예로는 현대 중국과 인도와 같은 대형 역사 문화 공동체를 들 수 있다. 만약 서양 문명인 유럽과 북미 및 이슬람 문명인 중동만 놓고 본다면, 이 몇 개의 지역 또한 위와 동일한 의미에서 지연 공동체를 구성하고 있다. 이러한 문명들 혹은 문화 지역들이 지연 경제 공동체인 이유는 그곳 사람들을 하나로 응집시키고 있기 때문이다. 그리고 특정한 정신 자질과 문화 속성 외에도 바꿀 수도 없고, 취소시킬 수도 없고, 복제할 수도 없고, 이식할 수도 없는 지연 연속성과 지연 일체성이 또한 있기 때문이다. 이러한 종류의 지연 연속성과 일체성은 일종의 선결 조건이 된다. 바로 이러한 선결 조건이 있기 때문에, 역사적으로 서로 다른 지역의 인류 집단들이 아마도 상호 교류하며 조화를 이루고 화합할 수 있었을 것이고, 또한 범위가 더욱 커지는 협력을 진행할 수도 있었을 것이다. 또한 이를 통해 약한 상태에서 강해지고 작은 상태에서 커져서 마지막에는 우리가 잘 아는 규모가 거대한 문명 혹은 지연 공동체로 변천했을 것이다.

이상의 논의는 어쩌면 우리에게 서로 다른 인류 집단 간에는 단지 협력과 융합만 있고 투쟁과 충돌은 발생하지 않았다는 인상을 줄 수 있다. 충돌은 분명 보편적으로 존재했던 역사적 사실이다. 인류가 존재하는 지역에는 필연적으로 충돌이 있었다. 하지만 무수한 역사적 사실이 보여주듯이 문명 간, 나아가 문명으로 발전하지 못하고 요절한 수많은 원시인류 집단 간의 관계에는 충돌이 있기는 했지만, 융합도 분명 있었다. 정확하게 말하자면 서로 다른 인류 집단의 융합은 끊임없이 지속된 충돌 속에서 발생한 것이다. 따라서 인류 공동체가 융합 속에서 성장하고 자란 것으로 보기보다는, 충돌과 융합 속에서 성장하고 자랐다고 보아야 한다. 문명 자체뿐만 아니라 더 작은 인류 집단들 또한 충돌과 융합 속에서 성장하고 자라났다. 그리고 문명보다 작은 인류 집단들, 예를 들면 부족·부족연합·민족·왕국·제국 심지어 근대 민족국가와 같은 비교적 작은 인류 집단들 또한 보편적인 충돌과 융합 속에서 탄생했다. 서로 다른 부족들은 충돌 속에서 연합하여 부족연합을 형성했다. 대자연과 투쟁하고 공동의 적에 대응하는 능력을 증강시키기 위해서 부족연합을 형성했다는 것은 쉽게 상상할 수 있다. 서로 다른 부족연합이 통합하여 민족을 형성했다. 민족을 형성한 목적 역시 대자연과 투쟁하고 공동의 적에 대응하는 능력을 증강시키기 위해서였다. 서로 다른 민족이 통합해 왕국과 제국 혹은 근대 민족국가를 형성했다. 이러한 형태의 정치 실체들이 형성될 수 있었던 근본 동력은 바로 공동의 이익이었다. 보편적인 문명사의 현상인 충돌과 융합은 모든 문명과 문명보다 작은 인류 공동체의 기본 존재 형식으로 볼 수 있다. 또한 충돌과 융합은 문명들이 성장하고 자라는 보편적 형식이기도 하고 심지어 문명보다 작은 인류 공동체의 가장 근본적인 존재 의미라고도 볼 수 있다.

2. 문명과 보편적 종교의 충돌과 융합 속에서의 성장

여기서 그리스를 한번 살펴보자. 찬란한 업적을 이룬 그리스는 많은 도시국가들의 집합이었다. 특수한 지연-자연환경으로 인해 그리스인이 그리스인을 공격하는 일이 끊임없이 일어났고 그 내부 분쟁은 참으로 악명 높았다.[4] 그렇지만 부락으로 분산되어 있던 그리스인은 부락연맹을 결성했고, 부락연맹은 도시국가로 변천했고, 도시국가는 다시 비교적 큰 도시국가 연합을 형성했으며, 심지어는 한때 그 영토가 3개의 대륙에 달하는 다민족 다문명의 그리스 제국을 형성한 적도 있다. 이러한 역사적 사실들이 보여주듯이 일반적으로 그리스 민족이라고 부르는 명칭에는 문제가 있다. 비록 이러한 부족들이 공통의 언어와 비교적 동질적인 문화 특성을 갖고는 있었지만, 이른바 그리스는 엄격하게 말해 느슨한 지리적 개념으로서의 성격이 더 강하고, 배경이 다르고 형태도 각각 다른 다양한 부족을 포함하고 있었다. 상대적으로 보면 도시국가는 비교적 작은 정치-경제 실체에 불과하다. 그렇지만 그것은 여러 부족들이 상호 작용하고 충돌하는 과정에서 융합을 통해 형성되었고, 또한 그것은 국가 형성 과정에서 협소한 혈연 유대를 타파하고 이보다 더 포용성을 가진 지역 원칙을 확립한 결과의 산물이기도 했다. 이는 곧 순수한 종족의 의미로서 그리스인은 결코 존재하지 않는다는 것을 뜻한다. 가장 영향력이 컸고 혈통으로 시민의 신분을 선별한 적이 있는 아테네에서도 그러한 상황은 마찬가지였다.[5] 더욱이 로마는 많은 민족과 부족이 혼합된 상태였다. 사실 포용성이 비교적 강한 보통시민권 제도가 없었다면, 로마 제국이라는 이 초대형 정치 행위체는 근본적으로 형성될 수 없었다.[6] 이슬람 문명과 근대 서양 문명이 형성될 때의 상황도 그리스와 로마 문명이 형성될 때의 상황과 유사했다. 민족 동질감이 대단히 강했던 유대인조차 초기 역사에서는 여러 종류의 혈통 혹은 부족의 충돌과 융합을 겪었다. 고대 시리아 지역은 종족과 문화 측면에서 보면 오랫동안 마치 대용광로와도 같이 다양한 요소들로 뒤섞여 있었다.

중국의 상황도 물론 예외는 아니다. 이른바 화하민족의 조상은 염제와 황제 양대 부족의 융합으로 형성되었다. 이는 분명 부락연맹 혹은 초대형 부락연맹으로 보아야 할 것이다. 그리고 염제와 황제 양대 부족 또한 많은 원시부족들의 장기적인 충돌과 융합을 거쳐 최종적으로 형성된 것이다. 염제와 황제의 시기에 황허 중하류 평원에는 형태가 같고 성격도 비슷한 많은 족장국가들이 출현했는데, 이는 권력이 비교적 집중된 부락연합체였다. 강력한 힘을 가진 부락연합체로서 염제와 황제의 대형 연합 족장국가는 막대한 힘으로 꾸준히 영토를 확대하고, 지연 배경, 언어, 문자와 혈통이 천차만별인 많은 부족들을 흡수하고 통합시켰다. 요(堯)·순(舜)·우(禹) 시기에 이르면 화하 공동체의 문명 규모는 더욱 광범위해지고 또한 염과 황 시기와 비교해 더욱 안정된 정치 질서를 이룩했다. 화하 국가가 형성되던 초기에는 배경도 다르고 혈통도 다른 부족들에 대해 더욱 대규모로 그리고 더욱 효과적으로 정치와 문화의 통합 작용을 발휘했다.[7] 진나라와 한나라 이후의 군주제 시대에 와서도 중국의 종족 융합 과정은 끝나지 않고 여전히 계속되었다. 유목민족이 중원을 침입하고 점령한 시기에는 종족 융합의 속도가 더욱 빨라졌다. 가장 전형적인 예가 탁발씨 선비족이다. 서기 389년 현재의 산시(山西) 성 북부 일대를 차지하고 있던 선비족 통치자는 자신의 통치 지역에서 국호를 위(魏)—역사에서는 북위로 부른다—로 정하고, 동시에 일련의 강제적인 한족화 조치를 채택했다. 이는 한족 문화를 근본으로 삼는 정권 건설과 경제 형태로의 개조였다.[8] 이러한 종류의 개혁 혹은 혁명의 의미는 중대했고 그 영향도 대단히 심대했다. 선비족들이 마지막에 한족 문명으로 융합되는 것은 뒤집을 수 없는 추세가 되었고, 이로 인해 100여 년 후 효문제가 추진한 더 극적인 한족화 혁명이 가능했기 때문이다. 서기 495년 효문제는 뤄양으로 천도한 후 전면적인 한족화 정책을 추진했다. 법으로 공포하여 선비족이 오랑캐 옷을 입는 것을 금지하고, 그들이 정부 기구에서 선비족 말을 구사하는 것을 금지했다. 또한 선비족들이 한족의 옷을 입고 한족의 말을 구사하고 한족의 성으로 바꾸고 한족과 결혼하도록 추진했다. 심지어 뤄양에 이사 온 선비족은 죽으면 황허 이남에서 장사를 지내고 북쪽으로는 돌아가지 못한다는 법을 공표하기까지 했다.[9] 특기할 만한 것은 이러한 민족 융합이 선비족과 한족 사이에서만이 아니라, 이외에도 흉노족, 갈족, 씨족, 강족들 사이에 그리고 그들과 한족 사이에도 발생했다는 점이다. 이러한 민족들은 북위의 통제 하에 있었을 뿐 아니라, 심지어 선비족 통치자들에 의해 내륙인 한족 지역으로 대거 이주하기도 했다.[10]

이상의 논의로 알 수 있듯이 문명사에서 종족과 혈통은 대단히 불확실한 개념들이다. 종족과 혈통 개념을 사용하면 이러한 의문들이 필연적으로 생긴다. 한 종족 혹은 민족은 과연 순수할 수 있는가? 어느 시기부터 그것들이 순수하다고 간주할 자격을 가질 수 있는가? 무엇이 순수인가? 어떻게 순수를 정의해야 하는가? 어떤 기준으로 한 종족 혹은 민족이 순수한지 아닌지를 판단할 수 있는가? 심지어 그 순수성은 얼마나 높은가? 사실 어떤 종족과 민족 혹은 개인도 자신이 순수한지 아닌지, 혹은 자신의 조상이 언제부터 순수한 혈통을 가졌는지도 분명하게 말할 수 없을 것이다. 문명이 이렇게 대융합 과정을 거치는 상황에서는 더욱 분명하게 말할 수 없다. 분명 순수는 단지 상대적일 뿐이다. 그리고 이 상대성은 바로 보편적인 충돌과 융합에서 생겨난다. 지금도 서로 다른 인류 집단 사이의 충돌과 융합은 여전히 진행되고 있다. 그러나 현재 세계적으로 초점이 되고 있는 전 지구화를 만약 고대의 조건하에 두고 고찰한다면, 그것은 곧 서로 다른 문명의 충돌과 융합이 된다.

문명 간의 충돌과 융합은 종종 종교 간의 충돌과 융합으로도 나타난다. 서로 다른 지역의 신앙은 충돌과 융합의 상호 작용을 거치며 형성 규모도 더욱 커지고, 영향력이 미치는 범위도 더욱 넓어지고, 신도도 더욱 많아지고, 보편성 또한 더욱 강해진 종교로 성장했다. 가장 전형적인 예가 기독교이다. 수많은 연구 성과가 보여주듯이 기독교는 결코 무에서 생겨난 것이 아니다. 그 기본적인 가치관이 이미 확립되어 있는 상태에서 지역적 성격을 가진 가치관과 풍속 및 제도를 대량으로 통합한 이후에, 기독교는 비로소 최종적으로 형성될 수 있었다. 일반적으로 유대교 혹은 히브리 종교로 불리는 시리아 형태의 유일신 종교가 기독교의 형식으로 지중해의 그리스 세계로 전파될 때, 그리스철학의 이성(Idea) 형상(Form) 개념과 로고스(Logos) 개념 및 로마 제국의 행정제도 요소들을 흡수하지 않을 수 없었을 것이다. 또한 이 종교는 당시 그리스 로마 세계에서 지배적 위치를 차지하고 있던 다신 숭배와 여러 가지 종류의 비밀 교리 및 신비주의 교리와 타협하지 않을 수 없었을 것이다. 삼위일체설, 성모 숭배, 성도 숭배 등의 방법들을 사용했기 때문에 본래 지나치게 엄격한 유일신 관념이 경직되지 않을 수 있었다. 기독교의 부활설과 부활절 등의 중요한 요소들의 근원은 농경문화와 깊은 관련이 있는 지중해 서아시아의 부활신 숭배에 있었다고 볼 수 있다. 또한 이러한 문제를 분명 짚어보아야만 한다. 시리아 형태의 종교가 지중해 지역에 전래되기 이전에 마치 흠 하나 없이 깨끗한 순수한 옥과 같은 형태였을까 하는 점이다. 분명 그렇지는 않았다. 사실 유대인 사회집단에서 대단한 발전을 이룬 유대교도 여러 지역의 종교 관념 및 행위들과 오랜 기간 교류, 통합하는 과정을 거치면서 비로소 최종적으로 형성될 수 있었다. 바빌론 유수 이전의 유대교에서는 이브라함 종교 혹은 성서 종교(즉 유대교와 기독교 및 이슬람교)에서 보이는 최후의 심판, 천당, 지옥, 마귀, 천사 등과 같은 관념들은 보이질 않았다. 기원전 538년 페르시아인이 신바빌로니아 왕국을 정복하여 그곳에 포로로 구금되어 있던 유대인을 석방시킨 후에야, 이러한 관념들이 점차 유대교 교리의 중요한 구성 요소들이 될 수 있었다. 이것들은 이후에 기독교와 이슬람교의 기본 교리가 되었다. 그리고 일찍이 기원전 6세기 이전 그것들은 이란 지역 조로아스터교의 주요 요소들이기도 했다.[11]

3. 문명 확장과 전 지구화의 예행연습

최근 10~20년간 전 지구화는 세계적이고 학제적인 인기 화제가 되었다. 하지만 주목할 점은 전 지구화는 결코 최근 10~20년 안에 생겨난 특수한 현상은 아니란 사실이다. 또 이는 15세기 지리 대발견 이후에야 비로소 생겨난 특수한 현상도 결코 아니다. 전 지구화 진행 과정은 일찍이 기원전 200~300년에 이미 시작되었다. 바로 이 시기에 이전에는 접촉도 할 수 없었고 혹은 접촉이 많지 않아 상대적으로 단절되었던 각 대문명들이 뚜렷한 확장 행동을 하기 시작한 것이다.

기원전 4세기 마지막 30년 동안, 알렉산더가 이끄는 그리스 군대는 서아시아와 북아프리카를 정복했고, 수많은 그리스인이 그리스 군대를 따라 점령 지역에 들어가 주둔하면서 많은 그리스식 도시를 건설했다. 그리고 이곳을 근거지로 삼아 그리스 가치관, 종교, 풍속과 기술을 서아시아와 북아프리카로 퍼뜨렸다. 이것이 바로 이른바 헬레니즘이다. 이와 동시에 서아시아의 유대인도 대거 그리스화한 도시로 이주하면서 일반적으로 말하는 헤브라이즘과 유대 문명인 시리아 문명의 유일신론 및 해당 문화 요소들을 헬레니즘 세계에 확산시켰다. 이 흐름에 따라 유일신론을 핵심 특징으로 하는 시리아 문명은 그리스 세계에 뿌리를 내렸고, 마지막에는 기독교라는 하나의 변체를 형성했다. 혹은 기독교라는 새로운 문화가 열매를 맺었다고도 볼 수 있다. 얼마 후인 서기 7세기 초반 무렵에 시리아 문명의 또 다른 변체인 이슬람교가 아라비아 반도에서 흥기했고, 대단히 빠른 속도로 서아시아 기타 지역, 북아프리카 전역, 유럽의 시칠리아 섬, 이베리아 반도 등으로 확산되었다. 이후에는 다시 중앙아시아 전역, 인도 대부분 지역, 중국의 일부 지역, 동남아시아 대부분 지역 및 아프리카 동부와 심지어 중부로도 전파되었다. 동아시아에서는 중국 문명이 또한 기원전 100~200년부터 현재의 한국과 일본 및 베트남에 전파되었다. 인도 문명은 대략 동일한 시기에 소승불교[12] 형식으로 지금의 스리랑카 · 미얀마 · 태국 · 베트남 · 라오스 · 캄보디아 등지로 전파되었고, 대승 및 소승 형식으로는 현재의 중국 황허와 양쯔 강 유역에 전파되었고, 밀교와 황교 형식으로는 현재의 티베트 · 내몽골 · 외몽골로 확산되었다. 불교를 매개체로 한 인도 문명은 중국에서 여러 번 풍파를 겪었지만, 결국에는 뿌리를 내리고 싹을 틔우고 꽃을 피우고 열매를 맺었다. 이후에는 여러 종류의 중국화한 불교 형식으로 한국과 일본에 전파되었다.

이제는 다음과 같은 견해를 도출할 수 있을 것이다. 각 주요 문명은 독자적으로 진화 발전해오다가 기원 원년 전후부터는 각자 모두 자신의 지역 밖으로 공간 확장을 시작했다. 이때부터 이전에는 서로 어떤 연관도 없었던 인류 공동체가 함께 모이기 시작했고, 가치 관념과 문화 풍속 차원의 빈번한 접촉도 시작되었다. 더 중요한 것은 정치 · 경제적인 밀접한 상호 작용이 시작되었다는 점이다. 그 결과로 이전의 각 문명과 비교해서 훨씬 더 큰 지역, 예를 들면 동아시아와 동남아시아 세계, 스리랑카를 포함한 남아시아 세계, 서아시아와 북아프리카 및 유럽 세계에서 문화와 경제 및 정치의 거대한 통합 진행 과정이 시작되었다. 이러한 통합 진행 과정은 천천히 그리고 반복적으로 이루어졌고, 현재에 이르러서도 만족할 만한 성과를 거두었다고는 말할 수 없다. 정치 방면에서는 특히 더 그렇다. 바꾸어 말하면 지연 문명 혹은 지연 공동체가 이때부터 형성되었다고 볼 수 있다. 그리하여 독자적으로 형성되던 기존의 문명 양식에 강력한 전환이 발생하기 시작했다. 이전에는 비교적 낮은 발전 수준에 머물러 있던 인류 집단들은 확장 중인 새로운 문명을 수용했고, 이전에는 발전 수준이 비교적 높았던 인류 집단과 확장 중인 새로운 문명 간에는 융합 혹은 혼혈이 발생했다. 이러한 이유로 인해 오랫동안 독자적으로 진화 발전하던 각 대문명이 기원전 200~300년에 시작한 확장은 곧 지연 문명 혹은 지연 공동체의 형성을 의미하게 된다. 또한 이는 일종의 지역적이고 소규모적인 전 지구화이고, 일종의 준지구화 혹은 하위 전 지구화이고, 현재 뜨겁게 논의되고 있는 완전한 의미의 전 지구화의 예행연습과 준비를 의미한다. 아무리 강조해도 지나치지 않은 점은, '지연 문명 혹은 지연 공동체의 형성' 또는 '문명 확장'의 의미를 지닌 준지구화가 있었기 때문에 완전한 의미의 전 지구화도 가능할 수 있다는 점이다.[13]

하지만 앞에서도 제기한 것처럼, 이 문제를 단지 문화 형태로만 보는 것에 그치지 않고 무역과 경제의 관점에서도 보아야만 한다. 이렇게 보고 과거에는 완전히 단절되어 있던 문명들 예를 들면 중화 제국과 로마 제국 및 인도 사이에 전개되었던 원정 장거리 무역을 지표로 삼으면, 전 지구화는 일찍이 기원 원년을 전후한 100~200년에 이미 그 실마리를 최초로 드러낸 것이 된다. 따라서 본질적으로 보면 전 지구화는 각 주요 문명의 역사가 진화 발전하면서 또한 각 지연 연속체의 경제가 발전하면서 생겨난 객관적인 현상이고 역사 진화 발전의 필연적인 결과라고 할 수 있다. 하지만 학술계 나아가 일반 사람들 사이에서 유행하는 견해는, 전 지구화는 16세기 서양 자본주의가 세계로 확장되던 시기부터 논의할 수 있는 문제라고 본다. 서양 마르크스주의를 대표하는 한 사람인 월러스틴의 세계체제론을 이러한 견해의 전형으로 보아도 무방할 것이다. 그러나 너무 엄격한 정의에만 얽매이지 않는다면, 지구에서 서로 다른 문명과 지연 공동체 간의 경제 교류 혹은 전 지구화는 그 유래가 오래된 현상임을 쉽게 발견할 수 있다. 그렇지만 그 규모와 깊이는 16세기 이후와는 비교할 수 없다. 특히 1980년 이후의 정보화 시대의 전 지구화와는 더욱 비교할 바가 못 된다. 물론 대다수 사람들이 더 쉽게 수용하는 관점은, 서기 1500년 이후 5세기 동안에 거의 대부분 사람들은 세계의식을 가지고 있지 않았기 때문에 당연히 전 지구화를 논하지도 않았다는 것이다. 만약 이 시기에 어떤 사람들이 모종의 세계의식을 가지고 있었다면 그것은 아마도 단지 극소수의 모험가 혹은 사상가뿐이었을 것이다. 중국에는 19세기 중엽에 위원과 임칙서가 있었다.

더 구체적이고 더 분명한 전 지구화 기준을 수용한다면(이는 월러스틴이 세계체제론에서 말하는 전 지구화의 기준과 본질적인 차이는 없다), 전 지구화는 15세기에서 16세기 사이에 시작되었다고 볼 수 있다. 그 지표가 되는 역사적 사실은 정화가 이끈 거대한 중국 함대의 7차례의 서쪽 바다 항해, 바스코 다가마가 아프리카를 돌아 아시아에 도착한 원양항해, 콜럼버스의 아메리카 항해 등의 원양 탐험 활동이다. 정화 함대의 동남아시아, 인도양 연해 지역과 아프리카 연안 항해는 20여 년간 지속되고 돌연 중단되어 버렸다.[14] 또한 같은 시기 중국 · 일본 · 동남아시아 · 인도 · 페르시아 · 오스만튀르크 제국의 경제 번영, 나아가 유럽인의 원양 무역이 이러한 경제 번영에 기여한 것도 그 지표로 삼을 수 있다.[15] 이러한 관점은 오랫동안 유럽과 미국 학술계에서 통용되어온 견해와는 확연하게 다른 것이다. 이는 16세기 이전 유럽 이외의 세계 기타 지역 경제는 상당히 오랜 시기 동안 활기차지 못한 상태에 있었고, 유럽인이 들어오고 난 뒤에야 이 지역들은 다시 활성화되었다는 견해를 말한다. 만약 이러한 비교적 전통적인 시각을 채택한다면 아마 다음과 같은 결론을 도출할 수 있을 것이다. 즉 아메리카는 16세기에 비로소 유럽이 중심이던 세계체제에 포함되었고, 아메리카가 세계경제 체제에서 결정적인 역할을 한 것은 훨씬 뒤의 일이다. 예를 들면 아메리카의 은이 들어와 세계적으로 유통되면서부터 유럽의 대동아시아 무역 특히 대중국 무역에서의 장기적인 적자 상황이 근본적으로 변화했다.

만약 상술한 유럽 중심론의 기준을 채택한다면 아마도 이러한 결론이 도출될 것이다. 즉 18세기 중엽 영국이 남아시아 대륙에 정식으로 식민통치를 수립한 후에야 남아시아 지역은 비로소 유럽이 중심이던 세계체제에 실질적으로 융합한 것이 된다. 그리고 중국, 일본, 한국과 베트남이 이 체제에 융합한 시간은 더욱 늦어져 훨씬 뒤인 19세기 후반 무렵이 된다. 하지만 이는 역사적 인과관계가 있고 또한 서로 밀접한 연관을 맺고 있는 일련의 중대한 사건이 발생한 후에야 비로소 나타나게 된 경제 정치 구조이다. 영국인(혹은 광범위하게 말해서 서양인)은 아메리카에서 약탈한 은을 다 쓰게 되자 동아시아 무역에서 정상적인 지불 수단을 상실하게 된다. 이 때문에 부득이하게 아편을 지불 수단으로 바꾸어 사용해 대중국 무역의 적자 문제를 해결하고자 한다. 이러한 도전 앞에서 중국 정부는 아편 금지 정책을 실시했다. 영국은 아편전쟁을 일으켰고 중국은 패배한다. 또한 영국과 기타 서양 국가들과 체결한 일련의 불평등조약으로 인해 어쩔 수 없이 무역항을 개방하게 된다.[16] 대략 동일한 시기에 일본 또한 미국의 무력 위협으로 쇄국 상태를 끝내고 무역항을 개방한다. 이때부터 근대 자본주의가 대대적으로 발전하게 된다.

4. 전 지구화의 동력인 기술혁명

결코 경시할 수 없는 점은 기술혁명이 전 지구화 진행 과정을 추진하는 작용을 했다는 사실이다. 이는 인쇄술을 예로 들 수 있다. 16세기 유럽에서 활자 인쇄술은 광범위하게 사용되기 시작한다. 주의할 점은 중국은 일찍이 서기 10~13세기 송나라에서 인쇄술을 이미 광범위하게 사용하였다는 것이다. 이러한 종류의 신기술은 일단 광범위하게 사용하면 즉각 연쇄반응과 같은 결과가 생긴다. 인쇄술 보급으로 수도원과 수도원 제도가 지식을 독점하던 구조는 신속하게 무너지고 이에 따라 교회의 권위 또한 급격하게 실추되었다. 반면 속어(권위적인 라틴어에 비교했을 때 상대적으로 속어라 할 수 있는 네덜란드어 · 영어 · 독어 등)의 지위는 급격하게 상승했다. 국가는 교회를 압도해 정치와 종교가 분리되고 각종 신교 교파가 탄생했다. 제지업은 발전했고 신문업은 확장되었다. 그리고 정보의 전파 속도와 수준 그리고 범위도 매우 크게 향상되었다. 이로 인해 민족주의 의식이 강화되고, 개인의 권리 의식도 높아지고, 출판의 자유 또한 강조되었다. 하지만 인쇄술이 가져온 가장 중요한 결과는 무엇보다 대의제 정부가 흥기하는 데 유리한 정보와 사회 환경을 제공했다는 점이다.[17] 만약 19세기 상반 무렵까지 유럽인의 입장에서만 본다면, 인쇄술이 영향을 미친 범위는 주로 유럽에 국한되어 있었다고 볼 수 있다. 더 정확하게 말해서 유럽 서부이다. 혹은 기차 · 증기선 · 전보 · 전화 등 더욱 새로운 기술과 비교한다면, 인쇄술이 전 지구화 자체에 미친 영향은 그다지 직접적인 것처럼 보이지 않을 수도 있다. 그러나 인쇄술이 유럽이라는 이 지연 문화 공동체에 미친 통합 작용만 본다면 그 자체도 또한 분명 전 지구화의 일부분으로 보아야만 한다. 여기서 특히 제기해야만 하는 것은 인쇄술이 동아시아 국가들인 중국과 한국 및 일본에서는 유럽보다 300~400년 먼저 상당한 정도로 보급되어 있었다는 점이다. 이는 동아시아 경제와 문화를 통합하는 데 직접적인 영향을 미쳤다. 혹은 인쇄술의 보급은 전 지구화 진행 과정이 동아시아 지역에서 전개되는 데 필요한 기술과 문화 및 사회적 토대를 마련해주었다고 볼 수 있다.

인쇄술의 출현 이후, 유럽과 미국에서도 일련의 중요한 기술혁명이 일어났다. 이에는 증기기관을 상징으로 하는 동력혁명, 증기기관을 기반으로 한 기차와 증기선의 새로운 교통 운송 기술혁명, 나아가 전보와 전화가 가져온 원거리 직접 전송 기술의 혁명이 포함된다. 이러한 기술혁명들은 유럽의 경제 · 정치 · 사회 · 문화 등의 각 방면에서 먼저 강렬한 변혁을 일으키고, 그다음 아주 빠르게 전 세계로 파급되어 거대한 충격을 주었다. 그렇지만 제2차 세계대전 종전 무렵을 기준으로 잡아 판단해보면 세계 각 주요 문명 혹은 지연 지역 간의 경제 상호 작용과 문화 교류 규모가 커졌다고는 볼 수 없다. 물론 규모는 상대적인 것이고 또 어떤 기준을 사용하는가에 의해 달라진다. 비록 전보 · 전화 · 라디오 · 기차 · 자동차 · 증기선 등이 유럽과 미국 등의 각 국가에서 매우 광범위하게 사용되었지만, 중요한 지연 지역들을 더욱 긴밀하게 연결시킨다는 측면에서 보면 상술한 기술은 아직 광범위하게 사용되었다고 볼 수는 없다. 왜냐하면 큰 지연 지역 간의 경제 발전 수준이 서로 달랐고, 중국 · 인도 · 중동 · 라틴과 아프리카의 공업화 진행 과정이 아직 완성되지 않았고 여전히 비교적 낮은 수준에 머물러 있었기 때문이다. 제트기 · 고속열차 · TV · 위성통신 · 인터넷 등 더욱 발전된 운송과 통신 기술들은 당시에는 선진국에서조차 아직 세상에 나오지도 못하고 있었다. 이 기술들은 단지 군사 목적으로만 사용되고 있었지 아직 민간 영역에서는 광범위하게 사용되지 않았다.

하지만 1980년대 이후에는 확실히 전 지구화가 대대적으로 고조되었다. 이때 빠르게 홍기한 동아시아 각국들은 대단히 중요한 역할을 맡기 시작했다. 또한 이때 일본은 이미 완전한 의미의 현대화를 실현했고, 동아시아의 네 마리 용으로 불리는 한국 · 타이완 · 홍콩 · 싱가포르의 경제도 급속하게 성장했다. 중국 대륙도 30년 동안 쇄국정책을 편 이후에 개혁개방 정책을 시행해 경제가 활발해지기 시작했다. 동아시아의 홍기는 특히 중대한 의미가 있다. 동아시아가 성장하고 나서야 전 지구화 진행 과정이 비로소 거대한 활력을 다시 얻을 수 있었고, 또한 비로소 명실상부한 급속한 발전의 시기로 진입할 수 있었기 때문이다. 만약 신석기 시대 말기에 탄생한 농업의 출현과 견줄 만한 비약적인 발전을 든다면 그것은 기원 원년을 전후해 시작된 장거리 대륙 간 무역으로 볼 수 있다. 그렇다면 15세기에서 16세기 동서양에서 거의 동시에 시작된 대규모 원양항해는 장거리 대륙 간 무역의 시작과 비교하면 더 큰 비약적 발전이 된다. 또한 만약 15~16세기 대규모의 원양항해와 비교해본다면, 19세기에 기차 · 증기선 · 전보 · 전화 기술이 탄생한 것은 더 큰 비약적 발전으로 볼 수 있다. 그리고 1980년대 이후 제트기 · 고속열차 · TV · 위성통신 · 인터넷의 광범위한 사용은 과거 어떠한 시대의 비약적 발전보다 더욱 큰 비약적 발전이 된다. 19세기 중엽 작가이자 사상가인 미국의 랠프 에머슨(Ralph Emerson)은 처음으로 기차를 탄 후 "거리(距離) 소멸"이란 감탄을 내뱉었다.[18] 그러나 기차는 단지 증기기관을 기반으로 한 교통운송 기술에 불과하다. 이와 비교하면 지금은 소수의 사람만이 아니라 각 대륙의 보통 사람들이 모두 속도가 훨씬 빠른 제트기를 탈 수 있는 시대이다. 이는 막대한 수의 사람들이 국가를 오가고 대륙을 오가는 빈번한 유동이 이루어지고 있음을 의미하는 것으로 근본적으로 기차 시대에는 상상할 수 없던 것이다. 만약 에머슨이 살아 있었다면 거리가 소멸됐다고 느끼는 훨씬 더 강렬한 감정을 정확하게 표현하기 위해 그가 어떤 어휘를 사용했을지 모를 일이다. 또한 바로 이 시대에 TV와 인터넷이 전 세계로 급속하게 보급되었기 때문에 대량의 화상통신이 전 세계로 즉시 전송되게 되었다. 인터넷 망과 가입자 수는 기하급수적으로 증가하고 있다.[19] 이 또한 에머슨이 상상할 수도 없었던 일이다. 이 모든 상황으로 인해 전 세계 사람과 정보의 교류는 규모 면에서나 속도와 빈도 면에서나 모두 이전보다 훨씬 크게 앞설 수 있었다. 이때부터 2천 년 혹은 5백 년 전에 시작된 전 지구화는 눈이 어지러울 정도의 가속도가 붙기 시작했다.

특히 주의해야만 하는 사실은 과학기술은 과거부터 지금까지 독자적으로 형성된 폐쇄적 시스템은 분명 아니라는 점이다. 그것은 인류 생활의 다른 방면과 대단히 밀접하게 연결된 것이다. 과학기술 혁명과 기술 변혁은 사회 · 경제 발전 수준과 특정한 경제 형태에 의해서 결정된다. 반대로 이는 또한 경제의 발전을 촉진하기도 하고, 동시에 이러한 더 높은 수준의 경제가 장차 어떤 새로운 형태로 나타날지를 결정한다. 그것은 또한 연구 · 개발 · 설계 · 시장 관계 및 전문적인 노동력의 양성에서도 나타난다. 또한 생물기술 · 신소재 · 로봇과 같은 새로운 기술의 출현을 결정한다.[20] 이보다 연관성이 더욱 밀접한 사실은 과학기술 혁명은 전 지구화 진행 과정 자체를 급속도로 가속시킨다는 점이다. 그것은 인간과 인간의 교류를 갈수록 빠르게 확산, 증가시키고, 또한 일련의 연쇄반응과도 같은 결과를 낳았다. 모든 생산과 서비스 시스템의 국제화는 필연적으로 일종의 새로운 현실을 만든다. 이러한 새로운 현실에서는 세계의 경제, 전쟁과 평화의 문제가 과거의 군사 전략보다 우선시되고, 공동으로 우주 공간을 정복하고, 공동으로 지구환경을 보호하고, 삶의 질을 향상시키고, 기아와 빈곤 및 문맹을 극복하고, 세계를 관리하고, 다양한 문명들의 민주적이고 다원화된 풍부하고 다채로운 평화적 공존을 확보한다. 이것들은 이제 더 이상 철학의 문제나 도덕의 문제가 아니라 이미 실제로 필요한 문제가 되었다. 인류도 이제 더 이상 추상적인 개념이 아니라 대단히 실재적이고 일반적인 현실이 되었다.[21]

5. 전 지구화의 특징인 다국적 기업

전 지구화는 새로운 경제 형식을 출현시켰다. 그중 가장 주목을 끄는 것은 아마도 최근 20~30년 사이에 급속히 생겨난 초대형 다국적 기업일 것이다. 모두가 관찰할 수 있는 것처럼 다국적 기업의 '다국적'은 동남아시아나 유럽 혹은 북미같이 단지 한 지역에 국한된 다국적이 아니라, 대부분이 전 세계를 아우르는 다국적이다. 그것들은 세계 각국의 경제생활에 구체적이고 뚜렷한 거대 영향을 끼쳤을 뿐만 아니라, 또한 언제 어느 곳에서나 볼 수 있기 때문에 강한 충격적 반향을 일으키는 상징적 기호를 만들어냈다. 코카콜라 · 펩시콜라 · P&G · AT&T · 맥도날드 · KFC · 월마트 · 까르푸 · 에릭슨 · 보다오(波導) · 화웨이(華爲) · 파나소닉 · 히타치 · 하이얼(海爾) · TCL · 삼성 · 엘지 · 제너럴일렉트릭 · 화이자(Pfizer) · 도요타 · 폭스바겐 · 볼보 · 제너럴모터스 · 현대자동차 · 델 · 컴팩 · IBM · 마이크로소프트 · 레노버(Lenovo)와 같은 유명한 다국적 기업은 종족과 문화적 배경이 서로 다른 사람들에게 저렴하고 좋은 상품들과 양질의 서비스 및 대량의 취업 기회를 제공했다.[22] 또한 그 브랜드 자체만으로도 세계 각지 사람들에게 거대한 심리적 영향과 강렬한 문화적 충격을 일으켰다.

그러나 모든 사람이 전 지구화를 환영하는 것만은 아니다. 전 지구화에 격렬하게 반대하는 사람들은 세계 자본주의 경영을 실행하는 다국적 기업을 모든 악의 우두머리로 여긴다. 많은 측면에서 볼 때 이들의 견해에 일리가 없는 것만은 아니다. 예를 들면, 한편으로는 전 지구화로 인해 다국적 기업의 이윤은 크게 늘어났지만, 다른 한편에서는 회사 내 임금의 불균형 현상이 심해지고 있다는 점을 들 수 있다. 1990년을 전후해 회사 최고경영자와 일선 생산 노동자의 임금 비율은 60:1이었다.[23] 이 수치도 이미 상식에서 너무 벗어난 것이지만, 다른 한 조사에 따르면 1993년 회사 최고경영자와 일선 생산 노동자의 임금 비율은 이미 130~140:1에 달했다. 미국의 건설기계 제조회사인 캐터필러(Caterpillar) 그룹의 총수 월급은 노조가 굴복한 후 407만 달러로 급격히 올랐는데, 이는 전년도보다 53퍼센트나 증가한 것이다. 1992년 월트디즈니의 이사는 2억 달러를 받았고, 미국의 의료 보험 회사 애트나(Aetna) 최고경영자는 1억 2,700만 달러를 받았다.[24] 한편으로 다국적 기업 총수들은 월급이 비상식적으로 높아 '회사 킬러'로 불리기까지 하지만, 다른 한편으로 이 회사들은 무자비하게 대량으로 직원을 감원하고 있다. 이 킬러들의 연봉을 보면 미국의 통신회사인 AT&T는 340만 달러에 달하면서도 4만 명을 감원했으며, 앞으로도 5년 동안 이 회사는 10만 명을 감원할 계획이라고 한다. 이렇게 하면 이 회사가 1984년 벨시스템(Bell System)을 해체한 이후부터 감원한 총수는 25만 명에 달한다. 독일의 광학 회사인 칼자이스(Carl Zeiss)는 최고경영자의 연봉은 250만 달러에 달하면서도 1만 2,000명을 감원했고, 제너럴일렉트릭 사는 최고경영자의 연봉은 100만 달러에 달하면서도 7만 4,000명을 감원했다.[25]

이것은 모두 사실이다. 다국적 기업 내부의 부의 분배에는 분명 심각한 문제가 존재한다. 그러나 이는 아마도 아직 완벽하지 않은 사회 분배제도에서 야기된 문제들이고, 전 지구화 자체가 초래한 결과는 아닐 것이다. 옛날부터 지금까지 분배 정의는 줄곧 인류 사회를 괴롭혀온 큰 문제이다. 1980년대 이전에는 많은 국가들이 계획경제를 채택하면 이 문제를 해결할 수 있다고 믿었고, 또 실제로 계획경제를 실행했다. 계획경제의 조건에서 인류가 수천 년 동안 간절히 바라던 목표인 분배 정의가 마치 실현되는 것처럼 보였다. 그러나 인류는 계획경제가 초래한 또 다른 문제들을 아주 빨리 발견했다. 그것은 보편적인 저효율과 특권 계층이었다. 어떻게 보아도 이러한 특권 계층은 높은 월급을 받는 다국적 기업 총수들과 마찬가지로 대단히 우려스러운 것이다. 근 1세기 동안의 실험을 겪어본 후 전 세계는 모두 계획경제를 포기했다. 또한 짚고 넘어갈 점은 다국적 기업 총수들이 받는 거액의 월급이 아무 의미 없이 어떠한 결과도 없이 무절제하게 낭비되는 돈은 아니란 것이다. 이 돈들이 유통 체계를 통해 재생산 영역으로 다시 흡수되어 사회적 재산을 재창조하는 데 적극적으로 활용된다면, 더 많은 취업 기회를 만들어낼 수도 있다. 다른 한편 선진국의 조세제도는 상당히 완벽한 수준이고, 부의 재분배를 조절하는 기능도 비교적 효과적으로 하고 있기 때문에, 억만장자들이 재력이 있을 때 자발적으로 지갑에서 거액의 재산을 꺼내어 개인 명의로 사회 공익사업에 기부하는 사회적 분위기도 생겨날 수 있을 것이다. 그들이 이렇게 하는 동기는 물론 세상에 이름을 남기기 위해서기도 하겠지만, 그보다는 대단히 무거운 상속세를 피하기 위해서이다. 하지만 객관적인 효과 면에서 볼 때 이는 곧 사회적 부의 재분배와도 같다. 그리고 사회 전체로 보면 이는 개인의 기회 분배라는 새로운 재조정으로 볼 수도 있다. 이 밖에 또 주의할 점은 선진국에서는 회사 구성원 간의 이익 분배가 비교적 공평하게 이루어진다는 것이다. 예를 들면 1973년 아랍과 이스라엘이 전쟁을 벌인 후 석유 운송이 금지되자 유가는 폭등했고, 이로 인해 새로운 석유자원을 찾는 것이 급선무가 되었다. 이때 엑손모빌(Exxon Mobil)은 이 회사의 우수한 지질 전문가들을 붙들기 위해 그들에게 유임 보상을 제시했다. 이는 만약 그들이 65세까지 회사에서 일하는 것을 받아들인다면 퇴직금 이외에 100만 달러의 보상금을 받을 수 있다는 조건이었다. 100만 달러는 1970년대에 결코 적은 액수가 아니었다. 또한 구글 사의 직원 두 팀은 2005년 4월 회사 측으로부터 1,200만 달러어치의 회사 주식을 받았다. 이 회사는 또한 지금 '창립자상'이란 명목으로 또 다른 직원과 몇 팀에게 회사 주식을 증정할 계획을 갖고 있다. 그들은 이러한 방법으로 직원들을 붙들고 싶어 한다.[26]

이상의 논의는 단지 선진국의 회사 내부에서 일어나는 분배의 불공정 및 이와 관련된 대량의 감원 같은 문제들에 해당한다. 전 세계적으로 볼 때 상품의 다국적 생산과 소비가 초래하는 국가와 국가 간의 분배 불공정 상황도 마찬가지로 사람들의 관심을 끄는 문제이다. 예를 들어보면 인도네시아의 공장에서 하루 종일 나이키 신발을 만드는 여공의 1일 임금은 겨우 1.3달러(이는 1990년대 초기의 상황이다)밖에 안 되는데, 하청업자는 1켤레당 6.5달러의 가격으로 나이키 사에 판다. 그러면 나이키 사는 여러 번 전매시켜 1켤레당 50~100달러의 가격으로 미국 시장에서 판매한다. 나이키 사가 마이클 조던에게 지불하는 광고비는 2,000만 달러이다. 인도네시아 공장에 고용된 전체 여공은 3만 명인데, 나이키 사가 그녀들에게 지불한 돈을 모두 합해도 마이클 조던의 광고비에도 미치지 못한다.[27] 마찬가지로 다국적으로 생산, 소비되는 전형적인 상품인 커피를 예로 들어봐도 상황은 거의 동일하게 불공정하다. 선진국 시장에서 건조된 커피의 소매가격은 1킬로그램당 10달러를 초과한다. 하지만 금방 딴 커피의 국제 가격은 1킬로그램당 겨우 1달러밖에 나가지 않는다. 제3세계 국가의 커피 농가는 1킬로그램당 25~50센트를 벌 수 있다. 제3세계 국가는 중간 단계, 예를 들면 운송, 저장, 처리, 수출 단계에서 1킬로그램당 50~75센트의 이익을 얻을 수 있다. 이렇게 해서 1킬로그램당 10달러의 커피 소매가격 중 9달러를 경제협력개발기구 회원국 중의 국제 무역상, 배급업자, 도매상 및 소매상인이 가져간다. 이 과정에서 가져간 잉여가치 특히 중간 단계에서 가져간 것은 놀랍게도 산지 가격의 20배에 달한다. 그리고 커피 농가는 25~50센트를 받더라도 그중 단지 일부만이 농민의 호주머니로 들어간다. 왜냐하면 그들은 토지세를 지불해야 하고, 농업 대출금을 상환해야 하고, 농장에 투자를 해야 하기 때문이다.[28]

이것도 마찬가지로 사실이다. 상품을 다국적으로 생산, 소비하는 과정에는 분명 국가와 국가 간의 분배 불공정의 문제가 존재한다. 하지만 자본주의의 원시적 축적은 원래부터 대단히 잔인했고 비인도적이었다. 현재 전 지구화 진행 과정은 분명 아직은 이상적인 상태, 즉 어떤 국가든 혹은 어떤 개인이든 모두가 평등하게 다국적 경제활동에 참여할 수 있고, 평등하게 이익을 얻을 수 있는 상태에는 도달하지 못했다.[29] 이 점들을 인정하는 것도 분명 필요하다. 하지만 또한 보아야만 할 점은 바로 전 지구화로 인해서 16세기 이후 유럽은 흥기할 수 있었으며, 1970년대 이후 동아시아 각국도 새롭게 흥기할 수 있었고 비교적 급속하게 공업화를 이룰 수 있었다는 사실이다. 더 중요한 점은 바로 전 지구화로 인해서 개혁개방 이후 중국이 비교적 신속하게 경제적 전환을 실현할 수 있었고, 20여 년 연속해서 전 세계에서 가장 높은 경제성장 속도를 유지할 수 있었다는 것이다. 이 덕분에 국력은 크게 성장하고 국제적 지위 또한 크게 향상될 수 있었다. 또한 바로 전 지구화 덕분에 계획경제를 실시하던 인도는 몇 년간의 깊은 잠에서 깨어나 분발하기 시작했고 역사에 유례가 없는 경제 활력을 보일 수 있었다. 각종 현상들은 인도가 머지않은 장래에 더욱 부각된 모습으로 나타날 것임을 보여주고 있다. 여기서 특기할 만한 것은 인도에서 가장 부각된 모습을 보여주는 산업부문이 바로 반도체 산업이란 점이다. 과거 10여 년 동안 선진국이나 중국과 같은 개발도상국들은 대량의 반도체를 인도에서 외주 형식으로 생산하였다. 그 덕분에 인도 반도체 산업은 대단히 높은 수익을 거뒀다. 반도체 산업의 번영은 인도의 기타 산업을 이끌어 인도 경제의 총체적 발전에 대단히 많은 공헌을 했다. 전 지구화가 15세기의 세계체제에서는 아직 주변에 있었던 서양을 중심으로 향하게 했고, 이로 인해 아시아는 주변으로 전락했다고 본다면, 또한 바로 이 전 지구화로 인해 동아시아와 남아시아는 다시 중심 위치로 향할 수 있게 되었다.

한 가지 중요한 사실을 또한 고려해야만 한다. 위에서 인용한 전 지구화가 초래하는 국가와 국가 간 분배의 불공정 사례에서 사용한 가치 기준은 구매력평가가 아니라 달러였다. 달러는 서로 다른 국가에서 서로 다른 구매력을 갖는다. 개발도상국에서 달러의 구매력은 선진국과 비교해서 훨씬 높다. 만약 구매력평가로 가격 기준을 삼는다면, 선진국의 무역상, 배급업자, 도매상, 소매상이 다국적 생산과 소비에서 얻는 이익은 상상한 것만큼 그렇게 많지는 않다. 반대로 개발도상국이 그중에서 얻는 이익 또한 상상한 것처럼 그렇게 적지는 않다.

다국적 전 지구화에 대한 가치판단은 잠시 보류하고 이에 대해 객관적인 서술만을 해보면, 다국적 기업은 이미 현대 세계 경제생활에서 대단히 중요한 조직이자 경영 형식이 되어 있다는 점을 쉽게 알 수 있다. 또한 이미 세계의 중요한 경제 지역을 모두 점령했다는 것도 알 수 있다.[30] 다국적 기업의 수출은 이미 각 주요 경제 지역에서 가장 중요한 수출 형식이 되었고, 이러한 수출 규모는 전 세계의 수출 수준을 크게 초과했고, 또한 해외에 제공하는 상품과 서비스의 중요한 수단으로 변했다.[31] 다국적 기업의 거대한 생산 규모는 어림잡아 최소한 전 세계 생산의 25퍼센트를 차지하고, 세계 무역의 70퍼센트를 차지하고 그 매출액은 거의 세계 GDP의 50퍼센트에 육박한다. 그것이 원재료에서 금융, 제조업에 이르기까지 세계경제의 각 부문들에 영향을 미치고 있기 때문에, 세계의 주요 경제 지역의 경제활동은 일체화를 실현할 수 있었고 새롭게 정비될 수 있었다.[32] 2000년에 전 세계에는 6만 개의 다국적 기업이 있었고, 82만 개의 자회사가 있었으며, 전 세계 생산과 서비스 매출액은 15조 6,000억 달러에 달했고, 고용한 노동력은 1990년의 2배였다.[33] 이러한 거대한 생산 규모는 다국적 기업이 세계적으로 엄청나게 많은 취업 기회를 창출했다는 것을 의미하고, 다국적 기업이 새롭게 일어난 세계 자본주의 질서의 중심 조직이 되었다[34]는 것을 의미한다. 그리고 다국적 기업이 세계와 지역 기구에 대단히 강력한 권력을 행사하고 있다는 것을 의미한다. 심지어 이러한 이유로 인해서 국가가 아닌 다국적 기업의 자본이 현대 세계경제의 경제 권력과 자원의 조직, 배치 및 분포에 결정적인 영향을 미치고 있다[35]고 볼 수 있다. 다국적 기업이 실제로 이처럼 거대한 권력을 가지고 있을까? 정말로 이처럼 결정적인 영향력을 미치고 있을까? 이는 아마도 분명 견해가 각각 다를 수 있는 문제일 것이다. 하지만 현대 세계에서 아직은 민족국가가 가장 큰 효력을 발휘하는 정치 정체성의 단위이고 또 가장 기본적인 국제정치 기구의 형식이다. 따라서 민족국가는 권력과 자원이 과도하게 다국적 기업으로 흘러가는 현실에서 대책을 마련해야만 하고, 다국적 기업이 민족국가의 안정 나아가 국제 질서의 안정에 위험을 끼치지 않도록 적당히 통제를 해야만 한다. 이것은 세계적인 대과제이다.

성공한 다국적 기업은 전 지구화 진행 과정에서 갈수록 더 커지고 있다. 그중 반도체 회사 같은 곳은 그 규모가 너무나 커 명실상부하게 국가와 맞먹는 부를 가지게 되었다. 따라서 전 지구화가 새로운 격차를 초래했다는, 특히 국가와 국가 간의 빈부 격차를 확대시켰다는 견해를 전 지구화에 반대하는 사람들이 제기하는 것은 조금도 이상할 것이 없다. 이러한 견해의 실증은 세계 1인당 평균 수입에서 찾을 수 있다. 2001년 세계은행에 따르면 2000년 세계 1인당 평균 수입은 대략 7,350달러였지만, 이 수치는 1인당 평균 수입 간의 큰 격차를 감추고 있다. 왜냐하면 2001년 세계은행에 따르면 세계에서 부유한 지역에 사는 9억 인구의 1인당 평균 수입은 2만 7,450달러에 달하고, 반면에 빈곤 지역에 사는 51억 인구의 1인당 평균 수입은 3,890달러이기 때문이다. 9억의 행운아들은 서양의 부유한 지역에 거주하며, 세계 소비 지출의 86퍼센트, 세계 수입의 79퍼센트, 전체 전화회선의 74퍼센트를 차지한다. 이와 비교하면 세계에서 가장 가난한 12억 인구는 세계 전체 소비에서 1.3퍼센트, 세계 에너지 소비에서 4퍼센트, 세계 어류와 육류 소비에서 5퍼센트, 모든 전화회선의 1.5퍼센트만을 차지할 뿐이다.[36] 예상에 따르면 세계에서 가장 부유한 국가와 가장 빈곤한 국가 간의 격차는 현재 역사적으로 가장 높은 수준에 이르렀고 또한 급속히 확대되고 있다. 가장 부유한 국가와 가장 빈곤한 국가 간의 수입 격차는 1960년 이후부터 이미 배로 늘어났다.[37] 그러나 이는 단지 문제를 보는 하나의 시각에 불과하다. 만약 상대소득격차(relative income gap)란 지수를 사용한다면 매우 다른 결론이 나올 수 있다. 즉 지금의 수입 격차는 단지 두 세기 동안에 진행된 공업화의 산물에 지나지 않는다는 것이다. 혹은 선발 국가와 후발 국가 간에 일시적으로 존재하는 격차로도 볼 수 있다. 그리고 전 지구화가 지속적으로 추진되면서 이러한 종류의 격차는 조만간 상당히 줄어들 것이다. 실제로 세계은행과 국제연합개발계획(UNDP)의 연구 결과는 다음과 같이 표명하고 있다. "경제개발협력기구 국가와 기타 국가 간의 상대 수입 격차는 줄어들고 있다. 그 격차는 1970년 세계 평균 수입에서 차지하는 약 88퍼센트에서 1995년에는 78퍼센트로 하락했다.(World Bank, 2001; UNDP, 2001) …… 이는 1980년과 비교하면 2억이 넘는 사람들이 절대 빈곤 속에서 생활하는 것이다. 즉 매일 1달러도 안 되는 돈에 의지해 겨우 생활한다. 실제 빈곤 인구의 비율은 이미 31퍼센트에서 20퍼센트로 하락했다. …… 최근 20년 동안 절대 빈곤의 비율도 어느 정도 하락했을 뿐 아니라, 또한 전 세계 가정 간의 불균형 비율 또한 하락하고 있다."[38]

더 주의할 만한 것은 전 지구화로 많은 개발도상국들이 짧은 시기에 해외무역과 제조업 방면에서 대단히 큰 진전을 이루었다는 점이다. 과거 몇십 년 동안 개발도상국 경제가 세계 수출과 국내외 투자 흐름에서 차지하는 비중은 매우 크게 증가했다. 동아시아와 라틴아메리카의 신공업화 경제는 갈수록 중요해지는 역량으로 변했다. 20세기 말인 1990년대에는 세계 제조업 부문의 일자리 중 거의 58퍼센트가 개발도상국에 있었다. 개발도상국에서 선진국으로 수출하는 제품의 60퍼센트는 모두 제조업 상품이었는데, 이는 40년이 안 되는 기간 동안 12배가 증가한 것이다.[39] 이러한 상황은 개발도상국의 경제와 기술 수준이 대단히 향상되었음을 의미한다. 그중에서도 개혁개방 이후 중국이 이루어낸 엄청난 경제적 성과는 세계의 주목을 끄는 것이고, 또한 이는 세계의 경제 정치 구조를 크게 바꾸어놓았다. 총체적으로 볼 때 이러한 각종 상황들은 전 지구화가 전 세계 특히 개발도상국에 손해보다는 이익을 더 많이 가져다주었음을 설명해준다.

6. 세계 경제문화와 경제 전 지구화

전 지구화에 대한 가치판단과 상관없이 전 지구화 현상 그 자체는 이미 부인할 수 없는 현실이 되었다. 최소한 경제의 관점에서만 보면 이는 명백한 사실이다. 현재의 문제는 문화적 의미를 내포한 전 지구화 또한 존재하는지 여부이다. 이에 대한 해답은 어떻게 문화를 정의하는가에 달려 있다. 각종 현상들이 보여주듯이, 전통적 의미의 각 대문명들 혹은 내가 말하는 지연 문명 혹은 지연 공동체들은 현재의 경제 전 지구하란 세찬 물결 속에서, 그 정도가 갈수록 커져가는 단일한 세계 경제문화를 공동으로 만들고 향유하고 있다. 주의할 점은 '경제문화'는 경제와 문화가 아니라, 경제적 의미를 내포한 문화를 말한다는 것이다. 국제적인 경제문화의 핵심 내용들이 현재 생겨나고 있고, 또한 이것은 각종 전통문화의 한계를 뛰어넘고 있기 때문에 앞으로 갈수록 많은 사람들이 공유할 수 있을 것이다.[40] 이는 경제에 영향을 미치는 많은 신념과 태도 및 가치관들이 앞으로는 공동의 것이 되고, 또한 생산성에 뚜렷하게 불리한 작용을 하는 문화 요소들은 앞으로는 전 지구화란 압력을 받으며 혹은 세계경제가 더 많은 기회를 가져다주는 상황에서 점차 소멸할 수 있다는 것을 의미한다.[41] 간단하게 말하면 인류가 공동으로 향유하는 세계 경제문화가 현재 형성되고 있다는 것이다.

더 정확하게 말하면 세계 경제문화란 개념이 가리키는 것은 세계적으로 인류의 경제생활 중에 이미 존재하고 있는 가치관, 즉 긍정적인 의미가 있는 것으로서 일반적으로 수용되고 인식되는 일단의 가치관을 말한다. 예를 들면 "혁신은 좋은 것이다, 경쟁은 좋은 것이다, 책임제는 좋은 것이다, 엄격한 규정제도의 기준은 좋은 것이다, 능력과 기술 방면의 투자는 필수적이다, 직원은 자산이다, 기업 집단 구성원의 지위는 곧 경쟁력이다, 공급업자와 고객과 거래처의 협력은 유익한 것이다, 관계와 조직은 필요한 것이다, 교육과 기능은 작업 효율의 필수 조건이다, 생산성이 높아야만 임금이 높아진다" 따위이다.[42] 이와 반대되는 태도는 부정적 가치관을 의미한다. 예를 들면 불공정 경쟁을 초래하는 독점, 권력의 대소에 따라 결정되는 보수의 정도, 기업 문화 중 경직된 직급제도, 경제활동 중의 파벌관계 등이다. 현재 이런 세계 경제문화는 갈수록 강해지는 동질성을 보여주고 있다. 이른바 전 지구화란 넓은 의미에서는 경제문화의 의미를 내포한 동질화를 가리킨다. 일부 네오마르크스주의자들은 경제적 의미의 동질화가 다양한 차이를 없애고 있다고 말한다. 혹은 이것이 현재 각종 전통적 의미의 문화를 삼키고 있다고도 말한다. 그들은 문화다원주의로 이러한 종류의 세계적 동질화에 대항해야 한다고 호소한다.[43] 사실 이러한 사상 경향은 반마르크스적이다. 인류 문명의 진화 발전 법칙을 통해 볼 때 전 세계가 공동으로 가지고 있는 경제문화도 마찬가지로 일종의 필연성으로 간주해야 한다. 그렇지 않으면 각 대문명은 그 존재 이유를 잃게 된다. 왜냐하면 그것들은 국부적인 정체성 혹은 국부적인 차이를 타파하는 과정에서 성장하고 강대해졌기 때문이고, 그것들 자체가 곧 지역적 신분 혹은 지역적 특성을 해소한 결과이기 때문이다. 이러한 동질성을 내포한 경제문화의 궁극적인 토대는 동일한 상품 생산방식과 동일한 상품 교역 방식 및 동일한 교통과 통신 수단이고, 또한 서로 다른 국가 혹은 지역 및 서로 다른 문명 혹은 지연 공동체 간의 경제 관계와 협력이다. 이러한 종류의 경제 관계와 협력은 현재 갈수록 빈번하고 밀접해지고 있다.

역사를 되돌아보면, 16세기 초 동남아시아를 포함한 동아시아와 남아시아 및 중서부 유럽의 3대 지연 공동체가 이미 3개의 준세계체제로 간주될 만한 자격을 갖추고 있었다는 사실을 쉽게 발견할 수 있다. 이때는 지연성의 의미를 가진 북아메리카 문명은 아직 존재하지 않았고, 지연성의 의미를 가진 라틴아메리카 문명도 여전히 맹아 상태에 있었다. 혹은 준지구화의 모습을 상연하고 있던 거대한 지연 지역들 내에서, 각 지역과 민족 및 정치 실체들은 상호 간에 이미 밀접한 경제와 문화 및 정치 관계를 수립하고 있었다고 볼 수 있다. 하지만 엄밀하게 보자면 16세기에 와서야, 즉 근대 자본주의가 세계로 확장을 시작하고 나서야 완전한 의미의 세계경제 체제가 형성되기 시작했다. 혹은 완전한 의미의 경제 전 지구화 시대가 비로소 열렸다고 볼 수 있다. 20세기 후반 무렵에서 21세기 초기 물결처럼 밀려드는 기술혁명의 토대 위에서, 그리고 갈수록 많은 국가들이 시장경제 정책을 실시하는 배경하에서, 또 세계 각국의 대외 무역량이 급격하게 증가하는 상황에서, 전 지구화의 속도는 급속도로 빨라지기 시작했다. 혹은 전 지구화가 역사에 유례없는 높은 단계로 진입했다고 할 수 있다. 그리고 이 전 지구화는 반드시 역사적으로 유례없는 완전히 새로운 기준들을 사용해서 평가해야만 한다. 이러한 이유 때문에 설사 전통적 의미의 각 주요 문명들이 가까운 미래에도 여전히 상당한 정도로 자신의 본질적인 문화 자질을 유지하겠지만, 역사가 유구한 경제적 의미의 세계체제가 빠른 속도로 문화적인 일종의 전 지구적 문명으로 변천하는 중이라고 볼 수 있는 것이다. 다시 말해 전 지구적 문명은 주로 경제문화를 의미하지 전통적인 문화 형태와 정치형식을 의미하는 것은 아니다. 또한 전 지구적 문명의 공통성 속에도 각각의 문명이 가진 풍부한 개성들은 여전히 내포되어 있을 것이다. 사실 개개의 문명 혹은 개개의 지연 공동체는 근본적 의미를 지닌 세계 경제문화를 이미 공동으로 누리고 있었다. 시간이 감에 따라 이러한 공동 향유의 정도는 한층 더 높아질 것이고, 또한 각 전통문명의 원래 모습 심지어 핵심 자질을 변화시키는 세계 경제문화의 작용도 갈수록 강해질 것이다. 실제로 현재 각 전통문명은 그 형태가 비슷해져가는 추세를 뚜렷이 보이고 있다. 심지어 문명과 지연 문명 다음 단계의 진화 발전은 문화 신분, 즉 생명 형태가 점차 약화되는 단계라고 말해도 과장은 아닐 것이다.

이유는 매우 간단하다. 전 지구화가 진행되는 분위기와, 지역과 문명을 초월한 세계적 경제 협력이 이루어지는 조건에서, 국가와 문명이든 아니면 초국가 경제연합이든 혹은 초문명적 성격의 지연 경제 공동체든 상관없이, 전통적 의미의 작은 경제 실체 간에 이루어진 상호 관계와 상호 의존 정도는 대단히 깊어짐으로써, 몇 세기 이전의 폐쇄된 상태로 다시 되돌아갈 가능성은 전혀 없기 때문이다. 이전의 자아 의존도가 높았던 문명 혹은 지연 문명들의 각종 형태들은 일단 사라지면 다시는 돌아오지 않을 것이다. 이러한 상황에서 세계 각국의 사람들은 전통적 의미의 종족 · 민족 · 국가 · 문명 혹은 지연 공동체는 단지 부분적인 신분 정체성만을 대표할 수 있을 뿐임을 갈수록 분명하게 인식할 것이다. 그리고 사람들은 이러한 부분적인 신분 정체성에 내포된 한계 또한 분명하게 인식할 것이다. 또한 세계 각국의 사람들은 이전에 그들에게 신분을 부여했던 문명의 진화와 발전이 사실은 이전부터 부락 · 부족 · 민족 · 국가 · 지역 · 지연 연속체 사이의 상호 협력의 정도가 점점 높아지는 객관적 법칙을 따르고 있었다는 사실도 인식할 수 있다. 혹은 이른바 문명 혹은 지연 문명의 탄생과 발전은 각양각색의 부분적 정체성들을 타파하는 객관적 법칙을 따르고 있었다고 볼 수 있다. 세계 각국의 사람들은 부분적 정체성은 필연적으로 한계성을 초래한다는 것을 차츰 분명하게 인식할 수 있다. 이 한계성이 부족 · 민족 · 국가로 표현되든지, 아니면 문명 · 지연 공동체로 표현되든지, 종교 분파 · 지역 종교 혹은 어떤 세계 종교로 표현되든지 상관없이, 세계 각국의 사람들은 어떤 형식의 한계성이든지 모두 자신의 장기적인 이익에는 본질적으로 손해가 된다는 사실을 분명하게 인식할 수 있을 것이다. 따라서 이것을 반드시 극복하고, 이것을 타파하고, 이것을 버릴 때, 인류는 비로소 끊임없이 앞으로 나아갈 수 있고, 미래의 발전 속에서 자신의 무한한 잠재력을 지속적으로 실현할 수 있다.

이러한 의미에서 문명이 과연 개인 혹은 민족 정체성의 대상이 될 수 있는지, 또한 문명이 정체성 혹은 신분을 근본 속성으로 하는 인식 대상이 될 수 있는지 탐구해볼 만하다. 심지어 한번 의심해볼 만하다. 이에 대해 서양 문명을 예로 들어도 무방할 것이다. 서양 문명의 근원은 어디에 있을까? 그것은 시리아 문명과 그리스 로마 문명이란 두 추축시대 문명의 통합에 있다. 야만족인 게르만의 고유 자질 또한 이 통합 속에 참여했다. 그렇다면 그리스와 시리아 문명은 어디에서 왔을까? 그것들은 또한 각자 여러 추축시대 문명, 예를 들면 이집트 · 수메르 · 바빌로니아 · 크레타 · 미케네 · 히타이트 문명이 혼합된 산물이다. 이와 같이 볼 때 서양 문명 혹은 어떠한 문명도 모두 정체성을 가지고 있다고 말할 수 없다. 앞서 제기한 것처럼 순수한 혈통을 가진 문명 혹은 민족은 있을 수 없다. 미국 학자 데이비드 윌킨슨(David Wilkinson)의 말에 따르면 19세기까지는 그래도 지구상에 몇 개의 독자적 문명이 존재하고 있었지만, 지금은 단지 하나만 남아 있을 뿐이다. 이것은 '중앙문명' 혹은 '서북 구세계 문명'이다. 이 유일한 초대형 문명은 어떻게 형성되었을까? 기원전 약 1500년에 이집트 문명과 메소포타미아 문명이 서아시아에서 만나 충돌하고 통합하는 과정에서 형성된 것이다.44 이렇게 형성된 초대형 문명이 곧 시리아 문명이다. 이 초대형 문명은 차례로 서아시아 지중해 지역의 그리스 로마 문명 · 서양 문명 · 동방정교 문명 · 아랍 이슬람 문명 · 이란 이슬람 문명 · 인도 문명 · 중국 문명과 일본 문명을 차례로 흡수하거나 집어삼켰다. 이러한 관점은 서양중심주의 색채가 농후하다는 점은 굳이 논하지 않더라도[참고 10-1] 한 가지는 의심할 여지 없이 분명하다. 그것은 바로 문명 진화 발전의 추세를 전체적으로 보면 혈연적 한계와 지연적 한계가 끊임없이 타파되는 과정이었고, 총체적 생산성과 경제적 효율이 지속적으로 향상되는 과정이었고, 인류의 모든 잠재력이 끊임없이 개발되는 과정이었다는 사실이다. 윌킨슨이 말한 중앙문명이 실제로 존재한다고 해도, 이것 또한 서로 다른 문명 혹은 지연 공동체가 공동으로 세운 문명으로 보아야만 한다. 이 과정에서 이집트 문명과 메소포타미아 문명이 융합된 후 형성된 새로운 문명의 정체성과 주체성은 고정되어 있지 않고 계속 변화하거나 또는 더 큰 규모의 문명으로 융화되었다. 그리고 이러한 큰 문명도 마찬가지로 끊임없이 옛날의 자신을 버리고 새로운 자신을 건설하는 거대한 과정에 있었다.

또한 단지 경제적 의미를 지닌 전 지구적 문명만 나타난 것은 아니다. 전 지구적 문명은 경제적 의미 이외에 근대성으로 그 기본적 내용들을 개괄할 수 있다. 하지만 이러한 종류의 근대성도 유럽 문명 혹은 서양 문명에서만 그 연원을 찾을 수 있는 것은 결코 아니다. 사실상 근대성은 각각의 문명이 하나의 통일된 세계체제 내에서 진행한 상호 작용에 그 연원을 두고 있다(세계체제에 관해서는 이 책 제6장 '문명 상호 작용 속의 근대성'과 제

1장 '서론' 참조). 많은 것들이 유럽의 독자적 산물로 간주된다. 예를 들면 가치관 · 발견 · 발명 · 과학기술 · 정치제도 등이 그러하다. 하지만 이것들은 실제로는 초지역체제 혹은 세계체제인 제3단계에서 고대 아시아의 주요 문명에 있던 중심이 유럽으로 이동한 결과일 뿐이다. 심지어 자본주의 또한 세계체제 내에서 유럽이 전 지구화하고 중심화하는 형세에서 생겨난 결과이지 결코 유럽에서만 형성된 것은 아니다. 16세기 유럽은 4,500년 동안 초지역체제 내에서 형성된 인류의 정치, 경제, 과학기술, 문화와 관련된 경험들을 독점했다. 그러나 유럽은 과거에는 한 번도 중심이었던 적이 없다. 기껏해야 주변에 지나지 않았다.[45] 현재 이러한 의미를 가진 전 지구적 문명은 빠르게 생장하는 과정에 있다.

7. 전 지구화 모습 속의 대정체성과 소정체성

증명하지 않아도 자명한 한 가지 상황이 있다. 비록 전 지구화 진행 과정이 한층 더 심화되었고, 전 지구화 수준이 더욱 향상되었으며, 대다수 사람들의 인정을 받는 하나의 통일된 전 지구적 문명이 이미 형성되었다고 해도, 오래전부터 서로 다른 인류 공동체들에게 신분적 정체성을 제공했던 각각의 문명들, 각각의 종교들, 그리고 더 나아가 천차만별인 지역 문화들은 현재는 물론이고 앞으로도 상당 기간 여전히 존재할 것이란 사실은 부인할 수 없다. 이는 다양하고 개별적인 문화적 정체성들과 개별적 종교 신앙들이 여전히 계속 자신의 자리를 유지하리라는 것을 의미한다. 또한 이는 일종의 이중적 정체성 심지어 다중적 정체성 구조가 앞으로 출현할 수 있다는 혹은 이미 출현했을 수 있다는 것을 의미한다. 이는 곧 개인, 종교 공동체, 민족, 국가가 통일된 전 지구적 문명에 정체성을 느끼면서, 이와 동시에 자신이 본래 가지고 있던 문화적 정체성과 종교 신앙도 계속 유지한다는 것을 의미한다. 그러나 통일된 전 지구적 문명과 비교하면, 개별적 문명과 문화 및 개별적 종교 신앙은 지역적이고 국부적인 것이다. 이를 소정체성으로 불러도 무방할 것이다. 이와 대응하는 것은 전 지구적 문명에 대한 정체성 혹은 대정체성이다.

현재의 전 지구화 시대는 자본 · 정보, 상품과 기술이 국경을 넘어서 대규모로 이동하는 시대일 뿐 아니라 사람도 국경을 넘어서 대규모로 이동하는 시대이다. 한 국가의 사람이 다른 국가로 유학을 가거나 여행을 가거나 장사를 할 수도 있다. 그리고 한 국가의 사람이 다른 국가의 사람과 연애도 하고 결혼도 할 수 있고, 한 국가의 사람이 다른 국가에서 장기 체류를 할 수도 있다. 심지어는 그 국가의 국적을 취득해 시민이 될 수도 있다. 사실 현시대에서 국가를 초월해 이동하는 사람들 중 가장 높은 비율을 차지하는 것은 영구 이민자들이다. 이러한 영구 이민은 항상 초문화적이고 초문명적인 성격을 띤다. 이는 이민자의 출생지의 문화와 그가 거주하는 국가의 문화 사이에 대립과 차이 및 심각한 충돌이 생겨날 수 있다는 것을 의미한다. 실제로 대다수 이민자들은 그들이 사는 국가에서 서로 충돌하는 이중 언어와 이중 문화라는 상황에서 생활하고 있다. 이러한 환경에서 십중팔구 그들의 신분은 부자연스럽고, 그들의 문화적 동일성 또한 불확정적이고, 주류 사회의 무관심으로 생겨나는 문화적 교란과 사회적 소외 나아가 인종차별은 피할 수 없다. 만약 신분 문제만 잘 해결할 수 있다면 초문명적 이민자는 아마도 기꺼이 '세계인' 혹은 '세계시민'이 되려고 할 것이다. 그러나 대부분의 이민자들에게 신분 문제는 설사 몇 세대를 뛰어넘는다고 해도 원만하게 해결할 수 없는 큰 문제이다. 물론 옛날부터 지금까지 민족의 디아스포라 현상은 줄곧 존재해왔다. 이러한 생존 상황은 문화 신분의 이중성과 다중성 및 불확정성을 초래했다. 하지만 현재에만 국한해서 볼 때 '세계시민'이 된다는 것은 대다수 사람들에게 비록 아무 의미가 없는 것은 아니지만 그 가능성이 매우 큰 것도 아니다.

다른 한편 많은 이민자들은 이중 언어와 이중 문화 심지어 다언어와 다문화 환경에서 생활할 수 있다. 초국가 혹은 초문명의 이민자는 그가 현재 살고 있는 다른 국가 혹은 다른 문화 속에서 자신에게만 속하는 언어와 문화의 오아시스를 창조할 수 있다. 혹은 이민자는 다른 종족과 다른 문화란 망망대해에서 자신에게만 속하는 언어와 문화란 외딴 섬을 택할 수도 있다. 그러나 세계의 절대 다수 사람들은 단일한 언어와 단일한 문화 환경에서 생활한다. 이른바 '단일'이란 상대적인 것이다. 절대적으로 순수한 문명 혹은 문화는 하나도 없고, 다른 문명 혹은 다른 문화 요소들이 내포되지 않은 문명과 문화도 있을 수 없다. 그들은 출생과 동시에 한 특정한 문명에 속하게 되거나 특정한 문화 신분으로 지정된다. 대부분 그들은 자신의 문화 신분을 다시 선택할 기회를 갖지 못한다. 예외적으로 유대인과 화인 및 해외 인도인처럼 타향에 거주하는 사람들은 이와 달리 이중적인 심지어 다중적인 문화적 정체성을 택하고, 현지 언어를 구사하고 현지 문화를 생활화했다. 이로 인해 그들이 본래 갖고 있던 문화적 신분은 어느 정도 희석되었다. 하지만 이는 그들이 살고 있는 지역에서 자신의 생존과 발전을 도모하기 위해 부득이하게 선택할 수밖에 없었던 일이다. 이러한 상황 외에 디아스포라로 인해 형성된 것이 아닌 이중 언어와 이중 문화적인 사회를 살펴보면, 이러한 상황에서 모국어와 모국 문화가 여전히 주도적인 지위를 차지하고 있다는 사실은 쉽게 발견할 수 있다.

논의의 편의를 위해서 홍콩을 예로 들어보자. 오랫동안 영국이 통치했던 홍콩 사회에서 대단히 많은 홍콩 현지인들은 영어를 본고장 사람처럼 뛰어나게 구사했고, 영미 문화 혹은 넓은 의미의 서양 문화에도 매우 익숙했고 서양 문화를 이해하는 능력도 매우 높았다. 그러나 절대 다수의 홍콩 현지인들의 모국어는 여전히 중국어이지 영어가 아니다. 그들의 가치관과 행동 방식 및 사유 방식 또한 여전히 전형적인 중국식이다. 그들은 심지어 대륙의 중국인과 타이완의 중국인보다도 중국 문명의 전통적 가치관을 더 많이 유지하고 있다. 홍콩 사람들은 이중 언어와 이중 문화 속에 있었지만, 그들이 유년 시대를 해외가 아니라 중국어를 쓰는 환경에서 보낼 수만 있었다면, 그들의 본질적인 문화적 정체성은 분명 중국 문화에 대한 정체성으로 나타날 수 있었다. 혹은 그들을 그들 자신이게 하는 본성들 중에서 가장 결정적인 작용을 하고 가장 지속적으로 영향을 미친 것은 여전히 중국 문화라고 볼 수 있다. 과거부터 지금까지 한 번도 단절된 적이 없는 중국 문화에 대한 정체성이 있었기 때문에, 또한 중국 대륙의 경제가 급속하게 발전하고 국가의 종합적 국력 또한 빠른 속도로 커졌기 때문에, 홍콩이 중국에 반환된 후 짧은 8년 만에 본래 뚜렷한 국가적 정체성이 부족했던 많은 홍콩 사람들이 뚜렷한 국가적 정체성을 빠르게 함양할 수 있었다. 이것은 일종의 정서적인 국가적 정체성이다. 이러한 감정은 미국 미사일이 유고슬라비아 주재 중국 대사관에 떨어진 오폭에 대해 보인 그들의 격렬한 반응을 통해서도 쉽게 찾아볼 수 있다. 그리고 이는 2004년 아테네 올림픽에서 중국 선수들이 경기를 할 때 그들에게 보낸 환성과 갈채를 통해서도 쉽게 나타난다. 대다수 홍콩 사람들에게 이러한 정서적인 국가적 정체성은 완전히 새로운 경험이었고, 이는 그들이 영국 총독부 통치 시기에는 경험할 수 없었던 현실이었다. 홍콩이 중국에 반환되기 전인 100여 년 동안 대다수 홍콩 사람들은 "나는 누구인가?" 혹은 "나는 어떤 국가에 혹은 어떤 인류 집단에 속하는가?"라는 문제를 떠올릴 때 매우 난감해했었다. 그들 중에는 자신이 도대체 중국인인지 아니면 영국인인지 잘 알지 못하는 사람들도 있었고, 혹은 중국인도 아니고 영국인도 아닌 단지 홍콩 사람일 뿐이라고 생각하는 사람들도 있었다. 이로 인해 문제가 해결되는 것은 아니다. 왜냐하면 홍콩은 여태껏 한 번도 주권을 가져본 적이 없는 정치 행위체이기 때문이다. 민족국가를 본질적인 정치적 정체성 대상으로 삼는 현 세계에서, 홍콩 사람들은 마침내 국가 정체성을 가지게 되었고 의지할 곳이 생겼다. 또한 정서적인 국가적 정체성이 홍콩 사람들의 중국 민족성 혹은 중국에 대한 문화적 정체성을 한층 강화시켰다는 것은 쉽게 짐작할 수 있다.

이러한 상황이 출현할 수 있는 이유는, 한 문명이 탄생할 때부터 혹은 하나의 문명으로 간주될 수 있는 자격을 갖출 때부터 그 문명을 그 문명이게 하고 다른 문명과 구별할 수 있는 각종 자질들을 획득하기 때문이다. 이는 문명이 각종 본원적인 자질들, 취소할 수 없는 각종 정신적 모반(母斑)들, 바꿀 수 없는 각종 역사적 문화 규정성들을 획득한다는 것을 의미한다.[46] 이 문명에 속하는 사람들은 이러한 정신 자질들 혹은 역사적 문화 규정성을 바탕으로 자신의 신분을 확립하고 정의한다. 여전히 그 자신의 문명과 문화를 사용해야만 자신의 문화적 신분과 정체성을 정의할 수 있는 시대에, 러시아인은 러시아인일 수밖에 없고, 일본인은 일본인일 수밖에 없고, 인도인은 인도인일 수밖에 없고, 유럽인은 유럽인일 수밖에 없고, 미국인은 미국인일 수밖에 없고, 중국인 또한 중국인일 수밖에 없다. 세계 차원에서 비록 전 지구화의 기세가 대단히 왕성하기는 하지만, 기원전 8세기~기원전 2세기 추축시대에 형성된 각 주요 문명들은 지금도 여전히 자신의 견고한 정신적 핵심들과 선명한 기호 상징들을 가지고 있다. 각 주요 문명들이 비록 사물과 제도 심지어 관념 측면에서도 이런저런 커다란 변화를 겪었지만, 본질적인 역사적 문화 규정성은 좀처럼 쉽게 바뀌지 않았다. 실제로 서양인에게 멸망한 두 라틴 문명을 제외하고는 근대 이후 각 주요 문명의 본질적 자질들에는 실질적 변화가 발생하지 않았다. 이러한 점은 문명 간에 비록 대화를 할 수도 있고 대화 속에서 상호 양해와 이해를 추구할 수도 있지만, 상당히 큰 부분에서 문명 간의 차이는 없앨 수 없다는 것을 의미한다. 혹은 각 주요 문명은 여전히 생명 형태에서는 나누어질 수 없는 특성을 가지고 있다고 볼 수 있다.

이러한 상황은 중국인으로 살거나 혹은 해외에서 화인으로 살거나(1세대 화인에 한정해서 보면), 태어나면서부터 가졌던 중국인에게 존재하는 중국 민족성은 쉽게 변화하지 않는다는 것을 보여준다. 왜냐하면 이러한 종류의 중국 민족성은 선택할 수 있는 것이 아니기 때문이다. 한 중국인이 중국인일 수 있는 이유는 특정한 생물학적 특징 이외에 그 자신 또한 중국의 문화적 가치와 문화적 기호를 지니고 있기 때문이다. 그리고 그의 두뇌 안에 그가 중국인이 될 수 있게 하는 집단 기억과 집단 경험이 저장되어 있기 때문이다. 이러한 문화 가치, 문화 기호, 집단 기억과 집단 경험은 중국 문명의 독특한 정신 자질과 정신 역정에 근원을 두고 있어서 결코 취소할 수 없고, 피할 수 없는 것이다. 문명의 근원은 그 역사가 유구하다. 대대손손 중국인들은 이러한 가치, 기호, 집단 기억과 집단 경험에 의해 만들어지기도 하고, 또한 이러한 가치, 기호, 집단 기억과 집단 경험을 끊임없이 다시 만들어내기도 한다. 발생론의 시각에서 보면 이러한 가치, 기호, 집단 기억과 집단 경험은 중국 문명의 정신적 본성에서 나왔다. 그리고 이러한 종류의 정신적 본성은 선진 시대의 인(仁)의 관념으로 거슬러 올라갈 수 있다. 한 사람의 중국인 혹은 화인은 생명 방면에서는 본질적인 유가 학설에서 자신의 근본적 가치 이념을 찾고자 하고, 또한 이러한 가치 이념에 내재되어 있는 '인'의 규정성을 끊임없이 다시 만들어내고자 한다. 존재론적 의미에서 보면 특히 인의 규정성은 취소할 수도 없고 또한 피할 수도 없다.

의심할 여지 없이 지금의 시대 나아가 미래에도 각종 문화 정체성과 각종 국가 정체성은 여전히 오랫동안 존재할 수 있다. 하지만 각종 문화 정체성과 각종 국가 정체성은 인류 사회의 개인 · 민족 · 국가 나아가 문명이 유지하고자 하는 개별적 정체성을 방해하지는 않을 것이고, 동시에 더 높은 세계적 정체성을 공동으로 만들고 향유하고자 할 것이다. 다시 말하면 세계적 성격의 대정체성은 지역적 국부적 성격의 소정체성을 완전히 포용할 수 있다는 의미이다. 심지어 가까운 미래에 스스로 세계인 혹은 세계시민으로 자처하는 많은 사람들이 출현할 가능성도 배제할 수 없다. 그렇지만 확신할 수 있는 점은 설령 세계시민이라고 해도 개별적 문화 정체성과 개별적 국가 정체성이 완전히 사라진 고립된 환경에서는 살 수 없으리라는 것이다. 사실 경제 · 제도 · 기술적 의미를 내포한 세계 문명은 이미 존재하고, 인류 생활에 중대한 영향을 미치고 있고, 또한 머지않은 미래에 더욱 큰 영향을 미치게 될 것이다. 이러한 의미에 토대를 둔 세계 문명의 가치들(예를 들면 민주 · 자유 · 인권 · 법과 제도 등)은 개인에게 문화적 신분을 제공해줄 수는 없을 것이다. 하지만 개인에게 확실한 문화 신분을 제공할 수 있는 생명 형태적 의미의 세계 문명에게 그 운용 구조와 생장 환경을 제공해줄 수는 있을 것이다. 사실 각종 문명들이 기원 원년을 전후해 시작한 확장이 전 지구화의 예행연습이었던 것처럼, 인류는 대정체성이 소정체성을 포용하는 방면에서 이미 본받을 만한 선례를 남기고 있다. 이에 대해 군주제 시내와 현내의 중국은 좋은 예가 된다. 통일된 국가 정체성과 통일된 중화 문화의 정체성을 함께 공유하는 토대 위에서, 50개가 넘는 소수민족들은 오랫동안 자신들의 개별적 문화 정체성과 개별적 종교 신앙도 동시에 유지하고 있다.[참고 10-2] 현재 인도에는 수백 혹은 천 개가 넘는 소수민족이 있다. 그 정확한 숫자는 소수민족을 어떻게 정의하는가에 따라 결정된다. 베트남에는 60개가 넘는 소수민족들이 있다. 네팔에는 30개가 넘는 소수민족이 있다. 이외에 인도네시아 · 태국 · 이란 · 유럽 · 미국 · 캐나다 · 호주 · 영국 · 프랑스 · 독일 등의 국가들도 무수한 개인과 민족들이 통일된 국가 정체성과 통일된 민족의 문화적 정체성을 함께 공유하는 토대 위에서, 모두 마찬가지로 자신들의 개별적 민족문화와 개별적 종교 신앙을 유지하고 있다.

8. 주권의 상대화

전 지구화 상황에 있는 문화 정체성에 대와 소의 구분이 있다고 볼 수 있다면, 이 책 제2장 '문명의 두 가지 의미'에서 이미 논의한 것처럼, 개인, 민족 심지어 더욱 큰 인류 공동체에 있는 정치적 정체성과 문화적 정체성도 또한 자를 수 없고 정리할 수 없는 복잡한 관계로 얽혀 있다고 할 수 있다. 어떤 상황에서는 문화 정체성과 정치 정체성 간에 상당한 정도의 중합이 있을 수 있다. 문화 정체성은 정치 정체성을 강화할 수도 있고, 반대로 정치 정체성에 의해서 강화될 수도 있다. 그러나 종합적으로 보면 정치 정체성은 대다수 사람에게 문화 정체성보다는 강하고 크다. 각양각색의 정치 정체성 중에서 민족국가에 대한 정체성이 가장 중요하다. 현재까지 민족국가는 여전히 유일하게 국가로 인정받을 수 있는 정치조직 구조이다. 현재는 정식으로 건립된 민족국가만이 유엔 및 기타 국제단체에 가입할 수 있다.[47] 현재 민족국가의 성격이 약화되는 추세가 전 세계적으로 나타나고 있고, 심지어 EU와 같은 초국가 기구도 건립되고 있다. 현재 EU가 정치적으로 아직 하나로 일치되지 못하고 있고, 통일된 행동을 보이지도 못하지만, EU는 머지않아 하나의 유럽연방 혹은 유럽합중국으로 변화할 것이다. 그때가 되면 세계 정치 구조에는 상당한 변화가 발생할 수 있다. 그러나 예견할 수 있는 미래에도 민족국가는 국제 관계 중 가장 합법적인 정치 단위로서 여전히 대다수 개인에게 가장 기본적이고 가장 중요한 정치적 정체성의 대상이 될 것이다. 이 때문에 민족국가는 가장 많은 동원 능력을 가진, 또한 실질적 효력도 가장 큰 정치 행위체가 될 수 있다.

그러나 테크놀로지 혁명과 경제 전 지구화의 바탕 위에서 특히 두 차례의 참혹했던 세계대전이 발생한 후에, 인류는 주권 신성불가침과 영토 배타성에 기초한 민족국가가 개인의 정체성 대상이 되는 것이 결코 절대적인 것이 아니라 상당 부분 상대적인 것임을 인식하게 되었다. 왜냐하면 고립된 민족국가는 국가와 국가 간의 분쟁 및 전쟁과 같은 큰 문제를 효과적으로 해결할 수 없기 때문이다. 또한 전 지구화가 갈수록 심화되는 상황에서, 국가와 국가가 경제 · 금융 · 문화 · 교육 · 체육 · 의료 위생 등의 많은 영역들에서 반드시 밀접한 협력을 해야만 비로소 양측 혹은 여러 측의 이익을 실현할 수 있고, 각 방면에서 이익을 극대화할 수 있기 때문이다. 그러나 만약 초국가적인 연대와 관리 기구들이 없다면 이러한 협력은 효과적으로 진행되기 어렵다. 이에 따라 각양각색의 초국가 기구들이 설립되기 시작했다. 현재 유엔 · WHO · 유네스코 · IOC · 세계은행 · IMF 등 세계적인 초국가 기구들이 있다. 하지만 세계은행과 IMF는 미국이 지나친 권력을 행사하고 있다. 그리고 규모가 갈수록 커지고 통합 정도도 점점 높아지는 지역적인 초국가 행위체도 설립되었다. 예를 들면 넓은 의미에서 이미 하나의 행위체로 간주할 수 있는 유럽의 EU, 라틴아메리카의 안데스공동체, 북아메리카의 북미자유무역지대, 아프리카의 아프리카통일기구가 있다. 아프리카통일기구는 1963년에 성립된 아프리카의 연대를 위한 기구이다. 비교적 소규모의 아프리카 지역 기구로는 또 남부아프리카발전공동체, 동남아시아프리카공동체, 서아프리카국가경제공동체, 동아프리카공동체 나아가 중부아프리카경제통화공동체 등이 있다. 또한 남아시아의 남아시아지역협력연합, 동남아시아의 아세안, 나아가 전체 동아시아의 아세안 · 한국 · 중국 · 일본으로 구성된 10+3 정상회담 등이 있다. 사실 기세가 왕성한 지역 일체화 운동이 맞이한 상황은 기원 원년을 전후해 문명 대확장 및 지연 문명이 형성되기 시작하던 때와 유사하다. 따라서 이는 전적으로 일종의 2단계 전 지구화로 간주할 수 있고, 또한 세계적 차원의 전 지구화와 대등한 진행 과정으로도 간주할 수 있다. 혹은 이 자체가 곧 전 지구화의 유기적 구성 부분이라고 볼 수 있다. 더욱 중요한 것은 지역 기구들이 이왕에 공동의 이익을 위해서 함께 나아가고, 또한 중대한 문제에서 함께 협력하는 정책을 실행하는 이상, 각 참여국들은 반드시 어느 정도 자신의 주권 일부를 내놓아야만 한다는 점이다. 이 때문에 주권의 실제 가치나 중요성이 낮아지게 된다.

지금까지 인류가 설립한 모든 초국가 행위체 중에서 유엔의 중요성이 기타 기구들보다 훨씬 크다. 그것은 각 민족국가 및 각 문명이 유사 이래로 공동의 가치관, 예를 들면 인도주의, 사회 평등, 민주, 자유, 인권(그렇지만 현재 인권 문제에서 선진국과 개발도상국 간에는 여전히 상당히 큰 인식의 차이가 있다), 평화, 정의, 법률제도, 국가주권 등에 기초해서 최초로 설립한 세계정부 혹은 세계국가이다. 역사적으로 중국의 각 통일왕조, 페르시아 제국, 마케도니아 제국, 로마 제국, 비잔틴 제국, 아라비아 제국, 오스만 제국, 러시아 제국을 이와 비교하면, 이러한 거대한 정치 행위체들은 기껏해야 지역적인 세계정부 혹은 준세계국가 건설을 시도했을 뿐이다. 그리고 이러한 시도의 규모와 깊이 또한 유엔보다는 훨씬 작았다. 현재 유엔이 장악하고 있는 자원은 아직 많지 않고 권력도 아직 충분히 크지 않다. 제2차 세계대전이 끝난 이후 유엔은 여러 차례 발생했던 대규모 국제 전쟁과 이보다 더 많았던 내전의 발생을 막지는 못했다. 국가와 국가 간에는 경제와 정치 및 문화적인 힘에서 상당한 차이가 존재하기 때문에, 유엔 내부에서는 종종 힘으로 이를 설복하려는 상황이 발생할 수 있다.

미국과 같은 패권 국가는 자국의 이익에 부합할 때는 유엔을 편리하게 이용하고, 자국의 이익에 부합하지 않을 때는 유엔을 발로 차버리고 싶어 한다. 이러한 여러 가지 상황들은 현재까지는 유엔이 아직은 인류 대가정의 가장이란 직책을 감당할 만한 자격이 충분하지 않다는 것을 보여준다. 비록 이런 상황이지만 전 세계의 경제 · 교육 · 과학기술 · 문화 · 체육 · 위생의 발전을 촉진하는 방면에서, 생태환경과 생물 다양성을 보호하는 방면에서, 인류의 문화유산을 보호하는 방면에서, 긴급 상황과 이재민 구제 및 빈곤 지역 구제에 대응하는 방면에서, 유엔은 대단히 많은 일을 했다. 그러나 한국전쟁, 베트남전쟁, 보스니아 내전과 이라크 전쟁에서 보여준 유엔의 모습은 사람들의 기대를 충족시키지 못했다. 그 근본 원칙이 거듭해서 여러 국가들에게 무시되었고, 그 운용 절차에서도 여러 국가들이 배제되었기 때문이다. 그러나 유엔이 캄보디아 · 소말리아 · 모잠비크 · 라이베리아 · 아이티 등의 국가에서 보여준 평화유지활동의 업적은 대단한 것이었다. 따라서 최소한 운영이 가능한 세계정부의 조직 구조란 점에서만 보면, 유엔이 세계적 차원에서 끼치는 작용은 베스트팔렌 조약 이후 민족국가가 자국 내에서 끼쳤던 작용과 유사하다. 평화 · 민주 · 자유 · 인권 · 법치와 같은 세계적인 가치를 촉진하고 발전시키는 데 있어서 유엔은 더욱더 중요한 작용을 했다. 이러한 의미에서 보면 현 세계에서 유엔이 주권의 상대화를 이끌어낼 수 있는 가장 강력한 역량임은 틀림없다.

이상 초국가적 기구 혹은 행위체에 대해 논의했다. 법률적으로 보면 이러한 초국가적 기구 혹은 행위체의 참여자는 반드시 주권국가의 정부여야만 하거나 혹은 법으로 정한 국가 행위체여야만 한다. 다른 종류의 세계적 기구들도 정부 성격을 가진 초국가적 행위체와 유사한 작용을 하고 있다. 이러한 기구들이 바로 NGO다. 이 또한 세계시민사회로도 볼 수 있다.[참고 10-3] 1990년대 냉전 종식 후 전 지구화가 급속하게 진행되는 상황에서, 민족국가뿐만 아니라 심지어 유엔과 같은 초국가적 행위체라도 어떠한 상황에서 항상 인권, 안전, 환경, 지속 가능한 발전, 분배 정의, 인도주의 등의 중대한 문제들에 효과적으로 대응하고 관여할 수 있었던 것은 아니다. 게다가 1990년대 이후 통신 기술이 급속히 발전하자 NGO들이 우후죽순처럼 생겨나기 시작했다. 통신 기술의 발달로 개인과 개인 간 그리고 조직과 조직 간에 드는 장거리 통신의 원가가 크게 줄어들었고, 또한 국가를 초월하는 통신 연락도 대단히 편리해졌다. 그리고 NGO들의 세계 정치에 대한 참여와 영향력[48] 또한 빠르게 확대되었다. 영향력이 가장 큰 NGO에는 국제사면위원회, 국제인권관찰기구, 국제지뢰금지운동, 그린피스, 국제녹십자, 국경 없는 의사회 등이 있다.

국제적 차원에서 NGO들은 구체적으로 다음과 같은 역할을 하고 있다. 예를 들면 문제를 발견하고, 소식을 전파하고, 새로운 가치 규범을 명백히 밝히고, 정책 제정에 참여하고, 제도 시스템을 구축하거나 개혁하고, 정책과 제도의 시행 상황을 감시한다. 그리고 어떤 때는 인도주의 지원에 직접 참여하기도 하고, 지원을 확대시키거나 충돌을 조정하는 활동도 한다. 인권, 환경, 인도주의 지원 및 확대 등의 영역에서 많은 NGO들은 세계 관리에 참여하는 능력을 이미 보여주었다.[49] 많은 방면에서 NGO들이 하는 일은 본래 국가가 해야만 하는 일들이다. 그러나 이런저런 이유 때문에 국가가 하지 못하는 심지어 원하지 않는 일들을 그들은 하고 있는 것이다. 예를 들면 국제사면위원회와 국제인권관찰기구는 여러 국가를 다니며 국제 기준에 맞게 인권을 보호하고 향상시키도록 설득한다. 만약 어떤 국가가 인권을 위반하면, 이 두 기구는 구체적인 인권 침해 사안을 공개하고, 국제사회를 동원해 그 국가를 규탄한다.[50] 환경보호 방면에서 그린피스는 유럽의 관련 국가들이 단계적으로 북해와 북태평양에 산업 쓰레기를 버리는 것을 중지하도록 설득했다.[51] NGO가 현재 국제사회에서 이처럼 중요한 영향력을 발휘하고 있기 때문에, 현재 그들은 민족국가의 주권 상대화를 강력하게 촉진하고 있다고 볼 수 있다. 주권의 상대화는 전 지구화 진행 과정에서 중요한 내용이다. 또한 그들은 현재 국가를 중심으로 한 세계 정치 구조를 새롭게 재편하고 있는 중이라고도 볼 수 있다.[52] 따라서 그들은 이미 민족국가 체제를 변화시키는 선봉대와 선도자가 되었다고도 간주할 수 있다. 국제 인권 NGO는 그 자체의 특성으로 인해 더욱 이와 같은 면모를 보여준다.[53] 그렇다면 NGO의 역량은 어디에서 비롯되는 것일까? 그들이 의지하는 것은 규범 · 도의 · 지식과 믿을 만한 정보에 의해서 만들어지는 세계시민사회의 권위이다. 이는 일종의 소프트 파워이지, 일반적으로 국가만이 보유할 수 있는 세금 징수나 군대와 경찰의 사용 같은 하드 파워는 아니다.[54] 바로 이러한 이유 때문에 NGO들이 세계를 보호하는 의미가 있다는 것에 대해 큰 논쟁이 없는 것이다.

초국가적 기구와 NGO가 오늘날의 세계에서 중요한 역할을 하고 있다는 것은 의심할 여지가 없다. 바로 그들이 민족국가 주권의 상대화를 추진하고, 바로 그들이 시시각각 전 세계의 사람들을 각성시키고 있기 때문에, 오랫동안 모두가 익숙해져 예사로 생각했던 민족국가 체제 및 이에 내응하는 주권 관념이 약화되는 과정을 겪고 있는 것이다. 사실 역사적으로 살펴보면 민족국가는 결코 보편적인 형태는 아니었다. 기원 면에서 본다면, 민족국가는 특정한 역사 시기에 유럽(아마 러시아는 제외될 것이다)에서 출현한 일종의 특수한 정치체제였다. 1618~1648년 쟁반에 흩어져 있는 모래알 같던 독일 제후국들은 서로 길고 긴 전쟁을 벌였다. 이것이 30년 전쟁이다. 이 전쟁을 끝내기 위해, 신성로마 제국 황제와 독일 제후국들 및 프랑스와 스위스의 대표들은 1648년 베스트팔렌 뮌스터 성에서 조약을 체결했다. 이때 영국, 폴란드, 러시아, 터키는 대표를 파견하지 않았다. 이후의 상황들이 보여주듯이 이 조약은 대단히 큰 영향을 미쳐 끝나지 않을 것만 같던 독일 지역의 30년 전쟁을 종식시켰다. 이로 인해 신성로마 제국 황제와 이전의 제국 의회는 거의 모든 권력을 잃었고, 분쟁이 끊이질 않던 300개가 넘는 제후들은 영토도 얻고, 또한 영토 주권도 정식으로 인정받게 된다. 이때부터 사실상 이미 국가가 된 제후국들은 서로 간에 혹은 외국과 자주적으로 선전포고도 하고 조약도 체결할 수 있었다. 이때부터 유럽의 정치지도가 어떻게 변하든 간에, 영토 주권의 원칙은 천상의 규율처럼 신성불가침으로 떠받들어졌다. 돌아보면, 베스트팔렌 조약은 법률적으로 유명무실한 형식적인 봉건제를 종식시켰고, 유럽이 여러 정치 행위체로 분할되는 현실을 승인했고, 일종의 새로운 국제정치 체제와 새로운 국제법 형식을 열었다. 그리고 서양의 세계적 확장에 따라 이러한 종류의 국제정치 체제와 국제법 형식은 19세기 후반 무렵 이후 점차 전 세계에 통용되는 파워 게임 법칙이 되었다.[55]

그러나 시간이 흐르면 상황도 변하듯이 두 차례의 참혹한 세계대전을 겪고 난 후, 유럽인은 마침내 민족국가가 신성하지도 않고, 또한 동일한 문화와 동일한 종족인 유럽의 각국 사람들을 심각한 분열에 빠뜨리고 수백 년 동안 전쟁이 끊이지 않게 한 근본 원인임을 의식했다. 유럽의 역사를 통해 볼 때 지연 문화 공동체에서 여러 주권국가로 분열시킨 이 정치체제는 무수한 유럽 내전을 초래했고, 또한 이 때문에 미래에 유럽이 어쩌면 대규모 내전이란 치명적인 재난에 다시 직면할 수도 있다. 유럽 내부에서 다시 세계대전이 발생하는 것을 피하기 위해서 유럽인들은 먼저 유럽석탄철강공동체를 탄생시켰다. 이 이후부터 서유럽연합, 유럽자유무역연합, 유럽공동체, 유럽경제공동체 등의 정치와 경제 및 군사적 성격을 지닌 초국가적 기구들을 계속해서 수립했다. 이러한 기구들은 이후 현재의 EU로 이어졌다. EU는 경제와 역사 문화적 의미의 공동체일 뿐 아니라, 정치 부문에서도 현재 갈수록 실질적인 권력을 얻고 있는 중이다. 심지어 머지않은 미래에 통일된 외교 정책도 실행할 가능성이 매우 높다. 사람들이 이러한 거대하고 또한 대단히 중요한 초국가적 행위체의 성장을 직접 경험하는 것은 정말 행운이다. 따라서 유럽의 민족국가들이 이전과 변함없이 주권 의식을 계속해서 약화시키기만 한다면, 유럽은 머지않아 하나의 통일된 연방 성격의 유럽합중국이나 심지어 유럽공화국으로 변할 수 있다는 예측도 무리는 아닐 것이다.

앞에서 이미 언급한 것처럼 주권을 과거와 같이 신성하게 여기지 않는 사람들이 유럽에만 있는 것은 아니다. 현재 세계 여타 지역에서 주권은 어느 정도 상대화되는 과정에 있다. 이는 다음과 같은 상황들을 보면 쉽게 이해할 수 있다. 남아공이 아파르트헤이트를 정식으로 폐지하기 전에, 자본주의 국가든 사회주의 국가든 가리지 않고 세계 각국은 상당히 오랫동안 남아공에 많은 경제 제재나 도의적 규탄 같은 압력을 가했다. OPEC 회원국들은 공동의 이익을 위해 자발적으로 자국의 많은 국가 권리를 내놓았다. 중국은 많은 전쟁 물자와 전투 병력을 베트남에 제공하여 베트남이 1954년 디엔비엔푸 전투에서 승리하고 프랑스 식민주의자들을 인도차이나 반도에서 축출하는 것을 도와주었다. 서양 국가들이 전쟁의 화염으로 중국의 대문을 태우려고 하는 상황에서, 중국은 지원군의 명목으로 의연하게 북한에 출병하여 미국에 대항하고 북한을 원조하기 위해 국경 밖에서 전쟁을 했다. 또한 베트남전쟁 중에는 베트남에 장기간 군사고문과 전투 병력 파견을 포함한 정치 군사적 원조를 하기도 했다. 그리고 1993년 중국 정부는 NGO들을 초청해 중국 촌민 자치제도 개선에 도움을 받은 사실도 있다. 이때 미국의 포드기금회와 카터 센터 등의 NGO 또한 참여했다.[56]

9. 하드웨어적 전 지구화와 소프트웨어적 세계 문명

일찍이 기원전 몇백 년 동안, 멀리 떨어져 있던 주요 문명들, 예를 들면 동아시아 지역의 중국 문명인 한나라 제국, 지중해 서아시아 지역의 그리스 로마 문명인 동로마 제국, 남아시아 지역의 인도 문명은 역사에 유례가 없던 정치-문화적인 확장을 동시에 시작했다. 이와 동시에 그들 사이에 또한 역사적으로 유례가 없던 대륙 간 원정 무역이 시작되었다. 일종의 대륙 간 원정 무역이 발생했다고는 해도 현대의 기준으로 평가한다면 그 규모는 어디까지나 대단히 작은 것이었다. 하지만 이러한 무역은 현재 모두가 흥미진진하게 언급하고 있는 전 지구화 현상이 실제로는 2000년 이전에 이미 시작되었다는 것을 의미한다. 앞의 글에서 이미 제기한 것처럼 16세기 이후 전 지구화 속도는 뚜렷하게 빨라졌다. 1970~1980년대에 전 지구화는 역사적으로 유례가 없는 가속도를 얻게 되었고, 21세기로 진입한 이후 전 지구화는 최고조 단계로 진입했다. 전 지구화는 이로 인해 각 대륙 사람들이 피해 갈 수 없는 뜨거운 화제가 되기도 했다.

그러나 현재 상황만 본다면 전 지구화는 경제활동 면에서 주로 나타난다. 지금 각 국가들과 각 지역들은 이미 상호 경제 의존도가 대단히 높은 시대로 진입했고, 또한 경제적으로 완전히 자급자족할 수 있는 국가는 찾아볼 수 없게 되었다. 1980년대 이후 중국 경제는 전 지구화로 인해 대단히 많은 이익을 얻었다. 현재 중국의 경제 총량은 선진국에 빠르게 근접하고 있거나 혹은 앞서고 있는 중이다. 중국의 1인당 평균 GDP 수준과 세계의 1인당 평균 GDP 수준의 격차는 이미 빠른 속도로 줄어들고 있고, 또한 선진국의 1인당 평균 수준과의 격차도 확연하게 줄어들고 있다.[57] 중국 경제의 해외무역에 대한 의존도는 상당히 높은 정도에 이르렀다. 2003년 중국 국민경제의 해외무역에 대한 의존도는 60.3퍼센트의 높은 수준에 이르렀다. 이는 분명 너무 높다. 각 방면에서 노력을 기울여 점차 적절하게 낮출 필요성이 있다.[58] 사실 세계 각국 경제의 상호 의존도는 이미 이와 같이 높은 수준에 도달했다. 이로 인해 세계는 확실히 너와 나의 구분이 없는 시대로 이미 진입했다고 말할 수 있다. 지금은 비행기 · 기차 · TV · VCD · DVD 등의 상품을 한 국가가 단독으로 생산한 경우는 찾아볼 수 없다. 이러한 상품들의 상자에 설사 어느 어느 국가 제조라고 표기되어 있다 해도, 그 속의 부속품은 전혀 다른 나라가 제조했을 것이다.[59]

다른 한편 전 지구화는 테크놀로지의 차원을 가지고 있다는 것은 의심할 여지가 없다. 혹은 전 지구화의 한 가지 중요한 특징은 전 인류가 공유하는 테크놀로지라고 볼 수 있다. "지금의 전 지구화 문화는 아마도 최초의 순수한 테크놀로지일 것이다. 그것의 코즈모폴리터니즘은 자신의 통일된 기초 테크놀로지로 반영된다. 그리고 이 기초에는 많은 사람들이 상호 의존할 수 있는 사회 네트워크를 창조해낼 수 있는 통신 시스템이 있다."[60] 테크놀로지의 발전은 인류의 노동생산성을 크게 향상시켰을 뿐 아니라, 이를 통해 인류의 삶의 질을 크게 개선했다. 그리고 수천 년 전 인류가 말을 기르고 수레를 만들고 배를 만들기 시작하면서부터 줄곧 익숙해져 있던 거리 개념을 완전히 바꾸어 놓았다. 거리 개념의 변화는 또한 공간 관념의 변화를 가져왔다. 19~20세기 이전 각 주요 문명은 2천~3천 년 동안 비교적 고정된 영토를 계속해서 가지고 있었다. 혹은 그것들의 공간적 범위 변화는 상대적으로 비교적 적었다고 볼 수 있다. 이와 비교하면 전보 · 전화 · 라디오 · TV · 위성통신 · 인터넷 기술을 광범위하게 사용할 수 있는 시대에는 수많은 청각과 시각 정보들이 순식간에 지구의 외딴 곳까지 직접 전파될 수 있다. 기차 · 여객선 · 제트기 · 고속열차 등의 교통수단을 광범위하게 사용하는 오늘날에는 대량의 물자와 인원이 대단히 빠른 속도로 국가를 오가고 대륙을 넘나들 수 있게 되었다. 이러한 상황에서 이전의 거리 개념이 변화했을 뿐만 아니라, 교통수단의 발달에 따라 절대적 의미를 가지던 공간의 중요성 또한 낮아졌다. 교육 수준이 더욱 높아진 노동력, 규모가 더욱 커진 국내시장, 더욱 완벽해진 기초 시설, 더욱 발달한 작업 기술, 더욱 합리적인 관리, 이 모든 것들은 더욱 높은 노동생산성과 더욱 우수한 상품의 가격 대비 성능, 혹은 더욱 강해진 경제 경쟁력을 의미한다. 그리고 강해진 경제 경쟁력은 더욱 많은 공간의 필요를 의미하고 공간의 초월을 의미한다. 한 국가가 다른 국가에서 공업 원자재와 농산품, 자연자원 의존도가 높은 공업 상품을 수입하는 것은 이 국가의 영토를 수입하는 것과 같다. 전통적 의미의 생존공간(Lebensraum, 이 단어는 일찍이 나치 독일 이론가들이 남용했고 그 악명도 매우 높았다) 개념은 이로 인해 시대에 크게 뒤떨어지는 개념이 되었다. 혹은 그것의 원래 의미는 이미 상당히 변화했다고 볼 수 있다. 다른 한편 전 지구화의 조건에서 대규모 살상 무기의 존재로 인해, 적대국 간의 공간 거리와 지리 위치 및 인구와 면적 등의 지수는 과거와 달리 상당한 정도로 무의미해져 버렸다. 이 밖에 인류의 활동 영역도 지구에만 국한되지 않고 우주 공간 심지어 우주 깊숙한 공간으로 확장되었다.

물결처럼 밀려드는 세계적 테크놀로지 혁명과 세계적 경제문화 및 세계적 지역 일체화는 하드웨어적 의미의 전 지구화를 끊임없이 추동했다. 이는 또한 문화 혹은 소프트웨어적 의미의 세계 문명을 위해 운영 가능한 물질과 제도란 플랫폼을 구축해주었다. 물론 소프트웨어적 의미의 세계 문명이 이미 존재하고 있는지 여부는 여전히 논란의 대상이 될 수 있다. 그러나 각각의 문명들이 지금 이 방향을 향해 전환하고 있는 중이라고 말한다면,[61] 분명 반대하는 의견들은 그다지 없을 것이다. 현재의 상황만을 통해 볼 때 세계 각 지역에 영향을 미치고 있고 일반적으로 전 인류가 공동으로 수용하고 있으며, 이로 인해 큰 영향을 끼치고 있는 문명 요소들은 대부분 하드웨어적 특성을 지닌 요소들뿐이다. 혹은 문명 요소가 기술, 경제, 법률, 전 세계가 공동으로 수용하는 세계 공약인 경제법 · 국제법 · 해양법, 대기 온난화 방지를 위한 세계 공약, 우주 자원의 평화적 이용에 관한 세계 공약 등의 방면에 더 많이 나타난다고 볼 수 있다. 그러나 소프트웨어적 특성인 문화 방면에 나타나는 모습은 이와 달리 사람들의 기대를 충족시키지 못하고 있다. (만약 이러한 관념 또한 문화로 간주해야만 한다면 어쩌면 민주, 자유, 인권과 법치 제도 등의 기본 가치 관념은 예외가 될 수 있을 것이다). 예견할 수 있는 미래에 인류는 소프트웨어 성격을 지닌 세계 문명을 발전적으로 양성하는 동시에, 개별 문명이 본래 가진 특징들도 상당한 정도로 여전히 유지하고 있을 것이다. 이는 또한 세계 문명의 공통성 속에 개별 문명의 독특한 개성도 여전히 보존되어 있다는 것을 나타낸다. 그리고 비교적 동질적인 세계 문명의 통일성 속에도 개별 문명에 내포된 풍부한 다양성들이 여전히 남아 있다는 것을 의미한다.[62] [참고 10-5]

그러나 엄밀한 의미의 문화적 시각에서 각 개별 문명은 이미 뚜렷한 상호 접근 현상을 보여주고 있다. 세계적인 문화 기호이고 또한 문명 건강에도 해로운 미국식 패스트푸드, 천박한 미국 대중음악, 폭력과 성으로 주의를 끄는 할리우드 영화 등은 몇십 년 동안 전 세계를 거침없이 누비고 다녔다.[참고 10-4] 그렇지만 이러한 현상이 건강에 더 좋은 중국식 패스트푸드, 천박하지만은 않은 중국 음악, 나아가 〈연인〉 · 〈와호장룡〉 · 〈패왕별희〉 · 〈난(亂)〉 등과 같은 사상성과 예술성이 뛰어난 영화들이 전 세계에서 광범위한 환영을 받는 것을 방해하지는 못했다. 이는 미국식 문화의 세계화 혹은 미국식 문화화된 세계에 보여주는 동아시아의 문화적 반격에 해당한다. 라틴아메리카의 상황이 아마 더 고무적일 것이다. 미국 좌파 이론가인 프레드릭 제임슨(Fredric Jameson)은 북미와 유럽이 주도하는 자본주의 세계화에 비판적 태도를 취했다. 하지만 그 또한 라틴아메리카 국가가 민족문화의 보호와 발전 및 서양 문화의 침입을 저지하는 방면에서 대단한 성과를 거두었다고 보았다. 문학 영역에서 언어는 위대한 현대문학 작품들을 보호할 수 있었다. 예를 들면 라틴아메리카 문학이 인기를 끌자 많은 방면에서 문화 수출 방향이 역으로 진행되어 북미와 유럽 시장을 정복할 수 있었다. 음악 방면을 보면 현지 음악이 수입한 북미 음악보다 더 성공을 거두었다. 이보다 더 중요한 사실은 다국적 기업이 음반 사업에 확실한 투자를 했다는 점이다. 브라질에서도 그들은 동일하게 인터캐스트에 투자했다.[63] 사실 비서양 세계가 급속하게 흥기하는 시대에 전 지구화는 이제 더 이상 비서양 국가들이 일방적으로 서양화되기를 내심 바라는 상황으로 흐르지는 않게 되었다. 과거 150년 동안에는 비서양 국가들이 서양의 과학기술, 법치 관념, 정치 이념과 경제 제도 등을 끌어오려는 열정을 대단히 강하게 보였지만, 서양 국가가 쇠퇴하고 비서양 세계가 다시 흥기함에 따라 각 개별 문명이 가치 관념과 문화 형태에서 보이는 접근 현상은 갈수록 뚜렷한 쌍방향성을 보여주고 있다.

바로 테크놀로지 혁명, 세계 경제문화, 유엔을 정점으로 하는 초국가적 기구, 세계시민사회라 할 수 있는 활동적인 NGO, 나아가 지역 일체화와 같은 하드웨어적 의미의 전 지구화로 인해, 세계를 풍미한 두부와 딤섬 같은 중국 요리, 태극권과 우슈, 유도, 태권도 등의 소프트웨어적 의미의 동아시아 문화가 서양으로 나아갈 수도 있었고 전 세계로 뻗어나갈 수도 있었다. 사람들은 전 지구화에 대한 토론에만 열의를 보이고, 전 지구화에서 대단히 중요한 내용이자 그 표현 형식이기도 한 지역 일체화 혹은 지역 집단화에는 그다지 흥미를 보이지는 않는다. 이는 전 지구화란 말이 듣기에 더 우렁차 보이고 이해하기가 더 쉽기 때문이다. 그러나 지역 일체화 혹은 지역 집단화는 모두 없어서는 안 되는 전 지구화의 유기적 구성 부분이기 때문에, 듣기에는 비록 그 의미가 더 복잡해 보여도 전문가들이 반드시 관심을 가져야만 할 것이다. 위와 같은 현상이 출현할 수 있었던 이유는 하드웨어적 의미의 전 지구화가 크게 발전한 상황에서, 지역 간 그리고 국가 간 물질과 정보 및 인적 교류의 빈도와 규모가 이전과는 비교도 할 수 없을 정도로 커졌기 때문이다. 물론 이러한 상황은 동아시아 경제 역량의 급격한 상승과 동시에 발생한 것이다. 지금까지는 동아시아 세계의 영향력이 주로 비제도적이고 비가치적인 측면에서 나타났다. 하지만 동아시아 경제의 진일보한 발전에 따라 앞으로 전통적 자원과 현대적 요소들을 토대로 한 동아시아의 창의적인 경제와 정치 제도가 동아시아 국가에서 나타나고, 또 세계 각지로 빠르게 확산될 것이다. 이때 유럽 국가들과 미국이 주도하는 국제경제와 정치 질서 속에 있는 불공정, 불평등, 불합리한 상황들이 변화될 가능성이 있다. 현재 중국을 비롯한 동아시아 국가들은 이미 상당히 큰 문화적 영향력을 가지고 있다. 구매력 평가를 기준으로 한 계산에 따르면 중국 경제는 2000년도에 이미 일본을 추월하여 세계 2위의 경제체가 되었다. 중국이 세계에서 가장 큰 경제체로 성장함에 따라, 게다가 다른 동아시아 국가들의 경제 규모도 지속적으로 확대됨에 따라, 동아시아 문화의 영향력은 틀림없이 한층 더 높아질 것이고 세계 문명에 더욱 큰 충격을 주게 될 것이다.

각 주요 문명과 지연 문명이 세계적 테크놀로지 혁명과 세계적 경제문화 및 세계적 지역 일체화에서 모두 이익을 얻을 수 있을 때, 혹은 각 주요 문명 혹은 지연 문명이 평등한 토대 위에서 하드웨어 성격의 전 지구화 운영체제 건설에 참여할 수 있을 때, 또한 이렇게 함으로써 실질적으로 이 운영체제를 이용할 수 있을 때, 문화 형태 혹은 소프트웨어적 의미의 세계 문명은 앞으로는 더 이상 서양 문명을 핵심 내용으로 한 상수가 아니라 가능성과 기회 및 희망이 충만한 변수가 될 수 있다. 사실 부득이하게 사용한 서양 문명이란 개념은 대단히 의심스러운 것이다. 왜냐하면 이른바 서양 문명은 오랫동안 근대 문명으로 잘못 알려져왔기 때문이다. 사실 이것은 세계의 각 주요 문명들이 오랫동안 진행한 지연 상호 작용의 산물이다. 아시아 각국도 테크놀로지와 제도적 의미의 전 지구화 운영체제를 충분히 이용해야만 자신의 고유한 정신 자질로 세계 문명을 형성하는 데 적극적으로 참여할 수 있다. 평화주의적 불교가 이미 서양 국가에 강렬한 충격을 주었던 것처럼, 종국에는 아시아 문명의 평화주의적인 정신 자질과 중도와 화합 정신, 이것 역시 저것이고 저것 역시 이것이라는 사유의 양상이 전 세계에 깊은 영향을 미칠 것이고, 서양인의 진리에 대한 독점, 흑백논리, 패권주의적 사유 양상을 크게 변화시킬 것이다.64 이렇게 해야만 미래에 특수한 종인 인류가 건강하고 튼튼하게 성장할 수 있고, 핵전쟁 혹은 기타 형식의 파괴적인 전쟁으로 멸종하지 않을 수 있고, 세계적인 생태 재난으로 파멸되지 않을 수 있고, 만물의 영장이란 호칭에 부끄럽지 않을 수 있고, 자신의 잠재력을 충분히 개발하기도 전에 요절하지 않을 수 있을 것이다.

[참고 1-1] 황허 문명 탄생의 기후 메커니즘

지금으로부터 5천 년에서 4천 년 전의 지리 환경에 의해 황허 문명이 탄생한 것이지, 황허 중하류 지역 사람들이 다른 지역 사람들보다 더 지혜로워서 황허 문명이 탄생할 수 있었던 것은 결코 아니다. 황허 문명은 기후·토양·지세의 지리 환경 조건에 의해 결정된 것이다.

지금으로부터 5천 년 전 이래로 세계 기후는 최적기에서 벗어나 기후는 건조하게 바뀌고 대륙도(大陸度)는 증가했다. 그러나 현재와 비교하면 당시 동아시아 대륙의 습윤도는 높은 편이었다. 황허 중하류 지역을 예로 들면 기후가 대체로 지금보다는 습윤한 상태였다. 주커전의 연구 발표에 따르면 지금으로부터 5천 년에서 3천 년 전 동안, 즉 양사오 문화부터 안양 은허 유적에 이르는 기간 동안 대부분의 시기에 연평균 기온은 현재보다 약 2℃ 높았고, 1월 온도는 대략 현재보다 3~5℃가 높았다고 한다. 이는 주로 황허 유역을 가리킨다. 습윤한 기후로 인해 농작물이 양호하게 생장할 수 있는 조건이 형성되었고, 자연재해의 빈도수가 낮았고, 농업 경작에 안정적인 토대가 갖추어졌다.

황토고원에는 지금으로부터 5천 년에서 3천 년 전에는 산림이 현재보다 훨씬 넓게 분포해 있었다. 특히 기암 산악 지역과 박층의 황토 지역에는 임목이 주로 분포해 있었다. 서싱방 선생이 언급한 내용을 참조하면 관중 분지의 산골짜기에는 단구 기암 사이로 강이 흐르고 물줄기가 모여 그물 모양의 수계가 형성되어 있었고, 곳곳에 샘물이 나오고 시냇물이 흐르고 산림은 무성해 농경과 어로 및 수렵과 채집 생산 활동에 아주 적합했다. 시안 반파 유적지 3층 계단 지역 위에는 주로 산림과 대나무 숲 및 무성한 풀이 덮여 있었다. 수리와 산림 식생이 양호했기 때문에 농업 발전에 적합한 농업 생태환경이 조성될 수 있었다. 이 시기 중국 황허 유역에는 대륙택, 대야택(거야호), 하택, 뇌하택, 맹저택, 영택, 소여기, 양우, 초획, 현포, 봉택 등의 많은 호수가 있었고, 습도는 현재보다 뚜렷하게 높았다. 이 모든 조건들이 황허 중하류에서 농업이 발전할 수 있는 토대를 마련해주었다. 농업경제 발전은 인구의 증가를 촉진했고 이로 인해 도시가 발전하기 시작했다. 경제가 발전하자 사람들은 더욱 많은 교류를 필요로 하게 되었다. 더불어 문자도 출현했다. 경제가 발전하자 사람들은 더 많은 여가 시간을 가지게 되었고 정신을 기탁할 곳을 얻고 싶어 했다. 이로 인해 많은 시간과 재력을 투자한 의식용 대형 건축물들이 출현했다. 경제 발전은 금속 제련과 가공을 위한 기초도 만들어주었다. 문명은 바로 이러한 조건들이 형성된 덕분에 탄생할 수 있었다.

지금으로부터 5천 년에서 3천 년 전 사이 황허 유역 외에 양쯔 강 유역의 여러 지역들에서도 문명이 싹트기 시작했다. 내가 보기에 이는 사실 중국 문명의 기원이 한 곳이 아닌 여러 지역이라고 볼 수 있는 중요한 이론적 증거가 된다. 지금으로부터 5천 년에서 4천 년 전 사이로 추정되는 태호 유역의 량주 문화에서 대형 건축물이 있었던 유적이 발견되었고, 량주 문화가 문자를 가지고 있었다는 사실도 밝혀졌다. 쓰촨 성 광한 시에서 발견된 삼성퇴 유적에서는 그 연대가 기원전 12세기로 추정되는 성벽과 세계에서 보기 드문 청동기와 많은 도기들이 출토되었다. 청두 십이교(十二橋)에 위치한 상나라 도륜 유적지에서도 초기 파촉 고문자가 발견되었다. 이 모든 상황들은 우리에게 양쯔 강 유역에서도 황허 유역과 마찬가지로 여러 문명이 꽃을 피웠다는 역사적 사실들을 설명해준다. 그렇지만 세계적 영향력을 가진 문명이라는 측면에서 말하자면, 황허 유역의 문명은 그것이 일찍 출현했다는 점, 규모가 컸다는 점, 영향이 오래갔다는 점, 연속성이 장기간 유지되었다는 점 등에서 중국의 여타 지역 문명을 그것과 비교할 수 없다. 이러한 문명의 분포 구조와 황허 유역의 환경과 문명에 필요한 생산력은 밀접한 관련성이 있다.[1]

[참고 1-2] 지리결정론에 관한 논의

오랫동안 지리결정론은 정치적으로는 부정확하다는 의견이 일반적이었다. 이 때문에 드망종은 다음과 같이 말할 수밖에 없었다. "우리는 인문지리학을 조야한 결정론 혹은 자연 요소들에 근원을 둔 숙명론으로 여길 필요는 없다. 인문지리학에 내재된 인과관계는 대단히 복잡한 것이다. 왜냐하면 인류는 의지와 적극성을 지니고 있어서 꼭 자연에 순응하며 살지는 않았기 때문이다. 예를 들면 섬에 거주한다고 해서 반드시 항해 생활을 갈망한 것은 아니다. 항해 생활은 늘 다른 문명의 접촉과 밀접한 관계가 있었다. 이러한 이유 때문에 영국인은 스칸디나비아와 한자(Hansa) 상인의 영향을 받고 나서야 선원이 될 수 있었다. 이와 마찬가지로 농업 또한 반드시 토지의 질과 함수관계에 있었던 것만은 아니다. 개간되지 않은 비옥한 토지들이 무수히 많았던 반면에 개간된 척박한 땅도 무수히 많았기 때문이다. 이러한 상황은 종종 농업 사회의 문명 단계에서 결정되었다. 예를 들면 때로는 인류는 관개시설을 만들어 토지 수준을 결정하는 주재자가 되기도 했다. 과거에 서유럽 포도밭은 프랑스 북부와 벨기에 및 영국까지 확대된 적이 있었다. 하지만 이는 이러한 종류의 식물에 필요한 자연조건과는 모순되는 상황에서 발생한 것이다. 포도가 기후가 낮고 일조량도 많지 않은 이 지역으로 들어온 이유는 사람들이 미사를 볼 때 포도주가 필요했고, 또 포도를 먼 남쪽 지역에서 들여올 편리한 운송 조건이 형성되어 있지 않았기 때문이다. 그러나 운송비가 점차 낮아짐에 따라, 포도 재배업은 위험 요소도 비교적 적고, 식물이 생장하고 결실을 맺는 데 더 적합한 남쪽 지방으로 내려가기 시작했다."[2]

인간과 자연 사이에는 예전부터 늘 밀접한 상호 작용이라는 순환 관계가 존재하고 있었다. 자연환경은 인류 사회가 발전하는 데 많은 영향을 미쳤고, 인류 사회 또한 자연환경을 변화시켰다. 그리고 인류가 변화시킨 자연환경은 다시 인류 사회에 더 큰 영향을 미쳤다. 이러한 사실은 너무나 분명해 별다른 논증이 필요 없어 보인다. 그렇지만 지리결정론을 신봉한다는 꼬리표를 달고 싶어 하는 사람은 아무도 없었다. 이 때문에 《인문지리의 문제들》이 지리결정론의 기본 가설에 해당하는데도, 드망종 또한 이 책에서 지리결정론을 반박하는 말을 할 수밖에는 없었던 것이다. 그러나 부인할 수 없는 사실은 최소한 문명의 기원과 관련해서만큼은 지연-자연 요소들이 대단히 중요한 작용을 했다는 점이다. 그렇지 않으면 최초의 인류 문명이 모두 지세가 낮고 평탄하며 강우량이 풍부한 큰 강 유역에서 탄생한 이유를 설명할 방법이 없다.

그리고 지연-자연 요소들의 중요성을 간과하면 최초의 인류 문명들이 이집트의 나일 강 유역, 서아시아의 유프라테스 · 티그리스 강 유역, 동아시아의 황허 유역, 남아시아의 인더스 강 유역이 위치한 북위 23도에서 38도 사이의 지역에서 탄생한 원인도 설명할 방법이 없다. 또 지연-자연 요소의 시각을 사용하지 않으면, 생산성이 고대보다 수천 수만 배 더 높은 지금의 후기산업 정보화 시대에도 세계 인구의 절대다수가 고대와 마찬가지로 여전히 지세가 낮고 평탄하며 농경에 적합한 지역에 집중된 이유를 설명할 방법이 없다.

지세가 낮고 평탄한 지역에는 대부분 큰 강과 큰 하천이 있었다. 그리고 이들 지역은 강우량이 풍부했다. 그렇지만 열대우림 지대처럼 강우량이 지나치게 많지도 않았고, 기후도 심하게 덥지 않았고, 표층 토양 속 유기물 또한 급속하게 분해되지도 않았다. 따라서 원시시대의 조건에서 이 지역의 자연조건은 농업이 탄생하는 데 부적합하지는 않았다. 또 관개시설에 유리한 조건과 수상 교통에 편리한 이점도 가지고 있었다. 큰 강 및 큰 하천과 밀접한 관련이 있는 것은 농경에 적합한 면적이 넓고 비옥한 토양이다. 이 밖에 이 지역들은 모두 대평원이었기 때문에 육상 교통 또한 매우 쉽게 발전할 수 있었다. 이는 문명이 탄생하고 문명이 진일보할 수 있도록 하는 대단히 중요한 조건으로 작용했다.

사실 드망종의《인문지리의 문제들》의 기본적인 논점은 공교롭게도 지연-자연 요소가 인류 문명과 인류 사회에 미친 중요성에 있었다. 문명의 탄생기에서 지연-자연조건은 관건 중의 관건이라 할 수 있다. 일단 문명이 탄생한 뒤에는 그 후 어떤 식으로 발전하든 지리 요소들은 더 이상 문명이 탄생하는 시기에 작용했던 것처럼 중요한 역할은 하지 않는다. 왜냐하면 이 시기에 이르면 인류는 이미 자연의 도전에 충분히 대처할 수 있는 축적된 문명의 성과들, 즉 급속하게 발전한 기술, 조직적이고 대단히 효율적인 대규모 협력을 가지고 있기 때문이다. 오직 이러한 의미에서 드망종이 지리결정론을 반박하면서 들 수밖에 없었던 예들이 성립될 수 있다. 현재 인류 활동의 범위는 인간이 거주하기에는 근본적으로 부적합한 남극 지역으로 확대되었고, 심지어는 그 범위가 우주 공간으로도 확대되었다. 어쩌면 미래 인류는 거주에 적합한 다른 행성으로 대규모 이주를 할 가능성도 있다.

[참고 1-3] 인류가 자연환경에 미친 영향

말하지 않아도 너무나 분명한 사실은 인류와 자연의 관계를 보면 늘 후자가 전자를 전적으로 결정하지는 않았다는 점이다. 자연도 인간에게 영향을 미쳤지만 인간 역시도 자연에 영향을 미쳤다. 심지어 인간은 상당한 정도로 자연을 변화시켰다고도 볼 수 있다. 드망종은 "인류가 존재하던 초기에 인류는 당연히 자연의 노예였고 자연에 의존하는 존재였다. 하지만 알몸으로 다니고 아무것도 가지고 있지 않던 인간은 자신의 지혜와 적극성으로 인해 아주 빠르게 자연환경에 영향을 미치는 요소가 될 수 있었다. 인간은 자연의 모습을 철저히 개조하는 자연의 요소가 되었고, 새로운 동식물의 조합을 창조했고, 관개 재배법을 이용해 오아시스를 창조했고, 가시덤불로 뒤덮인 황폐한 산림을 식물 군락으로 변화시켰다. 그리고 이러한 변화들은 광대한 지역들로 확대되기도 했다. 왜냐하면 한 인류 집단에서 다른 인류 집단으로 진행된 이주 활동이 있었고 또한 이에 영향을 받고 모방하는 인류의 행위들이 있었기 때문이다. 인류 사회의 적극성 덕분에 인류의 활동 범위는 더 먼 곳까지 뻗어 나갈 수 있었고, 훨씬 더 많은 성과를 이루어낼 수 있었다. 또한 이로써 인류가 자연에게 미친 활동도 더 풍부해지고 더 강렬할 수 있었다. 신대륙 발견과 식민주의가 시작되던 시대에 유럽인이 중심 위치를 차지할 수 있었던 것도 오래전부터 자연 상태를 크게 변화시킨 인류의 다양한 활동이 있었기 때문이다. 이 시대에 과학이 제공한 무기와 교통 운송 수단이 거리의 한계를 극복해주었기 때문에, 인류가 자연에 미치는 활동은 더욱 증가할 수 있었다. 이로 인해 과거의 모든 시기에 인류의 노동 성과 자체는 이러한 환경, 즉 인류 생활에 영향을 미치는 지리적 환경을 만들었고…… 동일한 지역의 가치는 점유자의 문명 수준과 이용 방법의 차이로 인해 거대한 변화가 있을 수 있었다. 유럽인이 도착하기 이전에 호주는 여전히 야만 단계에 있었다. 적은 수의 캥거루를 제외하고는 포획할 수 있는 큰 동물이 없었고, 식용으로 쓸 수 있는 야생식물은 더더욱 적었다. 굶주린 토착 원주민은 이리저리 돌아다니며 부족한 먹을거리를 구할 수밖에 없었다. 유럽인은 이곳으로 오면서 재배할 수 있는 식물과 길들인 동물을 가져왔고, 고효율의 경작 방법과 교통수단을 잇달아 이곳으로 가지고 왔다. 그들은 오랫동안 낙후해 있던 호주를 대규모 경작업과 집약된 목축업이 가능할 수 있도록 변화시켰고, 문명을 진보시켜 이곳을 쾌적하게 생활할 수 있는 지역으로 건설했다"라고 했다.[3]

[참고 1-4] 문화 기질과 특정 지연환경의 결합

오래된 문명의 문화 기질과 특정한 자연환경은 두말할 나위 없이 매우 밀접한 관련이 있다. 비록 역사는 유구하지 않지만 거대한 문화와 경제 및 정치 공동체인 미국에서도 특정한 지점과 지리-자연 요소가 미국인이 민족의식을 형성하는 과정에서 중요한 영향을 미쳤다. 바꾸어 말하면 미국인의 문화적 신분은 독특한 지리-자연환경과 융합되어 있다는 것이다. 미국 헌법이 만들어짐에 따라 미국은 하나의 독립된 지역으로 간주될 수 있었고, 이로 인해 정치적 독립과 정치적 연합이 합법성을 획득할 수 있었다. 존 제이(John Jay)는 미국을 만든 유명한 텍스트인 《연방주의자 논문집》에서 특수한 지점의 존재를 제기하면서 독특한 이곳의 의미를 환기시켰다. 그는 "독립된 미국은 늘 나를 대단히 기쁘게 한다. 미국이 흩어져 있거나 궁벽한 영토로 구성되지 않고 하나로 연결되어 있고 비옥한 국가라는 사실을 볼 때 더더욱 그러하다. 우리는 서양의 자유의 아들들이다(sons of liberty). …… 항해에 적합한 수역이 하나로 이어져 국가를 둘러싸고 있다. …… 19세기 미국의 자아의식을 표현한 민족문학과 예술 속에서 재현된 대자연과 자연 지점은 중요한 위치를 차지하고 있다. …… 특수한 미국 문학의 탄생은 지방에 대한 강렬한 묘사를 그 배경으로 한다. 예를 들면 헨리 데이비드 소로의 월든 호수, 마크 트웨인의 미시시피 강, 존 스타인벡의 센트럴밸리, 윌리엄 포크너의 요크나파토파 카운티가 있다. 위대한 음유시인 월트 휘트먼은 《풀잎》에서 범신론과 이교 신앙이 풍속과 함께 퍼져 있는 자연 상태를 찬미했다. 지역의 변환들 속에서 지점에 대한 외침이 나타났다"라고 했다.[4]

[참고 1-5] 거리가 야기하는 이익 상관성의 차이

주목해야 할 사실은 오늘날과 같은 전 지구화 시대에도 거리로 인해 야기되는 이익 상관성이 원인이 되어 한 민족이나 한 국가가 다른 한 인류 공동체에 보이는 관심이 증가하거나 감소할 수 있다는 점이다. 예를 들면 중국이 중동, 유럽의 일반 국가, 아프리카, 남북아메리카에 보이는 관심은 중국이 주변의 작은 국가들에 나타내는 관심만큼 크지는 않다. 그렇지만 중국이 지하자원과 기타 자원이 풍부한 국가에 보이는 관심은 별도로 다루어야만 한다. 또한 중국이 프랑스 · 독일 · 이탈리아 · 영국 · 브라질과 같은 중요한 국가들에 보이는 관심도 별도로 다루어야 한다. 특히 중국이 미국에 나타내는 관심은 특수한 것이다. 그 이유는 영토(그러나 영토 분쟁은 신흥 민족국가들이 점차 성숙함에 따라 신흥 민족국가 간 여러 해 지속된 국경 조사 작업이 완료되면 끝이 날 것으로 기대된다)와 관련된 정치적 문제에서는 중국이 반드시 자신의 주변 국가와 접촉해야만 하기 때문이고, 중국과 이러한 국가들과 경제적 혹은 정치적으로 밀접한 협력 관계에 있기 때문이다. 동일한 이치로 EU가 멀리 떨어져 있는 아메리카, 남아시아, 사하라 이남의 아프리카, 동북아시아, 동남아시아 국가들에 보이는 관심은 분명

EU 주변 국가들, 터키 · 이집트 · 튀니지 · 모로코에 보이는 관심만큼 크지는 않다. 그렇지만 비록 멀리 동아시아에 있지만 정치와 경제 면에서 대국인 중국과 일본은 유럽에서 보자면 예외이고, 미국은 더 특수할 것이다.

[참고 1-6] 중국 인구의 저평 지대 집중 분포

중국의 인구 분포가 지리-자연조건의 영향을 받은 것은 분명한 사실이다. 또한 중국 인구는 대체로 저평(低平) 지대에 집중되어 있다.

"동남쪽은 지세가 평탄하고 기후는 온난 다습하기 때문에 이 지역은 인구가 고도로 집중되어 있다. 서북쪽은 지세가 높고 험준하며 기후는 한랭 건조하기 때문에 이 지역은 인구가 대단히 적다. 헤이룽장 성의 헤이허부터 윈난 성의 텅충까지 일직선을 그어보면, 이 선의 동남쪽은 국토 총면적의 42.9퍼센트를 차지하고 인구는 전국 총인구의 94.3퍼센트를 차지하고 있다. 이 선의 서북쪽은 국토 총면적에서는 57.1퍼센트를 차지하고 인구에서는 5.7퍼센트를 차지한다. 타이완과 홍콩 및 마카오를 포함한 동남쪽의 지역 평균 인구밀도는 2000년에 1제곱킬로미터당 296명이 넘고, 서북쪽은 겨우 1제곱킬로미터당 14명밖에는 안 되어 그 차이는 21배에 달한다. 동남쪽에서도 강과 하천을 낀 충적평원과 연해평원 지역에 많은 인구가 몰려 있다. 예를 들면 주장 삼각주의 인구밀도는 1제곱킬로미터당 1,000명을 초과하고, 양쯔 강 하류와 항저우 만의 연안 평원은 1제곱킬로미터당 900명을 넘고, 황화이 평원과 쓰촨 분지 또한 1제곱킬로미터당 600에서 700명에 달한다. 서북쪽의 인구는 주로 하천 골짜기 지대와 초원 지대에 집중되어 있는데 큰 면적에 비해 인구는 극도로 적다. 그중 장베이 고원과 타클라마칸 사막 등 사람이 살지 않는 지역은 국토 총면적에서 1/10을 차지한다. 이 밖에 파미르 고원, 아라산 고원, 후룬베이얼 고원 및 티베트 고원 지역은 대부분 인구밀도가 1제곱킬로미터당 겨우 1명밖에 되지 않는다. 인구 분포는 확연하게 연해에 밀집되는 경향을 보이고 내지로 갈수록 희소해진다. 1995년 조사에 따르면 해안에서 200킬로미터 이내 지역의 평균 인구밀도는 1제곱킬로미터당 458명이었지만, 200~500킬로미터 떨어진 지역은 226명으로 인구밀도가 반 이상 줄어드는 경향을 보였다. 500~1,000킬로미터 떨어진 지역은 1제곱킬로미터당 160명으로 평균 인구밀도는 2/3로 낮아지고, 1,000킬로미터 이상 떨어진 지역은 1제곱킬로미터당 23.6명밖에 되지 않았다. …… 인구는 주로 비교적 저평 지대에 분포하고 지면의 해발고도가 올라갈수록 인구밀도는 확연하게 줄어드는 것으로 나타났다. 1995년 해발 200미터 이하 지역에 전국 인구의 64.9퍼센트가 집중되어 있었고, 200~500미터는 17.2퍼센트, 500~1,000미터는 7.7퍼센트, 1,000~2,000미터는 8.9퍼센트, 2,000~3,000미터와 3,000미터 이상에서는 1제곱킬로미터당 겨우 1.1명과 0.3명밖에 되지 않았다. 인구밀도가 1제곱킬로미터당 552명이 넘는 200미터 이하 지역과 1제곱킬로미터당 1.6명밖에 되지 않는 3,000미터 이상 지역을 비교하면 그 차이는 320여 배에 달한다. …… 지형과 기후가 위주가 되는 자연조건은 분명 근본적인 제약 작용을 했다."[5]

이상 서술한 내용은 중국 인구의 거시적 분포 상황이다. 국부 지역의 지형과 지세 또한 중국 인구 분포에 뚜렷한 영향을 미친다. 분명 지형과 지세는 지리-자연환경의 일부분이다. 인구의 거시적 분포 상황과 비슷하게 종합적으로 보면 국부 지역에서도 지형과 지세가 낮고 평탄할수록 인구는 더욱 집중되는 경향을 보인다.

"위구르 아얼타이 산 남쪽 기슭의 인구 분포를 보면, 인구는 주로 해발 1,000미터 이하의 산 앞 충적평야와 충적선상지-홍적선상지 중부 및 하천 골짜기 평원에 분포한다. 이곳은 수자원이 풍부하고 토질도 양호하고 기온 또한 비교적 높은, 농경지와 목초지의 주요 분포 지역이다. 인구 또한 모든 수직대의 80퍼센트 이상을 차지한다. 인구가 분포하는 낮은 골짜기는 하천이 흐르는 1,000~1,500미터의 산 입구와 충적선상지 상부에 위치한다. 하천이 이곳을 거쳐 흐르면 그 대부분은 땅에 스며들어 지하수가 된다. 지표를 토양층이 덮고 있지 않아 이곳에서는 농업과 목축업 활동을 할 수 없다. 이로 인해 낮은 골짜기의 인구는 매우 적어 모든 수직대의 4퍼센트도 차지하지 못한다. 반면에 1,500~2,400미터의 산 중턱 지역은 산림이 무성하고 목초지가 드넓어 인구가 15퍼센트를 차지하고 있다. 이는 앞에서 언급한 낮은 골자기를 초과하는 수치이다. 톈산 북쪽 기슭은 바람을 정면으로 맞는 곳에 위치하여 강수량이 비교적 많다. 해발 500미터 이하의 신녹지는 인구 밀집 지대이고, 인구가 모든 수직대의 60퍼센트를 차지한다. 경지에 근거해 계산한 인구밀도는 1제곱킬로미터당 250~300명에 이른다. 500~1,000미터의 구녹지대는 인구 밀집 지대이고, 인구는 30퍼센트를 차지한다. 지리적으로 이곳은 산 앞 충적선상지 중부에 속한다. 중하부와 충적평야 중부에는 대부분 농촌과 현 정부 소재지 및 중소 규모 도시들이 집중되어 있다. 1,000~1,250미터는 산 입구 지대이고 인구 비중은 5퍼센트에도 못 미쳐 인구가 대단히 적은 지대이다. 1250~2500미터는 농업과 목축업 인구가 계절에 따라 이동하는 지대로 인구는 약 8퍼센트를 차지한다."[6]

"종합적으로 보면 저평 지대일수록 인구가 더욱 많고 더욱 집중되는 경향을 보이기는 하지만, 이는 모든 지역에서 일률적으로 나타나는 동일한 현상으로 볼 수는 없다. 예를 들면 열대 지역의 상황은 이와 다소 다른 점이 있기 때문이다. 열대 지역에서 인구가 가장 조밀한 지역은 일반적으로 산지와 고원이지 평원이 아니다. 그 원인은 평원 지역은 지나치게 덥고 습하며 배수도 원활하지 않아 토양의 양분이 분해되어 유실되기 쉽기 때문이다. 게다가 평원 지역은 밀림으로 뒤덮여 있기 때문에, 독충이 창궐하고 특히 인류에게 위협이 되는 말라리아모기가 극심하다. …… 이와는 반대로 열대 산악지역과 고원은 비교적 거주에 유리한 편이다. 이 지역은 기온이 적당하고 배수도 잘 통하고 말라리아모기가 분포할 수 있는 상한선을 넘어서고 있어서 인류가 건강을 유지하는 데 유리하다. 이곳은 역대로 현지 사람들의 주요 거주 지역이었다. 이러한 분포 특징은 모든 열대 지역에서 나타나는 보편적인 현상으로 볼 수 있다. 예를 들면 남아메리카의 열대 지역에 위치한 아마존 평원은 세계에서 가장 광활한 평원이다. 브라질 · 페루 · 볼리비아 · 콜롬비아 등은 국가의 절반이 이 지역에 걸쳐 있고 에콰도르는 국토의 1/3이 이 지역에 걸쳐 있다. 하지만 아마존 평원에 거주하는 인구는 극도로 적다. 이 지역의 평균 밀도는 1제곱킬로미터당 1명에도 미치지 못하고 있다. 개간된 토지 면적도 총면적에서 겨우 0.3퍼센트밖에는 되지 않는다. 상술한 각국의 인구는 거의 대부분이 모두 산간 지역과 고원에 집중되어 있다. 예를 들면 남미 대륙을 관통하는 안데스 산간 지역에 페루 총인구의 50퍼센트가 집중되어 있다. 과거에는 2/3를 차지한 적도 있다, 에콰도르는 85퍼센트, 콜롬비아는 98퍼센트를 차지하고 있다."[7]

[참고 1-7] 토지를 기반으로 한 비혈연적 인류 협력

"알공킨족의 구역 면적은 부락 지역 중부에서는 평균 200~400평방마일로 나타나고 주변 부분은 이보다 2~4배 크게 나타난다. 각 가족 단위는 자기 구역 내에서만 수렵을 할 수 있었다. 수렵의 규칙은 수렵물의 양이 동물의 자연 증가분에 상당해야 한다는 것이다. 그들은 의식적으로 이듬해의 공급을 확보하기 위해 사냥철이 끝난 후에는 충분한 수의 동물을 남겨두었다. 그들은 함부로 동물을 사냥해 죽이면 가족이 굶주릴 위험에 처할 수 있다는 것을 알았다. 콜럼버스 시기 이전의 아메리카의 모든 수렵 구역(예를 들면 캐나다의 순록, 들소, 산양 서식 구역)에도 이와 동일한 규칙이 존재했다. 호주의 원시 거주민 부락도 이와 마찬가지로 정확하게 분배된 토지 내에서 채집과 수렵을 할 권리를 가지고 있었다. 부락 지역 내부의 각 가족 단위도 또한 이와 유사한 권리를 갖고 있었다. 농업을 기반으로 하는 부락의 상황도 이와 마찬가지였다. 사회 유대라는 측면에서 볼 때 토지를 기반으로 한 합리적 분배는 거주민의 혈연에 근거한 심리적 기반을 훨씬 능가하고 있었다. 모든 농경 사회는 토지에 근원을 둔 유대 관계를 바탕으로 형성된 구조 속에 사회구성원을 결집시키고 있었다. 이러한 이유는 촌락에 집단 거주하는 형태가 촌락을 방위하는 데 유리했고, 무엇보다 공동 노동이 필요한 경우 더욱 유리했기 때문이다. 이 조직은 작물을 이 땅에서 저 땅으로 옮겨 심어야 하는 윤작 순서에 근거해 만들어진 규칙이 있는 유용한 조직이었다. 이 덕분에 토지를 한도를 넘어 지속해서 사용할 수 있었다. 어떤 지역의 관개시설의 위치는 곧 그 지역의 분포를 지배하고 있었다. …… 촌락단위는 혈연관계가 아닌 토지를 기반으로 한 지방정부의 성격을 띠고 있었다." 8

[참고 1-8] EU는 자신의 리듬에 따라 계속 전진한다

하비에르 솔라나 마다리아가(EU 공동 외교 · 안보정책 고위대표)의 공보관 마리 패래소는 2005년 5월 31일 프랑스 국민투표에서 부결된 유럽헌법 조약 사안에 대한 《참고소식》 신문 기자의 질문에 다음과 같이 대답했다.

프랑스가 유럽헌법을 부결한 것은 당연히 좋은 소식은 아닙니다. 하지만 이것은 결코 재난이 아닙니다. 다른 국가의 유럽헌법조약 비준 진행 과정은 계속 진행될 것입니다. ……

프랑스의 유럽헌법 부결은 유럽 일체화 진행 과정이 잠시 숨을 고르는 것이고, 동시에 유럽 각 지도자들 또한 많은 반성을 해야 할 필요가 있다는 것을 의미합니다. …… 유럽헌법조약의 전망에 대해 말하자면 지금 우리 앞에 놓여 있는 선택은 아주 많습니다. 가장 비관적인 예측은 니스조약으로 되돌아가는 것입니다. 제 개인적인 생각으로는 만약 많은 국가가 부결한다면 조약의 일부 내용을 수정하는 것도 무방합니다. EU의 운영을 확보할 수 있는 기본 조항을 뽑아내어 새로운 방안으로 만들어야 합니다. 프랑스가 비록 유럽헌법조약을 부결했지만, 이것은 결코 그들이 이 조약을 전면적으로 부정했다는 것을 의미하지는 않습니다. 여전히 좋은 내용은 남겨둘 필요성이 있습니다. ……

유럽헌법조약이 EU 본부 기구에 대해 진행할 최대의 개혁은 유럽이사회 회장과 EU 외교부장을 설치하는 것입니다. 미래의 EU 외교부장은 EU의 대외 관계를 총괄 관리하게 될 것입니다. 이로 인해 EU의 공동 외교는 연관성과 효율성을 더욱 높일 수 있을 것입니다. 이는 현재 실행하고 있는 교대로 맡는 EU 회장국의 외교부장, 외교와 안전 정책을 책임지는 EU 고위급 대표, EU 위원회의 대외 관계 위원이 각각 공동으로 집행하는 대외 관계의 분산된 국면을 변화시킬 수 있습니다. 솔라나가 이전에 말했던 것처럼 비록 프랑스 국민투표가 유럽헌법조약에 대해 반대라고 외쳤지만, EU 외교부의 건립 계획안은 이에 영향을 받지는 않을 것입니다. 유럽 외교관에 대한 교육도 여전히 계속 진행할 것입니다.

EU를 동쪽으로 확대하는 과정과 유럽헌법조약은 완전히 다른 절차입니다. 새로운 회원국을 받아들이는 면에서 EU는 정치 · 경제 · 지리 및 문화적 공동 인식 등에 관한 명확한 기준을 가지고 있습니다. 규정의 조건에만 맞으면 어떠한 국가도 가입할 수 있습니다. 이는 유럽헌법조약과는 무관합니다. 유럽헌법

조약이 비록 부결되었지만, 터키의 EU 가입에 대한 판단은 금년 가을에 예정대로 시작할 것입니다.

앞서 EU 각국 지도자가 여러 방면에서 반성을 해야만 한다고 말했는데, 차후 새로운 회원국을 받아들이는 기준 또한 분명 반성의 한 내용이 될 것이라고 저는 생각합니다. 차후 EU 가입 기준은 반드시 더욱 세분화해야 하고, 더욱 규범화해야 하고 운영성을 더욱 강화해야 합니다.[9]

[참고 1-9] 라틴아메리카는 더 이상 미국의 뒤뜰이 아니다

"라틴아메리카는 줄곧 마치 미국의 뒤뜰인 것처럼 불려왔다. 그러나 친미정부가 지난 세기 동안 조장한 경제 혼란으로 인해 좌파들이 거의 모든 국가의 정권을 접수하게 되었다. …… 2005년 5월 1~2주 동안 라틴아메리카에서는 아래에서 언급하는 중대한 변화가 발생했다. 가장 중요한 국가인 브라질의 주도하에 라틴아메리카는 처음으로 남-남 정상회의를 개최했다. 이는 라틴아메리카와 아랍 국가 간의 34개국 회담이다. 미국은 옵서버 자격을 요구했지만 브라질이 거절했다. 브라질의 좌파 대통령 룰라 다 실바는 지역 동맹 체결을 주장하고 미국식 세계화를 반대했다. 그는 빈곤 퇴치와 생태윤리에 관한 남방 세계의 협력을 골자로 해 제3세계에서 점차 새로운 가치와 발전 전략을 만들어나갈 것을 제안했다. 룰라 대통령의 이러한 행동은 제3세계 좌파 정치운동의 재출발로 간주되고 있다.

또 다른 예를 들면, 미국에게 가장 중요한 지역 국제기구인 아메리카국가기구의 사무국장 교체와 관련하여, 미국은 멕시코 외무장관 웨일스를 추천했고 라틴아메리카의 다른 국가들은 공동으로 칠레 좌파 지도자인 인라오알스를 추천했는데, 결국 인라오알스가 승리했다. 60년 만에 처음으로 미국이 이 중요한 지역 기구를 장악하는 데 실패한 것이다. 또 다른 예를 들면 현재 멕시코의 우파 비센테 폭스 정부는 갈수록 민심을 잃어가고 있고, 이로 인해 멕시코 정권이 좌파의 수중에 들어갈 날이 머지않은 현실이다. 미국의 가장 가까운 이웃 나라에 친미가 아닌 반미 좌파 정권이 들어선다면 미국 정부에 어떤 충격을 일으킬지 상상하기 어렵지 않다.

1980년대, 즉 미국이 주로 조종하던 재민주화 시대에 모든 라틴아메리카는 우파 친미 정권이 주류를 이루고 있었고, 또한 경제를 자유화해야 한다는 주장이 큰 소리를 내고 있었다. 하지만 이른바 자유화는 사실 중요한 자원을 미국 재벌이 독점하도록 내버려두는 것에 지나지 않았다. 라틴아메리카 사람들의 경제 사정은 갈수록 나빠졌다. 바로 이 때문에 1990년대 라틴아메리카는 사회적 혼란과 경제 붕괴를 겪었고, 또 이 때문에 1990년대 말에서 현재까지 라틴아메리카에서 좌파 정부가 정권을 잡을 기회를 얻을 수 있었다."[10]

[참고 4-1] 서양 기독교도의 이교도에 대한 박해와 학살의 역사

역사적으로 기독교도가 다른 종교인들을 박해하고 학살한 사례는 수없이 많아 책으로도 다 엮지 못할 정도이다. 8차에 걸친 십자군 원정에서 서양인은 수많은 무슬림을 학살했다. 제1차 십자군 원정에서만 서양 기독교는 1099년 7월 예루살렘을 함락한 후 무려 7만의 무슬림을 죽였다. 그리고 3대 종교인 유대교 · 기독교 · 이슬람교의 공동 성지를 남김없이 약탈해 갔다.[11]

스페인인은 1492년 아라비아 무슬림(무어인) 수중에서 이베리아 반도, 즉 현재의 스페인과 포르투갈을 탈환한 후, 자손대대로 그 땅에서 생활해 온 무슬림을 박해했다. 스페인은 그들을 국경 밖으로 쫓아내거나 혹은 그들에게 천주교로 개종하여 개종 후의 무슬림을 뜻하는 모리스코가 될 것을 강요했다. 1530~1540년 대다수의 아랍 무슬림은 어쩔 수 없이 개종을 했지만, 종교에 광적이던 스페인인은 이미 천주교도로 개종한 모리스코를 가만두지 않고 계속해서 박해했다. "1556년 필립 2세는 법률을 반포하여 모든 모리스코 문화를 금지하고, 종교 비밀의식을 거행하던 장소를 폐쇄하고, 모리스코 복장을 금지하고, 명성이 자자하던 아랍 목욕탕을 부수어버리고, 마지막에는 아랍어 사용마저 금지했다. 이교도 고서와 문화과학 서적들은 활활 타는 불길 속에서 잿더미가 되었다. 그들은 아이들을 강제로 안고 가 천주교 세례를 받게 하고, 반기를 드는 자는 강제노동자로 만들어 족쇄와 수갑을 채우고는 길게 줄을 세워 추방지로 보냈다. 논은 경작할 사람이 없고 마을은 황폐해져 사람이 살지 않게 되었다. 모욕과 압박이 너무 심해 그라나다의 모리스코인은 두 번째 반란을 일으켰지만 2년 후 진압되었다. …… 국왕 필립 3세는 모든 모리스코인을 스페인 영토에서 추방하라는 명령을 정식으로 선포했다. 대규모 추방은 1614년까지 계속되었고, 이미 천주교로 개종한 300만 스페인 무슬림은 조상대대로 살아오던 집을 떠나야 했다. 대추방이 끝난 후 스페인인은 스페인의 기독교를 순수 혈통의 구기독교와 개종자임을 감추고 살아온 사람 및 그 후손을 일컫는 출신이 의심스러운 신기독교로 구분했다. 스페인 주민은 공직 · 군관 · 수도승 · 대학 교사 · 해외 영토 이민을 신청할 때 반드시 순수 혈통 증서 혹은 족보를 제시해야만 했다. 의심스러운 성씨는 혈통을 판단하는 중요한 근거가 되었다. 이 혈통론 정책은 1865년에 이르러서야 폐지되었다."[12]

국토회복운동 이후 유대교도에 대해 보인 스페인인의 태도는 그들이 무어인을 대했던 태도와 다른 점이 없었다. 국외로 추방하는 것 외에 강제적인 개종과 같은 수단을 사용해 박해를 가했다. 사실상 서양 기독교도가 유대인에게 가한 박해와 학살은 중세부터 20세기까지 계속되었다. 근대 초기의 스페인과 현대 독일, 오스트리아, 폴란드, 러시아 등의 국가에서만 이러한 일이 벌어진 것은 결코 아니었다. 이는 유럽 전역에서 천 년이 넘는 기간 동안 벌어진 일이다.

[참고 4-2] 서양 역사에서 사상 대립으로 발생한 살인의 예

서양 기독교의 종교적 편협성과 우매성은 사상 대립으로 인한 살인으로 나타났다. 이 방면에서 종교재판은 대단히 부끄러운 역할을 맡았다. “스페인의 역사학자이자 전 종교재판소장 후안 안토니오 요렌테 신부의 발표에 따르면, 15세기 후반 무렵 스페인이 통일된 종교재판소 및 그 집행 기구인 신성형제회를 설립해 이교와 이단을 박해한 350년 동안 3만 1,912명이 산 채로 화형당해 죽었고, 모의 화형으로 불 고문 중 고통으로 죽은 사람은 1만 7,659명이고, 기타 각종 형벌로 사형당한 사람은 29만 1,450명으로 모두 합하면 34만 1,021명이라고 한다. 이 반역사적 기구는 19세기 중엽에 와서야 폐지되었다.”[13] 이는 단지 스페인에서만 발생한 사건일 뿐이다. 역사적으로 다른 지역의 기독교도 똑같이 참혹한 수단을 사용해 이단자를 처리했다. 그리고 이단자가 개종 후의 무슬림인지 아니면 본래 기독교도였는지는 상관하지 않았다. 가장 악명 높은 사례는 13세기 유럽 십자군이 프랑스 남부 알비교파를 참혹하게 진압한 일이다. 주의할 것은 이 십자군은 아랍을 침입한 동방 십자군이 아니라 유럽 기독교 동포를 학대한 십자군이라는 점이다.[참고 4-2-b] 그리고 또한 16세기 신교 신권 정치 공화국 제네바는 삼위일체론을 부정한 계몽신학가 미카엘 세르베투스를 화형대에 세워 죽였다. 세르베투스는 최초로 인체의 혈액순환을 발견한 사람이었다. 이외에 프랑스 천주교도가 위그노에게 자행한

성 바르톨로메오의 학살 사건이 있다.[참고 4-2-a]

[참고 4-2-a] 성 바르톨로메오 학살

"성 바르톨로메오 학살은 유럽 역사에서 종교적 관점이 다르다는 이유로 일어난 참혹한 학살 사건이다. 1517년 독일에서 흥기한 종교개혁운동은 이후 빠르게 프랑스로 파급되어 큰 영향을 미쳤다. 이때 수많은 프랑스인이 신교도가 되었다. 이는 천주교 당국의 불안을 야기했다. 그들은 끊임없이 프랑스 국왕과 대신을 종용해 신교도를 진압하는 조치를 취하도록 했다. 1572년 8월 24일 성 바르톨로메오 사도 축일에, 프랑스 군인 · 선교사 · 폭도들은 아무 준비도 되어 있지 않고 무기도 들지 않은 부녀자와 아이를 포함한 신교도를 어떠한 경고도 하지 않고 학살했다. 학살은 파리에서 시작되어 아주 빠르게 다른 지방으로 번져갔다. 일주일 내 약 10만의 신교도가 살해당했다. 얼마 지나지 않아 프랑스 전역에는 유혈이 낭자하고 시체가 산더미처럼 쌓였다. 강을 떠다니는 수많은 시체 때문에 수십 개월이 지난 후에도 사람들은 강의 물고기를 먹을 수 없었다. 르와르 산골짜기의 이리 떼는 고생해서 먹이를 찾아다닐 필요도 없었다. 깊은 산만 빠져나오면 산골짜기에 널린 시체를 찾을 수 있었기 때문이다. 더욱 악랄했던 것은 이 소식이 바티칸에 전해지자 교황 당국이 종을 울리고 포를 쏘아 이를 경축했다는 사실이다. 또한 교황 그레고리 13세는 이탈리아 화가 조르조 바사리에게 이 대학살을 주제로 한 벽화를 그리라고 의뢰했다. 이 그림은 현재도 바티칸에 여전히 걸려 있다. 그리고 그는 대학살 특별 기념주화를 만들기도 했다."[14]

[참고 4-2-b] 십자군의 알비파 진압

"알비파는 중세 프랑스 남부 도시인 알비를 중심으로 활동했기 때문에 생긴 이름이다. 이 교파는 또한 순결파로도 불린다. 이 교파는 11세기에서 12세기 사이에 프랑스 남부와 이탈리아 북부 지역에 성행했고, 선악 이원론을 주장하고 기독교 교계제와 성례전을 반대했다. 또한 이 교파는 교회가 재물을 축적하는 것을 비판하고 교황을 사탄이라고 질타하고 독신과 채식을 주장했다. 13세기 초 교황 이노센트 3세와 프랑스 국왕이 이끄는 십자군은 알비파를 잔혹하게 진압했다. 1208년 교황 이노센트 3세는 명령을 내려 알비 지역의 이단자들을 토벌했다. 이는 종교 관점이 다르다는 이유로 십자군을 동원해 일으킨 전쟁으로, 유럽 역사에서 그 참혹함과 잔인함으로 인해 악명이 높았다. 십자군은 이 지역의 작은 마을들을 차례로 함락했고, 그곳 사람들을 이유 불문하고 남녀노소에 상관없이 닥치는 대로 죽였다. 수많은 수도승도 십자군의 군사 행동에 참여해 자신들이 저지른 피비린내 나는 잔인함을 자랑거리로 삼았다. 1209년 7월 22일 십자군이 한 마을을 함락했을 때, 어떤 사람이 아널드 수도사에게 충성스러운 교도와 이단자를 어떻게 구분하느냐고 묻자, 그는 '모두 죽인다. 하느님은 스스로 아시기 마련이다'라고 대답했다."15

[참고 4-3] 피사로의 스페인 원정대가 인디언에게 자행한 피비린내 나는 학살

16세기 초반 탐험가인 피사로가 이끄는 스페인 원정군은 지금의 페루 일대를 침략했다. 피사로는 지극히 비열하고 잔인한 수단을 사용해 잉카 국왕과 1천 명이 넘는 그의 수행원들을 속여 포로로 잡아 죽였다. 이후 잉카 문명은 빠르게 괴멸되었다. 16세기 초 스페인인이 아메리카에서 자행한 만행은 이루 말할 수 없을 정도다. 아래는 당시 아메리카에서 선교활동을 한 선교사 바르톨로메 데 라스카사스의 기록이다.

그들 스페인인은 갑자기 마을로 들어가 임산부를 보면 나이가 많든 적든 가리지 않고 그녀들의 배를 가른 후 마치 축사의 양을 도살하듯이 난도질을 했다. 악당들은 누가 한칼에 사람을 반 토막 낼 수 있는지, 누가 단숨에 사람의 머리를 벨 수 있는지 혹은 배를 갈라 내장을 꺼낼 수 있는지를 두고 도박을 하고는 했다. …… 악당들은 긴 틀을 만들어 13명의 인디언을 각각 한 줄씩 틀에 매달았다. 그들의 두 다리를 약간 땅에서 떨어지게 하고는 밑에다 땔나무를 놓아두고 불을 붙여 하느님과 12사도의 이름으로 그들을 산 채로 불에 태워 죽였다.

한번은 나무 기둥 위에서 4~5명의 추장이 불타는 것을 보았다(다른 5~6개의 기둥 위에서도 다른 사람들이 수난을 당하고 있었다). 그들이 질러대는 비명을 대장도 참기 어려워했다. 어쩌면 자신의 수면을 방해했기 때문일 수도 있다. 그래서 그는 인디언을 목매달아 죽일 것을 당부했다. 하지만 도살자들보다 더 악랄한 간부(나는 그의 이름도 알고, 그가 세빌리아의 친척이란 것도 알고 있다)는 손대기도 귀찮고 일도 덜기 위해 꼬챙이를 수난을 당하는 자의 입에 쑤셔 넣어 그들이 소리를 지르지 못하게 했다. 동시에 이 추장들과 귀족들이 전부 시커메질 때까지 화력을 더 세게 했다.

아마 스페인의 어떤 구역에 위치한 유카탄 왕국이었을 것이다. 하루는 여기서 한 스페인인이 맹견 몇 마리를 데리고 토끼와 사슴을 포위해 사냥을 했는데 한 마리도 잡지 못했다. 그는 자기 개들이 배가 고프다고 생각해 주위에 있던 한 인디언 모친의 품에 있던 아이를 빼앗고는, 비수로 아이의 두 다리 두 팔을 잘라내어 각각 개에게 먹였다. 그 개들이 자기 몫을 다 먹고 나자 그는 아이의 남은 신체 부위를 땅에 던져 개들이 다투어 먹도록 했다.

한번은 원정대가 한 마을에 왔는데, 인디언은 기쁘게 그들을 환영해주었고 그들에게 풍성한 음식을 가져다주었다. 또 600명이 넘는 사람을 보내어 그들이 가축으로 물건을 운반하는 것을 도왔고, 그들의 말도 정성스럽게 돌보아주었다. 원정대가 떠난 후 총지휘관의 친척인 한 지휘관이 갑자기 다시 돌아와 인디언들이 아무런 경계도 하지 않는 상황에서 전 마을을 약탈했다. 긴 창으로 지방 추장과 현지 국왕을 찔러 죽였고…… 총지휘관은 또 다른 마을의 많은 인디언을 잡으러 사람들을 보냈다. 그중에는 자원자도 있었다. 내가 듣기로 200명이 넘었다고 한다. 이 사람들이 도착하자마자 지휘관은 인디언들의 온 얼굴이 평평해지도록 그들의 코, 입술, 턱을 잘라버릴 것을 명령했다. 그들은 선혈이 낭자하고 고통에 시달리는 인디언에게 그들이 받은 세례와 신성한 천주교 교의를 받드는 사람들이 발명한 기적을 다른 지역에 전파하러 나가도록 했다.

독일 상인도 인디언에게 똑같이 잔인한 만행을 저질렀다.

한번은 인디언이 이전처럼 그들을 환영했는데, 포악한 독일 지휘관은 자신들을 환영해주던 사람들을 한 움막에 집어넣고서는 모두 난도질하여 토막을 내어버렸다. 몇 사람은 지붕의 대들보로 기어 올라가 숨어 있었다. 혹은 그들은 미친 짐승들로부터 피해 숨어 있었다고도 할 수 있다. 이 잔인무도한 독일 지휘관은 집들에 불을 질러 태우라고 명령을 내렸고, 집 안의 사람들은 산 채로 타 죽었다. …… 그와 동료들은 많은 인디언들을 데리고 가면서 강제로 그들에게 30~40킬로그램의 물건을 지도록 했고, 사슬로 모든 사람을 함께 묶어놓았다. 길에서 만약 어떤 사람이 피곤과 허기에 지쳐 쓰러지거나 기절하면, 그들은 다른 사람들이 계속 걸어갈 수 있도록 사슬 구멍으로 나온 그의 목을 베어버렸다. 그래서 모든 사람들이 멈추어서 이 사람의 목에 걸린 사슬을 벗겨낼 필요가 없었다.

라스카사스 신부는 "서인도를 발견한 후 40년 동안 스페인인의 피비린내 나는 통치 때문에 1,200만의 무고한 인디언이 참혹하게 살해되었다. 사실 내 생각에는 족히 1,500만의 무고한 사람이 죽었다고 본다" 고 말했다. 그렇지만 현대 역사학계의 일반적인 견해에 따르면 이 1,500만이란 숫자는 사실과 부합하지 않는다. 아마 실제로는 이보다 적었을 것이다.[16]

[참고 4-4] 미국 우익의 호전적 언론을 통해 본 서양인의 흑백논리식 사유양식

서양인의 양자택일 논리 혹은 흑백논리식 사유 방식은 일부 미국인에게서 적나라하게 나타난다. 특히 현재 미국 극우파 언론에서 쉽게 찾아볼 수 있다. 현재 중국의 군비는 미국 군비의 6퍼센트밖에 되지 않고 더욱이 무기는 미국보다 20년은 낙후되어 있다. 그럼에도 카네기국제평화재단 선임 연구원 로버트 케이건 같은 극우파 미국인은 이성적이고 평화적인 방식으로 중국의 흥기에 대응해야 한다는 서양인의 주장을 여전히 함부로 공격하고 있고, 또한 적나라하게 중국 억제론을 주장하고 있다. 그는 다음과 같이 말하고 있다.[17]

> 1870년 이후 독일의 흥기 및 그에 대한 유럽의 반응이 제1차 세계대전을 유발했다.
>
> 1868년 이후 일본의 흥기는 두 차례의 전쟁을 유발했다. 한 번은 19세기 말에서 20세기 초 중국 및 러시아와의 전쟁이고, 다른 한 번은 제2차 세계대전에서 영국 및 미국과의 충돌이었다.
>
> 지금 우리는 역사의 실패를 회고하고 과거의 실수를 반성하고 있지만, 지금의 우리가 당시 독일과 일본의 흥기에 대응한 정책가보다 더 영리하다고는 볼 수 없다. 지금의 대다수 정책가들은 조상과 거의 같은 관점을 가지고 있다. 이

관점은 중국과 기타 국가 및 지역, 특히 중국과 일본 및 미국 나아가 중국과 타이완의 무역 관계가 거대한 충돌을 방지하는 완충 작용을 할 수 있기 때문에, 종국에는 중국이 국제 체계에 융화될 수 있어 전쟁이 벌어지지는 않을 것이라고 보는 것이다. 우리는 이전과 똑같이 아시아의 한 국가가 나날이 현대화를 실현하고 있는 것을 보면서 그것이 평화에 유리한 작용을 하는 역량이라고 여긴다. 그리고 또한 우리가 중국을 자극하지만 않는다면 세계는 평화로울 수 있다고 확신한다. 하지만 우리는 중국이 현재의 국제 체계를 뒤흔들 가능성이 있다는 것을 전혀 의식하지 못하고 있다.

동아시아의 안전 체계, 서양의 자유 가치관 및 우리가 좋아하는 자유세계 질서가 중국이 국제 체계로 융합되게 할 수 있을 것이라고 생각한다. 하지만 다음과 같은 가능성이 없다고 할 수 있을까? 즉 중국은 진행 과정에서 자국이 참여할 부분이 없거나, 자국의 야심과 자국의 통치 원칙에 도움이 되지 않는 국제 체계에 가입하고 싶지 않은 상황에서, 미국을 포함해 과거에 흥기했던 국가들처럼 자신이 원하는 방향으로 국제 체계를 다시 만들고 싶어 하지는 않을까? 그렇다. 중국은 경제 번영을 실현하고 싶어 하기 때문에 전 세계 경제와 하나로 융합되면 자신들이 경제 번영을 이룰 수 있을 것이라 전망한다. 그렇지만 중국은 국가 번영의 목적이 국제 체계에 가입하는 데 있지 않고 국제 체계를 자신들이 원하는 대로 변화시키는 데 있다고 간주하지는 않을까?

사람들이 중국의 흥기에 어떻게 대응해야 할지 세세하게 고려할 때쯤이면 차차 예견 가능하고 시간이 필요한 방안들이 사라지기 시작할 것이다. 분명 두 종류의 선택만이 있는 것 같다. 첫 번째는 미국이 아시아 지역에서 주도적 지위를 포기하는 것이다. 두 번째는 중국의 야심을 억제하는 조치를 택하는 것이다. 정치적이고 전략적인 이유에서 많은 미국인은 첫 번째 길로 가는 것은 찬성하지 않는다. 결코 부정할 수 없는 사실은 중국을 적으로 삼지 않으면서 두 번째 길로 가는 것은 매우 어렵다는 사실이다.

만약 미국이 두 번째 길을 선택한다면, 예상하건대 중국 지도자 또한 다른 국가가 자국 주위에 억제망을 견고히 하는 것을 인내심 있게 기다리지는 않을 것이다. 그들이 다른 국가의 입장을 포기하도록 만들기 위해, 미국 및 그 아시아 우방에게 수시로 도전함으로써 다른 국가가 입장을 포기하도록 할 가능성이 더욱 높다.

[참고 4-5] 정화 선단의 거대한 규모 및 문명사적 의의

1403년에서 1433년 사이에 이루어진 정화 선단의 일곱 차례 서쪽 바다 항해는 유럽인의 지리 대발견보다 시기적으로 빨랐다. 이는 콜럼버스의 아메리카 발견보다는 87년 빠르고, 디아스의 희망봉 발견보다는 83년 빠르다. 이는 문명사의 중대 사건으로 대규모 원양항해 시대의 도래를 상징한다. 정화가 이끈 선단의 인원수는 몇십만에 달하고, 선박 수도 수백 척에 달했다. 정화 선단은 동남아시아 · 스리랑카(실론) · 인도 남부 · 페르시아 만 · 홍해 항구 · 아프리카 동부 연안인 현 소말리아, 케냐 등의 국가를 항해했다. 그 거대한 규모와 광범위한 항해 범위는 문명사에서 일찍이 유례가 없었다. 선박 규모와 수량 및 선원 수 면에서 포르투갈 선단은 중국 선단과 비교조차 할 수 없을 정도였다. 정화의 제1차 항해에만 사병 2만 7,800여 명, 보선 62척이 동원되었는데, 그중 대형은 길이가 44장(55미터), 너비가 18장(51미터), 9주의 돛대와 12장의 돛이 있었고, 배수량은 약 17,708톤, 적재량은 8,500톤 이상이었다. 보선의 크기를 보면 콜럼버스가 신대륙을 발견할 당시의 모든 선단과 다가마가 인도를 항해할 때 사용한 모든 선단을 합쳐 보선의 한쪽 갑판에다 다 실을 수 있을 정도였다.[18] 중형 보선은 그 길이가 37장에 너비가 15장, 소형은 길이가 24장에 너비가 9.4장이었다.[19]

물론 중국인이 원양항해 능력을 짧은 시간 안에 갖게 된 것은 아니었다. 여기에는 발전 과정이 있었다. 송나라 때 나침반과 해상지도를 사용했고, 중심을 조절할 수 있는 수직승강판이 달린 평저선도 출현했다. 이 시기에 대나무 돛은 면포 돛으로 대체되었고, 4층 3주 돛대, 12장 돛, 500명을 적재할 수 있는 대형 선박이 건조되었다.[20] 또한 주목할 점은 정화 원양항해는 단지 고립된 황실의 정치 행위만도 아니었고, 또한 국가의 전략적인 경제 행위에만 국한된 것도 아니었다는 것이다. 그 배경에는 거대한 국력이 있었고 거대한 인구-경제 규모와 발달된 기술력이 있었다고 볼 수 있다. 조지프 니덤(Joseph Needham)의 연구에 따르면 그 전성기인 1420년을 전후해 명나라의 해군력은 아마도 역사에서 어떤 시기의 아시아 국가보다 모두 앞섰다고 할 수 있다. 심지어 이는 동시대의 어떤 유럽 국가보다도 선진화되어 있었고, 또한 모든 유럽 국가의 해군을 다 합한 것보다 앞섰다고도 볼 수 있다. 영락 연간 명나라의 해군은 3,800척의 함선을 보유하고 있었다. 그중에는 1,350척의 순라선, 1,350척의 위(衛)·소(所)·채(寨)에 속한 전선, 난징 신강구를 기지로 한 400척의 대전선 주력 선단이 있었고, 400척의 군량미를 운반하는 조선(漕船)이 있었다. 이 밖에 250척의 원양 보선이 있었다. 각 보선의 평균 규정 인원수는 1405년 450명에서 1431년에는 690명 이상으로 증가했다. 가장 큰 보선에 탑승하는 인원은 1,000명이 넘었다.[21] 페이정칭의 연구에 따르면 1403년에서 1433년 사이에 난징 부근의 도크에서 약 2,000척의 배를 건조했는데, 그중 100척은 길이가 370~440피트, 폭은 150~180피트에 달하는 거선이었다.[22] 이러한 상황은 명나라가 거대한 인구-경제 규모와 선진화된 원양해양 기술을 보유하고 있었고, 또한 효과적으로 동원할 수 있는 인적 물적 규모에서도 서유럽을 크게 앞섰다는 것을 보여준다.

어떤 사람은 정화의 대항해가 비록 명나라의 국력과 과학기술의 발달을 의미하기는 하지만, 정치적 위상 면에서는 실질적 수확은 많지 않았고, 반면에 경제적 소모는 대단히 컸다고 본다. 또한 비교적 명확한 국가적 전략도 없었고, 심지어 그것이 가져온 국제정치 질서는 단지 조공 체계의 확대와 연장에 지나지 않았다고 본다.[23] 분명 이러한 관점은 논의해 볼 만한 점이 아주 많다. 그렇지만 명나라가 세계 구조 내에서 명확한 국가 전략을 가져야 한다는 것은, 마치 기원전 5세기의 고대 그리스인 또는 16세기의 포르투갈인이 인애(仁愛) 관념 혹은 자비 정신을 가져야 한다는 것과 같은 것이어서 터무니없는 견해에 해당한다.

그들은 왜 정화 원양항해가 보여준 세계가 인정하는 평화주의적 성격은 보지를 못하는 것일까? 이것은 중국인이 계승할 가치가 있는 정신유산이 아니겠는가? 정화 선단이 도착한 곳에서 보여준 평화주의 정신은 가치가 있는 것이다. 이는 현대 세계가 이를 바탕으로 중국 문명의 성격을 인식할 수 있는 하나의 중요한 척도가 된다. 또한 이는 최근 몇 해 동안 전 세계의 뜨거운 화제가 되기도 했다. 중국인의 평화적인 성격은 현대의 어떤 역사학자도 부인할 수 없는 것이다. 이러한 종류의 문명 성격과 이후에 서양인이 지리 대발견에서 보여준 야만적 행위는 선명한 대비를 이룬다. 정화 일행은 어떤 지역에 도착해도 모두 현지 사람들을 예우했고, 한 번도 방화와 약탈을 하지 않았다. 프랑스 기자 겸 평론가인 콩보는 "정화는 평화 사절에 더 가까웠지 탐험가는 아니었다. 그는 살육도 하지 않았고, 정복도 하지 않았으며 더욱이 사상을 전파하려고 애쓰지도 않았다. 그의 선단이 도착한 곳에 남겨진 것은 중국 비석 · 조각 · 자기 · 고서 · 달력이었지, 식민지가 아니었다. 가장 전형적인 예가 아프리카다. 유럽인은 한때 흑인은 인류에 속하는지 아니면 동물에 속하는지를 놓고 대규모로 토론을 벌인 적이 있다. 정화나 중국인은 한 번도 이런 의문을 품지 않았다. …… 그들은 흑인이 사람이라는 사실을 한 번도 의심하지 않았다. 아프리카 부락의 추장이나 현지 국왕을 만나면, 정화는 한결같이 예로서 대했지, 어떻게 하면 흑인을 중국으로 잡아가 노예로 삼을지는 생각하지 않았다. 우리가 알다시피 중국은 당시에 화포를 가지고 있었다. 따라서 정화가 만약 그렇게 하길 원했다면 아프리카의 광활한 영토를 완전히 정복할 수도 있었을 것이다"라고 했다.[24]

누구나 다 아는 사실인 평화주의 정신 외에 정화 선단은 스리랑카에 유명한 '정화보시비'를 남겼다. 이것은 영락 7년 2월, 즉 1409년 3월에 세워졌다. 이후 스리랑카 남부 해변 도시 갈에서 발견되었다. 비석의 높이는 약 145센티미터, 폭은 약 76센티미터, 두께는 약 13센티미터이다. 비문은 각각 중국어 · 타밀어 · 페르시아어로 쓰였다. 중국어 비문에는 정화 등이 명나라 황제의 명령을 받고 서쪽 바다로 항해하던 중 스리랑카에 도착했고, 성지를 순례하고 예를 올리며 보시를 한 상황을 비석을 세워 기록한다는 내용이 적혀 있다. 타밀어 비문에는 타밀인이 믿는 브라만교 수호신 비슈누에게 제물을 바쳤다는 내용을 기록했다. 페르시아어로는 이슬람교 신을 공경했다는 내용을 기록했다. 타밀어와 페르시아어 기록들은 모두 정화 일행이 두 종교의 신에게 제물을 올리고 예를 갖추었다는 상황을 설명한다. 스리랑카 역사학자는 이 비석은 명나라 사람들이 다른 나라 사람 및 다른 종교를 존중했음을 보여주고, 정화 일행이 자신들이 하고자 했던 경제와 문화 교류가 종교 대립의 영향을 받지 않기를 희망했던 사실을 보여준다고 보았다. 또한 이는 중국인의 관용적인 종교 태도를 나타내고 명나라 사람들의 세계에 대한 폭넓은 인식을 보여준 것으로 평가했다. 이와 완전히 대조되는 것은 정화 이후 포르트갈인 · 네덜란드인 · 영국인이 잇따라 스리랑카로 와서 보여준 행동이다. 그들은 현지의 물자와 자원을 악랄하게 약탈했고, 또한 흑백논리식의 사유 방식으로 현지인을 강제로 기독교로 개종시켰다.[25]

현재까지 비교적 소수의 사람만이 주목하고 있는 한 가지 중요한 사실은 지리 대발견의 시대를 처음 연 것은 포르투갈인이나 스페인인이 아니라 정화라는 사실이다. 프랑스 기자 겸 평론가 콩보는 "대륙 문명과 해양 문명이라는 개념은 인위적인 것이다. 중국의 항해 역사는 유구하고 조선 기술은 대단히 발달했다. 정화의 7차례 원양항해는 모두 알려지지 않았던 중국 상인들의 과거 항로를 따라 간 것이다. 중국은 비록 농경국가이지만 정화는 지리 발견 시대를 열어 중국의 해상 권력·해상무역·항해기술·선단 규모와 그 실력을 전대미문의 높은 수준으로 올려놓았다"[26]라고 했다. 그는 또한 "이 정화 원양항해는 중화문명이 탐구 정신을 갖고 있고 또한 개방적 문명임을 설명해준다. 사실 이후 중국 남방의 빈민들이 남양으로 이주한 것과 근대 화인이 보인 진취적이고 개척적인 모습들은 모두 정화의 7차례 원양항해와 관계가 있다. 만약 중화문명이 대륙 문명이었다면, 정화의 7차례 원양항해도 없었을 것이고, 또한 화인들이 세계 각지로 이주할 수도 없었을 것이다"[27]라고 했다.

지리 발견 시대를 처음으로 연 사람이 다가마가 아니라 정화라는 사실은 세계문명이 어쩌면 다른 방식, 즉 본래는 서양의 식민 체계와는 '다른 선택'이나 혹은 '다른 가능성'을 가지면서 변화 발전할 수도 있었다는 것을 의미한다.[28] 만약 이러한 선택과 가능성이 당시 전 세계적으로 실현되지 못하면서, 이후 서양이 주도한 베스트팔렌 식의 세계체계가 형성되었다고 본다면, 중국의 국력이 빠르게 신장함에 따라 조만간 중국 문명의 평화주의적 성격이 세계에 크게 드러나고, 과거보다 훨씬 큰 규모로 인류 문명의 진행 과정에 많은 영향을 미칠 것임은 분명하다. 따라서 또 다른 선택과 또 다른 가능성을 부정할 필요는 없다. 기독교는 "네 이웃을 사랑하라" "네 원수를 사랑하라"고 가르치지만, 16세기 포르투갈과 스페인 식민주의자들은 한 손에는 《성경》을 들고 다른 한 손에는 칼을 들고, 살인과 방화 및 약탈을 자행했다. 19세기 영국인은 마약을 거부하는 중국에 아편을 팔기 위해 멀리서 건너와 그 국가에 포격을 하는 비열한 행위를 저질렀다. 이와 정화 선단이 실제로 보여준 평화주의적 성격과 인도주의 정신을 비교하면 정말 천양지차다. 지금 중국인 중에는 맹목적으로 서양을 숭배하는 사람이 여전히 많다. 이 점을 감안할 때, 정화의 서쪽 바다 향해 600주년이란 이 뜻 깊은 해를 맞이하여 대중운동식이 아니라 적절하고 이성적으로 중국 문명이 보여주었던 찬란함을 칭송하는 것은 의미가 크다고 볼 수 있다.

[참고 5-1] 송나라의 경제적 성취

송나라 시대에 농업과 수공업 및 상업은 전대미문의 발전을 이룬다. 곡물과 기타 경제작물의 출하량은 역사적으로 유례가 없을 정도였고, 농산물과 부업 생산물 및 수공업 원료 또한 대량으로 시장에 시판되었다. 견직물 · 면포 · 마직물 · 서적 · 종이 · 도기 생산량 및 그것들이 시장에 나온 수량은 특히 엄청났다. "중국은 시장원리가 지배하는 경제구조로 발전하는 중이었다."[29] 경제가 크게 발전하자 중국 국내 인구도 크게 증가해 1억 명을 돌파했다. 도시화 수준 또한 급격히 향상되어 인구 10만 명 이상의 도시가 당나라 시대의 10여 개에서 40여 개로 급증했다.[30] 역사적으로 유례가 없는 노동생산성과 거대한 경제 규모로 인해 국내무역량과 해외무역량은 크게 증가했다. 이는 과거의 어떤 시기보다도 높았다. 항해기술 또한 뚜렷하게 향상되었고 항구는 처음으로 육로를 대신해 중국과 외부를 연결하는 주요 통로가 되었다. "수많은 중국 선박들이 한국 동해, 남지나해, 인도네시아 군도, 인도양의 항구들을 빈번하게 오고 갔다."[31] 이는 송나라가 "해상 강국으로 발전할 수 있게 했다."[32] 이러한 상황들은 의심할 여지 없이 이후 정화의 대항해의 탄탄한 기반이 되었다. 송나라의 높은 생산성과 그 거대한 경제 규모에 주목한 어떤 서양 학자는 서기 1000년 이후 지중해 지역의 상업 번영 및 이 이후 300여 년 동안의 전 서유럽의 경제 회복은 모두 중국의 경제 번영 덕분에 가능했다고 보았다. 그들은 심지어 유럽은 중국이 보여준 "더 큰 경제 현상"의 "한 작은 부분"에 지나지 않는다고도 보았다. 그리고 중국의 "더 큰 경제 현상"은 "문명의 인위적인 시장원리가 지배하는 경제 행위의 규모와 의미를 전대미문의 수준으로 향상시켰다"고 보았다.[33]

[참고 5-2] 초기 불교의 결집과 포교

종합적으로 보면 불교는 결코 기독교처럼 적극적 포교를 하지는 않았다. 하지만 초기 역사를 보면 불교는 분명 포교형 종교였다. 이는 아소카 왕조 시기의 인도로 거슬러 올라가보면 확인할 수 있다. 아소카왕은 평생 동안 전쟁을 했지만 마지막에는 불교에 귀의했다. 그가 통치하는 기간에 인도 불교도는 왕의 장려 속에서 기원전 250년 파탈리푸트라성에서 유명한 제3차 결집을 거행했다. 불교 교의의 결정과 통일 및 교구조직 형식의 확립 방면에서, 이 결집은 기타 문명 역사에서 초기 종교 회의, 예를 들면 기독교 역사에서 두 차례의 니케아공의회와 몇 차례 중요한 회의, 유가 역사에서 동한의 백호관 회의와 유사한 결과를 낳았다. 이 결집이 낳은 다른 한 가지 결과도 마찬가지로 중요하다. 그것은 포교승을 선발해 인도 아대륙 각지와 중앙아시아로 보내도록 한 것이다. 이를 통해 불교는 적극적으로 사람들에게 귀의를 설파하는 종교가 될 수 있었고, 나아가 불교가 빠른 속도로 중앙아시아 · 동아시아 · 동남아시아로 전파될 수 있었으며, 이 지역의 문명 진행 과정에 큰 영향을 미칠 수 있었다.[34] 하지만 주의할 점은 비록 중국 문명과 힌두교 형성 이후의 인도 문명이 적극적인 포교형 문명에 속하지는 않지만, 근대 이후 인구 부담으로 인해 이 두 문명에는 모두 상당한 규모의 해외 이주 현상이 생겨난다는 것이다. 양자 특히 전자의 해외 이주는 경제 방면에서 대단한 성공을 거두었고, 자신들의 문화적 정체성 또한 상당한 정도에서 성공적으로 유지했다. 해외 이주는 이 두 문명의 확산을 가져왔는데, 이는 그 실제적 효과 면에서도 적극적인 포교를 통해 이루어진 기독교 문명의 확산과 견줄 수 있다.

[참고 6-1] 민족국가 현상의 초문명적 고찰

거시적 문명사의 시각에서 보면 민족국가는 결코 서양에만 유일하게 존재한 역사 현상은 아니다. 서양 학술계에서는 민족국가의 흥기를 서양의 독특한 현상으로 보는 관점이 오랫동안 유행했다. 또는 이것을 서양 문명이 서양 문명이 될 수 있는 독특한 자질로 보았다. 서양 학자들은 이처럼 서양에서 시작되고, 특정한 민족 언어와 해당하는 민족문학 및 그 문화 전통이 과거에 성행한 보편주의를 대체하면서 점차 지역적이고 민족적인 정체성과 새로운 사회와 정치 및 문화 실천으로 확립된 것을 독특한 근대적 현상으로 보았다. 혹은 그들은 민족국가 자체를 일종의 근대성으로 보았다고도 할 수 있다.[35] 그리고 그들은 또한 유럽이 최초로 이러한 과정을 겪었기 때문에 유럽에서 가장 먼저 근대성이 출현했다고 보았다. 14세기부터 16세기까지 영어 · 프랑스어 · 스페인어 등 지역적 언어와 이 언어로 쓰인 문학이 이에 해당하는 민족 군주국가에서 성행하면서 주류의 위치를 획득했다. 자신의 민족 언어와 우수한 문학을 바탕으로 이러한 민족 군주국가들은 점차 자신의 문화적 정체성을 확립할 수 있었고, 종족화를 형성할 수 있었고, 민족 언어와 민족문학을 매개로 한 민족의 정체성도 형성할 수 있었다. 그리고 이러한 토대 위에서 민족국가 양식의 사회정치 질서가 수립되었다. 이로 말미암아 기독교 세계에서 본래부터 취약함을 보이던 정치적 통일은 무너져버렸고, 이전에 유행한 공동의 언어이자 표준 문어체인 라틴어는 더 이상 기존의 지위를 누릴 수 없게 되었다가, 결국에는 일종의 죽은 언어로 전락했다. 그렇다면 민족국가를 독특한 서양 현상으로 보아야 할까 아니면 단지 서양에 최초로 출현한 근대적 현상으로만 보아야 할까?

초기 근대성의 시각에서 이 문제를 보면, 남아시아 지역에서 권위적인 통용어로 사용되던 산스크리트어는 서양 민족국가가 흥기하기도 전인 서기 200년에서 300년 사이에 이미 지역적인 민족 언어에 그 자리를 내주었다. 벵골어와 타밀어 등의 지역적 민족 언어들은 서기 1000년에서 1500년 동안에 뿌리 깊은 전통문학을 바탕으로 서양 민족국가의 언어와 유사한 지위를 확립했다. 기타 중요한 지역적 언어들, 예를 들면 텔루구어와 싱할라어 또한 그 이후 지위가 향상되었다. 이와 동시에 남아시아에서도 유럽과 유사한 지역적 민족문화와 문학이 번영하기 시작했고, 지역적인 사회-정치 질서도 이 과정에서 형성되었다.[36] 그러나 이와 달리 인도는 1947년 영국 식민주의 통치에서 벗어난 후 전혀 상반된 역사 과정으로 나아가 민족과 언어 및 문화를 초월한 대형 현대 통일국가를 수립했다. 이 방면에서 인도는 대단한 성공을 거두었다. 두 차례의 참혹한 세계대전을 겪고 나서야 유럽은 이와 거의 같은 시기에 일체화 과정에 착수하기 시작했다. 그러나 각 민족국가들은 강렬한 민족의식과 유구한 정치적 전통을 갖고 있기 때문에, 그들이 EU를 인도와 같은 통일국가 혹은 미국과 같은 연방으로 변화시키려면 분명 많은 시간이 필요할 것이고, 또한 많은 어려움에 직면하게 될 것이다.

다시 동아시아를 보면 일본과 한국 및 베트남은 중국의 문화와 언어 및 문학의 깊은 영향을 받았다. 그러나 정치적으로 일본은 역사에서 대부분 완전히 독립되어 있었고, 한국과 베트남 또한 역사적으로 상당히 독자적인 정치 구조를 가지고 있었다. 하지만 만일 표기문자 체계 및 이와 관련된 문학 전통과 철학 사상을 제외한다면, 이 국가들은 언어 영역에서만 상대적으로 독립되어 있었다고 볼 수 있다. 11세기 이후 일본은 자신들의 표기문자인 가나를 발전시켰고, 이에 대응하는 독자적인 문학 전통을 발전시켰다. 이는 유럽과 남아시아의 상황과 분명 유사한 부분이다. 그러나 한국과 베트남의 주류 문학은 이보다 뒤늦은 19세기에 서양 식민주의의 침입을 받고 나서부터 어느 정도 중국 문학의 영향에서 벗어날 수 있었다. 이러한 상황은 역사가 유구한 통일 정치 전통이 중화 세계에서 시작되면서부터 민족국가 형성의 가능성은 문명 진행 과정에서 배제되어 있었다는 듯한 인상을 준다. 발달한 과거제도, 문화 및 한자의 독창성으로 인해 중국의 언어 문학은 유럽과 남아시아와는 상반되는 과정을 겪었다. 혹은 중국의 언어 문학이 아주 일찍부터 민족국가 단계를 뛰어넘는 통일성을 가지고 있었다고 볼 수도 있다. 그러나 지역 문학 전통이 결코 완전히 사라진 것은 아니었다. 하지만 주지하다시피 진나라와 한나라 시대의 서동문(書同文)* 정책으로 인해, 각종 지역 언어(엄격하게 언어학의 분류를 적용하면, 중국의 8대 방언 간의 언어 거리는 매우 크기 때문에, 이를 방언이 아닌 8대 언어로 보아야만 한다)가 통일되지 않고 분열될 가능성이 일찍부터 사라졌다. 이 이후 지역 문학이 완전히 사라졌다고는 볼 수 없지만, 각 지역 언어는 그 지역 의식을 크게 발전시키지는 못했고, 주류의 영향에서도 크게 벗어나지 못했으며, 오히려 반대로 갈수록 강한 구심력을 보여주었다.

결론적으로 보면 민족 언어 문학의 흥기를 바탕으로 형성된 민족문화

* 진시황 시기 글을 같은 문자로 기록하게 한 한자 통일 정책을 말함. — 역주

의 정체성과 사회 정치 질서를 서양만의 독특한 현상 혹은 서양만의 자질로 간주할 수는 없다. 그 이유는 인도에서 찾을 수 있다. 즉 이러한 현상은 오히려 유럽보다 남아시아에서 200~300년 먼저 출현했기 때문이다. 만약 춘추시대에 서로 전쟁을 벌인 제후국들이 사용한 언어가 서로 달랐다는 것을 증명할 수만 있다면, 16세기 이후에 유럽에 발생한 현상은 일찍이 기원전 8세기 중화 세계에서 이미 출현했었다고 말할 수 있다. 예악이 붕괴한 시대에 많은 봉건국가들이 주나라 천자의 권위에서 벗어나 독립을 획득했다. 전국시대까지 지속된 중요한 국가들 예를 들면, 진나라, 제나라, 초나라는 상당히 오랫동안 안정적인 정치 질서를 유지했다. 근대 민족국가의 전신인 유럽 민족군주국가 또한 로마 교황의 취약한 정치권위에서 벗어나는 과정에서 탄생했고, 중국의 전국시대와 같은 상황인 14~15세기 황실 간의 전쟁부터 전 세계로 파급된 두 차례의 유럽 전쟁을 겪은 후에야 비로소 통일의 길로 나아가기 시작했다. 이는 춘추전국시대의 중국과 거의 흡사하다.

[참고 6-2] 인구 규모의 함의

본 책에서 말하는 인구 규모란 동일한 가치관과 생활방식을 가진 인구의 수를 가리킨다. 혹은 특정한 공동 가치관과 생활방식에 의해 그 문화 신분이 정의되는 인구의 수를 말한다. 반면에 이는 한 정치 행위체가 실질적으로 통제하고 있거나, 서로 다른 문화적 정체성을 가진 인구의 수를 의미하지는 않는다. 이러한 인구 규모의 함의를 서아시아 지중해 세계의 역사적 사실을 들어 설명하고자 한다.

알렉산더 및 그 계승자들이 통치하던 시대의 인구수는 고대 기준으로 보면 결코 적다고 볼 수는 없다. 그러나 진정으로 그리스 문화의 정체성을 가지면서 그리스인의 통치를 지지하는 인구수는 적었다. 이 점을 알렉산더 및 그 계승자들도 인식하고 있었다. 만약 정복자와 피정복자 사이에 일치하는 문화적 정체성이 조금도 없다면, 또한 사회와 정치 통합성이 그들이 생각하는 수준에 이르지 못한다면, 정복자의 정치를 피정복자가 받아들이는 데는 큰 한계가 있다는 것을 그들은 알고 있었다. 그들은 또한 고도의 정치적 통일성에는 반드시 문화적 정체성이란 토대가 필요하다는 것도 분명하게 알고 있었다. 그리고 그들은 문화적 정체성의 바탕이 되는 최소한의 신분적 정체성이 없다면 정치적 통일을 유지하기란 더더욱 불가능하다는 것도 알고 있었다. 실제로 알렉산더가 페르시아 제국을 정복한 후 그리스 제국의 정치와 문화 구조는 상상할 수 없을 정도로 분열되어 있었다. 방대한 제국을 유지해야 한다는 현실적인 생각에서 알렉산더는 피정복 민족을 존중하지 않을 수 없었다. 심지어 솔선수범해 페르시아 여자와 결혼을 했고, 그 부하들도 페르시아인과 결혼하도록 종용했다. 그의 계승자들도 대부분 이렇게 했다.[37]

하지만 모든 민족이 그리스 문화를 자신의 문화적 신분의 근본으로 규정할 수 있는 진정한 의미의 그리스화는 한 번도 실현되지 않았다. 오히려 서아시아 지중해 전역에 파급된 것은 그리스를 변화시킨 한 문명의 출현이었다. 알렉산더의 동방 원정 이후 그리스 문명과 시리아 문명의 최종적인 융합 결정체는 기독교 문명이었다. 어떤 방면에서 보아도 이 새로운 문명은 시리아적 속성을 더 많이 가지고 있었다. 그 속에 그리스 로마의 요소가 없었던 것은 아니다. 예를 들면 기독교 신학에는 로고스 개념과 그리스식의 논리적 추론이 있다. 특히 로마 제국의 관료제도는 교회 조직 구조에 이식되어 지금까지도 지속되고 있는 기독교 교계제도로 형성되었다. 하지만 전반적으로 보면 그리스 로마의 요소는 기독교 문명에서는 종속적인 위치에 있다. 따라서 엄밀한 의미에서 서양 문명이 이미 세속화 혹은 근대화되었다고 해서 이것을 세속화된 그리스 로마 문명의 부흥으로 볼 수는 없다. 100년 넘게 서양과 중국 학술계는 일반적으로 이러한 견해를 가지고 있었다. 세속성과 세속화 혹은 근대성과 근대화는 사회 · 경제 발전의 결과이기 때문에, 어떤 한 문명에서 심지어 어떤 한 시대에도 모두 발생할 수 있는 것이지, 결코 그리스 로마 문명만의 전유물이 될 수는 없다. 따라서 근대 서양 문명의 근본은 시리아 형태의 문명이고, 단지 그리스 로마의 요소가 그 속에 많이 들어 있을 뿐이다.

이를 통해 볼 때 한 문명 내에서 인구 규모가 가장 중요한 문명 요소가 되고, 또한 한 문명이 완전한 의미를 갖기 위해서는 공동의 가치관 혹은 생명 형태 및 공동의 풍속습관인 확실한 문화적 정체성을 가지고 있어야 한다. 그리고 이러한 토대 위에서 한 문명은 지속적인 사회 응집력을 가진 인구수를 형성할 수 있어야 한다. 대부분 이러한 종류의 문화적 정체성은 지연-자연환경을 그 전제 조건으로 하고(이 책 제3, 4장 참조), 상대적으로 서로 다른 지역과의 고도의 경제-정치 통합을 그 토대로 한다. 한 역사 문화 공동체가 문화적 정체성에 토대를 둔 인구를 많이 가지고 있는지 여부는, 그 공동체가 대량의 물적-정신 자원을 지배할 수 있는 선결조건이 되고, 최종적으로는 그 공동체가 보유할 수 있는 문명 규모의 선결조건이 된다.

[참고 6-3] 명나라와 청나라 시기 장난(江南) 도시들의 조합

"명나라와 청나라 시기 쑤저우에는 모두 합해 40개가 넘는 회관(會館)과 130개가 넘는 공소(公所)가 출현했다. 공소는 주로 동종업자 조직이다. 예를 들면 지방(紙坊) 공소는 제지업자의 조합이었고, 동월(東越) 공소는 양초 생산업자들의 조합이었다. 조합은 그 지역 특정 경제 대상의 발전을 촉진했고, 또한 관련된 범위 내에서 종교와 여가 및 복리와 관련된 활동을 했다. 쑤저우의 항저우 비단 상인 조합은 전강(錢江) 회관이었다. 이 조합은 동업 조직과 향우회의 성격을 모두 갖춘 대표적인 연합체였다.

조합의 주요 역할은 활동 중인 사람들의 관계를 조정하는 것이었다. 각종 모임과 의식을 통해 갈등을 해결하고 이를 통해 동업자와 동향 간의 경쟁을 피하도록 했다. 조합은 회원들이 조합의 내부 규칙에 절대 복종할 것을 요구했다.

기본적으로 모든 조합은 곤경에 처한 회원에게 각종 복지를 제공했다. 19세기 초 식품업 상인들은 쑤저우에서 양계(梁溪) 공소를 설립하여 자금난을 겪는 회원을 지원했다. 병이 든 회원에게는 의약품을 제공하고 사망한 회원에게는 장례를 지원했다. 1878년에 세워진 성택(盛澤)의 한 비석에는 양곡상인 조합이 양계 공소와 마찬가지로 궁핍한 회원들에게 동일한 책임을 이행했다고 기록되어 있다. 1895년에 세워진 한 비석에는 이발조합은 가정이 없거나 장애를 입거나 나이가 들거나 병이 난 회원에게 도움을 주었고, 또한 자식이 없는 회원을 위해서 장례를 치러주었다고 적혀 있다.

조합의 또 한 가지 기본적인 특징은 그들이 정부와 다방면에서 협력을 했다는 점이다. 조합과 정부는 협력하여 가격을 조정하고 출시된 상품의 품질과 무게를 감독했다. 다른 한편 그들은 직업윤리를 지키고 상품의 표준을 확립하고 무역세를 거두고 유동 상인을 명부에 등재하기도 했다." **38**

"도시에서 상업이 번영하자 이에 따라 상인과 그 조합 수도 꾸준히 증가했다. 또한 다양한 무역도 증가했다. 향우회가 회관이라는 명칭을 빈번하게 사용했기 때문에 그 이름만으로는 회관과 공소를 구분하기가 쉽지 않았다. 푸젠에서 온 상인과 선주들은 1757년 천장(泉漳) 회관을 설립했고, 1769년에는 그들의 총본부를 건립하기 시작했다. 광둥 3개 현에서 온

상인들은 1783년 조주(潮州) 회관을 설립했다. 그들은 대부분 상하이에 쌀과 목재 및 기타 남방 화물을 들여오는 남부 연해 지역 무역에 종사했다.

그들(동업 조직 혹은 조합)은 도시의 발전과 상인 사회를 위해 무역과 수공업 서비스를 제공했다. 공공기금을 건립하여 동업 조직 내의 상인이 입을 수 있는 상호 파산의 위험을 피할 수 있게 보험을 제공했다. 물론 이는 초기 형태의 보험이었다. 향우회 조직과는 달리 동업 조직은 회원들에게 자선 성격을 띤 구조 배상금을 제공했다. 동업 조직은 상하이 현지의 자선사업에 많은 공헌을 했다. 예를 들면 동인당(同仁堂)은 가난한 사람에게 무료로 약탕을 제공했고, 또한 기타 자선 서비스를 제공했다. 의당(醫堂)은 가난한 사람들에게 약품을 나누어 주었고, 육영당(育嬰堂)은 버린 신생아들을 입양했다.

향우회 조직은 일반적으로 큰 집을 보유하여 고향을 떠나온 사람들에게 타향의 집을 제공했다. 동업 조직은 좋은 집들을 더 많이 보유하고 있었다. 예를 들면 예원(豫園)이나 성황묘(城隍廟) 부근에 큰 정원과 누각을 갖고 있었다.

조합은 상하이 도시 구조에 영향을 미쳤고, 동시에 상하이의 경제 수준을 반영했다. 성 안에는 현지인을 위한 공원과 정원이 있었고, 또한 근교에는 향우회 조직이 세운 큰 건축물들이 있었는데 모두 화려하고 사치스러웠다. 조합 건립은 자본 투자의 일반화된 방식이었다." 39

[참고 9-1] 과거제도 흥기의 경제적 · 정치적 원인에 대한 논의

나는 과거제도가 형성된 근본 원인이 다음과 같은 상황에 있다고 본다. 중국은 오래전부터 비교적 안정된 통일 제국이란 정치 구조를 형성했다. 이러한 권력이 고도로 집중된 정치체제에서 국가 최고 권력의 대표인 황제와 세습귀족은 경제적 · 정치적 갈등을 빚었다. 이러한 제도의 구조적인 난제들을 해결할 방법을 찾기 위해 중국인들은 800~900년을 소비했다. 이후 과거제도를 이용해 비세습귀족 중에서 사회학적 의미로 보면 세습귀족의 기능을 대체할 수 있는 유동적인 사대부 계층을 선발한 후에야 합리적인 해결 방법을 찾아낼 수 있었다. 황제가 자신과 세습귀족의 구조적 모순을 해결하고자 시도한 정치적 노력들이 남조에서부터 시작되었다고 볼 수 있지만, 수나라 혹은 당나라 중기에 와서야 중국의 황제는 효과적으로 문제를 해결할 수 있는 제도적 시스템을 모색해낼 수 있었다. 남조의 황제는 비교적 온건하게 재야의 선비들을 기용해 측근의 심복으로 삼았다. 하지만 그 방법이 온건했기 때문에 남조 황제는 사족(士族)의 강대한 권력과 지위를 변화시키지 못한 상황에서 그들이 장악하고 있던 군사와 정치적 권력을 접수할 수밖에는 없었다. 이와 달리 수나라 황제인 문제는 국가의 편호(編戶) 수를 늘리기 위해 백성의 세금과 부역을 경감하라는 명령을 내렸기 때문에, 세습귀족은 막대한 경제적 타격을 입을 수밖에 없었다. 당나라 시기에 이르면 태종과 측천무후는 이보다 더욱 단호한 조치를 취해 세습귀족에게 타격을 입혔다. 그들은 씨족지(氏族志)를 보완하라는 명령을 내려 사회 신분의 변화를 통해 사족 계층을 억압했다. 더 중요한 점은 그들은 과거를 통해 사대부들을 기용하여 명경(明經)의 수는 낮추고 진사(進士)의 수는 늘려 사족 기능의 대체물로서 진사 계층을 양성했다는 사실이다.[40]

여기서 유럽의 상황과 비교해보는 것도 무방할 것이다. 유럽의 봉건시대 말기 유럽 민족군주국가의 최고 통치자인 국왕과 세습귀족의 구조적인 모순은 갈수록 격화되고 있었다. 이 때문에 국왕은 지방도시의 시민계층과 동맹을 맺어 후자의 권력을 억제할 수밖에 없었다. 이는 의심할 여지 없이 시민계급 및 근대 부르주아계급이 흥기할 수 있었던 중요한 원인

중 하나이다. 계몽시대 및 이 이후에는 세습귀족의 정치권력은 효과적으로 억제되었다. 심지어 세습귀족이라 불린 계층이 이미 유럽의 정치 무대에서 사라졌다고 볼 수 있다. 하지만 다른 한 계층이 출현해 그 정치관리 기능을 담당해야만 했다. 즉 세습귀족이 담당하던 정치적 구조를 변화시킬 대체물이 반드시 있어야만 했다. 이때 중국에 건너와 포교를 했던 예수회 전도사들이 다시 유럽에 돌아가 유럽 사람들에게 중국의 과거제도를 소개했다. 이미 근대화란 특급 열차를 타고 있던 유럽인은 중국의 과거제도에서 깊은 영감을 받았다. 그들은 이 제도에 내재된 기본 사상을 채택했고, 나아가 자신들의 현실 상황과 결합하여 100~200년 사이에 고효율의 근대적 문관제도를 수립했다. 이로써 과거에는 세습귀족이 집행하던 정치관리 기능을 드디어 더욱 합리적이고 더욱 효율적인 근대적 대체물로 대체할 수 있었다.[41]

[참고 9-2] 일본 교과서에 비친 중국

"26세의 한 일본 여성은 기자에게 자신은 중학교 때 중국은 황허 문명부터 시작해 은나라 · 주나라 · 진나라 · 한나라 등의 왕조를 거쳐 지금의 중화인민공화국이 건국되었다는 내용을 배웠다고 말했다. 그녀는 또한 세계사 교재에서 《삼국연의》, 《수호전》, 《서유기》 등을 간략하게 배웠다고도 했다. 실제로 일본인이 중국 역사에 각별한 관심을 갖고 있는 것은 분명한 사실이다. 중국 역사에 관한 내용이 일본 교과서에 많이 수록되어 있을 뿐 아니라, 서점에도 많은 중국 역사 서적이 진열되어 있고, 판매도 좋은 편이다.

일본의 고등학교 고전문학 교과서에서도 중국의 많은 고대 서적들을 언급하고 있다. 예를 들면 다이슈칸 출판사의 고전 교재에는 중국의 《사기》가 있고, 고문서원 출판사의 고전 교재에는 중국 고대시인 〈춘효〉, 〈황학루〉, 〈춘망〉 등 11수가 수록되어 있다. 이 밖에 21개의 고사성어와 민간전설, 예를 들면 수주대토 · 화룡점정 · 호가호위, 한비자의 모순, 맹자의 오십보백보 등이 있다. 각주구검과 도화원기 등도 일본 고등학교 교재에 수록되어 있다.

어떤 일본 전문가는 '한문은 고대 중국어에 속하지만 동시에 일본어이기도 하다'라고 말한다. 따라서 초등학교 때부터 일본인은 먼저 한자를 배우고 써야만 한다. 일본인은 양력 1월 1일에 한자를 세로로 쓰는 풍속이 있는데 이를 첫 글[初書]이라고 한다. 젊은 사람들이 가장 자주 쓰는 첫 글은 독립자존(獨立自尊)이고 나이 많은 사람들은 초복이덕(招福以德)을 쓰기 좋아한다. 한자 첫 글 또한 일본 학교 교육에서 대단히 중요한 한 부분이다. 많은 학교에서 초등학생은 입학하면서부터 매번 새해가 되면 첫 글을 써 새해의 소망을 표현한다. 초등학생은 일반적으로 모두 원단일출(元旦日出) 혹은 한자검정시험합격 등 비교적 현실적인 목표를 써낸다. 다 쓰고 나면 학교에서는 학생들의 첫 글을 평가하고 교내에 전시한다.

일본 문부성의 최신 통계를 보면 일본 초중등 학생의 중국어 학습 열기는 점점 뜨거워지고 있는 것으로 나타난다. 중국어 수업을 개설한 초중등 학교는 급격하게 증가해 2005년 5월 1일까지 합계한 것을 보면 일본 전국에서 고등학교는 553개교, 초등학교와 중학교는 14개교에 이른다는 통계가 나와 있다. 이 수치는 10년 전의 29배에 달한다. 이전에 중국어를 배우는 일본인은 대다수가 사회인이었고, 그다음이 대학생이었다. 하지만 현재 중국어는 이미 초중등 학교의 교과과정이 되었다. 이는 일본의 학교 교육과정에서 중국어의 비중이 갈수록 높아지고 있음을 나타낸다." 42

[참고 9-3] 중일 관계 '재정상화' 추진(I)

"역사 문제에서 일본 측은 결코 벗어날 수 없는 책임을 지니고 있다는 것을 반드시 진지하게 지적해야 한다. 이와 동시에 또한 일본 역대 총리들이 역사 문제와 관련하여 했던 적극적인 표현도 실사구시적으로 평가해야 한다. 또한 일본 지도자들이 역사 문제에서 후퇴하는 태도를 보인다면 일본에 결연하게 항의해야 한다. 하지만 역사 문제가 중일 관계의 전부는 결코 될 수 없다. 중일 간에는 반드시 해결해야 하는 다른 중요한 많은 일들과 문제들이 여전히 남아 있다. 만약 양국 간의 상호 정치적 신뢰가 갈수록 약해진다면, 우연적이고 돌발적인 사건이 초래할 양국 간의 오해와 충돌을 피할 수 없게 될 수도 있다. 이는 근본적으로 중일 양국의 이익에 부합하지 않는다. 따라서 역사 문제를 해결하기 위해서는 먼저 일본의 수많은 국민들을 주목해야 하고, 지속적인 양국의 민간 교류 확대에 의지해야 하고, 양국 국민들의 상호 이해와 신뢰를 지속적으로 증진함으로써 양국에 편협한 민족주의가 만연하지 않도록 방지해야 한다."[43]

[참고 9-4] 중일 관계 '재정상화' 추진(II)

"중일 관계는 중국과 현실 속의 일본과의 관계이지 우리가 기대하는 이상적인 일본과의 관계가 아니다. 대일 관계를 결정하는 것은 결코 상대방의 발전이 우리의 기대에 부합하는지 여부에 달려 있지 않다. …… 우리가 일본과 관계를 발전시키고자 하고 또 어떻게 발전시키는가 하는 것은 일본이 어떻게 바뀌는가 또는 어떤 방향으로 바뀌는가에 달려 있지 않고(우경화와 보수화로의 전환을 말한다—인용자), 중국의 전략적 이익 나아가 아시아와 세계 평화 발전 요구에 달려 있다. 이와 동시에 국가와 국가 간의 관계는 상호 작용의 과정이기 때문에, 일본이 중국을 대하는 태도는 상당 부분 중국이 일본을 대하는 태도에 의해서 결정된다. 이 역도 마찬가지로 성립한다."[44]

[참고 9-5] 유감과 사죄

주룽지 총리는 2000년 10월 일본 방문 당시 한 TV 프로그램에 출현해 일본 국민과 직접 대화를 한 적이 있다. 이때 그가 한 연설에 따르면, 무라야마 도미이치 일본 총리는 모호하게 아시아 사람들에게 유감을 표현했을 뿐, 중국 국민들에게 단독으로 유감을 표현하지는 않았다. 일본의 모든 정식 문건에는 한 번도 중국 국민에게 사죄한 내용이 없다. 따라서 일본 언론이 말하는 것처럼 중국이 한도 끝도 없이 일본의 사죄를 요구하고 있다고만 볼 수는 없다(당시 일본에서는 중국이 한도 끝도 없이 일본에게 사죄를 요구한다는 견해가 팽배했다).[45] 유감과 사죄는 표면적으로 보면 하나의 번역 문제일 수 있지만, 그 배경에는 대단히 복잡한 역사적 원인과 현실적인 정치 상황이 있다.

[참고 9-6] 중국과 일본은 프랑스와 독일에게서 무엇을 배워야 하는가?

〈일본과 중국은 프랑스와 독일에게서 무엇을 배워야 하는가(日中應向法德學習什麽)〉(《니혼게이자이신문》, 2005년 5월 9일)에서는 "프랑스와 독일의 성실한 협력은 곧 냉전 시기 및 냉전 후 유럽 평화의 토대가 되었다. 이와 달리 아시아를 보면 일본과 중국의 관계는 양국 국교 정상화 이후 가장 차갑게 식어버렸다. …… 아시아와 유럽의 본질적 차이는 프랑스와 독일 정상은 지속적으로 대화하고 논의하는 데 반해, 일본과 중국의 정상은 한데 앉아 진지하게 회담을 할 수 없다는 데 있다. 고이즈미 총리는 한편으로는 동아시아 공동체를 외치고, 한편으로는 야스쿠니신사를 수차례 참배해 이웃 나라를 자극하는 행동을 되풀이하고 있다. 이는 분명 이웃나라의 정서를 고려하지 않은 행동이다. EU가 형성되는 모든 과정에서 일관된 것은 독일의 양보와 프랑스의 자제였다. EU의 기초는 프랑스와 독일 정상의 성실하고 진심 어린 협력이었다. 특히 냉전 종식 후 프랑스와 독일은 주권을 초월한 협력을 시행했다. 독일 통일의 보답으로서 당시 헬무트 콜 독일 총리는 프랑수아 미테랑 프랑스 대통령의 요구에 동의한다는 단호한 결정을 내렸고, 당시 강세였던 마르크를 포기하고 유로를 받아들였다. …… 1970년 빌리 브란트 서독 총리는 바르샤바 유대인 희생자 기념탑 앞에서 무릎을 꿇고 진심으로 참회했다. 만약 독일의 전후 처리가 이처럼 철저하지 않았다면 EU로 가는 길은 이전에 이미 막혀버렸을 것이다. …… 미래 지향적인 한마음 한뜻, 이것이 바로 우리가 유럽에서 배워야 할 점이다"라고 했다.46

[참고 9-7] 어부지리의 교훈: 중국과 일본은 적대 관계를 청산하고 미래로 나아가야 한다

1. 미·일안보조약을 통해 본 동아시아의 부정적 국면

"경제 규모와 문화 수준에 의해 형성되었던 전통적인 동아시아 지역의 조공 체제와 대동아공영권 시기 일본 군국주의가 초래한 동아시아의 재난을 종합해서 보면, 동아시아 각국과 지역 간에는 끊을 수 없는 원한 관계가 얽혀 있다는 사실을 발견할 수 있다. 이는 사실 짧은 시간에 해결할 수 있는 문제는 아니다. 동아시아의 두 거인 중국과 일본 간에 존재하는 간과하기 어려운 역사적 앙금은 국가 간의 장벽을 초래했다. 이러한 상황은 미국 패권주의가 동아시아를 장악하고 지배하기 편리한 조건을 만들어주었다. 미국이 동아시아를 시끄럽게 만들면 동아시아의 국가와 지역도 분명 덩달아 떠들썩하게 될 것이다.

안보조약을 통한 미국의 군사보호하에서 일본은 분명 경제 발전에만 전념할 수 있었고, 또한 이 덕분에 패전 국가인 일본이 폐허 위에서 신속하게 흥기할 수 있었으며, 메이지유신 이후 제2차 경제 비약을 실현할 수 있었다. 하지만 이 조약이 일본에게 가져온 불리한 요소는 시간이 흐름에 따라 갈수록 부각되고 있다. 불리하게 작용하는 요소를 예로 들면 동아시아 국가들과의 계속되는 긴장 관계와 유엔안보리상임위 진출 문제에서 나타난 일본의 난처한 처지 등이 있다.

미 · 일안보조약의 주변사태법은 일본에게 분명 군비를 증강할 기회를 제공했고, 이를 통해 일본은 군사 대국이 될 수 있는 일정한 조건도 형성할 수 있었다. 하지만 일본이 과거의 꿈을 되찾기 위해 조급하게 정치 대국이 되고자 하거나, 또는 급하게 미국 통제하의 의기소침한 심리 상태에서 벗어나고자 한다면, 일본은 필연적으로 모든 일에서 정도를 잃게 될 것이다. 미국의 애매한 태도 때문에 동아시아 각국을 대하는 일본의 태도는 강경하게 돌변했고, 이에 주변 국가들은 격렬한 반응을 보였다. 또한 일본과 주변 국가들의 관계 또한 대단히 악화되었다. 다음으로 미 · 일안보조약은 유엔헌장과의 관계를 명확하게 규정하지 않고 있다. 이 점은 일본이 유엔안보리 상임이사국으로 가는 길을 다시 험난하게 만들어놓았다. 일본은 이미 동아시아 사람들에게 잘못을 저질렀고, 그 결과 일본이 아무리 미국에서 벗어나려고 해도 결국에는 미국에서 벗어날 수 없게 되었다. 사실 일본은 이미 미국에게 단단히 붙잡혀 있고 이러한 상태가 언제까지 지속될지도 모른다. 유엔 주재 미국 대사는 2005년 4월 28일 유엔안보리 회의석상에서 처음으로 일본의 상임이사국 진출을 지지했다. 일본은 상임이사국 진출을 확신하고 막대한 자금을 동원해 다른 국가들을 설득하기 시작했다. 심지어 5월 황금의 한 주 동안 각료의 1/4이 미국으로 달려가 성지 순례를 진행할 정도였다. 하지만 뜻밖에도 이 뒤에 일어난 일들은 한편의 코미디와 같았다. 7월 12일 라이스 미국 국무장관의 유엔개혁문제 담당 선임보좌관인 실린 타히르 켈리는 안보리 확대 결의안과 관련하여 진행된 공개 토론에서, 만약 일본 등 4개국의 유엔안보리 상임이사국 가입 제안을 표결로 강행한다면 미국은 각국에 이 결의안에 반대투표를 하라고 호소할 것이라고 말했다.

일본이 최근 동아시아 각국 특히 중국의 반격을 받자, 미국은 한편으로는 카토연구소를 통해 일본을 격려하고, 다른 한편으로는 앞으로 5~10년 내에 일본이 중국의 군사적 위협에 직면할 가능성이 있다는 이유를 들어 일본의 핵무기 제조를 공개적으로 지지했다. 하지만 이와 동시에 미국과 중국이 공동으로 건설하는 대형 수리공사가 착수되었다.

현 단계에서 동아시아에 공동체가 결성되기는 분명 어렵다. 왜냐하면 제2차 세계대전 이후 외세의 개입으로 인해, 각국과 지역 간에 대등한 신뢰를 바탕으로 한 정치 관계가 형성된 적이 없기 때문이다. 그러나 동아시아는 또한 반드시 이러한 관계를 결성해야만 한다. 동아시아 사람들이 EU를 귀감으로 삼지 않으면 각자가 극복해야 할 운명에서 벗어날 수 없다는 사실을 인식할 때, 협력의 서광이 틀림없이 동아시아에 비추게 될 것이다. 조공 체제는 능력도 없으면서 허세를 부린 격이다. 조공 체제론과는 다르지만 그 방법은 유사한 새로운 패권안정론은 지역 민족주의와 극단적 국가주의를 효과적으로 억제할 수 있다. 하지만 또한 이로 인해 동아시아 각국과 지역은 자신도 모르는 사이에 패권국 손에 놀아나는 꼭두각시가 될 수도 있다. 마치 통제자에 의해 한 줄로 묶여 있는 귀뚜라미 무리와 같은 처지가 될 수도 있다. 이러한 통제에 익숙한 귀뚜라미 중 만약 한쪽이 방치되는 일이 일어나면 《귀뚜라미(促織)》에 나타난 것과 같은 장면이 반복해서 나타날 수 있다. 천텐화의《유서》에는 '지금 일본과 동맹을 맺고자 한다면 이는 조선과 같이 되고자 하는 것이다. 지금에 와서 일본과 멀어지고자 한다면 동아시아를 망하게 하는 것이다'(《民報》第二期)는 말이 있다. 거자오광이 말한 것처럼 이와 같은 이러지도 저러지도 못하는 의미를 가진 말은 곰곰이 생각해볼 가치가 있다. 따라서 지금은 이렇게 말해야만 할 것이다. '지금 이웃 나라와 적이 되고 싶다면 이는 고립을 초래하게 될 것이다. 동아시아에 있으면서 이웃 나라와 멀어지고자 한다면 이는 동아시아를 망하게 하는 것이다.'" 47

2. 미국이 중국에 대해 가진 패들과 비장의 카드인 일본

"미국은 중국에 대해 많은 패를 가지고 있고, 일본은 비장의 카드이다.

미국의 아시아 전략에는 더욱 심층적인 면이 있다. 그것은 중일연합을 방지하는 것이다. 모든 사람들이 중국과 일본의 연합을 불가능하다고 보지만 미국인들은 오히려 가능하다고 여긴다. 미국인들은 전략을 입안할 때 근시안적으로 생각하지 않고 늘 몇십 보 앞서 생각하기 때문에 더 멀리 내다볼 수 있다. 반면 우리는 내일만 볼 수 있다면 나쁘지 않다고 생각한다. 미국과 중국의 가장 큰 차이는 전략적 구상에서 각 단계를 구별하는 데 있다. 미국의 구상은 전 세계를 대상으로 하기 때문에 멀리 생각할 수 있다. 우리의 구상은 지역적이다. 이로 인해 구도에서 확연한 차이가 난다. 미국은 현재의 정세하에서 중국과 일본이 각자의 독자적 역량만으로는 미국이 아시아에서 갖는 지위를 결코 동요시킬 수 없다는 사실을 잘 알고 있다. 또한 미국은 아시아에서 자국의 위치를 유일하게 동요시킬 가능성이 중국과 일본의 연합에 있다는 사실도 알고 있다. 만약 중국과 일본이 연합한다면 EU와 같은 아시아연합이 형성될 가능성이 있기 때문이다. 이는 허무맹랑한 이야기가 아니다. 아세안이 곧 미래 아시아연합의

초기 형태가 될 수 있기 때문이다. 아시아에는 유가문화란 공동의 바탕이 있다. 미국이 줄곧 신봉하는 문명 충돌론에 따르면, 만약 아시아연합이 형성된다면 가장 먼저 축출되는 것은 분명 미국이 된다. 설령 아시아연합이 성립되지 않는다 해도, 중국과 일본이 손만 잡아도 미국은 심각한 도전에 직면하게 될 것이다. 미국이 한국에 군대를 계속 주둔하기도 어렵게 된다. 동아시아를 잃으면 동남아시아 또한 확보할 수 없기 때문에 미국은 태평양 전역에서 위축될 수밖에 없다. 미국이 전 세계에 미치는 세력 판도 또한 1/3로 줄어들 것이다. 그러면 미국은 아시아에서 주변부로 밀려나게 된다. 이렇게 되면 전 세계 정치 구조는 재조정될 것이고, 이때 진정한 의미의 다극화 시대가 도래할 것이다. 분명한 것은 중국과 일본의 연합을 통해 얻는 이익은 중일 양국에만 국한되지 않고 전 세계로 미친다는 사실이고, 반면에 손해를 보는 측은 미국밖에 없다는 사실이다.

대다수 사람들은 아시아에서 미국의 유일한 적수가 중국이기 때문에 미국이 타이완을 이용해서 중국을 견제한다고 생각한다. 이것은 미국을 너무 단순하게 보는 것이다. 미국은 중국과 일본이 상호 견제하도록 조성한 연후에, 그들은 다시 중국과 일본을 각각 분리해 견제하고자 한다. 즉 일본을 이용해 중국을 견제하고, 또한 중국을 이용해 일본을 견제한다. 미국이 아시아에 군사력을 동원할 때의 명목은 타이완을 위해 중국을 위협하는 것이지만, 실제로는 일본을 견제하고자 하는 의도가 숨어 있다. 최근에 일본이 군사력을 증강하면서 대다수 중국인은 일본의 군국주의 부활을 우려하고 있지만, 오히려 미국이 중국보다 더 긴장할 수 있다. 하지만 미국인은 왜 일본의 군사력 발전을 제지하지 않는 것일까? 그것은 일본의 군사력 발전은 미국의 승인 범위 내에서 가능한 것이기 때문이다. 미국은 타이완 문제는 단지 중국이 강국이 되는 진행 과정을 지연시키는 작용밖에 할 수 없다는 것을 알고 있다.

미국은 중국에 내놓을 좋은 패를 많이 가지고 있지만, 정작 중국은 미국에 내놓을 만한 좋은 패가 없다. 미국은 중국의 발전 속도에 맞춰 서두르지 않고 한 장씩 한 장씩 카드를 보이고 있다. 미국은 현재 타이완이란 패를 꺼내 보이고 있다. 이는 중국의 역량이 아직 미국을 위협할 정도에는 미치지 못하고 있기 때문이다. 만약 어느 정도 수준에 이른다면, 미국은 바로 다른 패를 꺼내들 것이다. 위구르란 카드일 수도 있고 민족이란 카드일 수도 있고 또 일본이란 카드일 수도 있다. 일단 미국이 일본 패를 꺼내기 시작하면 중국은 특히 경계심을 가져야만 한다. 일본은 미국의 비장의 카드이기 때문이다. 미국이 중국과 일본 사이에 분쟁을 유발할 때는 틀림없이 먼저 전력을 다해 일본을 지지하고, 그다음에 다시 일본을 제약할 것이다. 반대로 중국에 대해서는 먼저 제약하여 타격을 입힌 다음 다시 일으켜 세우고자 할 것이다. 미국은 틀림없이 중국이 완전하게 무너지게 하지는 않을 것이다. 최후의 결과는 분명 중국과 일본은 둘 다 패자가 되고 상처를 입는 것이다. 미국은 중국과 일본 어느 한쪽에서 최후의 승자가 나오도록 하지는 않을 것이다. 미국은 중국과 일본 쌍방이 지금처럼 대대손손 마치 서로 단단히 물고 결코 놓아주지 않는 새와 조개의 사이가 되어주기를 바라고 있다. 미국은 이 속에서 영원히 어부지리를 얻고 싶어 한다. 중국과 일본 쌍방이 해묵은 역사와 원한을 초월하지 못하면 쌍방 누구도 세계 대국이 될 수 없고, 단지 아시아에서 영원한 2류 국가밖에는 될 수 없을 것이다.

미국은 중국과 일본이 이웃을 적대시하는 관계가 되기를 바라고 있다. 그래야만 자국이 더욱 편안할 수 있기 때문이다. 중국과 일본이 손을 잡는다는 것은 말로는 쉽지만 얼마나 어려운 일인가? 아인슈타인은 오늘날의 세계에서 가장 부족한 것은 선과 힘의 결합이라고 했다. 힘이 있는 사람은 선이 없고, 선이 있는 사람은 힘이 없다. 일본은 전자이고 중국은 후자이다. 중국과 일본이 함께 걸어갈 수 없는 원인은 일본에 있다. 여기에는 다음과 같은 두 가지 원인이 있다.

첫째, 중국과 일본이 화합하면 둘 다 이익이지만 싸우면 둘 다 손해를 본다는 것은 역사가 증명하고 있다. 현재 유감스럽게도 일본은 요식적인 언사만을 일삼는다. 왜 우리가 일본은 전략적 시각이 결핍되어 있다고 말하는 것일까? 이는 바로 일본이 이 점을 보지 못하기 때문이다. 중국은 포용심을 가진 국가이고 일본은 속이 좁은 국가이다. 중국이 일본에게 거액의 전쟁배상금을 요구하지 않았다는 것이 단적인 예다. 중국은 중일 관계에서 늘 미래를 바라보았다. 마오쩌둥, 덩샤오핑도 모두 미래 지향적이었고 현재의 중국공산당 고위층 또한 마찬가지다. 이는 여기에 바로 중국의 근본적인 전략적 이익이 있기 때문이다. 지금 일본이 시행하고 있는 전략은 '먼 나라는 우방으로 삼고 가까운 나라는 공격한다'는 중국 전국시대의 전략이다. 이는 일종의 지역적 패권 쟁탈 전략이지 세계적인 패권 쟁탈 전략은 아니다. 미국은 중국도 일본과 동일하게 이웃을 적대시하는 전략을 시행할 것을 바라고 있다. 이렇게 해야만 미국이 더욱 편안해지기 때문이다.

둘째, 일본은 일찍이 세계적 야심을 품었던 국가이다. 특히 중국을 집어삼킬 야심을 가지고 있었다. 제2차 세계대전 때 미국이 일본 본토를 공격하고자 할 때, 일본 국내에서 어떤 사람은 본토를 포기하고 역량을 집중해 만주를 지키자고 주장했다. 이를 통해 일본인이 대륙에 대해 품고 있는 정서를 볼 수 있다. 일본이 청일전쟁을 일으켰을 때 일본은 이 전쟁을 국운을 건 도박으로 불렀다. 이는 무엇을 의미하는가? 바로 이후 100년 안에 중국은 결코 강성해질 수 없을 것이라 생각했다는 것을 의미한다. 그들이 도박에서 이기기는 했다. 미국이 없었다면 일본은 지금도 대륙에 머물러 있었을 것이다. 그러나 미국은 일본이 청나라를 이긴 것처럼 일본을 이겼다. 미국은 전쟁에서 승리했을 뿐 아니라, 일본의 백 년 세계 제국이라는 웅대한 포부마저도 깨버렸다. 일본인은 중국인에 대해 대단한 심리적 우월감을 가지고 있기 때문에 그들은 한 번도 중국인의 손에 패했다고 인정하지는 않는다. 일본인은 '우리는 이리와 같다. 우리는 여남은 대 주먹은 얻어맞았으나, 두 발의 폭탄에 죽었을 뿐'이라고 말한다. 여남은 대 주먹은 중국을 가리키고 두 발의 폭탄은 미국이 투하한 원자탄을 가리킨다. 어떤 일본인은 '총리가 야스쿠니신사를 참배해도 한국인은 변함없이 우리의 물건을 구입하고 있고, 설사 총리가 매일 야스쿠니신사를 참배한다고 해도 중국인은 변함없이 우리의 상품을 살 것'이라고 말하기도 한다." 48

[참고 9-8] 러시아 극동과 중국의 밀접한 관계에 대한 러시아 매체의 반응

다음은 러시아 기자 예카테리나가 쓴 〈흑하지역탐방〉 중의 한 부분이다. "블라고베셴스크의 대다수 사람들에게 모스크바는 허황된 별세계와 같은 도시이다. 그곳으로 가는 편도 열차표 가격은 2만 루블이나 한다. 만약 흑하('흑해'를 '흑하'로 잘못 쓴 것으로 보인다) 연안의 소치에 가 휴가를 보내고 싶다면 최소한 2,000달러 이상을 소비해야 한다. 이 도시의 평균 임금은 6,000~8,000루블밖에 되지 않는다. 이와 비교하면 중국은 마치 자기 나라 같다. 한 택시기사는 이렇게 말했다. '우리 가족은 매년 중국의 황허에 일광욕과 수영을 하러 가는데 300달러만 있으면 된다. 간혹 우리는 하얼빈에 가 품질이 좋은 물건을 구입하기도 한다.'" 49

다음은 중국의 위협에 관해 쓴 《참고소식》의 기사이다. "일련의 수학적 모형을 사용해 계산한 결과가 보여주듯이 러시아 극동 지역인 임해지구가 정상적인 발전을 이루고 싶다면, 반드시 천만 인구가 거주하고 일해야만 한다. 하지만 최근에 실시한 인구조사 결과를 보면 이곳의 인구는 200만이 조금 넘는다. 따라서 극동의 운명은 중국과 공동으로 발전하는 길뿐이다. 중국 사람들이 대거 들어오는 것을 바라보며 우리는 웃어야만 할까 아니면 울어야만 할까? 중소 도시의 생활수준이 계속 하락하고 있기 때문에 그곳 사람들은 생활필수품을 가져오는 중국인을 구세주로 생각한다. 중국인은 빠른 시간 내에 우리들에게 먹을 것과 입을 것을 가져온다. 그리고 그 가격은 공정하기 때문에 현지인이 구입할 수 있다. 이곳에 만약 중국인이 없다면 7,000~8,000루블의 월수입에 의존해야만 하는 우리들은 입을 것이 문제될 뿐 아니라 먹을 것조차 부족해진다." 50

[참고 9-9] 동아시아정상회담과 동아시아 공동체에 대한 일본 여론의 반응

1. 중국의 대국적 역할 발휘

2005년 12월 14일 쿠알라룸푸르에서 열린 제1차 동아시아정상회담은 비록 일본과 중국이 동아시아 주도권을 놓고 벌이는 회의로 크게 과장되었지만, 중국이 취한 다소 다른 태도는 주목받을 만하다. 중국은 이번 회의에서 동아시아 공동체 수립과 관련한 실질적인 진전은 어렵다고 판단했다. 그래서 중국은 적극적인 행동으로 혹시나 야기될 수도 있는 '중국위협론'을 경계하면서, 동시에 지역 협력에서 대국의 책임을 다하는 역할을 어떻게 발휘할 것인지를 신중하게 모색하는 듯 보였다.

중국은 이번 회의석상에서 동아시아 협력에 관한 명확한 입장을 표명했다. 중국은 지역 협력에서 주도권을 장악할 계획이 없고, 또한 아세안의 주도적 역할을 지지한다고 했다. 이외에 중국은 지속적으로 개방적 지역주의에 앞장서고, 미국, EU 등과 대화를 적극적으로 강화하는 태도를 보였다.

만약 동아시아정상회담 선언 속에 포함된 개방, 포용, 투명, 외향적인 내용에 기초한 방침이 지속적으로 확대된다면, 앞으로 아태경제협력체와 동아시아정상회담의 차별성을 찾기는 어려워질 것이다. 동아시아정상회담이 상술한 두 회의와 마찬가지로 현재 그 전망이 불투명한 시점에서, 중국은 동아시아 지역 협력 구도를 재구성하고 아울러 그 속에서 중국이 발휘할 역할을 점차 확립하고자 한다.

중국현대국제관계연구원 미국연구소 소장 푸멍즈는 다음과 같이 주장했다. "차후 중국이 국제사회에서 발휘할 역할은 점차 미국이 하고 있는 역할에 근접할 수 있다. 예컨대 북한 핵문제에서 중국이 차지하는 역할이다. 중국은 장차 동아시아 지역에서 최대 억지력이 될 것이다." 미국 또한 중국을 책임질 수 있는 공동의 이해관계자로 보고 있고, 중국의 역량이 국제사회의 안정과 발전에 공헌하기를 희망하고 있다. 중국 또한 이러할 의향을 갖고 있다.

동아시아 공동체에 관한 논의를 살펴보면 금후에도 아세안에서 논의의 주도권을 쥘 것으로 예측된다. 하지만 급속한 경제 발전을 바탕으로 중국은 아세안에 대한 자국의 영향력이 지속적으로 확대되고, 또한 이에 대한 자국의 역할도 마찬가지로 매우 중요해질 것으로 믿고 있다.[51]

2. 동아시아 공동체에 관한 아오키 다모츠의 견해

아오키 다모츠는 일본의 저명한 학자로 오랫동안 동아시아 공동체 문제에 관심을 가져왔다. 동아시아정상회담이 개최될 때, 《참고소식》 기자가 그를 인터뷰했다. 다음은 아오키 다모츠의 관점을 요약한 것이다.

> 일본의 처음 입장은 협의적인 동아시아 공동체 건립이 아니라 호주·뉴질랜드·인도 등을 공동체에 포함시켜야 한다는 것이었다. 개인적으로는 이러

한 관점은 타당하지 않다고 본다. 동아시아정상회담 개최와 위의 국가들 정상이 참여하는 것은 서로 밀접한 관계가 없어 보인다. 최종적인 동아시아 공동체의 범위는 아세안 10개국+한 · 중 · 일 3국으로 한정시켜야 한다. 그리고 그 결과에 관계없이 동아시아 국가 정상들이 함께 모여 처음으로 동아시아 공동체를 논의했다는 것 자체가 큰 의미가 있다.

일본과 중국은 공동체의 구조 속에서 연합하는 것이 양국에게 모두 유리하다. …… 이 지역(동아시아)에는 역사 문제를 비롯한 각종 갈등이 존재하기 때문에, 과거 한 · 중 · 일 3국은 연합하여 행동하고자 하는 열망이 너무나 적었다. 현재 공동체에 대한 공통된 인식을 갖기 위해 동아시아정상회담에서 이에 대한 논의가 진행되고 있다. 이러한 모습은 대단히 중요하다. 한 · 중 · 일 3국 간의, 3국과 아세안 간의 경제적 관계가 이미 대단히 밀접하기 때문에 공동체는 앞으로 더욱 밀접해지는 방향으로 발전할 것이다. 동남아시아 국가들은 이미 아세안의 회원이 되었지만, 한 · 중 · 일은 아직 공동연대를 형성하지 못하고 있다. 따라서 동아시아 공동체 건립은 위 국가들을 모두 연합시킬 수 있다. 현재는 어떻게 하느냐의 문제이다. 일부 일본인은 만약 동아시아 공동체가 아세안 10+한 · 중 · 일 3국이 되면 중국의 세력이 지나치게 강대해지고, 그러면 유감스럽게도 중국의 패권이 형성될 수 있다고 본다. 중국을 억제하기 위해 또는 중국이 지나치게 강대해지지 못하게 하기 위해, 호주 · 뉴질랜드 · 인도 등의 국가를 가입시킬 필요가 있다고 주장하는데, 나는 이러한 견해가 타당하다고 생각하지는 않는다. 중국이 비록 대단히 강대해졌고 또한 갈수록 더욱더 강대해지겠지만, 일본 역시 대단히 중요하다. 일본과 중국은 서로 상대방의 위협이 될 수 있다고 생각하지 말아야 한다. 동아시아 공동체의 구도 속에서 일본과 중국이 연합하면 일본에게도 유리하다. 만약 동아시아 공동체가 성립되면, 한 · 중 · 일이 동아시아 구조에서 갖게 되는 대화 통로는 더욱 원활해질 수 있다. 이는 3국의 발전에 유리하다.

한 · 중 · 일 간에는 각종 정치적인 문제도 존재한다. 한 · 중 · 일뿐만 아니라, 아세안 국가 간에도 간혹 정치적인 마찰이 생기기도 한다. 하지만 이는 결코 동아시아 국가들이 공동체를 실현하고자 하는 열망을 막지는 못할 것이다. 지난 세기 유럽 국가들 간에 전쟁이 끊이지 않았지만, 지금은 독일과 프랑스를 중심으로 유럽공동체가 성립되었고, 이를 바탕으로 유럽은 더욱 통일된 방향으로 나아가고 있다. 동아시아 공동체의 형성은 유럽공동체와 비교하면 그 어려움이 더 많다고 볼 수 있다. EU는 공동의 기독교 문화와 공동의 정치체제라는 토대를 바탕으로 공동체를 건립하지만, 동아시아 각국은 정치체제도 다르고 가치관도 다양하다. 문화 방면에서는 유교와 불교 및 이슬람교와 힌두교 등이 있다. 또한 국가들이 처한 상황도 같지 않다. 어떤 국가는 국력이 대단히 강대하지만 또 어떤 국가는 국력이 대단히 약하다. 이러한 차이가 존재하는 동아시아 지역에서 공동체 논의가 제기되었다는 것 자체가 역사적으로 전례가 없는 일이라고 볼 수 있다.

아시아는 세계에서 경제가 가장 활발한 지역이고 30억 인구를 가진 거대한 시장이다. 그러면서도 연합하지 못한다는 것은 아무리 생각해도 이해할 수 없다.

동아시아 공동체를 건립하기 위해서는 또한 공통의 이념과 목표가 필요하다. 경제적으로 볼 때 공동체의 건립은 더욱 필요하지만, 단지 이러한 관점에서만 출발하면 불충분하다. 향후 우리는 공통의 이념을 반드시 노력해서 찾아야만 한다. 공통의 이념이 없으면 마찰이 발생하기 쉽고 또한 동아시아 공동체를 건립하기도 힘들어진다. 이러한 종류의 공통 이념은 유럽과 미국의 이념과는 다르다. 이는 공자와 맹자 및 장자 사상을 포함한 아시아적 문화 전통이면서도, 동시에 현대적 형식이 존재하는 미래 지향적인 이념이 될 것이다. 이 점을 사람들은 아직 진지하게 고려하지 않고 있다. 이는 정치가뿐만 아니라 학자와 일반 국민들이 모두 공동으로 노력해야 하는 문제이다.[52]

[참고 10-1] 중앙문명 개념의 오류

문화 형태에서 보면, 윌킨슨의 중앙문명과 필자가 사용하는 서양 문명 혹은 유럽 문명의 의미는 상당히 일치한다. 하지만 중앙문명의 위치에너지는 분명 후자의 둘보다는 훨씬 크다. 무력으로 천하를 차지하던(량치차오의 말) 지속적인 확장 과정에서 중앙문명의 승자는 단계적으로 세계의 모든 기타 문명을 통째로 잠식했다. 혹은 그 문명들이 이전에 갖고 있던 역사적 자주성을 모두 상실하게 만들었다고 볼 수 있다. 구체적으로 보면, 인도 문명은 무슬림이 침입한 11세기부터 서양인이 남아시아 대륙에서 그 통치적 지위를 확립한 18세기까지 700~800년 동안 모두 중앙문명에 잠식당했다. 중국 문명은 아편전쟁 이후 어쩔 수 없이 문호를 열었고, 이후에는 주로 서양 국가 간에 일어났던 제1차 세계대전에 참전했고, 나아가 유엔에 가입하는 등등의 역사적 사건을 겪으며 중앙문명에 합병되었다. 일본 문명은 이와 달리 제2차 세계대전에서 패배한 후, 미국의 군사적 점령하에서 정치경제 체제의 개조가 강제로 시행되던 1950년대에 중앙문명에 머리를 숙이고 굴복했다. 인도 문명의 기나긴 사망기와 비교하면, 중국 문명과 일본 문명의 사망기는 매우 짧았다는 것을 쉽게 발견할 수 있다.

그러나 사실 아랍인의 인도 침입은 단지 8세기에 발생한 사건에 불과하다. 아랍인이 침입하기 이전인 약 1,000년 전, 즉 기원전 6세기 말 페르시아인이 인도의 서북 지역인 현 파키스탄과 인도의 신드주 일대를 침입하여 점령한 적이 있기 때문이다. 그 후 인도는 계속해서 그리스인, 박트리아인, 쿠샨인의 침입을 받았다. 이 고대 민족들 중에서 서아시아에서 온 페르시아인은 그저 중앙문명을 건설했던 민족 중 하나의 자격을 갖춘 것에 불과하다. 하지만 그리스인은 명실상부한 중앙문명의 직계 계승자이다. 그러나 박트리아인과 쿠샨인은 기껏해야 그리스화된 혹은 반그리스화된 민족에 불과하다. 이러한 점은 곧 인도 문명의 사망 과정이 기원전 1500년부터 계산해서 모든 인도 역사에서 약 2/3에 이르는 기간 동안 일어났다는 것을 의미한다. 세계체제론과 문명사를 결합해 고찰하는 학자 윌킨슨이 이렇게 대단히 기본적이고 중요한 역사적 사실들을 간과한 것은 정말 잘못된 것이다. 그러나 윌킨슨이 범한 관점의 오류와 비교하자면, 그가 위와 같이 역사 지식 부분에서 보인 부족함은 정말이지 아무것도 아니다.

만약 윌킨슨이 말한 것이 단지 형태적 의미의 문명이라면, 그의 관점은 토인비와 바그비의 관점과 같은 것이 되고, 또한 한 개인의 이론으로 볼 수도 있다(문명에 내포된 문화 형태와 공동체의 의미 차이는 본 책 제2장 참조). 하지만 그는 결코 문명에 내포된 두 가지 의미를 구별하지 않았다. 그가 중요한 근거로 삼는 개념인 '역사적 자주성(historical autonomy)'을 살펴보면, 그가 말한 내용은 대부분 공동체적 의미를 지닌 문명에 대한 것이다. 사실 윌킨슨은 각 문명이 형태적 차이에 근거한 문화 주체성을 가지고 있다는 사실을 인정하지도 않았고, 또한 각 문명이 공동체의 근본 이익에 근거한 역사 주체성을 가지고 있다는 사실도 인정하지 않은 셈이다. 이는 형태 차이와 이익의 대립에 따라 형성되는 문명의 상호 작용이라는, 풍부함과 구체성을 일시에 모두 없애버린 것과 같다. 따라서 그가 말한 것은 문명사가 아니라 일종의 사변적인 거시적 역사 서술에 가깝다. 그와 같은 시각에서 이 문제를 보면, 한 문명과 다른 한 문명이 자물쇠로 함께 묶여(locked up) 있어 더 큰 사회 체제와 과정으로 형성될 수 있기 때문에, 이 문명은 독립성을 상실하거나 혹은 이전에 갖고 있던 자신의 역사적 주체성은 상실하게 된다. 하지만 자물쇠로 함께 묶여 있다는 것은 무엇을 의미하는가?

윌킨슨은 자신이 제기한 "자물쇠로 함께 묶여 있다"라는 말의 의미에 대해 어떠한 정의나 설명도 하지 않았기 때문에, 잠정적으로 이것을 문명 간의 상호 작용 혹은 모종의 심층적인 문명 간의 상호 작용으로 보고자 한다(분명 이러한 의미는 아닐 것이다. 하지만 이보다 더 합리적으로 설명할 수 있는 용어는 없을 것이다). 그렇다면 어떤 유형의 문명 상호 작용을 자물쇠로 함께 묶여 있다고 볼 수 있을까? 어떤 유형의 문명 상호 작용을 자물쇠로 함께 묶여 있는 그런 정도에는 아직 이르지 못했다고 볼 수 있을까? 한 문명이 다른 한 문명의 도전에 직면해 적극적인 응전을 하는 과정에서 그 생명 형태 방면에서 중대한 조정을 했다고 해서, 또한 이 과정에서 어느 정도 혹은 상당한 정도의 변형이 발생했다고 해서, 이 문명은 이미 끝났다고 볼 수 있을까? 만약 이것을 이미 끝난 것으로 본다면, 역사에서 많은 문명 혹은 원시사회는 단지 상호 접촉 때문에 모두 멸망해버린 것이 된다. 그리고 이러한 접촉은 역사에서 수없이 많이 발생했기 때문에, 오랫동안 정체성을 유지할 수 있는 문명 혹은 명실상부하게 문명으로 불릴 수 있는 문명은 하나도 있을 수 없게 된다. 이는 문명은 근본적으로 존재하지 않는다는 것과 같다. 반면에 단지 서로 형태적 유사성만을 획일적으로 가진 인류 집단들의 방대한 집합체만이 존재할 뿐이다. 혹은 모래알같이 분산되어 있어 그 형태를 설명할 수도 없고, 무수한 상호 충돌 혹은 격렬한 충돌만을 하는 인류 집단의 거대 괴물인 중앙문명만이 존재하게 된다.

더 중요한 것은 윌킨슨이 그토록 믿었던 개념인 문명의 역사적 자주성에 내포된 의미가 무엇인가 하는 문제이다. 윌킨슨은 이 개념이 어떤 의미를 담고 있는 것인지 정의를 내리지 않았다. 이러한 대단히 중요한 개념에 대해 설명조차 할 수 없으면서, 그는 도대체 무엇을 근거로 특정한 문화 형태를 가진 인류 공동체가 어떤 역사 시기에 자신의 역사적 문화 정체성을 여전히 지키고 있는지, 혹은 자신이 이전에 가지고 있었던 역사적 정체성을 상실했는지를 단정 지을 수 있단 말인가? 만약 윌킨슨의 문명관을 따른다면 인도는 700~800년의 시간이 흘러서야 최종적으로 그 역사적 자주성을 상실한 것이 된다. 하지만 페르시아 제국의 침입부터 계산에 넣으면, 상식적으로 납득이 안 되는 2,600년이 넘는 시간이 된다. 이렇게 되면 이 기나긴 과정 속에 있던 인도아대륙의 문명은 더 이상 인도 문명이 될 수 없기 때문에 이른바 중앙문명에도 포함시킬 수 없게 된다. 그렇다면 인도는 도대체 어떤 문명에 속하는가? 그러나 사실 과거부터 현재까지 인도 문명은 일관된 정체성을 가지고 있었다. 또한 현대 인도가 외형적으로는 민족국가를 초월한 정치와 경제 및 문화 실체가 되었지만, 그 문명의 자주성은 상실하지 않았다. 1947년 독립한 이후 인도 문명의 주체성은 심지어 더욱 강화되었다.

이러한 여러 상황들은 윌킨슨의 문명관으로 문명사의 현상을 해석하는 데 한계가 있다는 것을 보여준다.[53]

[참고 10-2] 민족과 정치적 정체성의 관계

역사적으로 여러 민족이 동일하게 하나의 정치 실체를 정체성으로 갖는 예는 아주 많다. 군주제 시기 중국이 가장 좋은 예다. 유사한 상황을 이슬람화하는 시기의 이란에서도 찾을 수 있다. 이란의 페르시아인은 무슬림 아랍인에게 정복당한 후 7세기부터 이슬람교에 귀의하기 시작했다. 하지만 그들은 여전히 페르시아의 성과 조국에 대한 기억 및 신화와 과거를 간직하고 있었다.[54] 수십 개의 민족국가로 분열된 유럽의 역사에서도 유사한 예를 찾을 수 있다. 예를 들면 영국에는 웨일스인과 북아일랜드인이 있다. 스코틀랜드는 비록 주권국가이지만 언어와 종족 및 문화 방면에서 보면 잉글랜드와 유사한 점이 너무 많다. 따라서 하나의 독립된 민족으로 보기는 어렵다. 스페인에는 카탈로니아인과 바스크인이 있다. 주의할 점은 여러 민족이 동일하게 하나의 정치 실체를 정체성으로 가질 수밖에 없는 상황에서는 중요한 전제가 필요한데, 그것은 그들의 종교 신앙이 서로 같아야 한다는 점이다.

사람들이 별로 관심을 갖지 않는 마케도니아 또한 더 좋은 예가 될 수 있다. "이 나라에는 그리스어를 구사하는 슬라브인, 불가리아어를 구사하는 그리스인이 있고, 알바니아화된 세르비아인과 그리스화된 블라크인이 있다. 또한 친세르비아계 및 친불가리아계와 마케도니아 자치주의자들이 있고, 기독교 지도자와 동방정교 지도자가 있고, 터키인과 알바니아인도 있다. 이처럼 이 나라에는 각종 조합과 변화가 매우 다양하다."[55] 다민족인 현대 마케도니아는 일찍이 길게는 몇백 년 동안 오스만 제국의 통치하에 있었기 때문에, 그 다민족 전통은 분명 오스만 제국에서 계승된 문화-정치 유산으로 볼 수 있다.

심지어 도시도 이중 혹은 다중의 정치와 문화 신분을 가진 개인들로 구성될 수 있다. 이는 바그다드를 예로 들 수 있다. "제1차 세계대전 이후에 건립되었고, 주로 수니파 아랍인이 통치하는 이라크 왕국의 수도인 바그다드는 결코 수니파 아랍인만의 도시는 아니다. 이곳은 다민족인 메소포타미아 지역의 정치와 상업 중심지로서 인구의 대다수를 차지하는 것은 시아파 교도와 쿠르드인 및 유대인이다. 이 사람들이 이 지역 주민의 가장 중요한 집단을 구성하고 있었다."[56] 16세기부터 19세기까지의 이스탄불 또한 개인의 종교-문화 신분과 그 정치적 정체성이 다른 예이다. 16세기에 이스탄불의 인구가 급격히 증가하기는 했지만, 무슬림과 비무슬림은 비교적 안정된 비율을 여전히 유지하고 있었다. 1477년과 1535년에 시행한 두 차례 인구조사 결과에 따르면 무슬림은 전 인구의 58퍼센트를 차지하고, 기독교도는 32퍼센트를 차지하고, 유대인은 10퍼센트를 차지했다. 이후에도 이 비율은 그다지 변하지 않았다. 예를 들면 19세기 말에 무슬림은 여전히 이스탄불 전 인구의 55퍼센트를 차지했다. 갈라타에는 8개의 무슬림 거주지, 7개의 그리스인 거주지, 3개의 프랑크인 거주지, 1개의 유대인 거주지 및 2개의 아르메니아인 거주지가 있었다. 그렇지만 무라트 4세(Murat IV, 재위 1623~1640) 때 실시한 인구조사 결과에 따르면 그 인구는 20만인데 무슬림은 단지 6만 4,000명에 지나지 않게 된다.[57]

주목할 만한 점은 근대 이전의 유럽 핵심 지대, 즉 서유럽과 중유럽에서는 서로 다른 종교가 하나의 정치 실체하에서 평화적으로 공존한 상황은 없었다고 볼 수 있다는 것이다. 무슬림은 일찌감치 축출되었고, 유대인들은 게토에 격리되어 있었다. 18세기에 와서야 상황이 바뀌었지만, 20세기 전반 무렵에 유대인 대학살이 발생하기도 했다. 제2차 세계대전 후에야 유럽은 서로 다른 종교가 평화 공존하는 시기에 진입할 수 있었다. 그렇지만 여전히 많은 문제가 있다. 후발 주자인 유럽인은 이 시기에 와서야 중국인과 무슬림이 일찍이 천 년 전에 이미 이루었던 수준에 도달할 수 있었다.

[참고 10-3] NGO와 세계시민사회의 차이점

NGO와 세계시민사회는 그 개념이 일정 정도 중복되기도 하지만 또한 구별되기도 한다. 세계시민사회의 외연은 NGO의 외연보다는 넓다. 혹은 양자 간에는 어떤 것은 공유하고, 또 어떤 것은 공유하지 않는 부분이 존재한다고 볼 수 있다. 세계시민사회에는 NGO 외에도 기타 구성 부분들이 포함된다. 예를 들면 풀뿌리 기구, 교회기구, 노동기구, 각종 국제운동기구, 의사와 변호사 협회 같은 전문가 협회, 시민운동, 비정식 네트워크 등등이 있다. 하지만 이 두 개념이 사실은 대단히 모호하기 때문에, NGO가 현시대에서 세계시민사회의 정신을 가장 집중적으로 나타내고 있고,

그 모습도 가장 활발한 행위체이다. 따라서 현재 이 두 개념을 사용하는 사람들은 이 둘을 종종 구분하지 않는다.[58] 세계시민사회의 역할은 아래의 5개 방면에서 나타난다.

(1) 문제가 발견되면 즉시 초국가적 네트워크를 이용하여 그것을 대중에게 공개한다.

(2) 미래의 국제 정책과 실천에 중요한 영향을 미칠 수 있는 가치규범을 구축하는 것을 돕는다.

(3) 세계 공공정책의 제정과 실행에 참여하고, 국제 제도를 수립시키거나 개혁한다. 이를 통해 세계적인 문제에 대응할 수 있는 능력을 향상시킨다.

(4) 설득과 항의 등의 방식을 통해 국가에 압력을 행사하여 국가의 공공영역에 대한 행위를 추진시키고 감독한다.

(5) 자원을 동원하여 국제 공공문제에 직접 참여하고 해결한다. 예를 들면 국제원조와 인도주의 구조 활동에 참여하고, 국내와 국제적 충돌을 해결하는 조정자의 역할을 담당한다.[59]

[참고 10-4] 미국 만화영화와 전자게임에 범람하는 폭력성

모두가 알고 있듯이 할리우드 영화뿐만 아니라 여러 종류의 미국 오락에도 폭력이 범람하고 있다.

"미국의 어린이 만화영화는 폭력 문화 발전의 한 증거다. 미국의 만화영화는 아동에게 시간당 평균 41개의 살인과 폭력 장면을 보여주고 있다. 1993년 7월 12일의 《유에스 뉴스 앤드 월드 리포터(*U.S. News & World Report*)》는 미국 심리학협회의 연구 성과를 게재했다. 이 보도에 따르면, 미국 아동은 하루 평균 3시간 만화영화를 보며, 7학년이 될 때까지 8천 건의 살인과 10만 개의 폭력 장면을 브라운관을 통해 보는 것으로 나타났다. 폭력이 범람하는 화면의 영향을 받은 어떤 아동은 악몽 속에서 심리적 긴장을 해소하고, 어떤 아동은 정도 차이는 있지만 정서불안증에 걸린다. 연령이 높아지면서 심리적 긴장을 해소할 방법이 없을 때, 아이들은 폭력 게임에 빠지거나 혹은 폭력 행위를 직접 모방하는 행동을 보일 수도 있다.

TV 만화영화보다 전자게임이 더욱 폭력적이다. 미국 청소년은 18세가 될 때까지 게임을 통해 4만에 달하는 가상의 적을 죽인다. 이 모든 행위는 단지 손가락으로 게임기 스위치를 누르기만 하면 가능하기 때문에 전혀 죄의식을 느끼지 못한다. 이러한 게임들은 곧 살인 습관과 살인 문화를 주입하고, 나아가 청소년의 사유와 도덕심에 생명의 가치를 멸시하는 풍조를 주입한다. 이러한 게임들은 범죄를 낳는다. 범죄를 직접 목격해도 평범한 사실로 받아들이거나 심지어 자극과 쾌감으로 받아들이기 때문이다. 시간이 흐르면 이를 치료할 사회적 부담도 더욱 늘어날 수밖에 없을 것이다."[60]

[참고 10-5] 문명의 다양성과 역사적 통일성에 관한 고찰

문명의 다양성은 쉽게 이해할 수 있는 부분이지만, 이와 달리 역사적 통일성은 단순한 개념이 아니라 다양한 견해가 존재할 수 있는 문제이다.

만약 차이성과 일치성에는 모두 상대성이 내포되어 있다는 사실을 받아들일 수 있다면, 다음과 같은 관점도 받아들일 수 있을 것이다. 즉 동아시아와 유럽 및 남아시아 문명 간에 비록 부인할 수 없는 차이성이 존재하지만, 또한 이들 사이에는 상대적인 의미의 일치성도 존재한다는 점이다. 본질적으로 보면, 중국 지식계가 오랫동안 빠져 있었던 사회 발전 5단계론도 사실은 다음과 같은 인식에서 생겨났다고 볼 수 있다. 즉 서로 다른 문명은 사회 발전 단계에서 상대적 의미의 동반성 혹은 일치성을 가지고 있다는 점이다. 그리고 이러한 상대적인 동반성과 일치성도 사실은 본질적인 지연구조, 즉 유라시아 대륙이 통합된 하나의 지연판이었기 때문에 생겨난 것이다. 근본적으로 보면, 서로 다른 문명의 발전 정도 면에서 그 상대적인 동반성 그리고 넓은 의미에서 그 생명 형태의 상대적인 일치성은 모두 이러한 연속성과 통합성에서 유래했다.

하나의 지연 총체인 유라시아 대륙의 여러 지역은 종의 형태 및 진화 정도에서 모두 뚜렷한 일치성을 보이고 있다. 이와 비교하면 광활한 대양으로 떨어져 있는 아메리카와 호주 및 뉴질랜드와 남태평양 섬들에서 발견되는 원생종과 유라시아 대륙의 원생종은 형태와 진화 정도에서 모두 상당한 차이를 보인다. 유라시아 대륙과 그다지 긴밀하게 연결되지 못한 아프리카의 원생 동식물의 종속과 유라시아 대륙의 원생종 또한 형태와 진화 정도에서 상당한 차이를 보인다. 동아시아와 남아시아 및 유럽 문명이 그 태동기에 길렀던 동물들, 예를 들면 말 · 소 · 양 · 토끼 · 개 · 고양이 · 낙타는 유라시아 대륙의 각 지역에 광범위하게 분포하고 있었다. 그러나 16세기 유럽 식민지 확장과 함께 수반된 종의 대교류 이전에, 아메리카와 호주 및 뉴질랜드와 남태평양 섬들에서는 이러한 동물들이 보이지 않았다. 한 문명을 유지하는 데 가장 중요한 곡물들, 예를 들면 밀 · 벼 · 보리 · 호밀 · 귀리 등은 유라시아 대륙의 여러 지역들에서 광범위하게 재배되었다. 심지어 유라시아 대륙의 여러 지역 인류가 쉽게 걸리는 각종 전염성 질병 또한 서로 같거나 비슷하다. 하지만 이러한 전염성 질병은 종의 대교류 이전 아메리카와 호주 및 뉴질랜드와 남태평양 섬에서는 나타나지 않았다. 유럽인이 아메리카를 침략해 그곳 문명을 멸망시키는 과정에서, 가장 근본적인 원인이 되었던 살상 무기는 칼이나 총 혹은 잘 훈련된 군인이 아니었다. 그것은 바로 신대륙 인디언은 면역력을 갖고 있지 않았던 천연두 · 홍역 · 콜레라 · 페스트와 같은 전염병이었다. 하지만 이 질병들은 유라시아 대륙에서는 흔히 볼 수 있는 것들이었다.

근대 이후 지금까지 각 문명이 보편적으로 받아들이는 인식은 인류 문명의 다양성 속의 통일성에는 각 문명이 본래 가지고 있었던 합리적 요소들이 포함되어 있다는 것이다. 또한 이러한 인식들에는 근대적 전환 과정에서 각 문명이 근대 자본주의 요소를 수용한 후에 인류를 위해 새로운 공헌을 했다는 사실이 포함되어 있다. 유럽 문명을 예로 들면, 근대 이후 유럽의 사상적 변천은 보편적 진리관에서 점차 다원적 진리관으로 넘어오는 과정이었다. 또한 이 사상적 변천은 오직 나만이 진리를 독점하고 있다는 잘못된 인식을 점차 버려나가는 과정이었다고도 볼 수 있다. 이러한 변화에는 심층적인 사회역사적 배경이 있었다. 서양 문명이 다른 문명에 대해 갖고 있던 상대적 우월성을 상실함에 따라 이러한 변화가 더욱 심도 있게 전개될 수 있었다. 이러한 상황에서 다양한 문명 간의 대화는 피할 수 없게 되었고, 또한 문명의 대화 과정에서 다원주의적 진리관이 자본주의적 진리관을 대체하는 것도 필연적일 수밖에 없었다.

다양성은 상대성을 의미한다. 혹은 진리 및 진리를 체득하는 방식은 문명과 가치체계마다 상대적임을 의미한다. 다시 말하면 어떤 시기와 어떤 지역 및 어떤 사람에게서는 진리가 되고 보편적 가치가 되지만, 반면에 다른 시기와 다른 장소 및 다른 사람은 오히려 진리와 보편적 가치로 받아들이지 않거나 심지어 그것을 오류로 여긴다는 것이다. 시리아 형태에 속하는 기독교 문명에서 예수는 구세주이며 신이고, 신에는 성부 · 성자 · 성령의 세 위격(位格)이 있고, 이 세 위격은 동시에 하나로 융합되어 있고 따로 분리될 수도 없다. 이러한 견해는 대다수 기독교 교파에서는 진리가 된다. 하지만 같은 시리아 형태에 속하는 다른 문명의 사람들은 결코 이를 진리로 받아들이지 않는다. 유대인과 무슬림은 결코 예수를 구세주로 보지 않으며 물론 삼위일체설의 진리성도 인정하지 않는다. 중국의 유생인 사대부들도 성자 예수를 성부와 성령과 일체인 삼위일체로 융합된 절대적 인격신으로 보는 것을 이해하지 못할 것이다. 유생인 사대부들은 설령 초경험적인 신성이 존재한다고 해도, 반드시 자아수양을 통해 혹은 학문으로 심성을 갈고닦아 그것을 체득하고자 할 것이다. 심성은 인성에 내재되어 있고 인성은 선한 천리를 가지고 있기 때문에, 인간은 본질적으로 기독교적 의미의 원죄를 가지고 있다는 설은 성립될 수 없고, 따라서 구원 또한 있을 수 없게 된다. 물론 송명 유학자들도 맹자 이후의 유가들이 신봉한 것처럼 인간의 본성은 선하다는 성선론을 견지하고 있었다. 그러나 그들은 인간의 유한성과 인성 속의 결점, 혹은 개별적인 개인에게 선과 선하지 못함이 동시에 존재하거나, 좋은 품성과 좋지 못한 품성의 차이를 구분 짓는 문제에 직면할 때, 그들 또한 기질지성(氣質之性)의 개념을 사용할 수밖에 없었다.

진리에 가까이 가거나 진리를 체득하는 방식이 다양하게 존재한다고 해서, 각 문명의 개별 형태를 초월하는 본질적 의미가 존재하지 않는다는 것은 아니다. 또한 각 문명이 공동으로 인식하는 궁극적 진리가 존재하지 않는다는 것도 아니다. 심층적 의미에서 인류의 인식 구조에는 초민족·초종족·초문화·초문명의 보편성이 있다고 가정할 수 있다. 또한 바로 이 보편성 때문에 각 문명의 개별 형태와 개별적 가치에 통약성과 공통인수가 있을 수 있었고, 혹은 서로 다른 문명과의 대화·이해·소통이 가능할 수 있었다고 볼 수 있다. 송명 유학에서 말하는 "사람은 모두 같은 마음을 가지고 있고, 마음은 모두 같은 이(理)를 가지고 있다"는 설에는 분명 개별적 차이를 초월하는 보편적 진리의 존재가 내포되어 있다. 에드문트 후설(Edmund Husserl)의 상호주관성과 한스게오르크 가다머(Hans-

Georg Gadamer)의 지평융합을 문명 상호 작용 연구에 응용할 수 있는 이유는 바로 개별적 형태를 초월하는 심층적인 인지구조가 인류에게 공통으로 존재하기 때문이다. 대체로 근대 이후 각 문명은 자신의 문화적 정체성을 지키면서도 동시에 강렬한 보편적 요구를 표현했다. 이러한 현상이 나타난 근본 원인은 바로 배경이 서로 다른 인류 집단들이 심층적 인지구조에서 보이는 일치성 때문이다. 혹은 각 문명이 개별 문화 형태를 초월한 본질적인 진리 구조를 공통으로 가지고 있기 때문으로도 볼 수 있다. 이 진리 구조의 구체적 표현 형식은 토인비가 말한 진리의 '비본질 연생물(連生物)'[61]로 설명할 수 있다. 신문화와 5 · 4운동 이후 중국인이 신속하게 폐기한 삼강오륜, 삼종지도와 사덕, 관아의 형벌, 전족, 내시, 첩, 5대의 대가족 등은 모두 중국 문명의 비본질 연생물로 볼 수 있다.

그러나 인류의 사유와 인류의 사회행위에 내재된 복잡성은 결코 단순한 논리적 추론으로 요약할 수는 없다. 인류가 직면한 각종 문제는 논리적으로는 결코 설명할 수 없는 일종의 딜레마를 안고 있다. 따라서 중성적 혹은 객관적 입장을 취해야 해결할 수 있다. 인류는 항상 어떤 신앙 · 신념 · 사상체계를 사용해 자신의 존재와 의견 및 행동의 합리성을 증명하고자 한다. 그렇지 않으면 개인은 의지할 곳이 없어지고, 사회는 사분오열된다. 따라서 지금의 인류는 특정 시기 · 특정 지역 · 특정 사회집단 · 특정 가치 관념 · 특정 인식 체계의 각 영역에서 개별적 진리를 담론하는 태도를 가질 수밖에 없다. 여기서 미셸 푸코(Michel Foucault)의 사회인식론의 현실 상관성이 부각된다. 그는 지식의 생산 과정을 권력의 형성과 연결시켰다. 이 자체로만 보면 그의 시각은 서양중심론적 경향을 해체하는 역할을 하기 때문에, 일종의 이론적 가치가 있는 발견으로 볼 수도 있다. 하지만 그의 견해는 근대 이후 특히 현대의 각 문명이 견지하고 있던 다원주의적 진리관을 간접적으로 인정한 것으로 보아야 한다. 다원주의적 진리관은 모종의 상대적인 요소(만약 상대주의로 간주되지 않는다면)를 포함하기 때문에, 그 구체적인 표현 형식은 종종 다음과 같이 나타난다. 비록 궁극적 차원에서는 보편적이고 유효한 진리가 존재한다는 것을 부정하지는 않지만, 현실 차원에서는 이러한 보편적 진리가 권력을 가질 수밖에 없거나 혹은 권력 지향적으로 표현될 수 있기 때문에, 각 문명은 어쩔 수 없이 이것을 유보하고 논하지 않으면서도 이와 동시에 각 문명은 문명 속의 개별 상황과 서로 상응하는 개별적 진리를 지키고자 한다.

역사적으로 보든지 혹은 지금 현재의 상황에서 보든지 간에 진리의 본질성과 다양성의 관계는 모두 코즈모폴리터니즘과 민족주의의 관계로 설명할 수 있다. 심지어 16세기 이전의 각 주요 문명은 모두 약속이라도 한 것처럼 종족과 지역 및 개별적 문화 형태의 경계선을 초월하는 추세를 보였다. 이는 사실상 일종의 준지구화 혹은 일종의 완전한 의미의 전 지구화의 예행연습이었다고 볼 수 있다. 시리아적 기질을 가진 기독교 문명뿐만 아니라 동아시아와 남아시아의 문명도 마찬가지였다. 그러나 안타까운 것은 근대 이후 원래는 통일되었던 기독교 세계가 사분오열되었다는 것이다. 이는 각양각색의 신교운동 형식으로 나타났다. 그 과정에서 다양한 신교 교파가 생겨났고, 하나의 교파도 다시 여러 교파로 나뉘었다. 또한 두 차례 세계대전이 발생했다. 두 차례 세계대전 중 특히 제1차 세계대전이 주로 유럽과 미국의 기독교 국가 간에 발생한 점을 고려했을 때, 이는 분명 서양 형태의 보편주의가 겪은 거대한 좌절이었다.

16세기 이후의 근대 자본주의 문명은 분명 일종의 보편적 문명으로 볼 수 있다. 하지만 이것은 어떤 한 역사 단계 혹은 특정한 역사 상황에서만 정당성을 가질 수 있다. 분명한 사실은 이 정당성은 단지 일시적이란 점이다. 자본주의가 지속적으로 정당성을 획득하기 위해서는 근본적인 개조가 필요하고, 심지어는 전혀 다른 모습으로 변화해야만 할 것이다.

옮긴이의 말

■ 르우안웨이(阮煒)의 《지연 문명(地緣文明)》은 인류의 문명에 대해 지리-자연적 인접성에 입각하여 서로 다른 문명 내지는 인류 공동체 간의 상호작용의 각도에서 다룬 저작이다. 그는 우선 이 책에서 자신이 사용하는 '지연 문명'이라는 용어의 의미와 그러한 용어를 사용하게 된 이유에 대해 길게 설명하고 있다. 그에 따르면, 지연 문명에서 '지(地)'는 기존 서양 학계의 geo-politcs, geo-economy, geo-culture 등에서 사용되는 'geo-'와 같은 의미이지만, '연(緣)'은 기존 서양 학계에는 사용하지 않는 개념인 '인연', '연분' 등의 의미이다. 따라서 '지연(地緣)'은 지리적 연분 또는 지리적 인연이란 뜻이 되며, '지연 문명'은 지리적 연분 또는 지리적 인연을 기반으로 하는 문명이란 뜻이 된다. 그가 이런 용어를 사용하게 된 것은 오스발트 슈펭글러, 아널드 토인비, 피티림 소로킨, 캐롤 퀴글리, 매튜 멜코와 같은 주류에 속하는 문명 연구자들의 문명 개념이 정확하지 않다고 보기 때문이다. 예를 들면, 기존의 문명 개념에 근거한다면 사하라 이남의 아프리카 문명이나 동남아시아 문명은 비정상적인 복잡성을 가지게 되며 분류 자체도 불가능하다는 것이다. 기존의 문명관이 서양 중심적 문명관이라며 강하게 부정하는 이러한 그의 관점이 합리적이고 엄밀한지는

좀 더 따져볼 필요가 있다. 그러나 오늘날 전 지구화가 강조되면서 자칫 하면 더욱더 경시될 수도 있는 주변부 문화 내지는 지역 문화의 가치를 고려해 본다면 충분히 검토해 볼 만한 견해라고 할 수 있다.

저자는 이러한 자신의 관점에 입각하여 오스발트 슈펭글러, 필립 바그비, 아널드 토인비, 페르낭 브로델 등이 인류 문명을 8개, 9개 혹은 21개로 구분하는 데 대해 비판하고 있다. 그에 따르면, 기존의 분류법은 문화적 특징 혹은 생명 형태가 발생한 지연 환경과 자연 조건을 소홀히 다루고 있고, 서로 다른 문명 간의 경제 · 정치 · 문화적인 상호 작용 및 그 계승과 발전의 관계 역시 소홀히 다루고 있다. 즉 서로 인접해 있는 어떤 인류 공동체들은 표면적으로는 서로 다른 문명에 속하는 것으로 보이지만, 만일 전통적인 분류법 또는 주류적인 분류법에서 벗어나서 지연의 시각에서 다시 검토해 본다면, 그러한 인류 공동체들이 실제로는 상호 심층적인 유사성이나 공통적인 문화적 요소를 가지고 있음을 발견할 수 있다고 저자는 주장한다. 예를 들면, 기존의 관점에서는 서양 문명, 동방정교 문명, 이슬람 문명, 유대 문명은 각기 독자적인 것으로 분류되지만 저자가 보기에 이들은 사실 하나의 문명이다. 기독교, 동방정교, 이슬람교, 유대교는 구조적으로 모두 다 시리아 문명과 그리스 문명의 요소들을 가지고 있으며, 그것들은 서아시아 일대인 지중해 세계라는 공통의 지리-자연적 인연 즉 지연을 가지고 있다는 것이다. 같은 이유에서 저자는 인류의 문명을 동아시아 문명, 유럽 문명, 유라시아 문명, 남아시아 문명, 아메리카 문명, 아프리카 문명 등으로 새롭게 분류한다. 이러한 주장은 논의의 여지가 없지 않다. 예컨대 만일 저자의 말대로라면 서양 문명과 이슬람 문명은 결과적으로 동일한 문명이기 때문이다. 그렇지만 다른 한편으로는 전적으로 견강부회한 것으로만 취급할 수도 없다. 서양 문명과 이슬람 문명이 지연적인 측면에서 공통성을 가지고 있는 것은 사실이며, 또 오랜 기간 서로 영향을 주고받으면서 분리 불가능한 공동의 문화적 요소들을 가지게 되었다는 점 역시 사실이기 때문이다.

저자는 이 책에서 특히 지연 환경과 자연 조건에 근거한 문명 간의 상호 작용이 한 문명을 형성하는 본질적인 요소라고 주장한다. 저자에 따르면 이러한 상호 작용의 결과는 각 문명들에 의해 이루어진 문화적 전파와 종교적 전파라는 형태의 지속적인 문명의 공간적 확장이며, 이와 같은 문명의 공간적 확장은 전 지구화의 전 단계에 이르렀다고 한다. 그런 점에서 저자는 문화의 차이로 인해 인류 공동체들은 상호 충돌할 수밖에 없다는 새뮤얼 헌팅턴의 문명 충돌론을 강력히 부정한다. 저자에 따르면 과거 인류의 역사에서 문명 간의 충돌로 보였던 것은 사실은 문화적 차이에 의한 충돌이라기보다는 국가 간의 헤게모니 쟁탈전에 따른 충돌일 뿐이며, 문명 간의 상호 작용은 항상 문명의 공간적 확장으로 귀결되었다는 것이다. 같은 차원에서 그는 서양 문명의 배타성 및 흑백논리적인 성격의 근원에 대해서도 충분히 설명할 수 있다고 주장한다. 그것은 한 문명의 출현과 그 문명의 성격이 지연 환경과 자연 조건에 의해 결정되기 때문이라는 것이다. 그러면서 그는 서양 문명의 근원이 히브리 문화와 그리스 문화가 아니라 실은 시리아 문화와 그리스 문화 간의 상호 작용이라고 주장한다. 또한 시리아 지역의 사막이라는 지연-자연 조건 속에서 시리아 형태의 3대 종교인 유대교, 동방정교, 기독교가 형성되었다고 주장한다. 즉 척박한 사막과 목축 생활이 그것들의 문명 성격을 결정지었는데, 특히 그로부터 나타난 선민의식이 서양 문명의 배타성 및 흑백논리적인 성격을 배태했다는 것이다. 그러므로 저자는 지연의 시각에서 볼 때 소위 오늘날의 전 지구화는 새로운 현상이라기보다는 과거부터 존재해 온 현상의 연장이라고 볼 수 있으며, 지금까지의 진전은 전 지구화의 예행연습이라고 주장한다. 이런 면에서 저자에게는 서양의 근대성 역시 서양 문명에 고유한 특성이 아니다. 달리 말하자면 서양의 근대성, 근대 과학기술, 근대 자본주의, 헌정민주주의 등은 단지 서양에서 먼저 출현한 것일 뿐이며, 만일 서양과 동양 간의 오랜 상호 작용이 없었다면 출현할 수가 없었다는 것이다.

저자는 이 책에서 이매뉴얼 월러스틴의 서양 중심적인 세계체제론을 비판하는 사미르 아민, 군더 프랑크, 크리스토퍼 체이스던, 재닛 아부 루고드, 마틴 버넬, 바실리스 램브로풀로스 등의 이론을 일정 정도 수용하고 있다. 하지만 저자는 문명 규모와 핵심국가란 개념을 사용함으로써 의도했든 안 했든 간에 또 다른 중심의 출현을 인정하는 위험성을 노출하고 있다. 예를 들면, 저자는 거대한 문명 규모가 형성되기 위해서는 반드시 어떤 공통의 문화와 정체성을 가지는 거대한 수의 인구 규모가 전제되어야 한다고 주장한다. 또 공통의 문화적 정체성에 근원을 둔 거대한 수의 인구 규모가 거대한 역사 문화 공동체로 통합되기 위해서는 반드시 대규모 농경에 적합한 거대한 대륙판이 있어야 한다고 주장한다. 여기서 저자가 말하는 거대한 수의 인구 규모와 대규모 농경에 적합한 거대한 대륙판이 무엇을 뜻하는지는 누구라도 금방 알아차릴 수 있을 것이다. 물론 중심과 주변을 이항 대립적인 관계로만 볼 수는 없다. 그렇지만 저자의 이러한 주장은 특정 중심의 출현을 당연시하면서 바로 그 중심에 주변부 문화 혹은 지역문화를 종속시키고자 하는 새로운 또는 변형된 헤게모니적 주장으로 보일 수밖에 없다. 이의 연장선상에서 보자면 저자가 중국과 일본의 관계에 대해 상당히 많은 분량을 다루고 있는 점 역시 석연치 않다. 그의 언급대로라면 지연 시각에 입각하여 동아시아의 평화적 질서 내지는 동아시아 공동체를 검토한다는 것인데, 과연 그 의도와 내용이 그 자신이 주장하는 문명 이론과 얼마만큼 긴밀한 관계가 있는지 의문의 여지가 있다.

저자는 스스로 '지연 문명'이라는 개념의 문제 제기를 일종의 희망으로 생각하였다. 즉 저자는 사회정의 · 평등 · 법치 · 제도 · 인권 · 자유 · 민주 등의 보편적 가치가 충분히 인정되는 동질성 위에서, 지연 문명이 더욱 확장되어 지구에 거주하는 서로 다른 지역의 민족과 국가 혹은 일반적으로 문명이라고 불리는 인류 공동체의 특성 · 성격 · 신분이 문명과 문화로 구별되지 않고 하나의 통일된 전 지구적 문명으로 이어지기를 바란다는 것이다. 저자가 이 책에서 보여준 아직은 미완성인 '지연 문명'이란 개념, 그리고 그로부터 출발한 주장과 논리가 과연 어느 정도까지 그의 이런 주관적 희망에 부응하고 있는가에 대해서는 독자의 판단에 맡긴다. 다만 중국학자로서 그가 기존의 서양 중심적 이론에 도전하고 그것을 대체하는 이론을 찾아내고자 시도하고 있는 점은 분명히 주목해야 할 부분이다.

이 책의 번역은 최형록이 초고와 삼고를, 김혜준이 재고를 담당했다. 책을 번역하면서 역자들은 중국학자인 저자의 개념, 논리, 주장을 이해하는 것에서부터 한국 학계의 용어, 중국음의 한글 표기, 찾아보기 등의 사항에 이르기까지 많은 시간을 들여야 했다. 그 과정에서 저자와의 견해 차이는 물론이고 역자들 간의 견해 차이도 없지 않았다. 이러한 것은 역자들로 하여금 번역이라는 문제에 대해 한층 더 깊이 있게 검토하게 하는 계기가 되었다. 하나의 문화적 텍스트를 또 다른 문화적 텍스트로 번역하는 데는 필연적으로 번역자의 해석과 재구성이 있게 마련이다. 그런 면에서 우리는 저자의 원문에 대한 냉정한 평가 못지않게 역자들의 번역문에 대한 냉정한 비판이 있기를 진심으로 기대한다. 끝으로 역자들에게 학술총서 번역을 맡겨 준 부산대학교 한국민족문화연구소 김동철 소장, 역자들을 도와 온갖 궂은일을 도맡아 준 동 연구소의 장희권 교수, 편집과 출판 과정에서 최선을 다해 준 심산출판사의 최원필 사장 및 양상모 편집장

님, 김자영 님, 그리고 시종일관 성원해준 현대중국문화연구실의 멤버들에게 감사드린다.

2011년 3월

주

지연 문명의 의미 해석

1 내가 보기에 문명이란 단어에는 생명 형태와 역사 문화 공동체라는 이중의 의미가 있다. 이 책에서는 제2장의 전체를 할애하여 이 이중의 의미에 관한 구별을 설명하고 있다. 이러한 구분은 이 책의 논점에서 대단히 중요하다. 이러한 의미에 관한 구분이 없다면 지연 문명의 근거를 세우는 일은 대단히 어려워진다.

제1장 서론

1 Kwuang Chih Chang, *Shang Civilization*, New Haven: Yale Univ., 1980, p.365 ; A. L. Kroeber, *Style and Civilizations*, Ithaca, New York: 1957, Cornell University Press, 1957, pp.1-27.

2 본서 제2장 '문명의 두 가지 의미' 참조.

3 阿 · 德芒戎[Albert Demangeon], 葛以德 譯, 《人文地理學問題》, 北京: 商務印書館, 1993, pp.5-6.

4 費爾南 · 布羅代爾[Fernand Braudel], 顧良 譯, 施康强 校, 《15至18世紀的物質文明, 經濟和資本主義[*Civilisation matérielle, économie et capitalisme, XVe-XVIIIe siècle*]》第1卷, 北京: 三聯書店, 1992, pp.64-66 참조.

5 張善餘, 《人口地理學概論》, 上海: 華東師範大學出版社, 2004, pp.282-283 ; 陳代光, 《中國歷史地理》, 廣州: 廣東高等教育出版社, 1997, pp.5-6.

6 Fernand Braudel, translated from the French by Richard Mayne, *A History of Civilizations*, London: Allen Lane the Penguin Press, 1994, pp.9-10 ; 陳代光, 《中國歷史地理》, 廣州: 廣東高等教育出版社, 1997, pp.25-26.

7 문명 연구에서 피해 갈 수 없는 한 가지 상황은 문명과 종교의 의미가 늘 확연히 구분되는 것은 아니라는 점이다. 이는 문명의 분류가 늘 종교의 분류와 함께 뒤얽혀 있음을 뜻한다고도 볼 수 있다. 만약 종교의 범위를 좁게 해석해 어떤 특정한 신에 대한 숭배, 이 목적으로 세워진 사당, 해당 종교 의식의 거행 등만을 종교로 본다면, 종교와 문명의 구분이 상대적으로 조금은 쉬워질 것이다. 하지만 종교의 범위를 넓게 해석하면, 예를 들어 종교를 광범위한 문화 영역으로 보고 형식이 다양한 기본적 가치나 신념, 단체와 가정에서 하는 다양한 형식의 숭배 활동 및 종교 행위, 그와 관련된 예술 표현 양식과 문학 활동 및 기타 관련된 관념과 풍속 및 행위 양식 등을 모두 문화 영역에 포함하면, 종교와 문명의 의미는 필연적으로 서로 중복된다. 이러한 중복은 늘 다방면에서 일어나고 또 언제나 그 생명도 길다. 어떤 때는 양자의 중복이 매우 전면적으로 나타나기도 하고, 그 중복의 정도가 매우 클 수도 있다. 이 문제는 예를 들면 유대 문명과 유대교의 상

황에서 나타난다. 이 때문에 문명이나 종교를 분류할 때 도대체 문명을 탐색하는 것인지 아니면 종교를 탐색하는 것인지 분명하지 않을 수 있다. 문명과 종교의 의미 중복과 그 구분에 대해서는 阮煒,《文明的表現: 對五千年人類文明的評估》, 北京: 北京大學出版社, 2001, 제3장 '문명과 종교'에서 더욱 상세하게 언급했다.

8 여기서 논의는 본서 제4장 '문명의 성격'과 연결하여 참고할 수 있다.

9 투트모세 3세 이전에 이집트 군대는 서아시아에 진입한 적이 있었다. 멘투호테프 2세(기원전 2000년~기원전 1971년 재위)에서 시작해 세누스레트 1세(기원전 1887년~기원전 1850년 재위)에 이르기까지 150년간 이집트 파라오들은 모든 군대를 동원해 전쟁을 통한 확장주의를 시도했다. 이 시기의 이집트 군대는 남쪽으로는 나일 강을 거슬러 올라가 나일 강 제1폭포를 넘어 누비아, 즉 현재의 에티오피아까지 진격했다[Arnold Toynbee, *A Study of History* (12 volumes), Oxford, UK: Oxford University Press, 1934~1961, Vol.5, p.268]. 동북 방향으로는 이 시기 이집트 군대가 팔레스타인까지 진입한 적이 있었고 심지어 다마스쿠스에도 도달했을 가능성이 있다. 하지만 이집트인과 서아시아 지역 사람이 전쟁을 했다는 명확한 근거는 없다. 이와 비교하면 투트모세가 재위한 20년 동안 이집트 군대가 서아시아로 원정을 간 횟수는 15차례가 넘는다.

10 拉彼德[Lapid]/約瑟夫 · 弗裏德希 · 克拉托赫維爾[Yosef Friedrich Kratochwil], 金燁譯,《文化和認同: 國際關系回歸理論[*The Return of Culture and Identity in IR Theory*]》, 杭州: 浙江人民出版社, 2003, p.181.

11 菲利克斯 · 格羅斯[Feliks Gross], 王建娥/魏强 譯,《公民與國家: 民族, 部族和族屬身份[*The Civic and Tribal State: The State, Ethnicity, and the Multiethnic State*]》, 北京: 新華出版社, 2003, pp.204-206.

12 阿 · 德芒戎, 葛以德 譯,《人文地理學問題》, 北京: 商務印書館, 1993, p.10.

13 阿 · 德芒戎, 葛以德 譯,《人文地理學問題》, 北京: 商務印書館, 1993, p.10.

14《簡明不列顚百科全書》(12卷本), 北京, 上海: 中國大百科全書出版社, 1986, 第8卷, p.156.

15 大衛 · 維爾金森[David Wilkinson],〈文明, 中心, 世界經濟和貿易區〉, 安得烈 · 貢德 · 弗蘭克[Andre Gunder Frank]/巴裏 · K.吉爾斯[Barry K. Gills] 編, 赦名瑋 譯,《世界體系: 500年還是5000年?[*The World System: Five Hundred Years Or Five Thousand?*]》(英文版出版于1993年), 北京: 社會科學文獻出版社, 2004, p.271.

16 大衛 · 維爾金森,〈文明, 中心, 世界經濟和貿易區〉, 安得烈 · 貢德 · 弗蘭克/巴裏 · K.吉爾斯 編, 赦名瑋 譯,《世界體系: 500年還是5000年?》(英文版出版于1993年), 北京: 社會科學文獻出版社, 2004, p.271. 윌킨슨은 중앙문명이란 개념을 제시했다. 그는 19세기까지 세계에 몇 개의 독자적 문명이 여전히 존재하고 있었지만, 현재는 단 한 개만이 있다고 보았다. 이것이 중앙문명이다. 이 유일한 문명은 기원전 약 1500년쯤 이집트문명과 티그리스 · 유프라테스 강 유역의 문명이 서아시아에서 서로 만나고 접촉하고 융합되면서 형성되었다. 이 문명에는 시리아 · 그리스 로마 · 서양 · 동방정교 · 아라비아 이슬람 · 이란 이슬람 문명 등이 포함된다. 인도 문명은 무슬림이 침입한 11세기에서 서양인이 침입한 18세기 사이에 병합되었다. 중국 문명은 아편전쟁과 제1차 세계대전 및

유엔에 가입되는 등의 역사적 사건을 겪으며 병합되었다. 일본은 제2차 세계대전 패배 후 미국에 의해 정치체제가 강제적으로 개조되던 1950년대에 병합되었다. David Wilkinson, "Central Civilization", Stephen K. Sanderson(ed), *Civilization and World System: Studying World-Historical Change*, Walnut Creek, USA: AltaMira Press, 1995, pp.46-52.

17 시리아 문명은 곧 일반적으로 말하는 히브리 문명 혹은 유대 문명이다. 왜 히브리 혹은 유대가 아니고 시리아일까? 일반적으로 말하는 히브리 및 유대 문명의 배후에는 단일한 유대 혹은 히브리 문명보다 훨씬 크고 더 풍부한 문명이 있다. 이 문명은 시리아 · 레반트 · 셈족 · 팔레스티나 · 가나안 · 근동 · 중동 등 다양한 명칭을 갖고 있다. 이 문명은 결코 단순하게 히브리민족 혹은 유대민족에 의해서만 창조된 것은 아니다. 오랜 역사적 변천과 사회 진화를 겪으며, 이전의 서아시아 전역의 2천 년 문화 성과를 흡수한 토대 위에서 여러 민족 혹은 다양한 문화가 공동으로 창조했다. 이 민족들 중에는 셈어를 구사하는 아모리인 · 페니키아인 · 아시리아인 · 히브리인이 있고, 혈연과 지연에서 셈족과 셈어족과는 아무런 관계가 없는 펠리시테인과 사마리아인도 있다. 시리아 문명의 발상지 또한 현 시리아에만 국한되지 않고 지금의 이스라엘 · 팔레스타인 · 요르단 · 시리아 · 레바논을 포함한, 역사에서 '시리아' 혹은 '시리아-팔레스타인'이라 불리는 지역이다. 시리아 문명의 분포 범위에는 이집트 특히 나일 강 하곡과 삼각주 지대, 소아시아 남부 연안 지역, 키프로스 섬, 시칠리아 섬, 심지어 북아프리카의 현 튀니지 연안 지역 등지도 포함된다. 시리아 문명의 상세한 특징은 阮煒,《文明的表現: 對五千年人類文明的評估》, 北京: 北京大學出版社, 2001, 제5장 '대형 문명 시리아'에 언급되어 있다.

18 이른바 문명의 규모는 특정한 지연-자연환경에 기반을 둔 한 문명 또는 한 역사 문화 공동체가 보유한 대량의 인구와 광활한 영토 및 거대한 경제 규모를 가리키는 일종의 협의적인 규모를 말한다. 또 이러한 기반 위에서 이 역사 문화 공동체가 가진 풍부한 정신 축적, 문화와 과학기술의 창조력, 문화와 정치 통합성, 군사력 등의 협의적인 능력을 가리킨다. 그리고 각 개별 문명들의 오랜 상호 작용과 변화 발전을 거치며 이러한 협의적인 규모와 능력은 의미가 더 풍부한 규모로 통합된다. 여기서 임시로 이를 문명 규모로 부르고자 한다. 이 개념에 관한 더 상세한 논의는 阮煒,《文明的表現: 對五千年人類文明的評估》, 北京: 北京大學出版社, 2001, '서론'에서 다루고 있다.

19 인류 문명의 분류에 관해서는 阮煒,《文明的表現》, 제4장 '문명과 하위 문명' 참조.

20 Fernand Braudel, translated from the French by Richard Mayne, *A History of Civilizations*, London: Allen Lane the Penguin Press, 1994 ; 陳代光,《中國歷史地理》, 廣州: 廣東高等教育出版社, 1997, p.12 참조.

21 이에 대해서는 阮煒,《文明的表現: 對五千年人類文明的評估》, 北京: 北京大學出版社, 2001, 제4장 '문명과 하위 문명' 참조. 동남아시아가 더 큰 지연 정치경제 공동체로 통합될 가능성에 관해서는 솔 코헨이 제기한 정치적 의미의 파쇄대 개념(掃羅 · 科恩,《一個四分五裂的世界地理與政治》, 1973) 참조. Peter J. Taylor, *Political Geography:*

World-Economy, Nation-State and Locality, London, UK: Longman, 1985, pp.44-45 ; 傑弗裏 · 帕克[Geoffrey Parker], 劉從德 譯,《地緣政治學: 過去, 現在和未來[*Geopolitics: Past, Present and Future*]》, 北京: 新華出版社, 2003, p.115.

22 張秋生,《澳大利亞與亞洲關系史: 1940-1995》, 北京: 北京大學出版社, 2002, p.207.

23 薩米爾 · 阿明[Samir Amin], 任友諒 等 譯,《世界一體化的挑戰[*Les Defis de la Mondialisation*]》, 北京: 社會科學出版社, 2003, pp.44-46 ; Dieter Senghaas, *The Clash within Civilizations: Coming to Terms with Cultural Conflicts*, London and New York: Routledge, 2002, pp.93-95 ; 恩裏克 · 迪塞爾文[Enrique Dussel], 〈超越歐洲中心主義: 世界體系與現代性的局限〉, 弗雷德裏克 · 傑姆遜[Fredric Jameson]/三好將夫[Masao Miyoshi] 編,《全球化的文化[*The Cultures of Globalization*]》(馬丁根據1998年版原書譯), 南京: 南京大學出版社, 2002, pp.4-5 ; 安得烈 · 貢德 · 弗蘭克[Andre Gunder Frank], 劉北成 譯,《白銀資本: 重視經濟全球化中的東方[*Reorient: the Global Economy in the Asian Age*]》, 北京: 中央編譯出版社, 2000, pp.12, 373-380 참조.

24 克勞德 · 薩爾哈泥[Claude Salhani], 〈歐洲失敗的多邊文化主義〉(《華盛頓郵報》, 2004.12.11.),《參考消息》, 2004.12.14, 第6版. 이 보도는 "파리에서 암스테르담까지, 브뤼셀에서 베를린까지 몇십 년 동안 자유롭게 개방된 이민 정책은 유럽 정치계에 상당한 영향을 주었다. 몇백만에 달하는 이민자들은 대부분 북아프리카와 터키 및 서남아시아에서 왔고 그 대다수는 무슬림이었다. 그들은 한동안 백인 기독교가 주류인 유럽의 모습을 바꾸어놓았다"라고 말한다. 작가의 보도는 더 나아가 많은 북아프리카 이민자들이 전체 사회와 하나로 융합되지 못하기 때문에, 유럽 학자들과 정치인들이 한층 더 유럽의 문화를 이해할 수 있고, 그들이 자유와 민주의 토대 위에 세워진 문화 가치관을 수용할 수 있도록 하기 위해 그들을 교육할 수 있는 효과적인 조치를 취할 것을 주장한다고 말한다.

25 중동 각국이 유럽 문명에 의해 통합될 가능성에 관해서는 코헨이 제기한 정치적 의미의 파쇄대 개념 참조. Peter J. Taylor, *Political Geography: World-Economy, Nation-State and Locality*, London, UK: Longman, 1985, pp.44-45 ; 傑弗裏 · 帕克, 劉從德 譯,《地緣政治學: 過去, 現在和未來》, 北京: 新華出版社, 2003, p.115 참조.

26 본서 제4장 '문명의 성격' 도입부 부분 참조.

27 朱寧 等,《下個世紀誰最强》, 沈陽: 遼寧人民出版社, 1997, pp.264-265 참조.

28 사하라사막 이남의 고저 차이가 매우 심한 블랙아프리카의 지형과 지세로 내륙 강의 대부분 수로는 항해를 할 수 없다. 낙차가 심한 물살로 내륙 각 지역의 원시 거주민 간의 교통 운송과 정보 교류는 대단히 어렵다. 항해에 적합한 수로의 부족 외에도 열대우림 지역의 원시산림 또한 지역들 간의 교통을 가로막았고, 이로 인해 블랙아프리카 내륙 각지의 폐쇄성은 더욱 심해졌다. 그리고 이러한 폐쇄성이 바로 블랙아프리카가 생산력 발전 방면에서 속도가 완만할 수밖에 없는 중요한 한 원인이 된다. 유네스코, 《아프리카통사》. 艾周唱,《非洲黑人文明》, 北京: 中國社會科學出版社, 1999, p.29에서

재인용.

29 馬嬰,《區域主義與發展中國家》, 北京: 中國社會科學出版社, 2002, pp.105-143.

30 傑裏 · 帕克, 劉從德 譯,《地緣政治學: 過去, 現在和未來》, 北京: 新華出版社, 2003, p.118.

제2장 문명의 두 가지 의미

1 Christopher Dawson, *Progress and Religion: a Historical Enquiry*, West-port, USA: Connecticut, 1970, p.40 참조.

2 여기서 하위 문명이란 한 문명 안에 속하는 지연적 정치와 문화의 의미를 지닌 대형 인류 집단 공동체를 가리킨다. 한 문명은 여러 하위 문명을 포함할 수 있다. 하위 문명은 비록 문명보다는 작지만 그러나 여러 민족 · 부족 · 종족 · 국가를 포함할 수 있다. 이슬람 문명에는 3대 주요 하위 문명인 아랍 · 이란 · 터키가 있다. 서양 문명에는 3대 주요 하위 문명인 서유럽 · 북아메리카 · 라틴아메리카가 있다. 만약 일본을 하나의 독자적 문명으로 간주하지 않는다면 일본도 중국 문명의 한 하위 문명이 된다. 문명과 하위 문명의 관계에 대해서는 阮煒,《文明的表現: 對五千年人類文明的評估》, 北京: 北京大學出版社, 2001, 제4장 '문명과 하위 문명' 참조.

3 시리아 문명의 의미에 관해서는 阮煒, 〈歷史化內的敘利亞文明〉,《讀書》, 北京, 2002年 第8期 참조.

4 남아시아 국가들 사이에서 나타나는 지연과 자연조건의 일치성과 문화적 친연성은 너무나 분명해 더 이상 언급할 필요조차 없다. 그들 사이의 경제 협력 나아가 안전 협력에 대해서는 孫士海,《南亞的政治, 國際關系及安全》, 北京: 中國社會科學出版社, 1999, pp.241-271 참조.

5 拉彼德/約瑟夫 · 弗裏德希 · 克拉托赫維爾, 金燁 譯,《文化和認同: 國際關系回歸理論》, 杭州: 浙江人民出版社, 2003, p.38.

6 拉彼德/約瑟夫 · 弗裏德希 · 克拉托赫維爾, 金燁 譯,《文化和認同: 國際關系回歸理論》, 杭州: 浙江人民出版社, 2003, p.38.

7 阮煒,《文明的表現: 對五千年人類文明的評估》, 北京: 北京大學出版社, 2001, 第8章 '希臘: 輝煌中的萁豆相殘' 참조.

8 이 전투 중 캐럴링거 왕조의 샤를 마르텔이 아랍인에게 승리를 거둔다. 이때부터 아랍인은 스페인에서부터 유럽 기타 지역으로 향했던 진격을 멈추었다. 서양인의 후손이 볼 때 이 전투는 중대한 문명사적 의의를 가질 수밖에 없다. 만약 전투에서 패한 것이 서양인이었다면 현재 옥스퍼드의 통용어는 영어가 아니라 아랍어가 되었을 것이다. 하지만 이 전투는 실제 규모 면에서는 크다고 볼 수 없다. J. L. 埃斯波西托[John L. Esposito], 東方曉 等 譯,《伊斯蘭威脅: 神話還是現實》, 北京: 社會科學文獻出版社, 1999, pp.58-59.

9 이 전투 중 서양인은 다시 한 번 유럽 내지로 향하던 튀르크인의 진격을 막아내는 데 성공했다. 그렇지 않았으면 서양 역사의 모습은 크게 바뀌었을 것이다.

10 崔瑞德 編, 中國社會科學歷史研究所 譯,《劍橋中國隨唐史》, 北京: 中國社會科學出版社,

1990, p.37.

11 Arnold Toynbee, *A Study of History* (12 volumes), Oxford, UK: Oxford University Press, 1934-1961, Vol.8, pp.223, 225.

12 Arnold Toynbee, *A Study of History* (12 volumes), Oxford, UK: Oxford University Press, 1934-1961, Vol.8, p.224.

13 이 시기 오스만 제국은 서부에서 합스부르크 왕조와의 오랜 전쟁에 빠져 있었고, 소아시아 본토에서는 교파 봉기의 위험에 직면해 있었다. 따라서 그 총체적인 역량은 이미 크게 약화되었다. 王懷德/郭寶華,《伊斯蘭教史》, 銀川: 寧夏人民出版社, 1992, pp.324-342 ; 馬克圭,《世界歷史 · 中古部分》, 北京: 北京大學出版社, 1989, pp.113-150.

14 Adda B. Bozemann, *Politics and Culture in International History: From the Ancient Near East to the Opening of the Modern Age*, New Jersey, USA and London, UK: Transaction Publishers, New Brunswick, 1994, p.369.

15 亨利 · 基辛格[Henry A. Kissinger], 〈處於權利顚峰的美國: 帝國抑或領導國〉, 胡鞍鋼/門洪華 主編,《解讀美國大戰略》, 杭州: 浙江人民出版社, 2003, p.31.

제3장 문명의 규모와 정체성

1 王永洋,《西方同一思想史》, 上海: 上海社會科學院出版社, 2001, pp.3-7.

2 王永洋,《西方同一思想史》, 上海: 上海社會科學院出版社, 2001, pp.10-13.

3《中阿含經》, 卷47.

4 亨利 · 柏格森[Henri Bergson], 肖聿 譯,《創造進化論[*L'Evolution Creatrice*]》, 北京: 華夏出版社, 2003, p.13.

5 亨利 · 柏格森[Henri Bergson], 肖聿 譯,《創造進化論[*L'Evolution Creatrice*]》, 北京: 華夏出版社, 2003, p.21.

6 생명 형태적 의미의 문명도 있고 역사 문화 공동체적 의미의 문명도 있다. 양자의 상호연관성과 차이에 대해서는 본서 제2장 '문명의 두 가지 함의' 참조.

7 安東尼 · D. 史密斯[Anthony D. Smith], 龔維斌/良警宇 譯,《全球時代的民族與民族主義[*Nations and Nationalism in a Global Era*]》, 北京: 中央編譯出版社, 2002, p.16.

8 馬振鐸 等,《儒家文明》, 北京: 中國社會科學出版社, 1999, pp.4-5. 황허 중하류 유역 중국 문명의 고대인에게 닥친 자연환경의 심각한 도전에 관해서는 路甬祥 主編,《21世紀中國面臨的12大挑戰》, 北京: 世界知識出版社, 2001, pp.92-95 ; 邱國珍,《三千年天災》, 南昌: 江西高校出版社, 1998, 전체 참조.

9 馬振鐸 等,《儒家文明》, 北京: 中國社會科學出版社, 1999, p.7.

10 문명 규모와 관련된 더 상세한 논의는 阮煒,《文明的表現: 對五千年人類文明的評估》, 北京: 北京大學出版社, 2001, '서론' 부분 참조. 본서 제6장 [참고 6-2]의 인구 규모에 관한 논의 또한 문명 규모와 밀접한 관계가 있다.

11 童中心,《失衡的帝國: 長期影響中國發展的歷史問題》, 貴陽: 貴州人民出版社, 2001, p.331 ; 傑弗裏 · 帕克, 劉從德 譯,《地緣政治學: 過去, 現在和未來》, 北京: 新華出版社, 2003,

p.102 참조.

12 傑弗裏 · 帕克, 劉從德 譯,《地緣政治學: 過去, 現在和未來》, 北京: 新華出版社, 2003, p.119.

13 그리스 문명과 시리아 문명, 즉 일반적으로 말하는 히브리 문명이 융합된 후 생겨난 기독교 문명은 분명 두 고대 문명에서 많은 양분을 섭취했다. 하지만 신문명의 골수와 근간은 주체성이 아주 강한 시리아 문명에서 비롯된 것이다. 신문명이 시리아적 본성을 가진 다양한 가치관과 생활방식을 포함하고 있기 때문에, 신문명은 분명 일종의 시리아적 자질을 가진 생명 형태로 보아야만 한다. 혹은 신흥 서양 문명은 주로 시리아 양식의 문명이지, 일반적으로 말하는 그리스와 히브리 문명은 아니라고 볼 수 있다. 이러한 표현은 신문명이 히브리 문명과 희랍 문명의 단순한 결합의 산물이라는 잘못된 인상을 심어줄 수 있다. 시리아적 요소가 기독교 문명에서 주도적 위치를 차지하는 것과 대조적으로, 봉건시대 초기인 5세기에서 12세기까지의 서양 문명에서 그리스의 이성정신과 예술성은 거의 완전히 냉각 상황에 처해 있었다. 시리아적 요소가 구조적이고 전면적인 지배적 위치에 있었기 때문에, 그리스 문화는 비구조적이고 국부적인 역할을 담당하는 데 만족할 수밖에 없었다. 또는 단편적인 문화 요소의 형식으로 존재할 수밖에 없었다고 볼 수 있다.

14 阿諾德 · 湯因比[Arnold Toynbee], 曹未風 等 譯,《歷史硏究[*A Study of History*]》(3卷本), 上海: 上海人民出版社, 1997, 第2卷, pp.279-281.

15 중국 문명과 인도 문명과 견주어 분열 구조 혹은 비통일 상태에 있는 서양 문명에 관해서는 傑弗裏 · 帕克, 劉從德 譯,《地緣政治學: 過去, 現在和未來》, 北京: 新華出版社, 2003, p.120 참조.

16 Fernand Braudel, translated from the French by Richard Mayne, *A History of Civilizations*, London: Allen Lane the Penguin Press, 1994, p.5.

17 傑弗裏 · 帕克, 劉從德 譯,《地緣政治學: 過去, 現在和未來》, 北京: 新華出版社, 2003, pp.87-88.

18 [天下論壇] http://www.creaders.org, 자료 제공자: 二野, 2005.6.30, 14:04:29.

19 사실 가치관은 다양한 방면으로 나뉜다. 여기에는 인생의 단계별 의식인 풍속적인 방면도 포함된다. 기독교 · 유대교 · 이슬람교 · 힌두교 등의 종교적 전통에는 한 사람이 출생할 때부터 성인이 될 때까지, 또 결혼부터 죽음에 이를 때까지 수많은 의식이 있다. 이 의식들은 생명에 신성한 의미를 부여하는 기호적 작용을 할 뿐 아니라, 개인에게 문화적 신분과 종족의 응집력을 부여하는 기호적 작용을 하기도 한다. 이 방면에서 기독교의 세례나 유대교의 할례가 가장 유명하다. 몇백 년의 세속화와 산업화 물결의 영향을 받으면서 많은 신생아는 더 이상 세례를 받지 않게 되었다. 침례교도는 세례가 개인의 숭고한 종교적 선택이기 때문에, 부모들이 신생아를 대신해 이러한 선택을 할 권리가 없다고 여긴다. 따라서 성인이 된 이후에 세례를 거행하기도 한다. 미국에서는 일반적으로 비교적 보수적인 로마 천주교 신도와 루터파 신자 및 성공회 신자 가운데 실천을 중시하는 신앙인이나 정기적으로 교회에 다니는 사람만이 여전히 세례를 행

한다. 그러나 그다지 보수적이지 않은 기독교인이 세례를 받는다고 말하기는 어렵다. 당연히 유럽에서 세례를 행하는 인구는 더욱 적다. 대부분의 서양인에게 세례는 단지 풍속일 뿐이다. 따라서 원래의 종교적 의미는 이미 상실되었다. 엄밀하게 보면 유대교의 할례에 종교적 의미가 크다고 보기는 어렵다. 그 목적은 수술을 통해 한 사람의 생리적 형태를 변화시켜 유대인과 비유대인 간에 일종의 인위적인 생리적 울타리를 세우고자 한 것이다. 중국 문화에도 다른 문화의 전통과 마찬가지로 다양한 인생의 단계별 의식들이 있다. 예를 들어 아이가 태어난 후에 만 1개월과 백일 및 돌에 갖는 각종 축하 행사가 있다. 이러한 풍속은 지금까지 여러 지역에서 각각 다른 형식으로 전해져 오고 있다. 성인식은 이미 거의 사라졌으나 근래 일부 지역에서는 현대적 형식의 성인식을 거행하기도 한다. 혼례의 경우 중국 각지에서는 여전히 삼배 전통을 보존하고 있다. 천지에 절을 하고 부모에게 절을 하고 부부 간에 맞절을 하는 의식이다. 그렇지만 과거의 신성함은 이미 많이 줄어들었다. 아마 장례 분야에 전통적 관념과 풍속 및 의식이 가장 많이 남아 있을 것인데, 특히 농촌이 그럴 것이다.

20 費正淸[John King Fairbank], 張理京 譯, 《美國與中國[*The United States and China*]》, 北京: 世界知識出版社, 1994, p.73.

21 陸廣莘 等, 〈中醫藥的傳統與出路〉, 《讀書》, 北京, 2005年 第9期, pp.3-25.

22 근대성과 세계체제의 관계, 세계체제와 각 대문명 또는 지연 문명의 관계에 대해서는 본서 제6장 '지연 상호 작용 중의 근대성'과 제1장 '서론'의 관련 논의 부분 참조.

23 阿諾德 · 湯因比[Arnold Toynbee], 晏可佳/張龍華 譯, 《一個歷史學家的宗教觀[*An Historian's Approach to Religion*]》, 成都: 四川人民出版社, 1990, pp.287-307.

제4장 문명의 성격

1 Philip Bagby, *Culture and History: Prolegomena to the Comparative Study of Civilizations*, Westport, Connecticut, USA: Greenwood Press, 1976, p.63.

2 문명이라는 단어의 함의에 관해서는 본서 제2장 '문명의 두 가지 함의' 참조. 문명과 문화가 지니는 함의의 중복과 차이에 관해서는 阮煒, 《文明的表現: 對五千年人類文明的評估》, 北京: 北京大學出版社, 2001, 제2장 '문명과 문화' 참조.

3 傑弗裏 · 薩克斯[Jeffrey Sachs], 〈對新的經濟發展社會學的幾點看法〉, 塞繆爾 · 亨廷頓[Samuel P. Huntington]/勞倫斯 · 哈裏森[Lawrence E. Hamison] 主編, 程克雄 譯, 《文化的重要作用—價值觀如何影響人類進步[*Culture Matters: How Values Shape Human Progress*]》, 北京: 新華出版社, 2002, p.65.

4 艾周唱, 《非洲黑人文明》, 北京: 中國社會科學出版社, 1999, p.13.

5 艾周唱, 《非洲黑人文明》, 北京: 中國社會科學出版社, 1999, p.12.

6 艾周唱, 《非洲黑人文明》, 北京: 中國社會科學出版社, 1999, pp.27-28.

7 傑弗裏 · 薩克斯, 〈對新的經濟發展社會學的幾點看法〉, 塞繆爾 · 亨廷頓/勞倫斯 · 哈裏森 主編, 程克雄 譯, 《文化的重要作用—價值觀如何影響人類進步》, 北京: 新華出版社, 2002, pp.65-66.

8 유네스코, 《아프리카통사》. 艾周唱, 《非洲黑人文明》, 北京: 中國社會科學出版社, 1999, p.29에서 재인용.

9 楊中新, 《西方人口思想史》, 廣州: 暨南大學出版社, 1996, p.17 ; Arnold Toynbee, *A Study of History* (12 volumes), Oxford, UK: Oxford University Press, 1934-1961, Vol.5, pp.69-70, Vol.6, pp.504-508.

10 이 논의에 대해서는 朱寧 等, 《下個世紀誰最强》, 沈陽: 遼寧人民出版社, 1997, pp.220-221 참조.

11 顧曉鳴, 《猶太—充滿悖論的文化》, 杭州: 浙江人民出版社, 1990, p.42.

12 시리아 문명과 시리아 사회에 관해서는 阿諾德 · 湯因比[Arnold Toynbee], 徐伯 等 譯, 《人類與大地母親[*Mankind and Mother Earth*]》, 上海: 上海人民出版社, 1992, pp.156-157 참조. 시리아 문명과 관련된 더 심도 있는 논의는 阮煒, 《文明的表現: 對五千年人類文明的評估》, 北京: 北京大學出版社, 2001, 제5장 '대형 문명 시리아' 참조.

13 Arnold Toynbee, *A Study of History* (12 volumes), Oxford, UK: Oxford University Press, 1934-1961, Vol.8, p.274, Vol.2, pp.385-394. Arnold Toynbee, *A Study of History* (2volumes, abridged by D. C. Somervell), New York: 1946, Vol.1, pp.19-20 ; 阿諾德 · 湯因比, 徐伯 等 譯, 《人類與大地母親》, 上海: 上海人民出版社, 1992, pp.156-157.

14 埃班, 《猶太史》. 顧曉鳴, 《猶太—充滿悖論的文化》, 杭州: 浙江人民出版社, 1990, p.41에서 재인용.

15 顧曉鳴, 《猶太—充滿悖論的文化》, 杭州: 浙江人民出版社, 1990, p.42.

16 顧曉鳴, 《猶太—充滿悖論的文化》, 杭州: 浙江人民出版社, 1990, pp.42-43.

17 哈邁德 · 愛敏[Ahmad Amin], 納忠 譯, 《阿拉伯—伊斯蘭文化史》, 北京: 商務印書館, 1982, p.46.

18 哈邁德 · 愛敏, 納忠 譯, 《阿拉伯—伊斯蘭文化史》, 北京: 商務印書館, 1982. 顧曉鳴, 《猶太—充滿悖論的文化》, 杭州: 浙江人民出版社, 1990, p.46 참조.

19 貝特考克[C. R. Badcock], 《文化的精神分析》. 顧曉鳴, 《猶太—充滿悖論的文化》, 杭州: 浙江人民出版社, 1990, pp.48-49에서 재인용.

20 《聖經 · 尼希米記[*Bible · Nehemiah*]》9:7, 8. 종교적 관점이 아닌 역사적 관점에서 보면 이스라엘인의 가나안 정착은 하나의 길고 긴 무장 식민 과정이었다.

21 《聖經 · 雅各書[*Bible · James*]》2:5 ; 《聖經 · 哥林多前書[*Bible · Corinthians*]》1:17, 27.

22 《聖經 · 彼得前書[*Bible · Peter*]》2:9, 10.

23 羅素[Bertrand Russell], 王正平 等 譯, 《羅素文集》, 北京: 改革出版社, 1996, p.223.

24 羅素, 王正平 等 譯, 《羅素文集》, 北京: 改革出版社, 1996, pp.223-224.

25 羅素, 王正平 等 譯, 《羅素文集》, 北京: 改革出版社, 1996, p.224.

26 羅素, 王正平 等 譯, 《羅素文集》, 北京: 改革出版社, 1996, p.224.

27 영미 역사에서 초기 뉴잉글랜드는 종교적 이단에 대해 비관용적이고 편협했고 박해

하거나 이견을 제기하는 것으로 유명했다.

28 羅素, 王正平 等 譯,《羅素文集》, 北京: 改革出版社, 1996, pp.234-225.

29 羅素, 王正平 等 譯,《羅素文集》, 北京: 改革出版社, 1996, p.224.

30《易 · 乾象》

31《荀子 · 天倫》

32《馬王堆帛書易傳 · 要》. 陳來,《古代宗教與倫理: 儒家思想的根源》, 北京: 三聯書店, 1996, p.11에서 재인용.

33 羅素, 王正平 等 譯,《羅素文集》, 北京: 改革出版社, 1996, pp.29-52.

34 羅素, 王正平 等 譯,《羅素文集》, 北京: 改革出版社, 1996, p.48.

35 중국인의 장점에 대한 러셀의 묘사는 비교적 산만하다. 본문에서 인용한 문장은 중국 학자 펑총이가 러셀에 대해 설명한 것을 종합한 것이다. 馮崇義,《羅素與中國: 西方思想在中國的一次經曆》, 北京: 三聯書店, 1995, p.157.

36 馮崇義,《羅素與中國: 西方思想在中國的一次經曆》, 北京: 三聯書店, 1995, p.52.

37 러셀은 서양 문명의 자질을 집중적으로 논술하지 않았다. 각기 다른 곳에서 서양인의 심리적 특징을 제시하거나 언급했다. 본문의 인용문은 러셀의 언급을 펑총이가 종합한 것이다. 馮崇義,《羅素與中國: 西方思想在中國的一次經曆》, 北京: 三聯書店, 1995, p.157.

38 馮崇義,《羅素與中國: 西方思想在中國的一次經曆》, 北京: 三聯書店, 1995, p.52.

39 阿諾德 · 湯因比, 徐伯 等 譯,《人類與大地母親》, 上海: 上海人民出版社, 1992, pp.240-241.

40 阿諾德 · 湯因比, 徐伯 等 譯,《人類與大地母親》, 上海: 上海人民出版社, 1992, pp.240-241 ; 宋慧娟,《古代雅典民主政治》, 長春: 吉林大學出版社, 1999, pp.133-143, 156 ; 周一良, 吳於廑,《世界通史 · 上古部分》, 北京: 人民出版社, 1973, pp.210-211 참조.

41 정화 선단의 거대한 규모에 관해서는 席龍飛,《中國造船史》, 武漢: 湖北教育出版社, 2000, pp.262-273 ; 保羅 · 肯尼迪[Paul Kennedy], 蔣葆英 等 譯,《大國的興衰[*The Rise and Fall of the Great Powers*]》, 北京: 中國經濟出版社, 1989, p.7 ; 斯塔夫裏阿諾斯[Leften Stavros Stavrianos], 吳象嬰/梁赤民 譯,《全球通史: 1500年後的世界[*The World to 1500: A Global History*]》, 上海: 上海社會科學院出版社, 1992, pp.31, 438-439 ; John King Fairbank, *China: a New History*, Boston, USA: Harvard University Press, 1994, pp.93, 137-138 참조.

42 保羅 · 肯尼迪, 蔣葆英 等 譯,《大國的興衰》, 北京: 中國經濟出版社, 1989, p.8.

43 邱國珍,《三千年天災》, 南昌: 江西高校出版社, 1998, p.7.

44 羅曼赫 · 爾佐克[Roman Herzog],《古代的國家一起源和政治形式》, 北京: 北京大學出版社, 1998, p.258.

45 羅曼赫 · 爾佐克,《古代的國家一起源和政治形式》, 北京: 北京大學出版社, 1998, p.258.

46 羅曼赫 · 爾佐克,《古代的國家一起源和政治形式》, 北京: 北京大學出版社, 1998, p.202.

47 童中心,《失衡的帝國: 長期影響中國發展的歷史問題》, 貴陽: 貴州人民出版社, 2001,

p.277.

48 童中心,《失衡的帝國: 長期影響中國發展的歷史問題》, 貴陽: 貴州人民出版社, 2001, p.277.

49 童中心,《失衡的帝國: 長期影響中國發展的歷史問題》, 貴陽: 貴州人民出版社, 2001, p.286. 이 책의 저자는 "오랫동안 대략 청나라 이전까지 북부 유목민족 지역은 기본적으로 제국의 징세 대상에 정식 포함되지 않았다. 그 밖의 낙후된 지역은, 예를 들어 시난 산(西南山) 지역과 같이 실제로 징세를 하지 않음으로써 이들 지역에 경제적, 재정적으로 완전히 자유로운 지위를 부여했다. 이로써 제국은 통일 질서를 유지하는 경제적, 재정적 부담을 줄여 비교적 높은 국토 경제와 재정 효율을 유지할 수 있었다"라고 예를 들면서 설명했다.

50 분명 청나라 중기 건륭(乾隆) 황제는 군대를 동원해 주변 민족에게 무력을 행사했다. 이것이 곧 이른바 10차 중요 군사행동[十全武動]이다. 중국의 몇몇 역사학자의 견해에 따르면, 이러한 용병은 꼭 필요한 것은 아니었고 단지 변방 지역에 위세를 부리기 위한 것이었다. 戴逸,《18世紀的中國與世界》, 沈陽: 遼海出版社, 1999, p.66.

51 黃仁宇,《中國大歷史》, 北京: 三聯書店, 1997, pp.51, 108.

제5장 문명의 공간운동

1 沃爾特 · D. 米尼奧羅, 〈全球化進程, 文明進程及語言文化之再定位〉, 弗雷德裏克 · 傑姆遜/三好將夫 編,《全球化的文化》, 南京: 南京大學出版社, 2002, pp.33-41.

2 郝名瑋/徐世澄,《拉丁美洲文明》, 北京: 中國社會科學出版社, 1999, p.410.

3 Matthew Melko, *The Nature of Civilizations*, Boston, USA: Sargent (Porter), 1969, p.26.

4 葛劍雄,《統一分裂: 中國歷史的啓示》, 北京: 三聯書店, 1999, p.68.

5 黃仁宇,《中國大歷史》, 北京: 三聯書店, 1997, p.51, 108.

6 명나라 북부 변방 지역은 대체로 만리장성을 경계선으로 삼았다. 현재의 위구르 · 내몽골 · 칭하이(青海) · 티베트 · 만주 대부분 지역은 중국의 유효한 통제 범위 안에 들지 않았다. 顧頡剛/史念海,《中國疆域沿革史》, 北京: 商務印書館, 1999, pp.188-200 ; 葛劍雄,《統一分裂: 中國歷史的啓示》, 北京: 三聯書店, 1999, pp.56-61 ; Arnold Toynbee, *A Study of History* (12 volumes), Oxford, UK: Oxford University Press, 1934-1961, Vol.7, p.65 참조.

7 유가문화는 강렬한 이성 정신을 갖고 있었기 때문에 학문적 측면에서 명나라에서 청나라 말에 이르기까지 일종의 준근대화 과정에 있었다고 볼 수 있다. 청나라 말과 중화민국 초기에 전통 학문의 근대적 전환은 상당한 정도에서 자생적으로 형성되었고, 또한 이에 필요한 모든 내재적 조건도 이미 갖추어져 있었다. 따라서 서양에 의한 전환이 중요한 의미가 있다는 점은 부인할 수 없지만, 서양 학문의 수입은 과거에 생각했던 것보다는 단지 좀 더 큰 정도에서 전환을 촉진한 한 계기에 지나지 않았다고 볼 수 있다. 유가 · 불가 · 도가, 이성 사변적 특성, 고증적이고 실증적인 형태의 풍부한 전통문화의

학문적 자원과 기타 방면의 자원이 있었기 때문에, 중국은 근대화의 도전에 충분히 여유롭게 대응할 수 있었다. 阮煒,《宗教文化文明比較: 中國與西方》, 北京: 社會科學文獻出版社, 2002, 제10장 '전통 학술용어의 근대적 전환에 대한 재고찰' 참조.

8 葛劍雄,《統一分裂: 中國歷史的啓示》, 北京: 三聯書店, 1999, p.68.

9 劉增泉,《古代中國與羅馬之關系》, 台北: 1996, pp.93-112 참조. 리우쩡촨이 고대 중국과 로마의 관계를 설명하기는 했지만, 사실 로마의 물질문명과 정신문명은 지중해 지역 문명과 서아시아 지역 문명이 발전시킨 공동의 산물이다. 물론 중화 문명이 서역의 문화를 수입하였고, 또한 실크로드를 통해 물건과 기술을 서역에 수출하기도 하였다. 예를 들어 양잠과 방직기술, 철과 철제품, 제지술, 인쇄술, 화약 등은 주지하다시피 중국에서 서역으로 전해진 것들이다. 물질적 교류 이외에 한나라와 로마 제국 사이에는 인적 교류도 활발했다. 劉增泉,《古代中國與羅馬之關系》, 台北: 1996, pp.53-76.

10 葛劍雄,《統一分裂: 中國歷史的啓示》, 北京: 三聯書店, 1999, p.42.

11 葛劍雄,《統一分裂: 中國歷史的啓示》, 北京: 三聯書店, 1999, p.132. 거젠쑹의 점화선에 대한 해석을 보면, 점화선은 군현들이 다스리던 주변 및 수송로였다. 그러나 중원의 정권은 기타 지역에 사실상 관할권을 행사할 수 없었다. 어떤 지방에서는 군현과 현지 부족의 왕후와 군장이 같이 존재했고, 군현은 단지 한족만을 통치할 수 있었고 부족 거주민은 관리할 수 없었다. 이에 대해서는 또한 田昌五/安作璋,《秦漢史》, 北京: 人民出版社, 1993, pp.60-63 참조.

12 孫士海,《南亞的政治, 國際關系及安全》, 北京: 中國社會科學出版社, 1999, p.9 ; 陳峰君,《印度社會論述》, 北京: 中國社會科學出版社, 1991, pp.181-199.

13 孫士海,〈印度政治五十年〉,《當代亞太》, 北京: 2000年 第11期.

14 T. 伯羅[T. Burrow], 〈早期雅利安人〉, A. L. 巴沙姆[A. L. Basham] 編, 閔光沛 等 譯,《印度文化史》, 北京: 商務印書館, 1997, p.35. A. L. Kroeber, *Configurations of Culture Growth*, Berkeley, California, USA: University of California Press, 1944, p.686 참조.

15 Paul Masson Oursel, Helena de Willman-Grabowska and Philippe Stern, *Ancient India and Indian Civilization*, London(UK): Routledge, 1934, pp.xi-xxiv.

16 王賡武,《王賡武自選集》, 上海: 上海教育出版社, 2002, pp.205, 244, 251.

17 王賡武,《王賡武自選集》, 上海: 上海教育出版社, 2002, pp.191-192.

18 유대인의 언어에 관해서는 Arnold Toynbee, *A Study of History* (12 volumes), Oxford, UK: Oxford University Press, 1934-1961, Vol.5, pp.489-491, Vol.6, pp.70-71 참조.

19 Bernard Wasserstein, "Unchoosing People: Jewish Experiences in Europe and Asia", *Times Literary Supplement*, London, UK: November 9th, 2001.

20 王維周, 〈以色列猶太人的來源組成及矛盾〉, 朱威烈/金應忠 編著,《1990年代中國猶太學研究總彙》, 上海: 三聯書店, 1992, pp.208-214.

21 1806년 7월에 개최된 유명한 유대인 저명인사 대회에서 프랑스 유대인 대표는 격앙된 감정으로 프랑스는 자신의 조국이며 죽을 때까지 프랑스를 수호할 것이라고 밝혔다. 실제로 이때 수많은 프랑스 유대인들이 프랑스를 위해 처절하게 싸우고 있었다. 그들은 또한 프랑스 유대인과 프랑스 시민의 정은 친형제처럼 두텁지만 다른 나라의 유대인과는 종교 신앙과 풍속 외에는 어떠한 공통점도 없다고 공언하기까지 하였다. 大衛魯·達夫斯[David Ruasvsky], 傅有德 等 譯, 《近現代猶太宗教運動: 解放與調整的歷史》, 濟南: 山東大學出版社, 2000, p.84 참조.

22 陳和豐, 〈戰後美國猶太人的社會地位與政治傾向〉, 朱威烈/金應忠 編著, 《1990年代中國猶太學研究總彙》, 上海: 三聯書店, 1992, pp.196-198.

23 大衛魯·達夫斯, 傅有德 等 譯, 《近現代猶太宗教運動: 解放與調整的歷史》, 濟南: 山東大學出版社, 2000, 역자 서문 참조.

제6장 문명 상호 작용 속의 근대성

1 A. L. Kroeber, *Style and Civilizations*, Berkeley, California: University of California Press, 1948, p.93.

2 Dieter Senghaas, *The Clash within Civilizations: Coming to Terms with Cultural Conflicts*, London and New York: Routledge, 2002, p.94.

3 Dieter Senghaas, *The Clash within Civilizations: Coming to Terms with Cultural Conflicts*, London and New York: Routledge, 2002, pp.93-95. 恩裏克·迪塞爾文, 〈超越歐洲中心主義: 世界體系與現代性的局限〉, 弗雷德裏克·傑姆遜/三好將夫 編, 《全球化的文化》, 南京: 南京大學出版社, 2002, pp.4-5.

4 費爾南·布羅代爾, 顧良 譯, 施康强 校, 《15至18世紀的物質文明, 經濟和資本主義》第3卷, 北京: 三聯書店, 1992, pp.656-657.

5 安得烈·貢德·弗蘭克, 劉北成 譯, 《白銀資本: 重視經濟全球化中的東方》, 北京: 中央編譯出版社, 2000, pp.257-258.

6 劉文鵬, 《古代西亞北非文明》, 北京: 中國社會科學出版社, 1999, pp.166-173.

7 斯塔夫裏阿諾斯, 吳象嬰/梁赤民 譯, 《全球通史: 1500年後的世界》, 上海: 上海社會科學院出版社, 1992, p.130.

8 劉文鵬, 《古代西亞北非文明》, 北京: 中國社會科學出版社, 1999, p.370.

9 斯塔夫裏阿諾斯, 吳象嬰/梁赤民 譯, 《全球通史: 1500年後的世界》, 上海: 上海社會科學院出版社, 1992, p.137.

10 斯塔夫裏阿諾斯, 吳象嬰/梁赤民 譯, 《全球通史: 1500年後的世界》, 上海: 上海社會科學院出版社, 1992, pp.458-462.

11 費正清, 張理京 譯, 《美國與中國》, 北京: 世界知識出版社, 1994, p.73.

12 朱寧 等, 《變亂中的文明: 霸權終結與秩序重建(公元1000年-2000年)》, 北京: 中國人民大學出版社, 2000, pp.116-117.

13 安得烈·貢德·弗蘭克, 劉北成 譯, 《白銀資本: 重視經濟全球化中的東方》, 北京: 中央編譯

出版社, 2000, p.259. 이러한 기술들은 유럽에 전해지기 전 대부분은 먼저 이슬람 세계, 특히 당시 무슬림이 통치하던 스페인을 거쳐야만 했다. 1085년 기독교도들이 스페인 톨레도(Toledo)를 빼앗은 뒤 그곳의 이슬람 학자들을 포로로 잡고 중요한 책들을 탈취했다. 후에 또 코르도바(Cordoba)를 빼앗은 뒤에는 기술과 지식이 서유럽으로 전파되는 서쪽으로의 확산[西進]이 대규모로 이루어졌다. 비잔틴 제국 및 이후의 몽골인 또한 동방에서 서방으로 지식을 전파하는 것을 촉진했다.

14 安得烈 · 貢德 · 弗蘭克, 劉北成 譯,《白銀資本: 重視經濟全球化中的東方》, 北京: 中央編譯出版社, 2000, pp.257-306.

15 이는 브로델이 한 말이다. 安得烈 · 貢德 · 弗蘭克, 劉北成 譯,《白銀資本: 重視經濟全球化中的東方》, 北京: 中央編譯出版社, 2000, pp.291-292 재인용.

16 Stephen K. Sanderson, "Expanding World Commercialism: The Link between World-System and Civilizations", Stephen K. Sanderson, (ed), *Civilizations and World-System: Studying World-Historical Change*, Walnut Creek, California, USA: AltaMira Press, 1995, p.263.

17 Stephen K. Sanderson, "Expanding World Commercialism: The Link between World-System and Civilizations", Stephen K. Sanderson, (ed), *Civilizations and World-System: Studying World-Historical Change*, Walnut Creek, California, USA: AltaMira Press, 1995, pp.263-265.

18 Stephen K. Sanderson, "Expanding World Commercialism: The Link between World-System and Civilizations", Stephen K. Sanderson, (ed), *Civilizations and World-System: Studying World-Historical Change*, Walnut Creek, California, USA: AltaMira Press, 1995, p.269.

19 安得烈 · 貢德 · 弗蘭克, 劉北成 譯,《白銀資本: 重視經濟全球化中的東方》, 北京: 中央編譯出版社, 2000, pp.466-468.

20 安得烈 · 貢德 · 弗蘭克, 劉北成 譯,《白銀資本: 重視經濟全球化中的東方》, 北京: 中央編譯出版社, 2000, p.395.

21 安得烈 · 貢德 · 弗蘭克, 劉北成 譯,《白銀資本: 重視經濟全球化中的東方》, 北京: 中央編譯出版社, 2000, p.441.

22 薩米爾 · 阿明, 任友諒 等 譯,《世界一體化的挑戰》, 北京: 社會科學出版社, 2003, pp.23-28.

23 薩米爾 · 阿明, 任友諒 等 譯,《世界一體化的挑戰》, 北京: 社會科學出版社, 2003, pp.134-135.

24 安得烈 · 貢德 · 弗蘭克, 劉北成 譯,《白銀資本: 重視經濟全球化中的東方》, 北京: 中央編譯出版社, 2000, p.12.

25 安得烈 · 貢德 · 弗蘭克, 劉北成 譯,《白銀資本: 重視經濟全球化中的東方》, 北京: 中央編譯出版社, 2000, pp.373-380.

26 安得烈 · 貢德 · 弗蘭克, 劉北成 譯,《白銀資本: 重視經濟全球化中的東方》, 北京: 中央編譯

出版社, 2000, 중국어판 서문 ; 恩裏克 · 迪塞爾文, 〈超越歐洲中心主義: 世界體系與現代性的局限〉, 弗雷德裏克 · 傑姆遜/三好將夫 編, 《全球化的文化》, 南京: 南京大學出版社, 2002, pp.3-31 참조.

27 오랫동안 독일과 오스트리아 등의 루터파 교회와 세속국가는 심각한 긴장 관계를 유지했는데 그러한 긴장은 제2차 세계대전 종전 후에야 완화되었다. 로마 천주교회와 세속국가 역시 마찬가지로 긴장관계를 유지했는데 1962년 제2차 바티칸공의회 이후 완화되었다. Dieter Senghaas, *The Clash within Civilizations: Coming to Terms with Cultural Conflicts*, London and New York: Routledge, 2002, p.107.

28 유럽 중세 말 시민계급의 홍기 및 봉건 군주와 도시 간 동맹에 관해서는 Dieter Senghaas, *The Clash within Civilizations: Coming to Terms with Cultural Conflicts*, London and New York: Routledge, 2002, pp.106-107 ; Edward P. Cheyney, *The Dawn of a New Era*, New York, 1962, pp.64-109 참조. 또 斯塔夫裏阿諾斯, 吳象嬰/梁赤民 譯, 《全球通史: 1500年後的世界》, 上海: 上海社會科學院出版社, 1992, pp.464-465 참조. 특히 p.467에 수록된 "유럽 군주들은 상당 부분 신흥 상인 계층과의 비정식적인 동맹을 통해 새로운 권력을 획득했다. 자치시의 자유민들은 군주에게 재정 지원뿐 아니라 관리 능력을 갖춘 인재를 제공했다. 이들은 국왕의 비서, 현장감독, 회계장부 관리인, 황족의 조폐창 경영인 등이 되었다. 처음에 이 집단은 국왕의 왕실 구성원이 되어 국왕의 개인 업무를 주관했는데, 이후에는 왕실 구성원이 왕국 전체를 관리하는 데 파견됨에 따라 강력한 중앙집권 정부로 발전하기 시작했다. 더 정확하게 말하자면 이들은 여러 대의제 의회와 함께 관료기구, 법원, 세수 제도를 위한 기초를 다졌다고 할 수 있다"라는 내용 참조.

29 이 부분은 魏斐德[Frederic Wakeman, Jr.], 〈市民社會和公共領域問題的論爭—西方人對當代中國政治文化的思考〉, J. C. 亞曆山大[J. C. Alexander] 編著, 鄧正來 譯, 《國家與市民社會[*State and Civil Society*]》, 北京: 中央編譯出版社, 2002, p.375에서 재인용. 시민사회와 공공영역 혹은 공공 공간의 공통점과 차이점에 관해서는 孔誥烽, 〈從早期現代性, 多元現代性到儒家現代性〉, 《讀書》, 北京, 2002年 第4期 참조.

30 黃宗智[Philp C. C. Huang], 〈中國的公共領域與市民社會?—國家與社會的第三領域〉, J. C. 亞曆山大 編著, 鄧正來 譯, 《國家與市民社會》, 北京: 中央編譯出版社, 2002, pp.428-433. 20세기 중국의 제3영역의 발전 과정에 대해서, 황종쯔는 다음과 같은 사실을 결코 부인하지 않았다. 즉 1949년 이후 제3영역은 대폭적인 국가화 과정을 겪었고, 1979년 이후 현재까지는 다시 일종의 탈국가화 과정을 겪고 있다는 것이다. 황종쯔는 이러한 과정이 최종적으로는 현대적 민주주의를 이끌어낼 것으로 보았다.

31 謝和耐[Jacques Gemet], 劉東 譯, 《蒙元入侵前夜的中國日常生活》, 南京: 江蘇人民出版社, 1995, pp.59-62. Jacques Gemet의 연구에 따르면 당시 조합의 종류는 정말로 많았다. 그 종류가 얼마나 다양한지 눈이 휘둥그레질 정도이다. 예를 들면 보석조합 · 칼조합 · 금은제품업 · 표구업 · 당밀조합, 심지어는 게조합 · 감람나무열매조합 · 생강조합 등도 있었다.

32 Frederic Wakeman, Jr., "Boundaries of the Public Sphere in Ming and Qing China", *Daedalus*, 1998年夏季刊 'Early Modernities' 專輯, Boston, USA, pp.167-189.

33 정부와 사회 간의 제3영역 혹은 국가와 지역 공동체 간의 중개를 담당했던 향신(鄕紳)에 관해서는 張仲禮(美國), 李榮昌 譯, 《中國紳士—關於其在19世紀中國社會中作用的硏究》, 上海: 上海社會科學院出版社, 1991, pp.48-63. 杜贊奇[Prasenjit Duara], 王福明 譯, 《文化, 權力與國家—1900-1942年的華北農村[*Culture, Power, and the State: Rural North China, 1900-1942*]》, 南京: 江蘇人民出版社, 1996, pp.37-51 ; 謝和耐, 劉東 譯, 《蒙元入侵前夜的中國日常生活》, 南京: 江蘇人民出版社, 1995, pp.77-78 ; 費正淸[John King Fairbank], 賴肖 陳仲丹 等 譯, 《中國—傳統與變革[*China: tradition & transformation*]》, 南京: 江蘇人民出版社, 1995, pp.141-142, 227, 232 참조.

34 張仲禮(美國), 李榮昌 譯, 《中國紳士—關於其在19世紀中國社會中作用的硏究》, 上海: 上海社會科學院出版社, 1991, pp.64-68.

35 Dieter Senghaas, *The Clash within Civilizations: Coming to Terms with Cultural Conflicts*, London and New York: Routledge, 2002, p.107.

36 《孟子 · 盡心下》

37 역대 황제들의 권력에 행해졌던 각종 전통적 의미의 제도적, 비제도적 제한과 구속에 대해서는 錢穆, 《中國歷史政治得失》, 北京: 三聯書店, 2001 참조.

제7장 지연 시각 속의 문명과 정치 행위체

1 塞繆爾 · 亨廷頓[Samuel P. Huntington], 周琪 等 譯, 《文明的沖突與世界秩序的重建[*The Clash of Civilizations and the Remaking of World Order*]》, 北京: 新華出版社, 1998, pp.23-33.

2 Fernand Braudel, translated from the French by Richard Mayne, *A History of Civilizations*, London: Allen Lane the Penguin Press, 1994, p.12.

3 阿諾德 · 湯因比, 曹未風 等 譯, 《歷史硏究》(3卷本), 上海: 上海人民出版社, 1997, 第2卷, 부록표 5.

4 塞繆爾 · 亨廷頓, 周琪 等 譯, 《文明的沖突與世界秩序的重建》, 北京: 新華出版社, 1998, p.32.

5 艾周唱, 《非洲黑人文明》, 北京: 中國社會科學出版社, 1999, 〈서론〉 참조.

6 여기서 사용하는 광의의 이슬람 문명 개념은 원래는 미국의 인류학자인 바그비가 제기한 근동 문명에서 나온 것이다. 그의 근동 문명은 다양한 문화-종교 공동체를 포함하고 있다. 이러한 공동체에는 큰 것도 있고 작은 것도 있다. 큰 것에는 비잔틴의 그리스인 · 무슬림 · 아르메니아인 · 유대인 · 콥트기독교인(기독교단성론파), 네스토리우스 기독교인(경교파)이 있다. 작은 것에는 마론파 기독교도, 인도에 흩어져 있는 조로아스터교 혹은 파르시스 조로아스터교도, 한 번도 국가를 건립해본 적이 없는 많은 종교단체들이 있다. 더욱 주목할 만 한 점은 바그비 또한 비교적 넓은 의미에서 이 문명을 이

슬람 문명으로 본다는 사실이다. Philip Bagby, *Culture and History: Prolegomena to the Comparative Study of Civilizations*, Westport, Connecticut, USA: Greenwood Press, 1976, p.167.

7 본 단락의 논의에서 종교와 문명의 함의는 서로 중복된다. 이는 종교가 문명이 형성되는 토대를 만들어 문명을 정의하는 하나의 중요한 특징이 되기 때문이다. 塞繆爾 · 亨廷頓, 周琪 等 譯,《文明的沖突與世界秩序的重建》, 北京: 新華出版社, 1998, p.32 참조. 종교와 문명의 함의에 내포된 중복성과 구별성은 또한 阮煒,《文明的表現: 對五千年人類文明的評估》, 北京: 北京大學出版社, 2001, 제3장 '문명과 종교' 참조.

8 Fernand Braudel, translated from the French by Richard Mayne, *A History of Civilizations*, London: Allen Lane the Penguin Press, 1994, pp.9-10.

9 本尼迪克 · 特安德森[Benedict Anderson], 吳督人 譯,《想象的共同體: 民族主義的起源和散布[*Imagined Communities: Reflections on the Origin and Spread of Nationalism*]》, 上海: 上海人民出版社, 2003, pp.188-189.

10 Fernand Braudel, translated from the French by Richard Mayne, *A History of Civilizations*, London: Allen Lane the Penguin Press, 1994, pp.256-270.

11 John King Fairbank, *China: a New History*, Boston, USA: Harvard University Press, 1994, pp.112-113, 139, 149, 199, 201, 205 ; 安得烈 · 貢德 · 弗蘭克, 劉北成 譯,《白銀資本: 重視經濟全球化中的東方》, 北京: 中央編譯出版社, 2000, pp.164-169.

12 崔元植, 魯貞銀 譯,〈韓國發或東亞細亞發的對案硏究〉,《東方文化》, 廣州, 2000年 第5期, pp.51-52. 한국학자는 도요토미 히데요시의 조선 침략 전쟁을 임진왜란이라고 한다.

13 崔元植, 魯貞銀 譯,〈韓國發或東亞細亞發的對案硏究〉,《東方文化》, 廣州, 2000年 第5期, pp.51-52 ; Arnold Toynbee, *A Study of History* (12 volumes), Oxford, UK: Oxford University Press, 1934-1961, Vol.5, pp.44-45.

14 Fernand Braudel, translated from the French by Richard Mayne, *A History of Civilizations*, London: Allen Lane the Penguin Press, 1994, p.29.

15 Fernand Braudel, translated from the French by Richard Mayne, *A History of Civilizations*, London: Allen Lane the Penguin Press, 1994, pp.29-30.

16 Arnold Toynbee, *A Study of History* (12 volumes), Oxford, UK: Oxford University Press, 1934-1961, Vol.8, pp.223, 225.

17 Adda B. Bozemann, *Politics and Culture in International History: From the Ancient Near East to the Opening of the Modern Age*, New Jersey, USA and London, UK: Transaction Publishers, New Brunswick, 1994, p.369.

18 이때 오스만 제국은 서부에서는 오스트리아와의 오랜 전쟁에 빠져 있었고, 소아시아 본토에서도 종교 파벌의 봉기로 인한 위협에 직면하고 있었기 때문에 그 총체적 역량은 이미 크게 쇠약해져 있었다. 王懷德/郭寶華,《伊斯蘭教史》, 銀川: 寧夏人民出版社, 1992, pp.324-342 ; 馬克圭,《世界歷史 · 中古部分》, 北京: 北京大學出版社, 1989, pp.113-150.

19 Arnold Toynbee, *A Study of History* (12 volumes), Oxford, UK: Oxford University Press, 1934-1961, Vol.8, p.224.

20 塞繆爾 · 亨廷頓, 周琪 等 譯,《文明的沖突與世界秩序的重建》, 北京: 新華出版社, 1998, p.147.

제8장 주변과 중심

1 大衛 · 維爾金森,〈文明, 中心, 世界經濟和貿易區〉, 安得烈 · 貢德 · 弗蘭克/巴裏 · K.吉爾斯 編, 赦名瑋 譯,《世界體系: 500年還是5000年?》(英文版出版于1993年), 北京: 社會科學文獻出版社, 2004, pp.274-277 ; 傑弗裏 · 帕克, 劉從德 譯,《地緣政治學: 過去, 現在和未來》, 北京: 新華出版社, 2003, pp.104-105 ; 薩米爾 · 阿明, 任友諒 等 譯,《世界一體化的挑戰》, 北京: 社會科學出版社, 2003, p.68.

2 童中心,《失衡的帝國: 長期影響中國發展的歷史問題》, 貴陽: 貴州人民出版社, 2001, p.277.

3 중심과 주변의 관계에 대해서는 朱寧 等,《下個世紀誰最强》, 沈陽: 遼寧人民出版社, 1997, p.32 참조. 윌킨슨이 제기한 반주변의 개념에 대해서는 大衛 · 維爾金森,〈文明, 中心, 世界經濟和貿易區〉, 安得烈 · 貢德 · 弗蘭克/巴裏 · K.吉爾斯 編, 赦名瑋 譯,《世界體系: 500年還是5000年?》(英文版出版于1993年), 北京: 社會科學文獻出版社, 2004, pp.276-277 참조.

4 薩米爾 · 阿明, 任友諒 等 譯,《世界一體化的挑戰》, 北京: 社會科學出版社, 2003, p.45 ; 安得烈 · 貢德 · 弗蘭克, 劉北成 譯,《白銀資本: 重視經濟全球化中的東方》, 北京: 中央編譯出版社, 2000, pp.198-227.

5 塞繆爾 · 亨廷頓, 周琪 等 譯,《文明的沖突與世界秩序的重建》, 北京: 新華出版社, 1998, p.7.

6 葉自成 主編,《地緣政治與中國外交》, 北京: 北京出版社, 1998, pp.166-189, 259.

7《簡明不列顛百科全書》(12卷本), 北京, 上海: 中國大百科全書出版社, 1986, 第5卷, p.7.

8 Peter J. Taylor, *Political Geography: World-Economy, Nation-State and Locality*, London, UK: Longman, 1985, p.38 ; 傑弗裏 · 帕克, 劉從德 譯,《地緣政治學: 過去, 現在和未來》, 北京: 新華出版社, 2003, pp.29-30 ;《簡明不列顛百科全書》(12卷本), 北京, 上海: 中國大百科全書出版社, 1986, 第5卷, pp.685-686.

9 Peter J. Taylor, *Political Geography: World-Economy, Nation-State and Locality*, London, UK: Longman, 1985, p.39.

10《簡明不列顛百科全書》(12卷本), 北京, 上海: 中國大百科全書出版社, 1986, 第3卷, p.701 ; 傑弗裏 · 帕克, 劉從德 譯,《地緣政治學: 過去, 現在和未來》, 北京: 新華出版社, 2003, pp.43-53.

11 傑弗裏 · 帕克, 劉從德 譯,《地緣政治學: 過去, 現在和未來》, 北京: 新華出版社, 2003, pp.115-116.

12 이 대논쟁을 중국에서는 구평(九評)이라 부른다. 이는 표면적으로는 마르크스 레닌주의 원칙에 대한 일종의 이데올로기 논쟁이었지만, 실질적으로는 오랫동안 쇠퇴하다

가 당시 다시 통일된 중국이 다른 국가에 굴종하지 않고 독자적인 면모로 사회주의 진영 내지 더 나아가 전 세계에 등장하고자 한 것이다.

13 傑弗裏・帕克, 劉從德 譯,《地緣政治學: 過去, 現在和未來》, 北京: 新華出版社, 2003, pp.117-119, p.171.

14 傑弗裏・帕克, 劉從德 譯,《地緣政治學: 過去, 現在和未來》, 北京: 新華出版社, 2003, pp.117-118.

15 王正毅,《世界體系論與中國》, 北京: 商務印書館, 2000, pp.276-286.

16 弗郎西斯科・洛佩斯・塞格雷拉[Francisco Lopez Segrera] 主編, 白鳳森 等 譯,《全球化與世界體系[*Los Retos de La Globalizacio'n*]》(2卷), 北京: 社會科學文獻出版社, 1998, 上卷, pp.45-76 ; 王正毅,《世界體系論與中國》, 北京: 商務印書館, 2000, pp.271-275.

17 薩米爾・阿明, 任友諒 等 譯,《世界一體化的挑戰》, 北京: 社會科學出版社, 2003, pp.26-27.

18 薩米爾・阿明, 任友諒 等 譯,《世界一體化的挑戰》, 北京: 社會科學出版社, 2003, pp.22-23.

19 薩米爾・阿明, 任友諒 等 譯,《世界一體化的挑戰》, 北京: 社會科學出版社, 2003, pp.134-135.

20 薩米爾・阿明, 任友諒 等 譯,《世界一體化的挑戰》, 北京: 社會科學出版社, 2003, p.21.

21 安得烈・貢德・弗蘭克, 劉北成 譯,《白銀資本: 重視經濟全球化中的東方》, 北京: 中央編譯出版社, 2000, p.12.

22 安得烈・貢德・弗蘭克, 劉北成 譯,《白銀資本: 重視經濟全球化中的東方》, 北京: 中央編譯出版社, 2000, pp.373-380.

23 安得烈・貢德・弗蘭克, 劉北成 譯,《白銀資本: 重視經濟全球化中的東方》, 北京: 中央編譯出版社, 2000, 중국어판 서문.

24 Stephen K. Sanderson, "Expanding World Commercialism: The Link between World-System and Civilizations", Stephen K. Sanderson, (ed), *Civilizations and World-System: Studying World-Historical Change*, Walnut Creek, California, USA: AltaMira Press, 1995, pp.263-269.

제9장 동아시아 공동체

1 馬振鐸 等,《儒家文明》, 北京: 中國社會科學出版社, 1999, pp.4-5 참조. 자연환경이 황허 중하류 중국 문명의 고대인들에게 안겨준 혹독한 시련에 관해서는 邱國珍,《三千年天災》, 南昌: 江西高校出版社, 1998, 전체 참조.

2 王淵明,〈中西封建社會的人口發展〉, 馬克繞,《中西封建社會化比較研究》, 北京: 學林出版社, 1997, p.494.

3 斯塔夫裏阿諾斯, 吳象嬰/梁赤民 譯,《全球通史: 1500年後的世界》, 上海: 上海社會科學院出版社, 1992, p.230.

4 葉自成 主編,《地緣政治與中國外交》, 北京: 北京出版社, 1998, p.254. 또 세계적 차원의

유목민족 혹은 야만족들의 문명 중심에 대한 침략에 관해서는 安德烈 · 貢德 · 弗蘭克[Andre Gunder Frank]/巴裏 · K.吉爾斯[Barry K. Gills], 〈積累之積累〉, 安得烈 · 貢德 · 弗蘭克/巴裏 · K.吉爾斯 編, 赦名瑋 譯, 《世界體系: 500年還是5000年?》(英文版出版于1993年), 北京: 社會科學文獻出版社, 2004, pp.105-106 참조.

5 John King Fairbank, *China: a New History*, Boston, USA: Harvard University Press, 1994, pp.126, 153 ; Arnold Toynbee, *A Study of History* (12 volumes), Oxford, UK: Oxford University Press, 1934-1961, Vol.2 pp.124-125, Vol.3, pp.144, 423.

6 翟向東, 〈江孜抗英一百年祭〉, 《讀書》, 2005年 第3期, p.101.

7 조공 체제에 관해서는 John King Fairbank, *China: a New History*, Boston, USA: Harvard University Press, 1994, pp.112-113, 139, 149, 199, 201, 205 ; 葉自成 主編, 《地緣政治與中國外交》, 北京: 北京出版社, 1998, pp.250, 254-256 ; 安得烈 · 貢德 · 弗蘭克, 劉北成 譯, 《白銀資本: 重視經濟全球化中的東方》, 北京: 中央編譯出版社, 2000, pp.164-169 ; 朱寧 等, 《變亂中的文明: 霸權終結與秩序重建(公元1000年-2000年)》, 北京: 中國人民大學出版社, 2000, pp.209-211 참조.

8 埃德溫 · 奧 · 賴肖爾[Edwin O. Rcischauer], 陳文壽 譯, 《當代日本人》, 北京: 商務印書館, 1992, pp.10-15.

9 중국 문화가 일본에 끼친 영향과 일본 기술이 중국에 끼친 역영향에 관해서는 劉宏煊 主編, 《中國睦鄰史: 中國與周邊國家關系》, 北京: 世界出版社, 2001, pp.60-63 ; Arnold Toynbee, *A Study of History* (12 volumes), Oxford, UK: Oxford University Press, 1934-1961, Vol.4, pp.152-153, 163 ; 埃德溫 · 奧 · 賴肖爾, 陳文壽 譯, 《當代日本人》, 北京: 商務印書館, 1992, pp.33, 42 ; 葉渭渠, 《日本文明》, 北京: 中國社會出版社, 1997, pp.70-110 참조.

10 約翰 · 惠特尼 · 霍爾[John Whitney Hall], 鄧懿/周一良 譯, 《日本一從史前到現代[*Japan, From Prehistory to Modern Times*]》, 北京: 商務印書館, 1997, pp.152-153, 158 참조.

11 安得烈 · 貢德 · 弗蘭克, 劉北成 譯, 《白銀資本: 重視經濟全球化中的東方》, 北京: 中央編譯出版社, 2000, pp.156, 157 ; 埃德溫 · 奧 · 賴肖爾, 陳文壽 譯, 《當代日本人》, 北京: 商務印書館, 1992, p.22 ; 約翰 · 惠特尼 · 霍爾, 鄧懿/周一良 譯, 《日本一從史前到現代》, 北京: 商務印書館, 1997, p.153 참조.

12 加文 · 麥考馬克[Gavan McCormack], 郭南燕 譯, 《虛幻的樂園: 戰後日本綜合研究》, 上海: 上海人民出版社, 1999, p.176 ; 保羅 · 肯尼迪, 蔣葆英 等 譯, 《大國的興衰》, 北京: 中國經濟出版社, 1989, p.570 참조.

13 埃德溫 · 奧 · 賴肖爾, 陳文壽 譯, 《當代日本人》, 北京: 商務印書館, 1992, pp.5-21 참조.

14 劉宏煊 主編, 《中國睦鄰史: 中國與周邊國家關系》, 北京: 世界出版社, 2001, p.62.

15 劉宏煊 主編, 《中國睦鄰史: 中國與周邊國家關系》, 北京: 世界出版社, 2001, p.61. 일본이 전통적인 동아시아 정치 질서에서 처했던 주변적 지위에 관해서는 薩米爾 · 阿明

[Samir Amin], 〈古代世界諸體系與現代資本主義世界體系〉, 安得烈 · 貢德 · 弗蘭克/巴裏 · K.吉爾斯 編, 赦名瑋 譯, 《世界體系: 500年還是5000年?》(英文版出版于1993年), 北京: 社會科學文獻出版社, 2004, pp.315, 322 참조.

16 安得烈 · 貢德 · 弗蘭克, 劉北成 譯, 《白銀資本: 重視經濟全球化中的東方》, 北京: 中央編譯出版社, 2000, pp.153-154 ; 約翰 · 惠特尼 · 霍爾, 鄧懿/周一良 譯, 《日本一從史前到現代》, 北京: 商務印書館, 1997, p.9 ; 愛德華 · 麥克諾爾 · 伯恩斯[Edward McNall Burns]/菲利普 · 李 · 拉爾夫[Philip Lee Ralph], 羅經國 譯, 《世界文明史[*World Civilizations*]》(4卷), 北京: 商務印書館, 1995, p.103 참조.

17 葉自成 主編, 《地緣政治與中國外交》, 北京: 北京出版社, 1998, p.275 ; 劉宏煊 主編, 《中國睦鄰史: 中國與周邊國家關系》, 北京: 世界出版社, 2001, p.62 ; 朱寧 等, 《變亂中的文明: 霸權終結與秩序重建(公元1000年-2000年)》, 北京: 中國人民大學出版社, 2000, p.215 ; 安得烈 · 貢德 · 弗蘭克, 劉北成 譯, 《白銀資本: 重視經濟全球化中的東方》, 北京: 中央編譯出版社, 2000, p.158.

18 朱寧 等, 《變亂中的文明: 霸權終結與秩序重建(公元1000年-2000年)》, 北京: 中國人民大學出版社, 2000, p.215.

19 劉宏煊 主編, 《中國睦鄰史: 中國與周邊國家關系》, 北京: 世界出版社, 2001, p.62.

20 劉曉峰, 〈琉球, 一八七五〉, 《讀書》, 2005年 第3期, pp.3-10 ; 葉自成 主編, 《地緣政治與中國外交》, 北京: 北京出版社, 1998, pp.277.

21 葉自成 主編, 《地緣政治與中國外交》, 北京: 北京出版社, 1998, p.278.

22 劉宏煊 主編, 《中國睦鄰史: 中國與周邊國家關系》, 北京: 世界出版社, 2001, pp.65-66 ; 葉自成 主編, 《地緣政治與中國外交》, 北京: 北京出版社, 1998, pp.278-279 ; 朱寧 等, 《變亂中的文明: 霸權終結與秩序重建(公元1000年-2000年)》, 北京: 中國人民大學出版社, 2000, pp.218-220.

23 崔元植, 魯貞銀 譯, 〈韓國發或東亞細亞發的對案硏究〉, 《東方文化》, 廣州, 2000年 第5期. 도요토미 히데요시의 조선 침략 전쟁에 관해서는 Arnold Toynbee, *A Study of History* (12 volumes), Oxford, UK: Oxford University Press, 1934-1961, Vol.5, pp.44-45 참조.

24 세계 체계론에 관해서는 본서 제1장 '서론'과 제6장 '지연 상호 작용 속의 근대성'의 관련 논의 참조.

25 葉自成 主編, 《地緣政治與中國外交》, 北京: 北京出版社, 1998, pp.192-195 ; 劉宏煊 主編, 《中國睦鄰史: 中國與周邊國家關系》, 北京: 世界出版社, 2001, pp.372-373 참조.

26 劉宏煊 主編, 《中國睦鄰史: 中國與周邊國家關系》, 北京: 世界出版社, 2001, pp.356-361.

27 劉宏煊 主編, 《中國睦鄰史: 中國與周邊國家關系》, 北京: 世界出版社, 2001, pp.399-401.

28 葉自成 主編, 《地緣政治與中國外交》, 北京: 北京出版社, 1998, pp.242-243 ; 劉宏煊 主編, 《中國睦鄰史: 中國與周邊國家關系》, 北京: 世界出版社, 2001, pp.426-427.

29 葉自成 主編, 《地緣政治與中國外交》, 北京: 北京出版社, 1998, pp.242-243 ; 劉宏煊 主編, 《中國睦鄰史: 中國與周邊國家關系》, 北京: 世界出版社, 2001, pp.415-417.

30 劉宏煊 主編,《中國睦鄰史: 中國與周邊國家關系》, 北京: 世界出版社, 2001, pp.436-438.

31 葉自成 主編,《地緣政治與中國外交》, 北京: 北京出版社, 1998, pp.375-376 ; 韓方明,《華人與馬來西亞現代化進程》, 北京: 商務印書館, 2002, pp.157, 222.

32 劉宏煊 主編,《中國睦鄰史: 中國與周邊國家關系》, 北京: 世界出版社, 2001, p.416.

33 葉自成 主編,《地緣政治與中國外交》, 北京: 北京出版社, 1998, pp.375-377 ; 劉宏煊 主編,《中國睦鄰史: 中國與周邊國家關系》, 北京: 世界出版社, 2001, pp.441-445.

34 張小明,《中國周邊安全環境分析》, 北京: 中國國際廣播出版社, 2003, p.114 ; 劉宏煊 主編,《中國睦鄰史: 中國與周邊國家關系》, 北京: 世界出版社, 2001, p.434.

35 劉宏,《中國ㅡ東南亞學: 理論建構, 互動模式, 個案分析》, 北京: 中國社會科學出版社, 2000, p.19.

36 王賡武,《王賡武自選集》, 上海: 上海教育出版社, 2002, pp.191-192.

37 鄭必堅,〈中國和平崛起與亞洲的新角色〉,《參考消息》, 2005.5.19, 第15版.

38 韓方明,《華人與馬來西亞現代化進程》, 北京: 商務印書館, 2002, pp.157, 222.

39 劉宏煊 主編,《中國睦鄰史: 中國與周邊國家關系》, 北京: 世界出版社, 2001, p.62.

40 費爾南 · 布羅代爾, 顧良 譯, 施康强 校,《15至18世紀的物質文明, 經濟和資本主義》 第2卷, 北京: 三聯書店, 1993, p.647 ; 安得烈 · 貢德 · 弗蘭克, 劉北成 譯,《白銀資本: 重視經濟全球化中的東方》, 北京: 中央編譯出版社, 2000, pp.154-156.

41 Takeshi Hamashita[濱下武志], "The Tribute Trade System and Modern Asia", *Tyoko Bunko*, no.46. 安得烈 · 貢德 · 弗蘭克, 劉北成 譯,《白銀資本: 重視經濟全球化中的東方》, 北京: 中央編譯出版社, 2000, p.168에서 재인용.

42 安得烈 · 貢德 · 弗蘭克, 劉北成 譯,《白銀資本: 重視經濟全球化中的東方》, 北京: 中央編譯出版社, 2000, p.148 참조.

43 費爾南 · 布羅代爾, 顧良 譯, 施康强 校,《15至18世紀的物質文明, 經濟和資本主義》 第2卷, 北京: 三聯書店, 1993, pp.647-648 ; 安得烈 · 貢德 · 弗蘭克, 劉北成 譯,《白銀資本: 重視經濟全球化中的東方》, 北京: 中央編譯出版社, 2000, pp.138-153.

44 馬嫚,《區域主義與發展中國家》, 北京: 中國社會科學出版社, 2002, pp.89-90 ; 張錫鎭,〈誰來主導東亞地區一體化?〉,《南方周末》, 2003.10.30, A12版 ; 朱炎,〈中國的FTA戰略及其影響〉, 中國社會科學研究會 編,《中國與日本的他者認識-中日學者的共同探討》, 北京: 社會科學文獻出版社, 2004, pp.241-245 ; 中央社台北, 2005.5.1電,〈東盟跌升爲中國第四大貿易伙伴〉,《參考消息》, 2005.5.2, 第8版 참조.

45 唐希中 等,《中國與周邊國家關系: 1949-2002》, 北京: 中國社會科學出版社, 2003, p.320.

46 唐希中 等,《中國與周邊國家關系: 1949-2002》, 北京: 中國社會科學出版社, 2003, pp.247-251, 307, 311, 321 ; 馬嫚,《區域主義與發展中國家》, 北京: 中國社會科學出版社, 2002, p.80.

47 본 단락의 논의는 張峰,〈東亞合作, 文化是基礎〉,《環球時報》, 2004.12.6, 第8版 참조. 인용문 역시 같은 글에서 발췌.

48 張峰,〈東亞合作, 文化是基礎〉,《環球時報》, 2004.12.6, 第8版.

49 張峰,〈東亞合作, 文化是基礎〉,《環球時報》, 2004.12.6, 第8版.

50 唐希中 等,《中國與周邊國家關系: 1949-2002》, 北京: 中國社會科學出版社, 2003, pp.310-320 ; 馬嬰,《區域主義與發展中國家》, 北京: 中國社會科學出版社, 2002, pp.64-101.

51 본 단락의 논의는 張錫鎭,〈誰來主導東亞地區一體化?〉,《南方周末》, 2003.10.30, A12版 참조.

52 본 단락의 논의는 張錫鎭,〈誰來主導東亞地區一體化?〉,《南方周末》, 2003.10.30, A12版 참조. 인용문 역시 같은 글에서 발췌.

53 楊紹先,〈中日韓關系與東北亞經濟合作體〉, 宋城友/湯重南 主編,《東亞區域意識與和平發展》, 成都: 四川大學出版社, 2001, p.424.

54 劉宏煊 主編,《中國睦鄰史: 中國與周邊國家關系》, 北京: 世界出版社, 2001, pp.29-70.

55 郭定評,〈中日: 强强竟合的選擇〉,《環球時報》, 2005.3, 第16版.

56 梁雲祥/應霄燕,《後冷戰時代的日本政治, 經濟與外交》, 北京: 北京大學出版社, 2000, p.146.

57 郭定評,〈中日: 强强竟合的選擇〉,《環球時報》, 2005.3, 第16版.

58 唐師白,《當代世界經濟與政治》, 上海: 複旦大學出版社, 1999, p.153.

59 馬薩比 · 凱利赫[Kelleher],〈經濟考慮優於反日情緒〉(香港《亞洲時報在線》, 2004.2.13.),《參考消息》, 2004.2.1, 第4版.

60〈美中貿易磨擦對日本造成負面影響〉(日本《富士產經商報》, 2005.1.30),《參考消息》, 2005.2.1, 第4版.

61 楊紹先,〈中日韓關系與東北亞經濟合作體〉, 宋城友/湯重南 主編,《東亞區域意識與和平發展》, 成都: 四川大學出版社, 2001, pp.425-426 ; 徐靜波/胡令遠 編,《戰後日本的主要社會思潮與中日關系》(複旦大學日本硏究中心第十二屆國際學術硏討會論文集), 上海: 上海財經大學出版社, 2003, pp.99-100 ; 石華,〈日本援華的來龍去脈〉,《環球時報》, 2004.12.22, 第14版.

62 黃大慧,〈中國的崛起與中日關系〉, 宋城友/湯重南 主編,《東亞區域意識與和平發展》, 成都: 四川大學出版社, 2001, p.366.

63 楊紹先,〈中日韓關系與東北亞經濟合作體〉, 宋城友/湯重南 主編,《東亞區域意識與和平發展》, 成都: 四川大學出版社, 2001, p.425.

64 胡鞍鋼/門洪華,〈中美日俄印綜合國力的國際比較〉, 胡鞍鋼 主編,《中國大戰略》, 杭州: 浙江人民出版社, 2003, p.44.

65 胡鞍鋼,〈構建中國大戰略: 富民强國的宏大目標〉, 胡鞍鋼 主編,《中國大戰略》, 杭州: 浙江人民出版社, 2003, pp.41-79 ; 胡鞍鋼/門洪華,〈中美日俄印綜合國力的國際比較〉, 胡鞍鋼 主編,《中國大戰略》, 杭州: 浙江人民出版社, 2003, pp.3-40 ; 安格斯 · 麥迪森[Angus Maddison], 伍曉鷹 等 譯,《世界經濟千年史[*The World Economy: A Millennial Perspective*]》, 北京: 北京大學出版社, 2003.

66〈歷史積怨應讓位於國家利益〉, http://news.tom.com. 2004.1.13, 출처:《中國青年報》.

67 徐靜波/胡令遠 編,《戰後日本的主要社會思潮與中日關系》(複旦大學日本硏究中心第十二屆國際學術硏討會論文集), 上海: 上海財經大學出版社, 2003, p.107.

68 任曉/胡冰浩 編,《中美日三邊關系》, 杭州: 浙江人民出版社, 2002, p.254.

69 〈日中要著眼更大利益〉(《朝日新聞》사설, 2005.4.20),《參考消息》, 2005.4.22, 第8版에서 재인용.

70 時事社雅加達 2005.4.22電,〈총리 담화문 발표 '겸허하게 역사를 직면하자'〉,《參考消息》, 2003.10.12, 第1版.

71 葉自成 主編,《地緣政治與中國外交》, 北京: 北京出版社, 1998, p.371.

72 唐君度/陸南泉 主編,《俄羅斯西伯利亞與遠東: 國際政治經濟關系的發展》, 北京: 世界知識出版社, 2002, p.237 참조.

73 唐君度/陸南泉 主編,《俄羅斯西伯利亞與遠東: 國際政治經濟關系的發展》, 北京: 世界知識出版社, 2002, pp.238-239 ; 葉夫根尼 · 奧布霍娃,〈中國人拯救俄羅斯〉(러시아《獨立報》, 2003.10.10.),《參考消息》, 2003.10.12, 第8版 참조.

74 約翰內斯 · 福斯溫克爾,〈俄羅斯遠東將發展目光轉向中國〉(독일《時代周刊》, 2004.6.17.),《參考消息》, 2004.6.27, 第8版 참조.

75 본 단락의 논의는 張秋生,《澳大利亞與亞洲關系史: 1940-1995》, 北京: 北京大學出版社, 2002, pp.186-198 참조.

76 여기서 인용한 문장은 호주 총리 폴 키팅이 1995년 10월 12일 뉴사우스웨일스 주의 시드니에서 열린 호중 포럼 10주년 리셉션에서 강연한 원고에서 발췌했다. 張秋生,《澳大利亞與亞洲關系史: 1940-1995》, 北京: 北京大學出版社, 2002, p.207 재인용.

77 張秋生,《澳大利亞與亞洲關系史: 1940-1995》, 北京: 北京大學出版社, 2002, p.207.

78 인용문은 루젠런(陸建人)이 "清華-環球論壇"(2005년 12월 7일 개최)에서 했던 발언에서 발췌. 陸建人,〈東亞峰會, 不應有冷戰思維〉,《環球時報》, 2002.12.12, 第11版 참조. 루젠런은 중국사회과학원 아태경제협력기구와 동아시아협력연구센터의 부주임이며 아태경제연구소 연구원이다.

79 陸建人,〈東亞峰會, 中國地位難撼動〉,《參考消息》, 2005.12.15, 第14版. 루젠런은 10+3은 동아시아 협력의 주 경로가 되는 것이지, 중국에만 한정되는 것은 아니라고 본다. 말레이시아 총리 압둘라 바다위 또한 동아시아정상회담과 10+3이 서로 보완하되 서로 중복은 되지 않는 진행 과정으로 보고 있다. 동아시아정상회담은 아세안 10+3의 진행 과정을 대신할 수 없을 것이다. 吳綺敏 等,〈東亞峰會, 日美想法最多〉,《環球時報》, 2005.12.16, 第2版 참조.

제10장 문명, 지연 문명, 전 지구화, 전 지구적 문명

1 塞繆爾 · 亨廷頓, 周琪 等 譯,《文明的沖突與世界秩序的重建》, 北京: 新華出版社, 1998, pp.75-128. 1990년대 초 소련이 해체되자, 미국과 그 서방 동맹국들은 하룻밤 사이에 오랫동안 아주 잘 알던 적을 잃어버렸다. 그래서 헌팅턴은 서양 국가 특히 미국을 위해 새로운 적 혹은 가상의 적을 찾는 사명을 담당하고자 했다. 따라서 그가 한 예언에 다른

속셈이 있다는 것은 전혀 이상할 것이 없다. 그는 머지않은 장래에 세계적인 문명 대전이 발생한다고 예언했다. 심지어 그는 2010이란 정확한 연도까지 제시하며 단언하기까지 했다. 그리고 이 문명 대전은 유교권의 중국과 이슬람 세계가 한편이 되고 미국과 그 유럽 동맹국이 다른 한편이 되는 양대 진영 간의 전쟁으로 발생한다고 했다. 예언은 종종 스스로 그 현실화를 시도해볼 수 있다는 위험성을 헌팅턴은 조금도 개의치 않았다. 또한 이 전쟁이 어쩌면 전 인류를 영원히 회복할 수 없는 파멸의 길로 끌고 들어갈 가능성에 대해서도 그는 조금도 우려하지 않았다.

2 菲利克斯 · 格羅斯, 王建娥/魏强 譯,《公民與國家: 民族, 部族和族屬身份》, 北京: 新華出版社, 2003, p.215. 그로스의 책에서 발췌한 인용문은 뮐러[Müller]의 견해이지 그로스의 견해는 아니다.

3 菲利克斯 · 格羅斯, 王建娥/魏强 譯,《公民與國家: 民族, 部族和族屬身份》, 北京: 新華出版社, 2003, p.243.

4 阮煒,《文明的表現: 對五千年人類文明的評估》, 北京: 北京大學出版社, 2001, 제8장 '希臘: 輝煌中的其豆相殘' 참조.

5 阿諾德 · 湯因比, 徐伯 等 譯,《人類與大地母親》, 上海: 上海人民出版社, 1992, pp.240-241 ; 愛德華 · 吉本[Edward Gibbon], 黃宜思 等 譯,《羅馬帝國興亡史[*The History of the Decline and Fall of the Roman Empire*]》(D. M. Lowe의 발췌본), 北京: 商務印書館, 1997, 上卷, p.32 참조.

6 Michael Grant, *The World of Rome*, Mentor, USA: World Publ. Co., 1960, p.96 ; 菲利克斯 · 格羅斯, 王建娥/魏强 譯,《公民與國家: 民族, 部族和族屬身份》, 北京: 新華出版社, 2003, pp.37-43 ; 愛德華 · 吉本, 黃宜思 等 譯,《羅馬帝國興亡史》(D. M. Lowe의 발췌본), 北京: 商務印書館, 1997, 上卷, pp.33-34.

7 陳明,《儒家的歷史文化功能一士族: 特殊形態的知識分子硏究》, 上海: 學林出版社, 1997, p.283, 294, 344 ; 謝維揚,《中國早期國家》, 杭州: 浙江人民出版社, 1996, pp.265-274.

8 陳連開 編著,《中國民族史綱要》, 北京: 中國財政經濟出版社, 1999, pp.183-200 ; 陳明,《儒家的歷史文化功能一士族: 特殊形態的知識分子硏究》, 上海: 學林出版社, 1997, pp.288-289.

9 陳連開 編著,《中國民族史綱要》, 北京: 中國財政經濟出版社, 1999, pp.290-291 참조.

10 陳連開 編著,《中國民族史綱要》, 北京: 中國財政經濟出版社, 1999, p.290.

11 L. M. 霍普夫[L. M. Hopf], 張雲鋼 等 譯,《世界宗教》, 北京: 知識出版社, 1991, pp.183-200.

12 '상좌부(上座部)'는 산스크리트어의 Sthaviravada(팔리어로는 Theravada)의 의역이다. 이는 불교 분파의 하나이다. 북전(北傳) 불교의 기재에 따르면, 석가모니 사후 100년 비구 대천(大天)이 새로운 견해인 5가지 교의인 오사(五事)를 제기했는데, 교단 내 여러 장로 비구들의 반대에 직면했다. 이로부터 불교에는 최초의 분열이 발생해 대중부(대승불교는 상당 부분 이 유파에 근원을 두고 있다)와 상좌부로 형성되었다. 상좌부는 석가모니 사후 300년 초 설일절유부(說一切有部)와 설산부(雪山部)로 분열되었고,

나아가 독자부(犢子部) 등 8개 분파와 본말부(本末部) 등 11개 분파로 나누어졌다. 상좌부 계통 중 가장 영향력이 있고 또한 이 유파의 관점을 대표한 것은 설일절유부이다. 이 유파는 기원전 3세기에 인도를 거쳐 스리랑카 등의 지역으로 전파되었고, 이 후에는 남전(南傳) 상좌부로 불리었다. 任繼愈 主編, 宗教詞典編輯委員會 編, 《宗教詞典》, 上海: 上海辭書出版社, 1991, p.87 참조.

13 이 절에서의 논의는 杜維明, 《對話與創新》, 桂林: 廣西師範出版社, 2005, pp.34-35 참조.

14 정화 대항해의 문명사적 의의에 관해서는 阮煒, 《文明的表現: 對五千年人類文明的評估》, 北京: 北京大學出版社, 2001, pp.367, 370 참조. 정화 선단의 규모와 기술적 자료에 관해서는 席龍飛, 《中國造船史》, 武漢: 湖北教育出版社, 2000, pp.262-273 ; 房仲甫/李二和, 《中國水運史》, 北京: 新華出版社, pp.241-259 ; 汪昌海/李桂娥 等 編著, 《華夏貨植五千年》, 武漢: 湖北人民出版社, 2000, pp.108-109 참조.

15 安德烈 · 貢德 · 弗蘭克[Andre Gunder Frank], 〈全球化, 非西方化〉, 弗郎西斯科 · 洛佩斯 · 塞格雷拉 主編, 白鳳森 等 譯, 《全球化與世界體系》(2卷), 北京: 社會科學文獻出版社, 1998, 上卷, pp165-192.

16 安得烈 · 貢德 · 弗蘭克, 劉北成 譯, 《白銀資本: 重視經濟全球化中的東方》, 北京: 中央編譯出版社, 2000, pp.466-477.

17 哈羅德 · 伊尼斯[Harold A. Innis], 何道寬 譯, 《帝國與傳播[*Empire And Communications*]》, 北京: 中國人民大學出版社, 2003, pp.154-181 ; 戴維 · 赫爾德[David Held]/安東尼 · 麥克格魯[Anthony McGrew], 陳志剛 譯, 《全球化與反全球化[*Globalization and Anti-Globalization*]》, 北京: 社會科學文獻出版社, 2004, p.23.

18 拉彼德/約瑟夫 · 弗裏德希 · 克拉托赫維爾, 金燁 譯, 《文化和認同: 國際關系回歸理論》, 杭州: 浙江人民出版社, 2003, p.191.

19 戴維 · 赫爾德/安東尼 · 麥克格魯, 陳志剛 譯, 《全球化與反全球化》, 北京: 社會科學文獻出版社, 2004, p.26.

20 特奧托尼奧 · 多斯桑托斯[Theotonio Dos-Santos], 〈世界經濟新趨勢與拉丁美洲一體化〉, 弗郎西斯科 · 洛佩斯 · 塞格雷拉 主編, 白鳳森 等 譯, 《全球化與世界體系》(2卷), 北京: 社會科學文獻出版社, 1998, 下卷, p.580.

21 特奧托尼奧 · 多斯桑托斯, 〈世界經濟新趨勢與拉丁美洲一體化〉, 弗郎西斯科 · 洛佩斯 · 塞格雷拉 主編, 白鳳森 等 譯, 《全球化與世界體系》(2卷), 北京: 社會科學文獻出版社, 1998, 下卷, p.580.

22 제너럴일렉트릭 사를 예로 들면, 이 회사는 2000년에서 2005년 사이에 미국에서의 고용은 12만 9,000명으로 기본적으로 변화가 없었지만, 국외 고용의 경우 9만 8,000명으로 6퍼센트 증가했다. 국외 고용은 분명 계속해서 증가할 것이다. 왜냐하면 제너럴일렉트릭사 의 연 수입 중에서 국외 지사가 차지하는 비율이 46퍼센트에 달하기 때문이다. 그렇지만 3년 전만 해도 31퍼센트에 불과했다. 詹姆斯 · 弗拉尼根, 〈全球化對美國大有好處〉(《洛杉机時報[*Los Angeles Times*]》, 2005.4.24.), 《參考消息》, 2005.5.14, 第4版.

23 三好將夫, 〈全球化, 文化和大學〉, 弗雷德裏克 · 傑姆遜/三好將夫 編, 《全球化的文化》, 南京: 南京大學出版社, 2002, p.240 참조. 여기서 발췌한 인용문들의 단락(pp.202-207)의 소제목이 '다국적기업주의'인 점에 유의할 것.

24 三好將夫, 〈全球化, 文化和大學〉, 弗雷德裏克 · 傑姆遜/三好將夫 編, 《全球化的文化》, 南京: 南京大學出版社, 2002, pp.204-205.

25 三好將夫, 〈全球化, 文化和大學〉, 弗雷德裏克 · 傑姆遜/三好將夫 編, 《全球化的文化》, 南京: 南京大學出版社, 2002, p.205. 감원된 사람들은 결코 비숙련 노동자에만 국한되지 않았으며, 학계에서도 유사한 상황이 빚어졌다는 것에도 주의해야 한다. 미국이 매년 배출해내는 수학 박사는 1,000명밖에 안 되는데, 그중 외국 유학생이 절반을 차지한다. 그러나 보도에 따르면 수학 연구 인원의 실업률은 10퍼센트를 넘는다고 한다. 1996년 봄 로체스터 대학은 수학 · 언어학 · 화공학 · 비교문학의 몇 개 학과를 없애기로 결정했다. 1996년 3월에서 4월 동안의《프랑스언어》보도에 따르면 그해 예일 대학 영어과를 졸업한 15명의 박사 중 단 두 명만이 그 학위에 상응하는 직위를 찾았다. 이상 같은 글 참조.

26 格賴弗 · 克裏斯特爾(블룸버거 칼럼니스트), 〈員工掙得比老板多不是壞事〉(멕시코 《레포르마》, 2005.5.6.), 《參考消息》, 2005.5.8, 第4版.

27 弗雷德裏克 · 傑姆遜/三好將夫 編, 《全球化的文化》, 南京: 南京大學出版社, 2002, p.206.

28 謝裏夫 · 海塔塔, 〈美元化, 解體和上帝〉, 弗雷德裏克 · 傑姆遜/三好將夫 編, 《全球化的文化》, 南京: 南京大學出版社, 2002, p.228.

29 弗雷德裏克 · 傑姆遜/三好將夫 編, 《全球化的文化》, 南京: 南京大學出版社, 2002, p.195 참조.

30 戴維 · 赫爾德/安東尼 · 麥克格魯, 陳志剛 譯, 《全球化與反全球化》, 北京: 社會科學文獻出版社, 2004, p.43 참조.

31 戴維 · 赫爾德/安東尼 · 麥克格魯, 陳志剛 譯, 《全球化與反全球化》, 北京: 社會科學文獻出版社, 2004, p.47.

32 戴維 · 赫爾德/安東尼 · 麥克格魯, 陳志剛 譯, 《全球化與反全球化》, 北京: 社會科學文獻出版社, 2004, pp.47-48.

33 戴維 · 赫爾德/安東尼 · 麥克格魯, 陳志剛 譯, 《全球化與反全球化》, 北京: 社會科學文獻出版社, 2004, p.47 참조.

34 N. Klein, *No Logo*, London, UK: Flamingo, 2000. 戴維 · 赫爾德/安東尼 · 麥克格魯, 陳志剛 譯, 《全球化與反全球化》, 北京: 社會科學文獻出版社, 2004, p.48에서 재인용.

35 戴維 · 赫爾德/安東尼 · 麥克格魯, 陳志剛 譯, 《全球化與反全球化》, 北京: 社會科學文獻出版社, 2004, p.48.

36 戴維 · 赫爾德/安東尼 · 麥克格魯, 陳志剛 譯, 《全球化與反全球化》, 北京: 社會科學文獻出版社, 2004, p.68.

37 戴維 · 赫爾德/安東尼 · 麥克格魯, 陳志剛 譯, 《全球化與反全球化》, 北京: 社會科學文獻出版社, 2004, pp.69-70 참조.

38 戴維 · 赫爾德/安東尼 · 麥克格魯, 陳志剛 譯,《全球化與反全球化》, 北京: 社會科學文獻出版社, 2004, p.70.

39 戴維 · 赫爾德/安東尼 · 麥克格魯, 陳志剛 譯,《全球化與反全球化》, 北京: 社會科學文獻出版社, 2004, p.46.

40 塞繆爾 · 亨廷頓/勞倫斯 · 哈裏森 主編, 程克雄 譯,《文化的重要作用—價值觀如何影響人類進步》, 北京: 新華出版社, 2002, p.60 참조.

41 塞繆爾 · 亨廷頓/勞倫斯 · 哈裏森 主編, 程克雄 譯,《文化的重要作用—價值觀如何影響人類進步》, 北京: 新華出版社, 2002, p.60.

42 塞繆爾 · 亨廷頓/勞倫斯 · 哈裏森 主編, 程克雄 譯,《文化的重要作用—價值觀如何影響人類進步》, 北京: 新華出版社, 2002, pp.53, 57 참조.

43 弗雷德裏克 · 傑姆遜,〈對作爲哲學命題的全球化的思考〉, 弗雷德裏克 · 傑姆遜/三好將夫 編,《全球化的文化》, 南京: 南京大學出版社, 2002, p.77. 謝裏夫 · 海塔塔,〈美元化, 解體和上帝〉, 弗雷德裏克 · 傑姆遜/三好將夫 編,《全球化的文化》, 南京: 南京大學出版社, 2002, pp.238-245 참조.

44 David Wilkinson, "Central Civilization", Stephen K. Sanderson (ed.), *Civilization and World System: Studying World-Historical Change*, Walnut Creek, USA: AltaMira Press, 1995, p.263 참조.

45 恩裏克 · 迪塞爾文,〈超越歐洲中心主義: 世界體系與現代性的局限〉, 弗雷德裏克 · 傑姆遜/三好將夫 編,《全球化的文化》, 南京: 南京大學出版社, 2002, p.5 참조.

46 본서 제4장 '지연-자연환경과 문명의 성격' 참조

47 安東尼 · D.史密斯, 龔維斌, 良警宇 譯,《全球時代的民族與民族主義》, 北京: 中央編譯出版社, 2002, p.122.

48 王傑/張海濱/張志洲 主編,《全球治理中的國際非政府組織》, 北京: 北京大學出版社, 2004, p.120.

49 王傑/張海濱/張志洲 主編,《全球治理中的國際非政府組織》, 北京: 北京大學出版社, 2004, p.120.

50 王傑/張海濱/張志洲 主編,《全球治理中的國際非政府組織》, 北京: 北京大學出版社, 2004, p.115.

51 王傑/張海濱/張志洲 主編,《全球治理中的國際非政府組織》, 北京: 北京大學出版社, 2004, pp.120-121.

52 王傑/張海濱/張志洲 主編,《全球治理中的國際非政府組織》, 北京: 北京大學出版社, 2004, p.111.

53 王傑/張海濱/張志洲 主編,《全球治理中的國際非政府組織》, 北京: 北京大學出版社, 2004, p.339.

54 王傑/張海濱/張志洲 主編,《全球治理中的國際非政府組織》, 北京: 北京大學出版社, 2004, p.121.

55《簡明不列顚百科全書》(12卷本), 北京, 上海: 中國大百科全書出版社, 1986, 第8卷,

p.156.

56 王傑/張海濱/張志洲 主編,《全球治理中的國際非政府組織》, 北京: 北京大學出版社, 2004, p.398.

57 胡鞍鋼,〈經濟發展前景及社會就業的挑戰〉, 路甬祥 主編,《21世紀中國面臨的12大挑戰》, 北京: 世界知識出版社, 2001, pp.137-150.

58 梅新育,〈彙率之爭〉,《讀書》, 北京, 2005年 第5期, p.26 참조. 또 다른 자료 혹은 다른 통계 방법에 따르면 2004년 수출은 중국 GDP의 36퍼센트를 차지했다. 이 숫자가 60.3퍼센트에는 훨씬 못 미치지만, 그래도 수출이 GDP의 10퍼센트를 차지하는 미국보다는 3.5배 이상 높다. 斯蒂芬 · 羅奇[Stephen Roach](모건스탠리의 수석 경제학자),〈中國需要一個新錨一該國經濟命運與美國消息相關〉(《財富》, 2005.5.16.),《參考消息》, 2005.5.18, 第16版.

59 詹姆斯 · 弗拉尼根[James Flanigan],〈全球化對美國大有好處〉(《洛杉机時報[*Los Angeles Times*]》, 2005.4.24.),《參考消息》2005.4.28, 第4版.

60 安東尼 · D.史密斯, 龔維斌/良警宇 譯,《全球時代的民族與民族主義》, 北京: 中央編譯出版社, 2002, p.22.

61 戴維 · 赫爾德/安東尼 · 麥克格魯, 陳志剛 譯,《全球化與反全球化》, 北京: 社會科學文獻出版社, 2004, p.112.

62 세계 문명의 통일성과 개별 문명의 다양성의 관계에 관해서는 본서 제10장 [참고 10-5] 및 阮煒,〈文明的多樣性與歷史的統一性〉,《深圳大學學報》, 2001年 第6期, 관련 논의 참조.

63 弗雷德裏克 · 傑姆遜,〈對作爲哲學命題的全球化的思考〉, 弗雷德裏克 · 傑姆遜/三好將夫 編,《全球化的文化》, 南京: 南京大學出版社, 2002, p.72.

64 서양 문명의 성격과 특징에 관해서는 본서 제4장 '문명의 성격' ; 阮煒,〈歷史化內的敘利亞文明〉,《讀書》, 北京, 2002年 第8期 참조.

부록

1 藍勇 編著,《中國歷史地理學》, 北京: 高等教育出版社, 2005, pp.42-46.

2 阿 · 德芒戎, 葛以德 譯,《人文地理學問題》, 北京: 商務印書館, 1993, pp.5-6.

3 阿 · 德芒戎, 葛以德 譯,《人文地理學問題》, 北京: 商務印書館, 1993, pp.7, 9 ; 陳代光,《中國歷史地理》, 廣州: 廣東高等教育出版社, 1997, pp.5, 26-27 참조.

4 拉彼德/約瑟夫 · 弗裏德希 · 克拉托赫維爾, 金燁 譯,《文化和認同: 國際關系回歸理論》, 杭州: 浙江人民出版社, 2003, pp.188-190 ; 安東尼 · D.史密斯, 龔維斌/良警宇 譯,《全球時代的民族與民族主義》, 北京: 中央編譯出版社, 2002, p.16 참조.

5 張善餘,《人口地理學概論》, 上海: 華東師範大學出版社, 2004, pp.290-293.

6 張善餘,《人口地理學概論》, 上海: 華東師範大學出版社, 2004, p.301. 張善餘는 기후 · 물 · 토양 · 광산 등이 인구 분포에 미치는 영향에 대해서도 비교적 상세하게 언급했다. 같은 책, pp.306-322 참조.

7 張善餘,《人口地理學概論》, 上海: 華東師範大學出版社, 2004, pp.301-302.

8 阿 · 德芒戎, 葛以德 譯,《人文地理學問題》, 北京: 商務印書館, 1993, pp.10-11.

9《參考消息》 브뤼셀 주재 기자 판거핑(藩革平)의 하비에르 솔라나 마다리아가의 공보관 마리 패래소 특별 인터뷰,《參考消息》, 2005.6.2, 第4版 참조.

10 南方朔, 〈拉丁美洲不再是美國的後園〉(台灣《新新聞》周刊, 2005.5.12.),《參考消息》, 2005.5.21, 第4版.

11 王松亭,《世界歷史 · 中古部分》, 吉林: 吉林大學出版社, 1999, p.114 참조.

12 索颯, 〈在堂吉訶德的甲胄之後[上]〉,《讀書》, 北京, 2005年 第5期, pp.7-8.

13 索颯, 〈在堂吉訶德的甲胄之後[上]〉,《讀書》, 北京, 2005年 第5期, p.8.

14 www.reformation.org/bart.html

15 www.wisdomworld.org/additional/ListOfCollatedArticles/AlbigensianInquisition.html

16 이상 托洛梅 · 德 · 拉斯 · 卡薩斯[Bartolomé de Las Casas], 孫家堃 譯,《西印度毁滅術略》, 北京: 商務印書館, 1997, pp.19, 22, 23, 54, 68-70 및 奧爾加 · 坎波斯[Olga Campos]의 서문 참조.

17 羅伯特 · 卡根[Robert Kagan], 〈應對中國的錯誤觀念〉(《華盛頓郵報》, 2005.5.15.),《參考消息》, 2005.5.20, 第8版.

18 Frank Viviano, "Chiana's Great Armada", *National Geographic*, July, 2005, p.34 참조.

19 보선의 규모에 관해서는 席龍飛,《中國造船史》, 武漢: 湖北教育出版社, 2000, pp.262-273 ; 房仲甫/李二和,《中國水運史》, 北京: 新華出版社, pp.241-259 ; 汪昌海/李桂娥 等 編著,《華夏貨植五千年》, 武漢: 湖北人民出版社, 2000, pp.108-109 ; 保羅 · 肯尼迪, 蔣葆英 等 譯,《大國的興衰》, 北京: 中國經濟出版社, 1989, p.7 참조. 이와 비교하면 콜럼버스의 선단은 선박 수가 3척 선원 수는 88명뿐이었고, 기함 성 마리아호도 너비가 8m, 길이는 38m, 배수량은 250톤밖에 되지 않았다. 이는 정화 대형 보선의 1/70밖에 되지 않는 크기이다. 斯塔夫裏阿諾斯, 吳象嬰/梁赤民 譯,《全球通史: 1500年後的世界》, 上海: 上海社會科學院出版社, 1992, p.31 참조.

20 John King Fairbank, *China: a New History*, Boston, USA: Harvard University Press, 1994, p.93 참조. 또한 斯塔夫裏阿諾斯, 吳象嬰/梁赤民 譯,《全球通史: 1500年後的世界》, 上海: 上海社會科學院出版社, 1992, pp.438-439 참조.

21 李約瑟[Josep Needham],《中國科學技術史》. 席龍飛,《中國造船史》, 武漢: 湖北教育出版社, 2000, pp.270-271에서 재인용.

22 John King Fairbank, *China: a New History*, Boston, USA: Harvard University Press, 1994, pp.137-138.

23 丁松泉, 〈鄭和下西洋, 除了教訓, 還有什麽〉,《今周刊 · 新澤西版》, 2005.7.16 참조.

24 劉芳, 〈鄭和更像一位和平的使者—專訪法國"回聲報"記者阿德裏安 · 孔博〉,《參考消息》, 2005.7.7, 第15版.

25 劉詠/陳占傑, 〈解開鄭和在斯裏蘭卡的歷史謎團〉,《參考消息》, 2005.7.7, 第12, 13版 참조.

26 劉芳, 〈鄭和更像一位和平的使者－專訪法國"回聲報"記者阿德裏安 · 孔博〉, 《參考消息》, 2005.7.7, 第15版.

27 劉芳, 〈鄭和更像一位和平的使者－專訪法國"回聲報"記者阿德裏安 · 孔博〉, 《參考消息》, 2005.7.7, 第15版.

28 丁松泉, 〈鄭和下西洋, 除了敎訓, 還有什麽〉, 《今周刊 · 新澤西版》, 2005.7.16 참조.

29 William H. McNeill, 《The Pursuit of Power》. Stephen K. Sanderson, "Expanding World Commercialism: The Link between World-System and Civilizations", Stephen K. Sanderson, (ed.), *Civilizations and World-System: Studying World-Historical Change*, Walnut Creek, California, USA: AltaMira Press, 1995, p.266에서 재인용.

30 汪昌海/李桂娥 等 編著, 《華夏貨植五千年》, 武漢: 湖北人民出版社, 2000, pp.18-19, 80-81 참조.

31 William H. McNeill, 《The Pursuit of Power》. Stephen K. Sanderson, (ed.), *Civilizations and World-System: Studying World-Historical Change*, Walnut Creek, California, USA: AltaMira Press, 1995, p.266에서 재인용.

32 斯塔夫裏阿諾斯, 吳象嬰/梁赤民 譯, 《全球通史: 1500年後的世界》, 上海: 上海社會科學院出版社, 1992, p.439.

33 William H. McNeill, 《The Pursuit of Power》. Stephen K. Sanderson, (ed.), *Civilizations and World-System: Studying World-Historical Change*, Walnut Creek, California, USA: AltaMira Press, 1995, p.266 ; William H. McNeill, "The Rise of the West After Twenty-FiveYears", Stephen K. Sanderson, (ed.), *Civilizations and World-System: Studying World-Historical Change*, Walnut Creek, California, USA: AltaMira Press, 1995, pp.315-319.

34 R. 塔帕爾[R. Thapar], 林太 譯, 《印度古代文明》, 杭州: 浙江人民出版社, 1990, p.67 참조.

35 근대적 현상인 민족국가에 관해서는 厄內斯特 · 蓋爾納[Ernest Geller], 韓紅 譯, 《民族與民主主義》, 北京: 中央編譯出版社, 2002, pp.1-11 ; 埃里 · 凱杜里[Elie Kedourie], 張明明 譯, 《民族主義》, 北京: 中央編譯出版社, 2002, pp.1-24 ; 郭少棠, 《民族國家與國際秩序: 西方政治現代化的道路》, 北京: 首都師範大學出版社, 1998, pp.11-31 참조.

36 Sheldon Pollock, "India in the Vernacular Millenium", *Daedalus*, 1998年夏季刊 'Early Modernities' 專輯, Boston, USA.

37 Arnold Toynbee, *Hellenism: The History of a Civillization*, Oxford, UK: Oxford University Press, 1959, p.143.

38 Paolo Santangelo, 〈帝國晩期的蘇州城市社會〉, 林達 · 約翰遜[L. C. Johnson] 主編, 成一農 譯, 《帝國晩期的江南城市》, 上海: 上海人民出版社, 2005, pp.116-118.

39 Linda Cooke Johnson, 〈上海: 一個正在崛起的江南港口城市, 1683-1840〉, 林達 · 約翰遜 主編, 成一農 譯, 《帝國晩期的江南城市》, 上海: 上海人民出版社, 2005, pp.210-215.

40 陳明, 《儒學的歷史文化功能－士族: 特殊形態的知識分子硏究》, 上海: 學林出版社, 1997,

pp.259-260 참조.

41 중국 과거제도의 일반적 상황에 관해서는 Robert G. Wesson, *The Imperial Order*, Los Angeles, USA: University of California Press, 1967, pp.89-90 ; 費爾南 · 布羅代爾, 顧良 譯, 施康强 校,《15至18世紀的物質文明, 經濟和資本主義》第2卷, 北京: 三聯書店, 1993, pp.662-663 참조.

42 孫秀萍/劉複晨,〈韓日課本有不少中國內容〉,《環球日報》, 2005.11.30, 第22版.

43 馮昭奎,〈推動中日關系"再次正常化"〉,《環球日報》, 2004.11.12, 第18版.

44 馮昭奎,〈推動中日關系"再次正常化"〉,《環球日報》, 2004.11.12, 第18版.

45 徐靜波/胡令遠 編,《戰後日本的主要社會思潮與中日關系》(複旦大學日本研究中心第十二屆國際學術硏討會論文集), 上海: 上海財經大學出版社, 2003, p.107에서 재인용.

46《參考消息》, 2005.5.13, 第3版.

47 韓東育,〈東亞的病理〉,《讀書》, 2005年 第9期, pp.101-110.

48 達戈[Dago],《中國未來二十年大戰略》에서 발췌. 자료 제공자: bangbang, 2005.7.19 21:33:07[天下論壇], http://www.creaders.org.

49〈黑河見聞〉(《莫斯科共青團員報》, 2005.10.28.),《參考消息》, 2005.11.22, 第16版.

50〈對俄羅斯來說一中國威脅的現實程度有多高〉(러시아《消息報》, 2000.12.19.),《參考消息》, 2005.12.21, 第16版.

51 大穀麻由美,〈中國愼重摸索如何在東亞合作中發揮作用〉(日本《每日新聞》, 2005.12.20.),《參考消息》, 2005.12.22, 第16版.

52〈日本學者談東亞共同體〉,《參考消息》, 2005.12.15, 第14版에서 발췌.

53 Stephen K. Sanderson(ed), *Civilization and World System: Studying World-Historical Change*, Walnut Creek, USA: AltaMira Press, 1995, pp.263-273 참조.

54 安東尼 · D.史密斯, 龔維斌/良警宇 譯,《全球時代的民族與民族主義》, 北京: 中央編譯出版社, 2002, p.39.

55 埃里 · 凱杜里, 張明明 譯,《民族主義》, 北京: 中央編譯出版社, 2002, p.119.

56 埃里 · 凱杜里, 張明明 譯,《民族主義》, 北京: 中央編譯出版社, 2002, p.123.

57 車效梅,《中東中世紀城市的產生, 發展與嬗變》, 北京: 中國社會科學出版社, 2004, pp.61, 196-197 참조.

58 王傑/張海濱/張志洲 主編,《全球治理中的國際非政府組織》, 北京: 北京大學出版社, 2004, p.108 참조.

59 이상 王傑/張海濱/張志洲 主編,《全球治理中的國際非政府組織》, 北京: 北京大學出版社, 2004, pp.113-115에서 인용.

60 謝裏夫 · 海塔塔,〈美元化, 解體和上帝〉, 弗雷德裏克 · 傑姆遜/三好將夫 編,《全球化的文化》, 南京: 南京大學出版社, 2002, pp.232-233 참조.

61 阿諾德 · 湯因比, 晏可佳/張龍華 譯,《一個歷史學家的宗教觀》, 成都: 四川人民出版社, 1990, pp.286-307.

찾아보기

ㅊ

ㅋ

ㅌ

〈로컬리티 번역총서〉를 펴내며

■ 로컬리티의 인문학 연구단에서 번역총서를 내놓는다. 〈로컬리티 번역총서〉는 고전적 · 인문학적 사유를 비롯해서, 탈근대와 전지구화의 관점에서 해석되는 로컬리티에 대한 동서양의 다양한 논의를 담고 있다. 로컬리티 연구는 동서양을 막론하고 학문적 교차점, 접점, 소통성을 확보하는 것이 중요한 과제다. 이러한 의미에서 본 연구단에서는 장기적인 계획 아래, 로컬리티 연구와 관련한 중요 저작과 최근의 논의를 담은 동서양의 관련 서적 번역을 기획했다. 이를 통하여 로컬리티와 인문학 연구를 심화하고 동시에 이를 외부에 확산시킴으로써 로컬리티 연구의 저변을 확대하고자 한다.

우리가 로컬리티에 천착하게 된 것은 그동안 국가 중심의 사고 속에 로컬을 주변부로 규정하며 소홀히 여긴 데 대한 반성적 성찰의 요구 때문이기도 하다. 오늘날 로컬은 초국적 자본과 전지구적 문화의 위세에 짓눌려 제1세계라는 중심에 의해 또다시 소외당하거나 배제됨으로써 고유의 정체성을 잃어가고 있다. 반면에 전지구화 시대를 맞아 국가성이 약화되면서 로컬은 또 새롭게 거듭나고 있다. 그동안 국가 중심주의의 그늘에 가려졌던 로컬 고유의 특성을 재발견하고 전지구화에 능동적으로 대처하는, 이른바 로컬 주체의 형성과 로컬 이니셔티브(local initiative)의 실현을 위해 부단한 노력을 기울이는 모습들이 속속 드러나고 있다.

이제 로컬의 현상들을 파악하기 위해 기존의 지역 논의와 다른 새로운 사고가 절실히 필요하다. 지금까지 지역과 지역성 논의는 장소가 지닌 다양성과 고유성을 기존의 개념적 범주에 맞춤으로써 로컬의 본질을 왜곡하거나 내재된 복합성을 단순화하는 오류를 범했다. 이에 우리는 로컬을 새로운 인식과 공간의 단위로서 재정립해야 할 필요성을 다시 확인하며, 로컬의 역동성과 고유성을 드러내줄 로컬리티 연구를 희망한다.

〈로컬리티 번역총서〉는 현재 공간, 장소, 인간, 로컬 지식, 글로벌, 로컬, 경계, 혼종성, 이동성 등 아젠다와 관련한 주제를 일차적으로 포함했다. 향후 로컬리티 연구가 진행되면서 번역총서의 폭과 깊이는 더욱 넓어지고 깊어질 것이다. 번역이 태생적으로 안고 있는 잡종성이야말로 로컬의 속성과 닮아 있다. 이 잡종성은 이곳과 저곳, 그때와 이때, 나와 너의 목소리가 소통하는 가운데 새로운 생성의 지대를 탄생시킬 것이다.

우리가 번역총서를 기획하면서 염두에 둔 것이 바로 소통과 창생의 지대이다. 우리는 〈로컬리티 번역총서〉가 연구자들에게 로컬리티 연구에 대한 기반을 제공해줌으로써 학제간의 경계를 넘나드는 심화된 통섭적 연구가 이루어지고, 나아가 '로컬리티의인문학(locality and humanities)'의 이념이 널리 확산되기를 바란다.

2011년 5월

부산대학교 한국민족문화연구소

(HK)로컬리티의인문학 연구단

| 저자 소개 |

르우안웨이(阮煒)는 영국 에든버러 대학교에서 영국문학을 전공하고 문학박사 학위를 받았다. 현재 중국 선전(深圳) 대학교 외국어대학 교수 및 학술위원 주임으로 재직하고 있다. 그동안 영국 에든버러 대학교, 하버드 대학 옌칭연구소, 케임브리지 대학 등에서 연구생 또는 방문학자 신분으로 연구를 했다.

주요 저서로는 《문명의 표현(文明的表現)》, 《지연 문명(地緣文明)》, 《자유가 없는 그리스 민주주의(不自由的希臘民主)》, 《20세기 영국소설평론(二十世紀英國小說評論)》 등이 있다. 주요 역서로는 《과학과 종교(科學與宗教)》 등이 있다. 이 밖에 많은 논문들을 집필하였고, '고전학역총(古典學譯叢)'과 '인문신지역총(人文新知譯叢)'의 편집을 주관하였고, 그 외 다수의 학술총서 편집위원을 맡은 바 있다.

| 역자 소개 |

최형록은 부산대학교에서 중국 고대문학을 전공하고 《소옹 시 연구》(2008)로 문학박사 학위를 받았다. 현재 부산대학교 중문과 강사와 인문학연구소 객원연구원을 겸하면서 강의와 연구에 매진하고 있다.

중국 고전 시가의 현대적 가치 재조명과 문학텍스트에 나타나는 인간의 존재 가치와 존재 방식에 관심을 가지고 있다. 최근의 논문으로는 〈중국 고전 시가에 나타난 '물'과 '사유'의 상관성 연구〉(2009), 〈소옹 시에 나타난 소통의 시학 연구〉(2009), 〈이황과 소옹에 나타난 '자연'의 표현 방식 연구〉(2010), 〈중국 고전 시가에 나타난 주체와 객체의 융합 양상 연구〉(2010) 등이 있다. 역서로는 《20년간 내가 목격한 괴이한 일들(二十年目睹之怪現象)》(2011), 《사람을 찾습니다》(2006, 공역)가 있다. (tous5076@naver.com)

김혜준은 고려대학교에서 중국 현대문학을 전공하고 《중국 현대문학의 '민족 형식 논쟁' 연구》로 문학박사 학위를 받았다. 현재 부산대학교에서 교수로 재직하면서, 현대중국문화연구실(http://cccs.pusan.ac.kr/)을 중심으로 청년 연구자들과 함께 공동 작업을 하는데 노력하고 있다.

중국 현대문학사, 중국 신시기 산문, 중국 현대 페미니즘문학, 홍콩문학, 화인화문문학 등에 관심을 가지고 있다. 최근의 논문으로는 〈香港文學, 既有的傳統或者新近的嘗試〉(2010), 〈菲傭, 被消失在"我城"裏的人〉(2010) 등이 있다. 저·역서로는 《중국 현대문학의 '민족 형식 논쟁'》(2000), 《중국 현대 산문론 1949~1996》(2000), 《하늘가 바다 끝》(2002), 《쿤룬산에 달이 높거든》(2002), 《중국의 여성주의 문학비평》(2005), 《사람을 찾습니다》(2006, 공역), 《나의 도시》(2011) 등이 있다. (dodami@pnu.edu)

地緣文明지연 문명

초판 1쇄 발행 2011년 5월 10일

지은이 르우안웨이
옮긴이 최형록 · 김혜준
펴낸이 최원필
편 집 양상모 · 김자영 · 이경은
펴낸곳 심산출판사
주 소 서울시 은평구 불광동 219-7 예은 101
전 화 02-357-0633
팩시밀리 02-357-0631
E-mail simsan@korea.com
등 록 제1-2114호(1996년 11월 28일)

ISBN 978-89-94844-10-7 93900

* 책값은 뒤표지에 표시되어 있습니다.